考古民俗叢書

京文化と生活技術

食・職・農と博物館

印南敏秀　著

慶友社

はじめに

わたしは、京都府立山城郷土資料館に勤めていた。京都市以南の南山城が主なフィールドだった。南山城は奈良と京都という二つの都のあいだにあり、奈良時代は平城京、平安時代からは平安京と接し、江戸時代は川で商都大坂とも結ばれていた。南山城は、常に日本の政治文化経済の中心地と直接交流できた特別な場所だった。なかでも千年ものあいだ、都があった京都とのかかわりは深かった。京都は大陸や日本各地の文化が融合して洗練した京文化を生みだした。朝廷や貴族、僧侶や町衆が生みだした京文化は、まさに日本の上層文化そのものといえる。

資料館でのわたしの担当は民俗や民具で、生きていくための基層文化だった。基層文化のなかでも食文化や生業のモノや技術の生活技術にわたしの関心はあった。南山城の地域性からか、南山城でも上層文化に関心を寄せる研究者が多かった。わたしが調査をはじめた昭和五十七年には、食文化や生業の先行調査はほとんどなかった。南山城の生活技術を知るためには、フィールドにでて調査するしか方法がなかった。わたしはフィールドワークをとおして、南山城に魅せられた。資料館にいた七年足らずのあいだに、南山城ならどこにでも行けるようになっていた。

南山城の調査をしていても、いつのまにか京文化につながるようになり、資料館に勤めていたおわりころは、南山城の調査で京都にもでかけるようになった。南山城の生活技術と京文化は、ふるくから互いにささえあう表裏の関係にあった。これまで京文化に関する研究や著書はたくさんあり、周辺地域からみた京文化についても少なくはない。ただし、京文化と周辺地域の生活技術の関連性に焦点をあてた研究や著書はあまりなさそうである。

本書をまとめるにあたり、わたしは南山城でのフィールドワークを時間の経過にそってならべてみた。ただしそれでは、おもしろくない。そこで若者や一般読者が関心をもっている京料理と京野菜の京タケノコを最初にもってきた。京タケノコをキーワードにすれば、京料理の調理人の技と美意識、錦市場や料亭に卸す産地仲買の伝統、京タケノコの生産農家と鍛冶屋の競い合いといった生活技術がつながる。結果として最後におこなった調査が、一番主張が明快で、内容に広がりがあったということになる。ただし、はじめのころの調査の内容がおもしろくなかったり価値が低いのかというと、そうではない。わたしがいたわずかなあいだに多くの伝承者が鬼籍に入られたが、伝統的な生活技術についてははじめのころに多くのことを語り残してくれた。わたしが来るのを待っていてくれたと、そのころ思うことがあった。

以上が、一番この本で読みとって欲しいことである。さらにいえば、以下のようなこともわたしなりに問題としていたことを書きそえておきたい。

「京タケノコと職人文化」は、いまもわたしが関心をもち、おもしろがっているテーマの一つである。京都をたずねる目的の一つに京料理がある。京料理は、京文化のエッセンスが凝縮されていて、しかも五感で味わうことができる。その京料理のおいしさの一つの理由が、素材の京野菜にあることはよく知られている。ただしおいしい京野菜をつくる現場の人びとが、どれほど知恵をしぼり、努力を重ねてきたかはあまり知られていなかった。

「京の食文化の背景」も、京料理に欠かせないアユの話である。むかしは大堰川沿いの村から京都まで、活きたアユを走って運んでいた。海が遠い京都は淡水魚を重視し、祇園祭りのころは香気ただようアユにこだわった。そのうまいアユを京都に運んだ村では、活きアユを供給する生活技術をもつことで周辺の村より経済的にうるおった。こうした特産物により豊さかを獲得した話は南山城各地で聞かれる。ただし経済的に豊かではあっても、日常の食生活は伝統的な地産地消を遅くまでつづけていた。

「南山城の職人文化」は、樫木屋、鍛冶屋、瓦師の職人文化がテーマである。いずれの職人にも共通するのは、地元の土地がらをよく理解したうえで仕事をしていることである。農具についてみると、作物の種類や土質などにあわせて工夫をこらしてきた。そして鍬や鋤などは樫木屋と鍛冶屋が協力してつくった。いま職人が急速にいなくなっている。そうしたなか、京都の瓦師は伝統的家屋が多い地域性をいかし存続している。手づくりの高級京瓦をつくり、工業製品とすみわけをはかってきた。京都の職人文化は個々の機能性を高める分業体制にある。京瓦づくりも、そうした分業体制でおこなわれていたのである。

「畿内民具の読みかた」は、畿内農具の大きな特徴である「流通民具」をテーマにとりあげた。近世の農書に書かれているように、畿内では早くから商品流通が活発だった。村でも貨幣経済が浸透し、職人がつくった機能性にすぐれた流通民具を購入していた。宇治市や城陽市で発見された明治農具絵図の農具や製茶具でも確かめることができる。このところ農業や農具の調査研究は停滞している。地産地消がさけばれるなか、「流通民具」をキーワードに畿内農業を見なおすきっかけになればと思う。また合理性を重視する畿内では、機能性にすぐれた猪皮や牛皮の和沓を履いていた。これが最後の和沓体験者からの聞き取りになりそうである。

「畿内の山の生活技術」は、笠置山地の湯船と切山、京都市の北方の天若での林産資源の利用法である。いずれも都と直接つながる山村という意味で共通する。笠置山地の林産資源の利用は、ふるく平城京建設の杣山《そまやま》にはじまる。笠置山地で一番奥の湯船は、わたしがはじめてたずねたときは杣山の伝統が残っていた。木津川沿いの切山や大堰川沿いの天若は、燃料用の柴を京都や大坂に川舟で運んでいた。川は物質輸送の大動脈として都市と村をむすんでいた。木津川からは、金毘羅本社に祈願するため金毘羅樽を流していた。また湯船では仲間や単独で猪狩がおこなわれ、男たちを喜ばせた。猪は農家には害獣でもあり、両義的な存在だった。

「家と村の信仰造形」は、家を守護するお札、村境にかけて除禍招福を祈るカンジョウナワの習俗をまとめた。前は家や地域の秩序を守るため、地域色豊かな信仰造形がみられた。信仰の薄れとともに家族や村落共同体のむすびつきも薄れ、内と外の境界があいまいになっている。あらたな秩序を考えるとき、信仰を中心とした伝統的システムに学ぶ必要があるのかもしれない。

「記憶を伝える装置」は、人びとの記憶を伝える民具の収蔵施設、家や地域の年中行事や祭りをまとめた。伝統的な民具は高度成長を境に多くは消えていった。ただし京都府下の多くの地域では、小学校に民具を集めて展示した。地域をになう子供たちに、生活技術をとおして地域文化の意味を伝えようとした。年中行事や祭り、人生儀礼は、地域文化を伝える大切な記憶装置だったのである。

目次

V　畿内の山の生活技術

凡例

一、原則として民具名称や民俗語彙は、カタカナで表記した。漢字で表記した場合もある。

一、写真・図版について。

Ｉ章の写真は、一部を除き長岡京市生涯学習課の撮影および所蔵のものを借用した（＊印）。図版も一部を除き、同課刊行の『京タケノコと鍛冶文化』から引用している。

Ⅱ章以降の写真は、個人や関係機関から借用したり、許可をえて著者が撮影したもので、大半は京都府立山城郷土資料館の調査時に撮影したものである。なお、個人的に撮影した写真も含むが、その著作権は、写真と図版を所蔵する資料館にゆだねる。図版の作図には、多くの人々の協力を得たが、氏名は省略した。御協力いただいた関係者に心よりお礼申し上げたい。

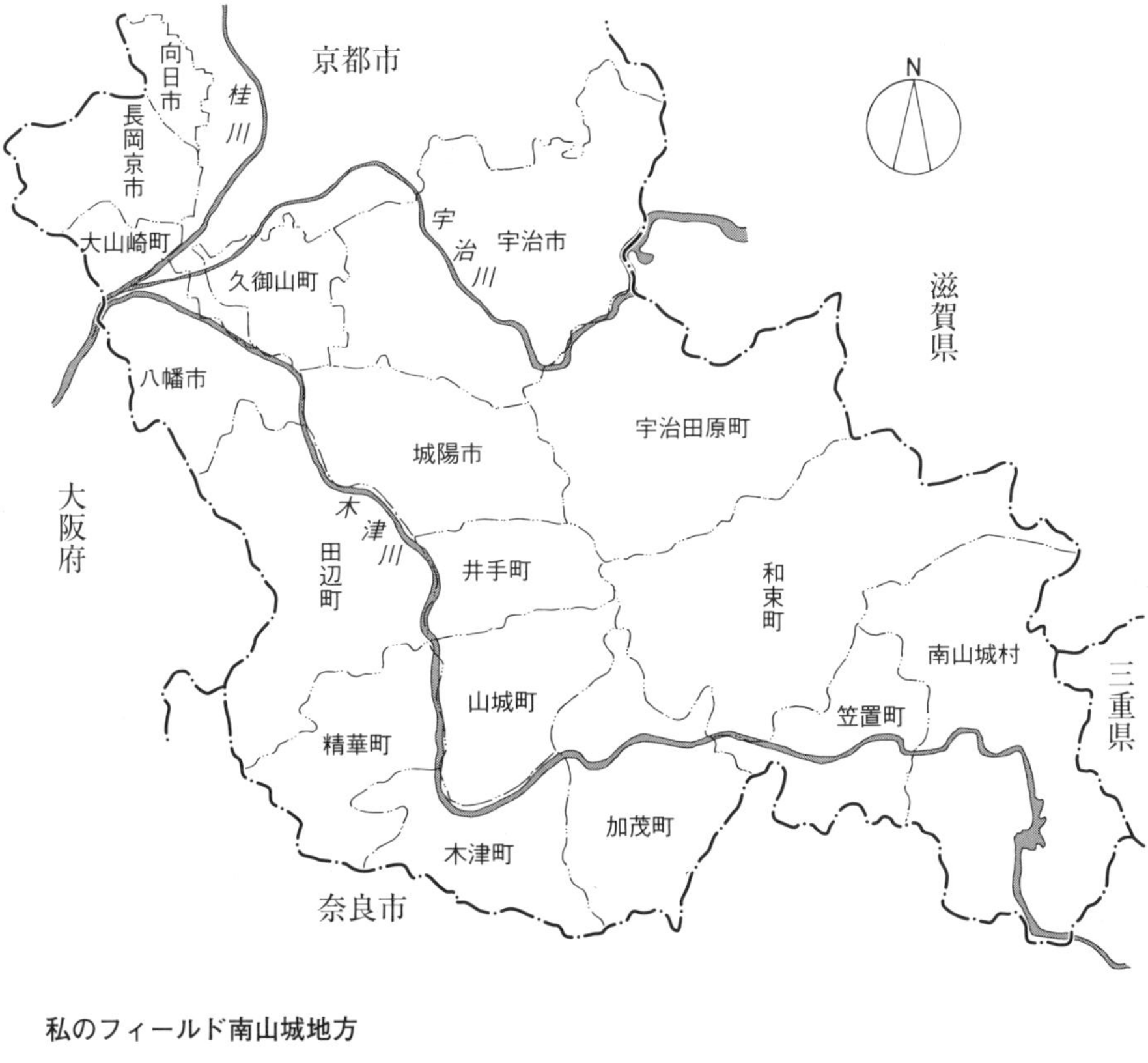

私のフィールド南山城地方

Ⅰ　京タケノコと職人文化

一　京タケノコと食文化

1　京タケノコとの出合い

山城タケノコとの出合い

京都のタケノコとの出合いは、相楽《そうらく》郡山城町の山城資料館の裏山だった。資料館は、谷をふさぐダムのような建物で、屋上から裏山の竹藪に行ける。裏山はモウソウダケの藪で、春にはタケノコがとれた。最盛期になると、昼の休憩時間はみんなで順番にタケノコを掘った。

地元の吉田さんが、タケノコ専用のホリ（タケノコホリ）をもってきた。先の平たい鉄棒で、反対側に短い柄がついていた。鍬というより、掘棒にちかい形だった。はじめは、タケノコを掘るのに、専用の道具があるのに驚いた。さらにタケノコを食べて、そのうまさに驚いた。

わたしは子供時代を、愛媛県新居浜市の山麓ですごした。近所の農家の多くが、屋敷内にモウソウダケの藪があった。地上にのびたタケノコを、唐鍬などで根元から無造作に打ち起こしてとる。最盛期になると、藪のないわたしの家にもくれた。黒々と太いタケノコの皮で、梅漬けの紫蘇《しそ》の葉をつつみ、角からチュウチュウ吸った。酸っぱい汁

写真1　山城町のホリ
タケノコの背面をすかす

写真2　山城町のホリ
タケノコを掘りあげる

が、おやつになった。煮物のタケノコは、かたいという記憶しかなかった。

吉田さんは、地面の割目を探してタケノコを掘った。地上に出る前のタケノコは、色が薄くて、苦味も少ない。タケノコの大きさは、生える地下茎の深さできまる。深いとタケノコも大きくなり、地下茎から切りはなすのに苦労する。まずは、タケノコの穂先を掘りだし、タケノコがどちらに曲がっているかを見さだめる。ホリはタケノコに当たらないように、曲がった外側につき入れる。次に、ホリを左右に動かして土をすかす（よける）。今度は曲がった内側に、勘でホリをつき入れて地下茎から切りはなす。ホリの先がタケノコに当たると身がくだける。はじめは小さなタケノコでも、身が途中で切れてうまく掘れない。タケノコの時期の昼休みは、あっという間におわった。

手間と時間はかかっても、タケノコはうまかった。京都ではタケコノを刺身で食べると前から聞いていた。白くてやわらかそうなタケノコを選び、先のほうを少しゆでて刺身で食べた。乳白色でやわらかく、プリプリした

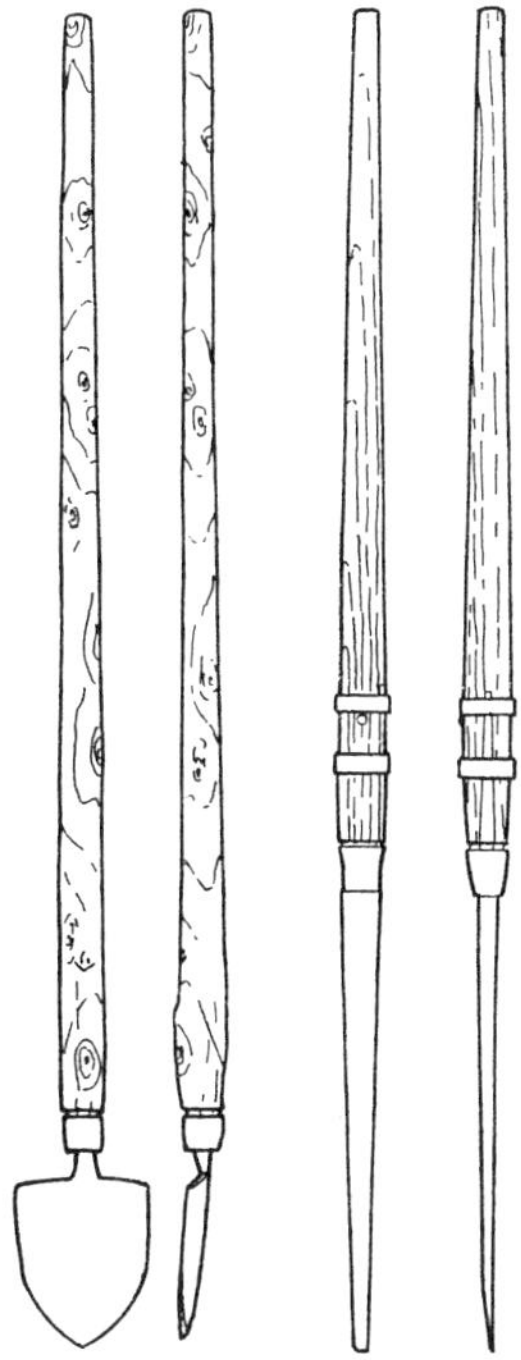

図3　ノミ（右）とヘラ（左）
（藤塚悦司「荏原の掘り棒」『民具研究』39号、1982）

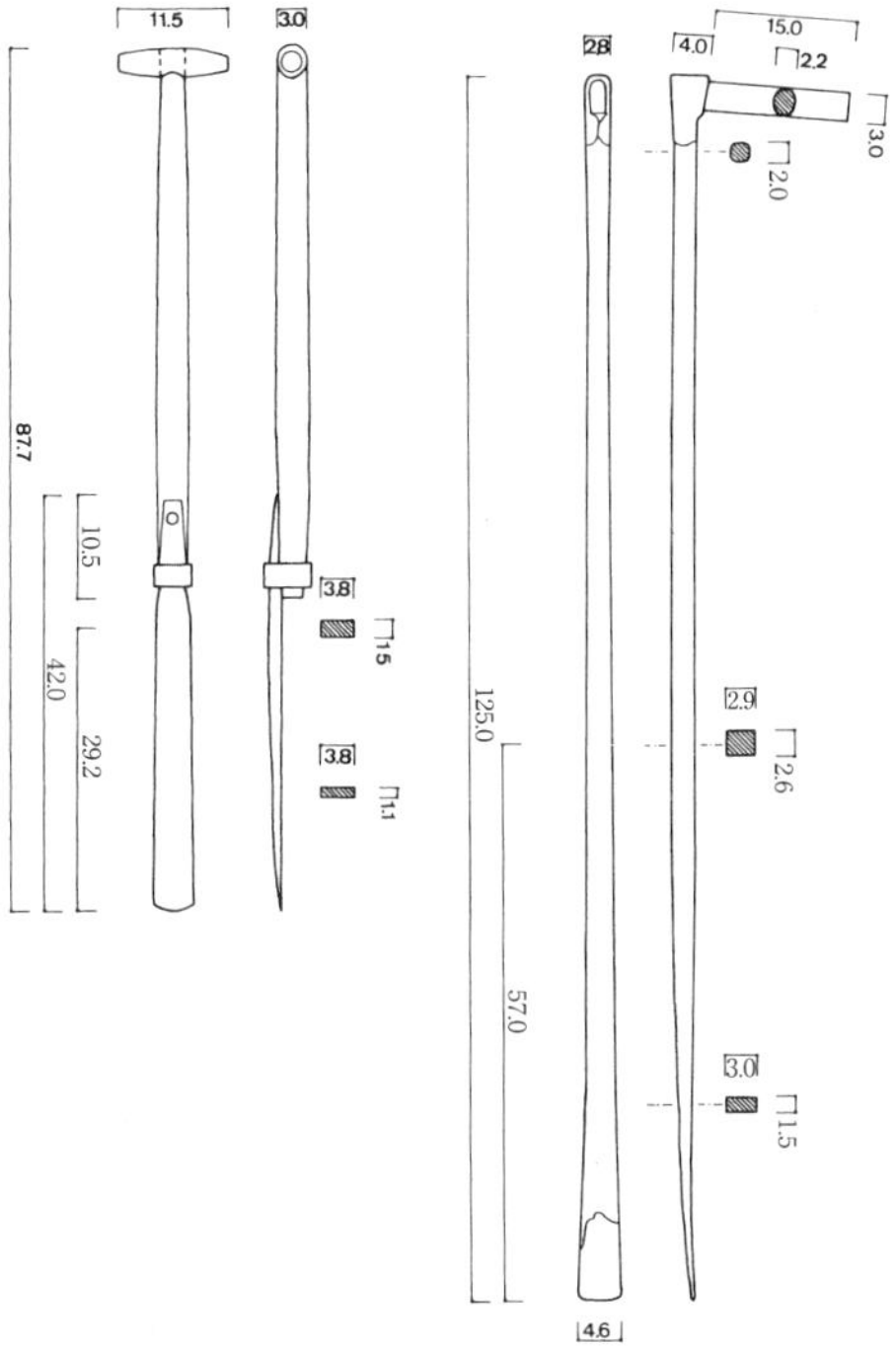

図1　山城町のホリ
（左は女性用）

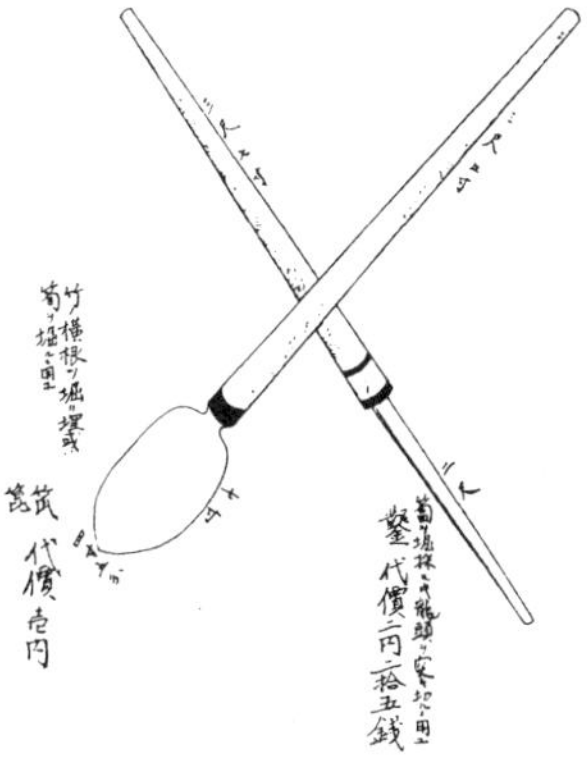

図4　『東京府下郡部農具図』掲載のヘラとノミ
（藤塚悦司「武蔵の掘り棒」『技術と民俗（下）』小学館、1986）

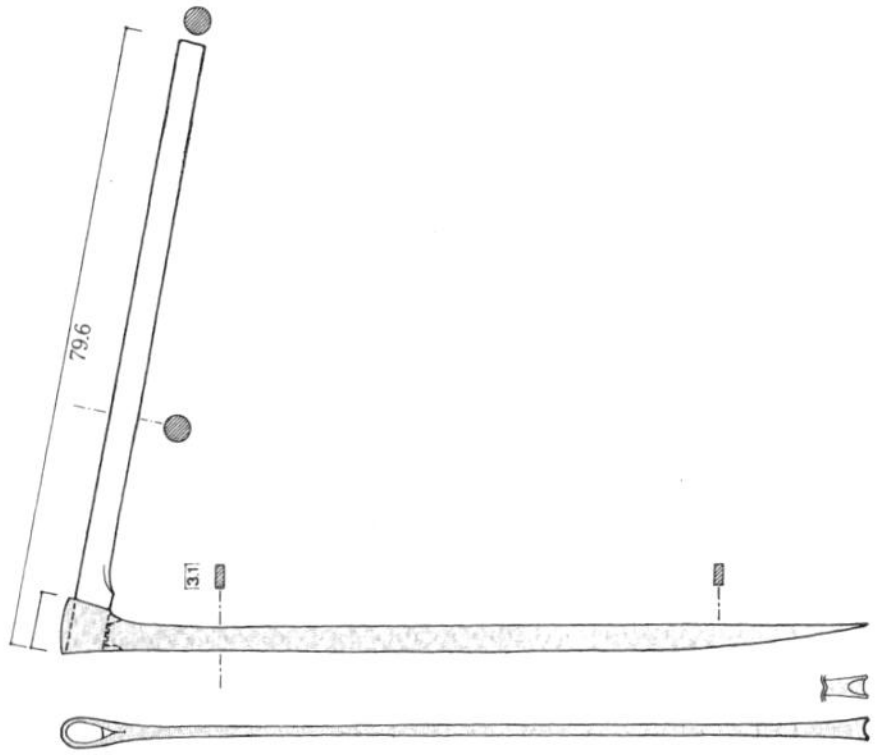

図2　長岡京市のホリ（加茂辰造氏製作）

食感がたまらない。仕事場の裏山でとれるタケノコが、刺身になるとは思わなかった。煮物、天ぷら、炊込み御飯、汁の実にしてもうまい。しかも、モウソウダケはハチクやマダケより、タケノコのでる期間が長い。タケノコで、春は十分に楽しめた。

近郊農村のタケノコ栽培

裏山のモウソウダケなら、どこでもうまいタケノコが出るとはかぎらない。白くてやわらかい、おいしいタケノコは、でる場所がきまっていた。粘土質で、竹と竹のあいだがあいた日当たりのよい場所だった。そうした場所の竹は、フェルトペンで年号を書き、先端を切って芯止めしていた。吉田さんは、山城資料館が建つまで、裏山の一部でタケノコを栽培していたという。

私の郷里の竹藪は、竹を間引くぐらいで、ほとんど手を入れてなかった。そんな竹藪からニョキニョキ出るタケノコを唐鍬でとっていた。唐鍬は、荒地を開墾するときなどに使う丈夫な鍬である。唐鍬で掘るタケノコを見て、よけいかたいと思ったのかもしれない。

そのころ藤塚悦司氏が、目黒のモウソウダケのタケノコ用具を紹介した（藤塚悦司「荏原《えはら》の掘り棒」『民具研究』三九号、一九八二。「武蔵の掘棒」『日本民俗文化体系一四技術と民俗下』小学館、一九八六）。タケノコの周囲の土をスコップ状のヘラでよけ、根元をノミでつき切って収穫する。春から夏にかけて、地下茎が成長して地表近くに浮いてくる。大きなタケノコをとるため、ヘラで地下茎を一、五尺～二尺うめもどす。東京近郊のタコノコ栽培でも竹藪を手入れし、専用の道具を使う。明治初期の『東京府下郡部農具図』に、ヘラとノミは掲載しているとある。

東京では二つの掘棒を使いわけ、京都では一つのホリで両方の役割をはたす。商品作物のタケノコ栽培では、地域で農具や技術は違っていた。山城町が、ホリだけなのは、土をよけるのにホリの細長い鉄棒を使うためだった。ホリは、土よけと、つき切るの二つの仕事をする。山城町のホリを使うには技術と体力がいるため、女性がタケノコを掘

写真３　完成したホリを手にする加茂辰造氏※

写真４　ホリを修理する加茂氏※

るのはまれだった。

京タケノコとの出合い

ホリのことは鍛冶屋からも聞いていた。相楽郡と乙訓郡《おとくに》（乙訓）のホリは形が違う。相楽郡の山城タケノコは、主に缶詰加工用だという。乙訓は京タケノコで、京の料理屋が使うという。タケノコは掘って時間をおくとだんだんエグ味が強くなる。南山城でも京都市に隣接する乙訓と、遠い相楽郡では用途に差ができる。料理屋が使う「朝掘りタケノコ」は、乙訓でないといけなかった。

乙訓のホリを調べるため、長岡京市下海印寺《しもかいいんじ》の加茂辰造氏をたずねた。乙訓でホリの鍛冶屋は辰造氏だけだった。そこで、できたばかりのホリを見せてもらった（図3）。

ホリが、一振りの刀剣のように見えた。洗練された美しさと、力強さをホリはそなえていた。まことに失礼だが、ふるびた鍛冶小屋で、小柄の辰造氏がつくったとは思えなかった。

すぐにホリの調査を思いたった。ホリの背後に、わたしが南山城で一番問題にしたいことがかくれていると直感した。京タケノコの洗練された京文化と、それをささえた農家と鍛冶屋の知恵と技だった。

ただし調査するには、辰造氏があまりにも忙しすぎた。乙訓ばかりか県外からも客が来て、一年中仕事に追われていた。辰造氏の鍛冶仕事は、ていねいなことでみんなに知られていた。

ことに一番調査したいタケノコシーズン中は、早朝から夜中までホリの修理がつづいた。その仕事を観察するだけの日もあった。仕事をしながら答えてもらうこともあった。わるいことに辰造氏が咳き込むことが多くなった。鍛冶仕事の邪魔にならないよう、足は遠のいていった。入院したとの知らせで、病院を見舞った。そのとき辰造氏と話したのもホリのことだった。平成元年、私が京都から愛知に移った年、辰造氏も亡くなった。ホリとともに歩んだ鍛冶屋人生だった。

企画展『ふるさとの職人』で辰造氏のホリと相楽のホリをあわせて展示した。中途半端なままで気にはなったが、辰造氏の死でどうにもできないと思っていた（『企画展図録　ふるさとの職人』京都府立山城郷土資料館、一九八八）。

平成五年、長岡京市教育委員会の中尾秀正氏から電話があった。加茂家が道路建設で立ち退きになるため、鍛冶小屋をふくめた調査をしたいという（『長岡京市文化財調査報告書　京タケノコと鍛冶文化』長岡京市教育委員会、二〇〇〇）。翌年から「京タケノコと鍛冶文化」の五年間の総合調査をはじめることになった。

2　京タケノコがうまい理由

素材と味つけ

京料理は、すぐれた野菜などの食材と、食材をいかす味つけに特色がある。

京都の野菜は京野菜とよばれ、種類が多い。平安京ができてから、都に住む人びとの食料として野菜栽培がさかんになる。各時代をつうじて、京都には新しい野菜がもたらされた。ことに江戸時代には、大陸や日本各地から多くの野菜がもたらされた。貞享三年（一六八四）刊の『雍州《ようしゅう》府志』には、京都の野菜がとりあげられている。もたらされた野菜は、京都で改良されて独特の京野菜になった（林義雄『京の野菜記』ナカニシヤ出版、一九七五）。京野菜ができるま

図5　明治期の乙訓郡界（太線）と現在の行政区画※

でには、食材にこだわる京都の客と料理屋、栽培を工夫した農家の存在があった。

乙訓から京都市右京区かけての西岡《にしのおか》丘陵の京タケノコは、京料理に使う京野菜を代表する。西岡丘陵は温暖な気候と粘土質土壌で、タケノコ栽培に適していた。さらに明治末にはタケノコの京都式軟化栽培が完成する（上田弘一郎『タケ——竹林の改良と仕立て方——』農村漁村文化協会、一九六六）。乙訓は京都の料理屋に近く、朝掘りタコノコを届けることができた。

千代勇二氏は、長岡京市の料理屋「竹茂」の主人である。京都の高級料亭で修行し、長岡京市で開店した。開店後は、地元の京タケノコにこだわりつづけている。伝統料理に加えて、多くの創作料理も工夫した。千代氏は、京タケノコの素材の特色と、それをいかす味つけを語る。そこには京文化がつちかってきた、料理人の技とこころがこめられている。「竹茂」で食べたタケノコ料理が、なぜうまいのかが納得できた。

京料理の修行時代

印南　千代さんの店で、タケノコづくしの料理をいただきました。わたしはタケノコが好きで、春になると家で食べます。今回は、最高の京タケノコと京の料理人の技で、洗練された料理になっていました。京都にいたとき、京文化の一級品に出合うと「かなわないなあっ」と思ったときのことを、思いだしました。

民俗学は、これまで村を中心に伝統的な調理や習慣などを調べてきました。上層文化で生まれた京料理は調査対象に入っていなかった。ところが京タケノコは、京料理の食材として改良されてきた。京タケノコを知るには、京料理を理解する必要があります。千代さんは、京タケノコの伝統料理や創作料理にとりくみ、「京の筍料理」など講演もしています。「京タケノコと京料理」を語るにふさわしい料理人です。まず千代さんの京料理への考え方を知るため、料理人になった経緯をお話しいただけますか。

千代　わたしは、滋賀県甲賀郡甲西町で、昭和二十二年に生まれました。二十歳までは、地元企業に勤めて設計の仕事をしていました。しかし大企業のなかでは、自分は歯車の一つでしかありません。仕事がものたりなくなって、会社を辞めました。たまたま、私の叔父が京都指折りの料亭「美濃吉」の若主人と友人で、その縁を頼って本店で修行をはじめました。

印南　前から料理に興味があったのですか。

千代　料理に特別な関心はありませんでした。とにかく自分自身がいかせる仕事だと思ったのです。

印南　二十歳からの修行は、職人としては遅いですね。

千代　はい、そのころ美濃吉の調理場は五人板場で、料理人が一〇人ほどいました。私より年下の先輩がたくさんいました。ただし、修行をはじめるのが遅れたことで、かえってはげみとなり、だれにも負けない努力ができたと思います。

印南　修行は、どんなことからはじめて、なんとよばれましたか。

千代　はじめは見習いで、俗にいう「追いまわし」です。そのころ店は大変忙しくて、毎年新しい人が修行に入ってきました。一年たつと先輩とよばれ、追いまわしでも、新入りを教える立場になります。一番はじめの鍋洗いや海老の皮むきをしながら、一段階上の漬物を盛ったりもします。そのころは「漬物場」という持ち場があり、朝から沢庵を「ハリハリ」に切って、胡麻と和えて使ってました。とにかく、追いまわしの二年間は使い走りでした。お得意さんから仕出しの注文があると、高下駄を履いたまま、肩に切りだめを担ぎ、だし缶を持って自転車に乗り、家まで配達もしました。夏も、冬も関係ありません。冬の寒いときなんか、もう大変でした。手がかじかんで……。でも楽しかった。料理人は朝が早いし、夜は遅く、知り合う機会が少ないので結婚はむずかしいのですが、私は二十二歳で結婚しました。

二年目、三年目になると「八寸場」、コース料理に出す先付、八寸（前菜）の盛りつけや、弁当の盛りつけです。京料理をもてなす最初の一品、とにかく季節感を大事にする持ち場ですね。先輩のすることを見ながら覚えるわけですが、とにかくよくおこられました。料理を覚えるのは「盗み見」で、先輩の技を目で見て覚えていきます。先輩が休んだときなどに、少しでもかわりができるように努力しました。たとえば、煮方さんが琵琶湖名産のゴリ（ヨシノボリ）を炊いているとしますと、自分の仕事をしながら、調味料をどのくらい入れて、どんな炊き方をしているのか目で見て、鍋を洗うときに味見して覚えていきます。そうして、一人前の職人になったのは二十四歳でした。職人は、焼場（焼方）から油場（揚方）、向板（板前）とすすみます。親方（板長）の次の煮方になったのは二十七歳でした。親方は献立を考える役で、京都の調理人の最高は煮方です。

印南　京料理は、煮物が中心ということですね。

タケノコと季節感

印南　さて、千代さんが長岡京市に店を開いたのは。

千代　昭和五十六年のことです。美濃吉本店の調理次長になり、福岡の支店に料理指導で出行などをへて、三十三歳で独立しました。長岡京市には昭和四十四年から住み、街の様子がわかっていたので店をだしました。

印南　タケノコには、いろんな種類があります。修行中はどんなタケノコを使いましたか。

千代　タケノコは、京料理には欠かせない食材です。タケノコは、モウソウチクからハチク、マダケへとかわります。ハチクは寒さに強く、マダケはモウソウチクやハチクより寒さに弱いようです。

印南　タケノコがでる時期にあわせて、旬を追って使うのですね。モウソウチクとほかの竹では、タケノコの調理法に違いがありますか。

千代　いま食用としているタケノコは、モウソウチクがもっとも多く、タケノコの形も一番大形です。なかでも京タケノコは、十二月に土入れして、地下茎を保護し、土壌に養分をあたえて、良質のタケノコを育てます。きびしい冬を暖かい土のなかですごしたタケノコは、色白で、ずんぐりと太り、肉厚です。とてもやわらかく、香りもよく、エグ味も少なく、おいしいのです。ハチクは、地上部にタケノコが頭をだしてから掘りだしてもやわらかく、色は少し黄色味をおびていますが、エグ味も少なく歯ざわりがよいのが特色です。マダケは、モウソクチクやハチクにくらべエグ味が強いように思います。ハチクやマダケは炊きあわせに使うことが多いのです。また、モウソウチクのタケノコは使える期間がながく、ハチクやマダケは短いという違いがあります。京タケノコは、土入れするから、さらに期間が長くなります。

モウソウチクは、九州の鹿児島や小倉、四国の徳島のタケノコが京タケノコより早く中央市場に出まわりますので、二月中旬から使いはじめます。地元の京タケノコは三月になれば出はじめ、五月まで使えます。モウソウチクの最盛期は、桜の開花時期と一緒にやってきて、東は金沢周辺と茨城県周辺が北限になります。

印南　東京の目黒や湯島も、モウソウチクのタケノコ産地として知られていましたが、いまは京都から東にモウソウチクのタケノコの大産地はありません。タケノコの栽培法も素朴で、京タケノコのような高品質ではありません。それで京都では、京タケノコがおわるとハチク、マダケにかわるのですね。

さて、正月にタケノコ料理が春の季節の先取りとして雑誌などで紹介されます。走りにはどんなタケノコを使いますか。

千代　最近は南の暖かい地方のタケノコが早くから出まわりますので、お正月などのめでたい料理に、早掘りタケノコを穂付で使ったりします。早掘りといっても、とくに味や香りに違いはありません。まだ、走りで形も小さく高価ですので、若竹のお椀のような仕立てかたで、初ものを楽しんでもらいます。ただし、タケノコの食味は、三月中旬以後のタケノコのほうが上です。

印南　わたしは「京の台所」とよばれる錦市場をあるくのが好きです。錦市場に行くと、食材で季節を感じることができます。いまスーパーなどでは、食材で季節を感じることができません。

千代　食材で季節感というと、いまは春のタケノコと秋の松茸が一番でしょうね。

印南　秋になると錦市場の店頭に、松茸が幾通りにもランクづけしてならびます。国内産でも、産地によりなん段階にもわかれます。なかでは「地（地元）松茸」が一番高価で、遠くなるほど値段が下がるように思います。タケノコも松茸ほどでないにしろ、料理屋は使いわけるのでしょうか。

写真5　薮で掘りあげた京タケノコ※

千代　タケノコも産地により値段に差はあります。料理屋はその店にあった献立、調理法で素材を選んでいきます。素材がよいかわるいかで、調理法もかわります。ですから高くても、できるだけよい素材を仕入れて調理し、お客様が喜んでいただけるようにしています。

印南　使う京タケノコの品質で、料理の種類や調理法が違い、さらに料理屋の格がきまる。食材の格が料理の格、さらに料理屋と常連客の格をきめる。京都の高級料理屋に一現《いちげん》さんを受け入れなかったのは、料理屋と常連客の格がきまっていたからでしょうか。

朝掘りタケノコと下処理

印南　ところで、千代さんの店で使うタケノコは、どこで入手するのですか。

千代　わたしのとこは、長岡京市の二軒のタケノコ農家と契約しています。なかの一軒は大枝《おおえ》にも藪があり、両方のタケノコを使います。

印南　大枝（京都市右京区）のタケノコは「塚原タケノコ」で、日本一といいます。長岡京と同じ京タケノコでも、違いがありますか。

千代　たしかに大枝は粘土質ばかりで、長岡京より上質のタケノコがそろっています。ただし、長岡京でもいい藪は、上質のタケノコがでます。また大枝と長岡京の差は、他地域のタケノコとくらべると問題にならないほど小さいのです。

印南　タケノコが出るようになると、農家の人がもってきてくれるのですか。

千代　タケノコは天候で収穫時期が多少ずれ、暖かくて、雨が多いと早くでます。三月中ごろに栽培農家に電話で藪の状況を聞き、タケノコが出はじめると藪まで毎朝とりにいきます。同じように手入れされた藪でも、日当たりや地質で味が違ってきます。ですからエグ味が少なく、おいしいタケノコの出る藪まで行き、直接仕入れます。

印南　このあたりで農家と契約して直接仕入れるのは、いつごろから多くなったのですか。

千代　グルメブームにのり、より新鮮で、よい食材を求めて、農家と契約する料理屋が多くなりました。タケノコではありませんが、有機栽培の野菜も契約栽培している農家があります。

印南　同じように手入れしても、藪ごとで味が違う。千代さんのように藪までとりに行けば、ほかの藪のタケノコとまざらない新鮮なタケノコが入手できる。店の料理にあった、高品質で均一なタケノコを手に入れるのに、そこまで苦労しているとは思いませんでした。

さて京タケノコは「朝掘り」というイメージが定着しています。朝に掘ったタケノコを、すぐに調理して食べる。時間がたつとタケノコのアクが強くなることが大きいと思いますが。

千代　掘ってきたタケノコをそのままおくと、タケノコは伸びます。タコノコは生きているんですね。時間がたつと、水がぬけてカチカチにかたくなり、変色して、アクが強くなります。鮮度によってアク抜きの方法もかえるほどです。朝掘りタケノコは、早朝に掘ったタケノコです。それを二、三時間後か、あるいは昼ごろまでに手に入れて下処理してこそ、朝掘りの意味があります。タケノコは時間がたてばたつほど質が落ちて、アクが強くなり、エグ味も出てきますのでできるだけ早くゆがきます。

印南　調理人は、朝掘りをゆがくのは、昼を目安にしているわけですね。さて朝掘りでもアクがあるわけですが、どのように下処理するのでしょうか。

千代　タケノコのアクの成分はホモゲンチジン酸とシュウ酸です。シュウ酸は時間がたつにつれて二倍、三倍とふえるので、朝掘りタケノコでもできるだけ早くゆがきます。また、タケノコをゆがくときは、米糠を入れます。米糠がとけたゆで汁に、シュウ酸がとけだすのと、米糠の酵素のはたらきでタケノコがやわらかくなります。実験では、米糠を入れたゆで汁には、入れないときの数十倍のシュウ酸がとけだし、タケノコに残るシュウ酸が約半分になったという結果がでました。

タケノコは、ゆがくとき皮つきのまま、穂先をななめに切ると、皮に含まれた亜硫酸が酸化を防ぎ、白く仕上げることができます。ゆがくのは一時間から二時間が目安で、竹串が根っこの部分にすっととおるぐらいになれば流水にとります。また鮮度がよく、エグ味の少ないタケノコをゆがかないで、土佐煮などに仕上げるときは、直煮する場合もあります。

印南　朝掘りでないタケノコの下処理はどうかわりますか。

千代　朝掘りでないタケノコは、米糠とタカノツメを入れてアク抜きし、さらに「湯止め」といってゆで汁のなかで人肌ぐらいまで冷まし、皮をむいてもう一度真水でゆがく方法をとる料理店が多いのです。タカノツメは、辛味でタケノコのエグ味をうちけすはたらきがあります。ただし入れすぎると、ピリピリとした辛味がタケノコに移ってしまいかねないので、わたしは米糠だけでも十分ではないかと思います。わたしは、朝掘りでも、朝掘りでなくても米糠を入れますが、タカノツメは使いませんし、湯止めもしません。どうしてかというと、一度タケノコからでたアクが、湯止めをすることで、再びタケノコに入りこむと思うからです。

印南　タケノコの下処理だけでも、食材の質や料理人の考え方で幾通りもある。そこに料理のおもしろさとむずかしさがあるのでしょうねえ。

京料理の技とこころ

印南　タケノコ料理というと、わたしはすぐ若竹煮を思いだします。ワカメとタケノコの、絶妙なとりあわせがたまりません。

千代　たしかに、タケノコ料理を代表するのは、若竹煮だといえます。ワカメの海の香り、タケノコの里の味、さらに木芽の山の香りと三味のとりあわせは味わい深い料理です。この深い味わいをお椀に仕立てたのが「若竹のお椀」で、走りのタケノコをさらっと味つけして、初ものとして楽しめます。そのほか、伝統料理として田楽などもあります。

印南　そのほか木の芽和《あ》え、炊き込み御飯など、家庭で調理してもおいしいですねえ。

千代　そうですねえ、家庭で比較的簡単につくれておいしい、それがタケノコ料理です。

印南　地元のお客は、どんなタケノコ料理を好みますか。

千代　地元のお客様も、よく来ていただいています。やはりワカメとタケノコという出合いのものを使い、もっともタケノコの味と香りが口の中に広がり、春の訪れと季節感が味わえる「若竹煮」。それとカツオ節のきいただしを使い、追いガツオで仕立てた「土佐煮」で、大きな器に盛った若竹煮と土佐煮を、ペロッと食べて帰られるお客様もおられます。

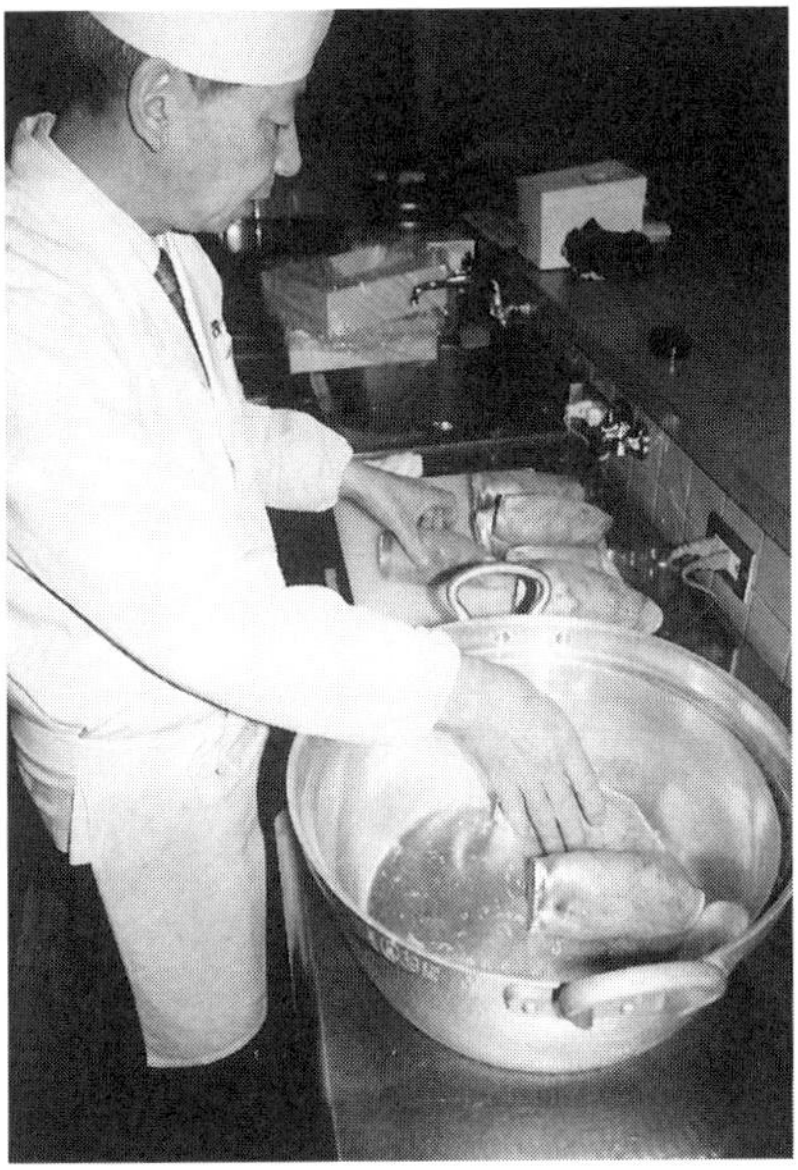

写真６　京タケノコをゆがいて下処理する千代勇二氏※

印南　本当にタケノコが好きな、地元の客らしい豪快で、うらやましい食べ方ですね。南山城に住んでいたころ、穂先のやわらかい部分はゆがいて刺身や汁の実に、胴や根元は天ぷらや煮物にして食べました。家内は、根元のコリコリとした食感がたまらなく好きだといいます。店ではタケノコの部分をどう使い分け、料理をいかすのでしょうか。

千代　わたしの店では、穂先のやわらかい部分は椀種《わんだね》とか、木の芽和え、細く切ってカラスミで和える、梅肉和えなどに仕立てます。姫皮は和え物のほかに、真蒸《しんじょ》と

写真7　「竹茂」の若竹煮※

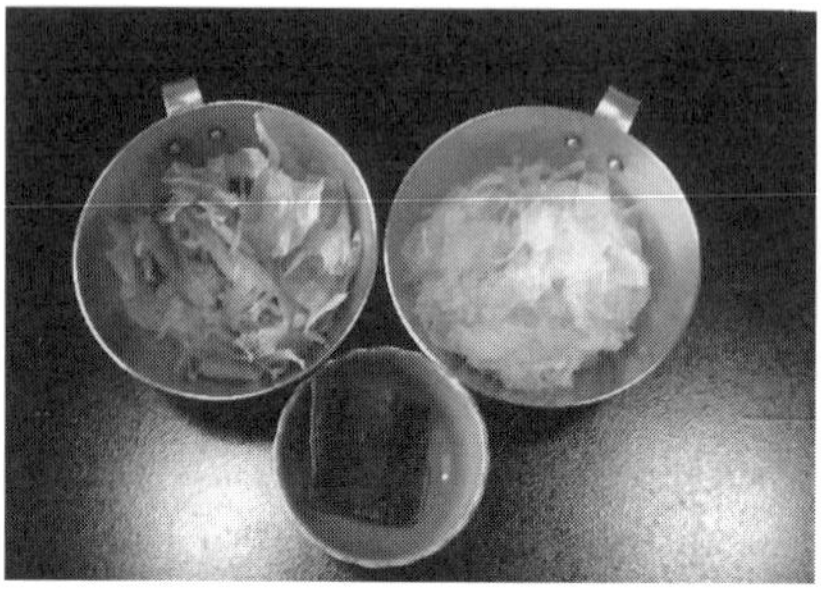

写真8　「竹茂」のカツオブシ・マグロブシ・利尻昆布

あわせて姫皮真蒸としてお椀の種に、またちりめんじゃことサンショの実を煮て、姫皮山椒として御飯のときお出しします。胴から根元の部分は、炊きあわせ、煮物、焼き物、揚げ物など用途が広く、一本のタケノコを先端、真中、根元と、その部位の特色をいかして全部使い切るようにしています。

印南　素材の特色をいかしながら、姫皮まで徹底的に使いきり、無駄をださない。いまの家庭は食材を無駄にしても気にしなくなっています。食材についての考え方も、学ぶべき点が多いですね。ところで、タケノコの各部位を計測すると、先端、次が根元で、真中がいちばんエグ味が少ないといいます。各部位を使いわけるとき、エグ味を考慮しているのでしょうか。

千代　各部位のエグ味よりも、一本一本の違いのほうが大きいのです。かといって一本一本ゆでかたをかえたりしません。しかもお客様には同じものを出さないといけません。質は違っても、同じタケノコ料理に仕上げるのが料理人の技です。少しかたいときは、裏から隠し包丁を入れておきます。エグ味のあるときは、した味をしてやわらげます。こうしてお出しすると、お客には違いがわかりません。そのままにしないで、一つひとつに手間をかけて、お客さんによろこんでもらいます。そこに料理人の技とこころがあるのです。

印南　いま、味の話がでました。京料理は、素材の色をいかすため、薄口醤油を使います。薄口醤油は濃口醤油より、色は薄いが塩分はすこし多い。ただし京都の有名料亭の吸物を調べると、塩分の濃度は普通より薄かった（飯塚久子ほか

『京都の郷土料理』同文書院、一九八八)。なぜ薄い塩味で満足できるのでしょうか。

千代　うちは利尻昆布に、カツオブシとマグロブシをまぜて使います。利尻昆布の上品な味に、渋みのあるカツオブシと、あっさりしたマグロブシをあわせます。タケノコのもち味をこわさない、上品でコクのあるだしがとれます。

印南　昆布のグルタミン酸と鰹節のイノシン酸をあわせると、相乗効果でうま味は増大しますよね。京料理はうま味で薄い塩味をカバーすると。

千代　タコノコは、とろ火で四〇分も一時間もコトコトたきます。するとなかまで味がしみて、コクがでます。料理人は、四〇分後の完成品をイメージして、薄味にして気ながに煮ます。煮ふくめることで、素材の味をそこなわずに味をからませるのです。

印南　まさに、素材をいかすために考えられた、料理システムといえますね。そして、京タケノコは京の料理人の技にこたえられる素材ということですね。

京タケノコのこれから

印南　ところで千代さんの店で、タケノコ・ステーキを食べました。新しいタケノコ料理を考えたのは長岡京市に店を開いてからですか。

千代　もちろん長岡京市に店を開いてからです。京タケノコという最高の地元の食材を、いままでにない料理法でおいしく提供できないかと。いろいろ試作を繰り返してできたのが、タケノコ・ステーキやタケノコ饅頭で、どちらも好評で、大阪や神戸など遠方から来店くださるお客様もいらっしゃいます。タケノコ・ステーキは、子供さんにもよろこんでいただいています。

印南　京料理にあわせた食材を、タケノコ・ステーキのように洋風化するには苦労したでしょうねえ。

写真9　「竹茂」のタケノコ・ステーキ※

千代　べつに洋風化しようと考えたのではなく、いままでと違った料理法でおいしく提供できないかいろいろ苦心してできたのです。毎年、同じものをお出ししたのでは、あきられますからねえ。せっかく地元の良い食材が手に入るのに、これをいかさない手はないですからね。

印南　試行錯誤しながらタケノコ・ステーキを創作し、子供にまで客層を広げ、家族連れで京タケノコが楽しめるようにした。いまは家族がそろっておいしい食事を食べる機会が少ないだけに、いいお話です。これからの料理屋には、そうした家族向けの配慮がいるかもしれませんねえ。

ところでタケノコは、ほかの京都の食材との相性はどうですか。

千代　タケノコと相性がよいのは、旬が同じワラビ、フキ、ウド、一寸豆、菜の花などです。長岡京市特産の菜の花は、とりあわせの彩りがよく、季節感をあらわせます。魚では、タコ、グジなど比較的脂肪の少ない淡泊なものがよく、イカ、エビ、貝類ともよくあいます。

印南　聞いているだけで、おいしそうで、食べたくなりますね。タケノコは香気や食感だけで、栄養がないとばかり思っていました。ところが、タンパク質や澱粉、脂肪のほか、各種ビタミンなどが多く、タマネギやキャベツに匹敵します。先端と根元では食味やエグ味のほか、栄養分にも違いがあります。先端ほどホルモンや栄養分が、根元のほうは繊維質が多くタンパク質が豊富です。京野菜は、もとは京の人びとの日常の食材でもありました。いまは高級食材になりました。京料理も、京野菜と似たところがあるのではないでしょうか。

千代　わたしは、京料理は京都がはぐくんだ郷土料理だと思っています。あの夏の暑さ、冬の底冷えする寒さのなかから、考えだされたのではないでしょうか。京都は、新鮮なよい魚が入らず、塩サバやグジなど一塩物《ひとしおもの》が一般的でした。そんななかで夏に生命力の強いハモが入ってきて、ハモ落としなど数多くのハモ料理を考えだします。冬には豆腐料理や湯葉料理も広がります。季節の京野菜を使った京料理がとても多い。タケノコと同じで、いろんな食材と組みあわせ、たがいの味を引き立てあいます。彩りもよく季節感をあらわし、目でも楽しめます。「はんなり、ほっこり」という、京言葉がよくあう料理になっています。

印南　「はんなり、ほっこり」をわかりやすくいうと。

千代　むずかしい質問です。はんなりは、まったりとした味で、ほっこりは、ホッとできるといった感じでしょうか。

印南　京料理にかぎらず、地域の素材をいかすのが基本といえそうですね。最後に、京タケノコと京料理のこれからについてうかがえればと思います。

千代　乙訓の上質のタケノコは野太いなかにも色白で、どことなく上品さがあって、それでいて存在感がありま す。たとえば京料理という大舞台で、堂々と主役を演じきれる一人の役者だといえます。献立を考えるとき、どういった流れですすめていくか、また主役をなにするか、その前後になにをもってきて主役をもりたてるのか考えます。この主役をまかせられるのは、京野菜の中ではタケノコしかないとわたしは思います。このよき食材に、新しい発想でどう色づけし、テーマにそって演じてもらえるか、われわれ料理人にかかっています。

印南　いま「京のブランド産品」として乙訓では、物集女《もずめ》の「京タケノコ」が認定されています。長岡京市は農家の直販がさかんで、市場への出荷量が少ないため認定されていません。いま認定されている京野菜は、菜の花をふくめ京料理の食材として欠かせないものばかりです。なかでも主役をはれる野菜はたしかに少ないですねえ。京タケノコのフルコースは、たしかに十分満足させてくれました。ほかに主役を探すとすれば、秋の松茸ぐらいでしょうか。京タケノコは、季節感を大切にする京都らしい旬の食材の代表です。ただし、それも朝掘りできるモウソウダケの薮があればこそです。すでに多くの藪が開発され、宅地にかわっています。宅地開発がすすむと、藪の水脈がかわるなどよいタケノコがでなくなります。

長岡京で、京都からお客や舞子さんを藪に招き、タケノコ料理を楽しんだと聞いたことがあります。手入れされた藪でのタケノコ料理は、京の風土や文化を五感で楽しめ、うらやましく思いました。藪に入るのはタケノコのためにはよくありません。京タケノコを保全しながら、藪と料理を楽しめる工夫がほしいと思いました。

3　美食家が語る京タケノコ

北大路魯山人と春の美菜

料理屋が、京タケノコで京料理をつくった。とすれば、もっといろんな京タケノコや京料理を食べくらべるべきだろう。ただし、それはだれでもができることではない。また味は経験をとおして身につく文化である。家庭や地域でも味は違い、さらにことばで味を伝えることはむずかしい。ここでは食の探求者として知られる三人の著作をとおして京タケノコの味を楽しみたい。

北大路魯山人は、美食家であり、すぐれた料理人でもあった。青年まで過ごした京都の食材について多くの文章を残す。「筍の美味さは第一席」は一九三八年の発表で、『魯山人味道』（東京書房社、一九七四年）におさめられた。ここでは一九八〇年の中央文庫（現中央公論新社）から全文を引用した。戦前は、樫原の評価が一番で、伏見稲荷もそれにおとらぬとある。ただし、宅地開発でモウソウダケの藪がなくなった。いまは樫原のすぐ奥の大枝が、塚原タケノコで評価が高い。関東は目黒のタケノコが登場する。

筍の缶詰ものは、一流日本料理の料理になる資格はないが、二流以下の料理用としては、年中、日本料理にも中国料理にも重宝されているくらいだから、美食原品として一等席へ坐してもよいものであろう。

彼の二四孝の孟宗は、母のために雪の地下深く竹の芽、すなわち筍を掘って有名であるが、筍は降雪期の前、すでに地下深く萌芽しているから、別にふしぎなことではない。

京阪の一流料理屋が暮の中から、初春から、はしりものとして客の膳に出しているのが、すなわち、それである。その味は出盛り季節の美味ではないが、これはこれで一種捨てがたい風味があって、充分珍重に価する。

しかし、筍も産地による持ち味の等差というものの甚だしいのに驚く。もとより京阪は本場である。関東のそれは場違いとしたい。目黒の筍など名ばかりで、なんの旨味もない。京都では、洛西の樫原が古来第一となっている。その付近に今ひとつ、向日町《むこう》という上産地がある。洛東の南、伏見稲荷の孟宗薮も近来とみに上物ができて、樫原に劣らぬと自慢している。

しかし、私の経験ではなんと言っても樫原の優良種がよい。噛みしめて著しい甘味があり、香氣がすこぶる高い。繊維がなくて口の中で溶けてしまう。

これを季節の味で食えば本来たまらなく美味いが、近来は到るところ料理屋の激増によって料理屋向きを目当てに、二四孝が掘り出したであろうところの稚筍、すなわち若芽（百匁四、五本もの）を掘り尽くしてしまい、いよいよという季節の来た時分には、薮に一本もない始末。従って本場の季節ものは、台所などへは顔を見せてくれない。

ゆがいた筍を永く水に浸しておくのは、味を知らない人のすること。掘って間のない本場ものなら、京都人は、ゆでないでそのまま直ぐに煮て、少しも逃げない味を賞味している。煮冷えすると白い粉が吹いているが、平気で美味さをよろこぶ風がある。

新しい筍を煮るのに、醤油、砂糖でできた汁を筍の肉深く染み込ませるのは考えものである。日の経った筍や缶詰ものならばそれもよいが、掘りたてのものであってみれば、煮汁を染みこませないよう中身は白く煮上げるのが秘訣である。

こうしてこそ筍のもつ本来の甘味と香気が生き生きと働いて、春の美菜のよろこびがあると言うものである。しかし、関東ものは本場並みにはいきかねる点もあるから、そこは筍次第で、人おのおのの工夫を要するものとしたい。孟宗の終わるころ、はちく・やだけ・まだけが出て、孟宗の大味にひきかえ、乙な小味を楽しませてくれる。

吉田健一と京都の筍

吉田健一は、東京生まれで、英仏で文学を学んだ。酒や食物に強い関心があった。『私の食物誌』〈中央文庫〈現中央公論新社〉、一九七五年〉では、全国各地の食材や料理をとりあげる。「京都の筍」も一つで、東京人の京都の食材へのあこがれが伝わる。後半部分では京タケノコのヤブが、開発で失われていることへの危惧をのべている。京タケノコにふれた前半部分のみを紹介する。

確実に京都の筍と言うことが出来るのに就ては他所の筍も食べたことがあって東京にいて八百屋さんが持って来るのを断る訳ではなくても、それと比べてであるよりも京都の筍を食べること自体が比べたりするのを意味なくするものを感じさせるからである。毎年ではないが、どうかすると京都からこの筍が送られて来ることがあって、そうすると食膳が豊漁に似たものになる。

勿論ただ柔いだけではない。又旨いとか、その色が凡そ淡いとかと京都の筍の特徴を幾つか並べてもこれを食べている時に経験するものにならなくてこれはその歯触りが柔いことから始って忽ち京都の筍の匂いがし、その味がしてそれが凡て一つになって続くということがあって漸く京都の筍を食べることの輪郭が出来上る。京都ではその掘り立てのを皿に盛ってこれを平らげるのだそうである。又朝掘ったのを晩に食べるともう味が変っているということも聞いた。東京にいてはただ想像して見る他ないことであるが、その手掛りになるものが鉄道で送られて来た筍にも充分にあってこの筍ならば昆布出しの昆布まで旨くなる。又これを生のままで刺し身のようにして食べるということも聞いてそれが京都でならば出来そうに思えるのみならず、そうするのでなければ勿体ないのではないかという所まで夢を馳せ、この筍の時季に京都にいたことがないのが残念になる。（後略）

嵐山光三郎の絶妙な京タケノコ

嵐山光三郎は、既製料理にあきたらず、みずから料理実験をして新領域を開拓した。『素人包丁記』（講談社、一九八七年）の巻頭は「尺八の煮物」で、タケノコ料理の歴史や奇想天外な実験が登場する。京タケノコの部分だけを紹介する。

（前略）タケノコはピンからキリまであって、京都産のものが一番うまいとされている。醍醐の蒸筍だの、鞍馬、嵯峨（乙訓地域のことと思われる…筆者注）の朝堀りとか言って、食通はこぞって京都をよしとするが、京都錦小路で一本一万円の値で売られているのを見ると、なんだこのやろう、という気になる。私の近所の八百屋では同じ大きさの朝堀りが三〇〇円だ。そりゃ京都産のは、やわらかく、味も香りもよく手入れもいいのだろうが、いくらうまいからと言って差をつけすぎるにもほどがある。江戸明和のころは、タケノコは小田原産の大竹がよしとされ、藩主大久保加賀守は他領へ移出するのを禁じたし、大正時代は目黒のタケノコ飯に人気があったし。昭和の初めは東京駅前に生えたタケノコを始発ダケと言って珍重したし、どこのタケノコだってそれなりの立場があるのだ。

（中略）京都のタケノコを初めて食べたのは一五年前のことで、嵯峨野の竹林の中にある料理屋だった。それまで関東のタケノコしか知らなかったぼくは、そこのタケノコ飯の絶妙な味に感動し、折りにつめて、自宅に持ち帰ったものだった。タケノコ飯というのは、冷えたやつでもうまいのだ。嵯峨野で食べたタケノコ飯は、うす味で御飯の色もほんのりと薄く、そのくせ香りがよく、タケノコもやわらかかった。はかない舌ざわりのなかに、竹林の風が吹いているようだった。武骨な関東の田舎者が京都名家のお姫様の湯あがり浴衣姿に見惚れるといった感じだった。それからしばらくは、タケノコ飯は京都風に作るようになったと言ったって、京都からタケノコを仕入れ、薄味にし、ここが重要な点なのだが、断じて油揚を入れない、だけの話なのである。どういうわけか、わが家のタケノコ飯は、油揚を千切りしてタケノコと一緒に下煮したのがまざっていた。それ以降わが家では油揚ぬきのタケノコ飯が一五年つづき、タケノコ飯を食べるたびに、私は母親の油揚入りタケノコ飯を品のないものと思っていたが、一カ月前上京してきた母親が作って持ってきたタケノコ飯をうっかり食べてしまった。しまった、と思ったときはもう遅い。油揚入りのタケノコ飯はじつにいい味なのだった。わが家流の田舎タケノコ飯のうまさを一瞬にして思い出してしまった。タケノコと一緒に下煮された油揚は、飯に混ぜるとよく調和して、いっそう食味がまさるのだ。どうしてこんなにうまいタケノコ飯を敬遠していたのか自分を疑った。ついでに、タケノコ飯の釜の下についているおこげも食べたくなったが、母親が持ってきたタッパーウエアの中には、おこげは入っていなかった。タッパーウエアのフタの裏側にこびりついているサンショの芽も京都風に品がいい色ではなく、濃い緑色の大ぶりの葉でありました。それ以来、ぼくは、客が来たときは油揚ぬきの薄味のタケノコ飯を作るが、自分で食べるときは油揚入りの濃味を作るようにしている。（後略）。

二　京タケノコの流通

1　錦市場と京タケノコ

京の台所、錦市場

京都市右京区の錦市場は「京の台所」とよばれる。近世に魚市場として開設され、いまも一一〇軒ほどが錦小路の両側にならぶ。なかでも野菜や魚介類など、旬の食材をあつかう店が多い。京野菜や海川の魚介類を、高級料亭に注文販売する。午前九時ごろから店頭販売がはじまり、一般客も多くおとずれる。いまは京都の観光スポットになり、外国人観光客も多い。その前は団体観光客が多かった。わたしがしばしばたずねた二〇年ほど前は、地元の常連客が多く、よそ者は少なかった。

南山城で「錦市場」の名前をはじめて聞いたのは、南山城の神饌《しんせん》調査のときだった。神仏に供える神饌は、地元でとれた野菜や木の実だった。それが品種改良や農業の衰退で、調達するのがむずかしくなった。ただし神饌はほかの食材にかえると、本来の祭りの意味がかわる。だから神饌だけは守ろうとしていた。祭りで神饌の当番にあたると、野菜などは前年から農家に頼んだり、自分で育てて準備した。ただしいつもうまく育つとはかぎらない。失敗したときは「錦市場に買いにいくねん」という、同じ答えがかえってきた。

写真10　錦市場の店びらき。鮮魚と野菜がはやい

たしかに錦市場では、見たこともない野菜や木の実まで売っていた。それがきっかけで、市内に出たときは錦市場に立ち寄るようになった。年末のお節料理の食材も、錦市場に買いに行くようになった。松茸などの高級食材は買えないが、地松茸、山城松茸、丹波松茸など、産地ごとの命名法や価格差など、錦市場の流

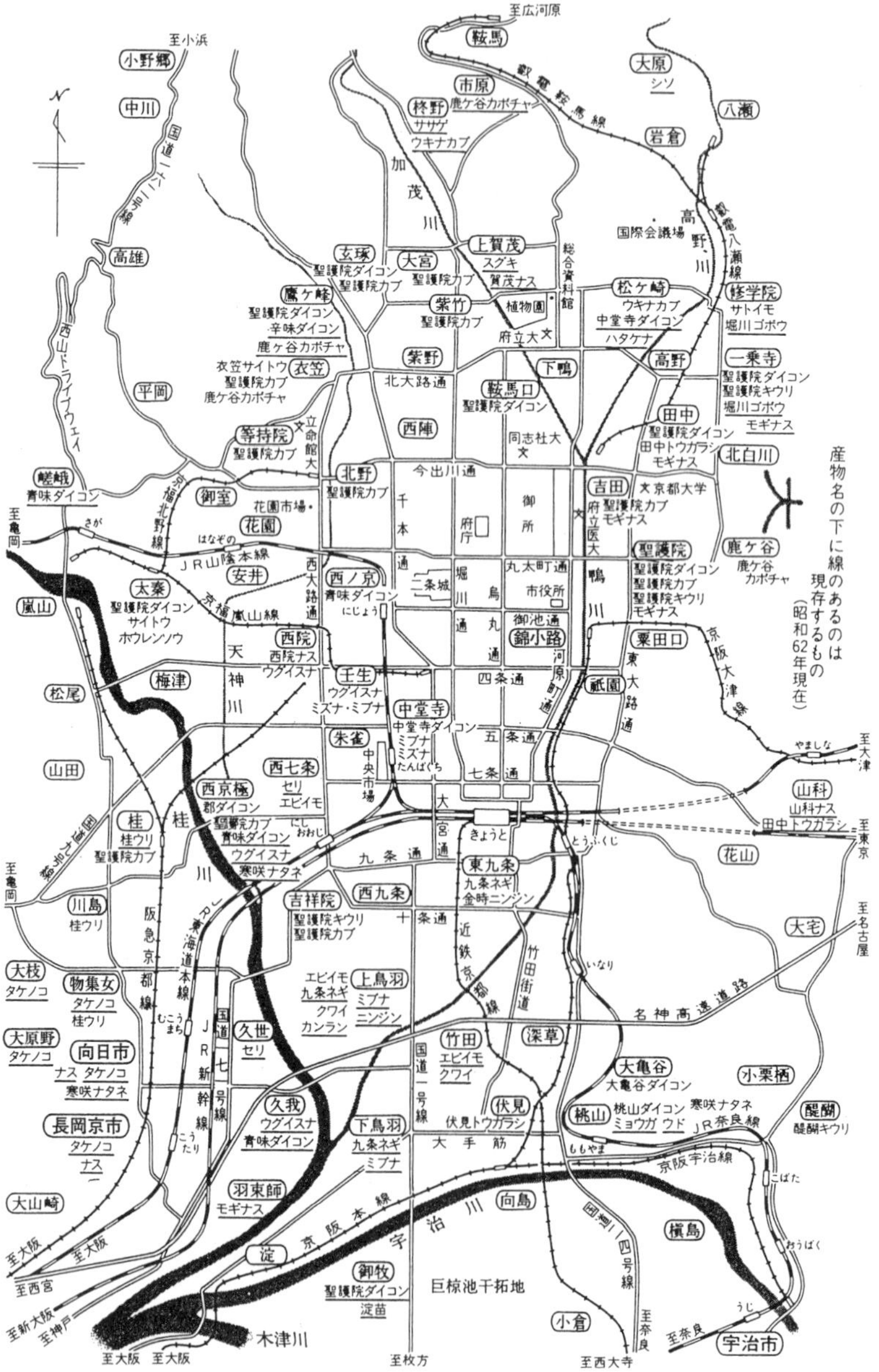

図６　京都近郊伝統野菜産地図・昭和62年現在

（林義雄・岩城由子『今日の野菜　味と育ち』1988に一部加筆）

写真11　錦市場の朝店先にならぶ京タケノコ。大枝のタケノコ出荷籠がならぶ※

写真12　蓋付き籠に入った京タケノコと米糠・木の芽※

通の背景に興味をもっていた。今回錦市場の多くの店主に話を聞き、京タケノコをとおして疑問が解消した。

錦市場は朝掘りの塚原タケノコ

錦市場の店頭にならぶのは、ほとんどが「朝掘り」の「塚原タケノコ」である。

乙訓の天王山から、京都市右京区の大原野、大枝《おおえ》あたりを「西山」という。西山は粘土質土壌で、おいしい京タケノコがとれる。錦市場の店は、タケノコについた粘土の色で産地と味を判断する。同じ産地でも、道を隔てただけで土質が違い、タケノコの味が違う。前は山科でもよい京タケノコがとれていたが、宅地開発でほとんどの薮がなくなった。

京タケノコでも、京都市右京区大枝（塚原・中山・沓掛・東長・西長）の「塚原タケノコ」が有名である。塚原タケノコは、京タケノコを代表する日本一のタケノコで、京野菜を代表する。そして、塚原タケノコの相場が、京タケノコの相場に影響する。

塚原タケノコは、ツチメ（土質）がねちっと粘りがあって肥えている。土質がやわらかいのでタケノコもやわらかい。塚原タケノコは、五分でエグ味がぬけ、ゆがきすぎると味と風味が消える。それほど繊細な味である。塚原タケノコは、乙訓より出荷が少し遅い。四月末の三日～五日間にとれる大きなタケノコが最上である。タケノコは、大きさでやわらかさはきまらないが、大きいほど甘みがある。そしてずんぐりと腰がはり、断面が丸くて、均質に育ったタケノコがおいしい。その塚原タケノコも宅地開発がすすみ、周囲に藪が少なくなり風向きがかわった。地下鉄ができて水脈もかわった。錦市場の店では、塚原タケノコの今後が心配だという。

さて、錦市場に来た観光客が一番おどろくのは、京タケノコが高いことだという。だれもタケノコを栽培しているとは思っていない。錦市場のある店では、タケノコの大きさで上・中・小・2Sの四つにわける。上は、皮がついたままで一〇〇グラム五〇〇円、一本で五〇〇〇円から六〇〇〇円になる。京タケノコは、むかしからグラム売りで、まれに一本売りもあった。むろん大きさと値段は、時期によってかわる。翌日までおくとタケノコは半値になる。

ほかの店は、特上・上・中・小・2S・外の六つにわける。上が一〇だと、特上は倍の二〇、中は四～六、小が二～四の値段になる。最盛期は小までで、2Sより小さい京タケノコは売らない。特上は三、四本で、四キロある。どんなに豊作でも、特上だけは値崩れしない。ただしあまり大きすぎると、シラコでも売りにくいので中の値段で売ることがある。なお、大きいタケノコは発送用、約五〇〇グラムの小が家庭用として店頭でよく売れる。なお料亭は、使いやすい直なタケノコをよろこぶ。ただし曲がったほうがうまいという人もいる。関東の客は小さいほどやわらかいと思い小さいタケノコを買う。

塚原タケノコが高いわけ

錦市場の塚原タケノコは、ほとんどが地場仲買（産地仲買）が卸している。錦市場の店と、大原野や大枝の産地仲買との取引は古い。日本で最初の京都中央卸売市場が開設する、昭和二年より前からつづいている。

明治十五年創業の店は、開店してからずっと塚原の産地仲買と取引している。大正十二年創業の店は、物集女《もずめ》の産地仲買と取引している。その間に店は三代目、仲買も二代目にかわった。戦後すぐ創業の店は、塚原の産地仲買と取引している。この産地仲買のタケノコは、塚原の四、五軒のタケノコ農家から集めている。

店が産地仲買と取引するのは、高品質のタケノコを一定量確保できるからである。産地仲買が卸すのも錦市場の一軒の店だけで、複数の店に卸すことは少ない。高品質のタケノコが、農協ではいつもそろうとはかぎらない。

産地仲買が卸すのは、契約している地元タケノコ農家の朝掘りタケノコだけである。錦市場の店は、前夜に料亭から電話で注文を受けると、すぐ産地仲買に連絡する。産地仲買はすぐにタケノコ農家に連絡する。産地で厳選した朝掘りタケノコは、等級にわけ、形をととのえ、一五～二〇キロ入りのシンド（竹籠）に入れて、十一時ごろに産地仲買が店に運んでくる。産地仲買は、ほかのタケノコをまぜたりしない。錦市場の店主は、産地仲買をとおして生産者の名前を知っている。

錦市場の京タケノコは、店と産地仲買、契約農家の「顔の見える」取引である。だからたがいに信用できるし、京タケノコの品質は保証される。こうしたシステムを常連客は知っているらしい。塚原タケノコをならべる店頭に、産地仲買が入れて運んできたシンド（竹籠）がさりげなくならんでいる。ただし、京タケノコの質量をそろえるには、農家に大変な努力を強いる。十分な利益が上がらないと農家は生活できない。産地の利益を守るため、京タケノコの卸値は産地仲買がきめる。それで塚原タケノコをつくる農家は、安くセリおとされる市場ではなく産地仲買と契約する。錦市場の店も、高く買っているので安売りや値引きはしないし、できない。

錦市場の店の品質へのこだわりは、京タケノコだけではない。松茸も産地仲買からだと農協より品質がよい。ある店では、祖父の代の「地松茸」は京都産で、丹波産と区別してよんだ。父の代は京都近辺産で、岡山や広島の中国地方産と区別してよんだ。いまは、国産で、韓国など外国産と区別してよぶようになった。ことに京都産の「地松茸」は、料亭用で店頭には出ない。なお、松茸が籠売りなのは、一日で一〇パーセントも目方が減るからだという。

京都の料理屋の常連客は味にうるさい。寺戸ナスを焼いて、皮をはいでさっと煮る料理がある。ナスの味が少しでもかわると、料理屋から店に苦情がくる。果物のメロンやイチゴも、箱の番号で生産農家を確かめてからでないと仕入れない。店によっては地下に冷蔵庫と温風設備を備え、料理屋が指定した成熟度で届けるなど、品質管理に細心の注意をはらう。

京タケノコがおわると、西山からハチクとマダケのタケノコが入荷する。ハチクは束売りする。

かわる販売形態と季節感

ある店では、一日に一四〇キロから一五〇キロの京タケノコを扱う。半分以上は料亭に配達する。残りを店頭で常連客に売る。売れ残った京タケノコは、皮つきのまま大鍋でゆがき、冷めるまでおいておく。翌日、店頭でゆがいたタケノコを売る。近ごろの若い人は、タケノコやワラビをゆがくのをめんどうがる。

配達や店頭売りのほか、近ごろは宅急便での送りの注文がふえた。ことに「塚原タケノコ」の産地名と「錦市場」の店名で、京タケノコは最高級の贈答品になる。ある店では半分が、東京・静岡・大阪・沖縄・北海道など二〇軒の旅館や贈答用の送りである。京都府以外からの注文も多く、一度贈られた人が次は贈答用に送るようになる。錦市場への観光客がふえて、宅配便で土産に送ることもふえた。ただし景気が悪くなり、会社から贈答用に京タケノコを送ることはへっている。

前は郵便小包や航空便で、京タケノコを送っていた。宅急便ができて便利になり、量がふえた。京タケノコの贈答籠は、二〇年ほど前まで高倉通錦小路下ルで夫婦がつくっていた。いまは京都中央卸売市場近くの梱包屋で、蓋つきの竹籠を売っている。青葉がついた竹枝を竹籠に敷き、タケノコと米糠を一緒に入れる。送り主の注文で、木の芽を入れることもある。竹籠を鮮度保存袋で包み、ダンボールに入れて発送する。鮮度保存袋ができるまでは、鮮度保持剤を入れていた。

いまは、中国から沖縄、鹿児島、大分・愛媛、徳島、京都とタケノコの産地が移る。九月ごろから、中国のタケノコが入荷しはじめ、一月は鹿児島や熊本、二月は徳島から入荷する。京都府の八幡市や城陽市の山城タケノコは、乙訓より少し早い。近年は北九州の八女市や合馬《おうま》（北九州市小倉南区）などでタケノコ栽培に力を入れはじめた。缶詰タケノコも、前よりうまくなった。

旬が早くなり四月ごろになると春の季節感が薄れる。塚原タケノコですら、高値で売れにくくなった。タケノコ産地は、関西から東に広がらない。関東は土質が合わないのと、京タケノコがおわるころには、食べ飽きているからという。

米穀店の美意識

家庭でうまいご飯を食べるには、よい米と炊きかたに工夫がいる。うまいご飯へのこだわりは都市にはじまるが、ごく一部の人だけだった。戦後もまだ多くの人が米のご飯を食べるのが目標で、日本人の嗜好にあった米の品種改良がさかんにおこなわれていた。昭和三十一年にコシヒカリ、昭和三十八年にササニシキができた。米の自給がはじまる昭和四十年から、みんなの関心がうまいご飯に向きはじめる。余裕ができると、うまいご飯を食べるために、消費者が米をえらぶ時代になった。

写真13　錦市場の中央米穀店の現在の店先。米と弁当、おむすびを売る

二〇年ほど前に錦市場中ほどの「中央米穀店」をたずねたことがある。すっきりした店先は、観光客相手の土産物店のように見える。ただし売っているのは「米」だけである。一七個ならんだ黒い漆塗りの桶に、綺麗にウルチ米を盛っている。モチ米は、べつに竹箕に盛っていた。米はすべてばら売りで、枡のかわりに輪切りにした青竹を使う。わたしが住んでいた豊橋では五キロ、一〇キロの袋入りばかりで、しばらくしてからばら売りがはじまった。

それぞれの桶には、次のように書いた木札がついている。

「日本一のコシヒカリ　新潟県魚沼郡産コシヒカリ一キロ・六七〇円」

「故里の味　京都府丹後産コシヒカリ　一キロ・五六〇円」

「ブレンドのおいしさ　コシヒカリ入り日本晴　一キロ・四九八円」

「低農薬・有機・自然乾燥米　長野県産ながのほまれ一キロ・五四六円」

「大地の恵　北海道産ヌキヒカリ　一キロ・四二〇円」

「ピラフ用　細長粒米サリー　一袋（二合入り）二八〇円」

「本日のおすすめ品」


コピーは、米の特色ある付加価値をしめす。この店は、厳選した米しか売ってないことを強調している。わたしがコピーから読んだ付加価値は、以下のようになる。


安全性…「低農薬・有機」で、農薬や化学肥料を少なくおさえている。

伝統性…「自然乾燥米」で、自然に乾燥させて品質をあげる。

風土性…「日本一の新潟県魚沼郡産コシヒカリ・故里の味京都府丹後産地・大地の恵北海道産」で、有名な米産地・郷愁をさそうふるさと・広大な大地の恵みなど、産地の風土とむすびつけたイメージづくり。

洋風化…「ピラフ用細長粒米」で、若い消費者に向け長粒米をアピール。

割安感…「本日のおすすめ品」で、安さが本日だけという付加価値で目立たせない配慮がある。


食材の特色を消費者にうまくアピールするのも錦市場の特徴である。店の表で観察していると、地元常連客が多そうである。米は一キロからで、少ししか食べないのでみな少量しか買わない。少量ずつ購入して、精米後の新鮮な米を食べる。保管スペースもいらず、都市の客には便利なサービスといえる。中央米穀店の主人は、六年前の開店時かららいまの販売方法をはじめた。米は、三キロ買う客が一番多いという。日本人の米の選択は量から質にかわり、美食を満足させる食材になった。その変化を中央米穀店はすばやく読み、京の伝統の美意識とともに売っていた。

平成十八年の夏、錦市場を久しぶりにたずねた。中央米穀店は、同じように桶に米を入れて売っていた。さらに店の一画で弁当とおにぎりも売り、店の奥で食べられるようになっていた。店員は、「米のうまさは、食べてもらうと一番よくわかる」という。錦市場の京野菜の店が、京野菜の料理を出しはじめた。その新聞記事を読んで食べに行き、京野菜の店だけではなく米穀店の進化を知った。直接食べて五感で納得して買ってもらう。食材への自信がないとできない売り方といえる。

2　塚原タケノコの産地仲買

産地仲買の仕事

塚原タケノコの産地仲買は、沓掛に二人、塚原に一人、大原野に一人いる。塚原タケノコの多くは産地仲買が、錦市場などの小売店や料理屋、贈答専門の発送店に卸す。

大枝出荷組合をとおして、物集女・大野原・長岡京などの出荷組合と一緒に市場出しする農家もある。そのときも「塚原タケノコ」の名で個人出荷する。ただし出荷組合のタコノコは、宵掘りして翌朝のセリに出すため、朝掘りの塚原タケノコにはならない。

沓掛の田原青果（田原正弘氏）は、塚原タケノコの産地仲買である。先々代の磯次郎さんは、仲買から大枝のタケノコの世話人を頼まれた。第二次世界大戦後に食糧統制が撤廃され、父親の作一氏が四十歳で青果の産地仲買になった。沓掛のもう一人の産地仲買も、同時期にはじめた。田原青果は、五〇軒のタケノコ農家と契約していて、産地仲買としては一番おおきい。契約農家の大半は父親の代から続いている。田原家は藪が団地になるまでは兼業農家だった。いまも出荷籠にかぶせるモウソウダケの枝をとるササトリ場用の藪がある。田原青果は、春の京タケノコと秋の松茸に小豆、黒豆などもあつかう。

産地仲買には、春の京タケノコと秋の松茸だけを専業にする家もある。春の京タケノコと秋の松茸に、夏はナス、冬はホウレンソウを組み合わせたり、大根やキャベツを組み合わせる家もある。産地仲買が、農家に種から供給し、遅蒔きと早蒔きを指定して、生産を確保することもある。生産を指定するときは、ボウ（天秤棒）の長さで畑をはかり、ボウ幾らで先に支払いをすませる。

夜に店から注文があると、農家にタケノコ何貫とすぐ知らせる。前は、翌朝一〇人ほどでヤブをまわり、ボウチギ（竿秤）ではかってタケノコを集めていた。いまは午前七時から八時半のあいだに、農家が集荷場にタケノコを持ち寄る。タケノコは、カンカン（台秤）ではかる。

田原青果は得意先にあわせてタケノコをわけ、シンド（出荷籠）に入れて、上・中・下の三ルートでトラック輸送する。朝の九時から十時までに、寺町通三条上ルの京特産品専門店「とり市」、錦市場の「四寅」「池鶴」、長岡京市の「錦水亭」など約二〇軒に届ける。帰るとき、前日の出荷籠を持ち帰る。出荷籠には墨書で「沓磯（磯は磯次郎）」「沓掛町」「平成〇〇年（製作年）」とある。

田原青果からみた塚原タケノコ

塚原のタケノコ農家は一五、六軒、そのうち専業は二、三軒という。ヤブの面積は平均五、六反で、一町ちかいタケノコ農家もある。塚原は、粘土質で地味のよいヤブが多い。ホ（穂先）が黄色で、タケノコ全体が白い「シロコ」がとれる。シロコはやわらかく、甘い汁が出て、生でも食べられる。タケノコ狩りに来ると、「タケノコがこんなにおいしいと思わなかった」とみんながいう。粘土の色がタケノコに影響し、赤い粘土の沓掛の藪はタケノコも赤味をおびている。

タケノコは、収穫時期でよび名が違う。三月末から四月はじめの走りは、浅い地下茎から出るのでウワコ（バイコ）という。四月十五日から四月二十五日ころの最盛期がナカコ、そのあとは深い地下茎から出るソココという。ウワコは風味（エグ味と香り）があり、お汁に入れるとうまい。ソココは風味が薄くなり、ゆがかないでも炊ける。ソココには、ホリの長さほどある大きいタケノコがある。

塚原タケノコは、タケノコを大きさで最大六分類して、オオシンド（三〇キロ入り）か、コシンド（二〇キロ入り）に入れて出荷する。ウワコとナカコは、二〇キロ入りのコシンドで運べる。ソココは三〇キロ入りのオオシンドにしか入らない。大きさで、上・中・小・2Sと、上より重いマル2上、マル3上がある。上で一本の重さが〇・八キロ〜一キロある。これは市場の「3L・2L・L・M・S・2S」とほぼ対応する。Lが上、Mが中、Sが小になる。ただし大きさは時期によって変動し、三、四月の「3L・2L・L」は「上」になる。五月になると3Lはマル2上となり、上より価格が下がる。消費者は大きいと調理がしにくいので、単価は同じでもLの方を好む。このごろは、テレビの料理番組の影響で、小さいタケノコが好まれる。

ウワコは、まだ珍しいので高くても売れる。ソココは、やわらかくておいしくても、飽きてくる時期なので相場が下がる。ただし、ソココのなかでも雨の多い年に出やすい真白なシロコは、「ジョウマル」「ジョウハネ」といって珍重される。

塚原タケノコで「トッキュウ」になる粘土は、白・黄・ねずみ・赤色の四色ある。白・黄色は小売店がよろこぶ。白・黄・ねずみ色は料理屋が好む。赤は沓掛の背後の丘陵地に少しあり、「トクシュモン」ともよぶ。一番目立つ色のせいか、素人がよろこぶ。

粘土に砂がまざると「フツウモン」とよぶ。色が悪く、エグ味が強く、トッキュウより、数倍以上安くなる。田原青果が契約するタケノコ農家は「フツウモン」が一割ほどで、ほとんどが「トッキュウ」である。

タケノコの出荷は、三月中旬から五月中旬まである。平成十年（一九九八）は生育が早く、五月十六日におわった。一月から三月の間に大雪が降り、雪が残ると、三月二十四、五日から五月末まで出荷したこともある。

3　出荷籠と竹細工師

乙訓の竹細工師

南山城の京都近辺の農家で、足のついた同じ形の竹籠（写真14）をよく見かけた。天秤棒で運べるように紐がつき、籠の横には屋号を墨書していた。いまは使わないが、野菜や果物の出荷に使ったという。

埼玉県大里郡の寄居で、出荷籠をつくる竹細工師を調べたことがある。そこでも野菜を入れて東京に出荷する竹籠をつくっていた。ダンボールにかわって、出荷籠の現物は残っていなかったが、荒く編んだ竹籠だったという。東京から寄居までは遠く、送る野菜も安く、出荷したままで戻ってこなかった。それで最低限の強度を供えた出荷籠でよかった。東京の近郊の出荷籠がどんな竹籠だったのか、いまだに気になったままである。

さて南山城の出荷籠は、京都や大阪に野菜や果物を送った流通資料として、さらに野菜に付加価値をつける美意識を知るうえでも大事な資料である。長岡京市神足の竹細工師静野感一氏（大正十四年生）から、その出荷籠について聞くことができた。

乙訓は竹材の産地で、竹籠をつくる竹細工師が多かった。第二次世界大戦後は減少したが、西国街道沿いに七、八軒、奥海印寺に五軒、長法寺に三軒あった。多くは農家の作間稼ぎで、マッタケカゴ・テカゴ・シンドなどをつくっていた。なかで静野感一氏は、数少ない専業の竹細工師で、注文で京野菜の出荷籠もつくった。いまは乙訓でただ一人の竹細工師となった。

静野家は、先々代の虎吉氏から三代つづく竹細工師である。虎吉の父親が長次郎で、屋号は「サマチョウ（様長）」といった。明治二十年ころ、虎吉氏は長岡京市神足で竹細工をはじめた。はじめは茶畑が多かったので、茶園で使う大形のシンドなどをつくった。二代目の伊之助は若いころは農業で、のちに竹細工師になった。大正から第二次世界

写真14　城陽市の野菜籠

大戦ころは、四角いネギカゴが中心だった。伊之助は、このネギカゴが得意だった。第二次世界大戦中は、焼酎瓶や長持を入れる大籠など野菜籠以外の注文が多かった。

第二次世界大戦から帰って、感一氏は竹細工師となり、ネギカゴを中心につくった。昭和三十年ころからプラスチック籠が普及し、ナスやタケノコを入れるテカゴや、マツタケカゴが中心になる。材料はモウソウダケが中心だった。芯止めした竹は繊維が荒く、油気がなく、弾力性もとぼしい。タケノコ藪の竹は、一〇貫入りのタケノコシンドの、補強用オヤボネ（親骨）に使うぐらいだった。

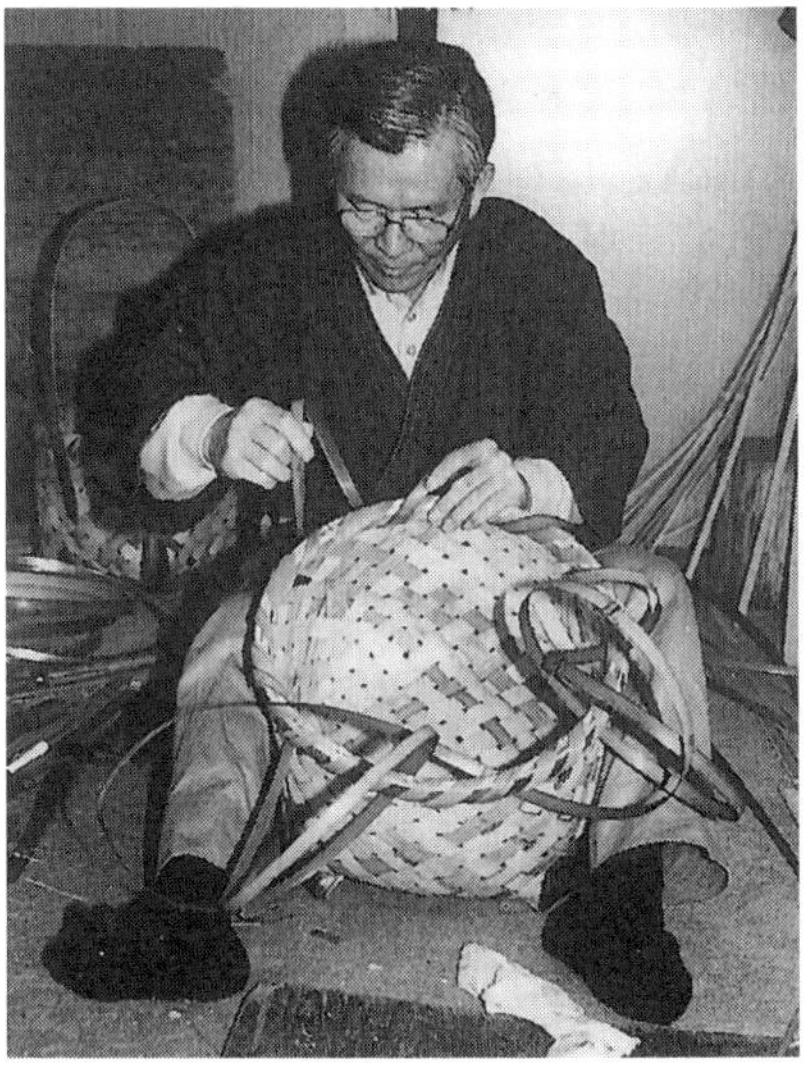
写真15　タケノコ収穫用のテカゴをつくる静野感一氏※

奥海印寺と長法寺は急斜面で、タケノコ藪にできない竹藪が多かった。竹藪全体の竹を買って、よい竹を選びながら竹細工に使った。三年目までの竹は虫がつきやすく、四年目の竹から使った。竹の伐り旬は、旧暦九月、十月ころだった。乙訓の竹はアクが少なく、甘いので虫がつきやすい。暗くて風通しの悪い場所に保管しても、虫がつきやすかった。

西国街道沿いにはマダケが多かった。大正時代まで壁下《かべした》として、竹筏で大阪に水垂《みずたれ》から送っていた。

消えゆく出荷籠

感一氏がつくる竹籠は、野菜籠とそのほかにわかれる。野菜籠には、作業籠・出荷籠・店頭籠などがあった。乙訓や京都市、八幡市、京田辺市のほか、大阪府の寝屋川市、島本町あたりからも買いにくる。

タケノコの収穫作業には、テカゴかタケノコシンドを使う。タケノコシンドは、五貫入りと一〇貫入りがある。五貫は親骨がなく、縁巻が一回である。一〇貫は親骨がつき、縁巻が二回と丈夫である。タケノコシンドに紐をつけて、急斜面で背負う人もいる。

戦前から、加茂ナスの収穫に使うテサゲの注文があった。テサゲは、ヘギ竹を磨かずに編んでよかった。ナスの表面に傷がつかないように、農家が籠の内側に布を張っていた。いまも十月、十一月になると農家が買いにくる。

松茸を採取する竹籠は縦長で、いまは野菜の採取にも使う。

出荷籠には、市場や問屋に出荷するタケノコシンド、ネギカゴがある。

第二次世界大戦前から戦後しばらくは、京都市下久世の農家の注文で、出荷用のナスビシンドをつくった。ナスビシンドは、タケノコシンドより少し小さく、ナスビに傷がつかないよう、ヘギ竹の両面をケズリホウチョウで削り、磨いてから編んだ。ナスビシンドは、麦藁をサンダワラ状に編んだ蓋をかぶせ、藁でしばった。

玉城玲子氏の調査によると、下久世特産のフキカゴ、上鳥羽・上桂のミズナカゴ、城陽市寺田のイモカゴも出荷籠として使っていた（玉城玲子「竹細工」『伝統の手仕事』京都府教育委員会、一九九〇）。

店頭籠は、いまもミセダシカゴとして錦市場の店で使うところもある。前は正月前に、新春らしい青竹のミセダシカゴの注文があった。そのほかの竹籠には、チャワンカゴ、野菜を洗うアライカゴ、天ぷらなど揚物を入れるアゲモノカゴ、サツマイモを蒸したり、乾物を干す浅いムシカゴ、鯛を煮たり蒸すのに使う、マダケで荒く編んだタイムシカゴなどがある。

そのほか贈答用のミヤゲカゴ（土産籠）もある。タケノコの土産籠はふるく、モウソウダケの身の部分だけで編み、四・三・二キロ用がある。運ぶ途中で熱をもたないよう、ササバ（笹葉）をかぶせ、縄で中央を縛って持ち手をつくる。長法寺では土産籠のことを、ケンジョウカゴ（献上籠）という。

マッタケカゴは、京都中央卸売市場前の川出商店からの注文でつくった。川出本家は屋号が「籠嘉」で、いまも取引がある。マッタケカゴは、七月二十一日と九月二十一日の東寺の弘法市のあいだにつくる。六つ目編みの荒い籠で、蓋がつく。寺町通三条上ルの「とり市」は、奥海印寺の竹細工師に直接買いつけにきていた。三〇年ほど前は長岡京市内の山でも松茸がたくさんとれ、夜中に番をしていた。

乙訓に竹細工組合をつくり、価格などをきめたがすぐにつぶれた。いまはタケノコのテサゲカゴを主につくっている。はじめはプラスチック製品が高かったが、どんどん安くなった。一〇年前から卸売り三〇〇〇円から値上げできない。近ごろは中国産の竹籠を輸入するため、ますます苦しいという。

京野菜の生産・出荷・販売をささえた、竹細工の文化は消えようとしている。

三　タケノコ農家と鍛冶文化

1　京都式軟化栽培

幕末にはじまり明治末確立

玉城玲子氏は、乙訓をふくむ西岡の良質で豊富な竹の利用史をあきらかにした（玉城玲子「竹の歴史」『京タケノコと鍛冶文化』）。ふるいのは竹材の利用で、延長五年（九二七）の『延喜式』では天皇の箸用に竹をおさめている。室町時代には竹が商品流通していて、江戸前期には産地に竹商人がいた。中期には竹屋仲間を結成し、京都への直接販売を京

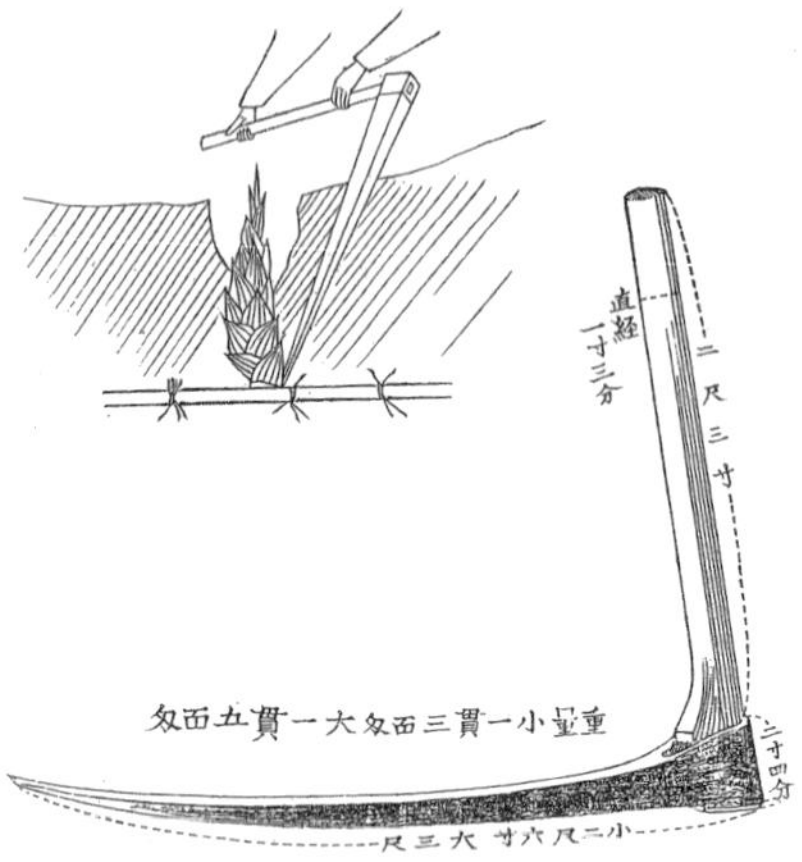

図７　「筍掘取ノ図」と「筍掘取鍬」
（『京都府園芸要覧』京都府農会、1909）

都竹屋仲間にはばまれ、大阪・兵庫方面へ販路を広げる。乙訓の竹材は、産地商人を通じて広く流通していた。タケノコが商品作物として栽培され、出荷していたことが確認できるのは一九期初頭である。一八三〇年ごろには、マダケの藪で土入れや細竹を刈るなどの手入れをしている。そのすぐあとの天保年間（一八三〇～四四）には、モウソウダケのタケノコ栽培が本格的におこなわれた。たとえば、タケノコ栽培が米作りより利益が大きいため、大流行して山林が藪にかわった。藪に入れるため京都市内の下肥が高値になり、下肥を藪に入れるのが禁止されるほどだった。タケノコの販路も、安政六年（一八五九）には大坂青物市場をとおして市内に出まわっていた。

明治十年代はタケノコが過剰生産となり、同じ日当たりのよい丘陵地に適した茶畑にかわっていく。明治二十年代には東海道線の鉄道輸送を利用して、神戸・兵庫に販路を広げ再び活発になった。明治三十五年の「京都府農会報」では、乙訓で栽培反別が二二五町あり、郡内屈指の特有物産と書いている。さらに缶詰製造もはじまっていた。そして明治末には、京都式軟化栽培とよばれるタケノコ栽培法が確立した。収穫方法も、地面の亀裂をみてヘラをつきさし、タケノコを確かめ、目印に笹枝をさす。それを大小の「掘取鍬（ホリ）」（図7）で掘り取る。大小とも形は同じで、初期は小を使う。ホリの小は鉄棒の長さ二尺六寸（約七八センチ）で、重さ一貫三〇〇匁（約四・九キロ）、大は三尺（約九〇センチ）で、重さ一貫五〇〇匁（約五・六キロ）とある。明治四十二年の図のホリは、いまとほとんどかわらない。その後、都市人口の流入や台風の被害などで打撃を受けるが、乙訓の特産品としての地位を守りつづけてき

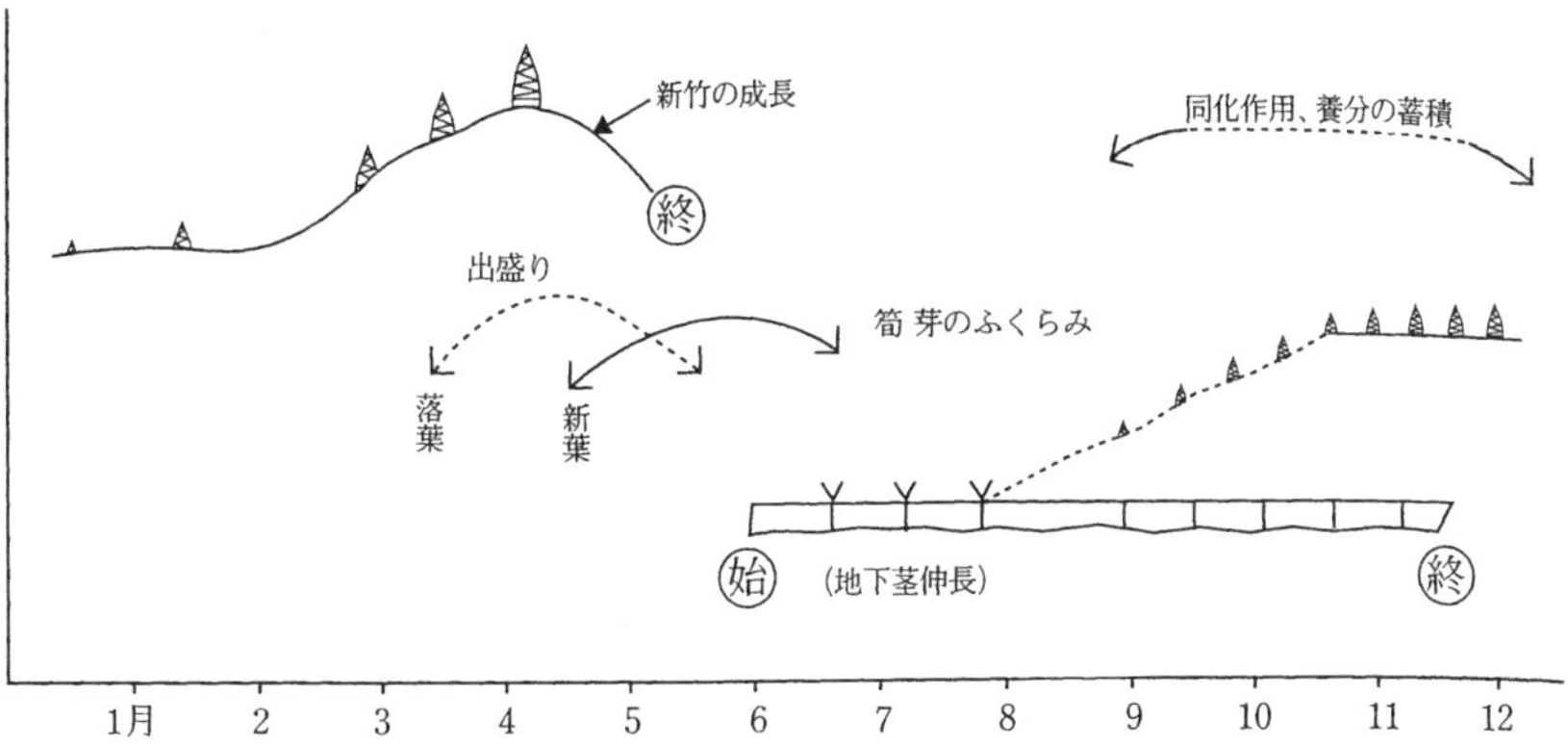

図8　タケノコの生育暦（シルバーサロン『長岡京市今昔譚』1997）

た。

長岡京のタケノコ栽培

横出洋二氏は、長岡京に住む四人のタコノコ栽培農家を調査した（横出洋二「タケノコ農家と栽培技術」『京タケノコと鍛冶文化』）。土入れ、収穫、施肥、芯止め、草取り、施肥、親竹更新、敷草と通年手入れをする。ここではタケノコ栽培の作業を、モウソウダケの成長暦（図8）と重ね合わせながらみておきたい。なおタケノコ農家は、田畑も耕作しているため一年をとおして作業がありいそがしかった。

土入れは、寒の時期におこなうと土が凍てて細かくなりよかった。敷いた土がフワフワしているとよく、土の上は歩かないよう工夫した。土入れの厚さは、むかしから一寸（三センチ）といった。ほかの土がまざるとよくないので、同じ藪の土取り場からとった。土入れには、ツルハシ・バチグワ・モッコ・ジョレンを使った。土入れすると保温効果があり、収穫の

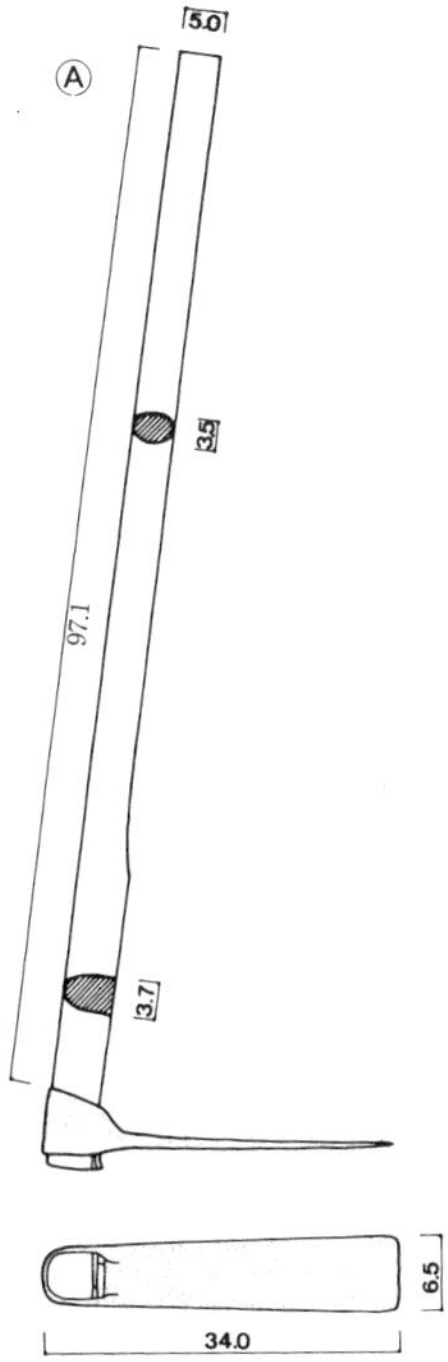

図9　乙訓のスカシグワ

写真17　敷藁作業※

写真16　長岡京の土取り作業※

写真20　ホリの収穫作業。ホリをつきさす※

写真18　土入れ作業※

写真19　薮にできた割れ目※

写真22　タケノコの出荷の準備※

写真21　ホリでタケノコを掘る※

写真23　薮に生えたサバエ※

写真25　タケキリガマでの枝打ち作業※

写真24　親竹の更新のための伐採※

写真26　高さがそろう手入れされた藪※

とき地面にできる割れ目を見つけやすい。

収穫は、里の日当たりのいい藪が早く、山の日陰は遅れる。西岡でも大原野など北のほうは遅れる。藪のタケノコを掘って一巡することを一鍬という。一鍬目はタケノコの成長がまだ遅いので、ゆったり時間をかけてまわれる。しだいに出るのが早くなり、四月半ばの最盛期になると毎日のように掘りに行った。タケノコの成長にあわせ、長さが違う三種類のホリを使った。

最盛期は、ホリのよしあしと、農家の技量がものをいった。ホリだけで掘ると、早いがそれだけ技術がいる。タケノコ農家は「ホリを使いこなすには、小さな時からでないと」という。タケノコを傷をつけないで、早く収穫する身体技術は高度だった。そうでない人は表面の土をスカシグワ（図9）ですかし（よせる）てから、ホリで地下茎から切り離していた。五月中ごろ、タケノコの収穫はおわった。

親竹はふるくなると、タケノコが出なくなる。七年を目安に親竹を更新する。親竹の選定は、収穫中の四月十日ごろにした。このころのタケノコが一番太い竹になり、太い竹の地下茎からはタケノコがよく生えた。穂先のそろったタケノコは味がよく、開いたのはよくない。これも親竹を選ぶ基準になった。親竹は一反（一〇アール）に二〇〜三〇本残した。砂地は保水力がなく、養分も少ないので数が少なかった。ふるくは四〇本と多かったという。

施肥は、一年に数回おこなう。四月十日ごろは、それからあとのタケノコの出をうながす意味があった。六月はじめころ、収穫後のお礼肥をした。最後のほうで収穫した穴を埋め戻さないで、お礼肥を入れた。成長暦でみるとタケノコは六，七月ごろに、新しい根がはしり、八月に芽をこしらえる。そのため八月から九月にかけて元肥（夏肥）を入れた。四尺ほどの間隔で穴を掘り、肥料を入れて埋めもどした。

昭和三十年ころまでは、下肥を主に使った。人糞は、牛車や自動車などで、京都市内まで汲みに行った。京都市内には、ほかからも人糞をとりにきたので、得意先をつくり、野菜などをもっていくこともあった。人糞は、藪に埋めた壺でくさらしてから使った。いまの無機肥料より、有機肥料の方が味がよかった。

芯止めは、五月二十日前後におこなう。親竹にする竹の先を切って、高さをそろえる。鎌で切るのと、ゆすって折る方法がある。鎌だと高さはそろうが手間で、ゆすることが多い。うまくゆすらないと、へんなところで折れた。芯止めすると台風などの大風でも折れにくく、日当たりがよくなる。

草取りは年中するが、ことに夏はよく生えるので念を入れた。六月から十月まで生えるサバエ（細竹）は、藪の水分と養分をとる厄介ものだった。金鍬でていねいに取り除いた。

親竹の更新は主に九月で、タケノコをうまなくなった親竹を伐った。ふるくなると竹の肌の色が薄くなり、笹葉の光沢を見てもわかった。あまり間隔をあけて伐りすぎると、風があたって地下茎がいたむ。伐った親竹の枝払いは、専用のタケキリガマを使った。

敷草や敷藁は、冬が近づくと藪に敷いた。戦前までは山の下草が多かった。山のない家は、伏見の桃山御陵の下草を刈りに行った。下草は藁よりフワフワしてよかったし、藁は燃料や牛の餌など用途が多かった。押し切りで切って薄く広げてまき、保温や保湿、堆肥に利用した。

塚原のタケノコ栽培

塚原でも、十二月から二月にかけて土入れした。収穫は五、六反の藪で、一鍬目は五、六日でまわった。しだいに間が短くなり、一日に二、三反、最盛期は一反半になった。タケノコ掘りの一人前は、最盛期の藪一反半だった。最盛期は、よく掘る人でも一日二反が限度だった。塚原での収穫は、五月二十一日の地元の祭りまでだった。

第二次世界大戦後も人糞を肥料に使った。深さ五〇センチほどの穴を掘り、人糞を入れて土をかけた。

芯止めは、五月十日ころ竹竿の先に鎌をつけて、高さをそろえて切った。いまは手間を省くため、竹をゆすって芯止めする。枝がでてから折るので、五月二十日から二十五日ころにかわった。ゆすると根がいたみ、親竹に高低ができ、日当たりや風当たりも一定しない。一〇段ぐらい枝を残すのがよいが、途中で折れることもある。長岡京より大原野や大枝のツチメ（土質）はやわらかく、竹をゆすると根元の地下茎がいたみやすいという。

十月ころ、山で刈ったササグサ・カヤ・キノメなどの下草を藪に敷いた。藪一反に八〇束から一〇〇束敷いた。一人が一日に三荷（前後各二束の四束で一荷）刈ればいいほうで、八束から一〇束が多かった。肥料として下草は藁よりすぐれ、やわらかくて太いタケノコがでた。塚原では、いまも下草にこだわる専業農家がいる。

藪仕事は辛い仕事が多かった。塚原では、田植えと藪の土入れと草とりはイ（結《ゆい》）でしていた。

京都市農業協同組合は、毎年一月末から二月にかけて藪の竹の品評会をする。知事賞・市長賞・一等賞・二等賞を表彰して「塚原タケノコ」の品質管理に力をそそいでいる。

2　ホリがとりもつ情報

農家も鍛冶屋も職人

乙訓の鍛冶屋とタケノコ農家は、ホリをとおしてたがいの知恵を出しあった。タケノコ農家はホリの使い方によって、鍛冶屋はホリの修理をとおしてたがいの情報を確認した。そうした情報のありかたを、偶然確かめる機会があった。

橋本勇吉氏から話を聞いていたとき、長岡京市南開田のタケノコ農家の西小路勇氏が修理でたずねてきた。かわされる二人の会話から、橋本氏と西小路氏がたがいの家の事情や気質までじつによく知っていることがわかった。こうした情報があったからこそ、ホリの改良がすすみ、乙訓でなくてはならない道具になったのである。

橋本氏は紀州鍛冶で、十五歳から一〇年間、ナライゴ（見習）として久御山町の小森家で修行した。昭和八年に、長岡京市友岡で独立する。昭和三十五年に長岡京市馬場に仕事場を移し、鉄工所をしながら鍛冶屋をつづける。藪のホリ・ブチキリ・チョンノのほか、鍬や鎌などの農道具、鉈や包丁など何でもつくれた。調査のとき橋本氏は八十五歳と高齢だった。加茂辰造氏が亡くなったため再開し、伏見区や八幡市、桂など遠くからも修理に来ていた。

西小路家はタケノコ農家で、いまは五反と少ないが、以前は一町の藪を奥さんと栽培していた。小さいタケノコは奥さんと、一緒に掘った。小さくても掘りにくいタケノコは、奥さんが印をして、あとで勇氏が掘った。時期にあわせ、三種類の長さのホリを持っている。三月から四月初旬は短いホリを使い、だんだん長くする。西小路氏は気性が荒いため一一本のホリを持っている。それでもホリを使いはじめるときは、細心の注意をはらう。鍛冶屋の刃先の焼き入れ具合を確かめ、焼き加減にあわせて使う。

ホリと身体技術

橋本氏はホリに柄をつけるときの角度に、一番気を使う。柄の角度は個人にあわせるのではなく、家できまっている。タケノコ農家は、ホリを一代で使い捨てないで代々受け継ぐ。家ごとにホリの角度がきまり、使い手がホリに慣れていく。角度に気をつけて柄付けしても、届けたとき「これでええかっ」と、橋本氏は農家に確認する。

柄の角度が、鋭角なのをカギ、鈍角なのをノサという。カギとノサは慣れだけではなく、得手不得手によってもきまる。カギは、タケノコを掘りあげるときは楽でも、タケノコの周囲の土をすかして、根を切るときは体を屈めないといけない。ノサは、掘りあげるのに力がいっても、タケノコの周囲の土をすかして根を切るのは楽である。ホリの角度は、すべての作業に都合よくあわせられない。使い慣れているホリがだんだんよくなる。

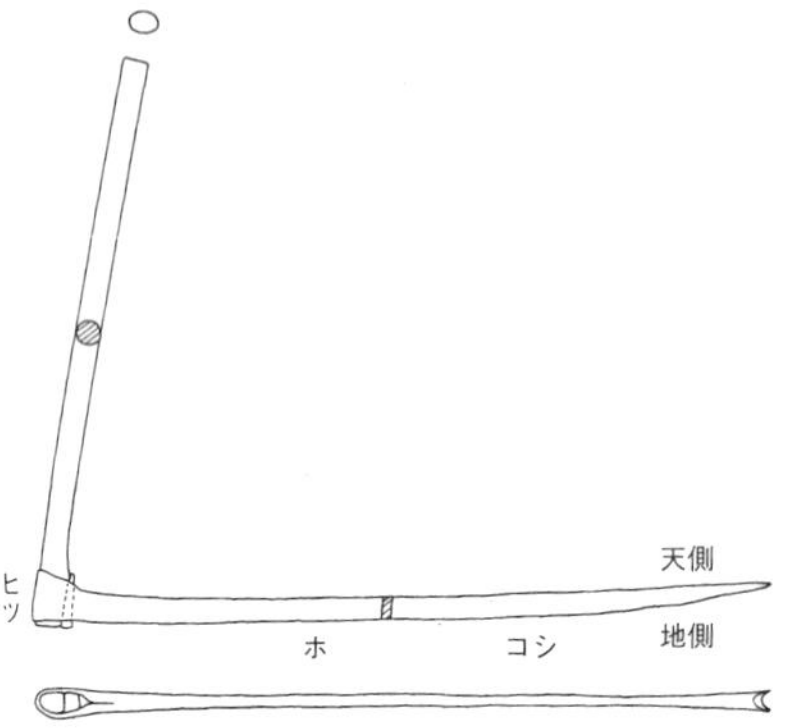

図10　ホリの部分名称（吉田晶子「鍛冶技術と製品」『京タケノコと鍛冶文化』より）

ホリの柄の長さは、藪の土質と手入れの仕方が関係する。南部の綴喜郡田辺町から相楽郡精華町にかけては、乙訓より柄が短い。藪が砂地で土がしまらず、土入れもしない。乙訓は赤土で土入れするので、土がしまり、深いタケノコを掘るときは力がいるので長い柄が必要になる。柄の長さは、藪の湿気も関係する。田辺あたりは、地下水が地表にちかい浅いところを流れ、湿気で根が腐りやすい。ふるい地下茎を切ることが少なく、やはり柄に力をかけなくてすむ。乙訓は乾燥気味の藪が多く、ふるい根がいつまでも腐らない。また、田辺あたりはホ（鉄棒の途中）に手をかけて掘るが、乙訓はヒツ（柄を通す部分）には手をかけても、ホには手をかけない。

ホリの柄はカシ材で、一本四〇〇〇円する。棒屋から三〇〇〇円で買い、すげる（付け替え）のに手間賃がかかる。鍬は、鍬先が重いと柄にカシを使い、軽いと柄の材も軽くする。鍬先と柄の重さをそろえると、使うときにバランスがとりやすい。ホリの柄は、上手に使えば五〇年から一〇〇年も使える。西小路氏が持ってきたホリの柄も、祖父が使っていたものである。

ホの長さと重さ

ホリの鉄の部分は、柄をつける「ヒツ」、真っ直ぐな「ホ」、裏側がカーブした「チュウゴシ（刃先より二〇〜三〇センチ）」、それと刃先の四部からなる。傾斜が急な藪は、ホが長くて、重いと掘りにくい。短くて、軽い、さばきやすいホリを使う。反対に、平坦な藪は、重いホリのほうが使いよい。西小路氏は、重くするため、ホの部分を特別に分厚くしたホリを三本持っている。

西小路　傾斜の藪は重たいのいらへんけどなっ、天気がつづくと平地の藪は土がしまりよる。軽いと、はいらへん。人間の力かけて掘らなならへん。雨がふって湿りができると、土もやわらかいからホリも入るけどなあ。

橋本　タケノコ掘るだけと違うねん。ときによっては、ネブチ（地下茎）を切らなあかん。ホリが細うて軽かったら、ネブチが切れへん。タケノコがはさまれたときには、ネブチでつまってんねん。太いネブチ切らなあかんねん。細いホリやったら、一発で切れへんねん。一発で切らなんだら、ゆるみでネブチがおどって切れへん。三べん、四へんやっても、力が逃げてなっ、切れへんらしいでっ。

西小路　鍛冶屋はんがかたいカナトコの角にあてて、ポンと切るのと同じでな、下がやわらかいと切れへん。もう、感やけどな。最初にチョチョットすかしてみて、ネッコ（地下茎）にホリの刃がすれたときに、三年のネッコか、五年のネッコか、七年のかたいネッコかわかるねん。お医者はんと、一緒や。タケノコがどっち向いて、どのネッコを切らなあかんかわかるねん。すかしてしもたら、切れなくなるねん。ネッコは人間と同じで、時間がたつとかとうなるねん。毎日朝から晩までネブチ掘ってると響いてくるねん。若いときはないけどなあっ。そやなあっ、五十歳をすぎて、ネブチを切ると肩と手の関節にくるねん。指の感覚がなくなるねん。ボールペン持たれへんねん。なるべく切らんようにすんねん。それでも切らんならんことできるねん。ことに四月の半ばすぎてくると、深こうなるからなあっ。ネブチキリも持ってる人もあるけどなあっ。わしら、持って歩かへん。藪の多いとこ、そんなん持ってたら仕事にならへん。ホリも持たななならへん、タケノコ寄せる籠も持たななならへん、三つも下げて歩いてみててみいっ。歩いてる人もあるけどなあっ、それやったら、わしらホリ二丁も三丁も持って歩くほうが楽やねん。自分の体が疲れてきたら、切れ味悪るなってきよる。まだホリは先がへってなくても、先にかえるねん。ボクシングと同じや。一二ポンドのグローブはめてやっていて、疲れてきたら八ポンドのグローブにかえたら楽やでえっ。ものすごう疲れるねん、限度こして仕事してるからなあっ。それにネブチキリやったら、ホリより藪のいたむ面積が広がるねん。

細くて軽いホリを農家が望んでも、ホの部分を細くするには限度がある。ホの部分を細くしようとしても、限度を超えると横にいがんでしまう。そこで、中央部を腹膨れにふくらまして、細く見える工夫をすることもある。

橋本　百姓は姿だけ見ていうけど、持つ、持たんというのは、こっちに責任があるねん。どない使われたかて、いがまん（曲らん）だけのことはしとかなあかんねん。力を隠したるねん。まあ、隠し仕事やなあっ。百姓の人にはわからんけどなあっ。

つまりホリは、ホと先端部分のつなぎ目に力がかかる。先端部分は幅を広くし、厚みと幅でもたせる。この部分から先が磨滅しやすいのでサキガケする。そのときこの部分の四隅の角をたてる。角がたった四隅で、細くからみあった細い根を切る。また先端部分が天側に向かってカーブしていると、掘るときにタケノコの一番肝心な部分に刃先があたるのでおさえる。

橋本　勾配ナルやったら、チュウボリすんねん。タケノコのええところをなあっ。ただし、勾配がないと、掘りあげるのが大変やねん。勾配があるので、掘りあげしなに楽に掘りあげられるねん。ナルすぎると腰を使って掘らんならん。一日中使うから使う人が大変やねん。

その微妙な調整が重要である。この勾配はホリの全体の長さとも関係し、深いところを掘るホリは、多少勾配をきつくして、掘りあげやすいようにする。短いのは勾配がなくても、掘りあげやすい。

刃先の鋼は先端から二寸ほどのところまでつける。裏側がやわらかい鉄なのでさきに磨滅し、いつまでも切れあじがつづくのである。サキガケのとき鋼をのせ叩くと三分の一ほどに薄くなる。仕上がりで鋼の厚みは二ミリほどになる。いまは、ホリ全部が鋼のホリが多くなり、前より切れ味は悪くなった。鋼をつけるとき前回つけた鋼が残っていると、あらかじめ切り落としてしまう。鋼どうしだと、ひっつきにくく、先の接合部分が開いてしまう。藪の土入れするときのツルハシは、石など注意せず使うので先が割れやすい。いまは手間がいるので、ミズウチせずに溶接で接合することも多くなった。ミズウチして地をつめると青光して、よく切れる。石が多いところは、刃先にブ（分）をもたせて折れないように身を少し厚くする。鋼を乗せて打つときは同じように叩いてつくるが、ヤスリで刃をつけるときに手加減する。砂地は粘土と同じようにつくるが、砂地のほうがよく磨滅する。砂地は石と違って、折れないので磨滅しないように焼き入れをかたくする。

ホリを使う農家は、刃先が磨滅していることを問題としがちであるが、鍛冶屋はチュウゴシの磨耗を気にする。このチュウゴシの磨耗をなおすことが、サキガケの中心的な仕事となる。チュウゴシの部分はタケノコを掘るときに、一番力のかかる梃子になる部分で、刃先とともに磨耗しやすい場所である。サキガケ前のホリは、目ではっきりわかるほど、コシのなかでチュウゴシの部分だけが磨耗している。鍛冶屋は刃先の幅を広くして丈夫にしたい。細いとじきに、角がへってしまう。ただし、農家は刃先が広いと皮に当たって傷つけやすいので細いほうがよいという。鍛冶屋と農家の利害は対立する。橋本氏さんがホリをつくりはじめたころは、刃先先端の切れ込みもゆるやかで、裏のくぼみもいまのように深くなかった。深くなるのは、電動の回転ヤスリができてからである。切れ込みとくぼみがあるため、カドがいつまでも残り、刃先も鋭いままで使えるようになった。

橋本　お客さんにしてみたら、はよへったら金いるし、鍛冶屋も一日でもなごう使こてもらおもてなあっ。だんだん、鍛冶屋どうしが競争してなあっ、いまのようになったんや。

薮をめぐる情報

橋本氏は「鍛冶屋は、よっぽどうごくもんでないとつとまらん」という。むかしは、鍛冶屋がホリを藪まで取りに行った。タケノコの出荷がはじまるのを待って持ち帰った。藪に発電機を持って行き、電気をつけて出荷のこしらえをしていた。夜も明かりをつけて、一升瓶を横において掘る人もいた。朝から晩まで、昼食を食べる一〇分ほど以外はホリを手に持っていた。

農家が持ってくるのを待つと、修理をはじめるのが遅くなる。鍛冶屋は、夜中の十二時だろうが、二時になろうが、朝までに焼きを入れて家まで届けた。いつ集めるかは、家の性格を考えて予想しながらまわった。なかには、先が丸くなっても使いつづける家もある。一日に二〇軒ほどをまわるが、最盛期になるとふえた。藪の広い家は、四、五日に一度のわりでまわった。一軒の農家でも、一人だけで掘るとはかぎらない。最盛期は毎日という家もあり、西小路家はその一軒だった。

西小路　毎日というほど、取りに来てくれてはった。おれらやったら、一日ホリ一丁でたらんねん。最初は掘りやすいけど、使い込んできたら掘りにくくなって、手動かすのがたいそになるねん。一日中、毎日やってるので、いやになるねん。最盛期だと一日で、八〇〇キロ二人で掘ったこともあるなあ。

四月十日ごろからがノボリで、収穫量がふえる。ノボリでは、一日、一日とでるタケノコがふえる。一つの藪の最盛期は一〇日間ほどで、ノボリにくらべ、へるときは早い。鍛冶屋は得意の範囲が広いので、五月十日ごろまでの一カ月ほどは最盛期がつづく。同じ地域でも、藪によって日当たりのよいオモテと、日陰のヒウラではタケノコの最盛期が違う。オモテのほうが、タケノコも多いし、早く出る。

橋本　ノボリになると、日に日にホリがふえてくる。しまいには、その日いっぱいでできんへんほどあって、あくる日になるとまだそれ以上あって、それがえらいねん、つらいねん。ぎょうさん、ぎょうさんホリ持って帰って、もうこれ以上でけへん思うとったら、それを見て、うちも焼いてもらおういうて、持ってくる。多いときほど、ふえるねん。

大原野のほうに行くとまだ朝掘りはあるが、この辺ではいまは朝掘りはない。京都の中央市場は特別手当てを出してまで、朝取りに来ることはなくなった。錦市場の朝掘りタケノコなどは特例で産地仲買人が農家と契約して、特別に買いに来る。ここらでは、午後に箱詰めして、夕方タケノコ生産組合の運送屋さんが取りに来てくれて、市場に出して翌朝のセリにかける。

朝は夜があけるのを待って掘る。電灯を灯して掘ることもある。まだ手元が暗いので前日に、タケノコが伸びてきて地割れしているところにササをさしておく。太陽は全体から光が照らすのでわかるが、電灯は片方からしか光がささないので地割れがわからない。

タケノコのシーズン前にサキガケして、途中で先だけヤキを入れる。サキガケは秋の鍬などの農道具がすんでからはじまった。ホリの製作は五〇〇〇円、サキガケは八〇〇〇円である。ヤキは三〇〇〇円から四〇〇〇円で、値段が違うのはヤキにも違いがあるからである。値段はどの村にも鍛冶屋があり、物価の上昇にともなって寄って値段をきめていた。ただし、一五年もそれ以上も前に、鍛冶屋の寄り合いがなくなり、一人で値を上げると高いと思われるので、以後値上げしていない。そのため手間にならなくなったという。

むかしの農家はタケノコを掘って集荷場へ持っていった。土入れのときなど、農家が寄るとたいてい鍛冶屋の話がでた。「そんなホリでよう掘ってるなあっ」とか、「あそこは上手やとか、下手や」とか、具をくらべ、鍛冶屋を批評した。農家にとって、ホリと鍛冶屋の情報は大きな関心ごとだった。

橋本　百姓が寄ったら、鍛冶屋の話だった。あそこの切れるとか、切れんとか、いじめられたもんやで。文句いわれながらやってきた。それで今日があるねんやけどなあっ。

西小路　またなあっ、使こうとったらようわかるねん。

橋本　上手に使う、使わんは、こっちもわかるねん。あの人は下手やから、こっちも焼きをひかえるとかなあっ。

西小路　気性をみるのもむずかしい。

橋本　それが、長年どうたらこうたら、文句いわれながら頭に入った。

西小路　そら自然と聞こえるわ。冗談話しいうやろ、そのときにもれるわけや。それが、おじいさん（橋本氏）にしたら自分のためになるやん。いわんかったら一生わからへん。それを、二年か三年であの人の性格わかるわけやろ。焼きを加減できるやん。

橋本　使い方が下手な人にやなあ、長持ちする、よう切れるようにしとこう思てよう焼いといたら、ポロント欠けてしまうやろ。自分のことはいわへん、あの鍛冶屋は下手やいうことになる。そこでいわれるのが辛いさかい、自分で解釈せなあかん。下手な人にはやわらこう、上手な人にはかとうになあっ。いうたら、相手みてするのやなあ。

西小路　ほんで、さら（新品）納めるときには、一言いうときはるやん。自分の娘嫁入りさすのんと一緒や。ほめて嫁入りさせへんやん。けなして、お家の家風にあわせてくれいうやん。それと一緒や。おじいさん「きいつけてや」と一言いはるねん。ちょっとやってみるやん。おれらは切れ味みて、パット刃をみるやん。その刃物におれは集中してんねん。そこで「これはあかんなあっ」と思うたら、自分で操作をするねん。おれらは、研ぐ角度かえたりするねん。柄が抜けてきたら自分でしめる道具や、ヤスリを持っていくねん。その場、その場で研ぐねん。一ぺんでも楽できるやろ。三度つくとこ、二度ですむやん。ホリを大事しはる人はみなヤスリは持ってはった。ホリを大事にするかわりに、自分の体も大事にしはった。大工いうたら、鋸に目たてる。それが楽やねん。それせえへんかったら、一人前ちがうねん。百姓もな、自分で使うもんは、自分でできる範囲のやつは、自分でせなあかんねん。また、それを今度持っていったら、鍛冶屋もわかるねん。こいつは、大事に使こうちょるなあっ、とかなあっ。

橋本　農家はヤキがハシカイと、折れやすいので気をつける。鍛冶屋も、使う人の気性をみる。サキガケのときには、かならず減り具合を一番に見るねん。先のツノ（角）のへったある具合で左ききやとか、わかるねん。

西小路　ホリでも右と左で、減り方が違うやん。車のタイヤと同じや。

橋本　同じよに突いたあるけど、あたりが違う（左ききの人は、反対の右の先のツノがへりやすい）。こちらが十の力やったら、そっちが五とかなあっ。サキガケするときは、へるほうの鋼にブ（厚み）をもたせてのせとくねん。鋼の厚みが違うねん。それでも、こっちがようへるねん。ただたんにのせてるのと、違うねん。そんで、焼きも、ちょびっとかとうしとくねん。

二人の話を聞いて農業も鍛冶屋も、ともに職人だと思った。互いの力量をはかりながら、仕事をする。両者の関係は真剣勝負であり、だからこそ強い信頼感も生まれ、よいホリが生み出されたのである。

3　鍛冶屋の技《わざ》

乙訓はみんな紀州鍛冶だった

橋本勇吉氏（明治四十三年生）は、和歌山県田辺市上芳養《かみはや》字日向《ひなた》に生まれた。橋本万六家は三人兄弟で、勇吉は次男だった。橋本家は、農業と炭焼きで暮らした。長男の太郎吉氏が戦死して、三男の清文氏が継いだ。清文氏も勇吉氏と一緒に、小森さんに弟子入りしていた。

勇吉氏は十五歳で、京都府久御山町田井の紀州鍛冶の小森さんに弟子入りした。小森さんは同じ日向の生まれで、嫁も日向からもらっていた。大正末に勇吉氏が弟子入りのため田井を出るときは鉄道がなかった。田辺から大阪まで船で行き、市電で天満に出た。天満から京阪電車に乗り、淀でおりてからは歩いた。田井までは遠いので二、三年は帰らなかった。小森さんをふくめ、紀州鍛冶はみなスミキリだった。むかしのように、農繁期に郷里まで帰る上下鍛冶ではなかった。弟子入りして一人前のショクニン（職人）になるまで一〇年かかった。それまではナライゴ（見習）で、無報酬で仕事をおぼえた。ただし徴兵検査のときは、紋付袴をつくってくれた。無報酬のつらい仕事で、途中でケツワル（やめる）見習いも多かった。

勇吉氏は、二十五歳（昭和八年）で、友岡区長からさそわれて坂本さんの鍛冶場を継いで友岡に住みついた。鍛冶場をもっていた坂本さんが、やめたので村に鍛冶屋がいなくなっていた。坂本さんの鍛冶場を継いで友岡に住みつき、日向からワカイシを一人呼んで弟子にした。そのころ乙訓の鍛冶屋はほとんどが、和歌山県の田辺市か南部（日

表1　1940年代の乙訓郡の農鍛冶

番号	住所	姓	出身地
1	大原野村字大野原字柳川	田中	未調査
2	大原野村字石作東野	片岡	未調査
3	大原野村字石見	宮崎	南部町
4	久世村大字上久世	小山	未調査
5	向日町大字寺戸西田中瀬	出足	南部川村
6	向日町大字寺戸東野辺	高野	南部町
7	向日町大字向日小字南山	鎌田	未調査
8	向日町大字向日	松田	未調査
9	乙訓村大字長法寺小字川原谷	上野	田辺市
10	海印寺村大字下海印寺小字西條	加茂	南部町
11	新神足村大字友岡小字町浦	橋本	南部町
12	大山崎村大字大山崎小字小松原	愛須	南部川村

（河島一仁「鍛冶屋の系譜」（『京タケノコと鍛冶文化』より）

高郡南部町）からきた紀州鍛冶だった（表1）。

河島一仁氏の紀州鍛冶（上下鍛冶）の研究によると、紀州鍛冶は、紀州から農閑期に畿内へ出稼ぎにきた鍛冶をいう。出稼ぎさきと紀州のあいだを、行ったり来たりしたので上下鍛冶ともいった。近世末頃にはじまり、近代以降、出稼ぎ先に定住をはじめた。乙訓は野鍛冶のほとんどが上下鍛冶でそれは京都府南部全体についていえる。そして、京都府では、京都市内に鍛冶屋が多かったことや、戦後になっても相楽郡や綴喜郡での鍛冶屋の減少が丹波・丹後より少なかったことは、ホリをはじめ工業製品で代用できない先進農業地域とむすびついた鍛冶屋の多かったことを予想させるという（河島一仁「鍛冶屋の系譜」『京タケノコと鍛冶文化』）。

勇吉氏は、昭和十二年八月に招集で外地に行き、昭和十四年に帰ってきた。三十歳のとき、加茂友治郎氏（加茂辰造氏の父親）の長女と結婚した。勇吉氏は、モウソウ薮で使うホリ・ブチキリ・チョンノのほか、クワ・カマ・ナタ・ホウチョウまでつくった。そのころ鍛冶屋がいない村は不便だった。

戦前から乙訓郡には鍛冶屋組合があった。加茂友治郎氏は、組合長を務めるなどやり手だった。戦争中は材料の配給のため、京都府で組合をつくる。そこでも友治郎氏は役員となり、毎日のように組合にでかけた。友治郎氏は、子供が女性二人で、辰造氏を養子にした。昭和三十五年に、友岡から馬場に仕事場を移す。十八、九歳になった長男の順造氏が、将来のため鉄工所をしたいといいはじめた。友治郎さんと共同経営で、馬場に一反の土地を買って、鍛冶屋と鉄工所を一緒にはじめた。馬場の周辺は田ばかりで、借家と西川蒲団店があったくらいだった。三菱電機の工場ができたのは、翌年のことだった。四、五年して友治郎さんがぬけ、勇吉・順造氏親子が(有)長岡鉄工所いまの(株)ナガオカにかえた。橋本勇吉氏は、表1の農鍛冶はみな紀州鍛冶だったという(中尾秀正・木村裕樹「加茂家とその技」『京タケノコと鍛冶文化』)。

サキガケ見聞記

ホリは使う人の体格や、掘る時期で長さが違う。ヒツの外側から刃先まで、三尺(九〇センチ)から三尺五寸(一〇五センチ)ある。一番多いのは三尺二、三寸だった。勇吉氏は、鍛冶場の火処の炭をいらう(動かす)スミカキに、その長さを刻みをつけていた。

勇吉氏が、はじめたころのホリはみな丸ヒツだった。掘るときはヒツに手をかける。角より丸いヒツが持ちやすかった。サキガケのときふるいホリがまざる。角ヒツでも丸ヒツでも、古いヒツは穴が大きくて、全体にごつくて重い。薄くて軽くて、丈夫な丸ヒツに改良されてきた。

タケノコシーズン前に、サキガケをすませておく。サキガケは、すりへった刃先の鋼をおぎなうだけではなく、新品のときのように全体の形をととのえ表面をきれいに磨いた。

平成七年(一九九五)三月二十日、ナガオカ鉄工所の一角の鍛冶場で、勇吉氏のサキガケを見た。すでに刃先に新しい鋼をつけたあとで、そこから焼き入れまでを見た。勇吉氏は、サキガケで新しい鋼をあわせる前に、刃先の減り加減を見る。すり減った鋼が薄いときは、すりへった刃先を切り落とす。あまり薄いとあわせるとき、新しい鋼より早くとけてしまうからである。普通は切らないで、焼いて先からたたきこんでから、新しい鋼をつける。新しい鋼には、鉄筋に使う棒鋼を使っていた。新しい鋼をのせるのは天地いずれの側でもよいが(図10)、天側におくと、うちのばしたり使っている最中にはがれやすいので注意が必要という。うちのばすときは、常に天側をうつからである。

④

①

⑤

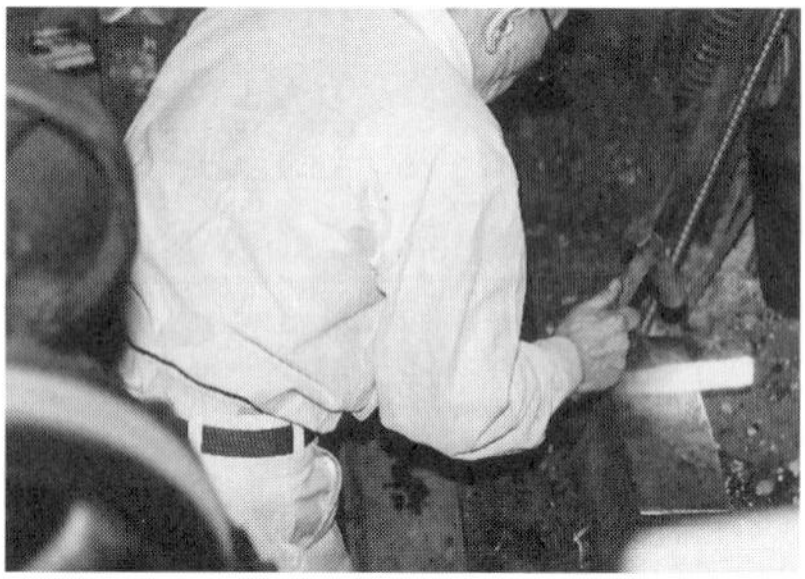

②

⑥

③

①新しい鋼を継ぎたし、接合部がよくつくようホウシャをかけ火床に入れる　②熱いホリを金床の上にのせ、ハンマーで打つ　③ベルトハンマーでさらに打つ　④ふたたびハンマーで打つ　⑤再度ホウシャをかけ火床に入れる　⑥ハンマーとベルトハンマーで打ち、たした部分をわかし（高熱にして）つける

写真27-1　全鋼製ホリのサキガケ（吉田晶子「鍛冶技術と製品」『京タケノコと鍛冶文化』を参考）

⑦

⑧

⑨

⑩

⑪

⑫

⑦磨耗したコシ部分の修復をする。火床で熱したあと、先端をドブネの水につけてさます　⑧立って垂直に持ち、金床の上にトントンついてコシ部分を太くする　⑨ハンマーで打ち、形をととのえる　⑩火床で熱し、トントンつき、ハンマーで打つを繰り返す　⑪長さを、スミカキにあてて確認する　⑫コシ部分がなおると、刃先をととのえ丸ハガネで切り落とす

写真27-2

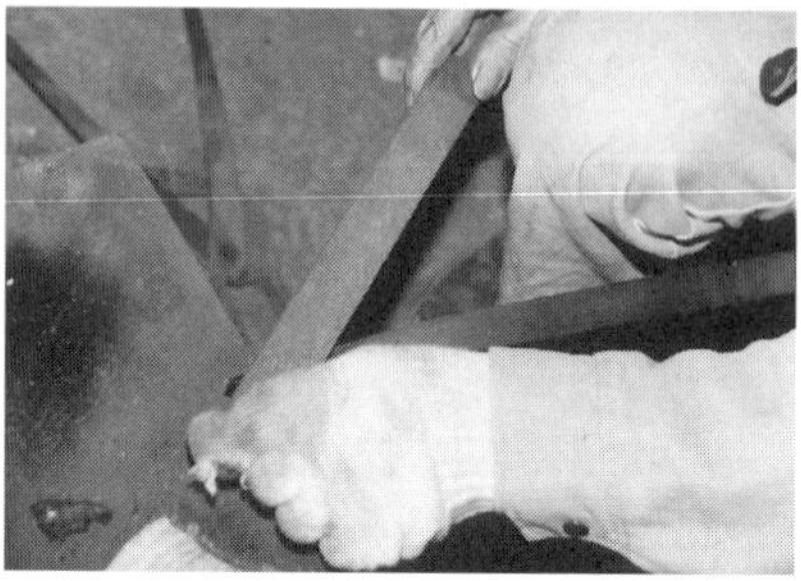

⑯

⑬

⑰

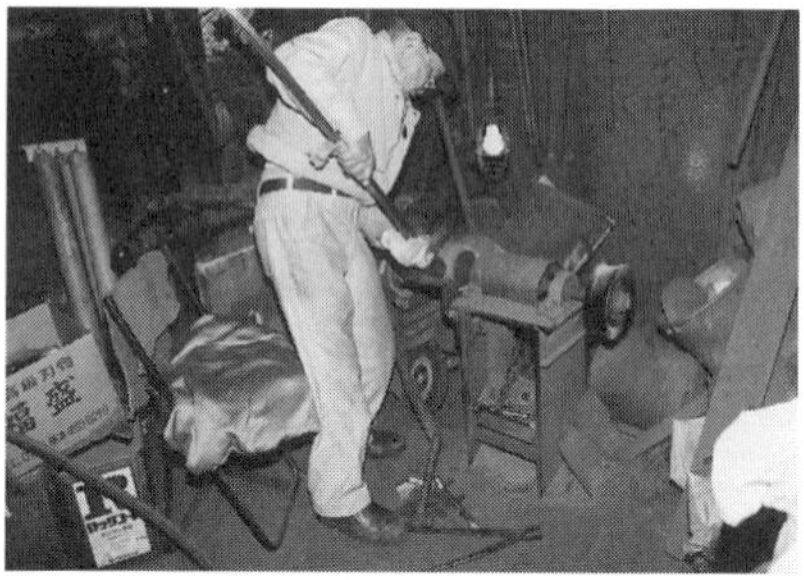

↑⑭　↓⑮

⑱

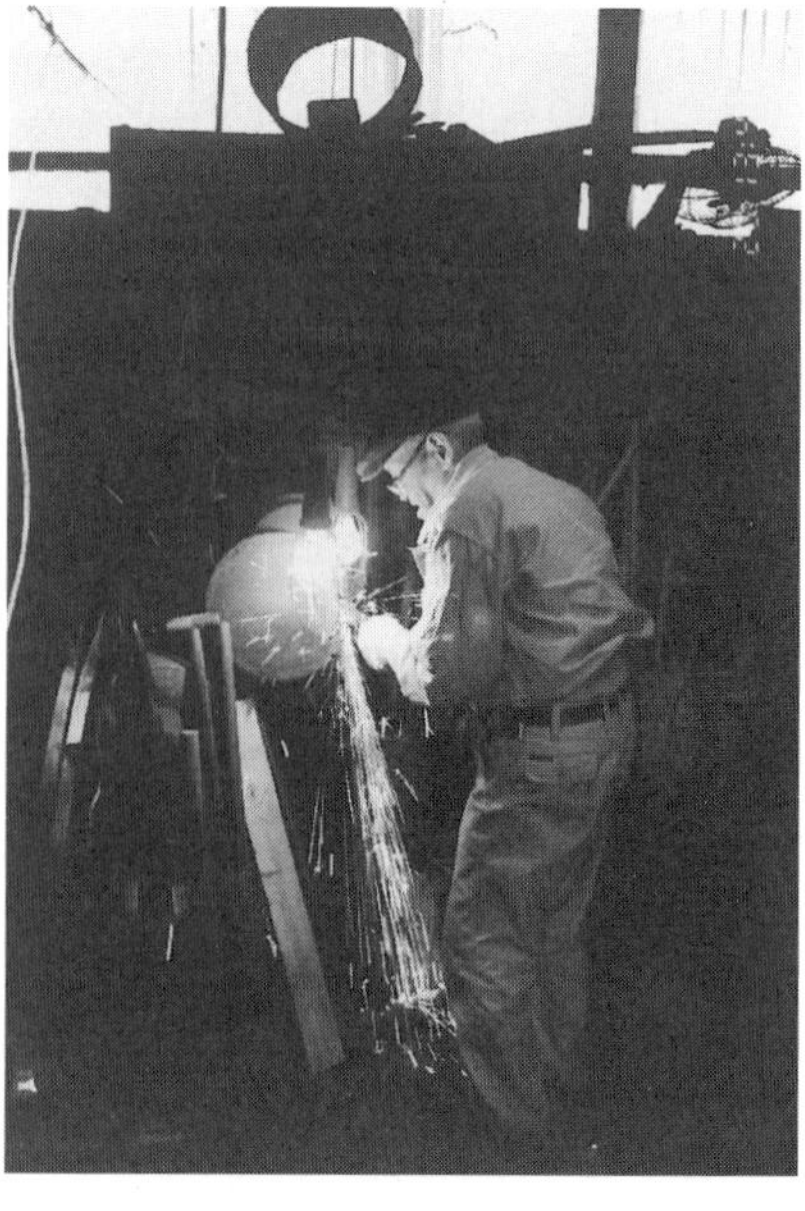

⑬グラインダーで棒部分を磨く　⑭手をあてる丸ヒツ部分を磨く　⑮刃先の裏のくぼみをつける　⑯平やすりを使い、手作業で磨く　⑰火床で刃先を熱し、水につけて焼きを入れる　⑱さらに刃先に水をつけ、焼きがもどらないようにする

写真27-3

九時四十分、焚つけの火をコークスに移す。送風機の風で、コークスからすぐ炎がのぼる。このとき勇吉氏は、「火のおこりぐあいが、鍛冶には一番大切や」といった。戦前に、松炭からコークスにかわる。石炭からガスをぬいたあとのコークスは、安く手に入った。いまは鍛冶屋専用にわざわざつくるため高いという。

九時五十分、すでに刃先は赤くなっている。金床の上で表面のカナハダを落とし、火床の傍らの箱に入ったホウサンをかけ、ふたたび火床に入れてホンワカシにかかる。わたしたちの撮影準備がまにあわないのを見てわかっていても、「カネわいてきたから、待ってられへん」と作業をすすめた。まず、金床の上でハンマーで打ち、次にベルトハンマー、再びハンマーで打つ。ハンマーで打ちながら形をととのえる。再度、ホウシャをかけて、火床に入れる。金床の上には、飛び散ったカナハダが残っている。カネがわくのを待つあいだ、藁をまるめたワラボウキ（藁箒）で金床をきれいにする。ハンマーとベルトハンマーの作業を、再度繰り返して、新しい鋼と、もとの地金を密着させる。

十時ちょうど、次には鍬先のコシの細くなった部分をなおす作業にかかる。まず、火床で焼いたあと先端をドブネ（水槽）につけて冷ましてから、ホリを立居で垂直に持ち金床に先をたたきつける。先端から一〇センチから二〇センチほどのコシの部分は赤く焼けており、しだいに元の方へと送られていく。先につけた鋼を元へと少しずつずらしてゆく作業をオクリアゲという。オクリアゲのあと、ハンマーで打ってととのへ、火床にホリを入れる。オクリアゲによって少しずつコシの部分に先の鋼を送り、やせた部分を太くしていくのである。

ホリを使う農家は、刃先が磨滅していることを問題としがちであるが、鍛冶屋はチュウゴシ（刃先から二、三〇センチ上のコシの部分）の磨耗を気にする。この、チュウゴシの磨耗をなおすことが、サキガケの中心的な仕事となる。チュウゴシの部分はタケノコを掘るときに、一番力のかかる梃子になる部分で、刃先とともに磨耗しやすい場所である。サキガケ前のホリを見ると、目で見てもはっきりわかるほど、コシのなかでチュウゴシの部分だけが磨耗している。

勇吉氏のオクリアゲはあわせて九回繰り返された。チュウゴシの磨耗がコシ全体の部分と、かわらない太さになったところで、オクリアゲはおわる。オクリアゲの七回目からは、オクリアゲのあとハンマーで打ってととのえるとき、ハンマーに水をつけてミズウチをはじめた。ミズウチは、肌を美しくするのと、生地をしめて固くするという。オクリアゲの途中でも、スミカキで全体の長さを点検する。

オクリアゲがおわったところで、小休止である。勇吉氏は八十五歳と高齢で、息子たちは鍛冶仕事をするのに反対である。ただし、現在サキガケができる鍛冶屋がおらず、勇吉氏に頼みにくる。

ここからは、刃先をととのえる作業となる。火床で焼いてはハンマーでミズウチしながら、チュウゴシから先をととのえ、打ちのばしてゆく。刃先をしだいに薄く、広くしてゆく。ミズウチも天側からだけおこなわれる。これを六回繰り返す。このときも、スミカキで長さを時々はかることを忘れない。なお、ホリは全体に天側に向かってコシの部分が緩やかにカーブをえがいているように見える。しかし、実際には刃先の付近で地側にゆるやかにカーブしている。地側にカーブしていることでタケノコの根元に刃先がうまくあたって、商品価値を落とさずにすむのだという。

七回目で、刃先をマルタガネで切り落とす。あとは、磨きと、焼き入れを残すだけである。この時点で、十一時なっていた。勇吉氏はここまでの作業を、一日で二本するのがやっとだという。このときは、撮影ということで休憩が少なかったようである。

勇吉氏がいうように、前より作業に力が入らなくなっている。ここまでの作業もより少なく、短時間でできたはずである。昼食のあと鍛冶場をたずねると、勇吉氏はすでに磨きにかかっていた。回転式の電動鑢で、ホリ全体を磨く。さらに、目の細かな鑢《やすり》を使って、仕上げる。ヒツの部分は目の細かな鑢は使わなかったが、手があたるので回転式のワイヤーブラシでていねいに磨かれる。磨くときの熱でホリは素手で持てないほど熱くなっており、手袋でホリをはさむようにして磨く。

磨きの最後の仕上げに、刃先の裏のくぼみをつくる。これには、幅の狭い、先が丸くなった電動鑢を使う。そして、最後は手作業で平鑢を使ってチュウゴシから先の部分の角をとり、ていねいに磨いておわる。

最後の焼き入れである。火床に入れて、何度か取り出しては焼きかげんを見る。火床から取り出したホリを手に持ち、ドブネの水のなかに刃先の二センチほどをつける。取り出し、刃先から一五センチほどを一瞬さらに水につける。そのあと、金床の上において様子を見る。そして、細い棒の先に巻きつけ、水でぬらした布を、刃先の一番薄い部分に、チョッ、チョッとあてる。刃先の部分は金が薄く、焼きを入れてももどりやすいからである。

ミズヤキのあと様子をみて、次は機械油につける。水だと急激に冷えすぎて焼きが入りすぎて固くなるから、油でゆっくりと冷やしていく。アブラヤキはミズヤキで二度目につけた先から一五センチあたりまでつけ、五回繰り返す。磨きから焼き入れまで約一時間、ホリのサキガケが完成した。

4　ホリが教えること

長岡京市の課題

長岡京市農政課の藤下光伸氏は、タケノコ農家でもある。市職員として、農家として、京タケノコがかかえる問題にとりくんできた（藤下光伸「タケノコをめぐる現状と課題」『京タケノコと鍛冶文化』）。

親竹を更新すると廃竹が出る。前は海苔養殖の粗朶《そだ》や支柱、北山杉の支柱や竹垣などに使った。いまは竹の使いみちがなくなり、藪に「移動式炭化炉」を持ち込み竹炭と竹酢液をつくった。缶詰加工で出るタケノコの皮は、乳牛の飼料にしていた。畜産農家の減少で、特産物の「花の菜」の有機肥料にする堆肥にかえた。

タケノコ農家が高齢化して、タケノコ栽培の省力化と、後継者不足が深刻である。重労働の土入れは、土をバックホーで掘り、キャタピラー式の運搬機で運べるようにした。年三回の施肥の手間をはぶくため、緩効性の「ロング肥

写真28　バックホーをつかった土取り作業※

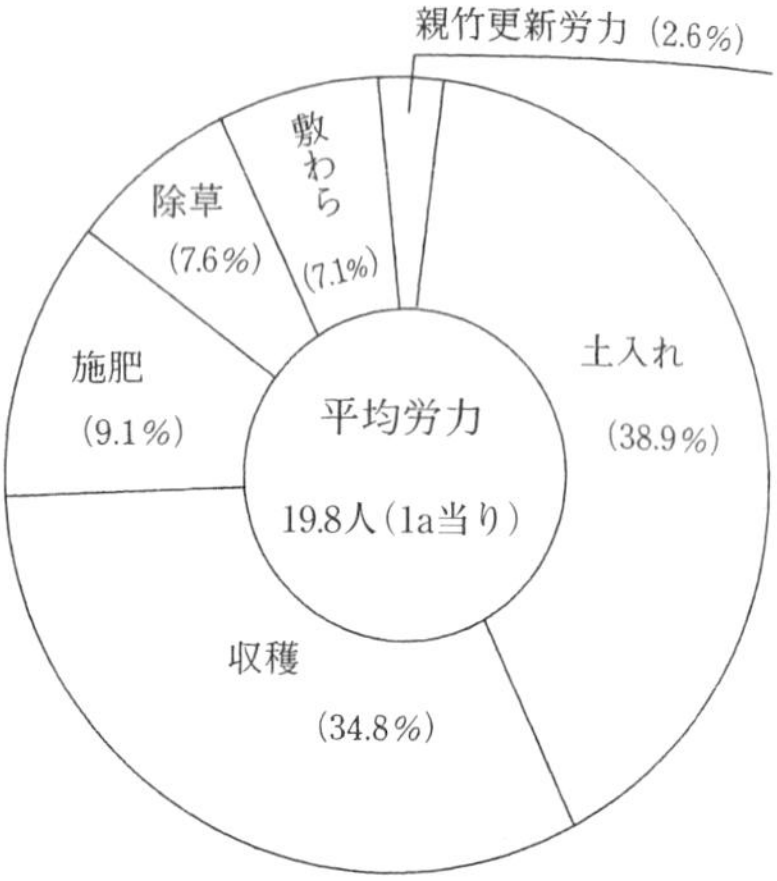

図11　タケノコ栽培の10アール当りの作業別労働配分
（シルバーサロン『長岡京市今昔譚』1997）

料」を使う農家がふえている。施肥効果は高いが、油粕などより割高で一部の利用になっている。後継者不足を解消するには、安定した高収入が求められる。タケノコは中国からの輸入がふえて、市場価格は横ばいである。鮮度保持資材の改良で、宅配便での軒先販売が多くなった。ちかごろは主婦の料理ばなれで、ゆがいてから発送することもふえた。軒先販売は、こちらが値段をつけるので、市場より高く売れる。

青年部が最盛期に「朝掘りタケノコ直売会」を開催している。毎週月曜日は市民広場で、農家が新鮮野菜を持ち寄り「ふれあい朝市」をひらいている。タケノコの時期の朝市では、朝掘りタケノコと、タケノコの瓶詰、真空パックを販売している。ただし長岡京市は中央市場に出荷しないため、「京のふるさと産品協会」の「京の伝統野菜」の指定は受けられない。

平成十七年から、後継者がいないモウソウ薮を、有志で維持する試みがはじまった。レジャー農園をまねた体験入園で、「長岡京市竹林友の会」が所有者に入園料を払って一年契約で借りる。友の会会員は、これまでどおり薮の手入れをして、かわりにタケノコが収穫できる。会員数は二〇人ほどで、長岡京市市内と市外の会員が半々である。

環境保全のため、里山を荒廃した竹林から保全する活動もはじまった。「西山森

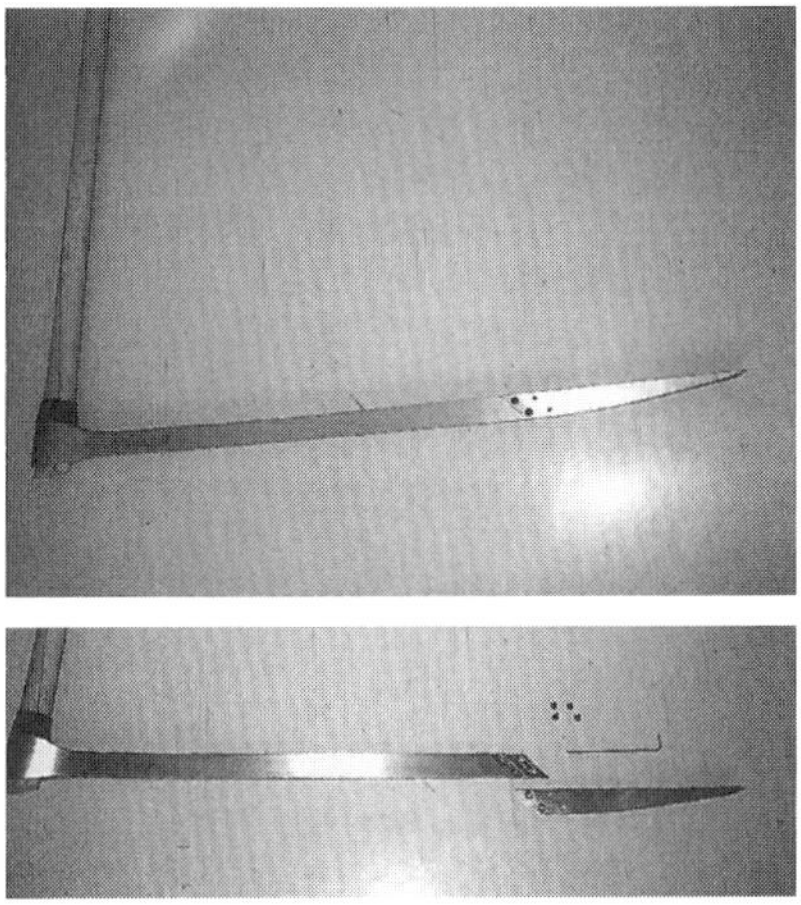

写真29　開発されたジョイント式のホリ※

林ボランティア養成講座」で、竹林の間伐、枝払い、玉切りなどの講習をうけ、森林ボランティアをめざす。つぎつぎ起こる問題に、前向きに対処している。

ホリとともに消える

いま一番深刻なのは、鍛冶屋の後継者だという。平成元年に、加茂辰造氏がなくなった。その跡をうけ継いだ橋本勇吉氏も平成十三年に亡くなった。いまは上野さんと、農協をとおして京都市内の鍛冶屋に修理を依頼している。ともにサキガケは鍛造から溶接にかわり、粘土がホリの表面につきやすくてつかれるという。そして、京都の鍛冶屋は、西山の地味や農家をよく知らないでホリを修理している。

鍛冶屋がいなくなるのを見こして、橋本順造氏が新式ホリを開発した。新式ホリは、長短三本の替先がついている。磨耗すると農家がヤスリで研磨して使いきる。ボルトでとめた接合部分に力が入りやすいのでボルトがすぐゆるむ。農家の中には、ゆるみにくいダブルボルトにかえた人もいる。

いまは農家が、もとのホリに近づける工夫をしている。農家は、加茂氏や橋本氏がつくったホリを子供のころから使ってきたから、自分が使いやすいように改良できる。ベテランの農家がいなくなり、ホリが消えたとき、京タケノコの軟化栽培はどうなるのだろうか。

情報と美意識

宮本常一は『民具学の提唱』で、民具とは、その製作過程に民衆の個人的意思が反映していることが条件である。そして自給民具は、自分や家族のためにつくり、意思が反映されるとした。

乙訓の鍛冶屋は、家や地域にあわせ、技を駆使してホリをつくった。さらに修理のたびに新しい情報を得て工夫した。職人と農家の相互の意思（情報）が、オーダーメードのホリをつくりだした。

いまの工業製品は、大量生産するため画一的である。反対に消費者が必要と思っていない機能を付加することが多い。産業側の利潤優先のモノづくりの論理がまかりとおる。そして修理もできずに、ゴミになるばかりである。

民具と工業製品をわけるのは、素材や製作技術より、情報のありかたなのではなかろうか。モノを介した人と人との「情報」が伝わらなくなった。情報を基準にすると、自給民具と職人文化の差は、工業製品よりはるかに小さく、むしろ今は退化している。

また、洗練や美意識という尺度は、民具研究のなかであまりとりあげられなかった。むしろ美を基準におく民芸や工芸と差別化するため、上層文化の美術や芸術と同じように遠ざけてきた。生活する（生きる）ための機能性だけに、民具は重きをおきつづけてきた。ただし民具や工業製品にも美があり、モノ選びの基準になっている。民具はもっと多視的にとりあげるべきだった。

たとえば、乙訓のホリは超のつく「ブランド品」だとわたしは思っている。豊かな文化的経済的基盤がある西岡には、多くの鍛冶屋が集まり、情報をもとに技を競いあい、機能性と美意識を満足させる洗練されたホリができた。情報や美意識はことに近代の民具を読みとくキーワドといえる。情報や美意識に無頓着な民具研究が、都市や現代社会がとらえられるはずはないのである。ホリは、民具研究の将来や、都市性や現代性を考えるうえでも、豊かな問題を提供してくれるのである。

Ⅱ　京の食文化の背景

一　川のめぐみと食文化

世木のアユ

京都近郊の村々は、早くから京都の経済や文化の影響を受けてきた。同時に近郊の村は、京都の暮らしの基盤をささえてきた。京料理を考えても、近郊村の生産に目を向けないと理解できない。京料理は、京野菜と淡水魚の食材に特色がある。近郊村は、すぐれた旬の食材を新鮮なまま京都に供給する努力をしてきた。

京都は盆地で、海からは遠く離れている。加茂川や桂川が流れ、琵琶湖にも近い。京都では、海魚は塩魚や干魚で、淡水魚のアユとコイが高級魚として好まれた。

京都府船井郡の日吉ダム水没地区調査で、日吉町上世木の吉田清次氏家を調査した。清次家では、田畑や山仕事、川仕事などを、民具を手にしながら教わった。そのなかで二つの川の話が印象的だった。一つは清次氏が活きたアユを桶に入れて京都市内まで運んだこと、もう一つは、奥さんが近所の婦人と一緒にゴリとりにいった話だった。清次氏がアユを運んだアユモチオケは、洗練された桶だった。調査報告書（日吉ダム水没地区文化財等調査委員会編『日吉ダム水没地区文化財調査報告書』日吉町、一九九〇）では、「川漁」を植木行宣氏、「漁撈用具」はわたし、アユを運ぶ習俗は「交通交易」で和田光生氏がまとめた。その後、アユモチオケをテーマに、京都と近郊村の相互的な関係を、清次氏から聞いた話に、植木・和田両氏の論考を参考にしながら書いた。それは三人の共著ともいえる論文だった（印南敏秀「アユモチオケの語り―畿内民具への視点」『民具マンスリー』一九九一）。

アユをめぐって、天若の人びとと京都の料理屋、京都の職人が洗練された技を出しあった。アユモチオケは、近郊

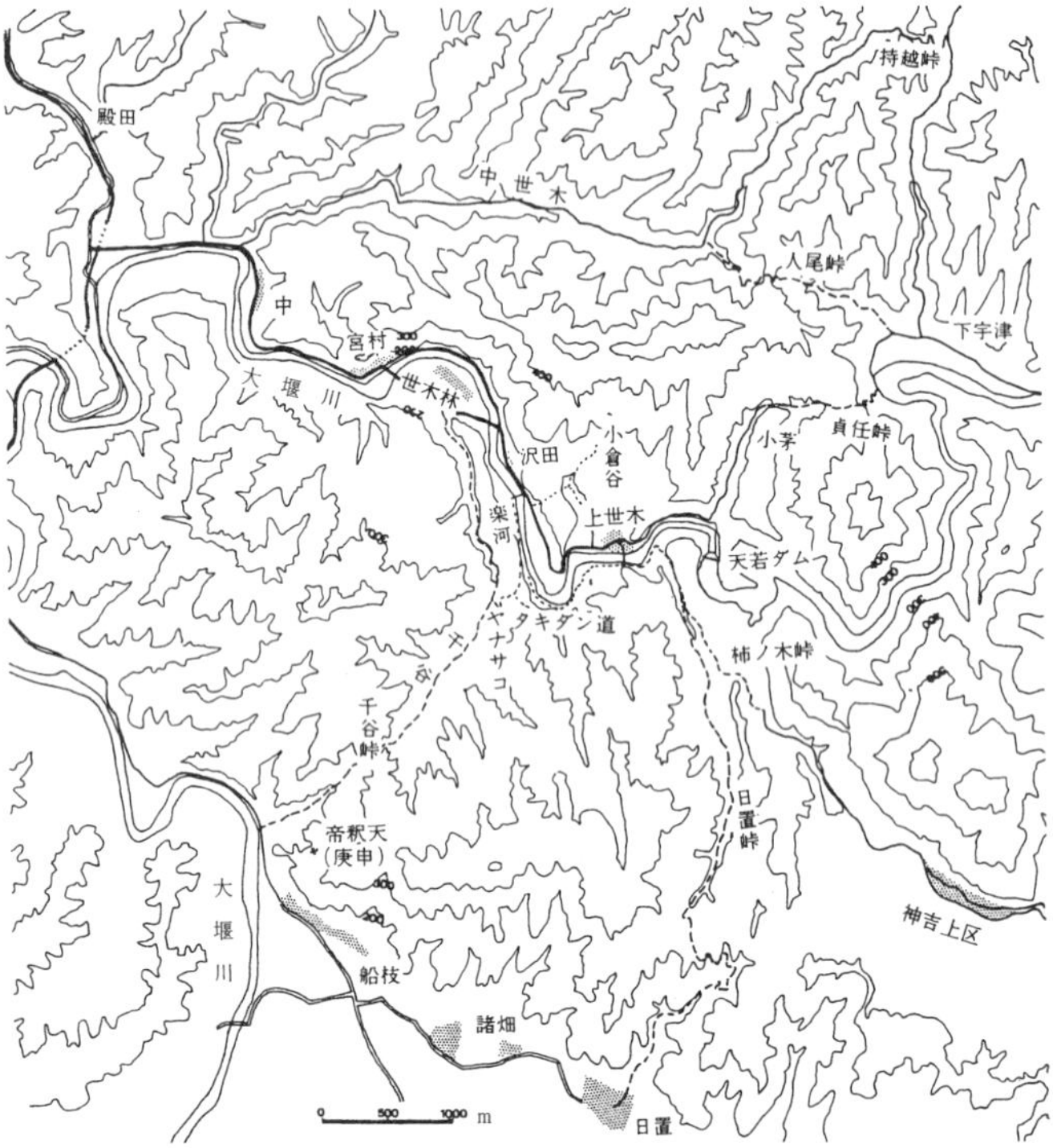

図12　日吉町天若関連地図（『日吉ダム水没地区文化財調査報告書』に加筆）

写真30　上世木の大堰川沿いの元の浜

村と京都との関係を教えている。京文化は、京都で考えると重層的かつ複合的でわかりにくい。近郊村からだと一面的かもしれないが、京文化が理解しやすい。近郊村からの視座は、京文化の体系化に役立ちそうである。

1　走ってアユを京まで運ぶ

豊かさの背景

天若は、桂川上流の大堰川沿いの農林漁業で暮らす山間の村である。近世は宮村・世木林村・上世木村の三つの村で、宮村・世木林・沢田・楽河・上世木の五つの集落があった。平地にとぼしく、水田は平均すると一軒で三反（二九七五平方メートル）ほどだった。大堰川沿いの田は水不足と洪水、山田は猪の害があり自給がやっとだった。山が浅いため、林業もスギやヒノキの植林には適していなかった。ところが周辺の村の娘たちには、「嫁に行くなら天若へ」と人気があった。天若は豊かな川の恵みを、京都とのかかわりのなかで活かしてきた近郊村だった。

上世木は、山国（北桑田郡）から京都へ下る大堰川の材木筏の中継地だった。上世木から川幅が広がり、筏を組み直して京都まで送った。上世木には筏問屋があり、天若の村々に筏乗りがいた。九月中旬から五月中旬までのイカダシゴトで、一年間暮らせる金を稼げた。

天若の浅い山は、センバ（薪）を出す雑木山に適していた。センバは、筏の上荷で京都まで運べたので、木炭に加工しなくても商品化できた。天若では植林よりセンバが重要で、「田一反より、山一反が値打ちがあった」という。また、天若でとれる「世木のアユ」は、香りがよくてうまかった。そのアユを活かしたまま、約二五キロ離れた京都に運んだ。アユを運ぶアユモチは、筏乗りより高賃金がもらえた。

天若の豊かさは、大堰川に集約される。一つは材木・筏・センバの運送路、二つは香り高いアユの生息地、三つはイカダシとアユモチという技術者の活躍の場である。天若は、京都と結びついた暮らしと、日常を維持する暮らしがあった。アユモチオケは、京都とのむすびつきのなかで生まれ、京の人びとのアユへのこだわりを伝えている。

京の食文化の背景

座談会「食事と文明」は、近世以降を念頭に、関西は京都と大阪、関東は江戸の地域を比較して、次のように指摘している（座談会は、石毛直道・梅棹忠夫・佐々木高明・谷　泰の四氏でおこなわれている。石毛直道編『世界の食文化』ドメス出版、一九七三）。

関東は「食事禁欲型」で、生きるために食べる文化である。日本はこの考え方が強く、飯みたいなものはのんびり楽しんで食べるものではない、という武家文化の伝統的精神を受け継いでいる。そのため関東の食事は、関西より貧しくてまずい。自分で味がよくわからないため「通の文化」が意味をもつ。わからないから通にあわせて評価する。関西は「食事享楽型」で、食べることを楽しむ文化である。関西の近世町衆が、金儲けだけでなく食物への教養を高めてきた。関西の町衆は、日ごろからいいものを食べている。だから、自分でうまいかまずいかを判断できる。ただし「こんな珍しいものを食べた」とみせびらかさない。座談会の参加者は関西人が多く、関西よりの意見が多い。ただし、京都人の食文化のこだわりは言い得ている。さらに魚屋について、

　東京に川魚屋がないのですね。魚屋はあっても、アユもサバも同じ店で売っている。これはあかんな。京都は、魚屋と川魚屋ははっきりべつやからね

という川魚への指摘がある。京都は、海魚と川魚を区別し、それぞれ流通がことなる。南山城の宇治市でも、川魚屋が二軒もあった。

植木行宣氏は、天若のアユをふくめた川魚の流通を次のように整理する（植木行宣「川漁」日吉ダム水没地区文化財等調査委員会編『日吉ダム水没地区文化財調査報告書』日吉町、一九九〇）。

大堰川のアユを京都に運ぶのは、山国（北桑田郡）の献上アユにはじまる。『御湯殿上日記《おゆどののうえのにっき》』の延徳元年（一四八九）

に書いてあり、明治二年の御料制度廃止までつづく。献上アユには生アユと塩アユがあった。生アユは塩魚に対する生で、活きたアユではなかった。それが京都の魚棚で商品化がはじまり、需給ルートもしだいにととのう。天若の活きアユは、政治活動にはじまり、経済活動として展開する。

アユへの思い

アユは川魚の王様である。みんなに好まれ、価値の高い川魚だった。京都の人びともアユには特別な思いがあった。アユをとる場所と時期、漁法や運搬、調理と盛りつけなどにこだわりがあった。なかで世木のアユは、京都の料理屋と直接むすばれていた。

アユへの思いは、京都人に聞くしかない。ただし世木のアユが流通したのは戦前である。そうした制約のなかで、北大路魯山人《ろさんじん》の『魯山人味道』（中央公論社、一九八〇）は最適の一冊である。美食家だった魯山人は、京都の社家に生まれ、食への関心と識別眼は天与のものがあった。幼くして奉公に出たさきの養父母が食道楽で、ますます食文化に目覚めていった。魯山人の食文化の基礎は、素材をいかした京料理にあった。

東京に出て花開いた魯山人の食文化の原感覚は京料理にあった。その意味で世木のアユを語れる、数少ない文化人だった。アユは『魯山人味道』で次にように書いている。

まず容姿の美しいアユは、香気と味がよくてうまい。アユの漁法は、鵜飼だと即死する。歯形がついて見た目は悪いが、生から死への衰えがないからうまい。投網だと投網の下にアユが潜り、逃げるはずみで砂を食う。砂をはかせるため、生簀《いけす》に三日も入れると脂が落ち、やせてまずくなる。とってから時間をおかない、新鮮なアユがおいしい。

アユの漁期は、九州と関東では気候がちがい旬がずれる。京都は六月中の、若アユから子持ちまでの長さ五、六寸がよい。この時期は香気にとみ、肉の分子が細かくなめらかでおいしい。アユの大きさをよろこぶようでは、東京人じゃないがおもしろくないという。ここにも、京都人の魯山人の自負がうかがえる。

アユの料理は、塩焼きを熱いうちに、ガブッと食べるのが香ばしくて最上である。アユは、はらわたが一番うまいのでぬかない。うまそうにアユを焼き上げるのは、うまさを想像する楽しみをあたえる大切な仕事である。焼き方の手際のよしあしを、アユ食いは大事にする。それは一流料理屋に頼るほかないと、魯山人はいう。

空間的付加価値

川魚にかぎらず、すぐれた食材には最適の自然条件がある。素材を重視する京都人は、その点については厳格である。京都では「世木のアユ」をはじめ、産地名を冠してよぶ食材が多い。京野菜でも「壬生菜」「堀川ゴボウ」などがよく知られている。産地名のついた食材は、品質を保証し、価格にも付加価値をもたらす。産地名でよばれる地域は、京文化の影響を受けている。『魯山人味道』には、

ぜいたくと、ひと口に言っても、上には上、下には下の段々がある。若アユを賞味できる人というのは、上の上に属する。丹波の秀（周）山、和知川などの若アユと来てはたまらない。

とあり、大堰川沿いと由良川支流の和知川の若アユが最上という。大堰川沿いの「世木のアユ」は、魯山人がいう上の上のアユだった。

昭和二十五年、その大堰川の天若上流に天若ダムが完成する。ダムの取水制限で川の水が少なくなり、天若には上流から砂や石が流れなくなり、川底が岩だらけになる。そして川の浄化力もなくなった。泥をかぶってうすよごれた川底と、にごった水の川になった。香気にすぐれた最上の「世木のアユ」がいた川とは想像できない。天若ダムができる前は、大堰川は早瀬なども あり水もきれいだった。

「ほんとうに、美しい川でしたよ」

と語られる川だから、魯山人がいうように大堰川のアユはうまかった。日吉ダムができ、天若の全戸が立ち退いた。また一つ、京文化をささえていた村が消えた。

時間的付加価値

食材の価値は、時間的な条件も関係する。祭りに使う食材は、時間的な付加価値を生みだした。

「世木のアユ」の一番香気がいいのは、京都の祇園祭りのころだった。祇園祭につきもの魚が、アユとハモだった。つまり京都人の、アユへの思いが最高点に達するのが祇園祭のアユだった。アユの値段は祇園祭りが一番高かった。祇園祭りがおわると、世木のアユは半値になった。

食材には「旬」がある。アユのうまさは、香気と味の二つがポイントである。七月一日から二十九日までの祇園祭りのころは、アユのうまさは香気だった。「世木のアユ」は、この時期に香気がよかった。この時期をすぎると、味がうまさのきめてで、天若より上流のアユがうまくなり、価値が高かくなった。同じ大堰川でも、時期と場所でアユのうまさはかわる。「世木のアユ」は、香気が最高の時期が祇園祭りとかさなり、京都で最高の価値をもった。

アユモチ

最高の価値をもたせるには、活きたアユでないといけない。そこで活きたアユを運ぶ、運搬方法が生まれた。アユモチが運んだアユの道は、和田光生氏が現地調査してまとめた（和田光生「交通・交易」日吉ダム水没地区文化財等調査委員会編『日吉ダム水没地区文化財調査報告書』日吉町、一九九〇）。わたしも上世木のアユモチ吉田清次氏からの聞き取りしたのであわせて述べてみたい。

アユモチは、仲買人の生簀から、前日とれたアユをアユモチオケに移し、朝四時ごろに出発した。アユモチオケに、二〇センチまでのアユなら片方で四〇匹、大きいと三五匹入れた。アユモチオケもアユモチボーも、杉材で軽かった。仲買人は上世木と世木林にいて、嵯峨鳥居本のアユ問屋「平寅」からたのまれてアユを集めた。

アユは、水温が変化したり、水がよどむと死んでしまう。早朝に出たのは、気温が上がって、水温が上がらないためだった。途中の水場で水を補給して、水温が一定になるよう工夫した。水場は、約一・七キロごとに一四カ所あった。途中で桶に水を入れるのに、大きなシャクを使った。シャクは柄を短く切り、アユモチボーの先に引っ掛けた。一度にたくさん水を入れるとアユが死ぬので、少しずつ入れて水をあわせていった。

アユモチオケの水がよどまないよう、走りながら一定のリズムで上下にゆらした。桶をゆらすと、アユは一定方向を向いて弱らなかった。アユの道で、清滝川から嵯峨へ越える六丁峠が最大の難所だった。ここでアユをよく死なせた。新米は死んだアユをアユモチオケに入れて、六丁峠で練習した。リズムをとりながら早く走るには、体力と技術がいる。アユモチは足のかるい（早い）、運動神経の発達した人が、若いときにだけする仕事だった。大正末に清次氏がアユモチになったとき、天若には若者が四、五人、ベテランが三人いた。重労働なので、一夏に一〇回ほどしかアユモチしなかった。

アユモチが運んだ、香気のよい世木のアユは、アユ問屋から、さらに料亭に送られた。京都には、食材の価値を認める文化と、うまいものには金を出す経済的ゆとりと価値感があった。

アユモチオケは語る

アユモチオケは、京の食文化と天若の空間的・時間的条件が一致して生まれた。わたしが見たのは、清次氏が大正時代に上世木の人から譲り受けたのと、日吉町教育委員会所蔵の二つでしかない。後者は、日吉町歴史民俗資料館に残る。アユモチオケの形態的特色は、アユ釣りでアユをいかしておくイケタゴと比較するとわかりやすい。

イケタゴはアユタゴともいい、アユトリがアユ釣りにもっていった。釣れたアユを活けたり、運んだりする桶である。アユモチオケより小さく、アユが四〇匹ほど入る。桶の内側はアユモチオケと同じで黒く塗る。アユがぶつかり鼻を傷めないためである。アユの姿がわるくなり、商品価値を損なわない配慮である。

イケタゴを上向きにおくと、なかの水がよどむ。川に伏せておくため、アユが逃げないよう口に網をつけた。イケタゴを基点にして、移動しながらアユを釣る。イケタゴのアユはオトリアユに使い、活きのよいことが釣りに影響し

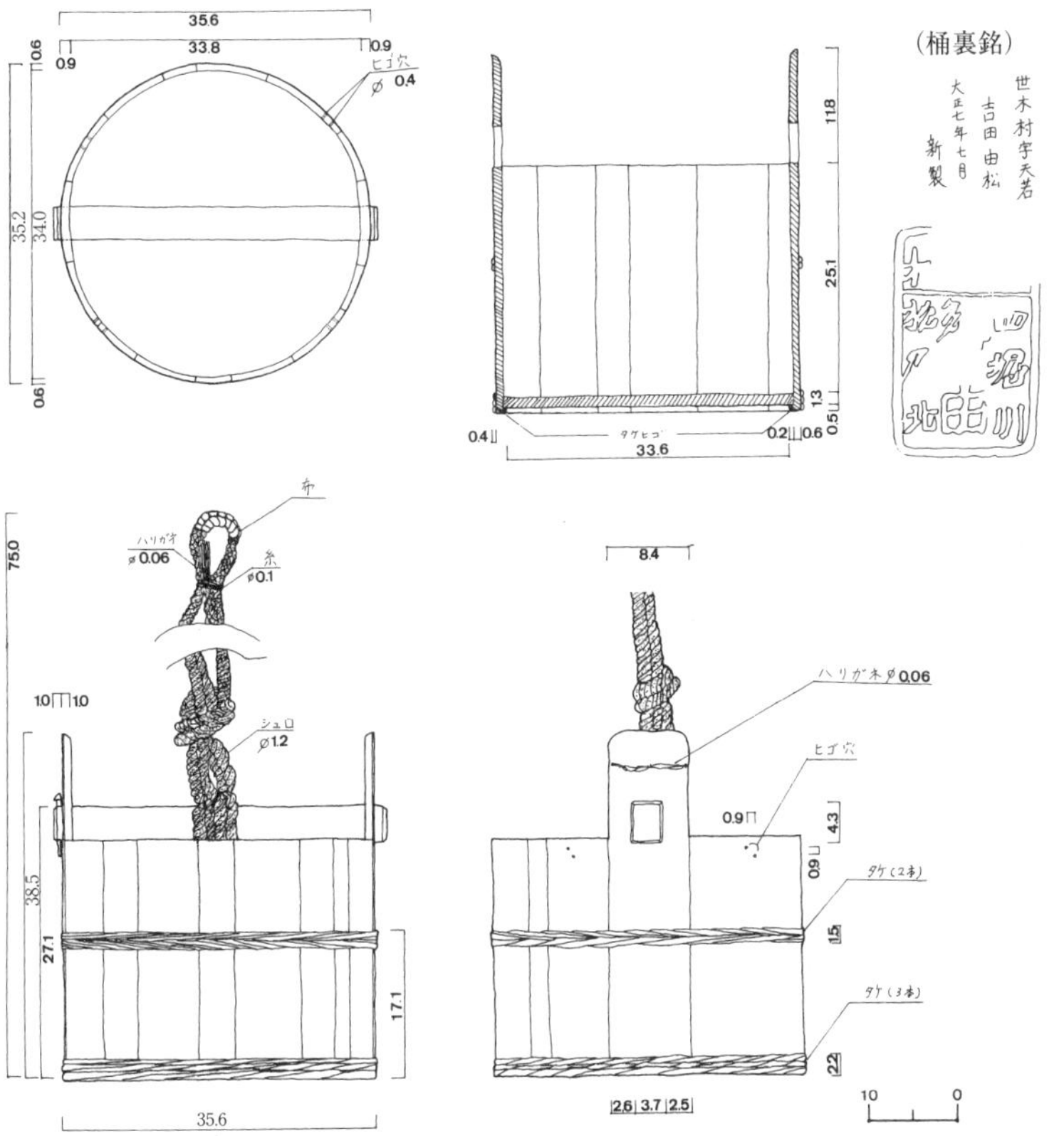

図13　アユモチオケの実測図（日吉町教育委員会蔵）

写真31　図13のアユモチオケ（同所蔵）

た。イケタゴは殿田や園部などで購入し、地元の桶屋がつくった。

アユモチオケがイケタゴと違うのは、クレ板が薄いことだった。長い道のりを、軽く運ぶ工夫だった。イケタゴが一〇ミリ、アユモチオケは六ミリしかなかった。それで、クレ板には木目のつんだ上質の杉材を使っている。ただし力がかかる荷綱部分は、一〇ミリと厚く丈夫にしている。

活きアユ専用のアユモチオケは、最高の素材を使って高度な技の職人がつくった。アユモチオケの底に、墨書と焼印がある。墨書は所有者で、焼印は「西堀川」の地名が読みとれる。京都市内西堀川の桶屋の焼印であろう。これほど特殊な桶がつくれる桶職人が、地元にいたとは考えにくい。アユモチオケは、京の職人文化をも伝えている。

2　大堰川の川漁と食文化

生活文化は、自然や歴史とむすびついた多くのモノや技術からなりたっている。モノや技術をとらえることで、生活文化もとらえられるはずである。

天若の五つの集落ごとに、数軒ずつ選んで民具の所有調査をした。あとで家ごと、集落ごとにくらべると、民具の種類や数までがよく似ていた。漁具も網漁法・釣漁法・刺突漁法・筌《うけ》漁法・雑漁法などが共通していた。天若の民具調査から、格差のない均質な暮らしと、川漁の重要性がうかがえた。

漁具を比較すると、アユとほかの魚では漁具に違いがあった。「世木のアユ」はブランドで、高収入をもたらしたからである。地域の生活文化は、周辺との関連でみていく必要がある。ことに畿内では、京都や大阪の文化や経済を考える必要がある。報告書では漁法でまとめたが（印南敏秀「天若のものとくらし・漁撈用具」日吉ダム水没地区文化財等調査委員会編『日吉ダム水没地区文化財調査報告書』日吉町、一九九〇）、ここでは魚種の商品価値を基準に整理した。

表２　天若地区の漁種・漁法・漁期（植木行宣「川漁」日吉ダム水没地区文化財調査報告書）

魚名	漁具														その他	漁期
	モジウケ	突き	釣り						網							
		ヤス	竿餌釣	竿毛針	スガケ	トモガケ	穴釣	夜ヅケ	投網	サシ網	袋網	タテ網	ウザオ	タマ		
アユ					○	○			○	○	○	○				初夏～初秋
ハイジャコ	○		○	○						○			○	○		
カタサイ	○		○							○			○	○		
クチボソ	○		○												柴漬け	年中（柴漬けは冬）
モト	○		○					○		○			○	○		
モロコ	○		○													
イダ	○		○						○				○			春（サクライダ）
コイ		○	○								○					冬～春
フナ	○	○	○													冬～春
アマゴ			○	○												春
マスザケ		○										○			柴漬け	春～夏
ゴリ	○														ゴリヒキ 干し川	夏
ウナギ	○	○														夏
ナマズ		○					○	○								夏
ギギ		○						○								夏
アカビツ								○							干し川	夏
ドジョウ	○															春～夏
ズガニ	○															秋

ダムができる前の川と食文化

天若では、大堰川をオオカワ、大堰川に流れる谷川をコガワとよぶ。川漁はオオカワが主で、コガワや灌漑水路のミゾ、溜池、水田でもおこなった。ダムができるまでの大堰川は、砂や小石の浅瀬と淵が濃淡をみせる美しい川だった。

吉田清次氏は、上世木では「オオバの淵」「堂ノ下の淵」「タキダニの淵」など淵に呼び名があった。淵は川漁の生態と深くかかわり、上流側を「淵のアガリ」下流側を「淵のデ」とよんだ。アユがアガリからデに移動するのをねらって漁をした。水量と流れも川漁と深くかかわっていた。大雨後のニゴリミズと、水が少ないときでは漁法が違った。川についての知識量で、漁獲量に差があった。

天若の川魚で、商品になるのはアユとゴリ、ウナギ、コイだった。アユは夏、ゴリは春と秋、ウナギは土用、コイは冬で川稼は通年あった。「世木のアユ」のころは子供でも、学校から帰ってから大人の日当分を釣りあげた。

一方で、川魚は食生活をささえる蛋白源だった。毎日のだしに使うほか、儀礼食にもなった。焼き魚や煮魚でも食べた。たとえばアユは、塩焼きのほか、ハラワタは塩漬けしてウルカにした。ナレズシにする家もあった。コイのアライやゴリの佃煮はご馳走だった。

アユの漁具・アイカケ

アイカケ（アユ釣）には、トモガケ（友釣）やヒッカケなどがあった。

トモガケは、流れの速い瀬の漁で、天若ではアイカケともいう。アユがなわばりに入ってくるアユを追い出す習性を利用した。おとりアユを近づけて、追い出そうとするアユを針でひっかける。友釣は一番むずかしく、だからやみつきになる。吉田清次氏は、やみつきになる前にやめた。友釣は、上手と下手がはっきりする。下手な人は逃したアユの大きさを話し、道具にも凝った。だから友釣は、川道楽といわれた。

友釣のむずかしさはいくつもある。アユがいるポイント探し、おとりアユの弱らない泳がせ方、かかったアユのあげ方などである。元気なおとりアユがよく、釣りあげた元気なアユと取り換えた。あげるときは、糸をゆるめず、少しずつ手元によせてタマであげた。慣れないと釣人がアユに動かされ、足場の悪いところを濡れながら歩かされる。タマの網は、木綿とナイロンの二段になっている。友釣のアユは、網漁より元気でアユ問屋はよろこんだ。

ヒッカケは、竹や鉄棒の先に針をつけ、コイ・ウナギ・アユ・ナマズなどをひっかける。魚に針がかかると止め具がはずれ、針についた糸がのびて釣れたようになる。第二次世界大戦まで、水にもぐらないでひっかけるときはハコメガネを使った。片手にヒッカケ、片手にハコメガネを持った。ハコメガネは、四角い杉材の箱の底にガラスを入れ、持ち手はなかった。水にもぐるときは、片目ずつわかれた水中メガネをつけた。小さなセルロイド製のメガネだった。

むかしのアユのヒッカケは、アミドリと同時期にとりはじめた。網目にささったアユより、ヒッカケでとったアユは活きがよいので高く売れた。ただし、ヒッカケるのはどこでもよいわけではなく、アユのオボネあたりをねらっ

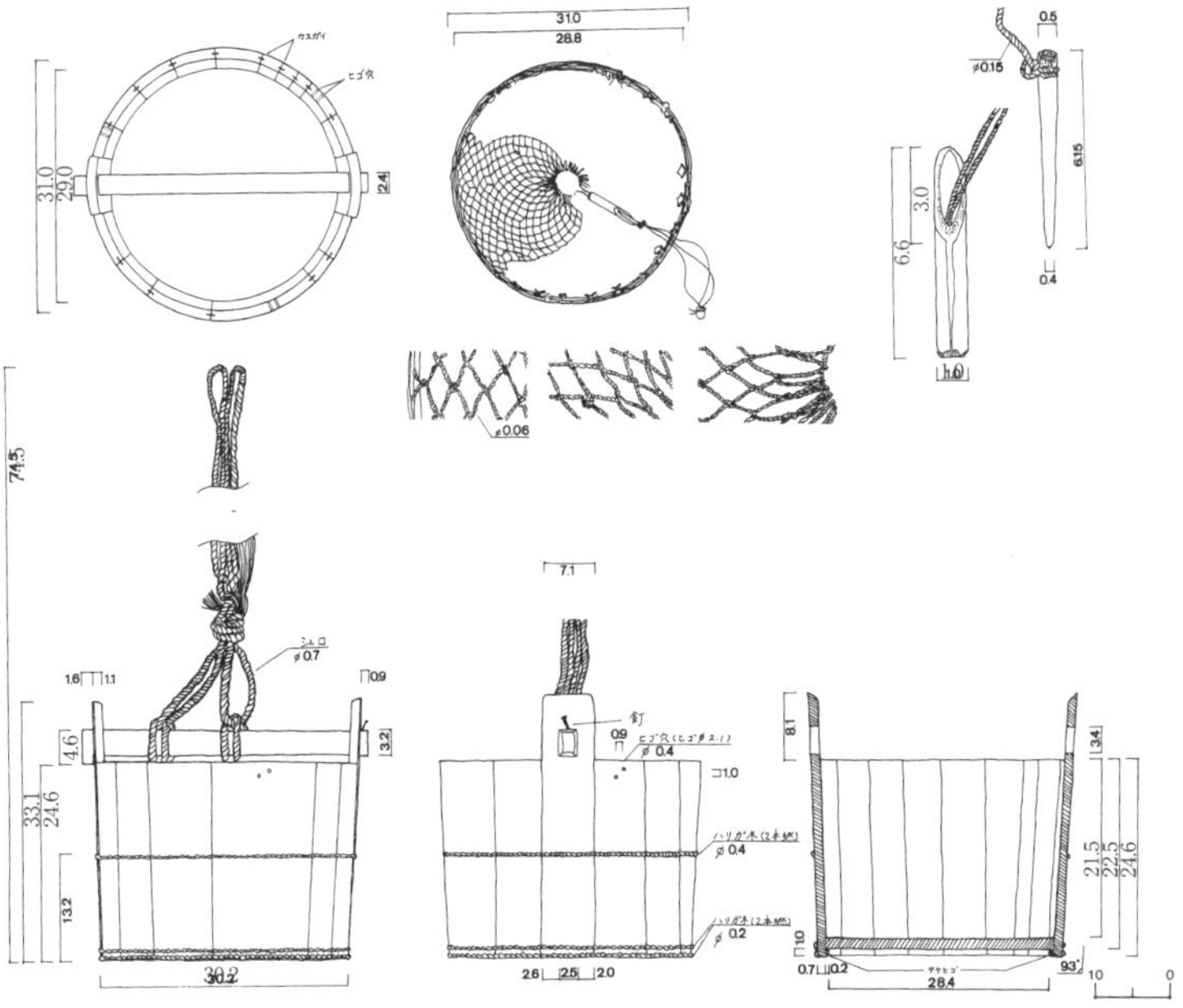

図14　アユのイケタゴの実測図（日吉町教育委員会蔵）

写真33　イケスは少し上を出してつける

写真32　図14のアユのイケタゴ（同所蔵）

た。内臓がつまった腹部はやわらかく、かかるとアユはすぐ死ぬので自家用にした。鉄製の竿は鍛冶屋でつくった。竹竿は、急流だと曲がってうまくかけられなかった。

アユの漁具・イケタゴ

アユなどを入れる桶で、川稼ぎの人は大切にした。ことにアユは、商品価値を落とさないよう工夫した。自家用のジャコなどは、田畑で使うイカキでまにあわせた。

イケダコ（アユオケ・アユダコ）は、どの家にもあった。川に伏せておき、あちこち移動してアユを釣る。桶の底に銘があり、誰のかはすぐにわかる。よく流れたので、手にもつ紐に石をおいて流れないようにした。そのとき銘が役立った。桶が流れたり、アユがあばれてもよいように、イケタゴのクチアミは二重だった。網は自分で編むか、船井郡八木町の網屋か殿田の川道具屋で買った。クチアミが傷むと、自分で修理した。

大正末ころから、ブリキのカンカンを使いはじめ、殿田や園部の金物屋や釣道具屋で購入した。昭和に入って、桶からブリキのカンカンが多くなった。カンカンはアユの友釣専用で、おとりアユを入れて川に持っていった。イケタゴと同じでクチアミがつき、内側は黒く塗った。少しのアユならカンカンに入れて持ち運び、いっぱいになるとイケタゴに移した。

アユを活かす生簀にも、家庭用と商売用がある。家庭用は背の低い箱形で、杉や檜の板でつくる。川に浸けても流れないよう、上に石をおいたり、紐でむすびつけた。川に浸けたとき、中の水の上を少しすかさないとアユが死んだ。イケスの板に穴をあけ、水がとおるようにした。

活アユを運んでいたころは、京都のアユ問屋の代理店が上世木と世木林にあった。代理店には一畳ほどの大きさの生簀があった。上世木は生簀場が吊り橋の下にあり、夕方売りにくるアユを入れた。生簀は腰ぐらいの高さで、なかをアユの大きさで大・中・小の三つに区切った。

ダムができてアユが少なくなり、生簀は使わなくなった。冷蔵庫が普及して、家庭でも生簀を使わなくなった。

ゴリの漁具

ゴリは、ゴリスクイ（ゴリトリ）、ゴリボシ、ゴリヒキでとった。まれにヨツデアミを使うこともあった。

竹製のゴリスクイは、家でつくり、亀岡市保津からも売りにきた。砂があたって傷みやすい先に、ブリキ板をつけることもあった。

ゴリは、暑いときは深いところにいる。盆がすぎると、川のフチにもどってくる。盆から、九月十五日の中村の八幡神社の祭りまでが、ゴリスクイの季節だった。ゴリは、ジャコで一番うまいハヤより、さらにうまかった。しかも、この時期のゴリが一年中でもっともうまく、だれでもたくさんとれた。ゴリスクイは、ひざまで川につかるため、寒い時期はできない。

天若の女衆は川漁をしないが、ゴリスクイだけはした。農閑期などの、昼寝時間に、二、三人つれだってとりにいった。ゴリスクイは、女性の楽しみだった。ジャリの川底に、ジョレンや鍬で窪みをつけるとセムシがわく。ゴリは、セムシを食べに寄ってくる。川の流れにそって窪みをつけたときは、川上にゴリスクイをおき、川下から両足を小刻みに動かしながらゴリを追いこむ。川を横断するように窪みをつけたときは、浅瀬から深みに追い込む。上手な人は、昼間に一升ほどとった。昼間は流れがゆるやかな瀬、朝夕は流れの速い瀬を移動しながらとった。ゴリは、昼間より夕方に窪みによる。本当に好きな人は夕方にとった。

ゴリがとれると、腰にさしたアユのウケダマに入れた。ウケダマがいっぱいになると、野菜などを運ぶイドコ（竹籠）に移す。イドコが流れないように、石を重しに入れて浅瀬においた。

男は、ゴリヒキやゴリボシなど、一度にたくさんとれるゴリ漁を好んだ。また、ゴリスクイは、うつむいて追うため腰が痛くなり、男は辛抱できなかった。ゴリヒキは三人一組みで、ゴリが寄る夕方にした。川底が砂地の場所を選

写真34　ゴリスクイでゴリトリの模擬をする湯浅国男氏

写真35　ゴリスクイ（日吉町教育委員会所蔵）

び、石をくくりつけた縄を川上に引っ張る。石が底をする音にゴリがびっくりして、下流にしかけた網に入った。ゴリボシは、川に水路をあらたに掘ってゴリをさそいこむ。さそいこんだあと水を抜いて、上流にしかけたモジや網ですくいとった。ゴリヒキとゴリボシは、たくさんとれすぎるので禁止された。

ゴリは九月に入り台風などで川がにごり、増水すると縁に寄るのでとりやすい。ただし増水時のゴリは泥臭いので、一度コガワに活かしてから食べた。大堰川のゴリは上流ほど大きい。上流の美山町のゴリを天若の若衆がとりにいった。

ウナギの漁具

ウナギモジは、長さ約七六センチ、直径一二センチほどで、底から編んだ。ウナギの入口に、とりはずしできるカエシがついている。モジにミミズかドジョウを入れた。底に畦のやわらかい草を敷き、ミミズを一五匹から二〇匹ほど入れ、上から草でおさえる。カエシで口をふさぐときは、草でまいてカモフラージュし、はみだした草は鎌できれいに切りととのえた。夏の暑いときはミミズが少ないので、干草を積んだ下を掘るなど探すのに苦労した。ミミズとりは、学校帰りの子供の仕事

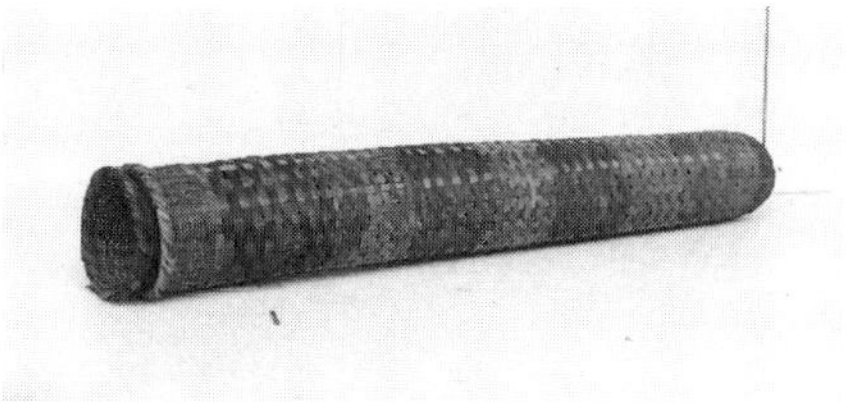

写真36　図15のウナギモジ（同所蔵）

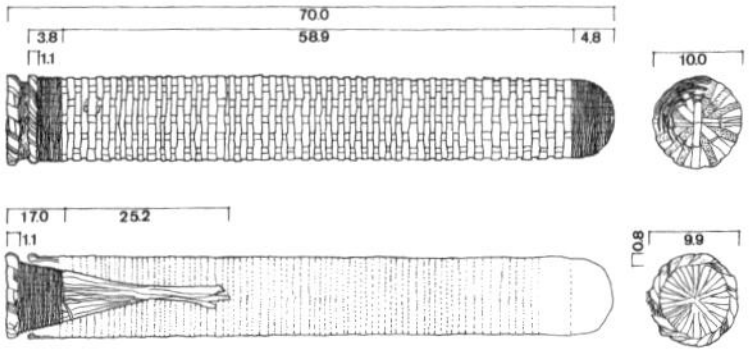

図15　ウナギモジの実測図（日吉町教育委員会所蔵）

だった。

ドジョウは、カワドジョウと田にいるドジョウの二種類がいた。モジにはカワドジョウを入れた。田にいるドジョウをまぜることもあった。ドジョウは大きいので、ほかの魚は食べられない。それで大きいウナギがとれた。多いときは、モジの三分の一ほどにウナギが入っていた。

ウナギモジは、川の水が少ない夏場によく使った。ことに土用ころがさかんで、どの家でもウナギモジでとった。ヨツケバリにはカラカギなどほかの魚がかかることがあり、ウナギだけならモジのほうがよくとれた。ウナギは夜行性なので、ウナギモジを夕方つけて朝あげる。瀬に下流に向けてモジをしかけると、下流にいるウナギがミミズの匂いにつられて入った。モジは左右から石ではさみ、上に石をおいて固定した。淵にもぐり、モジをしかける人もいた。ウナギモジ二〇本ほどと、ミミズをもって泊まりがけでとりに行く人がいた。二、三人の川漁が好きな人どうしで行った。コガワにしかけて野宿しながら、二、三日で帰ってきた。商売でする人はいなかった。蚊にかまれ、よほど好きでないと行かなかった。昭和十年代まではウナギがよくとれたが、昭和二十年、三十年代に、バッテリーを使った電気ショックで乱獲し、少なくなった。

ウナギイドコはモジにかかったウナギをあげるのに使った。ウナギも強い魚で、川藻などを上に乗せると、水からあげても鮮度が落ちなかった。川から持ち帰ったウナギイドコのウナギは生簀《いけす》に移した。数が少ないときはそのままコガワにいかして、生簀がわりにした。ヨツケバリは、ゴリやミミズを餌にして、夜に淵などにしかけて朝あげた。ウナギのほか、ナマズ・ギギなどもとった。むかしは、まっすぐなカンヌキバリを使った。

天若では、大人はヨッケバリをあまりしなかった。第二次世界大戦ころまで、夏になるとカワラコジキが夫婦できた。河原に藁小屋を建て、ヨッケバリでウナギをとり、町場の殿田に売りにいった。

ウナギツリは、夏の夕暮れどきに釣った。細いシノブダケの先にミミズをとおし、さらにその先端にあとで取りはずしやすいようにもどりのない釣針をかけ、先にとおしたミミズを動かして釣針を覆ってしまう。こうしておいて、ウナギのいそうな穴の前にかざす。夏はウナギも浅い穴にいて、ミミズを飲み込む。十分飲み込んだところで、二本編みの糸を引き寄せてウナギをとる。

盆がすぎると川開きまで、夜にヤスでウナギをついた。ヨブリといい、松明の明りにおどろいて走るウナギをついた。一人のときや、タイマツとヤスを分担して二人で行くこともあった。昼間、岩の間に餌をおいて、頭を出したウナギを突くこともあった。

コイの突漁

コイはヤスで刺してとった。コイは冬、ウナギは夏と季節が違い、コイのヤスはウナギより大きかった。コイのヤスは、先が六本で、柄の長さは深さでかえる。柄はマダケで、二間から二、五間あった。正月前後は、コイの動きがにぶくなり、深いところに寄っている。見えにくいときはハコメガネを使った。深いところは、丸太四、五本を筏に組み、上に乗ってついた。ヤスが刺さったコイは、真直にあげるのがこつだった。

さまざまな筌漁

天若では、入口にカエシがついた筌《うけ》をモジといった。モジは、魚によって五種類あった。ウナギモジ・カラカギモジ・ドジョウモジ・カニモジと、いろんな魚がとれる。伝統的なモジは竹製で、多くは自家製だった。ジャコ専用のビン（ビンモンドリ）は新しかった。

カラカギモジは、形はドジョウモジと同じで、少し太くて、長さも四五センチ以上あった。餌はタニシをくだいて入れた。口を下流に向け、ウナギモジより少し深いところにしかけた。

ドジョウモジは、直径が九～一二センチ、長さは一五～三〇センチあった。タニシをつぶして入れ、田の水路にしかけた。シルタ（湿田）にドジョウが多く、シルタが多い山田でとった。天若ではドジョウは魚の餌にすることが多かった。ドジョウよりうまい、ゴリなどがとれたからだった。ドジョウは春によくとれるが、うろこがこまかくなる夏がうまい。背開きにして、とき玉子をかけて蒸して食べた。ドジョウのミソ汁を飲むと、乳がよく出た。

カニモジは、沢田の湯浅国雄氏が子供のころ見たという。秋に川を下るズガニを、淵にしかけてとった。ズガニは保津峡あたりに多かったという。カニモジは、長さ一メートル、直径が三〇センチほどの筒状に編み、両方にカエシをつけた。ズガニは塩ゆでして食べた。

写真37　雑魚を竹串にさして火であぶり、麦藁を束ねたアクにさして保存する

ビンは、ハエ・クチボリ・モトなどのジャコをとった。草とサナギ粉一握りを入れ、魚が寄りそうな川底を少し掘っておき、石で固定した。サナギ粉が少しずつ流れ出て、魚が寄って入った。三〇分から、一時間であげた。ビンは、春は麦穂が、秋は稲穂が出るころによくとれた。夏は暑いのか入りにくかった。多いと二〇匹ぐらい入った。ビンは殿田の「コマキ茶碗店」で売っていた。昔はシュサ（蚕のサナギ）を買い、ヌカとまぜ、油で炒って餌にした。香ばしいよい匂いがした。ビンは割れるとあぶないので、プラスチックにかわった。プラスチックのビンは曇り、ガラス製よりとれな

かった。夏のジャコは骨がかたいので、ソウメンのだしに使うぐらいだった。

大正のころ、夏だけ専門にビンをしかける人が世木林にいた。ジャコをとっては川辺で焼き、一日中繰り返して夕方になると殿田に売りにいった。魚はさっと煮て、だしをとった。主にハヤとモトで、夏間はビンをしかけるだけで楽に生活できた。ジャコは、逆にして指でしごくと内臓がピュッと出た。串刺しにして、ならべた石にかけて焼く。ビンをしかけて待つあいだに加工した。

ビクは腰につけて、移動しながら漁をするとき使った。四、五月の夕方、そよ風が吹き、虫が川面を飛ぶと、毛針でハヤが釣れる。この漁は、一カ所で釣れなくなると、つぎつぎ移動した。水中からあげても三〇分や一時間では死ななかった。

網　漁

網漁具には、トアミ、スソアミ（スズアミ）、スクイダモなどがある。

トアミは、ジャコ用とコイアミがある。コイアミは、網目を荒くして沈みやすくした。トアミは、網の広さが六畳・八畳・一〇畳などがあった。体格や技量で使いわけ、ふつうは八畳で、若者は広いものを使った。

冬は、夕方になるとジャコをトアミでとりにいった。ジャコは、昼はばらけているが、晩はきまった場所に集まった。筏師が、筏の上からトアミを打つことがあった。曲がりの少ない、波のおだやかなところで打った。筏の上を走って、すぐに網をあげた。冬は、ジャコも死なないので、小形のイケタゴに入れた。ときどき水をかえるだけで、帰るまで生きていた。天秤棒の前にイケタゴ、後にトアミが入った竹籠をかついで帰った。天若の男性は、子供のころから筏で遊んでなれていた。わざわざ筏に乗せてもらって、トアミを打った。筏の上からだと、ジャコがよくとれた。

トアミの網は絹糸だった。水をはじいて、丈夫になるよう、柿渋やサヤゴの葉で染めた。柿渋には、たいていミシラズという柿を使った。九月初旬ころ、枝が折れそうに実ったミシラズをとった。少量なら石などでたたきつぶし、水と一緒に瓶に入れ、味噌蔵などにしまった。一年ほどで柿渋ができると、ザルなどでこして使った。

　スソアミは、川を横切って張った。むかしは水量は多く、川幅も広かったので、川の両側に五人ずつぐらいならんでほとんど同時に投げ入れ、網でとったり網の間にいるアユをヒッカケでつかまえた。網目は「五分目」「七分目」「寸目（一寸）」とあり、アユが成長するにつれ、目の大きいアミを持っていった。

　網にかかったアユがとれないときは網糸を切る。切るための小さい鋏が、タマについていた。アミの修理は自分の家でしたが、新調するときは店で買う。店先にある適当な高さの網を選び、それまで使っていたアミのイワを店でつけてもらった。ウキには、スギかヒノキを使った。

　アユの解禁は六月二十日ごろで、トモガケ（友釣）で釣った。スソアミを使ったアミドリは、七月二十日ごろから八月までつづき、そのあとヒッカケ漁が遅くまでつづいた。

写真38　スクイダマは増水のとき網をつけ、長い棒にむすびつけて使う

　タモアミには、捕獲用のスクイダマと、釣った魚を捕獲してイケダコに移すウケダマがある。

　スクイダマは、雨が降り川の水が増水する六月の梅雨と、十月の台風時分に使うことが多かった。ハエジャコ・モツなどが、水のニゴリで酔ったようになり、水のよどみに集まってくる。ニゴリ水のなかをスクイダマですくいとることから、ニゴリダマともいう。

　タモの網をつける輪の部分は、ヒノキの枝を輪にしたものを使い、それに長さ一間から二間の竹の柄をつけて使った。日頃は網はタモからはずし、しまっておいた。網はむかしは麻糸だった。

ウケダマはニゴリダマの小形で、ヒノキの枝を輪に使う。

二　春をよぶ古老柿

コロガキ（古老柿）を知ったのは、新聞記事だった。新聞は、季節を先取りして読者に季節を提供する。なかには、毎年きまって報道される定番記事もある。コロガキは毎年正月前になると報道されていた。記事の写真には、仮設の大きな干場が写っている。干し柿をつくるために、なんでそこまでするのか、それを知りたいと思った。宇治田原は宇治川支流に位置し、農業や製茶が中心である。点々と建つ農家の屋敷まわりに柿の木が、屋敷近くの水田に大きな干場が建っていた。

コロガキの報告は、一緒に調査した印南ゆう子が編集者の求めで書いた。コロガキは、南山城の商品作物として、食品としても、技術と装置も洗練されている。これは本章の意図でもあり、加筆して掲載することにした。

干し柿まで洗練

南山城で暮らしはじめて、強い印象を受けたのは柿の木の風景だった。かわいいタマゴ形の実をびっしりつけた大木が、すんだ秋の日を浴びている様はあざやかだっだ。この美しい小さな渋柿は、実った姿からセンナリガキとも、コロガキともよばれている。その柿でつくる干し柿は、むかしから宇治田原町の特産品になっていた。

極寒の十二月、宇治田原町をたずねた。奥まった山間の町は、お茶の名産地としても知られている。川に沿って水田がひらかれ、ゆるやかな斜面に茶畑が広がる。茶畑の上にはととのった杉の植林が見える。人の手がすみずみにまでゆきとどいた、畿内に特有な農村風景だった。

長山《おとのやま》集落で、農作業をしていた山本義雄さんと出会った。山本さんにコロガキのことを聞くと、

写真39　竹竿で柿の枝ごと収穫する

写真42　むしろの上で柿をうらがえす

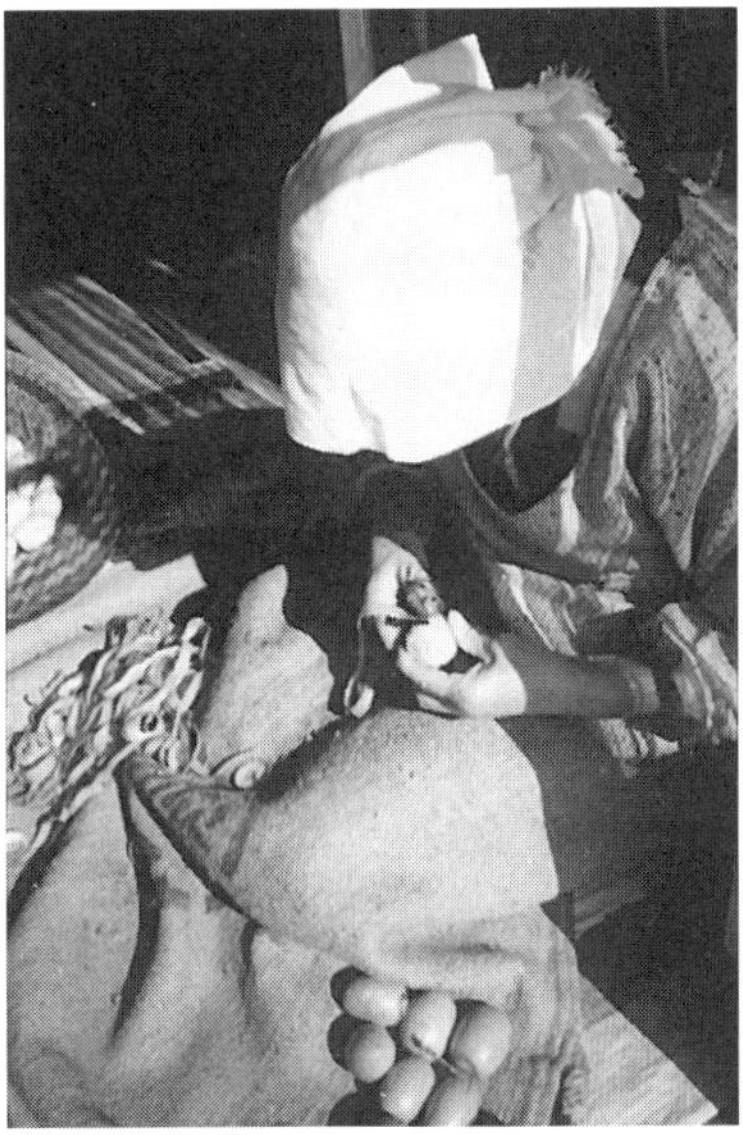
写真40　専用包丁で柿をむく

写真41　民家ほど大きなカキヤ

うちにもつくってますわ。このあたりはだいたいみな、むかしからつくってまんのや。そりゃあ、おいしいでっせ。まっ白に粉をふいてなあ。こんな干し柿はここ宇治田原だけしかできしません。

という。ほんの少し宇治田原をはずれても、粉をふかないし、味がまったく違う。宇治田原は山間で、昼夜の温度差が大きい。良質の製茶づくりに適した気候が、干し柿にも欠かせないという。

山本さんは、家までわざわざ帰り、自家製のコロガキを持ってきてくれた。ピンポン玉ほどで、粉砂糖をまぶしたように白い。甘いものは好きではないが、口に入れると日向のにおいがして、ほどよい甘さだった。上等の和菓子を、口に入れたときのようだった。干し柿すら洗練させるところが、京好みなのだろう。

この日の出会いがきっかけで、日をあらためて山本さんに話を聞くことになった。長山は丘の上の三〇戸ほどの集落だった。道ばた、屋敷まわり、畑のすみなど、柿の大木がいたるところで目についた。山本家をたずねると、自家製のおいしいお茶を用意して迎えてくれた。

コロガキがいつはじまったのかはわからない。江戸時代には、城州宇治の名産「転柿《ころがき》」の名が登場する。コロガキは、「古老柿」や「弧娘柿」の字もあてる。隣接する禅定寺《ぜんじょうじ》集落の禅定寺住職が教え広めたとか、孤児の娘が走り歩いたのがはじまりという。

主産業の茶の収入は、五月から七月にはいる。コロガキは年末で、正月準備にありがたい副業だった。大規模にコロガキをつくる家を除くと、普通は平均二、三本の柿の木でつくる。一本で三〇〇〇個も実るため、二、三本でも大変だった。

柿は、茶畑に植えることが多かった。柿の木が茶畑の肥料をとり、柿の葉が茶葉の上に落ちて悪い影響をおよぼした。最近では柿の木をどんどん伐るため、古い畑にだけ残っている。

コロガキの技

コロガキの収穫は、十一月中旬すぎてからである。冬がせまり、本格的に寒くなりはじめのころだった。赤く色づいた実が、まだかたいときにとった。先端が二股になった長い竹竿で、枝ごと折って実をとった。乱暴のようでも、柿の木のためでもあった。古い枝先を折って、新しい枝をだし、花芽がつきやすくした。収穫後、時間をおくと皮がむきにくくなる。実は一度にとらず、むくのと平行して二、三日かけてとる。

皮むきは、女の仕事だった。専用の小型庖丁で、手早くむいた。むいた皮は干すと甘くなる。むかしはおやつ代わりに食べたり、石臼で挽いて漬物に入れた。いまは漬物屋がとりにくることもあるが、ほとんど肥料として田や竹藪

（タケノコ産地でもある）に入れる。

むいた柿は、仮設のカキヤで干した。カキヤは、干し柿専用の棚で、丸太で組み、稲藁で屋根をふいた。なかに五段から八段くらい竹簾をわたす。湿気がこないよう高床にし、日当たりを考え南向きに建てた。大規模なコロガキ農家は、カキヤも大がかりだった。普通は家の軒下につりさげたりしている。

コロガキがもっともさかんなのは、隣接する大道寺《だいどうじ》である。稲の穫り入れがすむと、田に二階屋ほどもあるカキヤがならび壮観である。二週間ほど、カキヤで日差しと寒気にさらすと、黄色から紫色に色がかわり、表面がビロードのようにかがやいてくる。そうなると渋が抜け、芯から甘くなっている。ただし気温が高かったり、雨にぬれると青カビがはえて腐る。

次の一週間は、昼間は干し、夜はムシロに包んで水気を吸わせる。ムシロはカキヤの下において、雨や夜露にあたらないようにした。初冬の強い日差しのなか、一日に三、四回、箕《み》でいきよいよくひる（さびる）。一回に一〇〇度から一五〇度はひる。三日ほどで柿は灰色に、さらに四、五日するとだんだん白くなる。それをムシロに包んで両端をしばり、五日ほどおくと白く粉がふいてくる。そのままおくと湿気《しけ》るので、ときどき干して、さらにひる。それを繰り返すと真っ白で固いコロガキができる。干し柿でもコロガキは、大変な手間がかかる。

コロガキを大規模につくる家は、正月用の串柿をつくることが多い。一〇個ずつ竹串にさし、何段もぶらさげて乾燥させる。稲藁の穂先を箒のようにして、何回もなでると白い粉をふいてくる。コロガキにくらべると串柿はひらないので、味が落ちるしかたく仕上がる。コロガキの白い粉は、ムシロの成分が柿の糖分に働きかけるのかもしれない。

コロガキは、十二月十三日の事始めから、京都や伏見の市場に出荷する。二キロ（一二〇〜一三〇個）が二五〇〇円（昭和五十七年）で、正月のお飾りや神棚に供えるシンジョモンとして京都では欠かせない。

柿の木は、毎年伐って少なくなっている。あざやかな実の柿の木が消えるのはさびしい。干し柿の芸術品、コロガキが消えるのはもっとさびしい。

追記

干し柿は、子供のころわたしの家でもつくっていた。渋が抜けるのを待ちきれずに、渋が残る干し柿を食べたこともあった。早く渋が抜けるように、押したりつまんだりした。干し柿は、冬の大事なおやつだった。お菓子の種類がふえ、おやつを買って食べるようになると、干し柿をつくらなくなり、買って食べるようになった。京都にいたときは、正月にコロガキを買って食べていた。愛知にきてからは、正月ですらずっと干し柿を食べていないことに気がついた。

なお、山城資料館では、一九九七年に企画展『柿渋の力』（横出洋二『企画展　柿渋の力―くらしと伝統工芸を支えた南山城の柿渋』京都府立山城郷土資料館、一九九七）を開催した。展示では南山城の柿渋利用の過去と現在を展示した。図録には南山城の民具には、製茶や養蚕、漁具など柿渋を塗ったものが多い。ことに製茶の用具は多く、竹編みの上に張った和紙に渋を塗った。渋を塗ると、破れにくく丈夫になった。木津川の漁具はほとんど残らないが、漁網の腐食防止で柿渋を塗ったはずである。さらに幕末ころには、柿渋は京都に運ばれ、友禅染・提灯・表具屋などが使った。船で大阪の渋問屋に送ることもあった。そのため南山城には農業のかたわら柿渋を集め、市内におくるシブヤが各地にいた。戦後は科学製品が多くなり、従来の柿渋の需要はへる。かわって清酒の清済剤や医薬品・化粧品の原料として利用されるようになった。あまり知られていないが、南山城は日本の柿渋の大産地だとある。

南山城の柿渋文化も、都市民の玉露や煎茶の飲茶習俗や、京都の伝統工芸とむすびついていたのである。

三　地産地消の伝統食

木津町鹿背山《かせやま》は、木津川沿いの平坦地と丘陵地からなる。農家の経営規模はせまく、四季を通じていろんな作物をつくった。商品作物のサツマイモなどは京都や大阪の市場に送った。

大正末から昭和のはじめの鹿背山の食事を、角井をとよさん（明治三十六年生）、福岡光枝さん（明治三十八年生）、富永直枝さん（明治四十二年生）からうかがった。昭和はじめころの南山城の家庭の食事は質素で、鹿背山は一汁一菜が基本だった。主食は、朝が茶粥で、昼は麦飯を炊いて食べた。寒いときは夕食の麦飯に、茶粥をかけて食べた。茶粥の食習は畿内から瀬戸内島嶼部にかけてみられる。商品作物をつくり経済活動は活発でも、家でつくった食材を食べた。地産地消で、食文化は保守的でかわりにくかった。

1　ふだんの食事

イツツカマド

農家の土間につくられた竈《かまど》は、鍋釜をかける口が五つのイツツカマドが普通だった。イツツカマドは、ゴ（五）クドウともいった。

一番大きいのがオオクドサンで、味噌豆を炊くのに使った。一斗炊きの大釜をかけ、竈の神を祀っていた。

二番目は五、六升炊きの鍋で、主に牛のゾウスイ（餌）を温めるのに使った。

三番目はナカクドサンで、二、三升炊きの鍋釜をかけ、飯はここで炊いた。炊き口の前に茶瓶をつるして火を有効利用した。

四番目はおかずを煮る鍋や、茶粥を炊く釜をかけた。

五番目は一升炊きの鍋で、ハシナベといった。よく茶を飲む夏は、茶釜をかけて茶をわかした。専用のアカガマで、茶粥を炊く家もあった。

主食は麦飯

食事は一日三回で、朝はアサハン、昼はヒルゴハン、晩はユウハンといった。

第二次世界大戦前の主食は、米と麦をまぜた麦飯だった。米が七、麦が三の割合が多かった。大正時代は裸麦の丸麦で、米より煮えにくかった。丸麦は一度ヨマシ（煮）てから炊いた。朝はいそがしいので、前日のヨサリ（夜）にヨマシておいた。鍋で五分炊きしたあと蒸らしてから、水気をとるためショウケ（笊）にあげた。二倍ほどにふくれた丸麦は、翌日の昼に米と一緒に炊いた。角井さんのように、ブツブツ口の中でさわる丸麦が嫌いな人は多かった。

昭和に入るとツブシムギ（押麦）を使うようになった。押麦は丸麦より口当たりがよく、ヨマサないので調理が楽だった。麦飯の時代、学校通いの子供がいる家は、毎朝ハシナベで弁当用の米飯を炊いた。

昭和三十年代、炊飯器で毎朝飯を炊くようになるまで、昼に一日分をまとめて炊いた。冬は、藁《わら》のスエゴ（藁櫃《びつ》）に飯櫃を入れると、飯が冷えずにホッコリしていた。夏は、気温が高いので飯が腐りかけてネトツクことがあった。腐りかけの飯は湯にとおし、ショウケで水気をとり、温かいうちに食べた。冷めると、熱いオカイサンをかけて食べた。「ねとつくから、ヨマシとかならんなあ」といった。腐りかけの飯は、牛に食べさせることも多かった。

番茶と茶粥

昼に温かい飯を食べ、朝と晩は冷飯にオカイサン（茶粥）をかけて食べた。ことに朝食は冷飯に茶粥ときまっていた。シラガユ（白粥）は病気のときしか食べなかった。茶粥は、専用のアカガマ（釜）で炊いた。米の量が多くてドロットした茶粥はまずい。五、六人で、米は二合と少なめだった。麻布のチャンブクロ（茶袋）に一つかみの焙茶《ほうじちゃ》を入れ、米と一緒にシバを燃料にして炊いた。茶袋は食べる前に釜から取り出した。

鹿背山は製茶がさかんで、煎茶や番茶をつくっていた。各家に焙炉《ほいろ》小屋があり、煎茶をつくって出荷していた。

茶粥に使う焙茶は、自家製番茶を使うことができた。番茶は生葉《なまば》をトオシで蒸し、ムシロの上に広げて干した。番茶が乾燥するとサラエコで一カ所に集め、カラサオでたたいた。ホネ（茎）と粉は捨て、茶葉を茶壷やカマスに入れて保管した。番茶を炮烙《ほうろく》で少量ずつ煎った焙茶は、缶に入れて保管した。一年間に使う番茶の量は、カマス二杯いったという。

米のおぎない

麦飯と茶粥が基本で、夏から秋はイモメシをよく食べた。サツマイモは鹿背山の特産で、キリコ（賽《さい》の目）にして飯にまぜた。

コゴメノカキモチやコムギダンゴも米のおぎないだった。コゴメノカキモチは、同量のコゴメとウルチ米を蒸《ふ》かして搗《つ》き、カキモチのように薄く切ったあと干した。炮烙で焼いて、茶粥につけて朝食に食べた。コゴメノカキモチは、サクサクと歯ざわりがよくてうまかった。コゴメノカキモチは、カキモチのようにホウセキ（おやつ）にすることもあった。

コムギダンゴは、朝の茶粥や味噌汁に入れて食べた。コムギダンゴを入れた茶粥をダンゴオカイといった。ゆでたコムギダンゴに黄粉をつけて、ケンズイ（間食）にすることもあった。

ケンズイ

稲作や製茶でいそがしいときは、食事の間にケンズイを食べた。

五月は茶摘やイモサシ（サツマイモの苗さし）、六月は田植や敷草、十一月は稲刈で、朝と昼の間にケンズイを食べた。敷草は、サツマイモ畑が日照りで焼けないように草などを敷いた。

ケンズイは、弁当箱につめていった。メンツにくらべ、竹行李と柳行李は飯がむれなかった。メンツは小判型と丸型の二種類あり、春慶塗りの小判型が多かった。蓋と身の両方に飯をつめ、おかずをはさむと二食分入った。おかずはジャコやカツオ、ウメボシなどが多かった。朝飯を炊くようになり、腹もちがよくなってケンズイはなくなった。

ヒンネオキ

夏は、昼食のあと昼寝をした。早くても午後三時ごろから仕事をはじめた。昼寝から起きたヒンネオキに、素麺やスイカなどを食べることがあった。

ヤショク

秋は、稲を収穫したあと夜なべにウスヒキした。ウスヒキの夜食に、イロゴハンを食べることが多かった。ネブカ（ネギ）メシ、ジャコ（ダシジャコ）メシ、ゴボウメシ、マツタケメシなどである。鹿背山では茸入りのイロゴハンは、ゾウタケ（雑茸）でもマツタケメシとよんだ。戦前までは、それだけ松茸がよくとれた。

副　食

おかずは、材料がかわるだけで、献立は一年中同じだった。

朝食は、茶粥と主に漬物だった。夏はキュウリやナスの浅漬け、秋冬春はタクワンを食べた。味噌漬けも食べたが上等だった。夕食の残りもの、ジャコやケヅリカツオも食べた。茶粥を食べなくなって、朝夕に味噌汁を食べるようになった。

昼食は一汁一菜で、飯に味噌汁と煮物が多かった。カボチャやナスなどの季節の野菜と、油揚げやニシンの煮物だった。サバやイワシ、サケなどの塩魚、丸干しを食べることもあった。

夕食は、冷飯に茶粥、野菜の煮物に豆腐などのオツユ（澄汁）を食べた。鹿背山の豆腐屋が、売りにまわってきた。夕食に、男性が酒を飲むこともあった。酒を飲むときは、焼き魚や煮魚を肴にすることが多かった。木津の町場から鹿背山へ生魚を売りにきた。魚のときは冷飯に茶粥をかけずに食べた。キュウリの酢物がつくこともあった。

石毛直道（石毛直道『上方食談』小学館、二〇〇〇）は、大阪は商人の町で、朝いそがしいから粥か茶漬けになる。晩は、大店なら旦那は付き合いで外で食べ、家族は冷飯を食う。一番のご馳走は昼で、温かい飯を炊いて、一家そろって食べた。江戸は職人の街だから、朝飯を炊いて弁当にもっていった。そして晩にも飯を炊いたという。

2　行事と食事

正月を中心に

十二月三十日は、多くの家が餅を搗《つ》いた。二十八日にも搗いたが、二十九日はクモチ（苦餅）といってさけた。お供えは、最初に搗いた餅でとった。はじめに鏡餅をとり、残りでお供え餅をとる。サンポウコウジンは三つ重ね、十二月（つき）さんは一二個（閏年は一三個）餅を供えた。十二月さんを、正月の神さんとよぶ家もあった。餅は神棚の稲荷、大神宮、エビスサン、山の神などのほか、ミズノモチ、ドウロクジン、クラノカミサンに供えた。山の神の供物の餅は竹串に刺して、初山入りのとき、昆布やコロガキ、蜜柑と一緒に供えた。

写真43　山の神へのお供え（宇治田原町高尾）

オツゴモリ（晦日）の夕方に、ウチノバシ（うどん）を食べる家があった。うどんは麺台の上でこねて、延べ棒でのばしてから切った。

正月の節料理で、カズノコ・ゴマメ・クロマメを食べた。縁起のよい語呂合わせで、農家は食べないといけないといった。ゴマメ・クロマメ・ゴンボが三種で、カズノコを加えて四種という家もあった。

雑煮を炊くハツミズ（若水）は、元日の早朝に主人が井戸までむかえにいった。井戸に供えるミズノモチをテオケに入れてくみにいった。井戸が遠い家では、ニオケでくみにいくこともあった。ミズノモチは、薄くのばしたオシモチで、普通の餅より大きかった。ミズノモチに、先に柑子《こうじ》をさした箸を一、二本立てた。ミズノモチは井戸に供えたあと持ち帰り、トンドで焼いて食べた。アラカゼ（荒風）や日光にあてないで保存して、六月一日のハガタメに歯が丈夫になるよう焼いて食べた。正月三カ日の間水につけておき、干して焼いて食べた家もある。

雑煮は昆布だしで、味噌味だった。大根、カシライモ、ドロイモ、人参、豆腐を入れる。大根は丸いと験《げん》がいいので輪切りにした。カシライモは、親芋に小芋を添えたり、小芋のかわりにドロイモの小芋を添えることがあった。カシライモはヨイブクといって、晦日の夜に煮ておいた。元旦から割るとよくないと、カシライモは雑煮に丸のまま入れた。二日目からは切って入れた。

三カ日は、雑煮を毎朝食べた。元日はマメギを焚きつけにして煮た。マメギは「クロウを焼くから」と黒豆の枝を使った。平岡国太郎家は、古くはマメギとワタギ（木綿の枝）で炊いたという。

このほか正月には蒲鉾、棒鱈の煮物、ニシンの昆布巻、ゴボウの煮物、柿なます、ドジョウの煮物などを食べた。ドジョウは、手でもみくだいた豆腐と一緒に煮るとご馳走だった。冷めて煮汁が固まるとおいしかった。

四日はトンドで、朝に正月の神さんに供えたオカイサン（小豆粥）を鉢に入れ、箕《み》に入れてトンドへ供えにいった。トンドの火でオカイサンを燃やし、家族の数だけ竹に刺して焼いた餅を食べた。トンドの火で焼いた餅を食べると、マメ（達者）で暮らせるといった。餅をちぎって、「ハメの口《くち》、ブトの口、ハチの口」と唱えながら火に投げ入れ、害虫のクチヤキをした。

富永直枝さんは、ちぎって投げた餅を拾って食べると「歯痛のまじないになる」といい、餅を焼いた竹をハシリ（流し）の外に立てると、クチナ（ヘビ）が家に入らないともいう。

トンドは小正月の行事で、鹿背山では十四日にしていた。トンドまでがシメノウチで、仕事に出られず困るので早まった。トンドは、近所が辻などに集まり、トンド場にして燃やした。氏神のトンドが十四日朝で、宮の八人衆が餅を持ち寄り、焼いて食べた。むかしは各家からも氏神のトンドに行っていた。

四日はヨッカヒマチ（四日日待）で、昼から順番にまわす宿に集まり、皇太神宮の掛軸を拝んだ。コヒマチは、正月・五月・九月の年三回あった。正月のコヒマチを、ヨッカヒマチといった。

七日は七日正月で、七草粥を食べる。ナズナを「七草」といって、これだけですませる家が多い。ナズナは五日に摘み、六日はキンリンサン（禁裏様）、あるいはお姫様が摘むからとさけた。七草粥には焼餅を入れた。十二月さんの餅は生のまま入れ、取り出して黄粉をつけて食べる家もあった。

二月一日は二の正月で、雑煮を食べた。

年越しから盆まで

二月三日ころの年越しは、イワシをトシコシザカナといって食べた。頭をメンザシ（ヒイラギ）に刺して、戸口に挿した。メンザシの名は、鬼の目を刺すことからついたという。大豆を炒って氏神に供え、先に供えてある豆を持ち帰って、年齢より一つ多く食べた。高齢者は、一〇と一の位の合計で年齢のかわりにした。

春と秋の彼岸の中日は、西念寺に村中がコバン汁を食べにいった。生大豆を挽いてこね、長さ三〇センチほどの小判型の棒状にする。それを輪切りにしたものを「コドフ」といった。大鍋でコドフとキリボシ（切干大根）を煮たのがコバン汁である。コバン汁は、五軒ずつが順番に当番になってつくった。昭和に入ってからは、つくらなくなった。

四月三日のジンムサン（神武天皇祭）の日が、鹿背山の春祭りである。アズキモチは、焼くと香ばしくてうまかった。五目鮨《ごもくずし》も、春祭にはなくてはならないご馳走だった。

春祭りにヨモギダンゴをつくる家もあった。ウルチ米とモチ米の粉を一対二の割合でまぜ、熱湯でこねて団子状にして蒸し、ヨモギを加えて搗いた。あんこを入れたり、あんこや黄粉をまぶして食べた。行事食というより、楽しみにつくったのがツマキ（粽）とカシワモチ（柏餅）だった。五月末ころ、アシやカシワの葉がほどよい大きさになり、雨降りで田仕事ができないとき「ツマキ（あるいはカシワモチ）でもよしょうか」といった。

粽は、ウルチ米とモチ米の粉を三対七にまぜ、湯でこねて団子状にして、アシで包んで蒸した。男性がアシをとりにいき、女性がカラウスで粉にしてトウシでふるった。蒸した粽は、味噌や醤油、砂糖などをつけて食べた。残ったツマキは竿にさげておき、食べるとき熱湯につけてやわらかくした。うまく包まないとカビがはえたり、中身が熱湯にとけだした。

柏餅も粉の割合は同じで、熱湯でこねたあと餡を入れ、カシワの若葉で包んで蒸籠で蒸す。鹿背山にはカシワが少ないので、イバラモチ（サンキライ）を使う家もあった。

七月初旬のノヤスミは、アズキモチを食べた。一年中、なにかあると餅を搗いた。夏餅はカビがはえるので量を少なくした。

盆

富永直枝家の、盆のオショウライサンへのお供えは次のようだった。

八月十三日夕方、オショウライサンをお迎えすると、すぐオチャト（茶を供える）をする。

十四日は、朝にナスビ、カボチャなどの入った味噌汁にボタモチを供える。ボタモチはウルチ米とモチ米を半々にまぜ、炊いたあとレンギで搗いて、ハンゴロシ（半搗き）にしたあと、団子に丸めて黄粉をつけた。昼はご飯とゼンマイ、カボチャなどの煮物、晩はソーメンと野菜の煮物、夜食に餅を供えた。

十五日は、朝にアズキのオカイサンと漬物を供える。昼は赤飯で、晩はオチャトとご飯、野菜の煮物である。

十六日は、朝に十五日の朝と同じものを供え、そのあと送っていく。

無縁さんへの供物も、オショウライサンと同じだった。

次は、福岡光枝家のお供えである。

十三日夕方、オショウライサンを迎えると、塩味のアズキのオカイサンを、麻殻の箸をつけて供える。

十四日は、朝に黄粉のボタモチ、昼はナスビのオアエを供える。晩はなく、夜食はソーメンと餅を供え、オショウライサンはこれを食べて善光寺へお参りにいくという。

十五日は、朝にアズキのオカイサン、昼はカブ、ゼンマイなどの煮物、晩はオカイサンで、夜食はソーメンである。

十六日は、朝にアズキのオカイサンを供え、そのあと送っていく。

縁側に、ガキサンを祀る。コウジブタを伏せた上にハスの葉を敷き、お供えはオショウライサンと同じである。

七月二十三日が地蔵盆で、米粉のコロコロダンゴを各町で祀る石地蔵に供えた。供えた団子を、子供たちがタバッて食べた。

秋から冬へ

旧暦八月十五日は芋名月で、ドロイモとサツマイモを生のままお盆に入れて、萩とススキと一緒に供えた。

旧暦九月十三日は栗名月で、シバグリを煮て供えた。シバグリはうまいので、子供たちがタバリにきた。

春祭りに餅を搗かない家でも、秋祭りには搗いた。サバズシをつくり、餅と一緒に村外の親類などに持っていった。田の収穫が終わるとアキジマイで、アズキモチをつくった。アキジマイはイノコともいった。

3　四季のホウセキ

ホウセキも自給自足

田舎に暮らしていると、年中ホウセキ（おやつ）になるものがなにかある。むかしはホウセキも買わないで、田畑の作物や野山の果物を食べた。子供たちはホウセキをとおして、季節の移りかわりを知り、親の愛情を感じた。

冬は、うまいサツマイモがよくホウセキになった。多くは蒸したが、サツマイモを輪切りにして、塩をふったホウラクの上にならべて焼いて食べた。サツマイモの天ぷらもホウセキになった。サツマイモの生を切って乾燥させ、カラウスでひいて粉にする。粉で団子をつくり、蒸して黄粉をつけて食べた。糯米《もち》の上で団子を一緒に蒸して、搗いてイモモチにすることもあった。これらはサツマイモのホウセキでは上等だった。

冬は、柑橘類がホウセキになった。ミカンは正月前から三月ころ、キンカンは四月まであり、喉《のど》の薬になった。

春は、野山のイタドリやイチゴ類を食べた。

田植がすむと、婦人がさそいあって小麦を粉にひいた。早朝から一斗缶をオーコで担いで、仲之川の水車小屋までいった。粉にひいて帰ると、ハチノスやオトシダンゴをつくった。ハチノスは、小麦粉に砂糖を入れてやわらかくとき、片口から油をひいたホウラクに流して焼いた。焼けると表面に穴があき、蜂の巣に似ていた。トット（ずっと）むかしは、砂糖を使わないで、焼けると味噌をつけて食べた。オトシダンゴは小麦粉をといて練り、手水をつけながら小豆汁におとした。

夏は、スイカやウリなどの畑の作物がホウセキになった。

秋は、山のアケビ、グミ、クリ、カキなどをとって食べた。カキは、鹿背山の主要産物の一つだった。トヨカ（豊岡柿）、ボンガキ（久保柿）、ツルノコ、タクラなど種類も多かった。ボンガキは、八月末から九月のはじめにヒグラシが鳴くと食べることができた。

トヨカとボンガキは、同じ木に甘柿と渋柿がなる。甘柿だけをとり、ハンシブがまざるので吊《つる》し柿にはしなかった。

ツルノコと扁平なタクラは渋柿で、皮をむいて吊し柿にした。ツルノコの干柿をコロガキといった。皮をむき、軸の部分を藁縄に編みこんでつるした。ツルノコは、サワシガキ（アワセガキ）にして食べることもあった。大鍋のぬるま湯にツルノコとワラビか藁を一緒につけ、一晩火を絶やさないで温度を一定に保って渋を抜いた。酒屋の酒樽をもらってきて、柿をつめても渋が抜けた。ツルノコは柿渋にも利用した。種類はとわず、熟し柿を利用して柿酢をつくることもあった。

山のシバグリは、ホウセキのほかクリメシにした。山持ちの家では、売ることもあった。

カキモチ

カキモチは、ホウセキの代表だった。一軒で三升臼の餅を、六臼から一〇臼はカキモチにした。コウジブタにノシ（伸し）て、上からおさえて空洞をなくした。二、三日で裏返し、四、五日目にカキモチキリで薄切りした。藁で編みこみ、一カ月ほど室内の竹竿につりさげた。カキモチキリで切れない端は、賽子《さいころ》状に切ってキリコにした。キリコも、ホウセキだった。

カキモチには、いろんなものを入れて搗いた。塩とドロイモは、カキモチの定番だった。塩に青海苔、ツチショウガ、黒豆、ゴマ、細かく刻んだ吊し柿も入れた。ドロイモを入れると、焼いたときやわらかかった。砂糖を入れると子供に人気があった。戦後は、エビを入れるなどカキモチもかわった。

4　山と川の幸

山の幸

山菜の中心はゼンマイとワラビで、タラノメ、ウドなども少しとれた。

ゼンマイは、藁灰を入れた湯でさっとゆで、一晩つけたままにする。それをムシロの上で干し、生乾きのときに手で二回揉《も》んだ。よく揉むとやわらかくて食べやすかった。揉んだゼンマイはよく干して、函に入れて保存した。ゼンマイは、盆のオショウライサンのおかずになくてはならなかった。ゼンマイといえば、オショウライサンのおかずをすぐ連想する。

ワラビもゼンマイと同じようにゆでて、水でよく晒《さら》した。そのあと干して揉み、よく干して保存した。干したものを、ワラビゼンマイといった。ワラビはゼンマイよりよくとれた。乾燥しないで塩漬や、オカラと塩をまぜたなかに漬けることもあった。ただし味がおちるので、多くはワラビゼンマイにした。

フキも食べた。三月から七月ころと、食べられる期間が長いので保存しなかった。「土用ブキは腹薬になる」といった。ウドは、野生をとるほか、畑に移植することもあった。

茸類は、あまりとれないので保存しなかった。マツタケは、第二次世界大戦まで南部の山でよくとれ、奈良の人が請けていた。キノコメシは、マツタケメシが中心だった。以前は、所有者に関係なくマツタケはムラ全体の所有とする慣行があった。ムラの人がとったマツタケは、ムラ全体で平等に分配したり、道つくりの共同飲食の材料にした。道つくりがおわると所有者に返すが、その時期には、マツタケがあがらなくなっていた。

鳥肉・獣肉

鹿背山では、ニワトリ以外の肉を食べることはまれだった。たいていの家でニワトリを飼い、お日待ちなどにスキヤキにして食べた。肉といえばカシワ、カシワといえばスキヤキにきまっていた。卵は、夕食の澄汁に入れて食べた。

ウサギもスキヤキにして食べた。明治初期に生まれた人は、カシワ以外の肉は臭いといって食べなかった。ホジロ（ホウジロ）は、ホジロメシにしたり、ニクダンゴにして汁にして食べた。ホジロは、冬に雪が降って餌がないとき、田に餌をまいて食べにきたところをトリモチで男性がとった。

ハトはハトメシ、キジはキジメシや煮物にした。山が浅いので、大形獣はいなかった。

淡水魚

大正時代には、海魚を売りにきていたこともあり、淡水魚はほとんど食べなかった。

木津川での川漁は、川沿いの浜町が中心で、木津まで魚を売りにいった。売れ残った魚を近所の家がわけてもらった。鹿背山には大小の溜池が多く、池が空いたときコイやウナギ、ジャコなどをとった。溜池の魚をとれる家はかぎられていた。淡水魚では、ハイジャコ、コイ、ドジョウが多かった。

ハイジャコは、焼き魚にして食べることが多かった。コイは、水田に放しておいて、秋に甘煮やコイ汁にした。コイ汁は秋祭りにつきものだった。溜池に放すと二年もすると大きくなった。ドジョウは、秋に水田の水を抜くミタレのとき、排水口にモンドリをしかけてとった。冬は、シリゲを鍬で掘ってとった。鹿背山にはシケタ（湿田）はほとんどなく、乾いた水田が多かった。棚田の法面《のりめん》の根元のシリゲは、湿気《しっけ》ていたのでドジョウがいた。ドジョウは丸のまま米糠をまぶしてぬめりをとり、串刺にして醤油の付け焼きにして食べた。

タニシは、タカリのとき穴を見つけて掘り出し、湯がいて身を出したあと甘煮に池のドボガイも甘煮にした。

東畑の淡水魚

淡水魚について、東畑での事例もあげておく。精華町東畑《ひがしはた》は、木津川支流の煤谷川上流にあたる。山が浅いため、川の両側にひらけた水田は灌漑用水がたらず、鹿背山と同じで溜池が多かった。東畑でも水田や溜池などでとれる、コイ・ドジョウ・フナ・ドンゴロ・ウナギ・エビなどを食べていた。

コイは春になると、大和郡山から稚ゴイを売りにきた。一〇〇匹単位で買い、水持ちのよい水田に放流した。コイには餌をやる必要はなかった。秋祭りのころに、二一〜二四センチに成長している。それをひらいて焼いたり、造りや煮たりして祭りのご馳走にした。個人で溜池をもつ人は池に放した。溜池には、大きなコイがいた。池のコイは、ミミズを餌にして釣ることもあった。

ドジョウは、夏は溜池や水田でモンドリで、冬はスドメを鍬でおこしてとった。スドメは、山田の湿田の湿気抜きに掘った溝で、冬になると水田のドジョウはスドメに集まる。

5　伝承の味

味　噌

食材が同じで、調理法も少なかったころ、家の味は味噌の味だった。各家で味噌のつくり方、材料の割合や塩加減などが違った。味噌は、家の盛衰を象徴する特別な食物だった。それは次のような伝承からもわかる。

味噌くさったら験（げん）が悪い

味噌はあまりヨソ（他家）にやったらいかん、味噌がへる

味噌がカビたら、何かフイのこと（不幸）がある

味噌は少し多めにつくり、古い味噌から食べ、不足しないよう心がけた。主婦が味噌をつくり、家の味を継承した。

味噌は正月前に四日間ほどでつくり、半年たつと食べられる。正月前なのは、春味噌がいけないといったからであ

る。味噌を仕込む日がよい日になることを確かめてから味噌づくりをはじめた。また、主婦が生理期間中はさけ、不幸事のときは味噌にさわらないようにした。八月は盆月で味噌壺の蓋をあけないようにした。八月にあけざるをえないときは、あらかじめ七月にあけておいた。

原料の大豆と米は、半々がよいといった。実際は米が多く、大豆と米が四対六か三対七にした。大豆と米一升（一・八リットル）に塩が二合～三合とか、大豆四升と米六升に塩二升などといった。割合は家で違い、米が少ないとまずいとか、大豆が多いとうまいなどといった。

蒸した米をムシロの上に広げ、少しさましてから、麹のハナをあわせてねかせた。ねかせ方も家々で違った。

角井家は、コウジブタにきっちりつめ、豆炭を入れた炬燵のなかで人肌程度に温度を保つ。二〇時間ほどして、半々にわけてコウジブタに入れ、再びふとんをかけて包み込んだ。このあいだ温度が上がりすぎないように夜中も気をつけ、むらがないように方向を替えた。三日目には、まっ白にハナがつく。温度が上がっているので、さますと米麹ができあがる。

写真44　南山城村田山は、オコナイで牛王宝印を各家に２本出す。１本は味噌桶の上において味噌の無事を願う

富永家は、直枝さんのお母さんの時代には地面に穴を掘り、藁束をならべ、敷いたムシロの中央部に米と麹のハナをまぜて入れ、上から藁で囲って重しをおき、三、四日おいた。ねかせるムシロは毎年きまっていた。直枝さんは、ムシロでまぜたあと、メリケン粉を入れるのに使っていた木綿袋に入れ、すり糠のなかに入れてねかせた。ハナがつくまでは、

気のぬけない仕事だった。

洗って一晩水に浸けた大豆は、竈のマメタキガマで二時間以上煮る。煮たあとザルにあげ、晩のうちにカラウスで搗いた。米麹と搗いた大豆をサイトのなかで、赤くどろっとしたゴ（大豆の煮汁）と塩を加えてまぜて壺に入れる。明治時代は味噌桶だったが、乾燥すると漏るので壺にかわった。一斗五升入りの味噌壺は大きいので、内側を洗うのは女性には大変だった。味噌を仕込むとき浅漬けの沢庵を一緒に入れて、味噌漬けをつくることもあった。沢庵は多くて一〇本で、下から段々につめた。仕込みおわると塩を一握りふり、味噌にカビがこないようにタカノツメを三つほど入れた。最後に押し蓋をした。焙った糠を入れた布袋を隙間なくかぶせ、空気に触れてカビがつかないようにした。表面にできるミソカワ（上皮）は、辛くてまずいので牛の餌にした。味噌壺は、別棟のミソゴヤに梅干しや漬物と一緒に保管した。味噌は土用をすぎると食べられたが「麹《こうじ》臭い」といい、一年たたないと味がでない。「味噌は古いほどうまい」という人もいる。

味噌は、味噌汁のほか、ナスやサバの味噌煮、ナスや豆腐の田楽、味噌和《あ》えなどに使った。一軒で、一年に一斗（一八リットル）は必要だという。裸麦を使ったモロミや醤油、熟柿を使った柿酢なども自家製だった。第二次世界大戦前は、村の三分の一が醤油も自家製だった。

川村渉は、白味噌を奈良大和朝文化のシンボルと位置づけ、畿内から瀬戸内沿岸を白味噌圏とする。白味噌は大豆に米麹をあわせた米味噌で、食塩含有量は甘味噌で五～七パーセント、辛口味噌で一二～一四パーセントとある（川村渉・辰巳浜子『みその本』柴田書店、一九七七）。家庭では味噌づくりの失敗防止と長期保存のため、塩分濃度を相当高くしていたのである。

追記

近年の食文化研究にはみるべきものが多い。茶粥の研究もその一つといえる。早川史子らは、これまでの研究を次のように整理している（早川史子・前田昭子・南幸・川井孝子・藤沢祥子「京都・大阪・三重・奈良・和歌山の茶粥習俗と分布」『日本食生活学会誌』一一巻三、二〇〇〇）。

寛永二十年（一六四三）刊の『料理物語』に「抹茶炒ってふくろに入れて、あずきと茶を煎じ、大豆と米を入れる。山椒の粉と塩をいれた茶粥」の記載がある。文化十一年（一八一四）の大阪近郊の河内国丹北郡我堂村の領主から村方への倹約申渡に、「百姓は麦飯を用い候は、許よりの事に候、近年に至り候ては、一統町屋を見習い、朝飯に茶粥を用、麦飯とても過分に米を加え候」とある。元治元年（一八六四）ころの江戸の人の見聞記に、洛中では夜飲み残した茶汁に残飯を入れて炊き、塩を入れた茶粥を朝食べていたとある。こうした資料から近世はじめに京都や大阪、堺あたりの町屋では茶粥を食べていた。一八〇〇年代、村でも米を食べるようになり茶粥習俗も広がった。茶粥は節米のためだけではなく、胃腸の調子をととのえ、食べてもおいしかった。だから和歌山・奈良・大阪・京都（南山城）には茶粥習俗が残るのだという。

茶粥は瀬戸内島嶼部で、いまでもよく食べる。食べてみると、じつにおいしかった。

Ⅲ　南山城の職人文化

一　消える職人文化

1　職人文化が文化財

南山城には、多くのモノづくり職人がいた。わたしが調査した職人だけでも、瓦屋、鍛冶屋、樫木屋《かたぎや》、籠屋がいた。職人は、地域の風土にあった、暮らしに欠かせないモノづくりをした。その職人が少なくなっているとは聞いていた。調査をはじめると、南山城で最後の一人とか、あと数人ということが多かった。そして多くの職人の廃業にたちあい、職人道具をたくさん山城資料館に収集できた。そして企画展『ふるさとの職人』も開催できた。

鍛冶屋は、鉄製品だけでなく簡単な柄は自分でもつくる。ただし鍬や鋤の柄は樫木屋にたのんだ。鍛冶屋と樫木屋が連携して、使いやすい農具が生まれた。樫木屋は鍛冶屋より少なかった。近くに樫木屋がいなくなると、遠くの職人との連携が必要となる。遠いと客の意思が伝わらず、職人の技も十分発揮できなくなる。そして職人をつづけることへの不安から、親が子供に跡を継がせなくなった。

職人技術は、職人がやめても関連する業種にいかされた。鍛冶屋は金属をあつかう鉄工所に、瓦師は屋根屋に転業した例が多い。職人技術の基本は素材を知り、いかすことにある。鍛冶屋は鉄の知識と技術で機械化に対応できた。

瓦屋は、瓦づくりだけでなく、瓦を葺くことにも精通していた。こうした職人の転業パターンは、鍛冶屋と瓦師だけではなかったはずである。

わたしが調査した一九八〇年代は、職人で暮らすにはきびしい状況だった。ただし、南山城でもわずかだが活躍する鍛冶屋と瓦屋がいた。こうした職人には共通点があった。京文化とむすびつき、地域資源を活用していたことだった。すでに述べた乙訓の鍛冶屋は、京タケノコの京都式軟化栽培に必要なホリをつくった。あとで述べる瓦屋は、地元の良質粘土で高級瓦をつくり、京都や奈良の文化財建築や和風民家に供給した。いずれも付加価値の高い製品がつくれる高度な技を身につけていた。

ただしこれらは特殊例で、機械化で手仕事の民具は消えていった。大量生産の工業製品と民具では、価格で勝負できなかった。使い勝手のよい民具が消え、職人はごくわずかになった。

2　京都の諸職調査を読む

昭和五十八年から、文化庁が各県ごとに諸職調査をはじめた。職人文化が文化財として調査や保存の対象となった。

京都府の諸職調査は、全国で一番遅かった。京文化をささえる職人文化は、多様で高度な技術だった。京の職人文化の調査は、慎重にとりくむ必要があった。平成三年から同五年の三年間の調査で、ほかの県より一年長かった。二〇〇人の職人を、五一人の調査員が調査した。職人は京都市内が多く、南山城はわずか一一人だった。瓦師の浦田統生氏、鍛冶屋の村田正行氏、竹細工の静野感一氏もふくまれていた（『京都府諸職関係民俗文化財調査報告書』京都府教育委員会、一九九四）。

京都の諸職調査は「染織・布・紙加工」「木・竹」「漆工」「革・毛・骨」「金工」「土・石」「土木・建築」「食品」

「その他」と素材を基準にわけた。

ただし、京都を代表する西陣織や友禅、京扇子は、分業で高度な製品をつくっていた。こうした特色があるため、これらは素材ではなく製品ごとにまとめた。京扇子は、マダケから扇の骨をつくる扇骨師、要をとめる要屋、地紙に金銀箔を箔押しする箔押師、上絵を描く上絵師、型にあわせて地紙を折る折師、仕上げ師の六人の職人が必要だった。

南山城でも瓦師は、瓦の種類や作業工程が多いため分業した。粘土堀りは農家に依頼することもあった。そのあとは、腐らした粘土に水を入れ、練って盛りあげ、粘土板に仕上げる職人、粘土板をたたいて、切って磨いて乾かす職人、それを窯で焼く職人、鬼瓦を専門につくる職人である。四工程すべてができ、屋根屋や施主の要望にこたえたのが親方だった。分業体制は京を中心とする、都市の職人文化の一つの特色ともいえる。

そして平成十八年からは、民俗技術が国の指定文化財の対象となった。

二　南山城の樫木屋と鍛冶屋

南山城最後の樫木屋が、相楽郡加茂町里の尾崎萬治郎氏（明治四十五年生）だった。出会いのきっかけは覚えていない。すでに鍛冶屋調査をしていたので、当然の出会いだったといえる。萬治郎氏の店は通りに面していた。ガラス戸から入ると、いつも板間で作業していた。職人としては話し好きで、作業しながらわたしの問いに答えてくれた。休憩のときは、おいしい煎茶を入れてくれた。

萬治郎氏は、さまざまな民具をつくった。山城資料館では、素材から完成品までを工程順に収集する計画があった。予算がつかないうちに、萬治郎氏は亡くなった。

1　南山城の樫木屋

樫木屋のよび名

木材の加工文化は、日本の軟質素材と、西洋の硬質素材にわかれる。日本は、建築材や樽・桶など軟質素材のスギやヒノキが多い。ただし、あまり注目されないがカシ類の硬質素材も鍬や鋤に利用した。カシ類などの樫木を加工するのが樫木屋だった。

樫木屋は、いろんなよび名がある。南山城の南部では、鍬や鋤の鉄先をつける台をヒラやホロとよび、ヒラヤやホロヤといった。南山城の北部や京都市は、カラは鍬先をつける台、ボウは担棒をいい、カラヤとかボウヤとよぶ。南山城周辺では、滋賀県八日市市ではカラヤ、三重県伊賀上野市や奈良市はヒラヤ、大阪府の河内地方ではホロヤとよぶ。

写真45　手をとめて答える尾崎萬治郎氏

図16　『人倫訓蒙図彙』の鋤をつくる鋤鍬柄師

東海地方では、愛知県西加茂郡足助《あすけ》町でヒラヤ、静岡市付近はヘラヤとかボウヤとよぶ。

関東地方では、埼玉県はボウヤとよぶ。埼玉県では、荷車などの樫木の車屋が柄もつくった。ボウヤと車屋は、職人がどちらを得意にしたかによった。

樫木屋は、ふるくから製品名でよばれていた。延宝七年（一六七九）の『懐中難

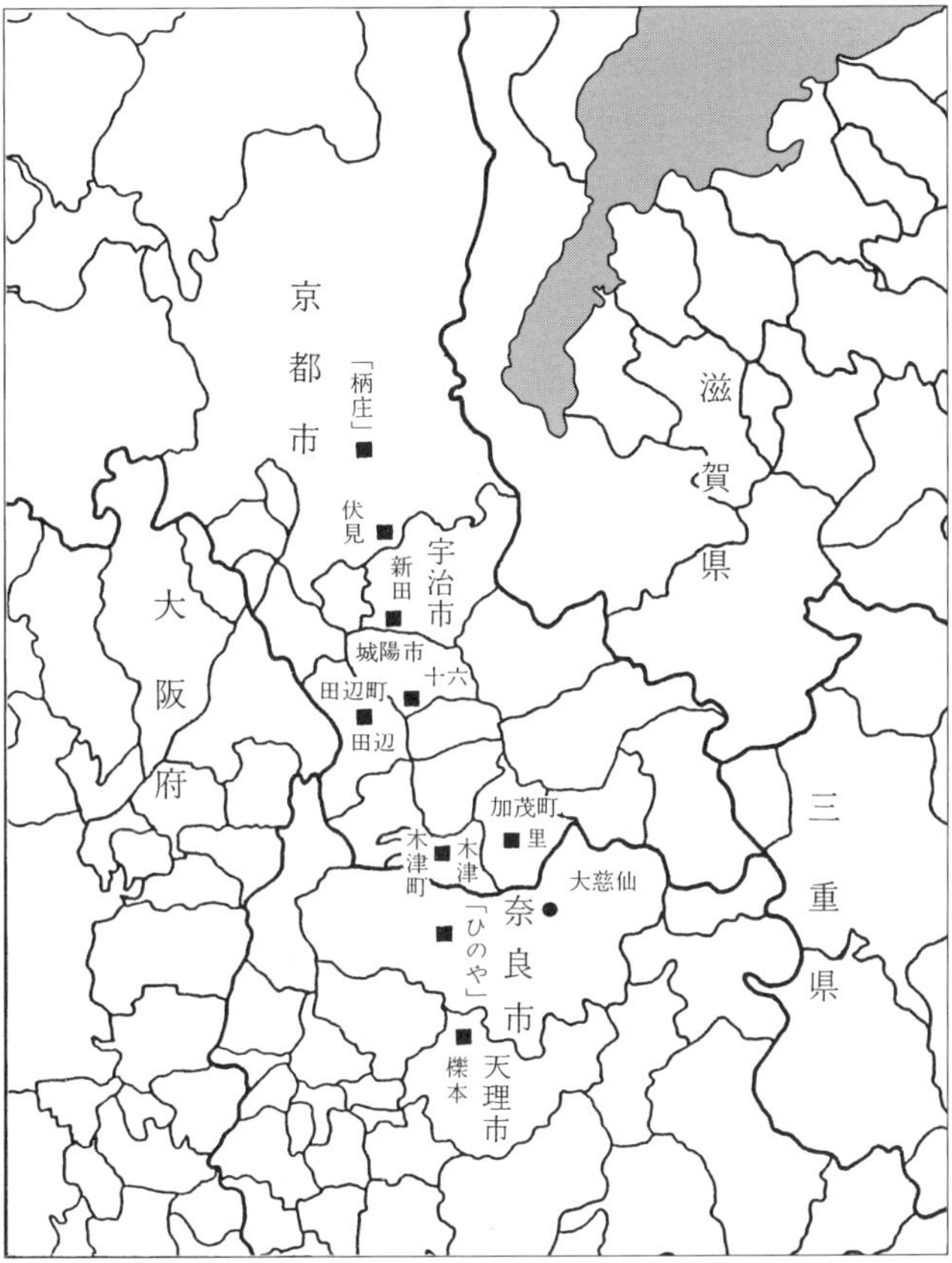

図17　南山城を中心とした樫木屋の分布

波すゞめ』に、大坂の備前町と御堂之前の「おうこや」が載る。元禄三年（一六九〇）刊の『人倫訓《じんりんきん》蒙図彙《もうずい》』には、「鋤鍬柄師《すきくわのえし》」として「樫をもってこれを作る。并《ならびに》棒《ぼう》枴《おうこ》これをつくる」とある。

畿内のヒラヤやホロヤは鍬と鋤が、関東のボウヤと車屋は運搬具が主な仕事だった。静岡がちょうど畿内と関東の移行地帯だった。

尾崎萬治郎の修行時代

〔弟子入りまで〕　昭和六十年代のはじめ、畿内に樫木屋は数えるほどしかいなかった。その一人が相楽郡加茂町里のヒラヤ、尾崎萬治郎氏だった。萬治郎氏の主な仕事は、樫木で鍬や鋤をつくることだった。そのほかムクやクスで棒やオウコもつくった。

明治四十五年（一九一二）、萬治郎氏は奈良市東部の高原の村、大慈仙《だいじせん》の農家に生まれた。四人兄弟で、長男が農家を継ぎ、弟は地元の農家に養子いった。体が弱い萬治郎氏は、農繁期に無理をする農家は勤まらないと、仕事量が一定している職人になった。大慈仙村は人柄がよく、のんきに暮らせる土地柄だった。戸別の耕地は五反前後と少なく、インキョ（分家）はだせなかった。さらに少ない耕地を補うため、大工を兼業する家も多かった。農業以外に仕事をもつことは、付近の村も同じだった。隣の忍辱山《にんにくせん》村は屋根屋が多く、村ごとに職種はきまっていた。

大慈山村から奈良市街までは、柳生街道で二里半と近かった。萬治郎氏の父親は市街地になじみの農鍛冶があり、いつもサキガケを頼んでいた。この農鍛冶に父親が萬治郎氏のことを相談したことで、樫木屋への弟子入りがきまる。農鍛冶の嫁が、市内今小路の樫木屋「ひのや」から嫁いできていた。

「ひのや」は現当主の河合和一郎氏が四代目で、奈良市内では一番古い樫木屋である。初代の和七は、近くの農鍛冶から分家して樫木屋をはじめた。二代目は岩蔵で、萬治郎氏は三代目の和蔵に弟子入りした。和蔵は樫木屋のかたわら、市会議員や在郷軍人会の連合会長なども務めていた。

〔ボンサンから〕　萬治郎氏は大正十四年の春に小学校を卒業して、十三歳で弟子入りした。父親からは何も聞かされていなかったので、「ひのや」についてはじめて奉公先が樫木屋だと知ったという。当時の「ひのや」は作業場が四カ所あり、親方を含めて職人が三人、ボンサン（小僧）が二人いた。

行ってはじめの二日間は、遊ばせてもらった。それからは、今の場所に二十五歳で独立するまで働きとおした。萬治郎氏がいたとき、四、五人弟子入りしたが、長くて三年、短いと三月でやめた。樫木屋の朝は、夏は五時、冬でも五時半に仕事をはじめる。仕事のいそがしい十月八日から四月三日までの冬場は、午後十時まで夜なべ仕事をした。ボンサンは仕事前に掃除をすませなければならなかった。

毎月一日、十五日は、昼から休みで店を閉めた。それでも午後に客が来ることがあり、その対応はボンサンがした。ボンサンは、一カ月一円から一円五〇銭の小遣いをもらえた。映画代が二五銭、コーヒーやケーキが一〇銭の時代で、小遣いはすぐになくなった。

修行時代の最大の楽しみは、藪入りだった。正月と盆を「ひのや」ですごしたあと、一月十六日と八月十六日から藪入りだった。「ひのや」からは親元へのみやげをもらって持ち帰った。藪入りがおわると親から「ひのや」へのみやげを持たされた。ボンサンのころは店に帰る日がくると腹が痛くなり、二十日ごろまでのばすのが常だった。

弟子入りすると仕事をもらうが、だれも教えてはくれなかった。はじめから見おぼえで、アラガンナで柄の荒削りからはじめる。荒削りは、柄のサキとシリの両端の中心をそろえるのがむずかしかった。親方があとでなおしたが、なかには削りすぎて使いものにならないものもあった。一年も荒削りをすると中削りへと、しだいにむずかしい仕事をするようになった。

〔一人前の職人〕　ネン（年期）があけると徴兵検査で、そのあと一人前の職人になった。

樫木職人の一人前は、平鍬がつくれることだった。平鍬と鋤は一番需要が多く、しかもむずかしかった。平鍬は鋤よりむずかしく、平鍬ができるとなんでもつくれた。萬治郎氏はネンがあける二年前から、平鍬づくりを習いはじめた。

「平鍬一人前、五丁」といい、一日で五丁つくると一人前だった。一丁とは荒木を整形してヒラをつくり、柄に付けるまでをいう。柄をつくるのは別だった。鋤も荒木から一日に五丁で一人前だった。一日五丁つくるには、夜までかかった。職人になると月給をもらい、親方が山へ木を買いに行くとき同行して、木の素性の見方や買い方も覚えた。また仕事の時間も、少しは融通がきくようになった。

樫木屋は夏の仕事が暇で、柄の荒木を二〇本仕上げるのが一日の仕事だった。一日に二五本仕上げて夕方早くしまったり、三〇本ずつ仕上げて溜めておいて一日休んだ。杉の天秤棒は、五〇本仕上げるのが一日の仕事だった。

樫木職人の月給は一五円と安く、八百屋の丁稚と同じだった。大工は日当が一円二〇銭と高かった。ただし平鍬一丁が一円八〇銭、柄が八〇銭と安かった。安い月給で我慢したのは、独立するとき親方の援助が不可欠だったからで

表３　尾崎萬次郎氏が製作した民具とその素材（＊印はカシ以外の木を使う）

種別		名称
平鍬		オオグワ，チュウグワ，コグワ
平鋤		コズキ（直鋤），ソリズキ，ホンドリ
柄	農業	カナグワ，サンボンコ（備中・マタグワ），シホンコ，ゴホンコ，カナズキ，マタスキ
	山樵	テヨキ，ネギリヨキ，エビナタ，ヒツナタ，トビグチ，ツル，キガエシ，ヤ，フクロヤ（カブセヤ）
農具		コマザラエ，マグワ，カラスキ，ハタケカラスキ，田打ち車のコマ，＊牛のコグラ・＊クビキ・＊シリガイ
土木具		カケヤ，＊サンヤ
運搬具		＊テンビンボウ，イキズイ（息杖）
生活用具		＊餅搗き臼，綿繰り機，ムシロバタのオサ，ヨコヅチ，木刀，木銃

ある。材料のカシは数年乾燥させないと使えず、萬治郎氏も親方から材料の援助を受けた。樫木屋特有の制約から、独立できたのは萬治郎氏一人だけだった。

萬治郎氏が弟子入りしたのは、大正末だった。当時は工場生産の安価な金鍬が普及しはじめていた。奈良市内にあった四軒の樫木屋は、萬治郎氏が弟子入りしてまもなく廃業した。残る二軒のうち一軒も、第二次世界大戦中に廃業した。こうした社会状況も、独立をためらう原因だった。独立するまでは、親方の道具を使った。ただし独立をめざす職人は、少しずつ道具をそろえた。萬治郎氏も、飲みたいコーヒーを我慢して道具を買った。萬治郎氏は、辛抱と加茂町の人びととの支援で独立できたという。

南山城でも大口の得意先の鍛冶屋は、旧来どおり「ひのや」と取引していた。萬治郎氏は個人客を中心に得意先を開拓していった。鍛冶屋との取引をためらったのは、「ひのや」への遠慮だけでなく、大量注文に応じられなかったからである。

樫木屋の素材と製品

〔カシ製品〕　萬治郎氏は、主に平鍬や鋤、山樵《さんしょう》用具をカシでつくった。いろんな製品をつくり（表3）、カシならなんでもつくれた。地域の要求にこたえて仕事の幅を広げてきたから、機械化が進んでも樫木屋をつづけてこられた。ただし、もう少し若かったら、転職していたともいう。

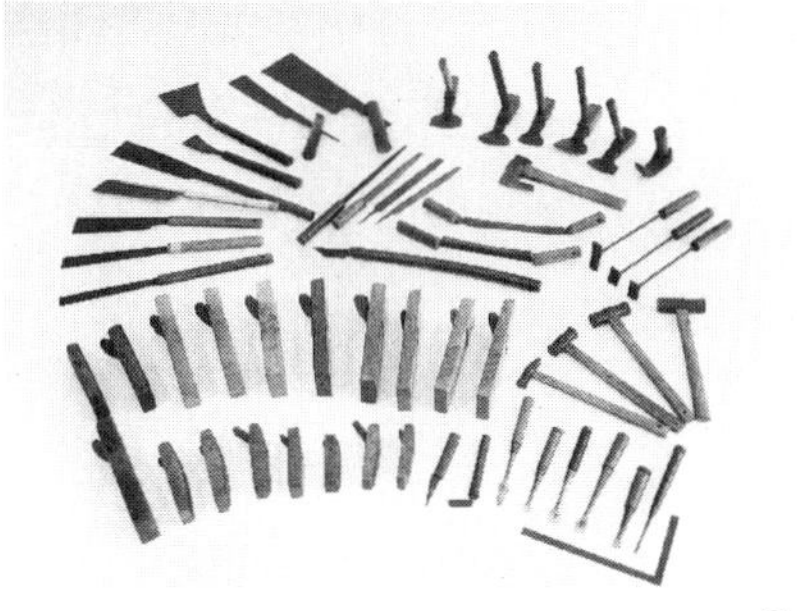

②

①

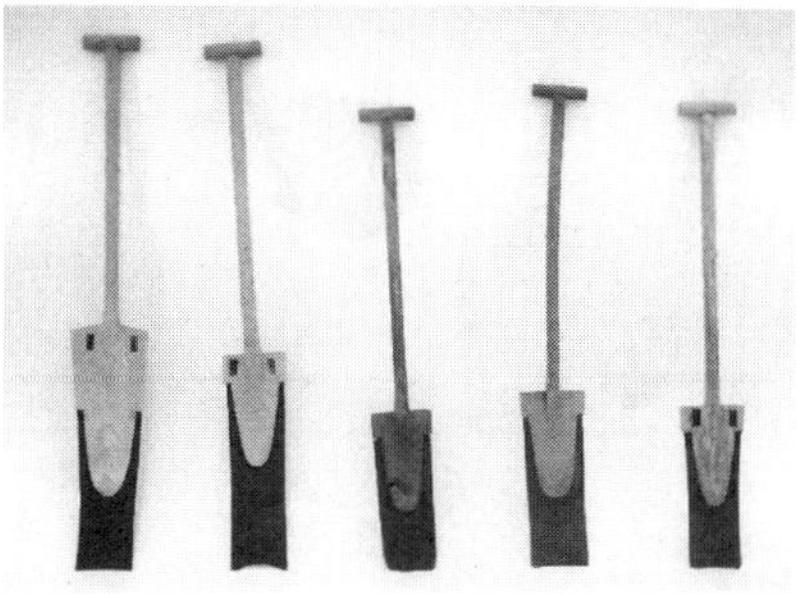

④

③

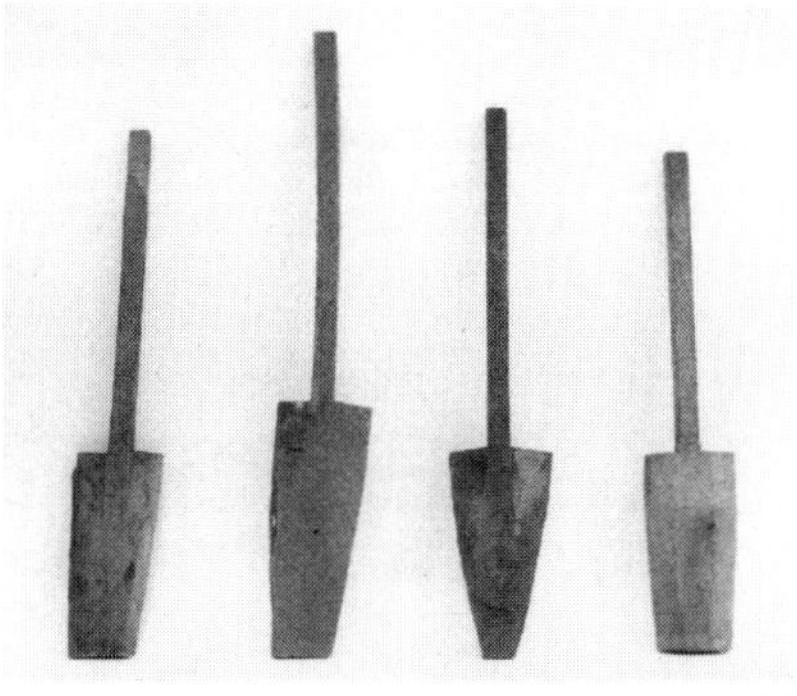

⑤

①山で原木を伐採する道具
②樫木を加工して製品をつくる道具
③製品の型
④特色ある鋤
⑤鋤の荒木

写真46　滋賀県八日市市の井田家の柄（樫木）屋用具および製品（滋賀県立琵琶湖博物館蔵）

井田家は雑穀商だが、三代前の藤三郎が柄屋をはじめ「柄藤」を名のる。政吉氏、忠夫氏と三代つづくが、近代化のなかで廃業した。伐採から製品までの道具がそろい、昭和61年に滋賀県指定有形民俗文化財となる。

萬治郎氏は、カシを細かく識別していた。オンガシは使わず、メンガシしか使わない。オンガシは、木肌がザラザラして、樹液が甘いので、蜂などの虫が皮肌に入って瘤《こぶ》ができる。木目が赤味をおび、目が荒くて、かたくて加工しにくい。鍬柄にすると、使っているうちに手がやける。かたいオンガシは、籾磨りの土臼の歯に割って使った。メンガシには、アカガシとシロガシがある。アカガシは赤味のさした木で、シラガシよりかたくて、ヒラにするにはよかった。ただし、このあたりにはアカガシがなかった。

萬次郎氏は、加茂町当尾《とうのお》地区、奈良市須川・柳生地区のシラガシを使った。シラガシは皮肌の色で、黒ハダ・白ハダ・青ハダの三種類ある。木のかたさはかわらないが、黒ハダはゆがみにくくて一番よかった。次が白ハダだった。青ハダは目がこまかくてねばりはあるが、ゆがむので使えなかった。青ハダは、馬鍬の鳥居木（持ち手）などゆがんだ材がほしいときのため、山で一緒に伐つて持ち帰った。

オンガシが多いところは、次もオンガシがはえた。よく山を歩いたので、カシを売りたい場所を聞けばどこかすぐにわかった。

〔カシ以外の素材〕　やわらかさやしなやかさ、経済性のため、カシ以外の素材を使った。素材は違っても、同じ道具でつくった。

牛耕で使う牛の首木は、肌あたりがよくてやわらかくてねばりのあるムク・センダンを使った。尻蓋にも、樫ではなく主にムクを使った。

小鞍は、樫のほかヨノミ（エノキ）・シイ・ケヤキなど、きまった木はなかった。

餅搗臼やサンヤ（胴突き）は、ケヤキが一番よかった。ただし餅搗臼は、安価な松をよく使った。

天秤棒は、やわらかくてねばりのあるムクが一番よかった。ムクは大きくなると、赤みをおびた中心部をアカムク、周辺をシロムクとよぶ。アカムクは堅くて木肌がきたないので、シロムクを使った。肥桶を運ぶ安価な天秤棒は、スギやヨノミを使った。天秤棒にカシやヒノキはめったに使わなかった。「肩がやけ」て痛くなるからである。天秤棒は、フワッー、フワッーと、しならないといけない。棒がしなって、肩に重みがかかっていないときに、足をすすめた。中央でしなると肩に重さがかかるので、中央と両端のなかほどから先を細くしてしならせた。木取りは柾目にした。板目だと目の切れたところからはぜて弱かった。天秤棒は、長さが一五八～一六一センチを基準にした。

嫁入りの柳行李をかつぐ棒はシイを使った。シイはカシにくらべ、折れやすくて腐りやすい。めったに使わないので、安いシイを使った。シイは安価で軽いため、ふるくから柄に使っていた。ちかごろは軽い鍬が好まれ、柄によくシイを使うようになった。

鎌の柄で、ゴツガマ（厚鎌）だけは樫木屋がカシでつくった。ほかの薄鎌は農家が自分でつくった。クリはカシよりやわらかくて、木目がとおり、細工しやすいのでよく使った。クリは、ほかの木より腐りにくかった。ホウノキも、ゆがまないので鎌の柄によく使った。

道具と技術

〔伐採工程〕　樫木屋の仕事は、大きく三つの工程にわかれる。山での原木の伐採工程、伐採した原木を用途にあわせて荒型に加工する木取り工程、十分乾燥した荒木を製品にする仕上げ工程である。

原木は、樫木屋が山に入って立ち木を買うのと、山主が持ち込む場合とがあった。立ち木を買うとき、萬治郎氏の弟子入りした当時はカシは目方でなく、幹に抱きついてだいたいの大きさをはかり、直径が一尺あれば一駄（四〇貫＝一五〇キログラム）とした。おおざっぱでもよかったのは、加工して売るため大損しなかったからである。先方が持ち込んだときは、大きなサオバカリで量って買った。目方で原木を取引したのは、樫木屋だけだった。材木屋はカシをあつかわず、ふるくから才で取引していた。ところが樫木屋でも駄から才、さらに石へと正確になる。ちなみに、一才は、一寸角で、長さ二間をいい、ふるくは六尺五寸を一間（約一・六メートル）とした。一石は直径一尺で、長さ一〇尺の材をいった。

カシの伐り旬は、成長がとまる十二月から一月である。また原木を伐採するのに、満月は虫が入るからといって避け、闇夜は入らないのでよいといった。伐採の時期をやかましくいったのは、虫が入ると使いものにならないからである。伐採は、伐採専門のサキヤマや、農閑期なので農家にも伐採や運搬をたのんだ。萬治郎氏が「ひのや」に行ってまもないころ、一時期奈良市東方の大和高原の農家から、冬間に木取りをすませた主に鍬や鋤、柄の荒木が送られてきた。この農家は、冬場の作間稼ぎとするため、木取り技術をあらかじめ「ひのや」で習ったという。荒木は鍬のヒラはカマスに入れ、鋤や柄は縄でくくって束にしていた。また、スギの天秤棒の荒木も送られてきた。

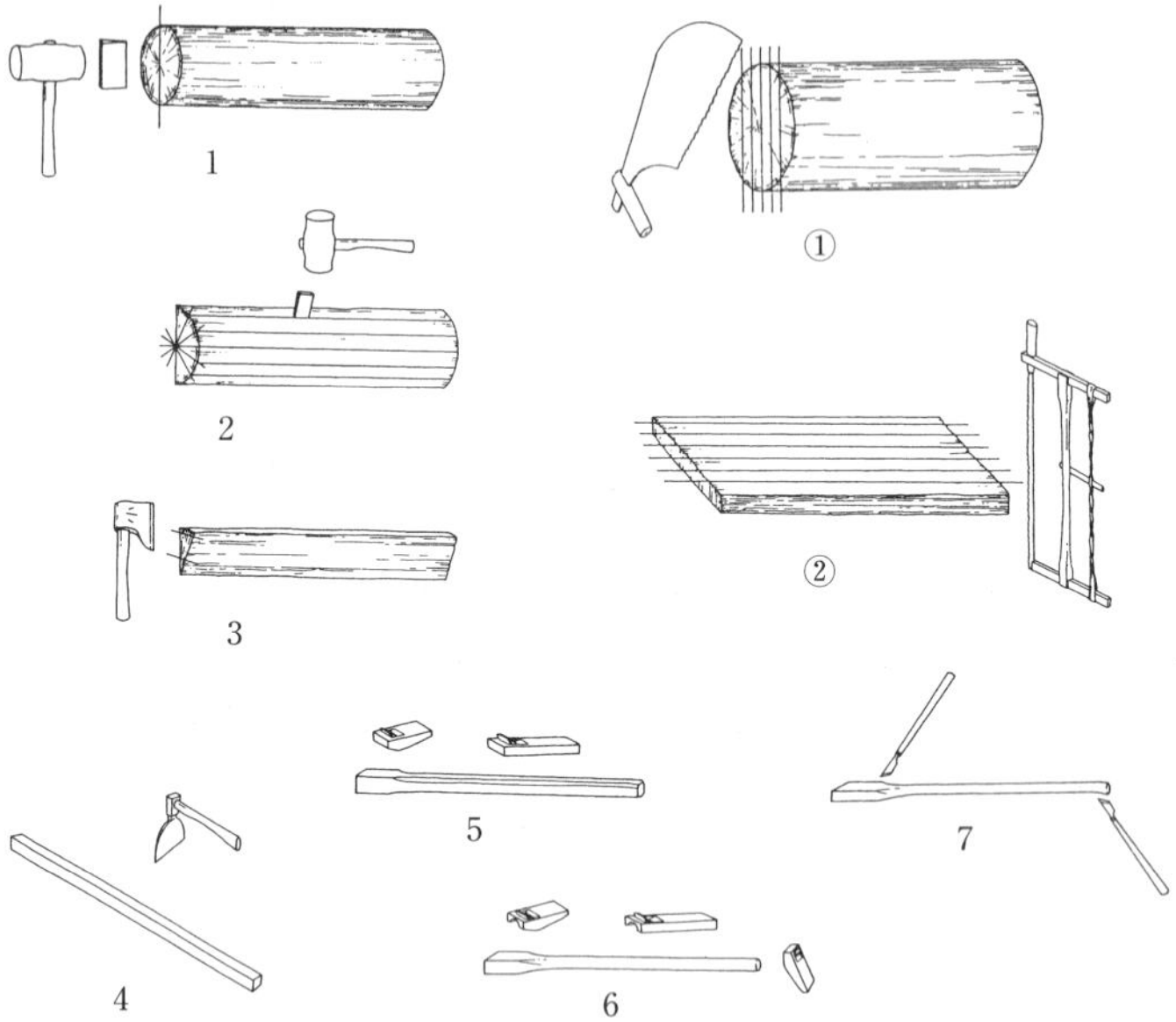

図18　平鍬（オオグワ）の柄ができるまで

以前はカシをヤでミカンワリし(1・2)、ハツリヨキで四角に荒はつりした（3）。それを2～3年乾燥するのを荒木を「ねかす」という。近年はガンガリで大割りし(①)、サーブルで小割りする。荒木はチョンノ（4）とカンナ（5・6）で整形し、ソリガンナで仕上げる（7）

〔木取り工程〕　カシの原木は、用途にあわせてすぐ玉切りし、割って木取りした。芯のある原木は、そのままおくと割れ目が入り、乾燥するとかたくなって加工しにくくなる。

現在では鍬のヒラ以外は鋸挽きにするが、明治初期までの木取りはヤを使ったミカン割りだった。中心から放射線状に割り、ミカンの断面と似るのでそうよんだ。ミカン割りには、基本的に三種類のヤを使った。一つは幅広の鉄のヤで、玉切りした原木を二つ割りにしたり、ヒラを三角形に割るのに使う。二つはカシ製のヤで、割れ目にさし、打ち込んで割る。三つは幅の狭い鉄のヤで、小さく小割りに使う。

原木からミカン割りした柄を、ワリエという。ワリエは割り口が直でなく、鋸挽きにくらべると削り落とす部分が多く無駄がでる。ただし割り口が木目に沿っているため、あとで曲がりにくかった。いまでもヒラをミカン割りするのは、カシは放射線状に目（道管）が通る放射孔材で、この目を木取りの基本とするからである。つまりミカン割りにすると、目がヒラの断面を横に通って板目となり、丈夫だった。

萬治郎氏が弟子入りしたころは、すでに動力鋸があった。それでも原木が運び込まれる冬間だけは、老コビキを専属で雇いガンガリ（前挽き鋸）で小割りしていた。板に挽いた材は、さらに縦挽き専用のサーブルで柄や鍬の荒木にする。コビキには「この節をよけて挽くように」と注文でき、無駄なく原木を使えた。そのため、柄の荒木一本の挽き賃が動力鋸で三銭のころ、「ひのや」では五銭払ってコビキに頼んだのである。ただし、「ひのや」でもしばらくして動力鋸にかわる。

荒木はハツリヨキやテチョンノではつり形をととのえていく。ハツリヨキはテチョンノより荒仕事用で、ミカン割りしたあとをならす荒はつりには効率がよかった。ただし鋸挽きにかわり、鍬や鋤のヒラの荒はつりぐらいにしか使わなかった。テチョンノは鉋をかける前の荒仕上げに欠かせない道具だった。

荒木は直射日光が当たらない納屋などで、ヒラは横に積み上げ、柄は立てたまま二、三年乾燥させて「ねかす」。鋸挽きの柄の材は、挽く段階で節などがあって一割は使えない。ねかせているあいだに一割から一割五分、削ったあとの段階でさらに一割は曲がる。あわせて原木の四割は使えない。ねかせたあいだの荒木の曲がりは、少しだと削り

写真48　ハツリヨキでヒラの荒はつり

写真47　ヤ（木矢）で丸太をミカンワリする

写真49　テチョンで柄の荒はつり

写真51　ソリガンナで柄の仕上げ

写真50　アラガンナで柄の荒けずり

加減で、大きいと湯気で蒸し、おさえるなどして修正できる。ただし蒸しなおしたものは、使っているうちにもとの曲がりがでてくる。大量に問屋へ卸す場合はまぜてもわからないが、萬治郎氏のように個人相手の商売では、客の信用が一番なのでまぜて売ることはできない。

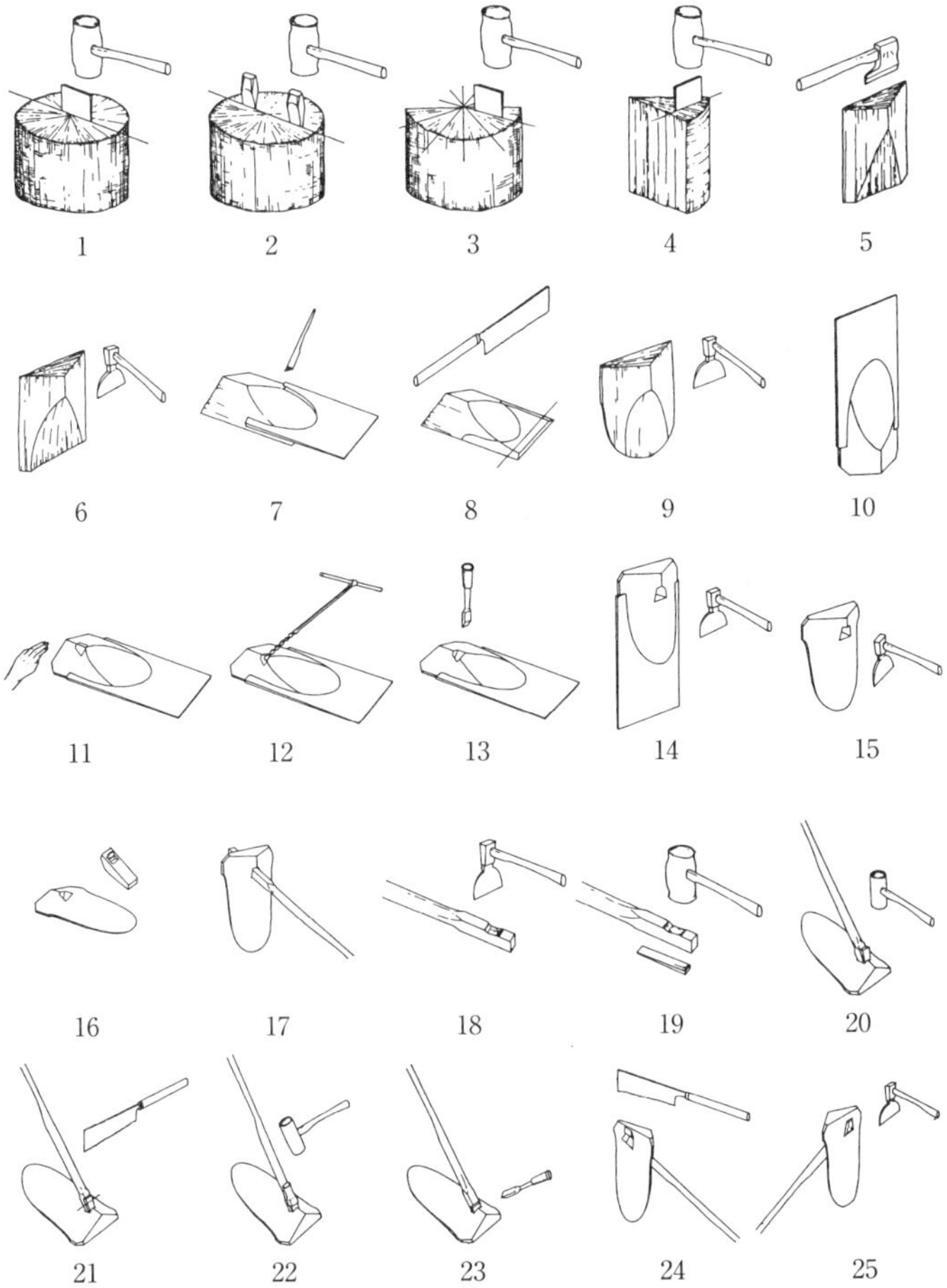

図19　平鍬ができるまで（1）

ヒラ（台）は、直径が1尺2寸ほどのカシ丸太を、長さ9寸ほどに玉切りする。ヤでミカンワリして（1～3）、荒はつり（4～6）して2～3年ねかす。荒木を鍬先のカネに合わせて整形する（7～10）。柄をとおす穴の位置をきめ（11）、ギムネ（12）で穴をあけ、ノミ（13）でエツボ（穴）を仕上げる。表面を整形し(14～16)、柄をつけて完成する（17～25）

柄の木取りは、直径が七，八寸のカシが一番「利巧（効率よく）」にとれる。カシの質もこの大きさが一番よく、これより太くなるとねばりがなくなる。直径が一尺を超えると、鍬のヒラの材料となる。ヒラの荒木はあらかじめ、大きめに木取りしておく。鍛冶屋がつくった鍬や鋤の金先の大きさにあわせて、荒木を仕上げるからである。

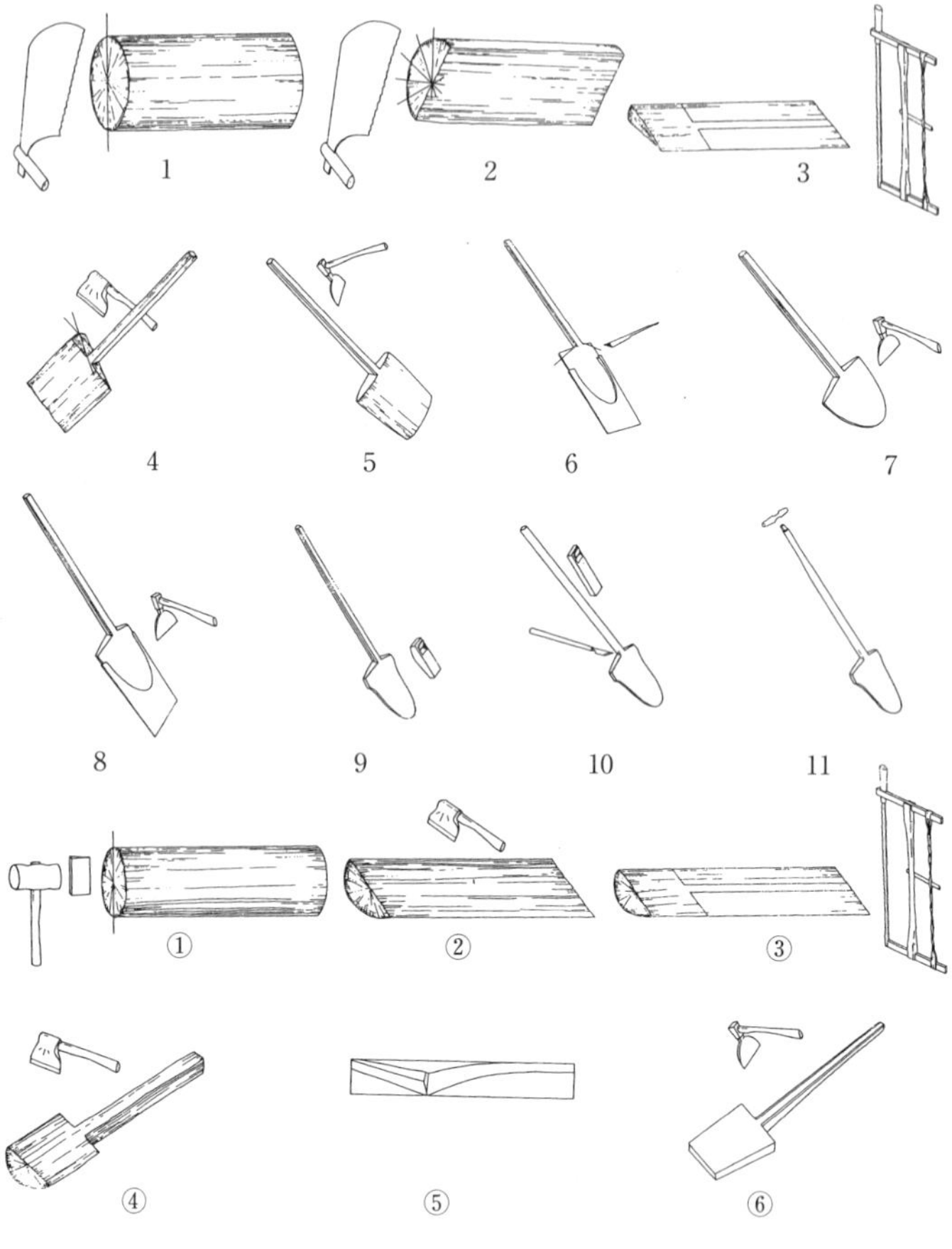

図20　平鋤ができるまで（2）

直鋤（1～11）の製作工程と、反り鋤（①～⑥）の荒木までの工程である。直鋤はミカンワリして（1・2）、余分な部分をとって（3～5）ねかせる。ヒラづくりは平鍬と同じで、シュモクをつけ（11）完成する。反り鋤は厚いので、丸太を2つ割りした荒木でつくる（1～6）

立ち木の先側をスエ、根元側をカブタとよぶが、カシの木取りではあまり考慮しなかった。荒木になるとスエとカブタを見分けるのがむずかしいほどだった。スエかカブタかより傷の有無をみて使う方向をきめたのである。

〔仕上げ工程〕　仕上げ工程は、主にテチョンノとカンナを使い、ノミやノコも使った。

テチョンノは、大工が使うチョウナの刃先を買って、自分で台につけ柄をつける。刃先は大工より薄く砥いで、木によく切れこむように改良した。

カンナは、荒鉋、中鉋、仕上げ鉋の三種類と、削る場所により平鉋、反り鉋、内丸鉋を使いわけた。今は、最後の仕上げにだけ両刃の一枚鉋で、あとは二枚鉋を使うが、明治はじめごろまで樫木屋は一枚鉋しか使わなかった。一枚鉋は二枚鉋より切れにくいが、目がたたないし、削りあとがなめらかで、仕上がりの手ざわりもよかった。鉋の刃は兵庫県三木産が多く、鉋台は自分でカシ材でつくった。

ノミは、刃幅が五（約一・五ミリ）厘から一寸までをよく使う。五厘、一分、二分、三分、四分、五分、六分、七分、八分、一寸、一寸五分ノミまである。丸い穴をあけるマルノミもあった。

ノコは、木取り専用の縦挽きのガンガリとサーブルと、横挽きのヨコビキ、ヒキマワシがある。カシなど堅い木を挽く鋸は、歯先まで刃のとがったイバラメを使った。

こうした道具を使って製品をつくるとき、最初に気をつけるのは土地にあったものに仕上げることである。客から平鍬の注文を受けると、在所を聞いた。在所ごとにどんな平鍬がよいか経験的に知っていたからである。次に客の背の高さなど体格をみる。そして、柄の角度はノサ（鋭角）かカギ（鈍角）か、握りが細いか太いかなど客の好みを聞いた。さらに用途が、多目的か特定の用途かを確認した。こうした要素を聞いたうえで、一番重視したのは地域差だった。

こうした柄の加減は定規ではかるのではなかった。ヒラに柄を通して、萬治郎氏が立って手で持った加減できめる。そして、最終調整はエツボ（柄を通す穴）のノミ加減（削り具合）で調整する。平鍬が製品のなかで一番つくるのがむずかしいのは、ヒラと柄の接合に技術と経験が必要で、それが使い勝手を大きく左右する柄の角度をきめるからである。

エツボは、ヒラの頭から指三本ほど離れた位置に、ギムネとノミを使ってあける。エツボの平面は下広がりの台形で、ヒラのウラ（下側）がオモテ（上側）より広く、アタマ（先）側にサンカクとよぶ張り出しをつける（図21参照）。

柄の先の方は四角形のカブで、エツボにあわせて加工する。テチョンノでカブの下側を削り、ソリガンナでゆるやかなカーブに仕上げる。次に、カラの下から柄を通し、ゲンノウでたたいて打ち込む。ヒラとカブの間にすき間がないことを確かめて、ヒラの上側の位置に印をつける。柄を抜いて、印から先側をテチョンノで掘り込みを入れる。こちら側はソリガンナで仕上げない。次にカシの木片を削って、クサビをつくる。カブのエツボに納まる部分とクサビ

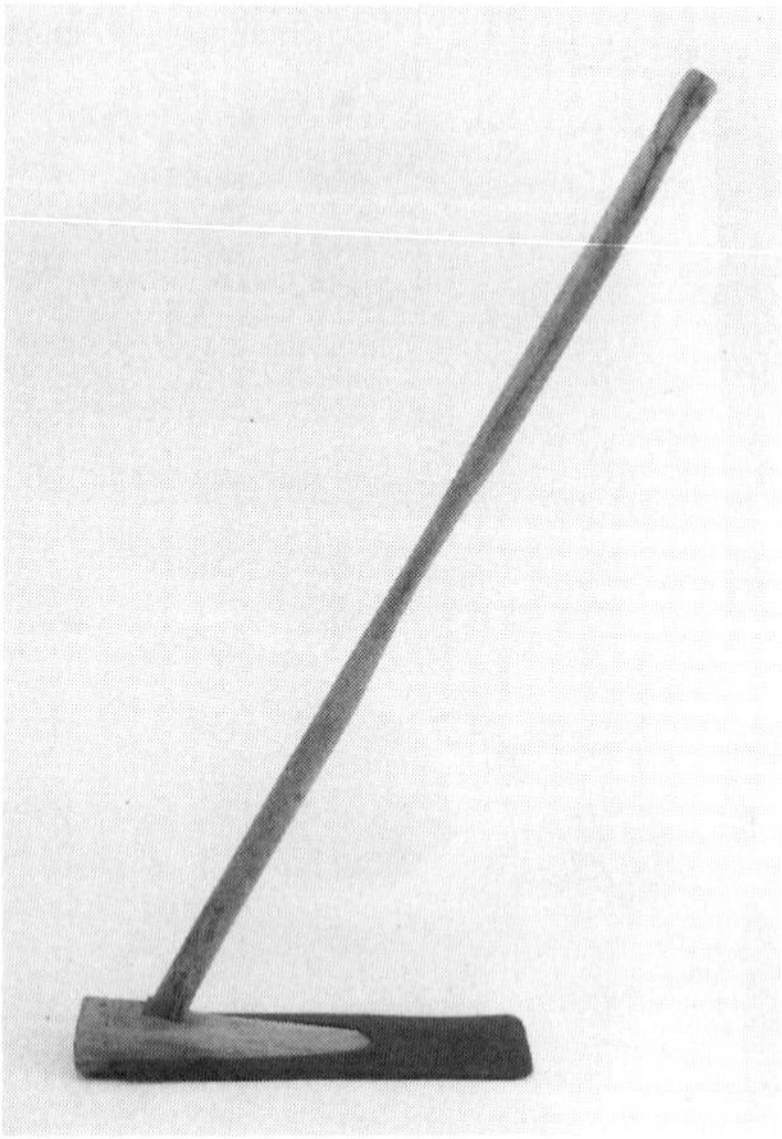

写真52　平鍬は大事に使うと、なん代も使える。平鍬の柄の握る部がへっている※※

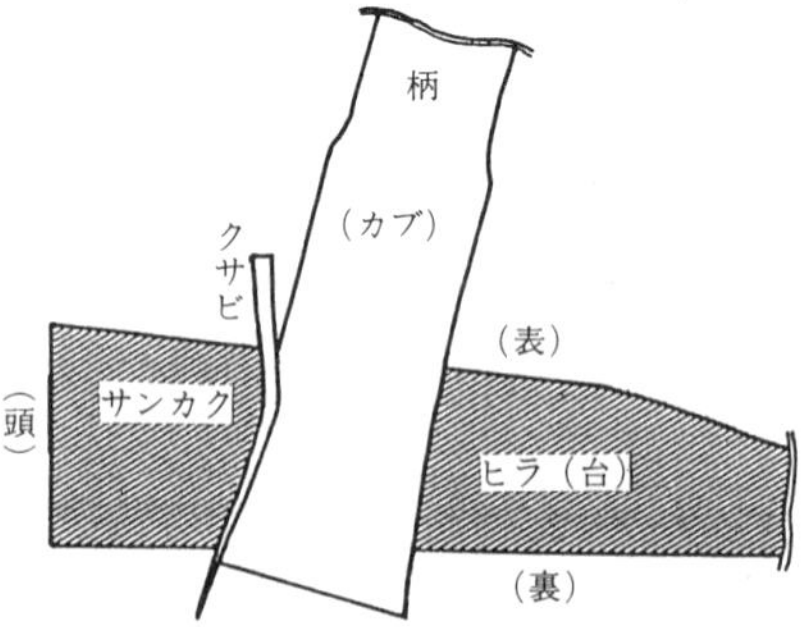

図21　平鍬のヒラ（台）と柄の断面模式図

は、大型のコロシゲンノウで十分たたいておく。たたいておくと、なかで木の繊維が膨張し、強固になるという。再び柄を通して、印をつけた所までたたき込み、クサビを打ち込む。ある程度まで打ち込むと、クサビを適当な長さを残して切り、さらに木片を使って十分にたたき込んで固定する。

ヒラにつける柄のカブは先ほど太くし、サンカクとクサビで抜けないようにする。エツボに集中する縦方向の力は、ウラ側を広くして接合面を大きくする工夫をした。

組　合

奈良で修行してなじみが多いので、奈良の組合に入った。ひのやに集まり、仕出し屋から弁当をとって食べて親睦をはかった。とくに神様を祀るようなことはなかった。組合費もきまっておらず、連絡用のはがき代ぐらいだった。戦前は価格変動もなく、ほとんどかわらなかったが、年に一度集まって価格表をつくった。奈良県の山辺郡や吉野郡の山手は、鍬が大きく、材料や手間がかかるため高かった。

戦争中、木材統制がはじまり木材キップが必要になった。加茂に相楽郡の木材統制会社の出張所ができた。カシ・クス・ケヤキは、軍用材として銃台などに使った。そのため強制的に伐採した。終戦近くになると、カシが手に入らなくなった。京都府下の七軒の樫木屋で組合をつくり、知事の許可を得て手に入れた。

南山城では、萬次郎氏のほか青谷十六（城陽市）に一軒あった。その前には、綴喜郡田辺町田辺、宇治市新田、木津町木津にも樫木屋がいた。いずれも南山城の町場だった。

樫木屋は鍛冶屋の一〇倍の客が必要といった。相楽郡に昭和十年代は、鍛冶屋が一八軒ほどあった。樫木屋は、萬次郎氏とひのやが主だった。

消える民俗技術

農家は、武士の刀と同じように平鍬を大切にした。力まかせに使わないで、石が多いところでは加減しながら使い、日頃の手入れもおこたらなかった。それだけに職人への要求も強く、農家の満足が職人のよろこびでもあった。大量生産の安価な使い捨て農具が、つくる側と使う側の緊密な関係を崩した。風土のなかで相互に競いあい、高めてきた農家と職人がつくりだしてきた民俗技術は消えた。

鍬の地域差

自然木の幹を鍬の台、枝は柄につくった。元禄ごろ書かれた『百姓伝記』（岩波文庫）に、

柄も平も樫の木を以こしらゆるもの、何国も同意なり。おし取の木はゆがむことはやく、またしらた多くて、くさることはやし。わか木のふしなきを用ゆべし。柄も平もゆがみては、鍬を打こむに思ふ処へあたらず。成程すぐなる木を用ゆべし。当世は山中よりは、かようにこしらへ出すゆえ、買取うちに、悪しき物多し。柄あしければ農人の手いたみそんず。つめあしく、くつろぎてはその間へ土入、またつめをうち直すにききかぬる。なま木を以こしらへたる平に鍬をすげる事なかれ。終にはくつろぎ損ずる也。

とあり、「おし取」を校注の古島敏雄は「成長中の木を、形のあう部分をそのまま伐った材」と解説する。

宮本常一は「杓子・鍬柄」（『山に生きる人びと』未来社、一九六四）で次のように書いている。

立木のうち幹から斜に適当な枝の出たものをさがしあて、これを伐り倒して、幹の一部、つまり床（台…筆者註）になる部分とそこから出た枝をのぞいたもので、幹を床として利用するのである。

鍬柄（一木の台と柄）を出して生計のたしにする山村もあり、石川県能登半島の南山と、宮城県栗駒山山麓の村をあげている。台と柄がよい角度になるよう、若木のときから矯正して生産性を高めた。木の種類については書いていない。

秋田県では、延享二年（一七四五）生まれの佐々木六助が、二十七歳のとき台に柄を差し込む平鍬を発明した。それまでは、自然の立木と枝を利用し、県北の鹿角・北秋・山本の三郡では明治末までさかんに使われていた。やわら

かい土質で、柄のながい台の小さな平鍬は軽くて使いやすいので、遅くまで使った。

『奥会津地方の山村生活用具・Ⅲ』（田島町民具研究会、一九八二）は、フログワについて次のように書いている。

フログワの柄は山仕事に行ったときなど、ちょうどいい角度の股木をみつけてきて自分でつくる。刃先は鍛冶屋に打ってもらい、クワガラの床にはめ込んで用いる（中略）これが大正の末頃ヒラグワにかわる。

このフログワはホウノキを使っている。佐々木長生氏は、会津地方の山間部ではもう使ってはいない。それでも小屋にフログワがかかっているのを見ることがある。屋根裏には、乾燥させるためにめにしまったままのアラガタが残っている。八十歳ぐらいの人は、自分でつくった経験のある人がいる。軽くて使いよいのでホウノキが多かったが、重いブナを使うことがあったという。

弥生時代、畿内では台と柄を組み合わせたカシの鍬を使っていた。鍬一つとりあげても、これほど地域差や時代差が多きかった。

2　南山城の鍛冶屋

南山城で調査した職人で、一番多いのは鍛冶屋だった。鍛冶屋からモノづくりの技術とその背景について多くをまなび、鍛冶道具をたくさん寄贈された。しかし、企画展『ふるさとの職人』のほかはまとめていなかった。おもしろがって調査しているうちに、まとめる時期を失った。それでも、まとめかけの素原稿が残っていた。直接的な技術より、その背景がおもしろかったようである。南山城の紀州鍛冶の歴史と文化は、乙訓で一緒に調査した河島一仁氏がまとめているので参照されたい。

鍛冶屋・村田正行氏の仕事

村田正行氏（大正元年生）は、加茂町船屋北に生まれた。街道に面した町場で、近所に職人が多かった。

写真53　平鍬の金先をベルトハンマーで打つ村田正行氏

写真54　平鍬の金先の内側の溝つくり　正行氏が金先にノミをあて、ムコウウチがノミを打つ

〔修行から独立へ〕　十三歳のとき向かいの家の口ききで、宇治の鍛冶屋上村家に弟子入りした。四年ほどで上村氏が廃業し、上村氏が修行した伏見の浜中勝次郎家に弟子入りする。勝次郎家は「鍛冶官」とよばれ、紀州鍛冶が三代養子に入っていた。正行氏が弟子入りしたとき、職人二人とボンサンが一人いた。四人のうち二人が、和歌山県日高郡南部からきていた。紀州鍛冶は上下鍛冶といい、田植えや稲刈り、養蚕でいそがしい時期は紀州にいた。農閑期になると、鍛冶屋で出稼ぎしていた。正行氏が弟子入りしたころは、すでに上下鍛冶ではなかった。

鍛冶官では、四畳半のせまい部屋に四人が寝起きした。毎朝四時に起きて、ヒブクロ（火床）に火をおこし、オカマをかけて茶粥を毎朝炊いた。七時まであさぎ（朝飯前の仕事）で、それから茶粥を食べた。昼と夜は麦飯だった。火床で燃やす松炭は、あさぎに小さく切った。松炭はゆったり燃え、コークスよりよい仕事ができた。戦前から、石炭からガスを抜いたコークスを、ガス会社が売っていた。コークスは大きさで注文し、「八分下」が主で「六分下」なども使った。

ボンサンは、オオヅチで職人の向かい側からムコウウチした。練習もしないまま、焼いた鉄を打ちながらなれていった。弟子入り後一年もムコウウチをすると、鍛冶仕事にもなれ、力もついて体ができてくる。ムコウウチも上手になると、自分で道具をこしらえている気持ちで打ち、職人の道具のあてがいがわるいと、打たないこともあった。二丁ハンマーで、二人がならんでムコウウチすることもあった。つくる道具が大きかったり、早く打ちのばすときだった。ムコウウチは重労働だったので、動力のベルトハンマーにかわる。

上村家では、無給で働いた。一年の休日は、正月元日、藪入りの二、三日、フイゴ祭りだった。鍛冶官では、五〇銭から一円の小遣いがもらえた。

昭和八年、船屋北で鍛冶屋をはじめた。ボンサンを雇ったが、長続きしなかった。それで、戦後にベルトハンマーを使うまで、奥さんがムコウウチをした。

〔南山城の鍬と鋤〕　南山城では、風呂鍬をホログワやヒラグワとよぶ。ホログワから、ヒラグワにかわったという。大小の風呂鍬は、オオクワ、チュウグワ、コグワの三種類あった。風呂鍬は、ホロ（台）が木で、軽くて使いやすかった。

弟子入りした伏見では、ウドモリという大形の風呂鍬があった。ウド栽培は高畝に土を盛ってウドを植える。土を盛るのにウドモリを使った。風呂鍬が大きいと、鍬先のカネ（鉄）は厚く、小さいと薄くする。ウドを植える土はやわらかいスクモで、ウドモリの風呂鋤は大きいがカネは薄くした。大きくて薄い鍬先は、鍛冶屋にとってはむずかしい仕事だった。伏見では、むずかしい仕事を覚えることができた。

開墾用のオオグワは、普通のオオグワよりカネを厚くした。正行氏は加茂に帰ってからは、つくったことがなかった。

当尾地域のように畑の土がやわらかいところでは、風呂鍬のチュウグワをよく使った。田の畦塗りも、ホが長いチュウグワを使った。金鍬はホが長いと、チュウグワのようにすべらなかった。畦塗りの土を乗せるアゼゴネには、五本コか六本コを使った。

又鍬は、二本又、三本ビッチュウ（備中）、四本ビッチュウ、五本コ（又）、六本コがあった。備中鍬は、ホ（鍬先）

の長い起耕用の鍬で、チュウグワと用途は似ていた。三本備中は主に荒おこしに使った。そのほか田の畦を切ったり、畑のナガイモを掘るのに使った。これにはホロスキも使った。五本コと六本コは、鍬先が広くて短い鍬だった。

又鍬の金先の形は、平らなヒラと、尖ったトガリの二種類あった。ヒラは田専用だった。加茂町は畑も田もヒラだった。トガリは粘土質のねばくてかたい畑ときまっていた。大久保から向こうの宇治や伏見の茶園や大根畑はトガリを使った。二本又は、茶園の間のねば土を、深く掘りおこす専用の鍬だった。二本又はトガリだった。三本鋤で茶園や大根畑をおこす家もあった。

〔鍛冶屋の経営〕　正行氏が開業した昭和八年ころは、加茂町内に四軒の鍛冶屋があった。山上の久保、銭司の池田、高田の梶本、瓶原の山村の四軒だった。久保と池田は、すでに高齢だった。加茂町外から、木津町鹿背山の森菊、奈良の鍛冶屋がきていた。奈良の鍛冶屋は、上手だったという。

新品を買うと、又鍬は風呂鍬の二倍はした。サキガケの修理代は、風呂鍬は新品の五割強、又鍬は六割強を目安にした。又鍬は鍬先の数が多いので、サキガケ代も高かった。

鍛冶屋は、風呂鍬の金先を一日二丁つくった。ムコウウチの一人を加え、一人一日一丁という計算になった。備中鍬や風呂鍬のサキガケは、一日六丁で一人前だった。正行氏は、多いときは一一丁サキガケした。鍛冶屋でも、仕事の早い人が上手だといった。

ヨキは、重さで客の注文を受けた。鉄の重さを量りながらつくり、重さで値段をきめた。鍬をつくるときも、重さに細かい注文をつける人がいた。

開業ころは、まだフセで鍬の修理をすることが多かった。農家の田畑の面積や修理回数で判断して、一年間の修理代を米や麦でうけおった。畑は田より鍬のへりが多いのでフセも多い。牛のいる家はカラスキで田を荒おこしする。荒おこしの備中鍬は摩滅が少ないのでフセは少ない。こうしたことを計算に入れて、フセをきめた。田が一町（九九

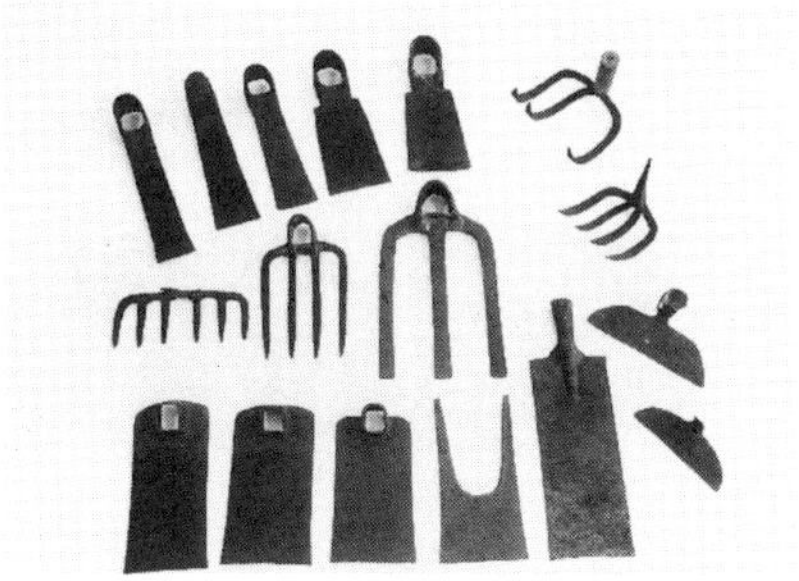

写真55　鍛冶製品（写真58まで山城資料館所蔵）

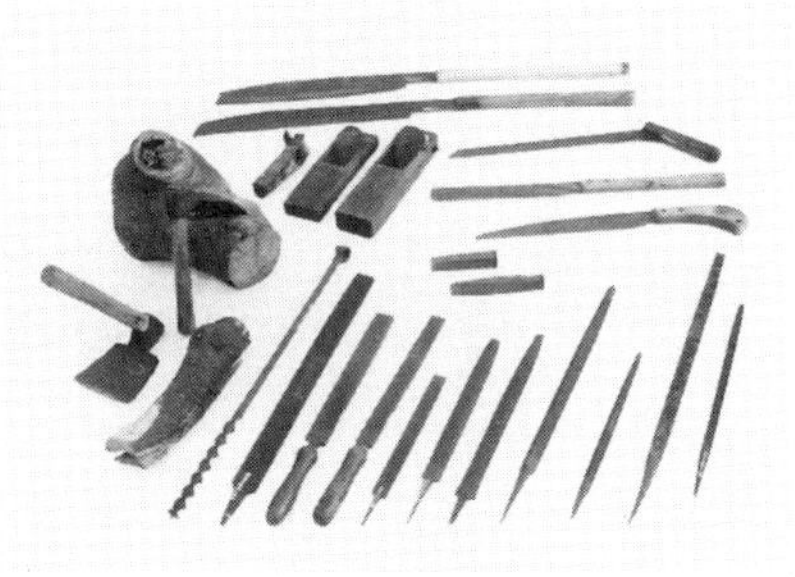

写真56　鍛冶用具は、柄つけの木工用具をふくむ

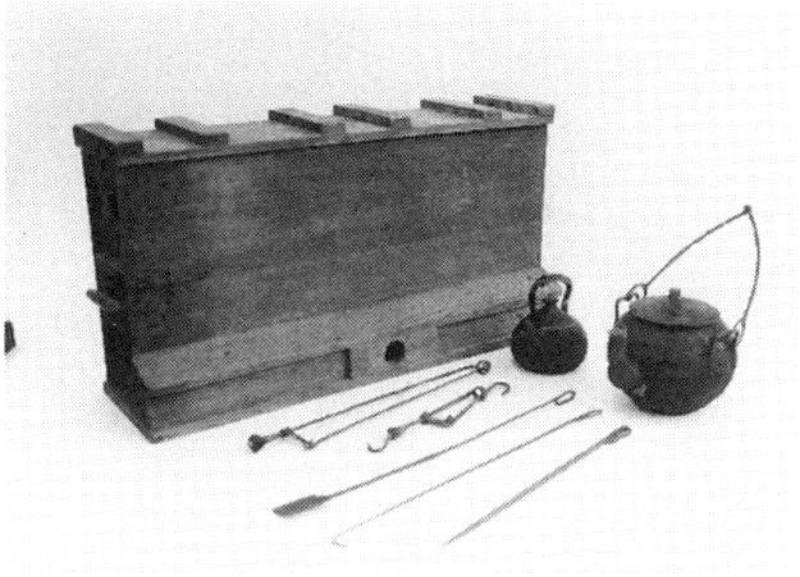

写真57　鍛冶屋の火床用具。いつも薬缶に湯がわき、台所ではたく女性は重宝した

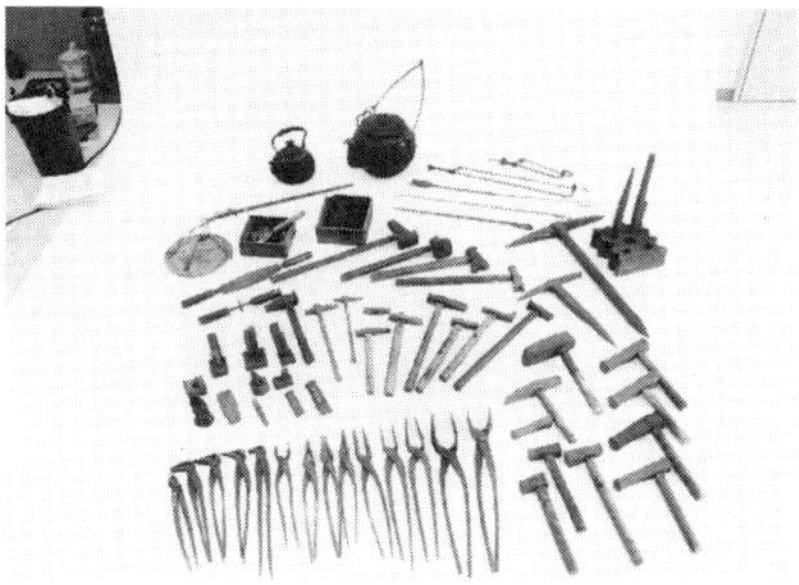

写真58　鍛冶用具は、打つ・切る・挟む・削る

アール）で、米が一斗（一八リットル）から一斗五升だった。麦もあったが、ほとんどが米だった。米を持ってきたとき、また来年もと約束した。ふるくからの鍛冶屋ほど、フセでの得意先がきまっていた。新参の正行氏は固定客がなく、問屋から刃物をとりよせて売り歩いたり、農家にフセにするという条件つきで得意になってもらった。

　フセから、盆と正月の半期ごとの集金にかわっていった。現金になって鍛冶屋どうしが、仕事を「とりがち」するようになった。農家の小屋に入って、だまって農具を持ち帰り、修理して返して、あとで集金するようになった。鍛冶屋どうしで「正月の初まわりは、五日ぐらいにしょうか」ときめても守らなかった。

　得意先の取りあいは、鍛冶屋の技の競争につながった。客の評価につながる細かな配慮をしたし、技術も向上させた。フセの時代は、鍬の柄の角度と柄の長さはどこでも一緒だった。職人の交流がさかんだった加茂と奈良も同じだった。それが現金になって、客がよろこぶように、客にあわせて鍬をつくるようにかわった。

このあたりのふるい鍛冶屋は、仕事が雑だった。京都の鍛冶屋は仕事がていねいで上手で、値段が高かった。京都にはウドモリのような特殊で技術のいる仕事が多かった。こうした高い技術が、さらなる客へのサービスにつながった。

戦争中は、統制で鍛冶屋は材料の確保すらむずかしくなった。農家が米をもって、農具の注文を頼みにくるようになった。戦後も、しばらくは鍛冶屋に注文が多かった。戦後は、鍛冶屋が農家をまわることはなくなった。

鍛冶屋・森菊三代の仕事

森本和夫氏（大正十五年生）は、農鍛冶だった祖父菊太郎氏の忘れられないことばがある。それは、

たつも、たおれるも三代目や、和夫われが三代目やぞ

という、死の直前まで繰り返し聞いたことばである。和夫氏は、このことばがいつも頭にあり、苦しいときでも耐えられたという。

〔森菊三代〕　菊太郎氏（明治六年生）は木津町鹿背山で生まれ、一生を農鍛冶で暮らした。森本家は十八代つづいた名家だが、菊太郎氏の父親が博打《ばくち》好きで財産をなくす。菊太郎氏は小学校を出て十二、三歳で、奈良の筆屋に子守奉公に出る。そこに一年いて、四国にわたり土佐の鍛冶屋で二年間修行した。修行のあとも日本海沿いを山形まで行き、各地の農具を調べ歩いた。もと農家だった森本家の血が、そうさせたという。

鹿背山に帰っても、すぐに鍛冶場をもたなかった。山城町上狛の「鍛冶間」で一年半修行して、このあたりの農具の形を覚えた。明治二十六年ごろ、鹿背山で開業する。ちょうど明治二十八年に開通する関西線のトンネル工事があり、道具の修理で大もうけした。いらい事業は軌道にのり、八十一歳まで農鍛冶をつづけた。

木津農学校の生徒は、入学するとコグワとチュウガマを買う。「森菊」がうけおい、和束町や笠置町、田辺町などの卒業生から、よく切れたからと注文があった。菊太郎氏は、刃物鍛冶の本場の土佐で修行をした経験がいきた。近くに刃物鍛冶がないこともあり、このあたりの農家は森菊の刃物はよく切れるといった。

菊太郎氏は、新しい農具を工夫するのも得意だった。サツマイモを植える山畑の開墾に使う、カイコングワもその一つだった。それまで使っていた唐鍬を、長さが半分、幅が二倍で少し重くした。イモホリビッチュウを、三本鍬から四本鍬に改良した。昭和十四、十五年ころ、スコップをヒントに、ヒラスキ（鋤）からすべて鉄のカナスキもつくった。若いころ広く旅した経験がいかされたのである。

菊太郎氏は「ヘンコ（偏屈）」で、いい意味での職人気質の人だった。中途半端な仕事は我慢できず、農具の品質は厳格で、農家の側にたって仕事をした。二代目秀雄氏（明治三十八年生）も、農鍛冶をしていた。それが昭和六年ころから、農耕機械を製作販売する機械鍛冶になった。最初は、縄ない機を手がけた。「森菊」印の乾燥機を大規模につくり、「森菊農機製作所」をはじめた。足踏脱穀機の販売にも力を入れ、京都から滋賀・三重・奈良県などにも販路を広げた。ただし、第二次世界大戦後は、大手農機具メーカーにおされ農機製造はやめる。

三代目和夫氏は、菊太郎氏の農鍛冶の技と知恵を受け継いだ。昭和四十五年ごろまで、鉄工業のかたわら農鍛冶もつづけていた。当時、相楽郡の専業農家は、一六〇〇軒ほどにへっていた。鍬などの需要もへり、前の倍以上の得意客が必要になった。さらに広くまわらないといけないので農鍛冶をやめた。

写真59　加茂辰造氏がつくったカナスキ

昭和十六年ころから、秀雄がヒツづくりをガス溶接にかえた。それまでの火づくりから、ガス溶接にかえたのは森菊が一番早かった。その技術があり、和夫氏は海軍に入っても新兵教育を受けず、造船所の骨づくりに配属された。そこで学んだ電気溶接の技術をいかして、戦後鉄工所をはじめる。特殊な鉄工部品をつくる仕事は、「森菊」にまわってくる。菊太郎氏から教えられた農鍛冶の経験があるため技術に応用がきく。森本家は、四代目が鉄工業を継ぐが、農鍛冶の経験がない。菊太郎氏の願いどおり事業は好調だが、農鍛冶は三代でおわった。時代の変化にはどうしようもなかった。

もとの得意客に、農鍛冶をやめて、「われ、ここまで店大きなったんだれのおかげや」とおこられた。機械化しても、機械のとおらないところは、ビッチュウやカナグワが必要である。そして和夫氏も、「としとったら（農鍛冶）まだやるきありますねん」というのである。

菊太郎氏は和夫氏に、「人間みるのと、畑をみよ」と教えた。田はツチ（地味）に変化が少ないので、変化にとむ畑をみることが肝心だった。畑の地味は、ネバ（粘土質）かイシガラか砂地かをみて、農具に工夫をこらした。

タケノコホリはドウミガキといって、先端から二尺あたりまで磨いた。藁を藁草履状に編んで丸めた片方に、とおしでとおした細かな川砂をつけて磨いた。ドウミガキに使う細かい砂は、箱に入れて準備しておいた。タケノコホリは、ドウミガキしているので使ったあとはよく洗い、水気をとり、油をひいて錆びないようにといった。粘土質では、よくミズウチしておくと土がつきにくかった。よくミズウチしていないと、「こんな切れへん鍬、得意さんにもっていかれへん」といって、和夫氏にカナトコの角でとばさ（割ら）れた。修行中は一〇丁のうち三丁はとばされた。五年で、得意さんにようやく文句いわれなくなり、一〇年でようやくよろこんでもらえた。

鍬柄は、身長にあわせてエスゲ（とりつけ）した。鍬柄の長さは、ビッチュウ・カナグワ・コグワが三尺七、八寸（約一一五センチ）、トグワ・カイコングワが三尺二寸ときまっていた。あとは使う人の身長にあわせて、カギかノサにかえる。身長の平均は、五尺五寸見当とした。女性の場合は、柄の材をシイにして軽く仕上げた。シイはカシの半分ぐらいの重さだった。鍬に柄がまっすぐついているかを見分けるため、柄をつけたあと、柄尻を踏んで円をえがいた。左右の鍬先の角で引いた線が、交わらなければうまく柄がすわっていた。

鍬柄の角度は、地味で変えることはなかった。ただし、ちょっとカギにするとよく切れた。カギだと、ウラの地金がよくすけ（磨耗し）て、鋼がうきあがる（出てくる）のでよく切れる。鍬をおいて、前に出した手がのびるぐらいがよく、和夫氏は平均より身長が少し高いので、少しかがんであわせる。菊太郎氏の鍬が使いよいのは、氏が平均的な身長で多くの客にあわせられた。菊太郎氏は身長でも、農鍛冶に向いていた。菊太郎は、できた鍬をもって畑にいき、土を打ってみた。作物にあわせた鍬を工夫しては、農家に使ってもらった。修理に持ってきた鍬をみて地味をしり、畑にあわせた鍬つくりをした。鋤は、人の乳の高さにあわせ、鎌は少しノサにしてよく切れるよう工夫した。「畑をみよ」とは、耕地の傾斜と地味をしり、畑にあった刃の打ちかたや、使い手の立場にたったエスゲを工夫せよということだった。

表４　菊太郎が教えた村々の地味

法華寺野	イシガラ
大野	砂地
観音寺	ノマ（平地）は砂地、山は石まじり
梅谷	砂地
鹿背山	ネバ
木津町東	ネバ
木津町西	砂地
木津町浜	特に砂地
山城町東	イシガラ
山城町西	砂地

〔農家と鍛冶屋〕　森菊の得意先は、約六五〇軒あった。木津町は、相楽・吐師《はぜ》・市坂を除く西部、加茂町は、鹿背山に隣接する大野・法華寺野・高田・観音寺である。純農村地域で、町場より人間がまるいという。

「二月極楽、八月大名」という。農家が一年中で一番ひまだった。農具を使わないこの季節が、農鍛冶の稼ぎどきだった。むかしは二月・八月が節季で、この時期に現金が入るのはありがたかった。

農具の修理は、農家が注文するだけではなかった。農鍛冶が、これとこれ減ってるからと持って帰った。和夫氏の時代でも、半分はだまって持ち帰り、修理して持って行った。ニワのウマヤの上に、鍬をかけることが多かった。だまって母屋に入り、だまって持ち帰った。

朝四時起きで、農家をまわった。得意先であっても、別の鍛冶屋もくるので、早いものがちだった。集落の両端から、はさみうちして集めた。ほかの鍛冶屋がいるのを見つけると、みんなでいって仕事をとることもあった。

第二次世界大戦中に組合ができ、相楽郡では森本家に集まって、供出のための鍬をつくった。組合で鉄の配給を受け、大阪や兵庫など、それぞれの地域にあった鍬をつくった。このとき得意先のとりきめをしたが、それでも鍛冶屋の客の取りあいはなくならなかった。

サキガケ代は、米と金で支払った。戦前はフセ米が多く、三〇石ぐらいあった。家で食べたあと、米相場が上がる夏を待って売った。

木津町木津の原家も、四代つづく鍛冶屋でフセが多かった。昭和二十三年ころまで、フセで払う家もあった。戦前からフセは玄米で一斗ときめていたという。戦争中は統制があり、見つからないようにリヤカーの下に箱を積んで運んだ。フセ米はよい米が少ないので、うまい米を食べたいと思ったという。多いときで八石ほどあった。フセが一〇〇軒あると、なんとか暮らせるといった。金は、掛取帳につけておいて、まとめて集金した。新品は、みな現金で売った。

鎌は、片刃の薄鎌は越前武生の「福盛鎌」を、滋賀県から仕入れて売った。チュガマとアツガマは、自分でつくっていた。

〔鍛冶屋の生活〕　正月二日がウチゾメで、ナタ・スキサキ・カギ（蔵の鍵）のミニュチュアをつくる。ショクバ（仕事場）にカラ（火床）が三カラあった。一人ひとりがミニュチュアをつくり、神棚に一年間祀る。神棚には伊勢・愛宕・生駒宝山寺のお札を祀る。宝山寺の不動さんを火の神さまとして信仰し、いまも毎月一日の月参りを欠かさない。十二月八日のフイゴ祭りは、いまもつづいている。サカキと重餅、鯛、ミカンを供えた。フイゴ祭りにミカンは欠かせなかった。

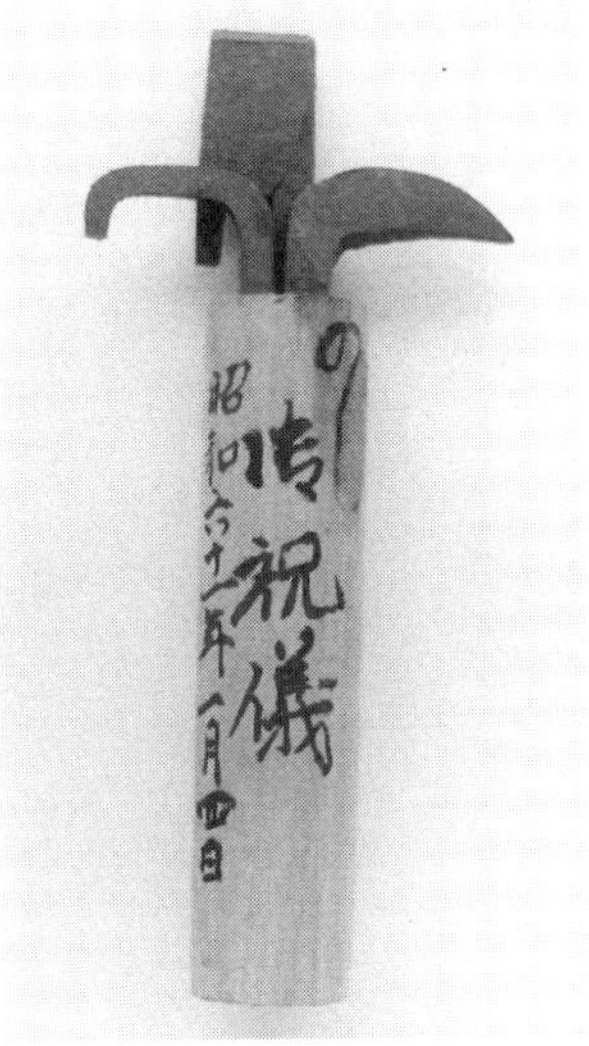

写真60　山城町鍛冶間直三氏の、仕事はじめの（鍵・鍬先・鎌）つくりもの

写真61　森菊の仕事はじめのつくりもの。鍛冶間氏と鎌と鉈がちがう

朝五時ころから鍛冶仕事をして、昼からエスゲをした。それがすむと、川が好きなので魚とりにいった。刃物の焼き入れは、おひさん（太陽）が出る前にした。ナタ・カマ・ヨキ・オシキリなどで、オシキリの刃が一番むずかしかった。地金（軟鉄）は伸縮が大きく、刃金（鋼）は伸縮が小さい。一緒に焼きを入れると、どうしても曲がり、なおすのもむずかしかった。

〔鍛冶屋とヒラヤ〕　奈良と加茂にヒラヤがあった。ヒラグワやスキの先を持って行って、あわせてつくってもらった。奈良は般若寺の手前に杉浦というヒラヤがあった。学校から帰ると駄賃をもらい、自転車に乗せてもっていった。つくる量が少なくなって、加茂の尾崎さんに持って行くようになった。柄は大きな樫木屋で買う。ほとんどが奈良市広陵町の青木で買った。第二次世界大戦ころ、大阪から二、三回二トン車に一杯買ったこともある。

鍛冶屋は客から注文を受けると、鍬の大きさや、客の背丈をみて柄の角度をきめる。角度を、平畑はノサ、山畑はカギにする。山畑がカギなのは、下の段から上の段の畝づくりをするためだった。板を組み合わせた角度計で角度をきめ、針金で型どってヒラヤにわたす。鍬が完成してからも、客の注文で角度はなおした。カナグワでも、サキガケするとき柄を抜くのでエスゲはした。鍬のエスゲができないと、鍛冶屋として一人前ではなかった。

鍬のサキガケは、どの鍛冶屋でもたいして技術の差はない。柄のスゲ具合で「あそこの鍬はよく切れる」という評判になる。こまかいところに、気を遣うかどうかが問題だった。

樫木屋には鍛冶屋が、ヒラグワやスキの代金を支払った。ヒラヤの杉浦さんは「おまえとこは、むつかしい」といっていた。

追記

南山城は大和とのつながりも強く、奈良県立民俗博物館とはさまざまな交流があった。樫木屋では大宮守氏の「樫木屋の製作用具」（『奈良県立民俗博物館研究紀要』三号、一九七九）などを参考にした。尾崎萬治郎氏は、星野欣也・平澤一雄「棒屋と風呂鍬」（東京農業大学一般教育学術集報』一二号、一九八二）にも風呂鍬の製作法とあわせ紹介されている。

三　村と京の瓦師

山城郷土資料館には、歴史・考古・民俗・保存化学に一人ずつ担当者がいた。歴史・考古・民俗の担当者が毎年交代で特別展を担当し、あとの二人がそれぞれの視点から補佐した。

一九八三年の第一回特別展は、考古の担当で「山城の古瓦」がメインテーマだった。考古の高橋美久二氏が古代から桃山時代、歴史の田中淳一郎氏が江戸時代、わたしが瓦づくりを分担した（京都府立山城郷土資料館『第一回特別展　山

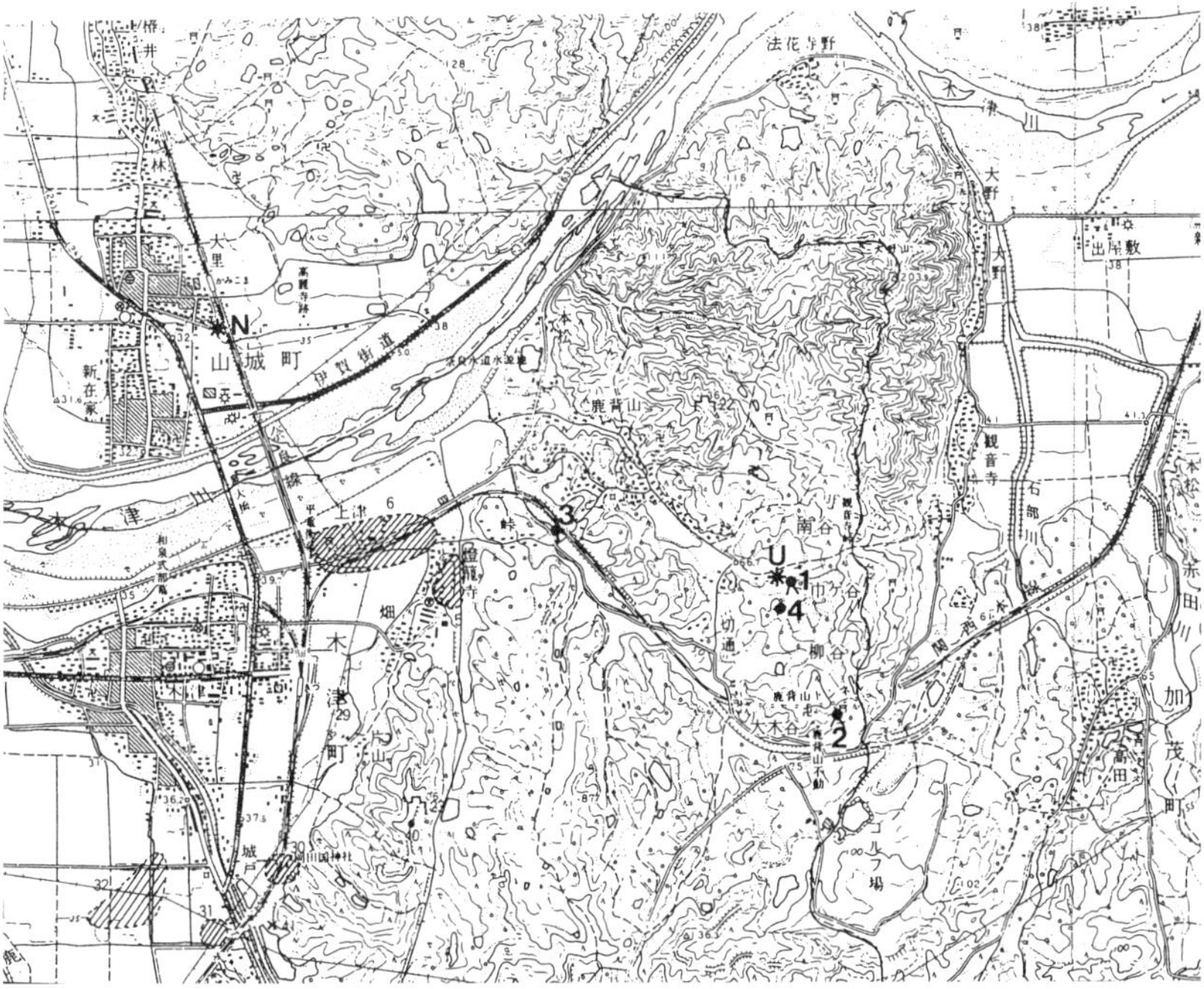

図22　鹿背山関連図（『京都府遺蹟地図』に加筆）
1：巾ケ谷窯跡（飛鳥末〜奈良初期の須恵器窯）　2：鹿背山不動窯跡（奈良時代の須恵器窯）　3：鹿背山瓦窯跡（奈良時代の瓦窯）　4：鹿背山焼窯跡（近世の陶器窯）
U：浦田製瓦店　N：中津川保一家（旧中津川製瓦店）

城の古瓦』一九八三）。歴史と民俗は相楽郡木津町鹿背山の瓦師をとりあげ、近世から現代までの、瓦師の系譜とその技術を紹介した。

日本の瓦は本瓦から簡便な桟瓦にかわり普及しはじめる。桟瓦は、延宝二年（一六七四）に近江国大津の西村半兵衛が発明した。鹿背山の瓦師三上源右衛門は、桟瓦が発明されてすぐの元禄十五年（一七〇二）に瓦づくりをはじめる。田中氏の調査で、三上家は近世を中心に相楽郡全域の寺院の瓦を手がけていた。

明治時代は、それまでの政治的な規制がなくなり、普通の民家でも瓦を葺けるようになる。南山城でも各地に瓦師がふえたが、どこも小規模経営だった。昭和三十年代に大量生産の淡路瓦が流通するようになると瓦師は屋根屋に転業した。なかで鹿背山の瓦師浦田氏は、地元の良質粘土で、手づくりの高級燻《いぶし》瓦をつくることで差別化をはかってきた。浦田氏の調査は、展示図録で現代の瓦づくり、年報の調査報告で伝統的な瓦づくりを掲載した。今回は、伝統のあとに、現代の瓦づくりを述べた。

瓦といえば、古代の文様がある軒瓦が注目されてきた。そうしたなかで桟瓦、しかも平瓦を中心とした今回の調査はまれで、予想以上に注目された。そうしたなかでダルマ窯の研究家、伏見工業高校窯業科中村隆教諭と知り合い、京都市伏見の瓦師浅田良治氏を紹介された。浅田氏は浦田家よりもさらにふるい技術で瓦づくりをしていた。京都の南禅寺・龍安寺・桂離宮など、古寺を中心とした伝統瓦を焼いていた。

村と都市では立地条件は違うが、高級瓦や鬼瓦など大量生産できない瓦に活路を求めていた。ことに伏見の場合は文化財建造物が多く、京都の土地柄が伝統産業をささえている。

浦田家と相楽郡山城町上狛の中津川保一家から展示のため民具を受け入れた。浅田家からも三年前まで使ったダルマ窯の民具などの寄贈を受けた。山城資料館には、手づくり高級瓦の用具がそろったのである。

1　村の瓦づくり

近世の瓦屋根

〔鹿背山の瓦師〕　南山城を代表する瓦産地の鹿背山の年寄りはいう。大正のころは瓦屋根民家が少なく、「瓦のったる家がうちや」でわかった。いまは「草葺きの家がうちや」でわかるようになった。草屋根民家が一、二軒の鹿背山の現状は、南山城のほかの地域でも同じだった。

近世は、木津や宇治の町場を除く民家での瓦屋根は制限されていた。明治になり政治的な規制がとかれ、少しずつ普及しはじめた。なかでも第二次世界大戦後の、好景気による建築ブームで大きくかわった。草屋根をささえる構造では、重い瓦の加重に耐えられない。家の建て替えで、草屋根から瓦屋根への移行がすすんだ。

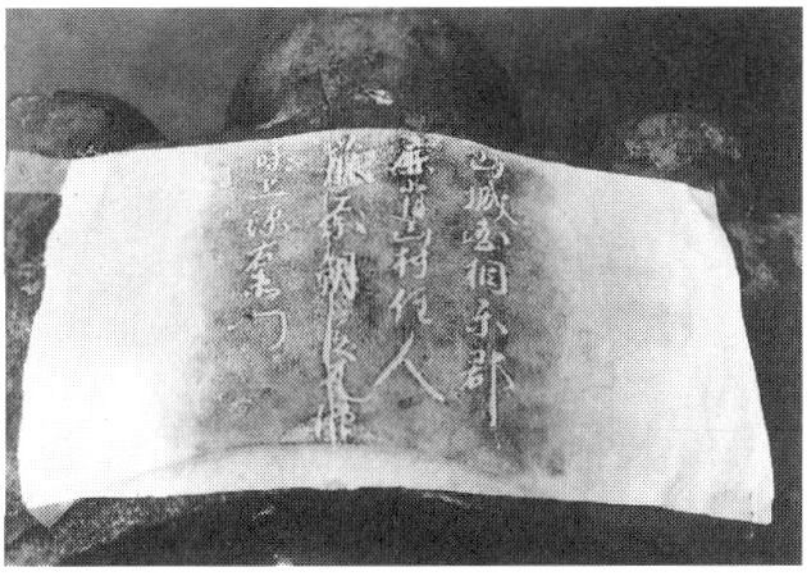

写真62　大竜寺鐘楼の獅子口瓦には元禄15年（1702）の銘と、「山城国相楽郡鹿背山住人藤原朝臣瓦師味上源右衛門」の陰刻がある（右）

民家への瓦需要が高まり、南山城各地で瓦屋が開業した。瓦は重くて割れやすく、長距離の運搬に適さない。原料の粘土は田の床土でもよく、消費地の近くに瓦屋ができた。第二次世界大戦の前後、相楽郡だけで一四軒の瓦屋があった。ただし南山城の瓦屋はいずれも小規模経営で、昭和三十年ごろから淡路瓦が入ると、屋根工事請負業などに転業した。一九八六年、南山城の瓦屋は木津町鹿背山の二軒だけになっていた。

鹿背山の粘土は、陶器の鹿背山焼の原料になるほど良質だった。鹿背山瓦は、手磨きの高級燻瓦で、手作業が多く、大量生産ではつくれない。粘土を練る機械を導入したが、あとは手仕事をつづけている。良質粘土と高級燻瓦であることで、鹿背山の瓦屋は残った。調査した鹿背山の浦田製瓦店は、作業場が大正五年の新築当時のままである。瓦磨きも手でおこない、全国的にもめずらしくなったダルマ窯で瓦を焼いている。調査では、浦田統生氏（昭和十三年生）から聞き取りして、作業を観察させてもらった。ただし大正時代から部分的に機械化し、戦後も人手不足で手作業でなければいけないところ以外は機械化した。そこで統生氏の母親浦田ツネさん（大正五年生）から、機械化以前の作業を聞き取りした。さらに、戦前まで山城町上狛で瓦屋をしていた中津川保一氏（明治三十四年生）からも聞き取りして、伝統的燻瓦の道具と技術もあきらかにした。

〔瓦の種類〕　瓦は、葺く場所で形も名称もいろいろである。浦田家では、瓦を次の三つにわけていた。屋根面に乗る瓦は、形態は単純でも大量に必要である。

す。

屋根面に乗る瓦は、日本に伝わった飛鳥時代から丸瓦と平瓦を交互に重ねる本葺瓦だった。江戸時代の延宝二年（一六七四）に、近江三井寺出入りの瓦工西村半兵衛が桟瓦を発明する。桟瓦は、丸瓦と平瓦を一枚で構成し、本葺瓦に比べて軽く、値段が安く、葺きやすく、規模の小さい民家に適していた。はじめは「江戸葺瓦」「簡略瓦」とよばれた。鹿背山では桟瓦を「ヂガワラ（地瓦）」、丸瓦を「マル」、平瓦を「ヒラ」とよぶ。桟瓦の名称も地域差があり、三州瓦（駒井鋼之助『かわら日本史』雄山閣　一九八二）では「ヒラ」とよぶ。

軒瓦や妻の螻羽《けらば》瓦などを道具瓦とよぶ。軒瓦の下端が真っ直ぐの「一文字瓦」は京都瓦の特色である。また螻羽瓦のおさえと、葺いたときの寸法調整のため、妻の一部に丸瓦と平瓦を葺く。これを「カゼキリマル」とよび、大阪で多い葺きかただという（藤田元春『日本民家史』刀江書院　一九六七）。

地瓦の大きさは、家の大きさや構造、葺く場所によって使いわける。地瓦は一坪を葺くための枚数でよびわける。大きいほうから「ゴンロク（五六版）」「ロクシ（六四版）」「ヒチニ（七二版）」「ハチマル（八〇版）」「ヒャク（一〇〇版）」とよぶ。七二版より小さい地瓦はコガワラとよんだ。草屋根の軒まわりにつけた下屋など、小さな場所に葺いた。母屋の大屋根の地瓦は、南山城では六四版、丹後では五六版が多かった。母屋の大きさだけでなく、風や雨、雪などの気象条件の違いも、地瓦を選ぶ基準だった。

道具瓦の大きさは、地瓦にあわせてきまる。ただし、軒瓦のタレ（瓦当面）や螻羽瓦のソデの厚味は、経済力で差があった。ソデは厚さのほか「アサイソデ」「チュウソデ」「フカソデ」と長さも違った。ソデが短いと、上下の瓦の重なりが多いので丈夫だった。一枚ぐらい割れても雨漏りしないが、瓦が多く必要だった。瓦を焼くとき、ソデやタレが厚いほどダルマ窯内部の面積が広くいり、自重でねじれる可能性が高く、値段も高くなった。

燻瓦には、磨きをかけない並瓦と磨瓦がある。磨瓦は、磨きの程度や、表面か両面かでもよびわけた。燻瓦は、織田信長の時代に明人一観が伝え、磨瓦も江戸時代からすでにあったという。磨瓦を焼くには耐火度のある良質粘土が必要だった。良質粘土がない所は、瓦を焼く前に良質粘土をといて塗る方法もあった。その他、積雪地帯では塩焼赤瓦があり、近年は南山城でも釉薬瓦、ビニール塗料瓦などを使いはじめている。以下では、南山城地方の伝統的な燻瓦の道具と技術を、地瓦を例に考えてみたい。

粘土を練る道具と技

〔カワラシはなんでもできた〕　手づくり瓦は大きく三工程にわかれ、工程ごとに専門の職人がいた。粘土を練って盛るツチウチシ、盛った粘土を瓦に整形するシタシ、窯で瓦に焼くカマタキシである。瓦屋の親方はカワラシとよび、すべての仕事をこなせた。粘土で瓦の焼き加減が違い、窯焚きのよしあしで商品価値に差がでる。それでカワラシが、カマタキシを兼ねることが多かった。三工程のほかに、鬼瓦を専門につくるオニイタシもいた。オニイタシもカワラシが兼ねることが多かった。瓦は注文生産が多く、なかでも鬼瓦は施主の注文でつくった。鬼瓦の注文があるとオニイタシを雇うが、注文が不定期なのでカワラシが兼ねた。

瓦職人はボンサン（弟子）になって、二、三年で一人前になった。カワラシは、すべての仕事を覚えるため一〇年はかかった。カワラシの家を渡りあるく職人を、バンクモンといった。職人をとおして親方に話をつけてもらい、一宿一飯の世話になった。職人どうしで連帯意識があった。瓦を干すなど、簡単な仕事を手伝った。浦田家には多いときは六、七人の渡り職人がいた。ムネモン、ヒラガワラなど、一つの仕事だけをまかせた。子供連れで、仕事をさせてくれとたずねてきたときもあった。

〔仕事のしやすい粘土〕　鹿背山の粘土は、大阪層群の約二〇〇万年前に湖沼に堆積した淡水粘土層である（橋本清一氏の調査による）。

写真63　浦田製瓦店の背後は山である

写真64　仕事場のツチバとタテカケ、ショクバの建物

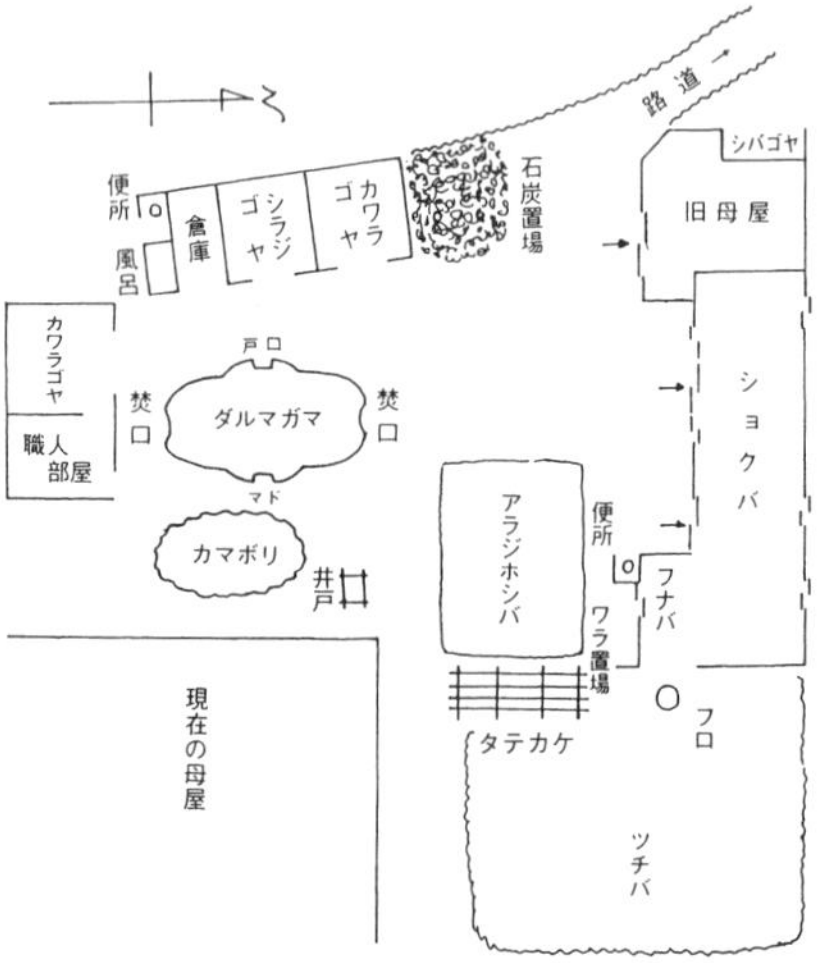

図23　浦田製瓦店の仕事場平面図

春田明氏は、鹿背山の粘土を青・赤・黄・白の四種類にわける。青は「薄青」、赤は「紅差し」で、瓦の上塗りにも使った。白は小字宮山・古寺・東大平あたりにあり、明治初期ごろ伏見人形や京焼の原料としてに大量に出荷した（春田明「鹿背山焼の盛衰」『木津の文化財と緑を守る会　会報1』一九七九）。浦田氏は、薄青と紅差しの粘土は耐火温度が違い、焼く時間をかえるという。

浦田家は、大木谷の鹿背山不動背後から粘土をとる。祖母のトメさんのころは、柳谷や南谷の粘土をとった。ことに柳谷の粘土は良かったという。南谷の奥の粘土は、奈良の赤膚焼きの原料として、第二次世界大戦まで牛車で運んでいた。鹿背山の粘土は、瓦の塗土としても利用した。一〇年ほど前まで、鹿背山には二軒の塗土屋があった。南山城で良い粘土がない瓦屋は、上物の瓦にするとき鹿背山の塗土を使った。淡路からも、鹿背山に塗土を買いにきた。鹿背山の粘土は塗土にするほど上質でたくさんとれた。

瓦に焼く粘土は、薄青と紅差しの粘土層からとる。掘りだした粘土をハガネ、掘る作業をツチオコシといった。掘りだしたハガネは、山に盛り上げて半年ぐらい放置した。長くおくと雑草が生えるため、瓦に焼く量を計算しながらツチオコシした。

粘土を手掘りしていたときは、地元の農家に頼んで掘ってもらった。ツチオコシは、農閑期の二月にすることが多かった。農家はトグワでよい粘土だけを選んで掘っていた。機械掘りにかわって、土砂がまざるようになった。反対に農家が、粘土をフゴに入れて農閑期に売りくることもあった。よい粘土を選ぶときは、両方の掌で粘土をもみながら紐状にのばした。一尺（約三〇センチ）以上のびる、よい粘土だけを買った。ことに高級磨瓦は粘土から気をつけたので、鹿背山瓦の評価が高まった。鹿背山の瓦屋で仕事をした渡職人は、「鹿背山のツチ（粘土）は具合がええなあ」といった。よい粘土はよく仕上がるだけでなく、作業の能率も上がった。

上狛の瓦屋中津川家では、主に田の床土を瓦に使った。国特別史跡の高麗寺廃寺付近の床土で、農閑期に田の持ち主にツチトリしてもらった。一尺ぐらいの厚さで粘土をはぎ、中津川家まで運んでくれた。

〔粘土はクサラシタ〕　鹿背山の粘土は砕土器にかけるだけで、山でとったシンツチ（新土）のまま使えた。それほどよい粘土でも、実際には使う前に露天でしばらく放置した。粘土に雨や風をあてたり、温度差で風化させて粒子を細かくした。この作業をクサラスといい、粘土山かツチバでおこなった。浦田家は粘土山で半年、ツチバで一年クサラシテから使った。浦田家のツチバは作業場に隣接してあった。クサレネンドは水によくとけ、作業が楽だった。職人は「新土やから（瓦に）キズがでた」「新土やからギョウギ（形がくるう）悪い」「新土やからあばれた」などといった。

中津川家では、田の端を粘土置場にできなかった。作業場近くまで粘土を運び、山に盛って一年交代で上からくずして使った。

表5　手づくり瓦のつくりかた

作業名称	作業場所	用具名称	職名
ツチオコシ	ネンドヤマ	トグワ・フゴ・オーコ・大八車・ジョレン	
クサラス	ツチバ		
ミズアワセ	ハコ	ケズリグワ（マドグワ）	↑
ツチフミ	フナバ	ケズリグワ（マドグワ）・ホログワ（ブチキリ）・フリコ・七輪	ツチウチシ
タタラモリ	フナバ	オオビキ・コビキ・ブラリ（サゲフリ）・ケンザオ・金棒・丸棒・直角定規・定規	↓
タタラトリ（アラジトリ）	フナバ	オオビキ・コビキ・ブラリ（サゲフリ）・ケンザオ・直角定規・定規・アラガタ・フリコ・セミ（コマ）	↑
アラジガタメ	アラジホシバ	アラガタ・水箒・米俵	
ジガワラキリ	ショリバ	整形台（カタ）・ゴウキ・タタキイタ・カマ（オオガマ）・カワ（シキガワ）・水鉢	シタシ
ミガキ	ショリバ	整形台（キガタ）・タタキイタ・ヘラ・コテ・ヒガキ	
カンソウ	ホシバ	タテカケ・ワラ（夏のみ）	↓
カマヅミ	ダルマガマ	サエグサ・チキリ・ツツミ・クワ・コテ・コテイタ	↑
カマタキ	ダルマガマ	カナマタ・カナグワ（タニエグワ・エグワ）・コテ・クワ	カマタキシ
カマダシ	ダルマガマ	カナマタ・カナグワ（タニエグワ・エグワ）・シュロボウキ	↓

浦田ツネ・浦田統生・中津川保一氏の調査を基本とし、浅田良治・浅田晶久氏両氏の助言によって作成した。
（　）は浅田家での名称。

〔ツチウチシとミズアワセ〕　作業場のフナバに接したフロにケズリグワで粘土を入れ、井戸水を加えて粘土と水をなじませる。これをミズアワセといった。フロは、粘土でかためた深鉢状の穴で、タタラモリ（後出）一回分の粘土が入る大きさだった。十分にクサラシタよい粘土は、「プップツ」と音をたてて、泡をだしながら水にとけた。一晩おいておくと、翌朝には「ドロドロ」になった。ミズアワセからタタラモリまでがツチウチシの仕事だった。夕方からミズアワセをして、翌朝から昼にかけてがツチフミ、昼からはタタラモリだった。そして夕方になると、再びミズアワセがはじまった。

中津川家では、フロのことをハコといった。中津川家は伏見区深草で瓦屋をしていた。明治初年ころ、保一氏の祖父

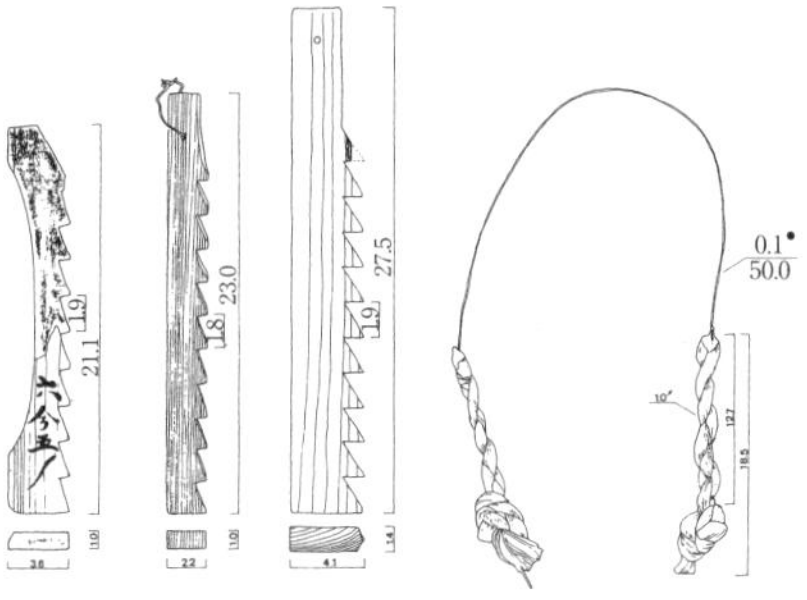

図25　タタラトリに使うメッキ（3種）とコビキ（右）

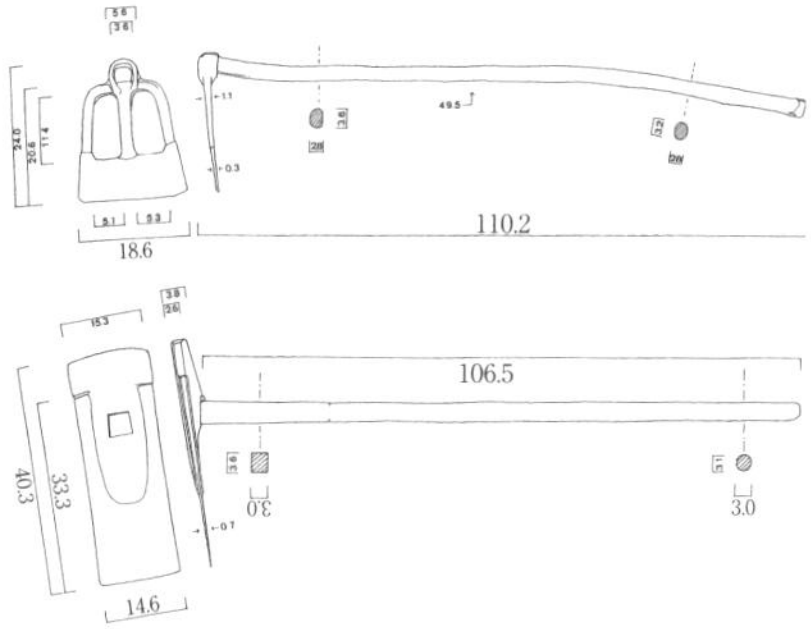

図24　ツチウチシが使う、ケズリグワ（上）とホログワ（下）

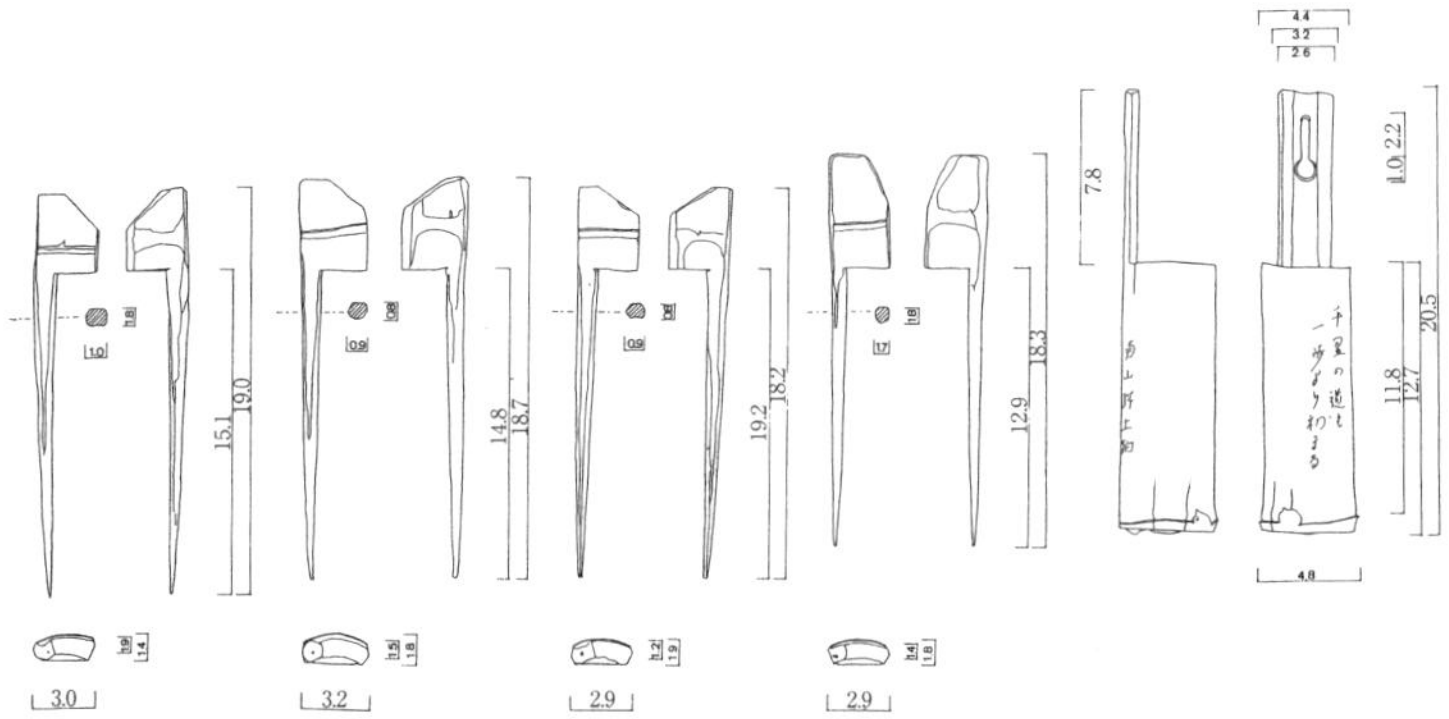

図26　タタラトリの定規を固定する竹のセミとセミ入れ（右端）※※

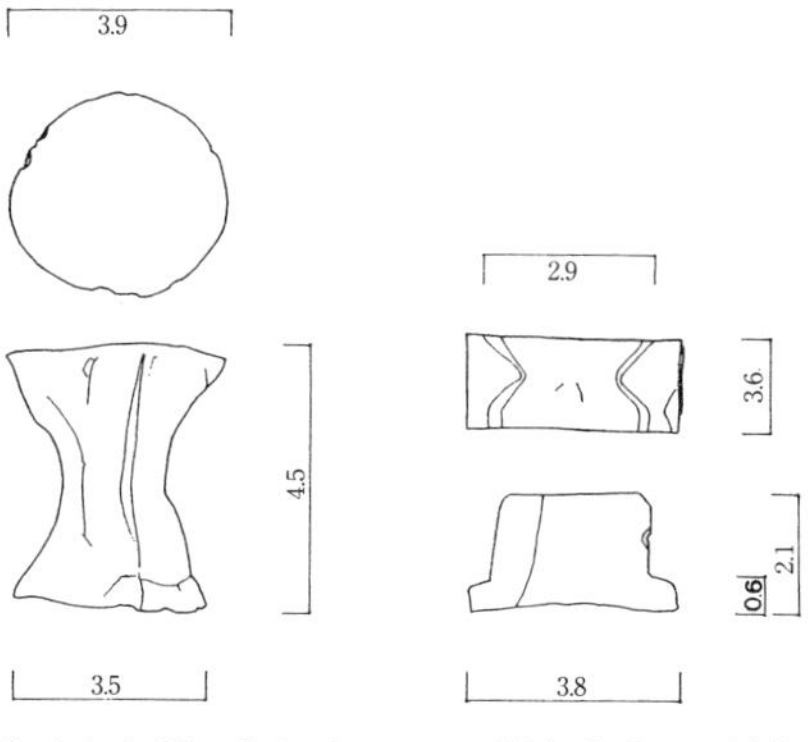

図27　ダルマ窯で瓦を焼くとき間に入れるツツミ（左）とセン（右）

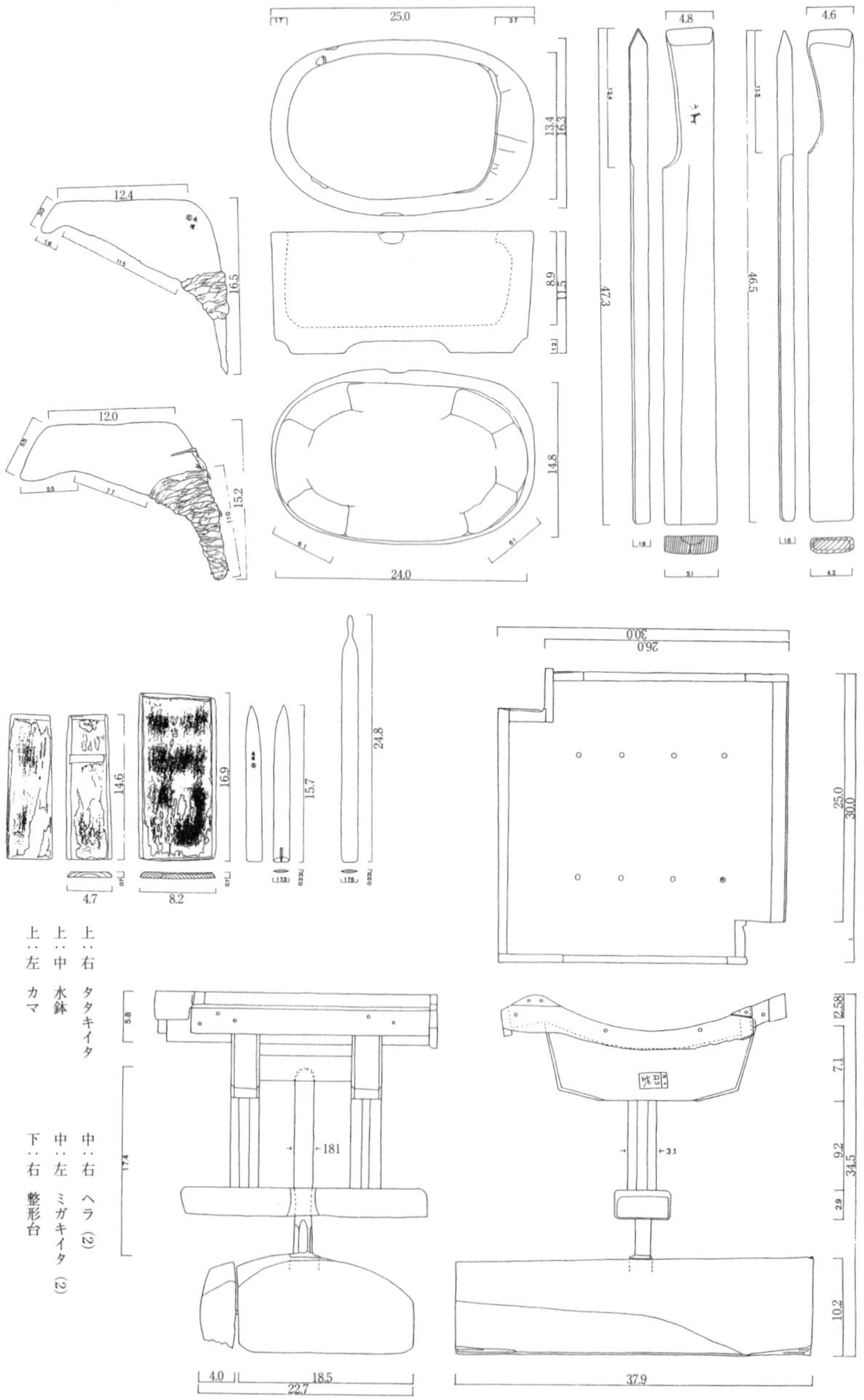

上：右　タタキイタ
上：中　水鉢
上：左　カマ
中：右　ヘラ（2）
中：左　ミガキイタ（2）
下：右　整形台

図28　整形台でおこなう作業道具

が山城町に移り住んで、明治二十四年ころから瓦屋を再開した。深草で瓦屋をしていたため、用具や作業の名称などが浦田家より浅田家と似ていた。

〔ツチフミとマルメ〕　ケズリグワでフロから粘土を削りとり、フナバに移して素足で踏みこんだ。これを繰り返して、二畳ほどの広さの頭裁円錐形のマルメ（山）に盛る。マルメをケズリグワで薄く削り、すぐ横に新たなマルメを盛る。これを三回繰り返して粘土にまざる不純物を取り、素足で踏んで粘土を均一にととのえた。

マルメた粘土は、高さ三〇センチほどの方形の棚に盛る。この棚をヒロメといい、粘土内の気泡を抜くためマルメよりよく踏んだ。なお、マルメは三回、ヒロメは一回が基本で、磨瓦など高級瓦になるほど回数を増し、粘土をよくなじませた。ツチウチシは、粘土を素足でツチウチしたので「足の大きいもんは、瓦屋にいけ」といった。

中津川家は、ヒロメのとき足に力を入れて踏み込めるよう杖で体をささえた。

〔タタラモリ〕　細長く粘土を盛った棚をタタラといった。ヒロメを方形に切ってタタラに盛りあげてゆく作業をタタラモリという。タタラモリもフナバでおこなった。

中津川家ではフナバの壁際に、作業の邪魔にならないよう少しだけ頭を出した、長さ一尺五寸（約四五センチ）ほどの鉄杭を打ち込んでいた。六四版の地瓦は、杭の間隔を一尺二寸にした。整形や乾燥、焼き縮みなどで、仕上がりは一尺幅になった。

タタラモリは、フナバにフリコを振ることからはじめる（「京の瓦づくり」写真74〜78）。フリコは、粘土を搗《つ》いて篩《ふるい》でとおした。次に杭から少し離して二本の杭と平行にコビキの間隔をあけておき、つづいて二本のオオキビの端をそれぞれの杭にからませて固定し、コビキをまたぎ直行するようにはる。それぞれのオオビキの端は鉢金がゆるまないようイシギで固定する。コビキを短辺、オオキビを長辺とする長方形がフナバの上にできると、粘土の塊をコビキ、オオビキの針金がずれないよう等間隔においてゆく。瓦一枚分の長さを一ケンとよび、中津川家のタタラは長辺から六枚とる六ケンどりだった。

下準備がととのうと、ヒロメを棒の先に鉄棒をつけたもので大切りし、次にホログワで三〇センチ角に小切りし、針金で区画されたなかに足で踏みながら積み上げてゆく。高さは腰ぐらいまで、それ以上は粘土がやわらかくて積めない。

タタラに土を盛りおわると、定規をあてオオビキでまず長辺を切り、次に短辺をコビキで切り落とす。切りあとはナデイタでなでてしめる。次にケンザオで一間の長さに等分し、ブラリを垂らして直角をとり、定規をあて垂線を引く。そのあと、タタラの両端寄りに引いた垂線に沿わせてメッキをあて、瓦一枚分の厚さに相当する印をつけてゆく。メッキで印をつけるメッケまでが、ツチウチ仕事である。

メッケがツチウチ仕事と整形作業の区切りなのは、瓦職人の賃金が一日につくる瓦の枚数できまったからである。ツチウチシは一日三〇〇枚が一人役（イチニン）で、中津川家のように長さが六ケンだと、高さは五〇枚なければならない。メッキは一度に一〇枚分をはかることができ、一〇枚分を一パイという。五ハイとれるかどうかが、ツチウチシには一日の賃金を得るための関心事だった。したがって、本来は整形するシタシの仕事としてもよいメッケをツチウチシがおこなった。

タタラモリで出た粘土の切れ端は、カシラツチといった。キズの修理に使ったり、次のタタラモリにまぜて再利用した。

コビキ・オオビキなど、自分でつくった道具が大半だった。ブラリも、重りは粘土を焼いてつくったり、古釘などを利用した。

整形の道具と技

〔タタラトリ〕　メッキの印の上からセミを差し、その上に定規を固定する。定規は両側にあて、それぞれ一人

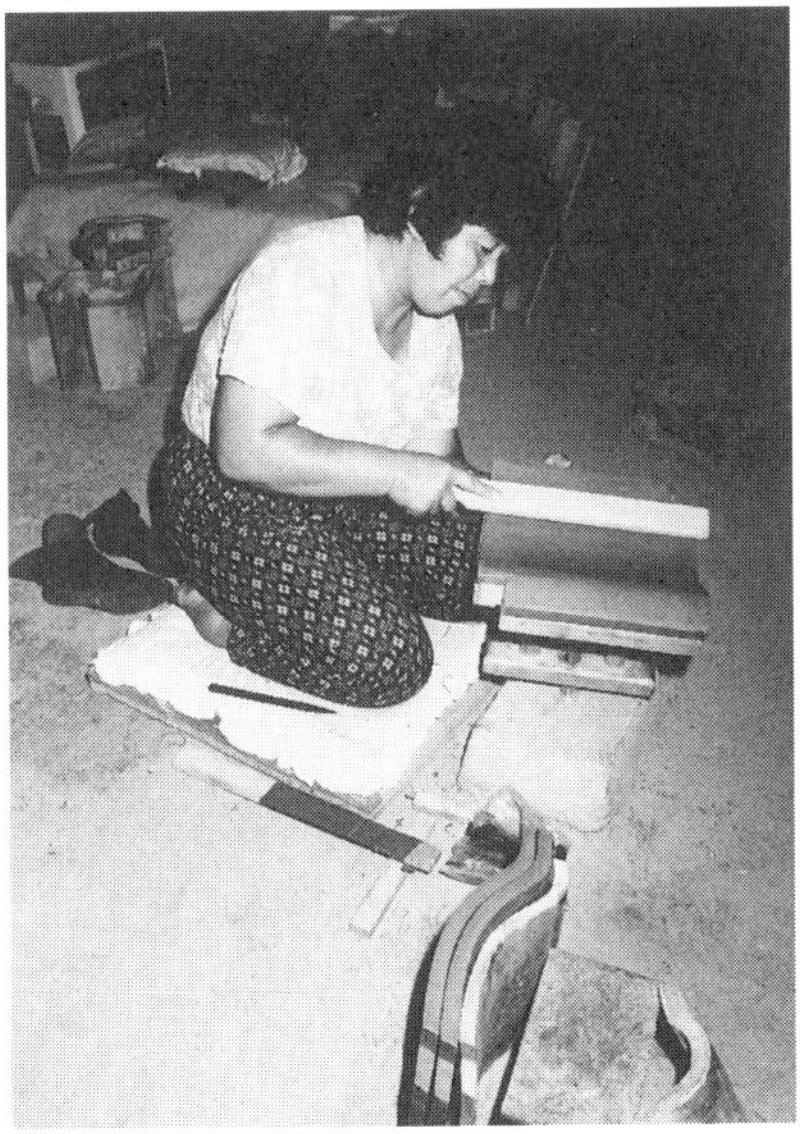
写真65　ヒノキのタタキイタでカタにのせたアラジをたたく

写真66　カマでアラジの周囲を切り落とす

ずつがコビキの端を持ち、定規の上端に針金を沿わせてアトジョリ（後ろ向き）しながら横に切ってゆく。一枚切りおわると、メッキを一目盛下げて、先ほどと同じ工程を繰り返す。重さで切ったあとが再び接合しない程度まで切り下がると、次は縦にコビキで切りはなす。これで瓦一枚分の下地ができる。

フリコを上面に振りかけ、フリコのかかった面が下になるように一枚の粘土板を両の掌ではさみとり、アラガタに乗せて型にあわせて手で少しおさえる。六枚重ねてフナバの一区に運び、たてかけて干す。

〔アラジガタメ〕　一枚の瓦の大きさになった粘土板をアラジという。中津川家ではフナバにたてかけたアラジは翌朝二枚ずつ屋外のアラジホシバに運び出して干した。昼前にひっくり返すとき、ゆするようにして一枚ごとにはがし、夕方とり入れる。これは夏季で、冬は乾燥が遅いため日数が二倍はかかる。冬は凍らないか心配した。

〔ジガワラキリ〕　ここから作業はショクバでおこなう。ショクバには各個に作業机があり、明り窓がある。

適当なかたさになったアラジを、回転台の上のカタ（整形台）に乗せる。回転台はオオビキの固定に使ったイシギのことで、石か木の台に丸棒を差し込んだものであ

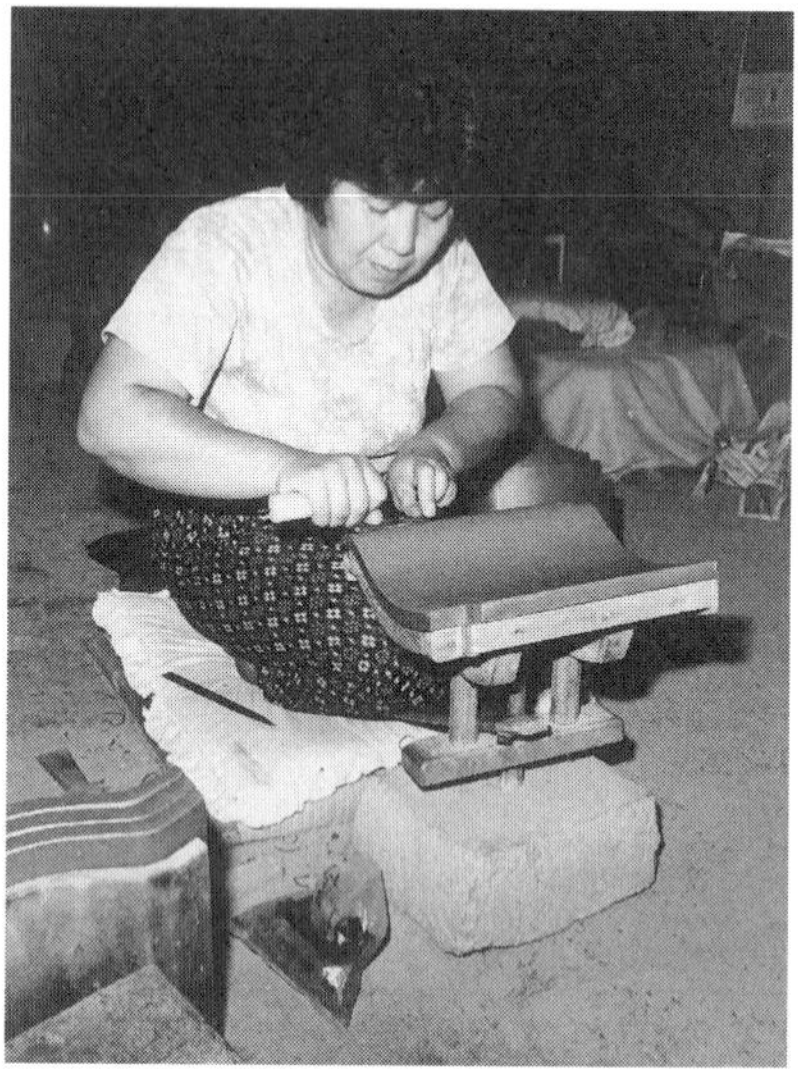
写真67　鉄ヘラで磨く

る。カタに乗せる前にアラジの乾き具合を確かめ、乾燥しすぎている場合にはたたく前に稲穂を束にしたミズボウキでチョイチョイと湿らせる。

まずタタキイタでたたきしめる。タタキイタは節のないヒノキ板でつくり、片方は平面、その裏は中央がはらんでいる。アラジの凸部はタタキイタの平面側、凹部ははらんだ側でたたく（写真65）。

タタキの次はカタをまわしながら、カタにあわせてアラジの周囲をカマで切り落とす（写真66）。カマは手前に引いて切るが、角の切れ込みはカマの背で手前から押すように切る。次にカマの背を水鉢でぬらし、アラジの上にふりかけたのち、カマの背でアラジの表面をなでる。カマの切り口は鹿のもみ皮をしめらせてなでる。なでることで切り口の小さなキズをなおし、ねばりがつく。

カマミガキのままタメシをつけ、乾燥させて焼くとナミ瓦となる。シタシの一人役はナミ瓦二〇〇枚である。高級磨瓦はこのあと少し乾かしてから、再び磨く。

〔ミガキ〕　中津川家では、表だけを磨くチュウミガキと、裏表を磨くホンミガキがあった。いずれにせよ、磨く前にはタタキイタでたたく。したがって、ナミよりチュウミガキ、さらにはホンミガキと磨く回数がふえるほどたたく回数も多いのでアラジは厚くした。

中央部はコテで曲線にあわせ磨き締め、端は鉄ヘラで磨きととのえる（写真67）。次に瓦の裏にヒガキで波紋をつける。屋根に葺くとき瓦と土が密着して、瓦がずれ落ちないようにするためである。そして、最後に縦方向に、表面側へ湾曲させる。これをタメシといって、焼成時の形のくずれをふせぐ。

ミガキも机の上で立居でおこなう。磨き専用のミガキダイもあるが、たいていはジガワラキリのカタを利用している。磨いてすぐ直射日光にあてるとひび割れができるので、一、二日ショクバで乾燥させてから屋外で干す。

〔カンソウ〕　最初は形がくずれないようアラジホシバにならべて、形がくるわなくなるほどカンソウしてからタテカケに干した。夏で各一日ずつ計二日、冬はその倍はかかる。

中津川家では、タテカケに干したのは冬場だけだった。タテカケは長さ一間半のタルキを組み上げ、縦に一〇枚ほどならべられる高さだった。タテカケに干すと「天気のにぶい日でもようかわいた」「わりとギョウギもすなおにあがりました」といった。

干し上がったものをシラジといい、シラジゴヤに入れておく。ここでシタシの仕事はおわる。

瓦を焼く道具と技

〔カマヅミ〕　ダルマ窯は、中央が焼成室で左右に燃焼室があった。両側の燃焼室から焚くので焼成温度は一〇〇〇度の高温になった。焼成室には人が出入りする大きさの出入口と、瓦を取り出せる大きさのマドがあいている。ダルマ窯は、瓦を四、五段に積んで、一度に八〇〇枚〜一〇〇〇枚焼ける。浦田家のダルマ窯は、五段で八〇〇枚焼けた。

焼成室の床は、炎がのぼる谷と、瓦をおくための畦が交互にならぶ。畦の上にサエグサ（耐火レンガ）を敷き、立てた瓦どうしがつかないように、ツツミとチキリをあいだに入れて固定する。各段の間にはセンを入れる。

中津川家のダルマ窯は五段に積み、下三段はチキリを使ったチキリヅミ、上二段はツツミを使ったツボヅミにした。ツボヅミはチキリヅミより、瓦のあいだをあけた。上ほどあいだをあけることで、炎があたりやすく、下段への加重を軽くして変形しないようにした。鹿背山のように耐火度の高い粘土は下段、高麗寺付近の床土は火に弱いので

写真68　ダルマ窯で瓦を焼く浦田氏

上段に積んだ。さらに鹿背山の粘土は磨瓦に主に使い、目がつんでいるので焼けにくい。ホンミガキだと、下から一、二段目でしか焼けなかった。

鬼瓦や道具瓦はハダ（壁）に寄せてならべ、焼成室内の空間の無駄をなくした。こうした積み方は、ヒトリタビといった。最後に、サガリ（窯の焼け具合）を見るため、割れた瓦を入れておいた。

〔カマタキ〕　ダルマ窯のカマタキは、アブリ、本焚、コミの三段階にわかれる。カマタキ作業もいくつかコツがあり、「窯をゆっくりあたためるのがアブリのコツ」だという。アブリでダルマ窯とシラジの水気を抜いてゆく。

浦田家では大正末ごろから石炭を使うようになったが、石炭は主にアブリと本焚だけで、本焚の後半部とコミは木を燃焼とする。火入れは夕方で、消炭と割木を焚きつけにして石炭を焚く。ゆっくり窯の温度が上がるよう、煙が落ちてき（立たなくなる）たら石炭をたす。夜の十二時ごろ、たして寝る。石炭は木にくらべて火もちがよいので、カマタキには便利だった。

翌朝五時ごろから夕方六時ごろまで本焚する。現在は午前十時ごろまで石炭、つづいて午後四時ごろまで製材所の廃材、コミまでの本焚最後の二時間は枯柴三〇束を焚く。むかしは廃材は使わなかったが、石炭の質がわるくなり、燃え滓《かす》がたまるようになって廃材を使うようになった。

本焚で窯の温度を上げるが、まず焼成室に積んだ瓦の四隅から温度が上がるよう燃焼室内の両端に気をくばる。松はぱっと燃え、早く温度が上がるので、燃焼室内の火加減を調整するのに本焚で使った。

枯柴にはナラ・クヌギ・カシを使う。クヌギなどは松にくらべると燃えにくく、「おだやかに心から焼きあがる」という。本焚も「イラビ（火）ではやいこと焼こおもて、どんどん焚いたらあかん」といい、割れの原因となった。

コミに使うコミワリキ（松割木）は、油気の多いジンの部分は煙がたつから抜き取り、さっと燃えるようにする。松割木を両側の焚口から一五束ずつ入れ、すぐ焚口や戸口とマドに三寸（約九センチ）ぐらいの煙穴を残してふさぎ、炎が白色から透明になり、煙が止まったら完全に密封する。むかしコミワリキを入れるとき、青松葉を入れたら色がよくなると聞き、青松葉を敷いた上にワリキを入れたことがあった。また、窯に風が入ると「ピリピリ」と割れてしまうので、入口ばかりでなく、窯全体の割れ目にも赤土をつめる。空気が入ると内の火が消えず、カマダシのとき炭に火がおきて酸化し、瓦が白くなる。

以上は現在も使用中の浦田家のダルマ窯でのカマタキである。浦田家の窯は、昭和三十八年に二つの小型ダルマ窯をあわせて一つにした。窯をつく人が上狛にいた。窯は七、八年で築き替え、初窯のときはボタモチを搗いて近所に配った。窯は長く焚かずにおくと、土のユウが抜け、土がさくくなって、ポロポロになり修理が大変だった。ひび割れは、カマタキのあいだも注意して補修しつづける。

〔カマダシ〕　密封の後二日おいて窯をあける。まず焚口をあけ、炭に水をかけて火がおこらないようにし、次にマドをあけてカナマタで瓦を出す。カマダシのあと瓦小屋に納め、戦前は六枚、戦後は五枚を一束にして、荷づくりして運んだ。綴喜部田辺町あたりまでは手押し車で運び、それより遠くは木津駅前の運送屋に頼んで汽車で運んだ。

〔道具の購入と手入れ〕　道具はたいてい自分でつくった。アラジのカタとカマ、磨きのコテとヘラは購入した。

京瓦の本場、京都市伏見区の深草や大仏の近くにカタ屋があった。カタ屋では「カタ吉」と「カタ徳」が有名だった。カタはヒノキ材で、磨りへったり傷むので修理した。正月前の仕事納めに、職人がショクバや道具をきれいに掃除する。そのあとコモをしいて、カタをならべ、注連縄をはって餅を供えた。仕事納めのあと、京都からカタナオシ屋が泊まり込みで来てカタナオシをした。瓦屋には、信仰する神仏はない。八月七日の井戸替えは職人がした。そのとき井戸に洗米と酒を供えた。

ヘラは、伏見の「ヘラ京」が有名だった。浦田家のヘラは「ヘラ京」と「マル久」がある。「マル久」は伊勢のヘラで、三重県伊勢市でつくっていた。コテも「ヘラ京」と「マル久」があった。京瓦の衰退により、カタ屋もヘラ屋も一〇年ほど前に廃業した。

〔現代の瓦づくり〕　瓦づくりの機械化は、大正時代に急速にすすんだ。最初は足で土を踏んで練るツチフミ仕

写真69　今のショクバ。左が真空土練機、右が電動式プレス

写真70　真空土練機からでてきたアラジ

写真71　電動式プレスのアラジを受ける

事を、大正四年ころから土練機でするようになった。大正十年には、タタラモリからタタラトリまでの荒地出し機が、そして手動式だが成型機もできた。

瓦づくりの大きな転換期は、昭和三十年ごろから急速に普及した真空土練機である。粘土中の気泡を取り出すため、粘土を腐らさなくても採取後すぐに使えた。砂などがまざってもよいため、ドロドロにしなくても固練りできた。固練りのため、収縮率が小さくなった。土練機だけでなく、荒地出機もかねていた。真空土練機は、省力化とスピード化にとどまらず、瓦づくりに技術革新をおこした。さらに成型機も手動式から電動プレスにかわった。少人数でも、前よりたくさんの瓦づくりが可能になった。

消える瓦師の伝統

〔近代の瓦師の隆盛〕　中津川氏は、江戸時代に相楽郡内で株をもつ瓦師が三軒あったという。木津町相楽北ノ庄の長岡家、鹿背山の三上家、山城町椿井の井上家である。

長岡家は、明治末ころまでつづき、弟子は加茂町高田や精華町乾谷で瓦屋をしていた。

三上家は、代々源右衛門を名のり「瓦源」とよばれた。明治時代に中絶したのを三河の瓦職人が名を継いだ。いま三上姓は残っていない。三上家は、相楽郡の一一カ寺の鬼瓦に銘が残り、元禄十五年（一七〇二）から明治三十三年（一九〇〇）までみられる。

井上家は、代々太郎兵衛を名のり「狛太」とよばれた。明治二十年ころ狛太は絶える。弟子の井上氏が、椿井の松尾神社の裏で一時期瓦を焼いていた。古くからの瓦師が絶えたのは、瓦需要が伸びはじめた時代である。ゆったりした仕事ぶりで、競争に負けたのではないかという。

浦田ツネさんは、第二次世界大戦ごろ相楽郡で一九軒の瓦屋があり、木津町では鹿背山三軒、市坂二軒、梅谷一軒、吐師一軒、山城町では棚倉二軒、上狛一軒、精華町では乾谷三軒、和束町では白栖三軒、加茂町では里一軒、南山城村では北大河原二軒あったという。

土練機などで瓦づくりが機械化するまで人手が必要だった。昭和のはじめ、木津町と山城町林だけで瓦職人が二〇人〜三〇人もいて、職人組合があった。なかには鬼瓦専門のオニイタシもいたという。

〔便利な瓦屋コタツ〕　瓦屋は、冬は粘土が凍るので炬燵をつくった。浦田家は、丹波の炬燵をまねてつくったという。十一月のイノコがすむと、炬燵を出した。そのころから、ぼつぼつつくりはじめる。瓦屋がつくるので、カワラヤコタツとよばれた。カワラヤコタツは、シラジの上から和紙をはった。シラジは熱がまったり伝わり、ここちよかった。農家は炭団などを買わず、竃《かまど》のおきを炬燵に入れた。燃料はコクマやゴモクと細いので、たくさん入るカワラヤコタツでないといけなかった。田辺町の三山木などからも、わざわざ買いにくるほど好評だった。

中津川家では、塩焼用の小壺を焼いた。瓦屋のお年玉といって、塩を入れて正月に配ったという。

〔うすれる瓦へのこだわり〕　純生氏は、「瓦屋はなんぎな商売でっせ。こんななさけないこと、せんでもよろしいんですけど」という。瓦をつくるより、屋根の葺師が体が楽でもうかる。それは知っていても、瓦師がやめられない。「やわらかいもん、いろうてないと落ちつかない」というほど、瓦づくりが好きだった。

このごろは、屋根瓦への関心が薄くなり、大量生産の地域性の乏しい瓦を葺くようになった。むかしは屋根瓦を大事に考え、家作全体の費用の一割をあてた。屋根瓦をみて、その家を判断した。ゴキゲンサン（施主）の瓦選びも真剣だった。相談が長くなって、浦田家で夕食を食べた施主も多かった。浦田家も施主の熱意にまけ、採算を度外視してよい瓦をつくった。瓦をとおして、人と人がふれあった。近年は請負師が中介するので、なかに入り、損はしなくなった。そのかわり施主とのふれあいはなくなった。むかしの瓦師は、台風のあと自分が焼いた瓦を見て歩いた。それほど自分の仕事に対する責任感が強かった。

はじめて統生氏に会ったとき、「いったことのないようなところの瓦はこまる」とこぼしていた。そのころ奈良県吉野山中の天川村から、瓦の注文を受けていた。天川はトタン屋根ばかりで瓦屋がなかった。新築するにあたりゴキゲンサンは、平地の河内風の家を建てたいと思った。つてをたどり、河内風の家が多い木津の大工が請負い、その大工から統生氏が瓦を頼まれた。建物だけでなく、屋根も河内風の燻瓦を要求されたのである。

とりあえず現地にいって、統生氏の心配は現実のものとなった。山中なので思いのほか冷え、冬は根雪になるなど、木津とは気候風土が予想以上に違っていた。このあたりは、瓦は土留ですませる。奥の和束町では、漆喰《しっくい》でとめる家もある。寒冷地では、一枚一枚を針金でとめる。天川の屋根は「瓦は美濃瓦、留めは漆喰でいこうおもてます」という。美濃瓦は少し高価だが、このあたりより寒冷で、吉野の気候風土とあっていると判断した。

その土地でとれた粘土で、地元の瓦師が焼いた瓦が一番よい。鬼瓦は屋根の顔であり、鬼瓦の出来不出来で屋根全体の印象がかわる。だから鬼瓦をつくるオニイタシは特別な訓練をつまないとなれなかった。また鬼瓦は大切にされ、屋根の葺き替えのとき、鬼瓦だけは焼きなおしすることがある。この焼きなおしは、瓦を焼いた窯でないといけないといった。それは地元の粘土を使った鬼瓦なら、自信をもって焼きなおしができる意味でもある。同じようにみえる瓦も、気候風土や家づくりと対応し、地域ごとに違った。

一九九一年刊行の『木津町史』本文編（木津町、一九九一）に、木津町内の窯業の歴史を簡潔にまとめている。平城京造営のため鹿背山、梅谷、市坂のほか、近隣の井出町、加茂町・精華町に造瓦工房ができた。鹿背山では近世の三上家、近年までの浦田家に受け継がれる。鹿背山は焼物もさかんで、浦田家からほどちかい巾ケ谷や大木谷には奈良時代後期の須恵器窯跡が残っている。陶器の鹿背山焼は、江戸時代後期にははじまり、明治時代には大量の土瓶、土鍋が生産されていたとある。

長い伝統をもつ鹿背山の瓦づくりが消えようとしている。関西学園都市の開発で、鹿背山の集落まわりの丘陵地が住宅地にかわるからである。京瓦の中心地京都市の大佛や深草と同じである。瓦屋と周辺の村の人びととの交流、職人の暮らしや技術など南山城には瓦づくりの伝統があった。なかで職人の命ともいえる道具は、京都市内のヘラ屋とカタ屋で売っていたが、今はもう店がない。燻瓦の民家をよく見かける南山城でも、燻瓦の伝統は確実に薄れはじめている。

2　京の瓦づくり

伏見の瓦づくり

〔京瓦の伝統と浅田家〕　京都は一〇〇〇年の王城の地で、二〇〇〇ともいう寺院や伝統的な民家が甍《いらか》をならべる。

東山、稲荷山一帯は良質の粘土がとれ、古くから瓦づくりの先進地だった。それが淡路や三河の大産地で大量生産された瓦が、全国各地に運ばれるようになった。京都でも調査したときには、京瓦で知られた東山区今熊野に一軒、伏見区深草に二軒、明治になり今熊野の職人がはじめた右京区樫原に一軒、伏見区舞台町の浅田家をあわせ五軒になっていた。五軒とも手づくりで高い技術がいる鬼瓦を中心に、高級瓦づくりで大産地に対抗していた。浅田晶久氏(昭和二十三年生)によると、鬼瓦は本来家にあわせてつくった。大量生産の型でつくると、画一的な鬼瓦しかできず、いまも京都では旧来の鬼瓦を求めているという。

浅田家は京都の伝統にささえられ、都市にありながら浦田家より古い技法を伝えていた。浅田良治氏(大正六年生)のあとを晶久氏が継いで伝統を守ろうとしている。幸いにも二人の京瓦の職人から、道具を見ながら教えられた。

浅田家の本家は、亀岡市馬路の資産家だった。良治氏の父親徳太郎氏は、日露戦争から帰って伏見区紙子屋町に分家する。明治末ごろのことで、薬製造と瓦製造をはじめた。隣家は太閤時代からの瓦師という山田家(屋号瓦吉)で、その影響があったという。昭和三十五年、良治氏の代になって舞台町にかわる。

徳三郎氏は瓦職人の技術をみて、一通りの仕事を覚えた。良治氏が、本格的に瓦づくりをはじめたのは三十一歳のときで、見覚えで技術を受け継いだ。徳三郎氏は少しずつ事業を拡大したため、経済的には安定しなかった。安定したのは大きな台風がきて、在庫の瓦が売れてからだった。瓦屋は台風と因縁が深く、台風がくるとよろこんだ。少しでもキズがあると瓦は売れない。台風のあとは瓦が不足し、キズがあっても飛ぶように売れた。お客から求められ、自宅の瓦をはがして売ったこともあった。

〔瓦職人の分化〕　伏見区深草は京都の瓦師で一番ふるく、平安時代からつづくという。今熊野は天正十四年（一五八六）の秀吉の大仏殿建立のため瓦工をおいた。のちには普通の瓦もつくる。『京都坊目誌下京坤』に粘土が豊富で、職人が多く、大仏瓦や京瓦とよばれたとある。ともに京に近いため瓦づくりがさかんとなり、瓦の種類が多く、瓦づくりも分業化に向かった。

良治氏によると、瓦職人は、カワラシ、オニイタシ、マドシ、ドウグシ、ナミシ、ツチウチシ、カマタキ、ツチヤの八種類にわかれた。カワラシは親方のことで、瓦づくりが一通りでき、屋根葺師を指導する見識も必要だった。鬼瓦をつくるオニイタシと天窓をつくるマドシは、最高の技術が必要だった。ことにマドシは、失敗がつきものだった。ドウグシは、ヤクモン、ケラバなどの道具瓦と、地瓦のミガキモンを専門にした。ナミシは簡単な磨瓦や道具瓦でも磨きのかからない並唐草などをつくる。ツチウチシは粘土の下ごしらえ、カマタキはダルマ窯を焚いた。ツチヤはツチトリ専門で、一年ほど放置してすぐに使える粘土を瓦屋に供給した。

瓦職人の仕事着はコンパッチで、筒袖のハンテンを着てゾウリをはいた。カワラシは格式を重んじ、外出のときは白足袋に羽織を着た。瓦職人は大工と同じ聖徳太子を祀り、樫原では毎月二十二日が太子講だった。聖徳太子が瓦製造技術は伝えたので祀るのだという。

〔京瓦のツチ〕　京瓦に使うツチ（粘土）は、作業場の近くでとった。つまり粘土のあるところに窯を築いた。

今熊野の粘土は最上等で、耐火度が高く、粘りがあり、焼き上がると黒光りするオンツチだった。深草、樫原の粘土はヒメハダで、美しくてやわらかく、焼き上がると白光りするメンツチだった。向日市物集女《もずめ》、伏見区小栗栖、地蔵山の粘土も使った。

京都周辺が宅地造成で粘土がとれなくなり、亀岡市や多治見市から運ぶようになった。粘土代より運送代が高くつくようになった。ツチトリバがなくなり、京瓦の衰退に拍車がかかった。地元の粘土は、ブチキリ（鍬）で粘土層から削りとる。そのあとフゴで運んで、山のように積んだ。今はユンボで粘土をとるため、よい粘土だけをとれなくなった。粘土がわるいので高級瓦をつくるのがむずかしくなった。

最上級のホンウス瓦のツチは、棚積したツチを石臼で搗き、篩《ふるい》で砂気をとり、フロで水にひたし、上澄みの細かい粘土だけをとり、乾燥させてから使うという念の入れ方だった。ホンウス瓦ほど上等でなくても、ツチにまざる石は瓦のひび割れの原因になる。タタラトリやミガキの途中で石がまざらないよう注意して、石を見つけるとそのつど取り除いた。

良治氏によると、石にはイキイシ（生石）とシニイシ（死石）がある。生石は、熱ではぜて割れる原因になった。生石は道路や川原に落ちている石、死石は花崗岩の風化した石をいった。

山で粘土を棚積みすることを、クサラスといった。クサラスと粘土のクセがなくなった。粘土は三種類以上まぜるとよいといった。まぜあわせると、粘土のクセがなくなった。粘土を積んでおくと、冬は凍てて、夏は乾燥して粉々になる。そこに雨が降ると、粘土にまざる不純物が腐って流れる。粘土にクセがあると、乾燥の途中でひびが入ったり、道具瓦のツケモノがとれやすい。

〔京瓦の種類〕　京瓦は種類が多く、形状や大きさ、磨きぐあいなどでよび名が違う。地瓦（桟瓦）は、一坪に葺く瓦の枚数で、一〇〇・八〇・六四・五六版があった。一〇〇・八〇・六四版をまとめて小並とよんだ。小並は値段が同じだった。平瓦は、大形の六四版を大江戸、八〇版を小江戸とよんだ。作業場には、たくさんの各種木型がならび壮観だった。

ていねいに磨くにしたがって、ナミからダンダンミガキ、ホンミガキ、両面ミガキとよんだ。もっとも近年は、京都でも施主の見識が低下し、大量生産の瓦を無批判に使いはじめた。

道具と技術

〔地瓦は三工程〕　基本である地瓦の道具と技術を、浅田家での聞き取りから整理する。地瓦の製作工程は、浦田家と同じで大きく三つにわかれる（表５）。粘土と水とをあわせて練り、タタラに盛るまでの土練作業、タタラから切り取ったアラジを整形してシラジにする整形作業、ダルマ窯での焼成作業である。ツチウチシ、シタシ、カマタキが分業するのは南山城と同じである。

〔ミズアワセ〕　ツチウチシの最初の仕事は、ミズアワセ（ハコツメ）だった。ツチバからマドグワを使って粘土をハコに入れ、水をかけて素足でおさえながらなじませた。一ハコの粘土が、その日のタタラの量で、イチニン（一人役）とになっていた。ミズアワセは、前日の最後の仕事からはじまった。粘土と水をハコに入れ、一晩ウマス（なじます）した。この作業は約二時間でおわる。

〔マ　ル　メ〕　翌朝、ミズアワセした粘土を、マドグワで二分（約六ミリ）ぐらいの厚さに削り、丸く積み上げる。これをマルメという。削り鍬は、マドグワとヒラグワを使った。最初の荒削りにマドグワ、薄くなるとヒラグワと使いわける。鍬先は鉄で、形状も方形で似ているが、マドグワよりヒラグワは鍬先が長い。マドグワに三カ所窓穴があいている。粘土を削るとき七輪で鍬先を温め、粘土がつかないようにした。一〇回ぐらい削ると冷えるので、鍬は三、四本用意した。

粘土を直径四、五尺（一二〇～一五二センチ）、高さ二尺ほどの裁頭円錐形に盛る。再び削って足でツチをおさえ、空気を抜きながら同じように積み重ねる。マルメのとき粘土がやわらかいと、フリコ（粘土細粒）をまぜて調整する。夏は乾燥しやすいので少しやわらくした。磨瓦はマルメを一回増して、四回繰り返して練る。

〔ヒラウチ〕　マルメから、高さ一尺の長方形に足で踏み込みながら積むことをヒラウチという。長方形に積んだツチを七寸～一尺（二〇～三〇センチ）の間隔に足で踏んで谷をつくり、高くなった部分をブチキリで方形に切りとる。この一尺角ほどのツチの塊をクレという。切り取ったツチを表裏が反対になるよう一八〇度回転させ、タタラに盛り上げていく。磨きの場合はもう一度裏側から踏み込む。これをヒラウチという。ヒラウチまでで昼になる。

土練作業は重労働で、ツチウチシは朝・間食・昼・間食・夜の五回食べた。一日一升の白米を食べたので「ツチフミの一升飯」で通っていた。ツチウチシが働くツチバに、ゾウリなど履物をはいて入るとしかられた。履物について石が運ばれるからで、石は瓦づくりの大敵だった。

〔タタラモリ〕　タタラモリするフナバは、床に凹凸がないか気をつけた。少しでも凹凸があると、夕方凹部に土を入れて水を打った。翌朝には専用の木槌でたたいて、テンバナラシ（平らに）をした。夏は乾燥しすぎてひびが入らないよう、あらかじめ水を打つなど注意した。ただしタタラモリ直前の打ち水は、粘土がつくからと嫌がられた。

フナバに、オオビキとコビキをおいた。瓦の大きさにあわせて、フナバにオオビキを留める金棒を差し込む穴があいていた。六四版の地瓦なら、一尺一寸五分幅にあわせる。オオビキの一方はゴウギ（整形台の台）などを使って固定した。タタラの幅になるオオビキが設置できると、長さとなるコビキを設置する。

アラジ一枚分の長さを一ケンとよんだ。一ケンごとに印のついたケンザオで、六ケン分の長さを測り、両端で一寸五分（四～五センチ）余分をみてコビキの位置をきめる。浅田家の作業場は、瓦の作業場として建てたのではない。普通のフナバでは八ケン（八枚分）とるが、狭いので六ケンしかとれない。

〔オオビキ〕　コビキの設置がすんでクレを盛る前に、オオビキの針金が動かないよう足先でおさえながら、等間隔に針金の上に粘土をもって固定する。

クレ（約一〇貫）はムシロの上でおむすび状に形をととのえる。これをムシロウチという。ヒラウチでツチを積み重ねたとき、ツチに層ができて重なり部分に亀裂が入りやすい。ムシロウチの場合も層の断面を上に向けないようにして、表面に亀裂が入らないよう注意する。クレのおき方は人によって違うが、端から順に間隔をあけずにならべ、二段目はその谷間にならべていくのが一般的である。ツチの踏み込みは、足裏全体に体重をかけて外側にひねり出すようにする。片足で体をささえると踏み込む足に十分力が入らないので、高くなると棒を杖にしたりする。浅田家では、天井に棒をわたして、棒につかまりながら踏み込む方法をとっている。

一段は六、七寸で、二、三段でフミオロシをする。タタラの側面の余分なツチを足で真っすぐ踏み下ろすことである。タタラの幅の調整と、端のツチをひきしめるためで、このときカザアナ（気泡）をつくらないよう注意した。

タタラの高さは、瓦五〇枚分ときまっている。高く盛りすぎるとツチの重さでタタラが下膨れになり、亀裂が入る。亀裂はサバといい、亀裂が入ることをサバイクといった。地瓦の六四版は厚さが五分八厘で、五〇枚分に床土二寸（六センチ）、上に一～二寸の余裕をもたせると全体で三尺二、三寸の高さになる。タタラの高さは、腰の高さが限度だという。

タタラを盛りおわると、手で形をととのえ、コビキを垂直に引き上げて短辺を切る。コビキは目分量だが、オオビキは定規をあてる。まず、サゲフリをオオビキの真上におろし、印をつける。タタラの両端の印にあわせて定規をあて、棒でたたいて固定する。この棒には一ケンの印があり、印にあわせて向かい側にも定規を固定する。さらに定規が動かないよう定規の上を粘土でおさえる。オオビキと定規にあわせて、縦に別の定規をあて、オオビキを上にあげて長辺を切っていく。切り口は手でなでてしめる。

タタラの四周を規格どおりに切りおわると、ケンザオで六ケンの区画をとる。その印にあわせてサゲフリを下し、セミで垂直を引く。次に鋸歯状に歯のついたケツメをあて印をつける。ここまでがツチウチシの仕事で、タタラモリには三〜四時間かかる。ツチウチシがメツケまでするのは、一日の仕事をアラジの枚数できまっていたからである。

浅田家に、明治三十九年五月改正の大佛竈元組合中の申し合わせがある。イチニンが「土打之部」に並土五六版（厚さ六分五厘）で二五〇枚、並土六四版（厚さ五分八厘）で四二四枚、並土小並（厚さ五分）が五四〇枚とある。イチニンを枚数で計るのは、シタシも同じだった。磨きは手間がかかるだけ手間賃が高く、並みの一、五倍になる。

〔タタラトリ〕　タタラトリ（アラジトリ）からシタシの仕事になる。アラジは瓦一枚分の粘土版である。タタラトリで瓦一枚分の厚さを測るには、セミとコマを使う二つの方法がある。一つは、メツケの印にあわせてセミを刺し、その上に定規をあてコビキで両側から後ずさりしながら切る。もう一つはコマ（アラジ一枚分の厚さの木片）を積み重ねた上に定規をおき、コビキで切るたびに一枚ずつコマを取り下げていく方法である。浅田家はコマを使う。セミは定規の重さでセミが下がり、くるいやすい。ことに新米のうちはコビキに力が入ってぶれやすい。ただし、コマはくるいは少ないが、高く積むと崩れやすい。そこでコマの台を工夫した。コマの台はコマの太さの角柱に釘を二本打ち込んだもので、釘をツチに刺し込んで固定する。コマの台は使う高さによって長短四種類ある。コマは紛失しないよう、一二〇個入りの木箱に入れた。

二〇段（二〇枚の厚さ）ほど切り下がると、定規をあててタタラを縦に切る。途中でアラジトリするのは、下まで下がると自重とツチがついて、アラジがとれなくなるからである。アラジは手でフリコをふりかけてからアラガタに移す。フリコのかかった面を下にして、アラガタにアラジがつかないようにする。アラジは四枚重ねてアラガタにとり、ツチバに立てて陰干しする。四枚以上だと形がくるう。偶数なのは、あとで外に干すとき互いにもたせかけるためである。アラジは片手ではぐり、他方の手を下に差し入れ、両手ではさむようにしてアラガタに移し、ナデイタで

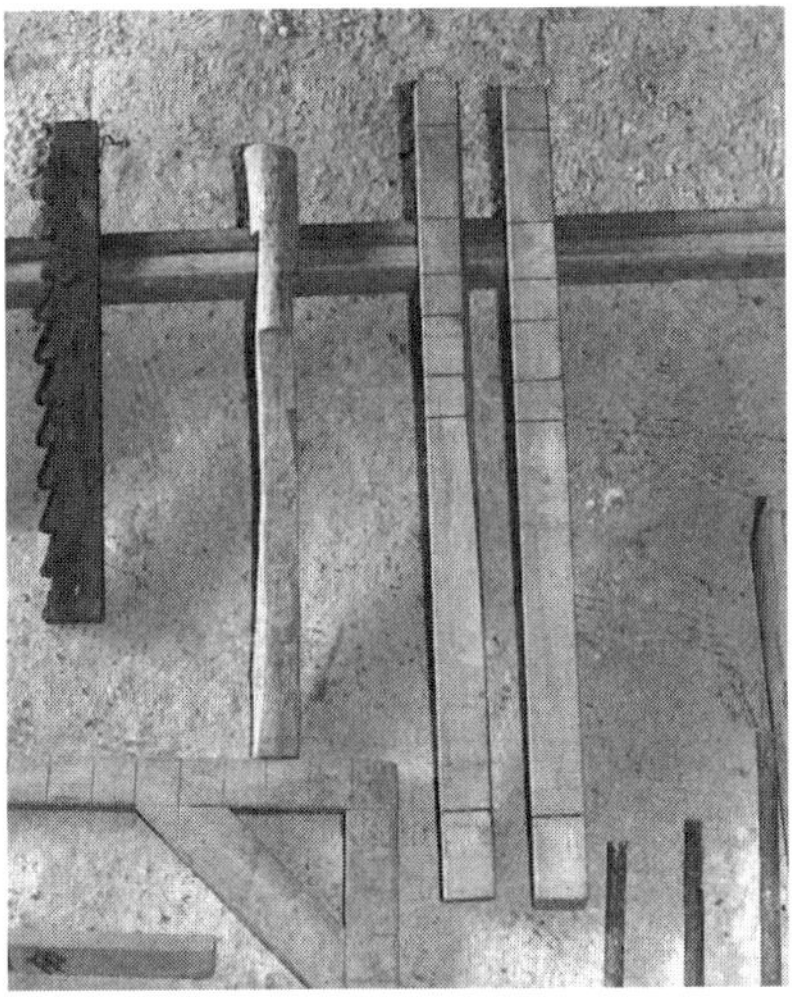

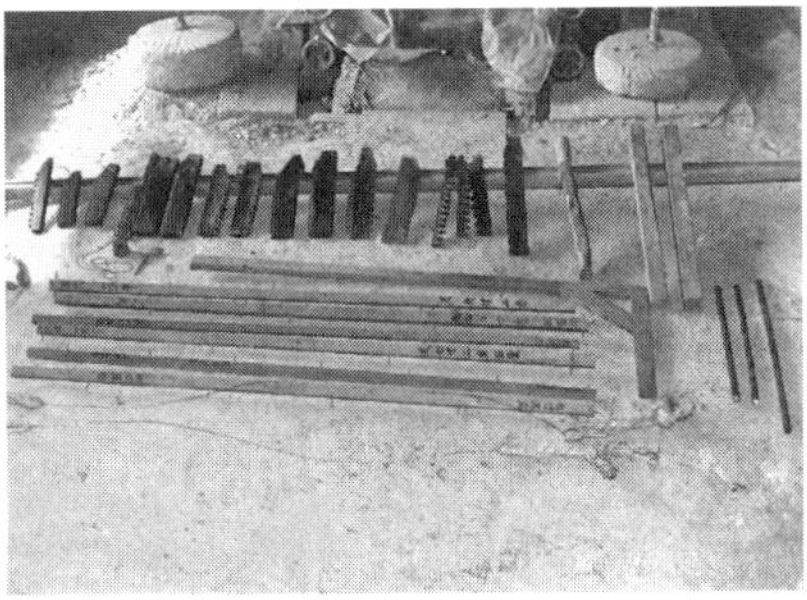

写真72　タタラモリの用具
前列：コビキ　中列左：定規　右：鉄棒　後列左：メッケ　右：ボーと定規

写真73　定規とたたき棒兼用のボー

写真75　タタラモリ前に、オオビキの設置
（以下、写真84まで中村隆氏提供）

写真74　浅田製瓦店の仕事場

写真77　オオビキに粘土をおく

写真76　タタラモリ前に、コビキの位置をケンザオできめる

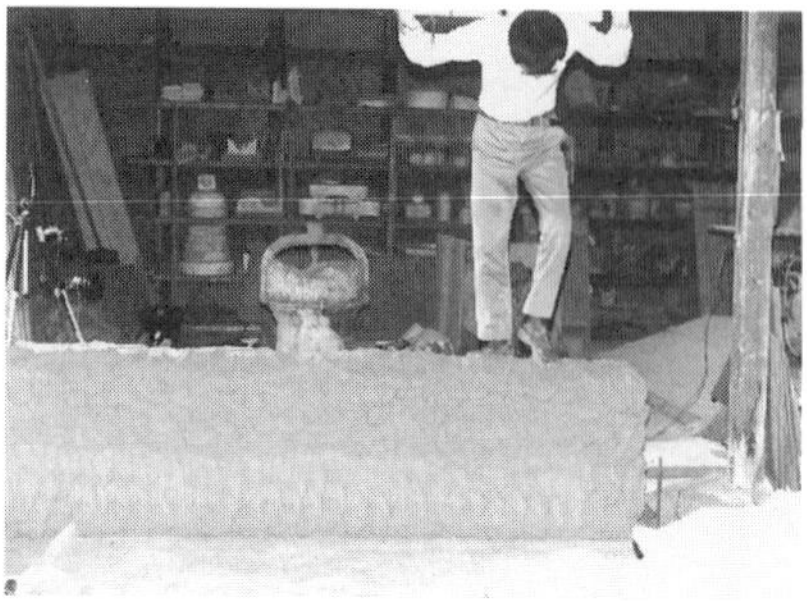

写真79　梁にわたした棒にぶらさがり、粘土を踏み込みながらタタラを盛る

写真78　ムシロウチ

写真81　タタラトリのため、定規をセミで固定する

写真80　フリサゲをたらして垂直をみる

写真82　コマと木箱

写真83　アラジトリで、アラガタにのせる

写真84　アラジを、ナデイタでなでる

一枚ごとになでておく。

　夏場なら一、二日で、朝出して、昼に裏返して、夕方とり入れる。冬場は三、四日で、ツチバで干したあと外で干す。冬場は凍てるので、朝は九時と遅く、夕方は早く三時までには入れる。干したあとコモで囲って一週間ほどうます。このとき乾きすぎるようだと水箒で水をかける。

　〔ジガワラキリ〕　アラジを瓦の形にととのえる作業である。木型に乗せたアラジを、タタキイタでたたいて、オオガマで切りそろえる。タタキイタで凹部は一、二回、凸部はその倍ほどたたく。凸部は瓦を葺くとき重なりあうため、重なりがよいように多くたたいて薄くした。

　オオガマは木型の下からあてがい、型にあわせて四周を手前に切る。桟瓦の隅の切れ込みはオオガマの背の部分で押すようにして切る。オオガマの背は直線で刃がつく。切りおわるとタタキイタで四周をととのえ、オオガマの背を水鉢につけ、その水をアラジにふりかけてから、オオガマの背の部分でカマナデし、そのあとナデイタでなで、水にしめらせたシキガワ（鹿皮）でなでてととのえる。このあと、焼成時の瓦の反りを矯正するため、あらかじめタメシ（反り）をつけ、ナミ瓦は外での乾燥に移る。

　磨きには、ダンダン磨き、本磨き、両面磨きがある。ナミ瓦を再び重ねあわせて立てかけ、一日おいてから磨きにかかる。ダンダン磨きは、タタキイタでたたいたあとコテで磨く。本磨きは、コテとヘラで表面と四周を磨く。両面磨きは、さらに裏面もコテ磨きする。磨きはツチウチの段階でも差があり、磨きはマルメを一回多くし、ヒラウチもウラウチもおこなう。両面磨きとなるヒラウチはウラウチをさらにもう一度繰り返し、念を入れる。

乾燥は、地面に直接おいて干し、形がくるわない程度に乾燥したらタテカケに干す。夏だと、地面に一、二日、タテカケで一日、冬場は地面に三、四日、タテカケで二日が目安である。夏の直接日光にあたるとひび割れの原因になるので、稲藁を上にかけた。ミガキが少ないほど、日光にあたると割れやすかった。干し上がったシラジが一窯分まとまると焼成に移った。

さて、焼成の前に、シタシの使う道具についてふれておきたい。アラジ型、切り型、磨き型、裏磨き型のうち、磨き型は四周を磨きやすいように切り型より小さ目につくる。ただし、切り型で兼用することが多い。また、同じ地瓦でも軒瓦の型は谷の部分が浅くなっている。軒瓦は横に倒して焼くため曲がりやすく、一分～一分五厘（三～四・五ミリ）ほど浅くする。木型をつくるカタヤは、東山に「型徳」があった。太秦にも一〇年ほど前まで篠原店があり、そこが最後のカタヤだった。型の材料は、かたくてくるいが少ない尾州ヒノキをよく使った。木型の四周には、オオガマのすべりがよいように桐材を使った。ナデイタやタタキイタは、瓦の大きさにあわせてつくった。ナデイタは六四版で、長さが五～六寸、厚さが二、三分のヒノキ板を使う。杉などはやわらかすぎて、傷みやすかった。ナデイタは角がたっていないと磨けないので、たびたびカンナをかけた。ナデイタを削るカンナは、刃の中央部だけ片減りしていた。

タタキイタの長さも瓦にあわせる。タタキイタの先の部分が一尺の六四版では一尺二寸、一尺二寸の五六版だと尺三寸五分ぐらいにした。材もナミの段階ではヒノキで、ミガキ前の仕上段階では桜材の薄いタタキイタを使う。タタキイタは普通片面が平坦で瓦の凸部をたたくヒラウチ用、もう一方は中央が丸く突き出した瓦の凹部をたたくタニウチ用となっている。タタキイタは、自分にあったものを自分でつくったり、カタヤが木型のなおしに来たときつくらせることもあった。

ヘラやコテは、専門のヘラヤがあった。昭和十年ころまでは「ヘラ京」、近年まで「義清」というヘラヤが東山にあった。ことに「ヘラ京」は品質がよくて有名だった。京都以外では、三〇年ほど前まで伊勢から商標「久」が売りにきた。京ヘラは高いので、伊勢ベラもよく使った。

〔ダルマ窯〕　浅田家はガス窯を使うが、三年前まではダルマ窯で薪を使って瓦を焼いていた。ダルマ窯は一五年前に、良治氏と晶久氏の二人で一カ月かけてつくった。材料は瓦一六五〇枚、耐火レンガ五〇〇個、荒土が二トントラック二〇台、スサ（稲藁）多量と膨大な量だった。それまで使っていたダルマ窯の焼土も残らず使った。焼土は火に強いので、くだいて荒土にまぜて使った。

「ダルマ窯二〇〇窯」といい、二〇〇回の焼成に使えた。それ以上使うと窯にひびが入り、密封しても空気が入り、いぶし銀が白く変色する。浅田家は、年間二〇窯は焚き、限界はすぎていた。直接火があたるところにだけ耐火レンガを使い、あとは瓦を使った。瓦を使うと窯の温度が下がりやすかった。耐火レンガだけだと三日たっても、熱くて瓦を取り出せなかったという。

浅田家のダルマ窯は六四版の地瓦で六五〇枚焼けた。ほかの窯に比べて焼成室の上方を広げ、天窓用の大瓦を上方にならべて焼いた。ダルマ窯の上方が広いので、崩れないように鉄筋を入れて補強した。こうした工夫は燃焼室から焼成室に通じる火の通路にも見られ、火が上がってくる谷の幅を中央より端にいくにしたがって広く、焼成室の温度がどこでも一定になるよう配慮した。ダルマ窯は、カマタキが自分で焚きやすいように工夫して築いた。

〔焼　成〕　焼成は、浅田家のダルマ窯の焼成を記録した中村隆氏の「だるま窯に関する研究」（中村隆『昭和五七年度内地留学研修報告　だるま窯に関する研究』私家版）を要約する。昭和五十八年一月三十一日から、二月五日までの六日間の焼成工程と窯内温度を記録している。

浅田家のダルマ窯は地瓦を四段五列に積み、下から「地」「腰」「三段目」「四段目」とよびわける。よく焼けるのは「地」と「腰」で、上は焼けにくかった。ことに瓦を出し入れする出入口や窓口付近は不良品が多かった。そのため淡路からシラジを買ってきて焼くこともあった。五列の中央の列を「ドシン」、端にいくにつれ「シン」「ハダ」とよぶ。窯詰めは「ハダ」から中央にならべていき、「地」から上段へと積み上げる。

窯詰めの用具として、「サエグサ」「ツツミ」「チキリ」がある。サエグサは上下の瓦がつかないように、シラジの下敷にする瓦製の棒である。ツツミとチキリは、ならべたシラジが互いにつかないよう二個ずつあいだにつめる。鼓状のツツミは曲面と曲面が向かいあうとき、チキリは同方向にならべたとき、あいだに入れる。

道具瓦は、屋根に葺いたとき目につくので、焼成条件のよい場所にならべて焼いた。いぶし瓦特有の深みのあるいぶし銀を出すには、「腰」の燃焼室に近い、火前部分がよいという。

写真85　ダルマ窯の中の焼成前の瓦（中村隆氏提供）

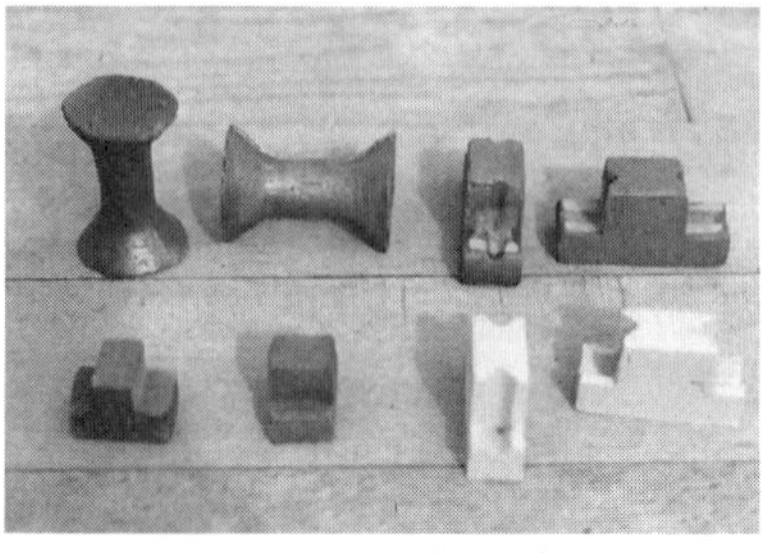

写真86　瓦の間に詰めるツツミ（左）とサエグサ（右）（中村隆氏提供）

写真87　ダルマ窯のあぶり（中村隆氏提供）

写真88　ダルマ窯に、ゴミで松割木を入れる（中村隆氏提供）

写真89　ダルマ窯の焚口をあける（中村隆氏提供）

写真90　ダルマ窯からカナマタで瓦をだす（中村隆氏提供）

窯積めがおわると、出入口と窓口の一部を煙出し穴に残し、どろ止めする。どろ止めの土に前回使ったどろ止めの土をまぜるのは、ダルマ窯をつくるとき古土をまぜるのと同じ理由である。

焼成は大きく五区分で、「あぶり」「本焚」「谷うち」「流し」「込み」の順である。

あぶりの準備として、焼成室に前回残っていた消炭を敷き、焚木七束を燃焼室がいっぱいになるまでつめる。着火後焚口に瓦を立てかけ、空気穴を狭くする。あぶりはゆっくり温度を上げなければならないからである。あぶりは約九時間焚き、三〇〇度〜三六〇度まで、温度を徐々に上げる。

本焚には、焚木を片方で四〇束、合計八〇束燃す。本焚に使う焚木は二週間以上乾燥させ、二束重ねて燃やす。焚木を入れる速度は、内が高温になるほど早くする。煙道を少しずつ広げて、焚木の燃焼をたすける。一〇束目からは、焚木を両面から斜に入れ、窯全体に炎がいきわたるようにする。二〇束目を入れてしばらくしてから谷打ちする。谷打ちは、燃焼室の両端に焚木を投げ入れることで、炎の交流をはかる。このとき焼成室は、七四〇度〜七五〇度の高温になっている。

次は流しで、一時間焚木を入れるのをやめ、窯内部の熱を上部へ移動させて内部の温度を均一にする。一回目の流しのあと燃焼室の炭火を両端に寄せ、炭の谷打ちをおこなう。四回流しを繰り返し、その間煙道を狭くして、熱の放散を防ぐ。四〇束が焚きおわると次に松割木を投入する。松割木は温度を持続するのによい。ここまでで、焼成はおわる。本焚をはじめて約一五時間経過している。

込みは、両側から同時に一〇束ずつ松割木を入れ、すぐ焚口を密閉する。つづいて煙道を土で塞ぎ「ふかし穴」だけを残す。このとき窯にひび割れがあれば土で止めておく。放置しておくと、窯が冷えていぶし銀が白く変色する。次にふかし穴を塞いで密閉する。あとは窯出しをまつばかりである。

密閉から三日後の朝窯出しである。焚口をひらいて水をかけ、まず炭出しする。炭をエブリで出すときの音が金属音なら焼き上がりもよい。次に戸口、窓戸口をあけ、熱気を抜いて瓦を取り出す。近くの瓦は二つ折りしたゾウリでつかみ出し、遠くの瓦はカナマタは使う。窯出しした瓦は、検査したあと荷づくりする。一窯で約一割の不良品がでる。

以上が、浅田家が手づくり瓦を、ダルマ窯で焼いていた当時のあらましである。なお、ガス窯は高温のため瓦の縮小率が大きくなった。むかしの木型にハギ（桐板）をとりつけて大きく改良した。アラジの縮小率を、ダルマ窯では六分、ガス窯では一割一分みないといけない。

絵画資料に見る瓦づくり

職人技術は、一度話を聞いただけでは要領を得ない。全体の作業を一通り見おわってからか、あるいは基本的な知

図29　『日本山海名所図会』大坂瓦屋町瓦師の挿絵

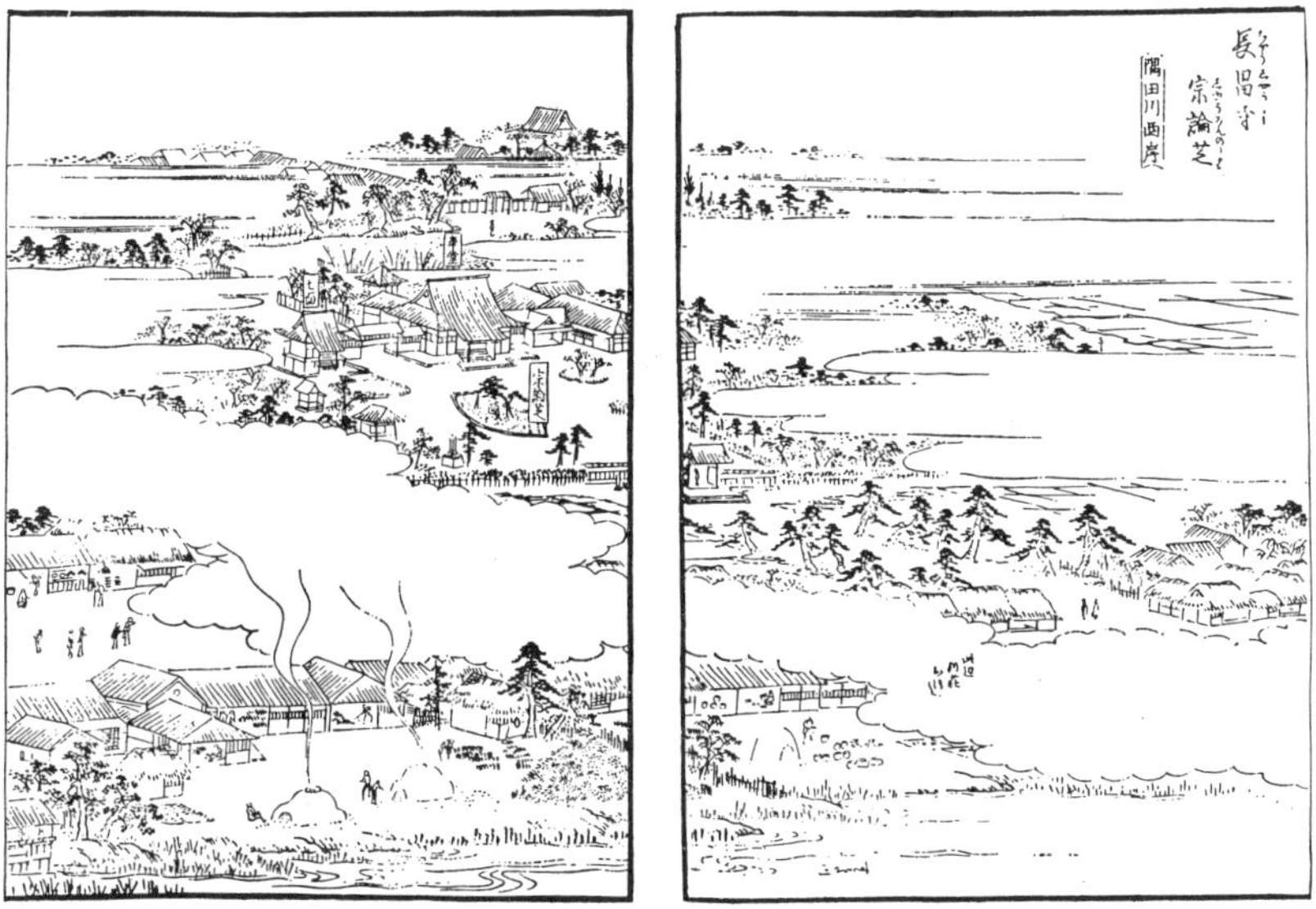

図30　『江戸名所図会』巻之６。隅田川西岸長昌寺の挿絵

②

①

④

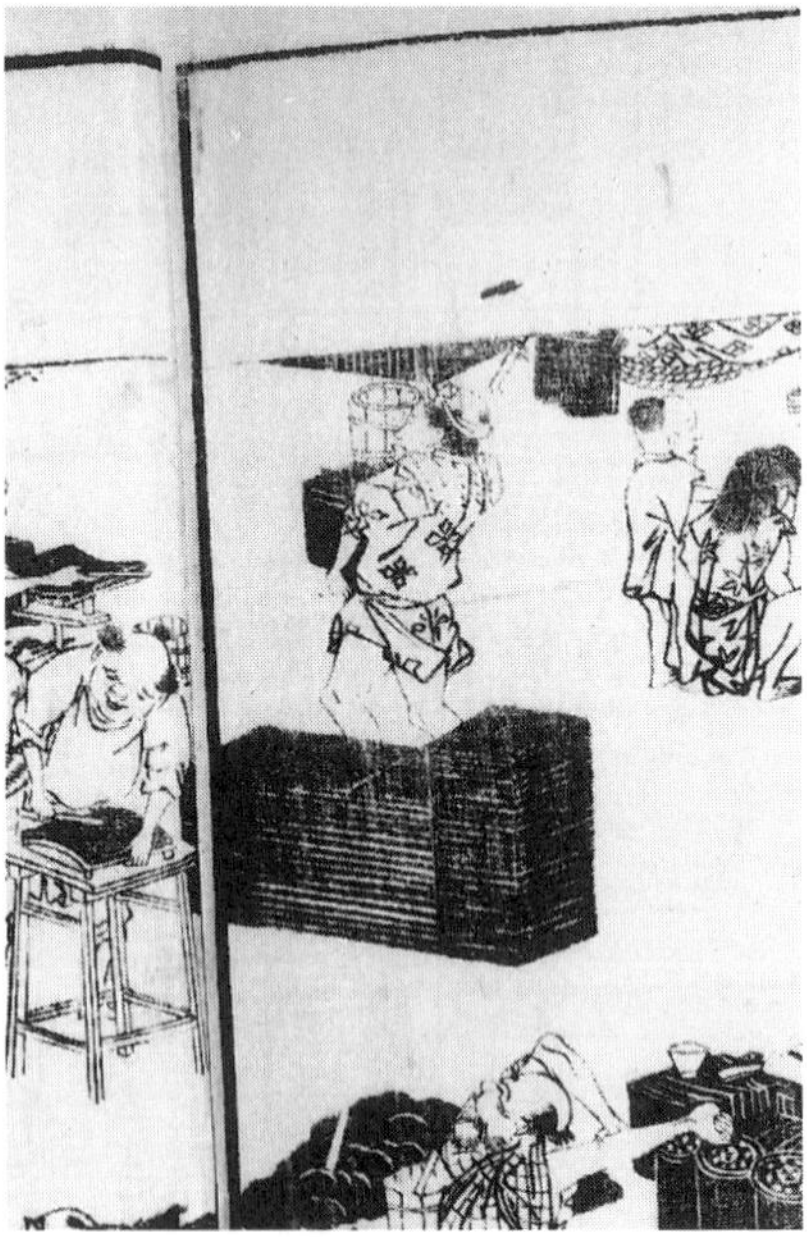

③

⑤

⑥

図31　『江戸名所図会』巻之６
①中之郷の瓦師の挿絵　②ツチウチ　③アラジを運ぶ　④型に合わせてきる　⑤ヘラ磨き　⑥道具瓦をつくる　⑦瓦をほす　⑧シラジと鉢状用具　⑨ダルマ窯の前に「コミ」に焚く松葉

識を文献などによって得てから聞くのが手順である。手づくり瓦は作業工程が長く、多くは機械にかわっているだけに、観察で知識を得ることはむずかしい。しかも瓦づくりの文献はなきに等しい。したがって、わたしの思い違いによるあやまりをもっともおそれた。製瓦民具を断片まで収集し、整理したのは、民具を糸口にして技術工程を詳細に聞き出し、あいまいな部分をなくそうとしたのである。こうして少しずつ頭のなかにイメージができた段階で、資料性の高い二つのすぐれた絵画資料の検討をした。

宝暦四年（一七五四）刊『日本山海名物図会』の著者平瀬徹斎は、物産家（経済・地理学者に準ず）で、日本各地の風土のなかで生まれた物産やその製法をくわしく紹介する。その巻之三「大坂瓦町瓦部（大阪市東区瓦町）」に次の解説がある。

大坂東高津・西高津（大阪市天王寺区）の地、青土にて性よし。瓦にやきて色うつくしくつよし。古へ、仁徳天皇

⑦

⑧

⑨

の旧都にて、高きやにのほりて見ればけぶりたつ民のかまどは賑はひにけりとよませたまふ古跡にて、今も瓦やの煙たえず賑はし。聖徳太子天王寺建立の時も、この地の土をとらせて瓦となさしめたまふとなり。この所の瓦、日本最上にて、諸国の城館にも皆この瓦を用ひらる。

この挿絵は、右方が丸平瓦の素地づくりで、タタキイタでたたきしめ、ヘラで磨く様子を描いている。左方はダルマ窯で、出入口の前に立ち瓦を出し入れしている。挿絵を描いた長谷川光信は、絵のおもしろさより写実性を追求していて、その意図は人物や用具の簡潔な表現によくあらわれている。

天保七年（一八三六）刊の『江戸名所図会』は、瓦づくりの絵画資料としてすぐれている。中之郷あたり（東京都墨田区本所）に多かった瓦師の作業風景を俯瞰《ふかん》する。民具が正確で、職人の表情もいきいきとしている。挿絵は長谷川雪旦で、名所図会中の白眉とされるのは、実地検証にもとづく絵師の姿勢による。以下、作業工程順にみていく。

②左下で鍬を手に褌《ふんどし》一つで働くのはツチウチシで、ツチウチ作業がいかに重労働であるか一目瞭然である。桶のなかには鍬の予備が入っているのであろう。

③中央やや上方にタタラが盛ってあり、すでにコビキで一枚ごとに切り分けられている。下まで一度に切りおろすことはなく、これは絵師の思い違いであろう。タタラのすぐ背後をアラジを手に持ち運ぶのはシタシで、アラジを相当の厚さで重ね持っている。一度に荒型に乗せて運ぶ量はかぎられていて、少々多すぎるように思える。

④左方、中ほどで煙管をくわえる人物の木型の下に粘土の断片が落ちている。ここでアラジの周囲を木型にあわせて切っているのであろう。オオガマは見られず、ヘラ状のものを手にしている。左下の小さな桶は、オオガマやシキガワなどを漏らす水鉢で、京都ではみな瓦を焼いてつくる。背後の細長い箱は道具箱であろう。木型は今も浅田家で使っているのと同じである。背後の棚の上に乗るのはタタラに使う定規類であろう。

⑤中央に立ち、磨き台の上でヘラを使い瓦を磨いている。浅田家でも磨きは立って作業台の上でおこなう。その背

後に座っている人物は③の人物と同じ作業をしている。

⑥中央で三人ならんで座している人びとには、軒丸瓦などの道具瓦をつくる、道具師であろう。

⑦屋外では左端にタテカケがあり、シラジを干している。そのすぐ右側には、瓦を互にもたせかけあって干している。葦簀《よしず》は瓦に直射日光があたらなくするためのものであろう。

⑧人物をおいて右側は、桶の上に摺鉢状のものがおいているが、意味不明。

⑨中央下の人物は、ダルマ窯から上る煙を見て焼き具合をはかっているところで、左右の松はいぶしのために用意された「込み」のための燃料であろう。前には戸口などを塞ぐどろ止め用の土が用意されている。

詳細にみると、技法や用具に不明瞭な点があが、工程にそって丹念に描き、学術的な価値も高い。職人の一人ひとりの表情が豊かで、絵画としての魅力にもあふれている。

追　記

平成三年（一九九一年）三月発行の「平瓦製作法の変遷　近世造瓦技術成立の前提」の抜き刷りを、奈良国立文化財研究所の上原真人氏からいただいた。先行研究の多い考古学の造瓦研究をふまえたうえで、近世造瓦技術を民俗資料や絵画資料、文献資料を援用しながら位置づけた労作である。なかで民俗資料や絵画資料などの先行研究として、わたしの二つの報告のほか、埼玉県立民俗文化センターや今泉潔、関口広次などの論文を紹介してる。多くの調査が一九八〇年代に集中し、職人技術の衰退が調査研究に向かわせたことがわかる。

参考文献

上原真人「平瓦製作法の変遷　近世造瓦技術成立の前提」『播磨考古学論叢』一九九〇。
埼玉県立民俗文化センター『埼玉のかわら』一九八六。

今泉潔「絵画にみる瓦作り」『フィールドノート』五、　一九八三。
今泉潔「栃木桟瓦の造瓦器具と製作技術」『物質文化』四二、一九八四。
関口広次「墨田川沿岸の窯業」『古文化叢書』二〇、一九八八。
宮崎博「近世における本瓦の製作技術について」『貝塚』二五、一九八〇。

Ⅳ　民具の読みかた

一　明治農具絵図を読む

畿内民具へのアプローチ

京都府立山城郷土資料館は、京都市以南の南山城がフィールドだった。京都府には府立資料館が三館あり、北部は府立丹後郷土資料館、市内は府立総合資料館、南部は山城資料館とすみわけていた。博物館は、設立時の基本理念にもとづいて運営されることが多い。常設展図録『南山城の歴史と文化』などを読むと、文化財の保護と活用の拠点というのが理念だった。その範囲内であれば、学芸員の意思を尊重すると読めた。とはいえ南山城の地域性を考慮した上での活動ということになる。

南山城は、日本の歴史のなかで常に注目されてきた地域だった。たとえば古墳前期の椿井大塚山古墳、飛鳥時代の高麗寺、一時的にせよ恭仁京には都もあった。王朝時代には平等院や当尾《とうのお》の浄瑠璃寺もつくられる。中世には山城国一揆の舞台となった。奈良と京都の二つの都のあいだの南山城ならではの歴史と文化である。近世には商都大坂とも木津川や宇治川を通じて結ばれていた。南山城は畿内の中央にあり、日本でもっとも都市や上層文化とかかわりつづけてきた地域だった。ただし山城資料館でのわたしは、生業や衣食住などのモノや技術に関心があった。南山城での生業や衣食住の先行調査は、福田栄治氏（府立総合資料館）の京都市近郊の調査しかなかった（福田栄治『京都の民俗誌』

文化出版局、一九八七）。

わたしが山城資料館に勤めはじめたとき、小谷方明氏が『大阪の民具・民俗志』を出版した。近畿民具学会会長の小谷氏は、地元の堺や大阪の民具から「流通民具」という、次のような新しい概念を提唱した。自らつくり用いるものを自給民具、つくられたものを買って用いるものを流通民具とし、これまでの民具研究は、自給民具にかたよっている。たとえば鉄製品や陶磁器は早くから流通民具として、生活のなかで大きな役割をはたした。また奈良・大阪・京都の三都に近い農山村は、近世から商品的農業がさかんで、流通民具が重要な役割をはたしてきた。一九四六年に堺市の自宅を調べたが自給民具はなかった。そして自給民具と比較して流通民具の特色を三つあげた。

一つは、流通民具は、商品として売るため、規格の画一化、素材や技術の洗練、構造や意匠を工夫した。商品としてのひろがりが文化を向上させ、一方で画一化をもたらした。

二つは、流通民具は、生産者（製作地）と使用者（使用地）が違う。自給民具は一致するため、地域の自然や伝統的生活がわかる。流通民具は、各時代の社会や経済的状況がわかる。

三つは、流通民具が発達した畿内は、地方より変化が早い。流通が発達し、早く換金作物や新作物をとりいれる。変化をとらえるのに、流通民具は適している。

なかで、一についてはは大坂の唐箕を例に次のように書いている。大坂は商業・加工都市で、全国から原材料が移入し、商品として送り出される。その流通は大坂商人が掌握し、大坂の職人が専門化したすぐれた技術でつくる。大坂農人橋の農具屋京屋がつくった唐箕は京屋型とよばれる。西日本では京屋型かその類似品が多く、東日本は各地域バラバラで多種多様である。この違いは大坂の農具商の商品流通への強い影響が予想される。そして大坂周辺は商品作物地帯で、先進的な農業経営がおこなわれた。その豊かな経済力を背景に、よい材料で洗練した技ですぐれた機能の流通農具を生み出した。

図32　足桶をはいて大根を洗う図
（『農具便利論』）

写真91　宇治市大久保のナンバ。なかに藁をしくので暖かい

小谷氏が流通民具により「村の民具研究」に「都市の民具研究」さらには「村と都市をむすぶ民具研究」を持ち込んだ。

民具学をはじめた渋沢敬三が「手作り」にこだわり、民具研究者の多くがよりふるい生活の解明に関心があった。南山城は大坂近郊とくらべても、より複合的な三都とのつながりがある。流通民具の視点は、南山城の民俗を考えるとき重要だった。ことに民具をみるときは、いつも三都との交流に気をつけるようにした。

『農具便利論』の世界

畿内農具の特色は、文政五年（一八二二）刊の『農具便利論』にみられる。著者の大蔵永常は、畿内では用途にあった農具を使い、時間や労力を能率的に使う。野菜の種播きに使う鍬は、慣れると一種類で不便はない。ただし地味や種類ごとに鍬の種類をかえると、作業がはかどり作物もよくできる。長い目でみると、大きな利益につながるという。農具から畿内の人びとの合理主義的な考え方を読みとっている。

堀尾尚志は『農具便利論』の解説のなかで、近世中期以降、畿内では複雑な輪作システムにより土地の利用率が上がる。そのため労力が不足し、省力化のため農具が発達する。それは勤勉至上主義から、労働生産性重視への意識変化だった。畿内以外では、そうした意識変化が起こらず、省力化のための農具が発達しなかったという（大蔵永常「農具便利論」『日本農書全集十五巻』飯

写真93　唐箕に所有者が書いた銘文。代金まで記入されている（山城資料館蔵）

写真92　大坂農人橋二丁目製作の唐箕（山城資料館蔵）

写真95　写真94の底の銘文

写真94　宇治市大久保の茶樽（山城資料館蔵）

写真96　上狛の輸出向けの茶櫃（山城資料館蔵）

沼二郎解題校注、農山漁村文化協会、一九七七)。

南山城の農家には、いろんな種類の農具が残っていた。木津川沿いの商品作物地域でとくに種類が多かった。効率的で省力化のため農具が発達し、近代になっても継承されていた。さらに鋤や人力犂《すき》などの民具が残り、その一部はいまも使われていた。風土にあった農具や技術は、時代をこえて継承されるのである。ただし農具全体の歴史像を考えるのに、『農具便利論』にみられる京都の農具は鍬や鋤など一部にすぎないし、聞き取りではすでに限界がある。

たとえば一九七九年と一九八〇年に、日本常民文化研究所で紀年銘民具の全国調査をおこなった。民具には、製作者と使用者、購入月日を書くことがある。朝岡康二氏は、製作者が紀銘する伝統は工芸的製品にはじまる。トレードマーク(登録商標)と同じで、製造者を明確にしてモノの価値や商業的信用をえた。千刃扱では鉄の穂にタガネで製作地・製作者・製作年などを刻む。使用者は購入日に「吉日」と墨書することが多く、商品購入時のハレの心情や長く使えることを祈念した。農具への紀銘は唐箕や千石、万石など、高価な耐久消費財に多いとある(朝岡康二「東日本の千刃扱き—その産地と伝播」『紀年銘(年号のある)民具・農具調査』日本常民文化研究所、一九八〇)。

紀年銘民具とあわせ、明治時代の農具絵図も注目されていた(木下忠『日本農耕技術の起源と伝統』雄山閣、一九八五)。京都府については『山城丹波農具ノ図』という明治農具絵図が、愛知県西尾市岩瀬文庫に残っている。ほとんどが宇治市小倉と広野地域の農具と製茶具を描いていた。

そんな農具絵図の話を城陽市史編纂室の大畑忠氏に話した。大畑氏は、城陽市内の区有文書の調査で、農具を描いた明治の絵図があったという。宇治市歴史資料館の坂本博氏も、宇治市内に明治の製茶具の絵図があったという。これらの明治農具絵図をみた後、城陽市と宇治市の現地で聞き取り調査をした。明治農具絵図をあいだにおくと、遠いと思っていた『農具便利論』の世界が身近になった。大畑氏が地元によびかけ、城陽市の有志で『京都の明治農具絵図』という影印本を刊行した。さらに山城資料館では、南山城の紀年銘民具と近畿の九点の明治農具絵図を、特別展

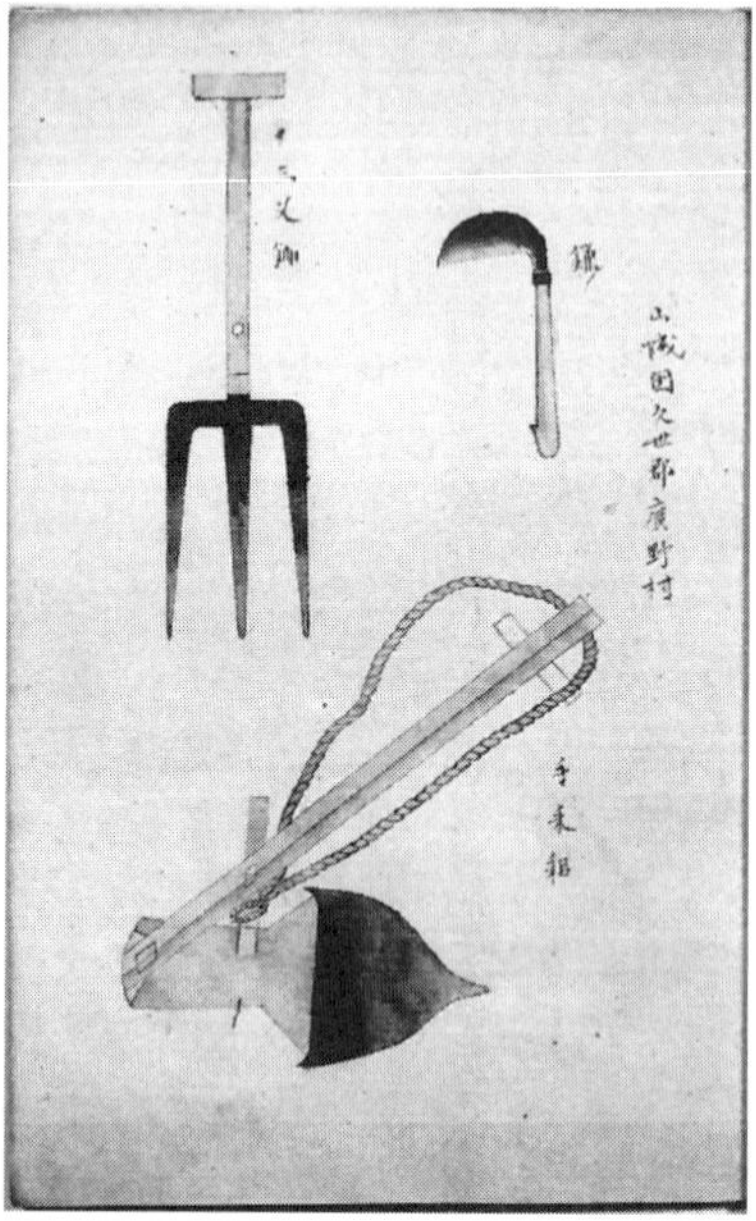

①

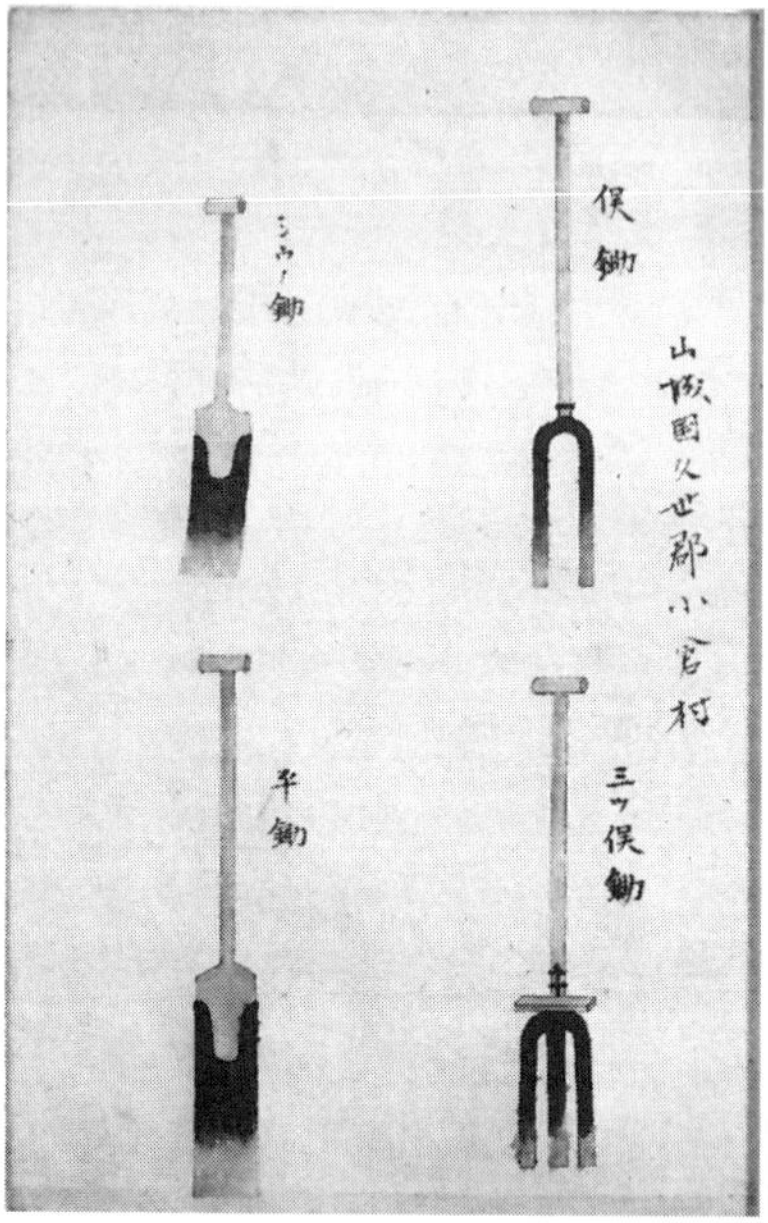

②

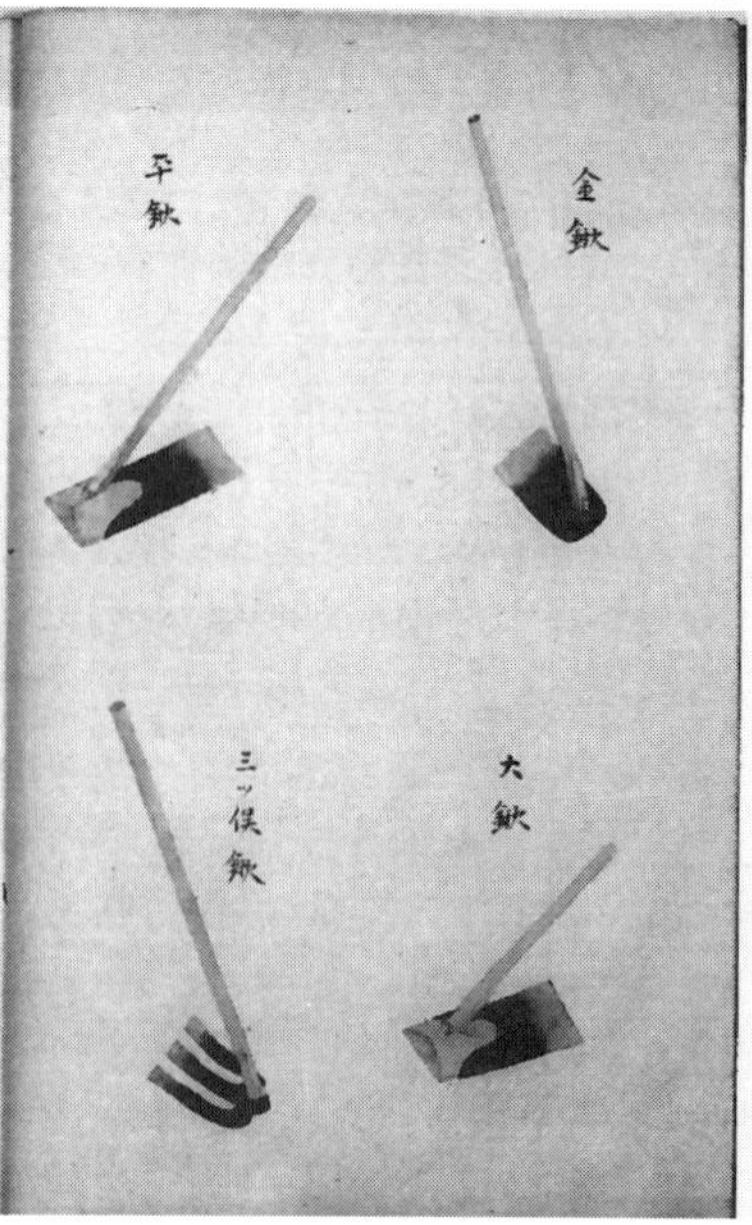

③

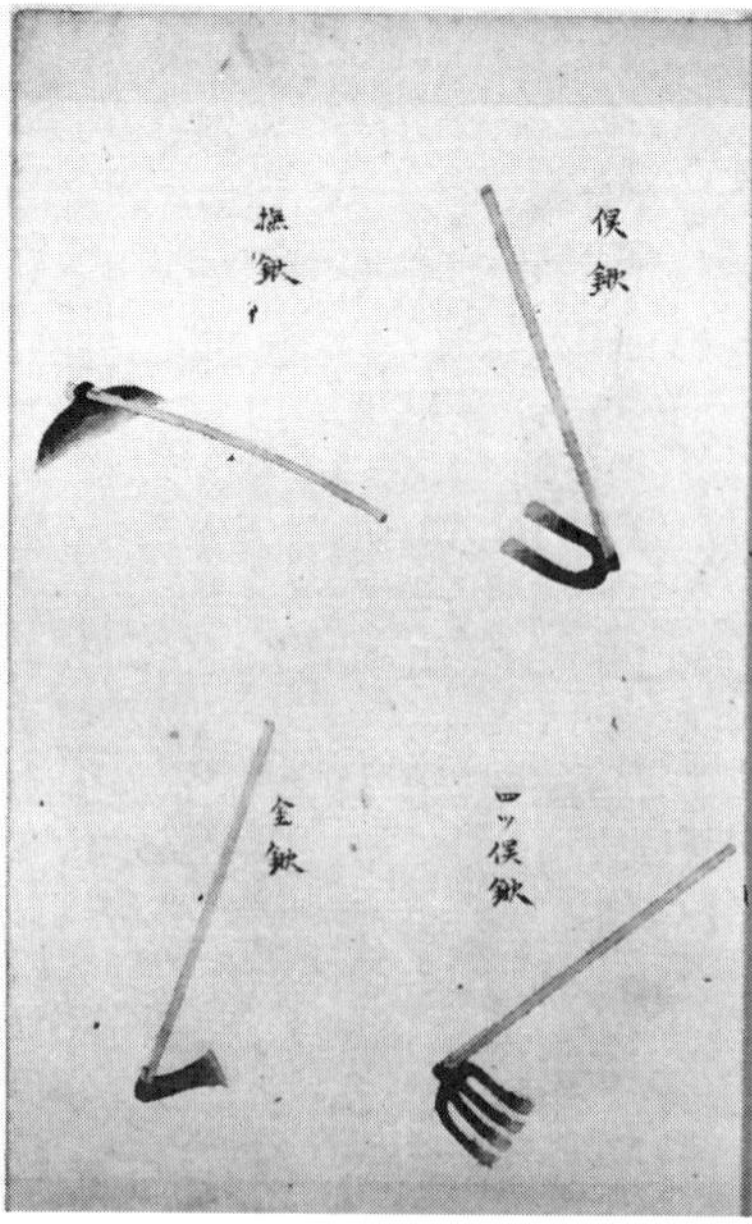

④

図33　①〜④「山城丹波農具ノ図」（西尾市岩瀬文庫所蔵）　⑤〜⑧「農具器械取調書」（東富野自治会所蔵）

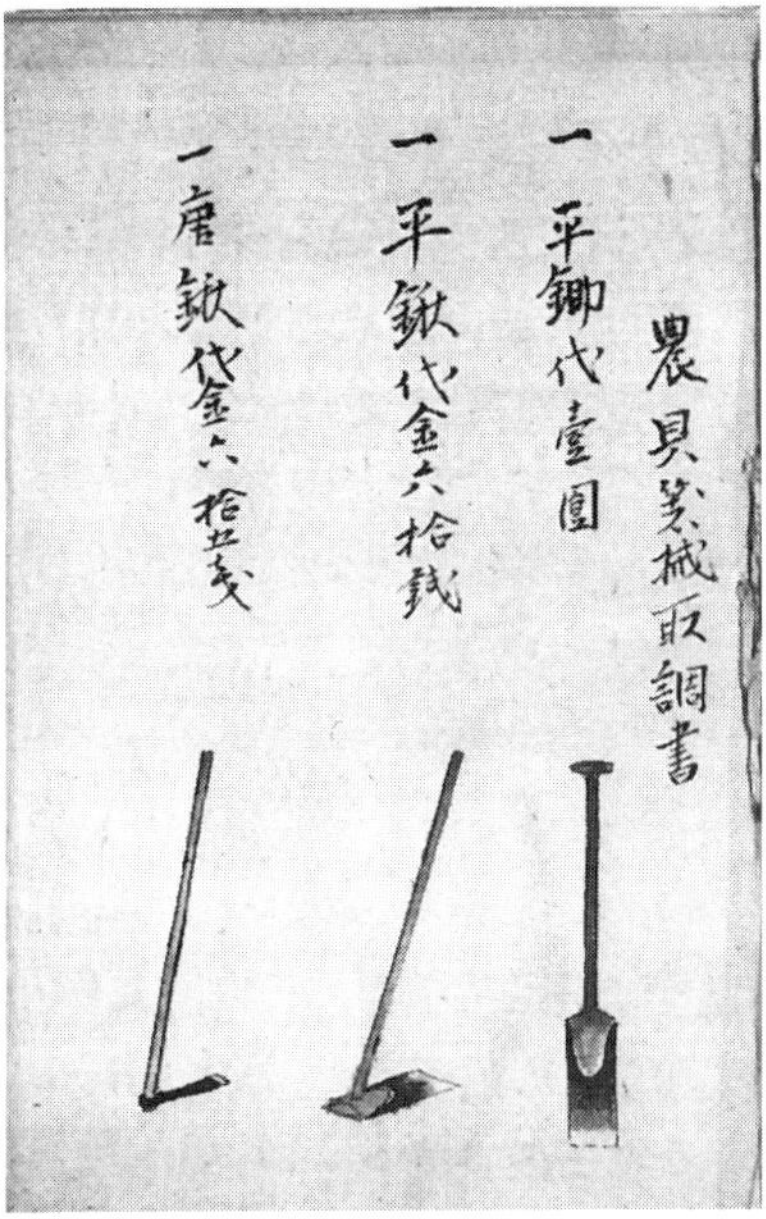

⑤

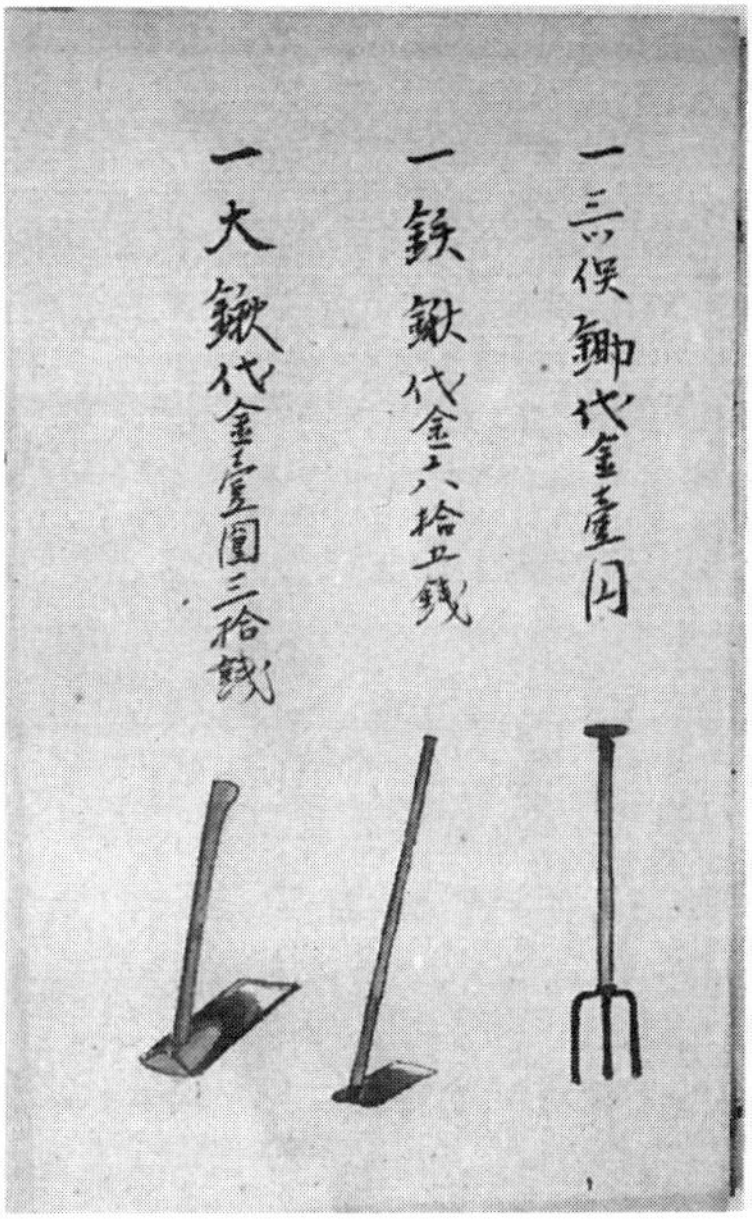

⑥

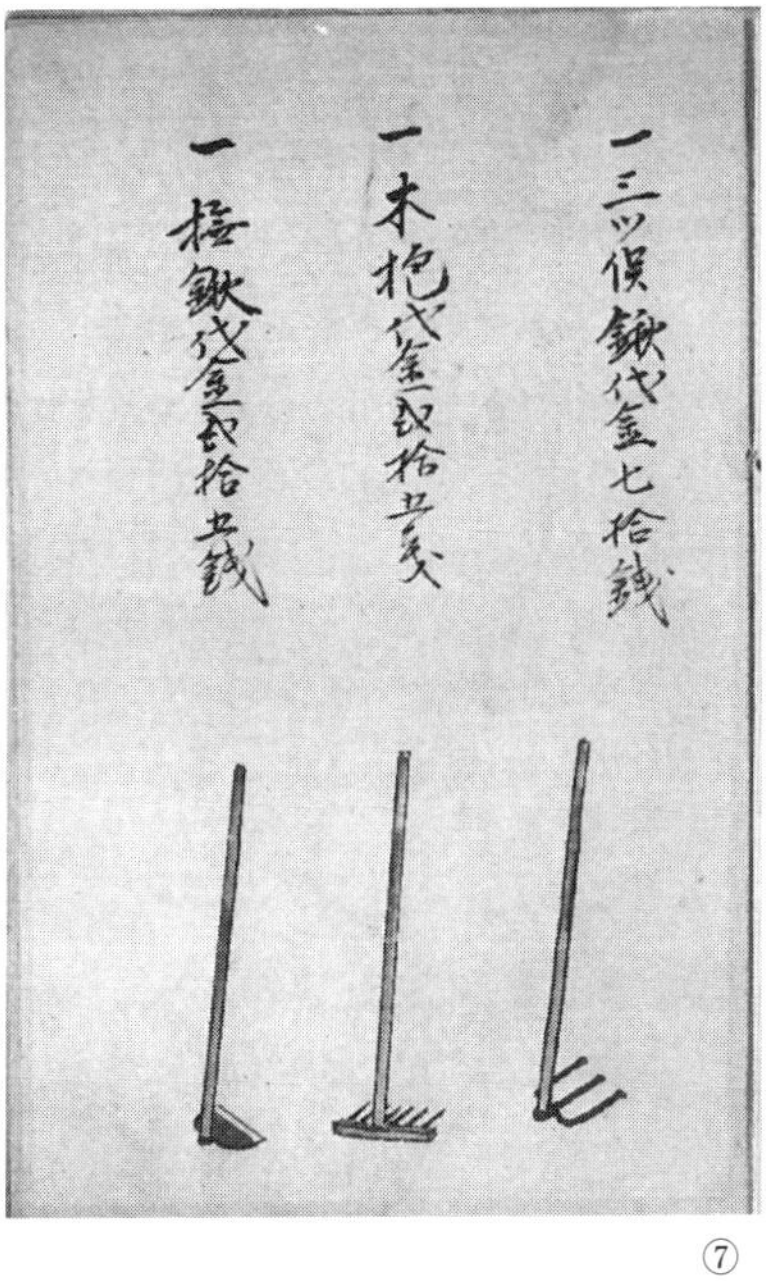

⑦

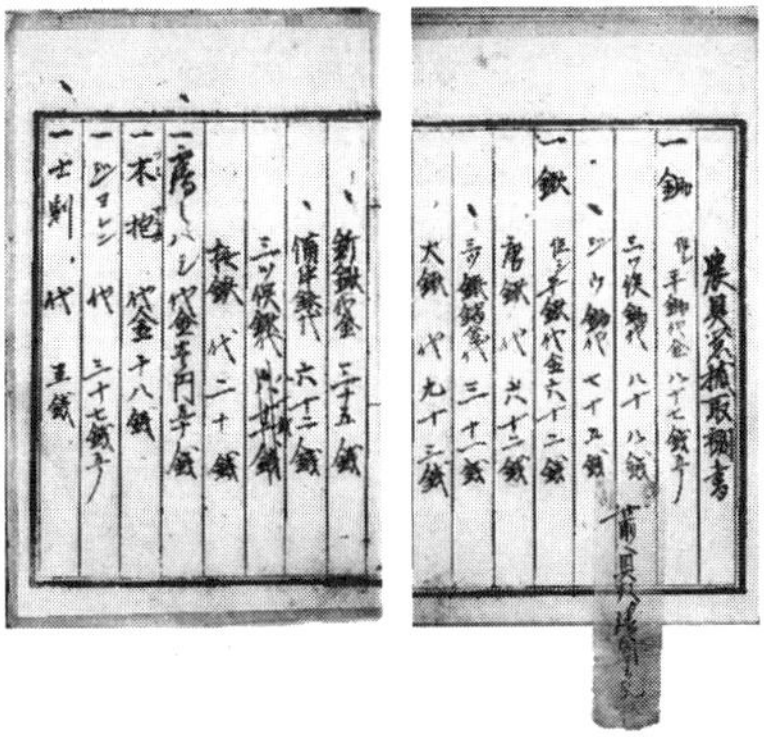

農具器械取調書
但シ平鋤《ひらすき》代金　八十七銭五厘
三《み》ツ俣鋤《またすき》代　八十八銭
（付箋）「此所へ具類ヲ絵図書記スナリ」
ジウ鋤　代　七十五銭
但シ平鍬《ひらくわ》代金　六十二銭
唐鍬《とうぐわ》代　六十二銭
三《み》ツ鍬鍋金《くわなべかね》代　三十一銭
大鍬《おおくわ》代　九十三銭
釿鍬《かなくわ》代金　三十五銭
備中鍬《びっちゅうくわ》代　六十二銭
三《み》ツ俣鍬《またぐわ》代　八十銭
撫鍬《なでくわ》代　二十銭
鴫之《の》ハシ代金　壱円五十銭
木抱　代金　十八銭
ジョレン　代　三十七銭五厘
土割　代　五銭

⑧

『山城町の歴史と民俗』で展示した。

1　村と絵図の特色

農具絵図の特色

明治農具絵図は、明治時代に描いた農具絵図をいう。いちはやく注目した木下忠氏は、明治農具絵図の背景を次のように整理した。

はじめ明治政府は、欧米式の大農法の導入をはかるが、一部を除いていて失敗する。そのため在来農法のみなおしをはじめた。明治十年代には、老農と在来技術を掘りおこすため、東京に集めて全国農談会をひらき、『農談会誌』も刊行した。日本の農書の編纂事業をおこし、『大日本農史』などを刊行した。農具は、明治五年、明治九年と買収して本省に送らせる。明治農具絵図は、明治五年からはじまり、明治十年代に多くみられる。明治五年の農具絵図は、農具買収のための調査書ともいう。政府は、在来農法や農具から学び、農業政策にいかそうとしたのである。

南山城の明治農具絵図は、城陽市は中村と富野、宇治市は小倉と広野の四カ所に残る。絵図は四点であわせて二八一点描いている。内容は大きく、稲作を中心とした農具と製茶具の二つにわかれる。栽培用具は田畑でも茶園でも使うが、製茶を体系的に考えるため製茶具に入れた。

農具では鍬・鋤・犂の種類が多く、製茶具の重視など商業的農法の特色がみられる。ことに製茶具は、日本を代表する茶所宇治の場所がらと、生糸とともに主要輸出品だった明治初期の時代性もあり、政府も関心をよせた。外国からの輸入で衰退する綿とは対称的である。社会の動きにたいして、すばやく作物転換するのも畿内の伝統といえる。

絵図の村の環境

南山城は、北は京都盆地につらなる。中央を流れる木津川沿いは沖積平野で、ゆるやかな丘陵地がかこむ。木津川

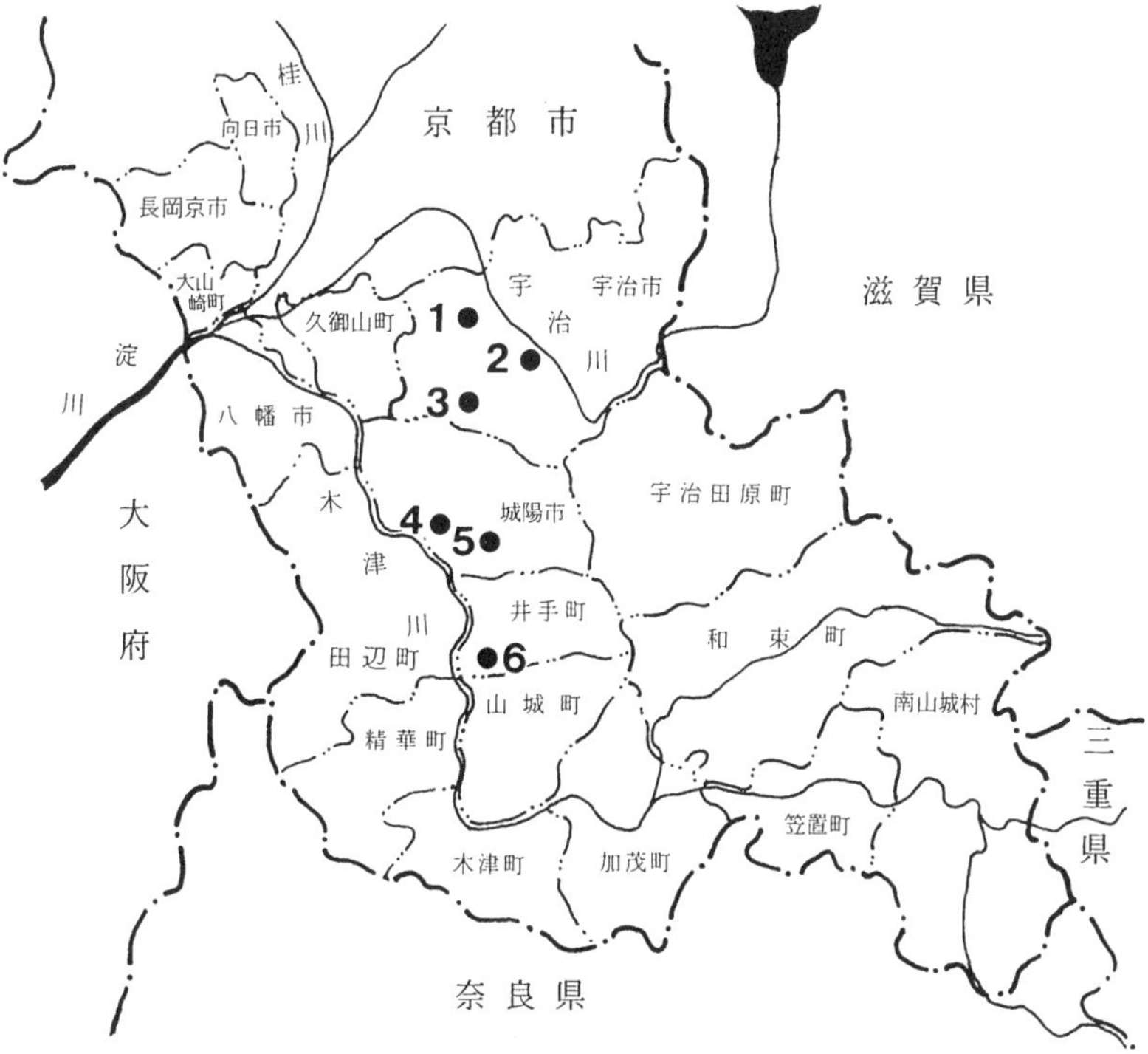

図34　明治農具絵図関係地名

1：小倉　2：宇治　3：広野　4：富野　5：中　6：井出

の上流は笠置山地の高原である。気候は内陸型の京都市より、おだやかな瀬戸内式である。

古代は、奈良の都から木津川の両岸を古北陸道と古山陰道が北に向かって通っていた。東側の古北街道は、いまの城陽市奈島《なしま》を経て宇治市広野で北東にまがり、宇治で宇治川を渡り、六地蔵に出て大津に向かった。六地蔵から分岐し京都に向かう街道は、平安京遷都後も、京都と奈良を結ぶ奈良街道として重要だった。

文禄三年（一五九四）に、巨椋《おぐら》池を分断する小倉堤が築かれ、その堤防上に大和街道が新しくできる。この新道は伏見から小倉を通り、広野で奈良街道とまじわった。以後京都と奈良を結ぶ最短コースとして利用された。城陽市辺は「五里五里」で、奈良と京都の中間点にあたる。城陽市中村と富野、宇治市広野と小倉は、こうした主要街道に接していた。

南山城には、木津川と宇治川の二つの川が流れる。木津川の上流は花崗岩地帯で、風化した土砂で沖積平野となった。木津川は、水量が豊富で用水に利用したが、ダムができるまではたびたび洪水になった。物資を運ぶ大動脈で、ふるくは平城京造営の材木を流し、近世には物資を乗せた川舟がいきかう。木津川の舟運で、南山城は京都や大坂と結ばれていた。一九八〇年代でも、木津川の浜から農産物を積みだし、日用品や肥料の人糞を陸揚げしたことをおぼえている人がいた。富野や中村でも、枇杷庄《びあんしょ》や奈島の浜から果実や茶などを送っていた。

宇治川は、琵琶湖から流れる。宇治市を縦断して、桂川や木津川と合流し、淀川になって大阪湾にそそぐ。ふるくは材木も流したが、上流の峡谷は岩石が突き立ち、急流で、舟運は発達しなかった。平安時代から歌によまれた宇治川の水車は、昭和初期まで灌漑用に使っていた。

宇治川、桂川、木津川の三河川が合流する低地に、周囲一六キロ、魚類豊富な巨椋池があった。巨椋池は、昭和八年から十六年かけて干拓して消えた。小倉村は巨椋池岸で、伏見弾正町・三栖村、東一口村とともに漁業権があった。巨椋池には漁船のほか、村を結ぶ輸送船もあった。

2　伝統的な農具と技術

農具の多様性

水田と畑では、農具や技術が異なる。稲作は畑作より作業が複雑で、農具の種類も多い。水田には湿田と乾田があり、使う農具も違った。

小倉では、湿田をドボダといい、裏作ができる乾田と区別する。富野では、湿田でも底なしの田をエブリダ、乾田でも砂地だとイカキダと土質でもよびわける。

水田の条件にあわせ栽培品種も選択した。富野の水田は、砂地においしい「朝日」、ねば土に収量の多い「神力」、エブリダなどの湿田に「朝日千本」を植えた。エブリダに背が高い「朝日」を植えると、稲がみのったとき重さで倒れて収穫できなくなる。また晩生《おくて》が多い富野では、中生《なかて》を植えることがあった。富野では一時裏作にエンドウを植えた。エンドウを植えるため、早く収穫できる中生を植えた。

ここでは稲作用具を、耕均、田植、灌漑、培肥管理、収穫、脱穀調整の工程と、運搬とその他の用具に分類した。以下では、この地域の特色ある耕均用具を中心に書いてみたい。なお調査では、富野の今道要三氏（明治四十年生）・静栄さん（大正三年生）、小倉の吉村芳太郎氏（明治三十四年生）から多くを教わった。

鍬と鋤の文化

耕均は、作物を栽培するために耕地を耕し、土を砕き、植付け前に均《なら》す作業をいう。耕均には、主に鍬と鋤を使い、弥生時代からの長い歴史がある。鍬と鋤は鍬先と鋤先の形は似ているが、柄のつけ方が違う。使い方も鍬が手前に引き、鋤は向こう側に押す。土を起こして寄せ、崩して均す機能は同じである。よび名も平鍬と平鋤、俣《また》鍬と俣鋤と似ている。

平鍬や平鋤の「ヒラ」は、鍬先と鋤先の先金をつける木の台の名称である。南山城地方では「ホロ」や「ヒラ」といい、ホログワ、ホロズキとよぶ。そして鋤や鍬をつくる樫木屋をヒラヤとかホロヤという。城陽市は青谷十六、宇治市は新田、京都市伏見区は弾正町に樫木屋があった。鍬先をつくり、修理する鍛冶屋はたいていの村にいた。小倉の農家は、小倉・槇島・大久保の鍛冶屋にたのんだ。

鍬は『農具便利論』に、「鍬は国々にて三里を隔ずして違ふものなり」とある。真土用、砂地用、ねば土用、畑用、土普請用など、土質や用途が違ういろんな形の鍬を描いている。全国に残る明治農具絵図にもいろんな鍬がみられる。

鋤は、近年まで南山城では種類が多かった。畿内以外の明治農具絵図では、平鋤だけがわずかに見られるにすぎない。

第二次世界大戦前は、富野では西富野の岩田氏、長池の片井氏という二軒の鍛冶屋にたのんでいた。得意先がきまっている場合と、今道家のように両方の鍛冶屋にたのむ家があった。鍛冶屋は朝が早かった。農家が仕事に出る前に得意先をまわり、磨り減った農具を持ち帰り、修理がすむと持ってきた。岩田氏と片井氏は、ともに紀州からきた紀州鍛冶だった。

大正ごろから、平鍬から台まで鉄のカナグワにかわる。ただし大きくて柄が短いオオグワは、いまもときどき使っている。富野では、オオグワは田畑で使う。畑ではサツマイモのブク（畝）たてに使った。隣の寺田は寺田芋の産地で、川沿のアラス（畑かな砂地）に植え、味がよいので有名だった。

明治十四年の『京都府地誌』では、サツマイモの生産量が城陽市域で富野が一番で、寺田は二位だった。明治時代中ごろから寺田が急増し、明治末には寺田に集中し「寺田芋」とよばれた。寺田では、木津川沿の島畑で木綿を栽培していたが、明治中ごろサツマイモ畑にかわる。島畑は、水田のなかに砂を盛って島のようにしたアラス畑で、排水がよく、日照がつづいても適度の水分がもたれ、木綿やサツマイモ栽培に適していた。サツマイモの畝は、高さ幅ともに一尺（約三〇センチ）あった。高い畝たてては、小さい鍬では能率が上がらない。大きいオオグワを使った。柄が短かく、腰をかがめるので疲れるが、力が入りやすかった。富野にも、宇内川辺にアラス畑はあるが、寺田ほど広くなかった。

オオグワは湿田の荒耕しにも使った。氏神の荒見神社東方の荒見田に、エブリダという底なしの湿田があった。エブリダでは、丸太を井桁に組んだドキを沈め、ドキを足でさぐりあて、ドキに足をおいて作業した。

「エブリダはふわふわした、けったいな田やった」と要三さんはいう。一枚の水田の中が三つぐらいのかたさにわかれ、一番やわらかいトウフみたいなところは、オオグワで切株をかえすのが荒耕しだった。もう少しかたいところは、ミツマタ（三本鍬）で株をかえし、さらにかたいところは三人掘りといって、三人組み、一人をはさむように左右に人がいて、三人で一株ずつあわせて三株一度にホロズキ（平鋤）でかえした。三人一緒だと、一人がドギを踏みはずしても、すぐ引っ張り上げることができたので安心だった。エブリダの作業は、乾田の三倍労力がいった。

長い柄の平鍬は、畑の耕作や土寄せに使った。鍬の機能分類では打ち引き鍬になる。軽くて小さい平鍬は、畦を切って水を入れるミズシカケなど多用途に使った。

小倉ではホログワといえば、オオグワをいった。オオグワはサツマイモのウネゴシラエに使った。小倉は黒土で、大きなサツマイモができた。砂地にくらべ味がわるく、もっぱら自家用にした。

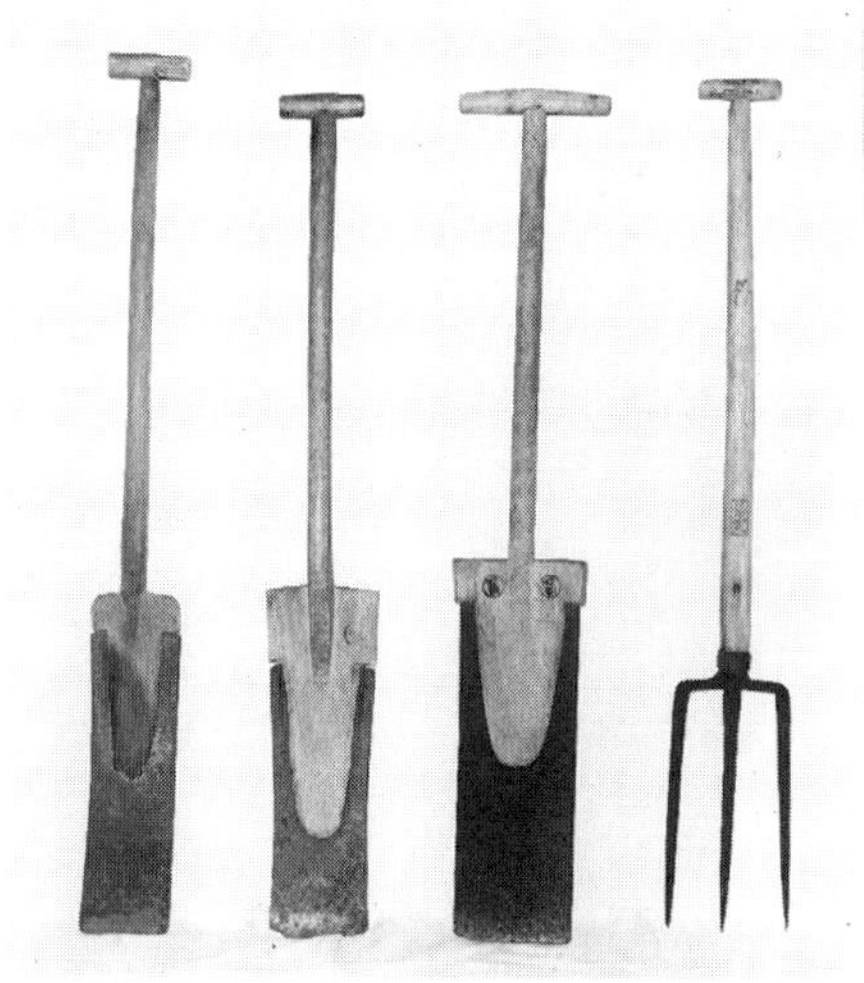

写真97　三本鋤・平鋤・曲鋤（左端）
（宇治市歴史資料館所蔵）

腰までつかるシルタのマチウチ（荒耕）にもオオグワを使った。シルタのマチウチは、上体だけで鍬を打つので、柄が長いと邪魔になって力が入らなかった。

ミツマタは、田畑の荒耕や、掘ったあとの塊を細く砕くコナシに使った。

富野では、ミツマタの大きいものを備中といった。麦を植える前、稲株を一つずつおこして、積み上げて畝をつくるのに使った。

小倉には、三本備中と四本備中があった。三本備中は水田専用で、荒耕しや畝たてにも使った。裏作をしない場合でもすぐ畝たてして、ベタウチのままにはしなかった。あとから生える草の処理が楽だからで、畝たてすると太陽があたる高い所の草がよく伸びた。備中でテッペンハネするとこの草は簡単にとれた。畝の横に生えた草は、カナグワで容易に削れた。積んでおいた畝は、田植前に再び三本備中でコボツ（崩す）。

四本備中は、三本備中で崩したあと均すのに使い、通称ナラシグワともいった。苗代には十分に手間をかけた。苗代の仕立て方で、収穫量に差がでたからである。苗代の表面は平坦でないと、種籾の水のつかり具合や、温度に差ができ、苗の成長が違った。まず、四本備中でならして肥料を入れる。次に、カナグワで周囲に溝つけし、さらに四本備中で表土を細く砕いて水をはる。最後はホロズキを横にあて両側から平坦にならした。このときあまり土をいじらないようにした。肥料が土とともに移り、苗の成長にむらができるからである。

マタグワは、畑の荒掘りや、茶園の中耕に使った。鍬先は尖がっていて、石にあたっても曲がってしまわないようになっていた。もとは二又鋤を使い、マタグワにかわった。

トグワは、三月ごろのヤブビラキに使った。富野付近はマダケが多く、山畑に根が伸びてくるのを切断した。トグワは重く、柄も短くごついので、男が使うときまっていた。

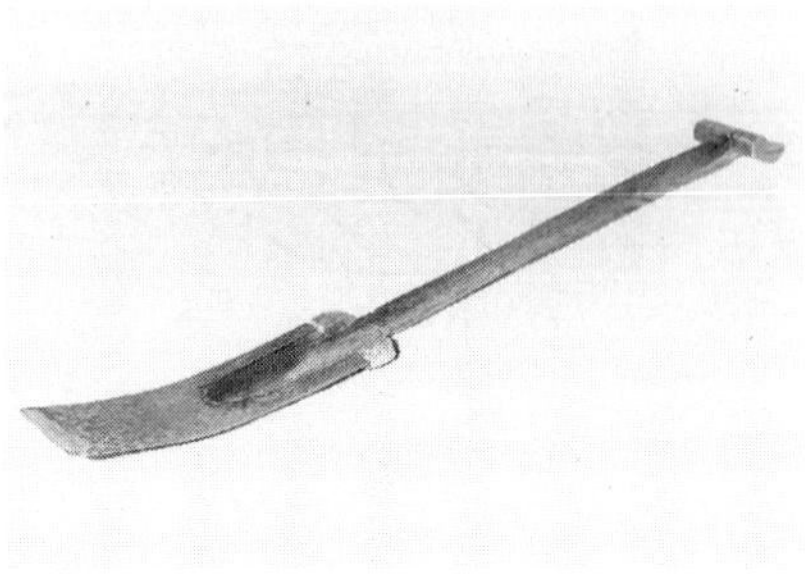

写真98　曲がったホロズキ（曲鋤）
（宇治市歴史資料館所蔵）

一つ一つ聞いてみると、たくさんの種類が必要な疑問もとけてくる。

次に鋤についてみてみたい。富野では、ホロズキ、カナズキ、三本鋤を使った。ホロズキはイカキダで使った。イカキ（竹籠）のように水がさっと抜ける砂地の水田をいった。イカキダは、ホロズキで床土にとどくぐらい深くおこした。シュモク（持ち手）を持ち、ホロズキを直にして、足をかけてホロが見えなくなるくらいまで差しこんだ。深く耕さないと根がはらず、水もちが悪かった。「カラスキ（唐犂）三寸」とい、唐犂では深く耕せなかった。日射の強い夏は、唐犂で耕した水田の稲は枯れた。

イカキダは、ホロズキで耕したあと、ミツマンガ（三本鍬）で高低をならすだけだった。エブリでならすと土がかたまり、田植のとき手が入らなくなった。

ホロズキは、木津川沿いの畑でも使った。川沿いの畑はシケ（湿気）やすく、作物が根ぐされする。アゼ（畝）をかたく、タニ（溝）は深く掘った。溝の土を畝にあげるのに、ホロズキがなくてはならなかった。富野のホロズキは、柄が短く、先端が広かったという。ホロズキは、長く使わないと、乾燥して鋤先がぬけた。使う前に、一晩水づけした。

畑は、小さなカナズキを使った。畑掘りのカナズキは、ジュウノウみたいに先が曲がっていた。ホロズキよりも軽いので、使いやすかった。サツマイモ掘りもカナズキを使った。

今道さんは三又鋤は知らないという。小倉では、ホロが直と曲がった二種類のホロズキがあり、フタマタ、三又鋤もあった。直のホロズキは、茶園の土のカキアゲ、水田の畝切り、ゴンボ掘りなど用途は広かった。曲がったホロズキは、キリアゲに使った。キリアゲは、畝の下部を切り取って、畝の上部に乗せ、肥料の流出や草が生えるのを防いだ。

フタマタは畑の耕作、茶園のナカボリに使った。鋤は鍬より深く掘れ、ゴンボや大根など下に深く伸びる作物の荒耕に必要だった。フタマタは又鋤と違い、押し入れるので鋤先が偏平だった。

三本鋤は、畑の高畝を崩すのに使った。中心部につきたて、崩していった。

鋤は鍬とくらべ深く耕せるし、根を傷めないなどの利点があった。ことに深耕は、高い生産性と、商品の根菜類を美しく掘るのに必要だった。そこに鋤が継承される理由があった。ただし鋤は鍬にくらべてあつかいがむずかしかった。

唐犂は田畑の荒耕しに使い、五世紀ころまでさかのぼる。長床犂から中床犂、さらに短床犂に改良された。長床犂で床をこすると水持ちがよくなった。短床犂の普及後も、水もちの悪い山田などは長床犂を使った。長床犂は方向転換に苦労したが、直進性に優れ、あつかいやすかった。唐犂は牛にひかせる。第二次世界大戦前は、小倉に牛はいなかった。戦争中に、人手不足をおぎなうため唐犂で耕した。犂を使わないのは、湿田が多かったからという。

掘り棒

掘り棒は、原初的で素朴な農具といえる。中村のコンニャクホリは、伝統的な掘り棒形態の収穫用具といえる。コンニャクは、茶園にホトロ（山の木の小枝）を敷いていたときは勝手に生えた。コンニャクは手入れしなくても、秋祭り前に収穫でき、祭りの準備をするための現金収入になった。同じ掘り棒に、女性用タケノコホリやダイコンホリがある。これは先幅が狭いので、鋤より深く、作物を傷めずに掘れた。

野菜は傷をつけると商品価値が下がる。そぼくな民具でも、商品作物をきれいに掘るには必要だった。商品作物としての特性が、たとえ一つの用途でも民具を残した。畿内では、いろんな民具にそれぞれの活躍の場をあたえた。

3　砂地の農具

サツマイモ栽培

南山城では、サツマイモ栽培の導入が早かった。鹿背山は、享保二年（一七一七）という。摂関家一条兼香が薩摩藩の島津氏から贈られたサツマイモを、庄屋利兵衛につくらせたのがはじまりという。

明治二十一年に鹿背山の谷口與惣吉が、大阪の北河内郡から「坊主芋」を導入する。坊主芋は、前の芋より収量が多くておいしかった。「新薩摩」とよび、どの家でもつくった。その後は「農林一号」から「高系一四号」、いまは「紅赤」にかわる。第二次世界大戦中は、多収量の「ノオロク（農林六号）」をつくった。水くさくて、まずい芋だっ

図35　『農具便利論』の源五兵衛での作業風景

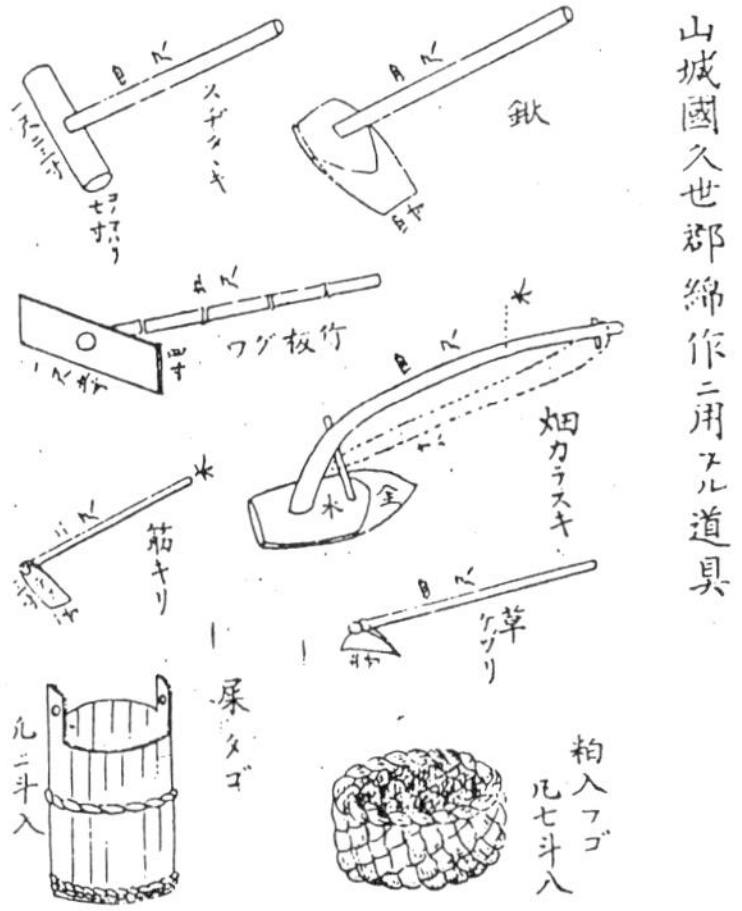

図36　久世郡の畑カラスキ
（『綿集談会雑誌』４号付録）

た。

城陽市の寺田と富野も、サツマイモづくりがさかんで、「寺田芋」で名がとおっていた。南山城では最初に、城陽市長池の農民利兵衛がつくりはじめたという。

南山城のサツマイモ栽培は、大正時代に、

甘藷は郡内各村に渉りて、殆んど之を栽培せざるものはなく、其作付反別約五百町歩、産額約拾壱萬円に達し実に米麦作に次ぐ重要作物たり（『京都府相楽郡誌』）

と、さかんになっていた。

鹿背山は、山の緩斜面でつくった。ネバッチで、芋肌がデコボコで皮が厚かった。品質がそろわず、肌もきれいでなかった。寺田芋は、木津川の堤防沿いの砂地でつくる。排水がよく、適度の水分があり、サツマイモ栽培に適していた。寺田芋は、肌のきれいなおいしいイモだった。ただし、砂地のサツマイモは、長くおくとスがはいって食べられない。ネバッチの芋は祇園祭りころまで保存でき、鹿背山のサツマイモを仲買が京都まで売りにいった。

鹿背山では、苗をさす時期が早いとマルコ（丸く）、遅いとナガテになった。平地一反に三五〇〇本、山地で三〇〇〇本苗をさし

①

②

③

④

⑤

⑥

①うね幅に棒を立て、紐の上を歩いて印をつける　②足跡にそって後ろ向きに犂をひく　③前からみた作業風景　④今は溝を耕運機で深く堀り下げる　⑤鍬で畝の上をならす　⑥苗をさし、稲藁をおき、土をのせる

写真99　寺田のサツマイモ栽培で使うカラスキ

写真100　カラスキの犂先

た。ネバッチは収穫前のヌキボリができない。手で掘りにくく、鍬で掘るとあとの芋が傷む。寺田は砂地で簡単に手でヌキボリできた。

鹿背山では、台所の竈の前や納屋に芋穴を掘っていけた。入いらないと畑に芋のウト（穴）を掘って保存した。ウトに木葉で日覆をすると、祇園祭りまでもった。

サツマイモと人力犂

南山城では、人がうしろに引く人力犂を、木津川沿いの砂地で使った。ことに砂地のサツマイモ畑で使った。小倉は黒土、槇島は砂地が水田で、人力犂は使わなかった。

人力犂は、『農具便利論』に「源五兵衛耒耜《からすき》」として掲載され、「大阪近辺または京辺にもっぱら用ゆ」とある。五月、サツマイモを植える床づくりのためカラスキ（人力犂）で畝《うね》をたて、土寄せした。麦の畝間をカラスキで一対二ぐらいにわけ、間隔を広くとったところにサツマイモの苗をさした。麦で日影になり、サツマイモには都合よかったという。麦藁《わら》は収穫後イモ畑に敷いて、土壌の乾燥防止と雑草が生えないように使った。

人力犂は、砂地畑の土寄せ、中耕、筋つけが一度にできた。素朴にみえる人力の犂も、合理的な用具だった。今の機械では、作物が植わったあいだは耕せない。麦畑のほか大根畑の畝間の除草と土寄せなどにも使った。

サツマイモの前は、綿を栽培して人力犂を土寄せに使った。明治十三年の「綿作用具ノ図」（『綿集談会雑誌』四号付録）に、久世郡の綿作用具に「畑カラスキ」として載る。この付録で人力犂が載るのは、和泉・摂津・播磨・周防国で、畿内や瀬戸内の先進地だった。

4　地域を映す農具

田植のあとさき

稲作は耕均作業のあと、苗代づくり、種蒔き、田植とつづいた。

明治中ごろに、田植で苗の間隔をそろえる正条植が広がった。真直に植えるので、除草と中耕作業が楽だった。富野の「田植筋縄」と「田植尺竿」は、正条植の農具として早い事例だった。聞き取りでは、東富野のケンザオ（田植尺竿）は長さ五尺7寸（約一八・八センチ）で六株植えた。田植筋縄は、丈夫な棕櫚縄が多かった。

田植前に、エブリを使って田の表土をならした。小倉の絵図には、籾を乾す籾サガシを二つ描いている。先の板が鋸歯状は籾サガシで、直線はエブリかもしれない。

ナラシボウは、湿田の表土をならすのに使った。湿田にはかたい所もあり、そこに立ってならした。遠くにとどくように柄を長くし、ナラシボウを軽くするため竹柄にした。底なしの湿田では、近くに人がいるときに作業した。あやまって体が沈み、抜け出せなくなると困るからである。

東富野は、木津川の水が灌漑に使えず、溜池や井戸の水を利用した。用水路のとおる田は、足踏み水車で水を入れた。ヨサリ（夜）は水がよくはしる（流れる）ので、夜水を入れることもあった。水車は高価で、多くは共同購入した。用水路の底ざらえは大事な仕事だった。木津川の砂をとるときは、竹製の軽いジョウレンを使った。竹製のジョウレンは、軽くて水切りがよかった。

肥培・管理は、作物の生長しやすい環境づくりで、中耕と施肥除草をした。畑の草削りには、ナゼグワやカナグワを使った。ナゼグワで畝のドテ（傾斜部分）を削り、削った草はコマザラエで集めた。

小倉では、水田の一番草はテグワ（熊手）で中耕した。とくに砂地の田はしまりやすいのでテグワを使った。テグ

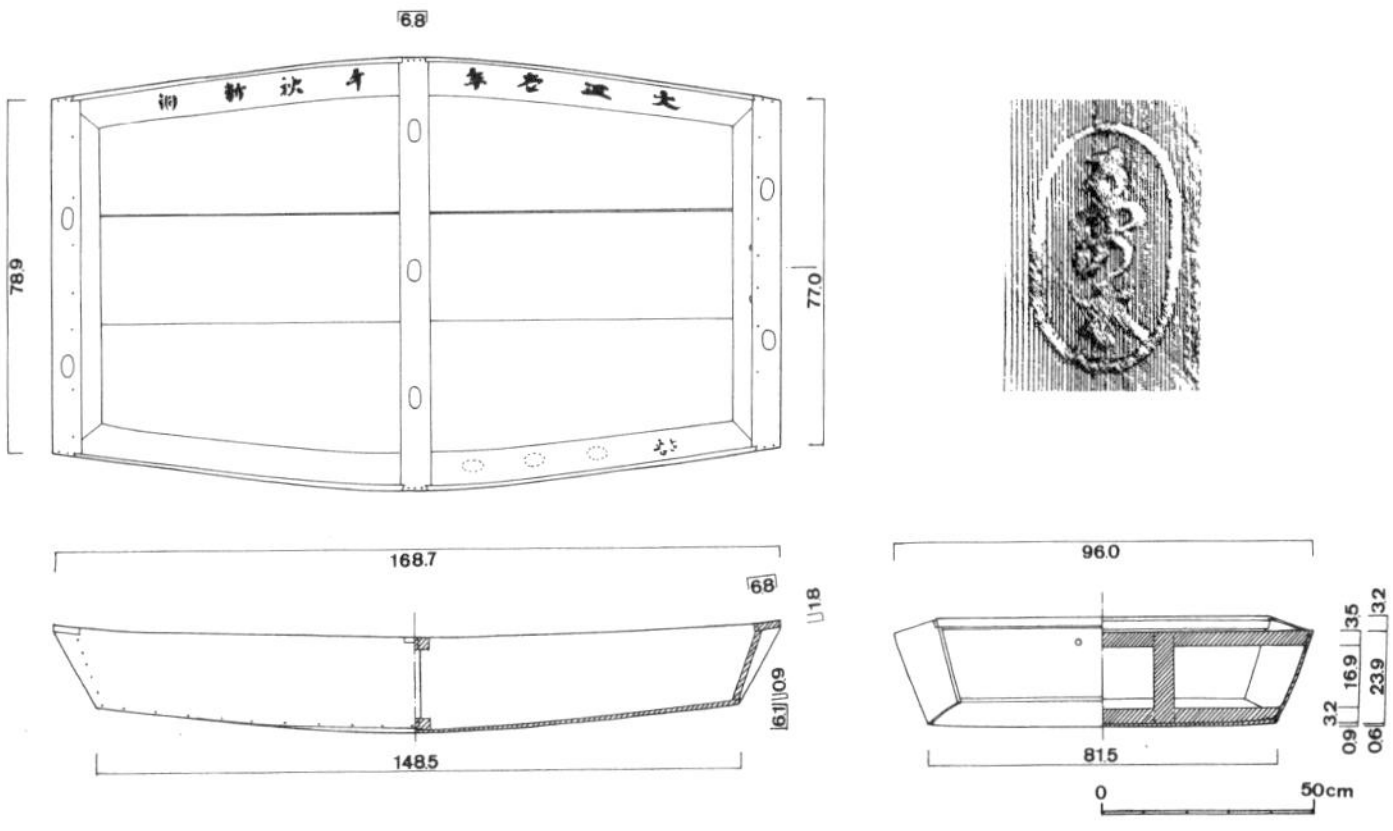

図37　オシブネ（巨椋池干拓事務所）

ワから、クルマ（田打車）にかわる。田打車を一番草はタテ・ヨコ、二番草はタテだけ押した。田打車は、稲の株間にあわせて三種類あった。砂田の除草にだけツメを使った。砂田は手の爪が磨耗して血がでた。ただしツメをつけると草がつかみにくい。一番草は素手で、二番草からツメを使った。

肥培用具は、製茶用具にまとめた。穴突棒は、肥料をうめる穴あけ専用に使った。

収穫用具

鎌は刃の厚さで、ゴツガマ、チュウガマ、ウスガマにわかれた。ゴツガマは、厚刃で柴などを切るのに使った。チュウガマはカヤ、ウスガマは稲刈りや緑肥にする草を刈った。薄刃が鋸歯状のノコギリガマは、稲刈り専用の鎌である。前は左ききのノコギリガマがなく、左ききの人はウスガマを使った。

稲刈りした稲はすぐ束にして、ハサ（稲掛）にかけて干した。日当たりがよいように南北にハサを組んだ。富野のハサは、高くても三段だった。それより高いと風で倒れるし、三段までならクラカケを使って一人でかけられた。前は一人でらくにかけられる、二段のハサが多かった。

小倉には、シルタ（湿田）でもことに水の多いドボダがあった。ドボダは、タカリ（稲刈り）のとき腰までつかった。ドボダで刈った稲は、穂先が汚れないようにオシブネ（田舟）で運んだ。オシブネは長さ一間、幅が三尺五、六寸ときまっていた。オシブネは、二人一組みで使った。一人が引っぱり、一人が後ろから押した。夫婦だと、夫が引っぱり、婦人が押した。絵図には、オシブネと一緒の板スキが描いてあり、田の表土をならす土運びにも使ったのであろう。

調整用具

調整は、収穫した稲から籾をとりだし、保存するまでをいう。

カナゴキ（稲扱）は、稲一束を三回にわけて脱穀した。歯にまんべんなくかかるように稲を広げた。慣れないと広がらず、力を入れると前方に引っ張られた。稲の一束は、稲刈りの三手《みて》だった。

カナゴキはムシロの上にすえ、前にもムシロを垂らして足元に籾がこないようにした。カナゴキから下にたらした縄に板をかけ、足で板を踏んで固定した。昭和になって、カナゴキから足踏み脱穀機にかわる。種籾をとるタネトリは、その後もカナゴキを使った。効率はよくても、足踏み脱穀機だと種籾が傷む。ここにも、素朴なモノと技術が残る理由があった。さらにモチ米は遅くまで、ウルチ米とまざらないように手でしごいてタネトリしていた。

大正時代、麦の脱穀に竹のムギコギ（麦扱）は使ってなかった。稲と同じカナゴキで、釘の間隔を広くして使った。

カナゴキは地元の鍛冶屋はつくれず、よそから売りにきた。

脱穀した麦は、ムシロの上で一日干して、カラサでたたいて実と穀にわけた。乾燥が不十分だと、実がつぶれた。箕に入れて上から麦を落とすカゼタテで、穀と実をわけた。風がないときは、大団扇やムシロの両端をパタパタさせて風をおこした。穀はもう一度カラサで打ちなおした。少量のときはカラウスで女性と老人がすることもあった。強い日差しのなか、予想以上に大変な作業だった。

稲扱の後、ちぎれた穂もカラサでたたいた。ヤイタカチといい、少量のときは横槌でたたいた。

カラサは竹柄を持ってふると、先についた樫の棒が回転する。樫棒を買ってきて、家でつくった。樫棒のかわりに鉄棒を使うようになって能率が上がる。第二次世界大戦後、動力脱穀機ができるまで使った。

ツチウス（土臼）は、玄米と籾殻にわける。早くまわすと籾のままでるので、適切な速度にするため臼挽歌をうたった。歌にあわせると、臼挽きは軽く感じたという。夜と朝に臼挽きした。子供たちも手伝い、ヨイビキの後は夜食が楽しみだった。

臼挽きした後、トウミ（唐箕）でふかすと軽いヌカはとび、玄米は下に落ちた。落とし口に近い方を一番、遠い方を二番といった。二番口からでたチュウマイは、再度トウミにかけて選別した。最後まで残った二番の米は、味噌の材料にした。唐箕は稲籾のほか、豆など畑作物の選別にも使った。

臼挽きした後、千石や万石とうしにかけて籾と玄米にわけた。網目に落ちないで、前に落ちたものを何回もとおして玄米と籾にわけた。万石とうしは、網目が三段階にわかれ、千石とうし二台分と効率的だった。万石とうしも高価なので共同購入した。網はさびにくい銅線だった。

マルドウシは網目が荒いほうから、モミドウシ、アラドウシ、コメドウシ、コゴメヌキがあった。トウシの網は、モミドウシが藤で、あとは針金だった。

モミドウシは稲扱の後、籾と葉や穂をわけた。アラドウシは、臼挽きのあとコメと籾をわけた。コメドウシはカラウスのあと、コメとヌカをはなすのに使った。コゴメヌキは、コメドウシの後のコメにまざるコゴメをぬいた。コゴメとモチ米を半々にまぜ、蒸して搗いてコゴメモチにした。コゴメモチはねばりがないが、香ばしくて食べやすいと老人によろこばれた。

運搬用具は、肩で担うイナイボ（棒）が畿内では発達していた。イナイボは、両端に止め具がつくのと、尖ったのがあり使いわけた。スギ材はゴモクなど軽いもの、カシ材は水桶など重いものを運ぶときと、素材も使いわけた。

成り物を入れるのに、モッコや竹籠を使った。アイロリは、足付き籠で果物籠として使った。そのほか枡・斗取・

秤などの計量用具、カケヤ・サンヤなどの土木用具、藁製品をつくる用具や、農作業で身につける雨具や日除け笠もある。用途が多様で、限定できない鉈《なた》などもあった。

かならずしも畿内にかぎらないが、効率性や共同購入などに地域性がうかがえる。

追記

田中淳一郎の『特別展図録　四季の古文書』（京都府立山城郷土資料館、一九八九）では、季節ごとに書かれた文書を読みとき、近世の村の暮らしをうかびあがらせる。なかで近世初頭の農耕の様子を模写した農耕絵図が紹介されている。また横出洋二の『企画展図録　寺田いも』（京都府立山城郷土資料館、二〇〇六）では、琉球から薩摩、さらには各地への広がり、栽培法、村から焼芋として都市への広がりを紹介している。

二　宇治茶の技を読む

1　宇治の玉露

さまざまな茶の種類

製茶は、四つの作業工程にわかれる。茶園での栽培、新芽の摘採り《つみと》（茶摘み）、生葉《なまば》から荒茶《あらちゃ》への製茶、荒茶の撰別である。

栽培では、茶摘み前に茶園に覆いをするかしないかでわかれる。覆下園《おおいしたえん》は玉露や碾茶《てん》、覆いをしないと煎茶や番茶になる。

茶摘みでは、手摘みと鋏《はさみ》摘み、機械摘みがある。また時期で一番茶、二番茶、三番茶に、番茶専用の番刈りがある。生葉を製茶した荒茶は、番茶、煎茶、玉露、碾茶にわかれる。煎茶や玉露は撰別して、仕上げ茶、かりがね（茎）、ひだし、粉茶《こなちゃ》などにわける。飲み方では、番茶は煎じ茶、煎茶と玉露はだし茶、碾茶は石臼で挽いて抹茶で飲む。

産地では、宇治茶、静岡茶、八女《やめ》茶、伊勢茶などがある。宇治茶が特別なのは、日本の茶業をリードしてきたからである。

宇治茶のはじまり

一九八〇年代は、日本の茶生産量の半数は静岡茶で、宇治茶は三パーセントしかない。ただし高級茶の玉露と碾茶は、宇治茶が日本の四分の一をしめる。宇治茶は碾茶が多く、ついで玉露で、煎茶はわずかである。中世から碾茶中心の宇治茶の伝統がいまも生きている。南山城の煎茶や玉露も、宇治茶を中心に発展してきた。

煎茶は、元文三年（一七三八）に、宇治田原町湯屋谷の永谷宗円が製造したという。宇治から各地に技術が広がり、宇治製（青製）でよばれる。製法は、煎茶も碾茶と同じで、若芽を蒸し、焙炉《ほいろ》の上で乾燥する。碾茶と違うのは、煎茶は焙炉の上で揉みながら乾燥することだった。

玉露は、覆下園の生葉を使い、製法は煎茶と同じである。玉露のはじまりは二説ある。一つは天保五年（一八三四）に、宇治市木幡《こはた》の茶師上阪清一がつくった。二つは天保六年に、宇治市小倉村吉左衛門の碾茶場で、江戸の茶商山本嘉兵衛が指導してつくらせた。

江戸時代後期から、宇治茶の製茶技術が広がる。それは都市での飲茶習俗の広がりでもあった。

宇治茶と輸出茶

幕末から、茶の輸出は日本に好況をもたらした。安政五年（一八五八）に、日米修行通商条約を締結し、翌年から

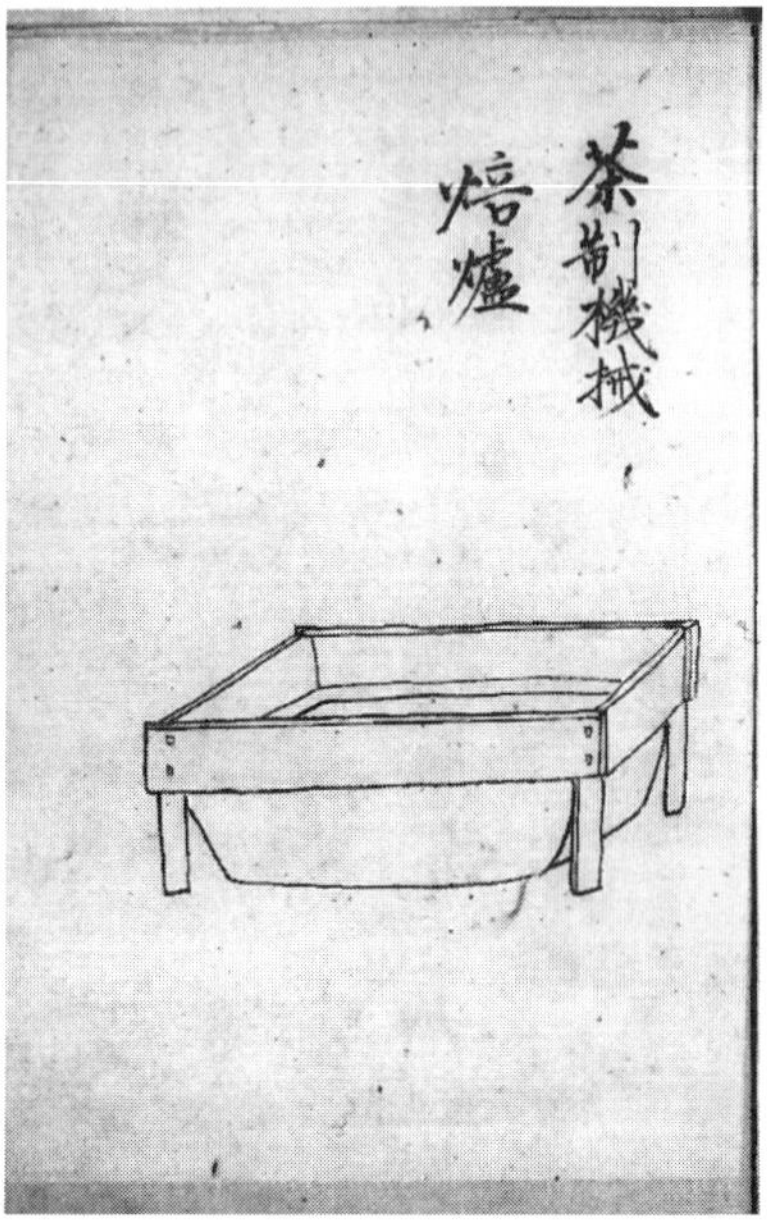

①

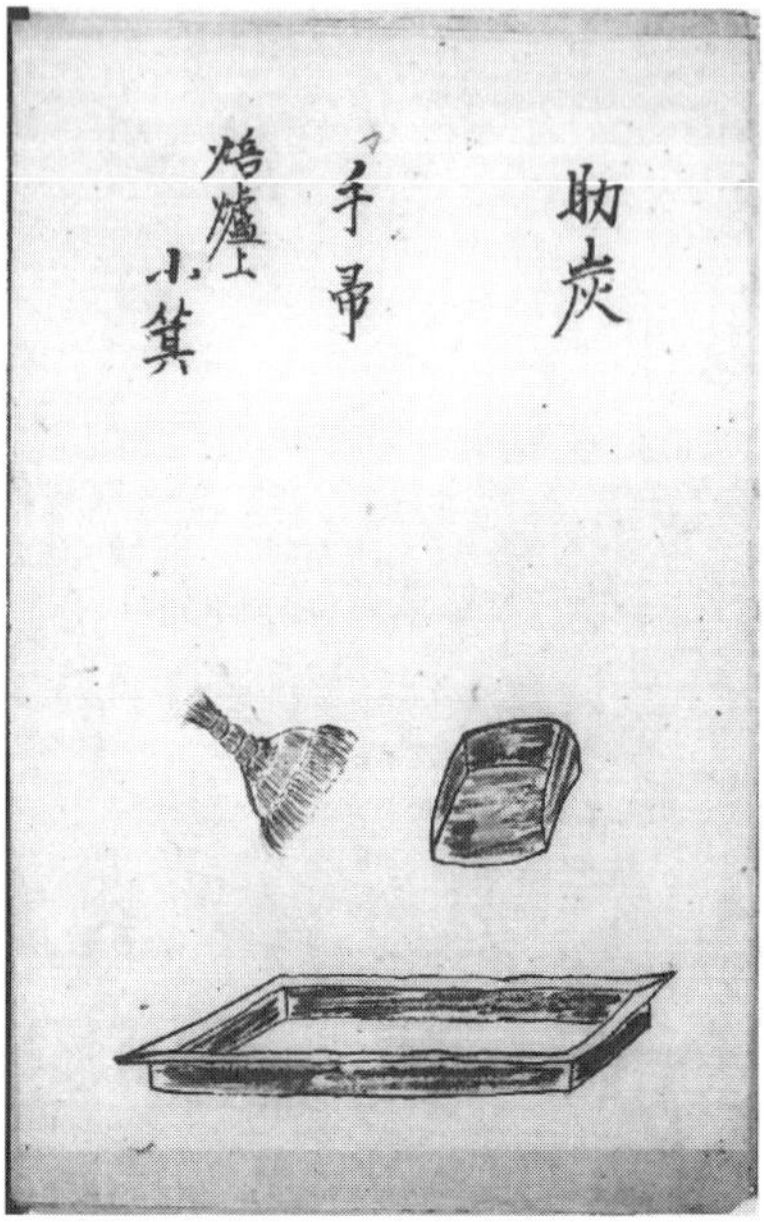

②

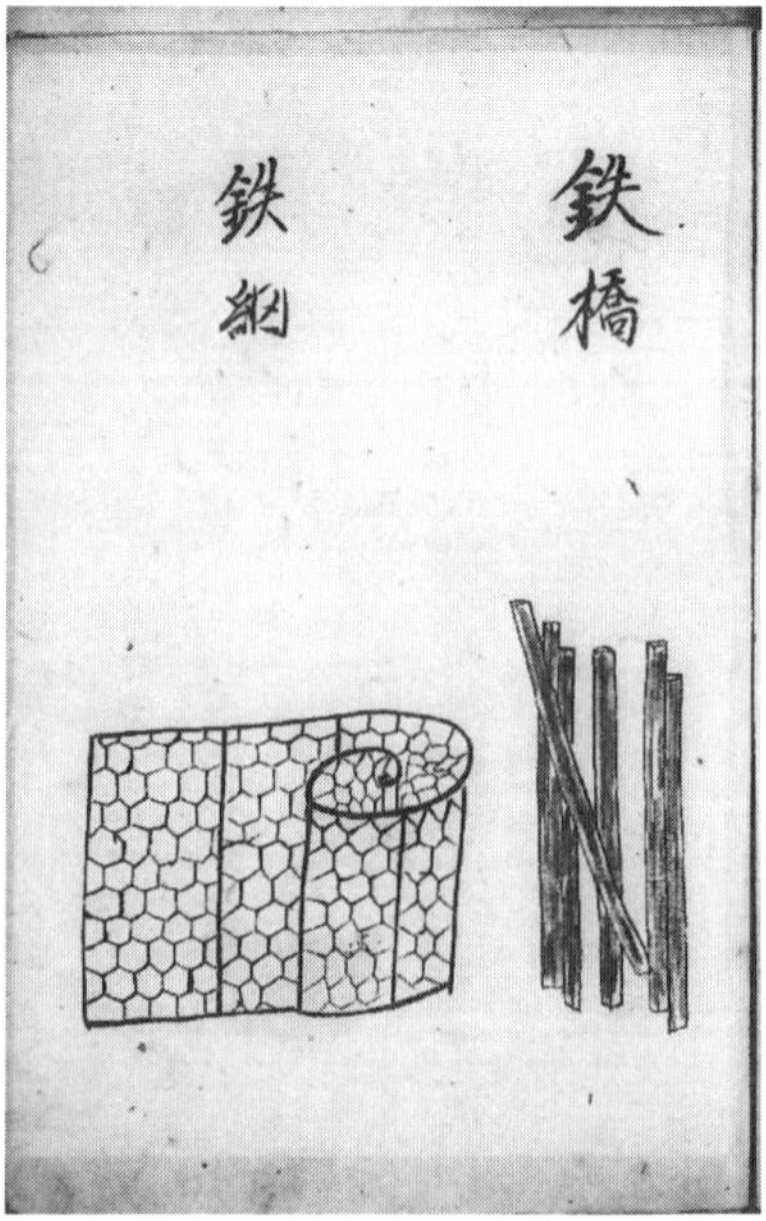

③

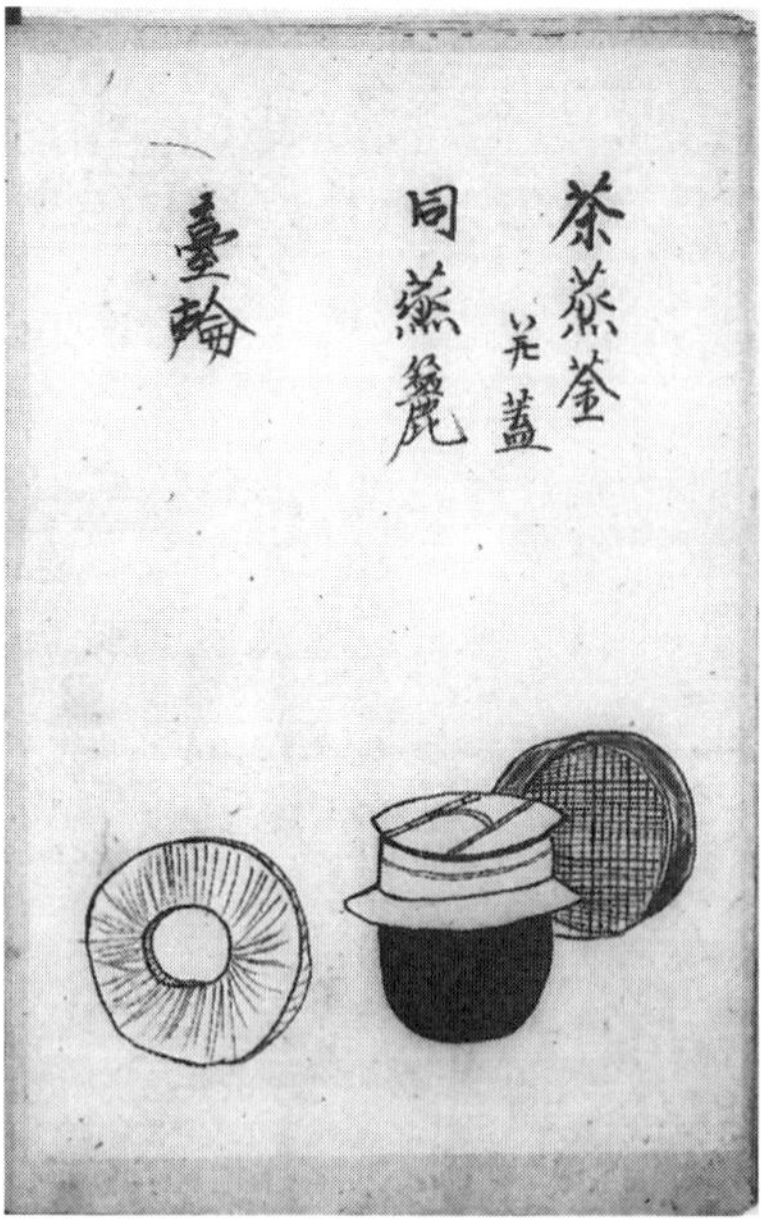

④

図38　①〜⑦「農耕器械取調書」（『中自治会所蔵』）　⑧「山城丹波農具ノ図」（西尾市岩瀬文庫所蔵）

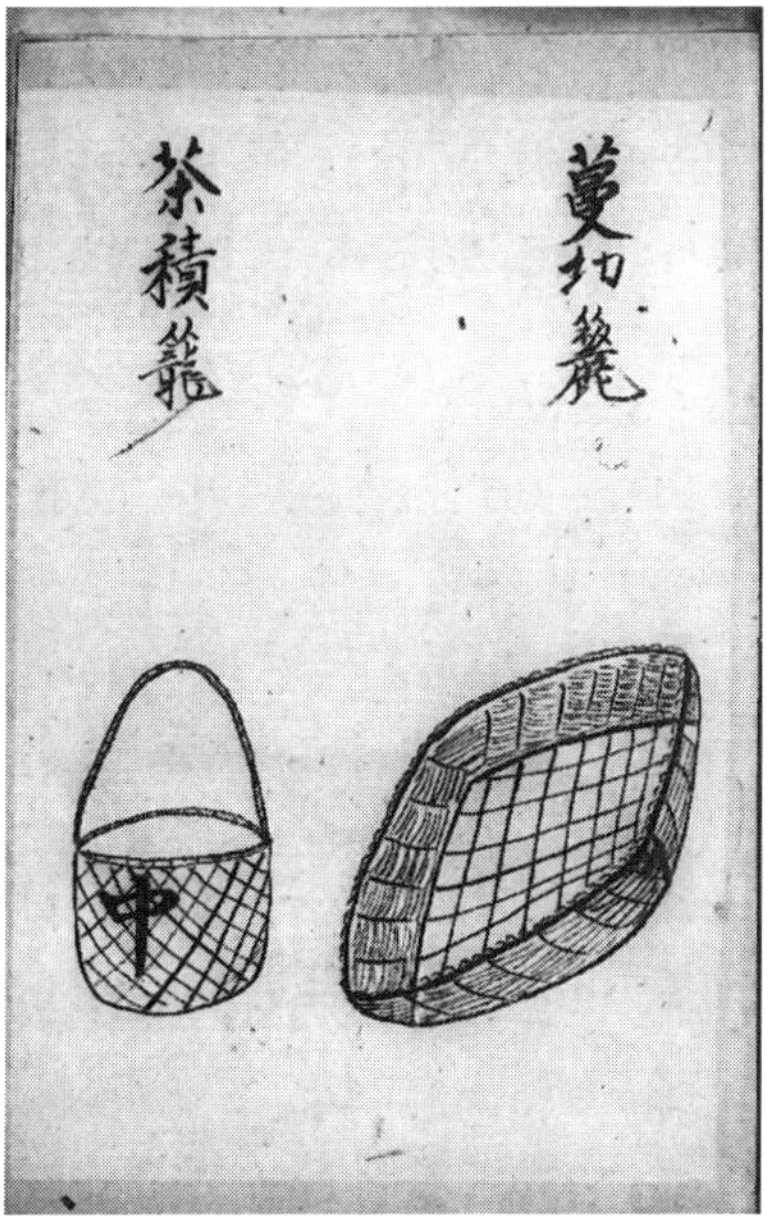

⑤

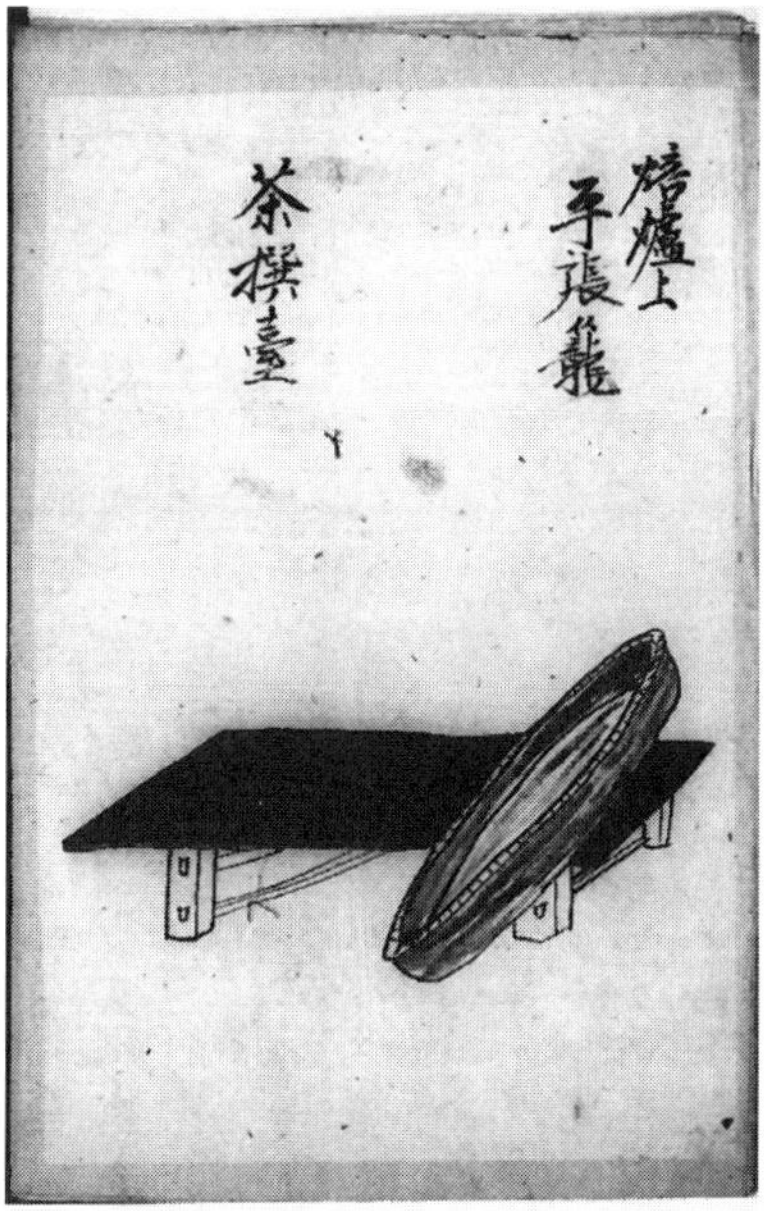

⑥

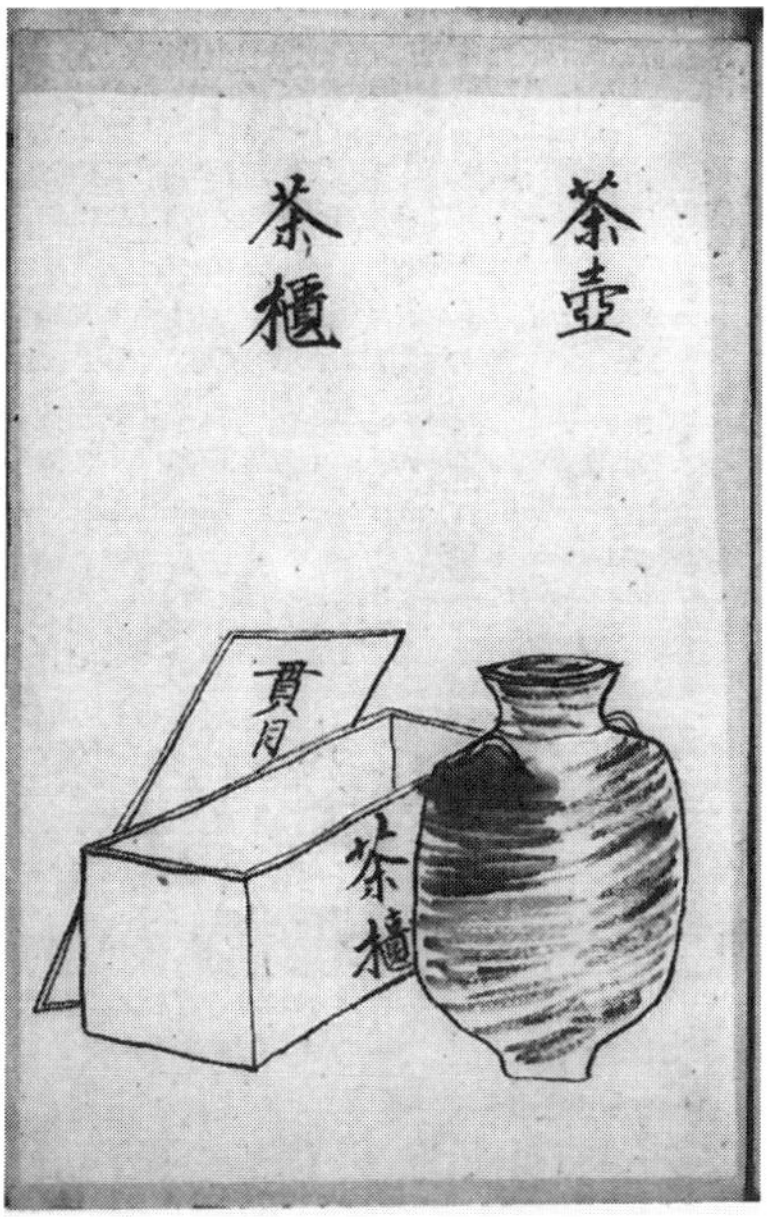

⑦

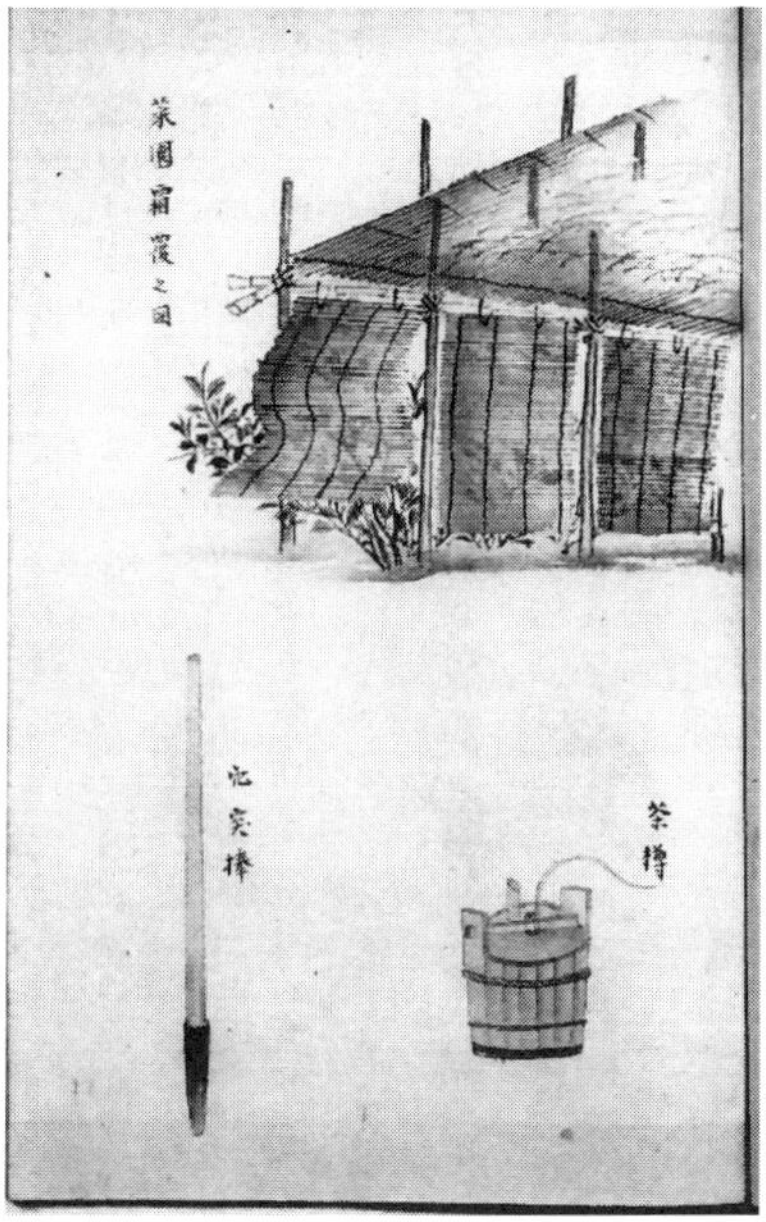

⑧

海外貿易がはじまる。茶は生糸につぐ日本の輸出品で、輸出額の二〇パーセントを超えることもあった。明治元年（一八六八）の神戸開港後は、南山城の宇治・久世・綴喜・相楽郡の良質な山城茶が好評だった。明治七年の製茶生産額は、京都府（山城国と丹波国三郡）が日本一で、全体の一一・三パーセント、二位の静岡県（駿河国）は七・八パーセントだった。ことに宇治郡と久世郡は、玉露と碾茶生産を独占していた。江戸時代に覆下茶園が許可された茶師が、宇治と近接の木幡や小倉などにかぎられていたからだった。

ただし輸出茶の中心は煎茶で、次は番茶だった。煎茶の好況で新茶園が増加し、製造効率や品質向上に努めた。政府の殖産興業の重要政策となり、明治七年に内務省勧業寮農務課に「製茶掛」が設置された。明治十二年には、横浜で第一回製茶共進会がひらかれた。官民一体の製茶業発展のなかで、良質の宇治製に製法が統一されていった。

品質向上に、さらに拍車をかけたのは粗悪茶だった。輸出茶に粗悪茶がまざり、日本茶の信用が落ちる。明治三年、京都府は茶を増量するため草木の若芽をまぜないよう通達した。ところが明治十六年には、最大の輸入国アメリカ合衆国が贋造茶輸入禁止条令をだした。日本茶は大打撃を受け、各地で粗悪茶追放のとりくみがはじまる。明治十七年に、京都に茶業組合取締所ができ、同二十年に京都府茶業組合連合会議所となり、茶業者が自主的に不正茶の取締りや茶業振興に努めた。宇治から広がり、流脈ができて活発だった手揉製法はこのころ統一される。

茶の栽培と茶摘みはいまも伝統的な方法が残る。製茶と加工、保存は、機械化がすすんだ。製茶は明治末ころから機械化がはじまり、大正を境に手作業から機械に移る。いまでは宇治でも、手揉製法の技術者は少なくなった。

2　玉露の製茶具と技

茶樹栽培の用具と技術

大正から昭和はじめの、宇治の主に玉露のモノと技術を調査した。栽培と摘採は、小倉の吉村芳太郎氏と城陽市奈島の堀井又一氏（明治四十一年生）、製茶と加工は、宇治市木幡で玉露と碾茶を栽培していた西村辰雄氏（明治三十六年生）、六地蔵の茶問屋で手揉技術保存者の永谷三之亟氏（昭和七年生）の話をまとめた。

小倉は、ふるくから茶園が多かった。延宝七年（一六七九）に、二〇町九反（約二〇七平方キロ）あまりあった。芳太郎氏の若いころ、茶樹の更新を種子から台却《だいおろし》にかえた。台却は、新芽の出が悪くなった古木を根元から伐り、株から生えてくる蘖《ひこばえ》をそだてた。古木になると、枝が多いわりに茶葉はへってガラガラになり、枯れて落ちやすくなる。そうなると台却をした。ただし、コケが生えた古木の茶ほど、うまいという。

ただし奈島では、戦後でも種子から育てていた。種子は二尺（約六〇センチ）間隔でマルドウシをおき、その周りに等間隔で七ヵ所ほど種子を植えた。小倉ではこの播きかたを「グノメ（千鳥状）うえ」といった。全国的には、種子植えから、均質で優良な品種ができるさし木にかわる。

うまい茶は、肥料によってつくられるという。茶の味や香りは施肥で左右される。収入にあわせて施肥量をきめた。覆下園の高級茶になると、さらに施肥量が多くなる。近世を代表する商品作物の綿作より、覆下園は三倍から五倍の肥料代をかけた。反対にいうと、それだけ高く売れて高収入があった。肥料だけでなく、農具の購入にも金をつぎこめた。

茶園に下肥を入れると、茶に甘味が出た。下肥の多くは、京都市内から運んだ。小倉は、大阪の肥船からも買った。肥船は、淀川から巨椋池を通って小倉に売りにきた。肥船から、二斗五升から三斗入りのドウバリ（肥桶）に移した。ドウバリを荷車に四荷（八個）つみ、茶園端のタタキのツボ（肥壺）に入れた。下肥は日光があたると、肥料分がぬけるのでツボに覆いをした。使うときは、下肥にミズシヤクで水をまぜた。水がこぼれないよう、ミズシヤクの先は出っ張っていた。

下肥は、ツボで一カ月ほど腐らせてから、二斗入りのモチタゴに入れ、ボ（天秤棒）でになって茶樹に施した。モ

写真101　ドウバリ（右）と擔桶（左）
（宇治市歴史資料館所蔵）

チタゴに下肥を入れるのはコエジャクで、くみだすのは小形のシャクだった。施肥は手間がかかり、茶園一反の施肥に一人だと三日かかった。天秤棒は、伏見の弾正町の棒屋でかった。シロムクの天秤棒は、肩あたりがやわらかくて丈夫だった。ていねいな家は、季節ごとに下肥をやったという。肥料は、モトノケ（基肥）と、茶摘前の色出しや味出しのためだった。

「冬にモトノケ」といった。カナグワで茶の雨落ちに溝を掘り肥料を入れた。二、三週間後、肥料がかくれる程度にカナグワでチョイガケした。そのあと、再度施肥する家もあった。正月すぎに鋤でカキアゲといって土をかぶせ、そのあと茶の根がよく伸びるようにフタマタ（二又鋤）で茶園のうね間をナカボリ（中耕）した。基肥と中耕は、秋にもおこなった。

覆下園の用具と技術

春先は、茶園の手入れとオオイ（覆）に使うヨシズ編みがはじまる。ヨシズは、長さが一二〜一三尺（三・六〜三・九メートル）、幅は六尺（一・八メートル）ほどあった。高いヨシは、宇治川や巨椋池にはなく、江州（滋賀県）から買った。

ヨシズのアミダイ（編台）は長いので、スアミ（簾編）は家のカド（前庭）でした。アミダイを固定する左右の丸太に、ヨシを立てかけておき、左右から一つとばしにツノコで編んでいった。

三月末ころ、覆下園のシタボネ（下骨）を組む。下骨には、前は安いスギ丸太を使った。ながもちして、すべりにくいのでヒノキ丸太にかわった。下骨の柱は掘立てで、梅雨に濡れると根元から腐りやすい。丸太は長さ一五尺ほどで、穴突棒であけた穴に立てる（図38―⑧参照）。一間ごとに立て、間隔は竹の物差しで測った。上に人が乗って作業するトオリマの列は、ヒカエを渡して下骨の柱を補強した。

柱の人が立って歩ける高さに、横竹を渡す。横竹は真直な真竹がよく、淡竹《はちく》も使った。下骨が組みおわると、ヨシズを丸めて上に乗せる。ヨシズを広げて遮光《しゃこう》（日差しをさえぎる）する前でも、日暮から冷えた翌朝は霜がおり、新芽をコガス（黒く枯れる）ので、夜間にヨシズを広げてまわった。

遮光のためヨシズを広げ、ムシロのタレ（側面）を垂らすのは茶摘みの二〇日前だった。ムシロのかわりに、古くなったヨシズを編みなおして使うこともあった。これで遮光度は半分になる。

ヨシズを広げたあと、稲藁を上にあげておいた。ワラフリは、茶摘みの一〇日前におこなった。二把一束の藁を、二間四方にふりまいた。藁の先を手に持ってふりまいた。むらになると、日光があたらないところに虫がつきやすくなる。ワラブキダケで、まんべんなく藁を広げた。むかしは日光があたらないと虫がつきやすいので藁はうすく広げた。ワラフリすることで、遮光度は九五～九八パーセントになった。急激な変化をさけて、二度にわけてワラフリすることもあった。ワラフリがおわると、風で藁が飛ばないように竹でおさえた。うまい茶にするには、

藁の（雨）雫《しず》くあてなあかん

とむかしからいった。

茶摘みがおわると、すぐに番刈り、下骨を解く作業がつづいた。丸太と横竹を結束した縄を切るのに、小さい刃先の鎌を使った。鎌は紐をつけて、首にかけて作業した（写真102参照）。

摘採の用具と技術

茶摘みは、女性の仕事だった。五月初旬から、六月五日の県神社祭礼までにおわらせた。田植が、すぐそこまでせまっていた。

賃金の支払いは、ジョウヨウ（常用）とメズミ（目摘み）の二通りあった。常用は一日いくら、目摘みは茶葉の目方

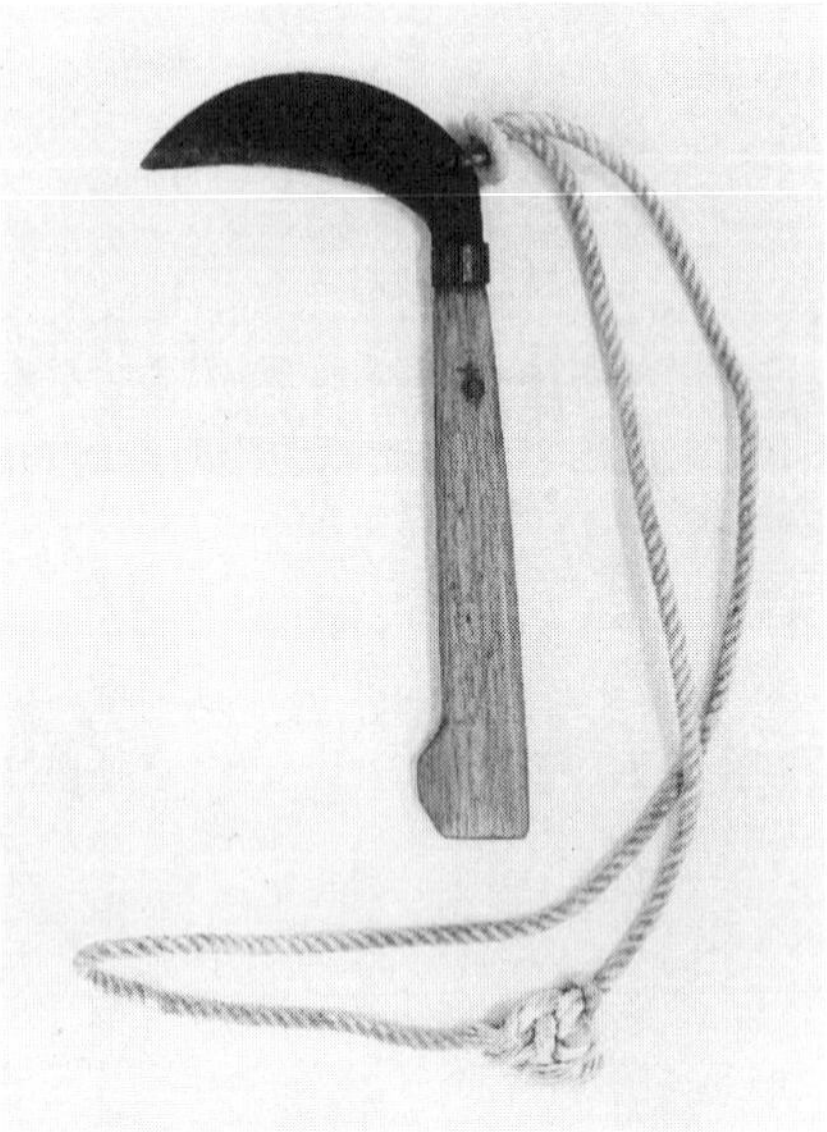

写真102　覆取り鎌（両刃で刃渡り８㎝）
（宇治市歴史資料館所蔵）

で支払った。目方が軽い高級茶は、常用が多かった。少ししか摘めないはじめは常用、茶葉の芽が大きくなると目摘みにかえるところもあった。目摘みは効率を上げるため、古葉がまざりやすかった。製茶で古葉を撰りだすのは、手間がかかるので常用が多かった。

覆下園の茶葉は露天にくらべて薄い。玉露は、はじめは一心《いっしん》二《に》葉《よう》、大きくなっても一心三葉までだった。玉露の茶摘みは、枝の根元を手で持ち、下から先につんでいく。碾茶は、高い所の芽の成長が早く、大きいので葉はしごいて茶摘み籠に入れた。

よそからくる茶摘みは、トマリヤマ（住み込み）だった。トマリヤマの茶摘みは、賄《まかな》いつきの常用が普通だった。このごろは雨で濡れると生葉がむせて悪くなるので雨の日は休む。むかしは雨の日でも、ミノとカサを着て摘んだ。雨に濡れた茶葉は、広さ一畳、深さ三〇センチほどの竹籠に入れてツユトリした。この竹籠をフネといった。フネは少し傾斜をつけて日陰におき、ときどき手でかえしてツユトリした。

摘んだ茶葉は、下骨からつり下げた茶摘籠に入れた。下におくと古葉が籠に入った。一日に四回ほど、生葉をとりにきた。目摘みは掛籠に入れ、チギ（天秤計《てんびんばかり》）ではかり、芽運籠に移した。製茶場では、雨に濡れていなくても、フネに移して交互に積み上げておいた。

製茶の用具と技術

フネに七分目ほど入れた生葉は、メンザイトオシでメンザイ（苞《ほう》）を取り除いた後、焙炉一回分にあたる生葉一貫をはかり、蒸場《むしば》に運ぶ。蒸場は焙炉場につづいていた。蒸釜は、熱い蒸気をあげるため深底の特別な釜を使い、燃料に火力の強い松割木を使った。

蒸釜の上にシキをおき、蒸篩《とおし》を乗せた。シキは藁製で、大正頃に木製の板にかわった。

蒸篩は二枚一組みで、交互に使った。一枚の篩に茶葉を一つかみ入れて釜にかけ、葉がしおれかけたころ蓋をあけ、竹箸でかえして、蓋をして、蓋で「ポンポン」と篩をうちならした。そのとき臭をかいで青臭みがなく、葉色が青緑色になっていたら、隣のナガシ（ハシリ）に蒸篩を箸で送る。

蒸しは、製茶工程のなかでもっとも経験が必要だった。蒸し加減で、茶葉の色や味が悪くなり、商品価値を落とした。次の手揉み作業もむずかしくした。それで蒸しは、茶園の状況から熟知している親方がした。親方は葉の厚さや肥料のきき加減、蒸気の状況を見て蒸し加減をきめた。一般に覆下園の肥料がきいた茶は、早くやわらかくなり、煎茶よりワカムシにした。

ナガシの横には、篩の茶葉を手箒《てぼうき》で落とし片手の団扇であおぎ冷ますアオチがついた。手箒は、丈夫なホウキギが使われた。アオチは、キバヨリをする女の人が交代でした。ナガシの落とし口にも一人いて、落ちてくる茶葉をサマシカゴに広げ、団扇であおいだ。早くさまさないと、葉がむれてしまった。この役は学校を出てすぐのボンサン（小僧）の仕事だった。ボンサンは蒸釜の下の火加減もみた。蒸篩一枚分の生葉は、五枚のサマシカゴに広げて積み上げた。

蒸場の休息は、蒸釜の湯が少なくなり、継ぎ足した水の温度が上がるまでの時間をあてた。

蒸した後、蒸し加減で悪くなった茶葉や、まざった古葉をよりわけた。このキバヨリ（フルハヨリ）は女の仕事で、

写真103　復元した焙炉（福寿園茶業資料館）

めんどうな作業だったという。キバは黄葉で、古葉が蒸されて黄色くなったものをいう。

玉露と碾茶の製茶法は、乾燥の段階で大きく違った。玉露は煎茶と同じく焙炉上で茶葉を乾燥させながら、手を使って揉み、茶葉の形をととのえる。碾茶は、熊手状のネンを使って茶葉をさばき、茶葉が伸びた状態で乾かした。

玉露は、焙炉師一人が手揉み用に一丁の焙炉を使う（写真104）。碾茶は一人が八丁の焙炉を使った。玉露にくらべ、碾茶の助炭は広くて、浅かった。

焙炉は朝炭を入れて、一日使った。日向炭《ひょうがずみ》（樫炭《かたずみ》）を積み上げ、その上にやわらかい炭、さらにワラをかぶせて火をつけた。一時間ほどでワラ灰がコロモとなり、炭火を調整する役割をする。それでも、途中熱くなりすぎたり、コロモが切れて炎が上がると、上から灰をおさえた。途中で焙炉の炭火が強いところから弱いところに移すこともあった。それには網ジウノウを使った。

手揉み用の焙炉は、炭火の上に鉄弓、金網をおいて、助炭をすえた。大正頃に金網からブリキ板にかわり、助炭がこげにくくなった。

さて、製茶用具の焙炉・鉄弓（絵図では鉄橋とある）・鉄網・助炭は、絵図にも描かれている（図38参照）。焙炉の上に鉄弓・鉄網をおくようになるのは江戸時代最末期か

写真104　仕上げの板ずり（福寿園茶業資料館）

らで、最新の用具として、関心の高かったことがうかがえる。この鉄弓と鉄網ができて、はじめて助炭の上で力をこめて茶葉を揉めるようになった。こうした工夫も、茶の需要が急増し、品質向上の必要から生まれたといえる。

手揉みは、シナモミ（一番揉み）とシアゲモミ（二番揉み）からなる。シナモミはサバキ（露切り）からはじめる。冷ました茶葉を軽く上にほうりあげ、茶葉が助炭面へ均等に、重なりあわないようにさばく。水分がとれて、茶葉のつやがなくなり、葉がよれてくるまで半時間ほど繰り返す。

次のテンコ（横まくり）は、茶葉を手に握り団子状に少しずつ加えながら、助炭面全体を使って大きくころがす。水分が最初の五〇パーセントほどになると、塊になった茶を解きほぐす玉解きをして、いったん助炭から茶をボテに取り出して冷ます。これを中上《なかあ》げといい、約二時間かかる。約十分ほどの中上げのあいだに、助炭面の掃除をする。ここまでがシナモミの仕事で、シナモミはアゲモミにくらべ時間も長く、湿った重い茶葉を大きく動かす。重労働だったが、反対に賃金は安かった。

大正ころ、奈島あたりではシナモミを三年すると二番（アゲモミ）衆になれた。ただ、焙炉師全体ではシナモミだけは少なく、たいていは通しで揉むことが多かった。

アゲモミは、まず葉ぞろえからはじまる。両手の掌をあわせて茶葉を揉みおとすモミキリと、片手まくりを交互に繰り返してよりをつけていく。次はデングリで、茶葉を持ち上げるようにして、左右の手をデングリ（交互に回転）させながら揉み、茶葉を細くととのえた。

最後はカマチズリ（板ずり）で、茶葉を二つに分け、半分ずつ板を使ってさらに細く、ピンとのびた形に仕上げた。ここまでで、四時間弱かかった。

むかしの焙炉師は、板ずりの板は個人所有だった。この板を持って、焙炉場を渡り歩いた。

できると、鉄弓の敷いていない乾燥用の寄《よせ》助炭の上に、揉《よ》りをかけながらまんべんなくまいた。ときどき助炭面を指先でたたき、裏表がむらなく乾燥するようにした。この茶をさらに引き出しになった乾燥用の練助炭に入れ、手でポリッと折れるまで乾燥した。寝る前か翌朝、乾茶を茶櫃に移して保管した。

茶櫃は内側にブリキをはり、四貫二〇〇目（約一五・八キログラム）ほどの重量がある。これに玉露を一杯入れると一〇貫（三七・五キログラム）ほどになった。

加工保存の用具と技術

できあがった乾茶を、問屋に納めた。少量の場合は乾茶のままということもあった。大量のときはできるだけ茶撰りしてから納めるよう問屋から依頼された。ツルキリ（茶撰用篩）に乾茶を入れ、ゆらしながら手でなでて、葉と骨（茎）をわけた。ツルキリをすませた茶は、竹箕に渋紙を貼った箕でヒダシした。ヒダスと、骨は手前に集まり、葉は、下に落ちた。その葉を茶撰り台の上に乗せ、大きい骨をとり、茶櫃に入れて問屋に運んだ。

大正のころは、茶壺を番茶入れとして利用した。茶壺の口に木の蓋をおき、渋紙で覆い、縄をかけた。ただし、茶櫃が茶壺より機密性が高く、高級茶から茶櫃にかわった。

三　笠置山地の煎茶の技を読む

南山城山村民俗文化財調査で、笠置山地の茶業を分担した。笠置山地の調査で訪ねた家で、自家製のおいしいお茶をしばしばご馳走になってお茶が好きになった。山城資料館のある上狛は、笠置山地の茶の仲買人や茶商が多い。わたしは茶商から荒茶をまとめ買いして、保冷庫に預かってもらう贅沢をしていた。上狛の茶商や笠置山地の茶農家を、おいしいお茶とともに今もなつかしく思い出すことがある。

1　湯船・切山・田山の茶業

南山城は、茶樹の栽培に適した気候風土で、主な生業になっていた。笠置山地の村々も茶業がさかんで、その歴史もいろんな説がある。

和束町の和束茶は、鎌倉時代に鷲峰山山麓に植えたのがはじまりだという。その種子は加茂町の海住山寺の慈心上人が、明恵上人よりわけてもらったという。また、天正年間（一五七三〜一五九一）に和束町原山に五七アールの茶園をひらいたと旧記に記されているともいう（『私たちの相楽郡』）。

大智寺文書では、宝永四年（一七〇七）に和束町湯船で、「白栖村明細帳」では、寛保三年（一七四三）に和束町白栖で煎茶をはじめたとある。「永谷旧記」では、寛延年間（一七四八〜五〇）に原山で二人、宝暦年間（一七五一〜六三）に和束町門前で二人、明和年間（一七六四〜一七七二）に和束町石寺で一人が茶業をはじめたとある。天保年間（一八三〇〜四三）に門前の茶師が江戸へ出荷し、嘉永四年（一八五一）には原山の茶師が広島で茶商をはじめたとある（『山城茶業史』）。

写真105　昔の面影を残す茶と柿の混作　宇治田原町岩山付近（『京都府茶業百年史』1994）

宇治は碾茶が中心で、中世から支配者層と結んで発展した。笠置山地の和束は煎茶が中心で、喫茶習俗が広がりつつあった近世都市に販路を求めた。そして明治元年の神戸開港で、輸出茶の主要産地として発展する。

茶樹栽培の適地は、やや寒冷で昼夜の気温の差が大きく、新芽が晩霜にあたると腐敗するため、川沿の斜面で空気の流れのよいところがよい。その条件は和束川上流の湯船にあい、湯船茶は品質がよかった。第二次世界大戦後は、茶樹の品種改良と機械化で、下流の緩斜面に大規模茶園がひらかれた。かえって湯船茶は、地形的な制約でふるわなくなった。

笠置町切山は、いまは自家用茶畑（畦茶）しかない。第二次世界大戦前は茶畑が広く、切山の主要商品作物だった。大正末ころは、集落の上と下に共同製茶工場があり、個人でも二軒が製茶機械をもっていた。茶摘みのころは、笠置から摘み子を雇う家も多かった（「木津川上流の農業について上・下」『やましろ一四・一五号』）。

寺阪喜一さん（明治三十六年生）は、製茶工場ができる前は、どの家にもホイロ小屋があり、奈良市柳生や河内からホイロシがきていた。毎年切山にきたので、養子に入ったホイロシもいた。コマ（上狛）からは、茶の仲買人がたくさん買いにきた。第二次世界大戦中、食糧増産で茶畑にサツマイモや麦を植えて茶畑がへった。戦後は、昭和初期からさかんだったキュウリの抑制栽培へと転換した。茶樹は掘りおこして、キュウリ畑となった。いまも山には野生化した茶の古木が残り、茶樹栽培の古さがわかる。

南山城村田山の製茶は、現存は湯船や切山よりさかんである。共同の製茶工場が多く、高品質の煎茶を生産する。和束茶より、田山茶が品質で劣っていたのは、なだらかな地形と日当たりのよさで、新芽が伸びすぎることがわざわいした。

田山の隣の南山城村高尾でも、天明年間（一七八一～八八）に奈良県柳生から茶種をもらってきて蒔いたなど、各地からの移入伝承がある（『高山ダム水没地区調査報告書』）。田山と高尾は条件が似ていて、同時期に伝わったのであろう。

明治十一年の田山村「五ヵ年間物産取調書」には「煎茶五千八百八拾壱貫目、番茶弐千貫目」とある。明治九年の日雇人夫賃を定めた「区内規則」のなかに、茶製人（ホイロシ）・茶摘人・茶撰り賃が定められている（『田山古文書』第一集）。明治時代の初期、田山でも茶業は重要な産物になっていた。明治三十七年には、約二〇〇戸のうち一六一戸が茶業組合員である（『田山古文書』第二集）。

藪仲繁太郎氏（明治三十四年生）と西羅宇市郎氏（明治三十年生）が若いころは、手揉みでお茶をつくっていた。茶樹は屋敷周辺に、野菜や麦とまざって植わっていた。五、六反あれば広いほうだったが、ほとんどの家にホイロがあった。

大正五年ころから粗揉機が、大正十年ころから精揉機が入る。大正末ころは、粗揉機を使って、仕上げは手揉みの「半製」が多かった。一部に機械だけの「総機」がまざっていた。しだいに総機が多くなり、「親子茶」が中心になった。親子茶は、昨年の葉（親）と新芽（子）を一緒にハサミで刈り、家で裁断しなおして機械にかけたものである。

機械化は、茶農家の集約化をすすめ、昭和十六年に茶業組合員は一〇七戸に減少した。

第二次世界大戦中は、茶園はサツマイモや麦畑にかわる。戦後は、山に道を通して茶園にひらいた。大規模機械となり、生産量は増加したが、茶農家はさらに減少した。戦後、田山は茶業技術全般が向上し、広大な丘陵地を生かして、相楽郡で和束に次ぐ茶の栽培地となった。

2　煎茶の製茶技術

茶樹と茶畑

湯船での煎茶の製茶技術は、小杉の宗貞一氏（明治三十五年生）から聞き取りした。湯船の茶畑は、もとは集落の周囲にだけあった。輸出茶の好況が、すぐに湯船の茶農家に伝わった。貞一氏の三代前の佐次郎氏は、谷奥の山を茶畑にひらいた。このときひらいた茶畑は、いまは植林して山にかえったところもある。佐次郎氏がひらいた茶園は、風通しがよい斜面でいまも残る。佐次郎氏は、よい茶がとれる茶畑の条件を知っていたのである。

湯船茶でも、小杉カイトから下はクロツチで、玉露とまぜてもよいほど味の深い煎茶がとれた。小杉の上方から朝宮にかけては花崗岩が風化した砂質土壌で、あっさりした味の茶がとれた。

戦前までは在来種で、ヤナギバとマルバがまざっていた。ヒネタ（古い）茶樹は味と香気がよいといった。七〇年から八〇年で、葉が茂らないで小さくなり、茶摘みの効率と収量がわるくなる。根本から伐って、蘖《きはだ》を育成するダイオロシを、少しずつおこなった。ダイオロシした茶樹は、二、三年でつめる。四、五年でかなりの収量となり、一〇年で一人前の茶樹となる。

いまの茶園は、茶樹がカマボコ状に連なる筋園である。前は茶樹を一塊ごとに間隙をあけ、高く仕立てていた。茶樹のあいだに自然にコンニャクが育ち、秋祭りのご馳走になった。

茶園の肥料は、春のヒガンゴエとショチヤ（一番茶）を摘んだ後に油粕を入れた。一番茶と二番茶を摘む前に、芽出しのために人糞を施した。二番茶を摘んだ後の夏の暑いころは、ホソやクリの葉を茶園に敷いた。野山のホトロは自由に刈れたが、人手が足らず河内や伊賀上野あたりから人を雇った。

二番茶の後、ナカスル（中耕）、秋には土寄せした。茶樹栽培の作業をアオチャヅクリといった。

茶摘み

茶摘みは、ツミコを雇った。和束川上流の湯船と下流の村では温度差があり、茶摘みの時期がずれた。下流で茶摘みがおわると、湯船で摘み、さらに朝宮へ移動した。ツミコは、一日いくらのチンヅミだった。摘む量で支払うカンヅミだと、急いで摘みツミツケがまざり、あとの撰別で手間どった。ツミツケは、ホウガ（新芽を包む胞）と古葉をいう。

「一心三、四葉」で、一日に三貫（約一一・二キログラム）摘んだ。ツミコ二人の量が、ホイロシ一人の揉み量で、賃金はホイロシがツミコの二倍だった。二番茶は一番茶の半分の収量で、値段も七、八割と安かった。雨の日に摘んだアオバは、蒸した後すぐムシメをジンドウに入れてしぼった。小規模な家は、蒸す前にサマシカゴに入れて、アオバについたツユをとった。

製茶

茶園から家に運んだアオバは、すぐにチャムシした。釜の上のムシカゴにアオバを入れ、箸でかきまわし、八分蒸しぐらいで蓋をする。この段階で、シノ（軸）だけが蒸せていない。次に、ムシカゴのなかの温度が逃げないよう、蓋でポンポンとたたく。まだ蒸しあがっていなければ青臭さが残り、蒸しあがっていると無臭になる。その瞬間、サマシカゴに移して冷ます。チャムシはカザ（臭い）で加減を判断するため「チャムシは鼻でみる」といった。チャムシは、ホイロ小屋前の露天か、ホイロ小屋の軒下でした。屋外はムシバがよく冷めてよかった。チャムシは、茶農家の親方（主人）がした。茶園が二、三反規模なら、チャハコビも親方がした。

　ホイロシ一人に、揉みと乾燥の二つのホイロがいる。足りないときは、一つの乾燥用のホイロを半分ずつ使って乾燥するアイボシにした。ホイロシ一人が、一日に炭俵一俵（二貫七〇〇匁・コモが二〇〇匁。正味約一〇キログラム）使う。ナガズミ（長炭）は揉み用に、細かい炭は乾燥用のホイロに入れた。ホイロの炭は、ナラ、クヌギ、カシ以外は雑木炭を使うことが多かった。雑木炭は、火持ちは悪いが、火つきがよく、最初にホイロを暖めるときは都合よかった。炭の上に藁をキセ（覆せ）て火持ちをよくした。ホイロを使いはじめて三日ほどは、炭がよけいにいった。途中でたす炭を「ホイロのケンズイ（間食）」といった。

　ホイロに炭を入れたあとテッキュウを並べ、アジロ（鉄網）、ブリキ板、ジョタンの順に乗せた。一パイ（回）の揉み量はアオバ一貫で、一日に六パイ揉んだ。ゆっくり揉むと歩留りがよくなり、五ハイでも六パイと量がかわらず、ホイロシも疲れず、かえってよい茶ができたという。

　ホイロシは二人で組むこともあった。一人が新米のときは、前半のシナモミを新米、後半のシアゲを熟練がした。揉む順番で、一番師、二番師ともいった。以下では、手揉みの作業を、シナモミから順番に書いてみたい。

　ハウチ……ハウチは、冷ましたムシバを、助炭いっぱいに広げて、ムシツユをとった。五分から十分すると、葉の表面の水分がとれて、しなびてきた。

ヨコマクリ……ヨコマクリは、ムシバを手のなかでころがすようにしながら、少しずつ力を加えて玉にした。ヨコマクリを四十分もつづけると、シノの水分まで抜けた。

サマス……玉にしたムシバをほぐしながら、ムシロに広げて冷ます。この間に、ジョタンについたムシバのアクをタオルでふきとってきれいにする。

田山では、シナモミをアオモミといい、アオモミの途中で、ムシロの上にムシバをおいて、足の裏でトコモミした。トコモミすると茶揉みの時間が短縮でき、品質は劣るが能率は上がった。トコモミは粗揉機でアオモミするようになりなくなった。

モミキリ（サバキモミ）……ふたたびジョタンの上にもどし、茶葉を両手ではさんで持ち上げ、両掌でジョタンの上に揉みおとす。半乾燥の状態で、十分によりをかける。十五分ほどして、茶葉と茶葉がつかなくなるまで、さばきながら揉む。

ツクネモミ（テンコロ）……茶葉をジョタンの中央に集め、両掌のあいだにはさんで、手を上下に交互に回転させながら揉む。二十分ほどして、茶葉が手のなかからすべってはみでて揉めなくなるまで繰り返す。揉みあがると、葉ぞろえしながら茶葉をジョタンの端に寄せ、ジョタンに残った粉とジン（若芽の先）を選別し、ジンは茶葉の下に入れ、半分はテホウキ（藁箒）で端に集める。この間、茶葉にタオルをかけてかわきを均一にし、上乾きして揉りがもどらないようにしておく。

カマチズリ……カマチイタをハサミでホイロの縁に固定し、カマチイタ前方のジョタン面に米糊をハケで塗り、先に集めた粉をふりかけてザラザラの状態にする。その後、糊がかわく二、三分の間に、タバコを吸って一服することもあった。板の上で、両掌から茶葉がはみでないよう力をこめ、くるくるまわす。茶と茶がまざって細く仕上がった。この間約二十分である。カマチイタにはすべり止めの筋をつけることがあった。杉板の目の荒いものを使えば、冬目と夏目の段で筋をつける必要もなかった。カマチイタは親方が用意した。手揉みで一流といわれる人は、カマチイタを使わず仕上げた。カマチイタを使うと揉みやすいので、みんなが使うようにかわった。

カンソウ……揉みあがった茶葉は、乾燥用のジョタンの上にミキリしながら広げてゆく。水気がなくなったらひっくり返し、乾燥するとジョタンの隅に集めたり、ボテコに移した。

ホイロシの仕事がすむと、親方がふたたび茶葉をジョタンの上に広げ、夜になり完全に乾燥したころを見はからって、茶葉が熱いうちに壺につめた。熱いうちにつめると湿気がこないし、香気も逃げない。茶壺は信楽焼で、茶葉が五貫四〇〇匁～五〇〇〇匁ほど入った。茶葉を入れた上からサンダワラを乗せ、木の蓋をし、渋紙をかけて紐でくくる。大正中ごろから、茶壺は函櫃《はこびつ》にかわった。

茶葉が乾燥したかどうかは、茶葉に指をたてて判断した。指がスッと通れば乾燥したことになる。

同じ親方の家で長年勤め、技術も優れたホイロシは、親方から幟をもらった。そのことを「幟をきる」といい、ホイロ小屋の軒下にかかげた。幟持ちは信用がまし、賃金もよかった。また、同じ親方の家で一番長く勤めているロウモトに、幟持ちがなることが多かった（写真107参照）。

正月前になると、親方はホイロシやツミコに、手付けとして金と手拭いを持っていった。仕事じまいの日は、ホイロジマイといって祝った。

昭和三十一年に湯船村が和束町に合併するころまでは、仲買人に荒茶を売っていた。その後、問屋に直接売る家もでてきた。仲買人は、もとは井出町玉水が多かったが、後に上狛にかわった。井出町多賀の仲買人がきたこともあった。

写真106　信楽焼きの茶壷（福寿園茶業資料館）

写真107　湯船小杉の前田家がホイロシの飯田氏にだした幟

荒茶の売買には、地元の世話人がたちあった。湯船には世話人が二人いた。世話人は事前に茶農家をまわって、その年の状況を知っていた。仲買人と農家の間にたって、荒茶の値段をきめた。世話人は、仲買人の宿泊の世話もして、交渉がまとまるとブイチ（一分）の手数料をとった。仲買人は茶農家に手付け金として二割渡し、残りは荒茶をとりにきたとき払った。

第二次大戦後の一時期、茶業の景気がよかった。そのころ貞一家は、湯船の農家から青葉を買い集めて、一〇〇〇貫（三七五キログラム）もの煎茶をつくった。そのときは、大阪の小売店に直接卸した。

番茶

番茶も、自家用だけでなく売った。もとは、一番茶を摘んだあと鎌で刈って番茶にした。貞一氏のころは、茶樹の下に箕をおいて、バンガリバサミで刈って落とした。刈った青葉は、シンドカゴに入れて持ち帰った。後には、箕で受けるかわりに、ハサミに布袋をつけた。

番茶は、煎茶と同じようにセイロで蒸した。その後、ムシロのうえで、熱いうちに足で揉んだ。そのあと屋外で十分に乾燥させた。番茶は藁袋に入れて出荷した。自家用は、ムシロの上で番茶を棒や槌でたたき、トオシでとおして茶葉だけを選んだ。茶葉を必要におうじてホウジて飲んだ。

田山では、足で揉んだ番茶をアオセといった。熱いので地下足袋やゴンゾウ（藁沓）をはき、足裏をすりあわせるようにして揉んだ。番茶をつくる梅雨でも、アオセだと一日で乾燥した。ただし足で揉まずに乾燥させたほうが香気はよかった。それでアオセは出荷用で、自家用にはしなかった。

追記

一九九八年、『近世・近代の南山城　綿作から茶業へ』（石井寛治・林玲子編、東京大学出版局）が刊行された。まえがきに、東京大学所蔵の相楽郡山城町上狛の浅田家文書の研究成果をまとめたとある。一九八六年から研究会をはじめる。そのころ相楽郡内では、山城町をはじめ各町が町史編纂事業をすすめていた。そうしためぐまれた条件のなかで、現地調査を重ねながら研究を深めた。

上狛村の浅田家の理解には、相楽郡をこえての綴喜郡への地域的な広がり、三都をはじめとする諸都市とのヒト・モノ・カネの交流関係に注意する必要があった。書名の「南山城」は、浅田家の研究で南山城の地域特性をあきらかにできたからである。たとえば林玲子氏の「南山城と都市」は、近世前期に上狛村から江戸への奉公が多かったことをあきらかにする。京都は、奉公先だけにとどまらず、商品流通の発達で高級用品の買物先にもなっていたとある。

『特別展図録　山城・お茶一〇〇年』（京都府立山城郷土資料館、二〇〇〇）は、宇治に代表される山城のお茶の一〇〇年に焦点をあて、その前後も視野におきながら、茶業の歴史と習俗を紹介している。

四　畿内の和沓を読む

はじめて、牛革の和沓《わぐつ》を和束町の農家で見た。洋靴と違い足を包み、紐で絞るゆったりとした沓だった。南山城の年寄りは、男性ならみな知っていた。和沓をはいた経験者はなつかしがった。南山城では、県外から売りにきた和沓を買ってはいていた。

湯船の猟師は、猪の大きさをロクソク（六足）など、一頭から和沓が何足とれるかではかった（「Ⅳ、畿内の山の技術」参照）。和沓の一つが汚れていたので水洗いした。紐をとって水につけてのばすと、長方形になった。

日本でも冬場を中心に和沓を広くはいていた。牛・馬・熊・猪・鹿・豚のほか、北方では鮭など魚の皮も使った（宮本勢助『民間服装誌履物篇』雄山閣、一九三三）。ところが近世に庶民が和沓をはいたのは畿内が多かった。和沓は京都や大坂の農村部のほか町場でもはき、草鞋より機能的で経済的な履物だった（大蔵常三『農具便利論』日本農書全集一五巻、農文協、一九七七）。畿内では、和沓の機能性から商品流通し、庶民のはきものになっていた。それがいまは南山城でも、和沓を知る人は少ないはずである。

1　和沓の系譜と広がり

和沓の系譜

宮本勢助は、はきものを鼻緒履物類《はなおはきもの》と被甲履物類に分けた。鼻緒履物類は下駄《げた》・草履《ぞうり》・草鞋《わらじ》など、足を乗せる台に鼻緒のついているはきもの、被甲履物類は雪履・革履・足袋など、足を乗せる台に足の甲を覆ふ部分があるはきものをいう。

市田京子氏は、足の甲を覆う閉鎖性と、覆わない開放性とに読みかえた。日本のはきものは開放性の下駄と草履が主で、閉鎖性は和沓と防寒用の藁沓などかぎられていた。幕末に欧米から洋靴が伝わり、明治三年に皮の軍靴の製造がはじまる。ただし皮靴やゴム靴は庶民にとって高価だった。日本の洋靴の普及は、大正九年（一九二〇）にゴム工業が発達し、総ゴム靴製造が本格化してからだという。日本の工業化は国策として近代にはじまる。ただし生活用品の製造におよんだのは大正時代だった。はきもの近代化も大正時代を転機とし、開放性から閉鎖性にかわる。（市田京子「はきもの」生活学会編『衣と風俗の一〇〇年』ドメス出版、二〇〇二）。

京都や大坂の庶民がはいた和沓は、「綱貫」として『農具便利論』に次のようにある。

綱貫は畿内にては農人《ひやくしよう》専用《もつはらもち》ゆるといえども、京大坂の町家にてはく者は、魚売・野菜屋・馬士《うまかた》、其外小用をきくもの、或は其家の丁稚に至る迄、草鞋《わらんじ》を履ことなく寒中晴雨ともはきありく事也。畿内《かみがた》の農夫、冬にいたれば畑の仕業をするは勿論、二里三里を行かひするもの雨天にもはきあるくに、さのみおもき事を覚えずといへり。予に或農夫語ていえらく、吾綱貫を九月すへより春三月まで一足価銀八匁なるを二足はく事にて、此代合十六文目なり。然るを草鞋を履ときは、九月より翌三月まで凡八匁は費《ついへ》也。毎日わらんぢをはきて農業をはたらく人足袋《たび》もはかざればつめたきゆへ、古き足袋または新にこしらへはく事なれども、凡八

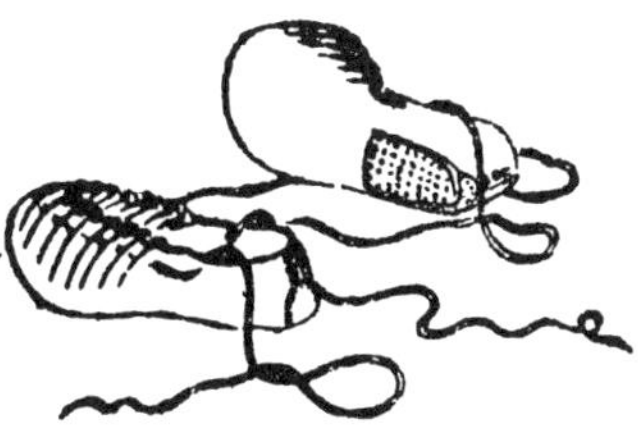

図39　『農具便利論』の綱貫

文目斗は費べし。然ば綱貫の代はある也。費は同じことなるを、綱貫は寒気と雨とを凌《しの》ぎ、冬朝とく起て耕作に出るにも足のこごゆる事なければ、おのづからはかどる也。草鞋はきて出る時は、やや日の高く成て暖になるを考へ出ざれば、ものごとはかどらず。一日にては其遅速少しの相違なれども、一年一生につもれば大いなる得分なり。又毎日足洗ふ場もいらず、かたがた違ひあれば誰かこれを用ひざるやと。予是をききしより、とし毎にためしみるに尤大いなる便利也。年ごとに求めて雨の日は、はきあるくに便利なる事を覚ゆ。是を用ひるは奢《おごり》なるようなれども、雪国は無論、東国には用ひたきもの也。大和にては猪の皮を毛なりに切て造り、農家に専ら用ゆ。或は二里三里の所へ往来するにもはきあるく也。猪の皮は至てつよし。

綱貫は冬のはきものとしてすぐれ、草鞋より経済性や合理性もすぐれていた。なお『民間服装誌履物篇』には「つなぬき、高麗はし、難波はし」とあり、店売りしていた。

奈良の農家は毛がついた猪皮で、綱貫をつくってはいた。柳田国男編の『服装習俗語彙』の「カヘルグツ」には、皮沓の使用せられる区域は、不思議に近畿と其周辺の山村だけに限られて居る。是は此地方の労力が比較的早く貴重になって、斯ういう耐久性のある商品に、年々の藁工芸をかえたのかと思う。（中略）まだ沓の底に藁屑を入れて穿いて居るのは、両者の連絡を考えさせられる。革沓の材料は以前は野猪の皮が多かった。材料は手前持ちで、工作だけを外から来る者に頼んで居た結果であった。形が似て居るから其名を蛙沓というところもあった（摂津川辺）。（後略）

とあり、猟師から手に入れた皮を、専門職人に頼んでつくってもらったとある。挿絵の解説には（図39の上の絵）、

綱を貫通してはくゆえ此名あり。牛馬の皮をもて製す

代銀　上十五匁　中八匁　下五匁

とある。ツナヌキ（綱貫）はツラヌキ（貫）をなまっていった。ツラヌキは平安時代から文献にあらわれ、室町時代は

ツナヌキとよばれていた。江戸時代の『農具便利論』でも綱貫を継承していた。商品の綱貫は牛馬の皮でつくり、三つの価格にわかれていた。挿絵の綱貫の踵《かかと》に鋲《びょう》が打ってある。皮の種類や部位、鋲の打ち方などで価格差があったのである。

『近世風俗誌』は、近世の江戸と京大坂の風俗を比較した辞書である。江戸ではかない和沓を、京都と大坂の三種類の和沓を図入りで紹介する（図40）。

足袋沓は足袋と同じで、指股があり左右を入れ替えてはけない。かならず黒漆や青漆をぬり、官吏が市中をまわるときなどにはいた。

朝鮮沓は足袋沓と似るが、左右入れ替えてもはける。

綱貫沓は、漆を塗らず素革のままである。前方は麻縄で縫い貫き、手前に折りまげて甲を覆う。踵は縫い合わせて、開かないようにしている。三種類のなかでは最もよくはき、諸雇夫や諸売りなどよく外歩きする人が冬にはいた。

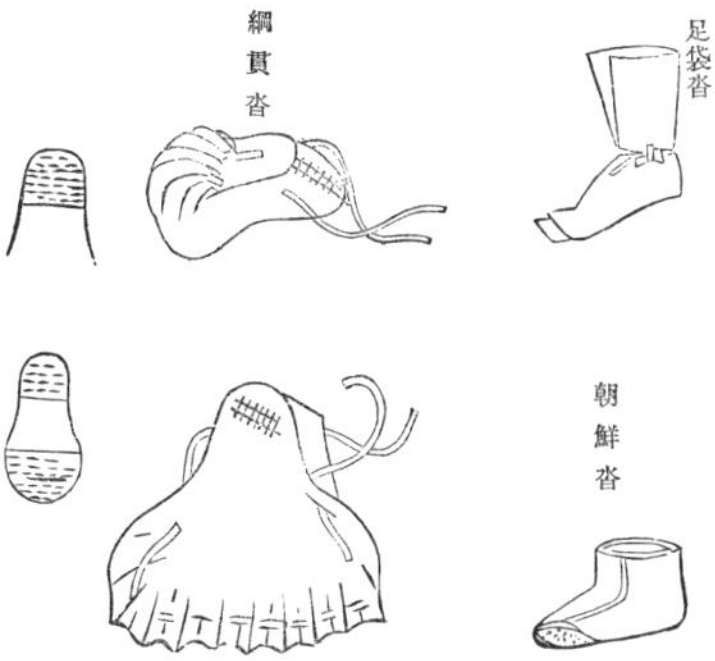

図40　『近世風俗誌』の三種類の和沓。足袋沓（右上）、朝鮮沓（右下）、綱貫沓（中央上）、ぬい合わせをひらいた綱貫（中央下）、沓の裏の鋲２種類（左）

三種類とも、沓の裏には鋲が打ってある。朝鮮沓は屈裏の踵と前方二カ所、足袋沓と綱貫は踵だけに鋲を打っている。はくときは中に藁しべなどを敷いた。春に暖かくなると油をぬり、穀殻や蕎麦殻、綿核を入れて形がくずれないようにした。一年ではきつぶすが、綱貫沓は翌年もはくことが多かった。足袋沓と朝鮮沓は金一分二朱、綱貫沓は金二朱、あるいは銀五六匁だった（室松岩確編『近世風俗誌』文潮社書院、一九二八）。

滋賀県安曇川町北船木では、和沓を朝鮮沓とよび、大津まで魚を売りにいく人がはいていた（『滋賀県の民具』滋賀県教育委員会、一九八四）。

大阪府の和沓は、小谷方明が『農具便利論』などを参考に書いている。そして自身も昭和初期に、ゴム長靴がでるまではいていた。近年まで、大坂府富田林市の滝谷不動の毎月二十八日の縁日の店で売っていた。これは和歌山県の山間の人がつくったとある（小谷方明『大阪の民具・民俗志』）。

大阪府の泉北地方や奈良県の南部では、牛革の田行き和沓をワングツといった。大阪府の南河内ではタグツをはいて、初冬から早春にかけて水の少ない水田を耕した。南河内滝畑では牛のナメシグツといった。いろいろ種類があり、キンチャクグツは紐を絞る襞がこまかく、腹の皮を使い一番上等だった。ブチは尻の皮で、鞭《むち》でたたかれ厚くて丈夫だった。クラニは、鞍を置く背中の皮でつくり、一番安かった。大阪府の摂津の山村では、猪皮でつくった労働和沓をイノグツといった。この地方では猪をイノという。毛がついた和沓は、雪の上でもすべらなくてよかった（柳田国男『服装習俗語彙』一九三八）。

明治末ころまで、奈良県吉野郡黒滝村でも猪皮のツナヌキをはいた。雪があるときはくと、雪の上でもすべりにくかった。山仕事はあまり雪が深いとできないので、ツナヌキで十分用がたせた。

京都市八瀬のツナヌキは、三種類あるという。ソービョウは男用で、牛皮製で黒色、底の全面に鋲が打ってある。ナメシは、牛皮製で、白色、底の踵にだけ鋲が打っている。ケグツは、猪皮製である。大正一三年に、京都七条から柳原にかけて、路上にキンチャクグツが干してあった（宮本勢助『民間服装誌履物篇』雄山閣、一九三三）。

南山城の和沓

南山城で、一番最後まではいたのは昭和四十年ころである。和沓は沓底に藁を入れるので温かく、近所の年寄りにうらやましがられた。

木津町鹿背山の三上繁造氏は、シビグツは冬あたたかいので田仕事にはいつもはいた。山仕事は、柴を伐るときは

写真108　シビグツ（山城資料館所蔵）

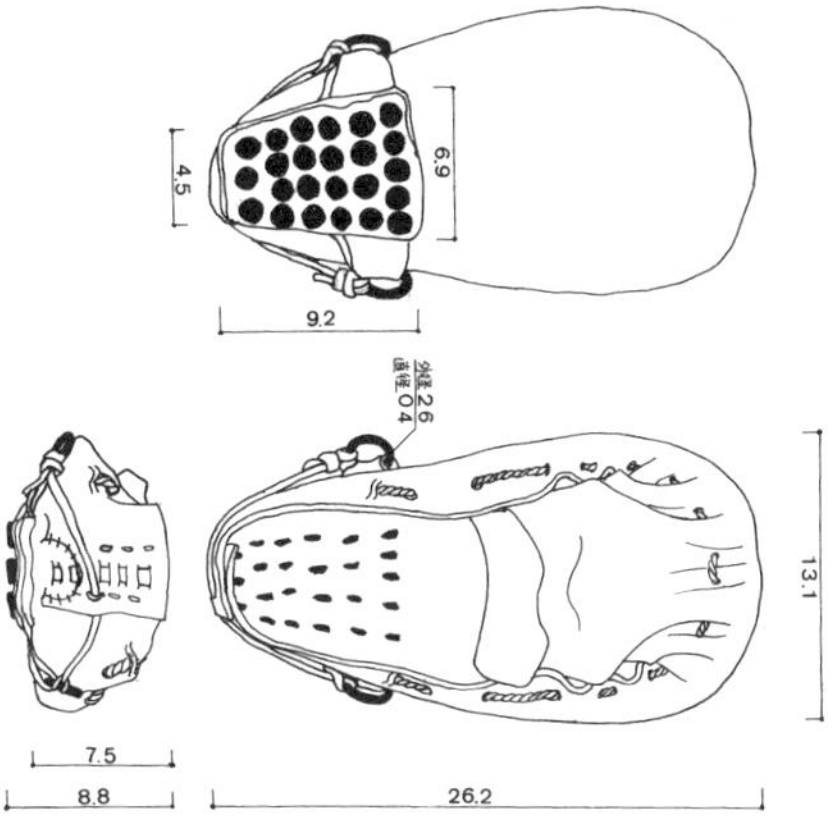

図41　シビグツ（山城資料館所蔵）

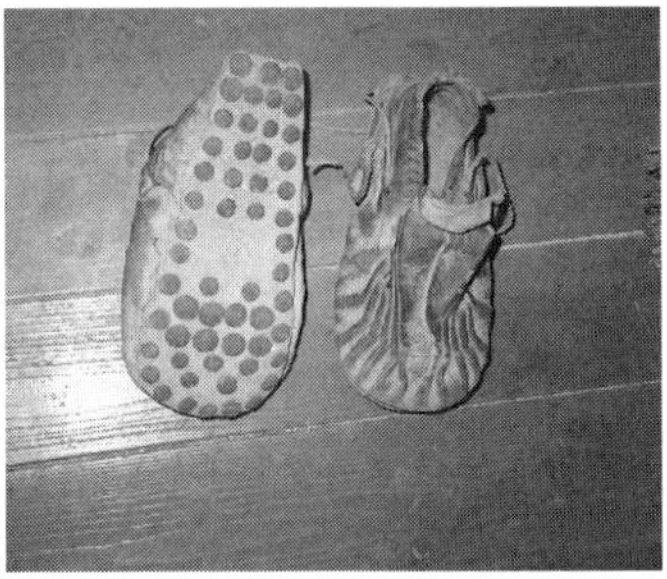

写真109　ソウビョウ

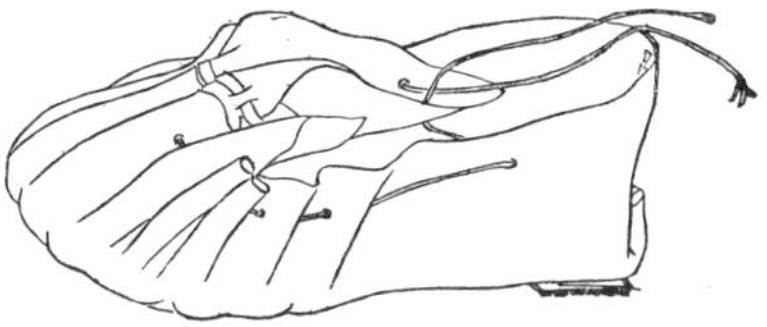

図42　『民間服装誌履物篇』の大坂府南河内郡富田林のツナヌキ

はくが、柴を出すときには和沓は重いのではかなかった。奈良市奈良坂のクツヤハンから買った。正月前になると、皮の見本を持って二軒が注文を取りにきた。文数をはかって帰り、正月前にこちらから取りに行った。大正ころ一足が四、五円と高かった。江州沓のことは聞いたことがない。

　精華町東畑の森田高史氏は、牛革のノグツを冬の農作業ではいた。沓底が平らなので、ズクズクの水田でも沈みにくかった。沓の底に藁、その上にシビをしき、つま先で折り返すとあたたかだった。沓のなかが湿気てくると、藁を取り替えた。足袋を二枚重ねではくこともあった。和沓は洋靴と違ってはくとき融通がきくので勝手がよかった。毎日はいていると、足の脂がしみ出るのでかたくならない。しばらくはかないと、かたくなった。かたくなると、菜種油をぬってはいた。

　大正時代まで、東畑に奈良市内の二カ所からノグツを売りにきた。売りにきた人に、修理してもらった。昭和になるとゴム靴にかわった。東畑資料館には二種類のノグツを収蔵している。すべてのノグツには、踵に鋲が打ってある。うち二足は踵に鉄輪がつき、紐をかけてしばるようにしていた。

和束町白栖の渡辺栄良氏（大正五年生）は、牛革のシビグツは冬の農作業に男性がはいた。足袋をはき、シビで底から足先まで覆うので、爪先があたたかかった。かたくなっても、油をぬるとやわらかくなった。ただし油をつけすぎると、やわらかすぎてはきにくかった。

栄良氏は、雪の日の小学校への通学にもシビグツをはいた。一年生四〇人のうち、シビグツをはいたのは二、三人だった。シビグツは高価だった。そのため栄良氏は気はずかしい思いをした。

宇治田原町奥山田の高木英三氏は、シビグツとよんだ。シビを底に入れてはいた。大和から、鹿皮のパッチや皮の鼻緒の下駄も一緒に売りにきた。宇治田原町郷ノ口には、キャンキャングツとよぶ和沓があった。皮を渡すと、帰ってなめして和沓につくってくれた。キャンキャングツは、外側に毛がついているのですぐわかった。

山城町下狛の井上静野氏（明治四十五年生）は、バッサラグツとよんだ。冬の男の仕事ばきだった。シビをなかに敷いた。大正十年ころ、バッサラグツから地下足袋、大正末ころゴム長靴にかわった。

湯船では猪の皮を使い、穴を開けて紐をとおした自家製のものがあった。猪皮のツナヌキは一年しか使えず、猟師から皮を買って自分でつくった。耐久性がなく、早く姿を消した。牛皮の和沓は職人がつくり、その後も流通していた。牛皮の和沓は、産地ごとに形や皮に差があった。沓底に踵をつけたり、鋲が踵や全体についたものがあった。踵に輪環をつけて紐で締める和沓もあった。牛のどこの皮を使うかで強度も違った。職人の和沓技術は、近代以降の皮靴製造につながったという。

2　田山からみた和沓

四つのシビグツ

南山城村田山で、和沓の名称・製作地・用途・皮・シビ・値段などを三人に聞いた。小西市太郎氏（明治三十三年生）、藪仲繁太郎氏（明治三十四年生）、西羅宇一郎（明治三十年生）である。和沓をはいた経験者ばかりだが、一部で話がくいちがった。

和沓は、形態で四種類あり、それぞれに名前がついていた。値段の高い順にいうと、キンチャクグツ・江州沓（八幡沓）・奈良沓・ツナヌキである。まとめてよぶときはシビグツといった。和沓は寒さやはき心地をよくするため、かならずシビを入れた。

キンチャクグツは、江州だけ、奈良にもあったと意見がわかれた。一番高級で、冬の道歩きにはいた。ほかの和沓より浅く、ベロ（折り返し）がなく、足先のひだが多かった。鋲は踵だけで、アトカケ（鉄輪）がついていた。アトカケに紐をまわして結ぶと、足をしっかり固定できた。薄い牛の鞣革《なめし》を使い、表面に黒いエナメルがぬってあった。沓のなかのゆとりが少なく、シビの量は一番少なかった。一番安いツナヌキの三倍以上の値段がした。大河原の医者菱田氏は、馬に乗るのが嫌いだった。日曜ごとに田山まで往診にくるとき、キンチャクグツをはいていた。

「ええ衆は、江州沓を買った」という。江州沓は、同じ江州沓のキンチャクグツの次にランクされる。紐を絞ったとき足の甲に紐があたらないようにベロがある。鋲を踵に打ったアトビョウと、全体に打ったソウビョウがあった。アトビョウは耕地や炭焼きなど、どこにでもはいていった。ソウビョウは、道路がぬかるんでいるようなときはいた。コビキが山までの往復にはいていた。歩くと「ブチブチ」音がした。牛の鞣革を使い、厚い革から薄い革まであった。ソウビョウは薄い革を使い上等だった。一番安いツナヌキの三倍の値段がした。江州沓はトグツ（米一斗と同じ値段）とか、「一斗ばき」といった。

奈良沓は、江州沓よりひだが荒かった。アトカケがなく、紐は靴の下をまわして前で結んだ。下からまわさないと、紐が足にあたって痛かった。冬に山仕事にはいた。牛の鞣革を使い、厚い革のから薄い革まであった。一番安いツナヌキの三倍弱の値段だった。

ツナヌキは、猪皮か豚皮の和沓で、足先にひだがない簡単なつくりだった。ほかの和沓よりシビをたくさん入れることができた。田堀りのときはすべるので、藁を三回まわして結んだ。これをドウユイとよんだ。落葉が落ちた山の斜面でも、冬は水気がありすべらないが、春は乾燥してよくすべった。猪皮は豚皮より丈夫で、毛が抜けないので温かく少し高かった。豚皮は三重県上野市城南から売りにきた。こちらから店に買いにいくこともあった。皮だけをあきなう店があった。

江州沓は奈良沓より上等品で、指先のひだのつくりがていねいだった。鞣の技術もよく、江州沓の革はやわらかく、奈良沓は革がなまっぽかった。奈良沓を雨降りにはくと、ふくらんできて水がしみることもあった。牛革は、雌が雄より生地が細かかった。鹿革のフミコミを南山城村の有市から売りにきた。フミコミは米一俵と高かったが、山歩きでイバラにひっかからないので重宝した。鹿革もオガ（雄）は目があらく、メガ（雌）は目がこまかくて薄かった。江州沓は、田山に斡旋する家があった。江州沓は上野市の雑貨店にも売っていた。

十一月に秋の取り入れがすむと、奈良坂から三人ほどが、天秤棒をかついで奈良沓を売りにきた。大きさは一二文か一三文で、シビを入れるので二、三文大きいのを買った。奈良の春日大社の御祭《おんまつ》りの露店で、一九六〇年代に四〇〇〇円で買ったという。

ツナヌキのつくり方

小西市太郎氏は狩猟が好きで、冬の雪降りには鉄砲を撃って遊んだ。十二月から二月ごろにとったタヌキ、キツネ、イタチ、テンの皮は売れた。上野市に行く途中の城南に、皮の商売をする店があった。冬場になると、皮を買いにきた。

自分で猪皮を使ってつくる和沓をツナヌキとよんだ。市太郎氏はツナヌキを、地元の猟師がとった猪皮を買ってつくった。猪皮や豚皮でつくったツナヌキは、城南からも売りにきた。猪の大きさは、ツナヌキが何足とれるかでいった。片側で四足（あわせて一頭で八足）はシソクモン、五足はゴソクモン、六足はロウソクといった。ツナヌキにできるのはシソクモン以上で、それより若いと皮が薄かった。若い猪の薄い皮は、女性や子供が少し履く防寒和沓に利用するぐらいだった。

猪皮は、毛がなかなか抜けないので暖かかった。豚皮は毛がすぐぬけて、猪皮より弱かった。猪皮は、十二月から二月ぐらいにとらないと皮が弱かった。猪は、頭から尻にむけて皮が厚くなる。最後尾のシリイチとよぶ尻皮が、ごつくて丈夫だった。ツナヌキを売る人は、「この皮はシリイチでっせ」といって売った。

ツナヌキにする皮は、青竹の表皮を輪にして、乾燥する前に脂をかきとった。脂をとったあと、十分に乾かしてからつくった。とった脂は、あかぎれにぬった。脂をかきとってないと、シビを敷いたとき足袋が脂でズクズクになった。城南では豚皮を長田川につけてさらしていた。

背中側に切れ目を入れ、縫い合わせて踵にした。切れ目を入れるのは、縫い目から水が入らないように折るためだった。ツナヌキの皮を縫いあわせる糸は、腹の薄い皮を細く切って使った。沓を絞める紐は麻紐を使った。麻紐を通す穴は、くるぶしのうしろから、指先の上まで穴を五つあけた。穴は、錐だともとにもどるので、煙管の管をつかって打ちぬいた。買った和沓には麻紐がついている。少しはいて穴が広がると、丈夫な自家製の麻紐にかえた。

足袋をはき、和沓にシビを入れてはいた。シビは、藁細工の前に藁をスグリワラしたときに残しておいた。シビは、ウルチ藁よりモチ藁がしんなりとして強かった。軽くつかんで一五センチほどの束のシビを、片方に入れた。シビは前後を切りそろえ、一回はくごとにとり替えた。

ロウソクになると皮がかたくなり、一年ではやぶけなかった。二年目からはかたくて、やわらかさがなくなった。前日の夕方から水につけ、寝る前にあげて干すと、翌朝は水気があってしんなりしていた。あるいは菜種油か鯨油をぬってやわらかくしてはいた。

春にしまうときは、菜種油を内側からぬった。鯨油をぬってしまうとかたくならず、はきつづけていてもかたくなりにくかった。一年目はやわらかいが、二年目になるとかたくなった。はくまえに一晩畑にうめておくと、土の水分をすってやわらかくなった。水につけると、かえってかたくなった。

和沓と藁沓

田山の藪仲繁太郎氏は、男性は冬になるとシビグツをはいた。ただし、ツナヌキを買う金がないときはゴンゾウをはいて、冬のシバシ（柴づくり）や炭焼などの山仕事、土掘りや田畑の土仕事にはくことも多かった。ゴンゾウは甲の部分を藁であんだ草履だった。ゴンゾウは、半日あればだれでもつくれた。ゴンゾウは一週間はもった。

ベンケイは、木型を使ってつくる藁沓をいった。土仕事でも、開墾などのクロクワ仕事にはいた。田山でも二〇人に一人ぐらいしかつくれず、一日がかりでつくった。あまり雪は降らないが、ベンケイをはくとあたたかかった。

大正十年ころから、地下足袋やゴム靴を使いはじめた。地下足袋にも、シビをしいた。ゴム靴には短靴と長靴があった。ゴム靴はすぐヒビがはり、水もれして、すべりやすかった。

女性と子供は、草履や下駄をはいた。女性の冬の主な仕事は、炭俵を編むこと

写真110　南山城の藁沓

だった。女性は外ではたらかないので、シビグツをはかなかった。小西市太郎氏は、田山ではシビグツは男性ときまっていたが、多羅尾は女性も山仕事をするため江州沓をはいていたという。

Ⅴ　畿内の山の生活技術

一　山の資源の利用と流通

1　豊かな山のめぐみ

山の自然資源の豊かさに驚いたことがある。和束町で一番谷奥の湯船のお年寄りが、戦後は引き揚げ者で村がいっぱいになったという。村の人口が引き揚げ者でふえた話はどこでも聞かれる。それでも湯船の人数の多さに驚いた記憶がある。

山の恵みを考えるとき、資源のもとになる生態系を知る必要がある。日本は四つの森林帯にわかれる。南北の両端を除くと、主なものは二つに分かれる。中部内陸部から北海道西部の落葉広葉樹林帯（ブナ・トチ・コナラなど）と、東北南部沿岸から西の照葉樹林帯（シイ・カシ・ツバキなど）である（図42参照）。南山城をふくめた畿内は照葉樹林帯である。

山城資料館にいたとき、森林帯と民族文化に注目した照葉樹林文化論がさかんだった。ブータンから中国の雲南、日本にかけての照葉樹林帯では、稲や茶、漆などのモノと技術が共通するからだった。そして、東に広がる落葉広葉樹林のモノや技術を、ナラ林文化とする研究がはじまっていた。

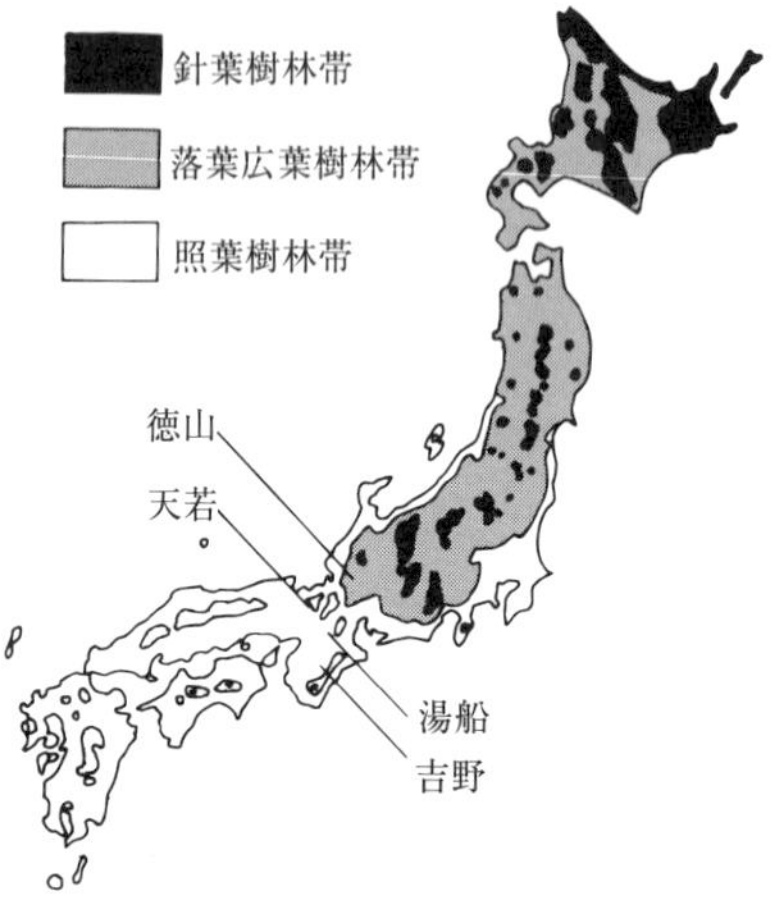

図43　日本の森林帯（『照葉樹林文化』〈中公新書〉に加筆）

山の恵みは、はかり知れないほど種類が豊かである。山からの湧き水が小川となり、川となって、川漁や水田農耕、舟運による物質輸送などを可能にした。森林では山菜や菌類がそだち、昆虫や動物の生息を可能にした。鉱物などの地下資源もある。山は焼いて焼畑、緩斜面は常畑、谷間は水田にひらいた。森林資源は薪炭や木製品に加工したり、建築材として出した。伐採した後の山には、スギやヒノキを植林した。人手が入らない自然林がないほど、多様に利用してきた。

山の資源の豊かさは、遠い都市にも恩恵をもたらした。都市の生活や産業に山の資源は不可欠だった。南山城は、古代から奈良や京都の都、近世からは商都大坂と結びつき、山の資源を供給してきた。畿内の山村は、都市との資源を通じての交流システムがあり、高度な生活技術が維持できた。

2　南山城の山村調査

木津川上流の笠置山地は、古代に平城京や南都諸大寺の杣《そま》山としてひらかれた。万葉集には和束杣のことがうたわれている。そのあとも京都や大坂とながく結びついてきた。笠置山地の村の暮らしを、昭和六十一年・六十二年度に国庫補助を受けて、南山城山村民俗文化財として調査した。相楽郡の南山城村田山、笠置町切山、和束町湯船の三つの村が中心だった。

湯船は、木津川の支流和束川最奥の村である。広大な山林が広がり、豊富な森林資源にめぐまれていた。木を伐採するサキヤマ、スギやヒノキの皮を剥ぐカワムキ、伐採した丸太を搬出するカチンボ、搬出する丸太を大割りや板に挽《ひ》くコビキ、酒樽や醤油樽の材料になるクレを割るマルシなどがいた。また松山の松茸採取を入札で受けたり、猪などの猟師、マンガンや石灰の鉱山師などがいた。山の豊かな資源を、生活技術で複合的に利用していた。

山の資源が豊かだと、所有権や用益権も複雑になる。村で共有するムラヤマ、村を五つにわけるカイトが共有するカイトヤマ、伊勢・愛宕・行者講などが共有する講山、個人のモチヤマがある。南山城の平地で有名社寺の代参費用にあてた講田が、湯船や切山では講山になった。

3　山村の資源利用の比較

わたしの山城資料館での最後の展示は、特別展「山村のくらし」だった。山村調査がおわり、その成果を特別展にした。テーマは森林資源の利用とし、湯船と三カ所の山村を比較して、南山城の山村の特色をあきらかにしようと考えた。湯船は、コビキやサキヤマ、カチンボなどがいた「複合的生産技術の村」、天若は「都とむすばれた村」、吉野は「先進林業の村」、徳山は「日本を代表する山村」とした。

京都府船井郡日吉町天若は、大堰川で京都と結ばれていた。桂川は嵐山から保津川、大堰川と名前をかえ、準平原の丹波山地の山間をのぼっていく。大堰川沿いの天若は、浅い谷間に集落と耕地が点在する明るい山里で、周辺の農村がうらやむほど豊かだった。「嫁に行くなら天若へ」と娘たちはいったし、日本海から魚の行商人が好んで売りにきた。耕地はせまく、川沿いは洪水に、山田は猪の獣害も受けた。山は浅く、奥山もない。それでも天若が豊かだったのは、京都に山のセンバ（千把）や川の活きた鮎を供給できたからだった。さらに奥の山から伐り出す材木を運ぶ筏師や、アユを運ぶアユモチで高収入が得られた。南山城では笠置町切山が、センバの産地で天若と似ていた。林産資源は、都市との距離より、流通の手段や商品の価値に大きく左右される。

そのことは商業的林業経営の先進地、奈良県の吉野山地でも同じだった。紀伊半島中央部の吉野は、吉野川上流域で、スギの良材を阪神地方へ輸送するのに便利だった。吉野では「山は北向き」という。吉野林業を代表するスギは、地盤が厚く、陰地《おんぢ》で湿気があり、落葉が腐って肥沃な北向きの土壌によく育った。吉野川上流の川上村と黒滝村は、北向きの山だった。

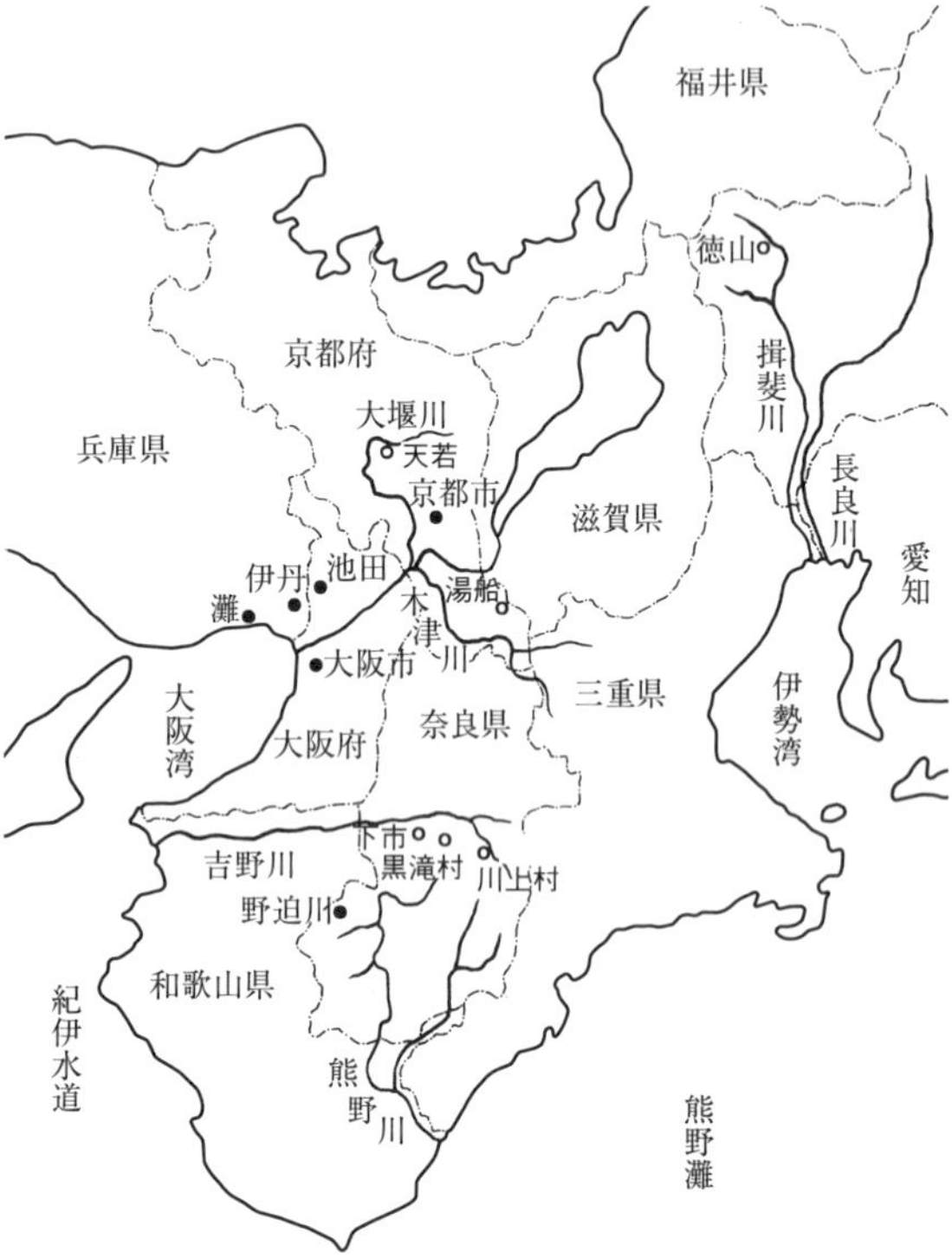

図44　畿内の山の生活技術関連地図

写真112　天若の大堰川沿いの楽河集落と山

写真111　湯船五ノ瀬カイトと植林された山

写真114　徳山の霧がかかる山の緑は深い

写真113　吉野の絨毯のようにみえる植林

吉野林業は日本の植林としては一番ふるく、室町時代末にはじまる。近世になると、都市の発達で建築材、伊丹・池田・灘の酒造業の発達で酒樽や酒桶の需要がふえた。日本の植林の発達は近代で、吉野林業の早さがわかる。

吉野林業は、商品価値の高い樽丸や板材を目的にした。そのため真っ直ぐで、上下の太さと年輪が均一で、美しい光沢のあるスギに育てるため、密植と長期間伐の造林技術を生みだした。初期間伐材は垂木、大きくなれば建築構造材に売り、育成期間中は間伐材収入でまかなう集約的な林業経営をおこなった。こうした造林技術のほか、伐出、加工、搬出技術にもすぐれ、日本の林業界をリードした。

岐阜県揖斐郡徳山村は、揖斐川最上流の村である。ここは落葉広葉樹帯にあり、ブナ、ナラの森林が村の九九・三パーセントを占める。しかも冬は雪で交通がとざされ、近代化が遅れた。落葉広葉樹の資源は、衣食住など幅広く利用され、自給自足的

写真115　徳山のナラ製カゴ（上）と樹皮製オンボケ（下）
（棚橋村教育委員会所蔵）

な暮らしにいかされる。

畿内の山村は、生態的条件や都市との流通に配慮しながら、資源の価値を高めてきた。同時に資源の質を高度化するための生活技術を発達させた。それは、畿内農村の商品作物や民具にみられる、集約的栽培技術や洗練された民具などと通じるものがある。

二　コビキの山支度

湯船は、南山城では山深い村の一つである。木津川の支流和束川に入ると、急に谷がせまり山にわけ入る雰囲気がある。上流に上った和束町役場のある中心部は、なだらかな盆地になっている。そこをすぎると湯船までは谷沿いの曲がりくねった道がつづき、トンネルも二つある。やがて川沿いに、湯船の五つのカイト（小集落）が点々とつづく。五ノ瀬・中村・射場・上・小杉である。

コビキの田中米次郎氏（明治三十九年生）は、五ノ瀬の道沿いの家に、奥さんと暮らしていた。昭和五十八年、わたしは民具収蔵施設の調査で湯船小学校をたずねた。湯船小学校には、コビキが丸太を縦挽きするのに使うマエビキ（縦挽き鋸）を収蔵していた。そこで、五ノ瀬にコビキの米次郎さんが健在だと教えられた。その足で田中家をたずね、米次郎氏と会った。

米次郎氏は、力仕事のコビキらしいがっしりした体格だった。いまは少し足が不自由だという。コビキのことが知りたいというと、二階からコビキ道具一揃《ひとそろ》いを出してきてくれた。大事に手入れしていて、錆びや埃がついていなかった。それなのに話をしているうちに、コビキ道具一揃いを資料館に寄贈しようといってくれた。受け入れのための調査と、受け入れ手続きのため、米次郎氏を三回訪ねた。昭和六十一年、これから本格的な山村調査をはじめよう

写真116　コビキ道具一式を背負う米次郎氏

とした矢先、米次郎氏は亡くなった。三回の調査では米次郎さんが話すままを聞いただけだった。それでも、コビキの技や暮らしに心うたれることが多かった。

小杉のサキヤマ前田政一氏（明治三十六年生）は、いつも早口で話した。身長は五尺七寸（約一七〇センチ）と大柄で、「力はまけんかったなあ」という。負けずぎらいが、早口にあらわれていた。

わたしが政一氏とはじめて会ったのは、虫送りの調査だった。南山城で虫送り人形の伝承が残るのは湯船だけで、昭和三十年ころまでつづいた虫送り人形の復元を引き受けてくれた。そして、政一氏が南山城で最後のサキヤマだとわかり話を聞いた。米次郎氏とともに、山仕事の魅力を教えてくれた一人だった。そしてサキヤマ道具をすべて資料館に寄付してくれた。昭和六十二年の正月に、政一氏は風邪をひいて寝込んだ。見舞いの電話をすると「もうあんたに、あえんかとおもうた」とよわよわしい声だった。その電話が最後になった。

政一氏の話はサキヤマにかぎらず、信仰や狩猟にもおよんでいる。大部であるため、別の機会にゆずりたい。

1　コビキの暮らし

コビキ仕事の最後

コビキは、幅の広いマエビキで、丸太を柱や板に挽く職人をいう。水力による製材がはじまり、急速に姿を消した。ただし湯船は山が深く、ヒャクネンボク（百年木）の大木が多かった。和束川最奥の湯船は、木材搬出には不便だった。第二次世界大戦まで、大木の搬出にコビキがオオワリやコワリをした。田中米次郎氏が、南山城最後のコビキだった。

はじめて会ったとき米次郎氏は、「わたしはイボ（小屋）で生まれましてん」といって、話しはじめた。

恥じいうようですけどな、わたしのおやじさんもずっとコビキしてましてん。湯船の奥田家に生まれて、田中家に養子にきてますんですわ。昔はそんなんするよか、この山家ではする仕事があらしまへんさかいな。私はこのむこうのヤンゴという山中でできましてん。山にイボ建てましてな、八畳に土間がついたぐらいな。そこでおやじ夫婦と五人兄弟が寝てました。はたに二軒ほどコビキばかり住んでました。昔はな、五、六軒でかたまって、住んでましてん。家やいうもんや、ありゃしまへん。山で丸太切って……、わしごそごそはうようになったら、紐でくくって柱にくくっときよったらしい。そうして、山で夫婦で仕事しよったらしい。親父がなあ、日露戦争に出まして、帰ってきて勲八等などもらいましてな。それに八〇円ついてましてん。その八〇円で、茶畑一枚買いましてん。そこへイボが前の家を建てましてん。そこへ住んで、カイト（組）のつきあいさしてもろて。一人前ゆうても財産あらしまへんけど、みんなのつきあいさしてもろうて、組内入れてもろてん。

家ちゅう家やありゃしまへん。杉皮ゆうてな、春四、五月ごろになりましたら、スギの皮むきますねん。その皮をむいて、瓦のかわりに屋根葺いて、雨もりとめて、住んどったわけです。六月ごろになって、イボ古なってきましたらな、ムカデっちゅうやつがわきよりますねん。夏、蚊帳つって寝てましたら、ゴソゴソはいよったことおぼえてますがな。それを火箸でとって、ほかしたりしましてんで。そんな家でしたよって、学校いってる時分に、死ぬまでに瓦の屋根のある家に住みたいなあと、ずっと思うて通《かよ》うとりましたんです。

昭和十六年までは、宗さんの家で直径が尺六寸（約五〇センチ）とか、二尺五寸（約七五センチ）とかいうような、大きいスギの木をわけてもらいましてな。それを長さ六〇尺（約一八メートル）の板に挽いて、大阪の玉船橋から尻無川、あっこらに向けて送ってましてん。フナギ（船板）にしたんですなあ。木津川まで、牛車二台で出しましてん。和束川を下ったところに、イビラオということがありまして、そこに船頭さんがいました。浜で筏に組んで、八幡に一晩泊まって淀川に入りましてん。目通りが一丈から九尺まわった木で、一本が二〇〇円。そんな木、いま残っとったらえらいこっちゃ。加工して、尻無川まで流して五〇〇円や。そんなことしてましてん。そんな時代がつづきましてん。

昭和十二年から十五年に、陸軍にとられてシナ、そのあと朝鮮で、十六年十月十日召集解除になりましてん。帰ったら一二〇〇円借金がありました。畑が五、六反あったが、とってくれへん。借金で首くくって、死なんなん思てましてん。

京都にモミを前から送ってました。大きな木はコワリせんと、山からよう出せやへん。京都に出して京都製材で薄板にしてました。友禅の布はる板屋は、もうけ大きかった。友禅の型板はモミで、長さ二二尺、幅七寸でした。モミはスイキ（水分）をよく吸い、じきに乾きますねん。そとに出すと、いてて（氷つく）しまいまっしゃろ。ええモミは、くるいも少ないんですわ。

借金を返すため、板屋の伊藤さんに頼んで一生一代の賭けしましてん。宗さんの向かいに、大けなモミの木がありましてん。目通り一丈三尺、直径三尺五寸（約一〇五センチ）あったんを、七〇〇〇円で買いましてん。割れがあるやら、穴があいてるやらわからしまへん。穴があいた木は、宮さん（神社）に多かった。こんなん買うたらおわりや。根はなす（伐る）のにサキヤマの竹村さんに頼みました。わしでも伐れんことはないが、根元がおおかた五尺（約一五〇センチ）あった。鋸はこの木を切るためだけに、道具屋で買うてきました。

伐ったら、節一つもない。マエビキでオオワリして、正月前に出しました。金をもらい、京都駅の便所のなかで読んだら、（百円札）二七枚あった。借金はろて、あとのお金でこの家がたった。コビキは、この家建てたんがおわりでっしゃろな。昭和十八年ですさかい。この家はわし全部手でひきましてん。ずっとむかしは、コビキがようけおりましたけど、その時分は三人でしたな。

記念のためマエビキ、二階の床の間に飾ってましてん。そうでんな、これで一〇年は使《つ》こてまっしゃろな。油しときましたから、えろう錆びてまへんけどな。

あんばい足が、あかんようになりましてな。哀れなもんでんな人間て、しらんまに歳とってましたわな。

山仕度もコビキの腕

高価な百年木やモミを、無駄なく挽くには高度なコビキ技術が必要だった。昭和五十八年、コビキ用具一二点の寄贈を受けたとき、四〇年ぶりに山仕度をして米次郎氏に自宅の前に立ってもらった（写真116参照）。

湯船では、縦挽き鋸をマエビキとも、タツビキともいった。コビキは、マエビキをふくめ一五種類の道具がいる。マエビキ・サシガネ・定規・ソマヨキ・バンクバコ（道具箱）・ボウヤスリ・コバツカ・オオヤスリ・ヤ・アサリヅキ・スミツボ・スミサシ・カスガイ・ドツトコ・キガエシである。なかでボウヤスリからカスガイまでは、バンクバコに入れた。このほかマエビキで挽くために、丸太を移動するドツトコとキガエシがいる。この二つは仕事がおわるまで現場において持ち運ばない。このときにはまだ定規がみつかっていなかったので写真には写っていない。

米次郎氏の山支度はコンパクトで、狭い山道でも体の幅からでないので引っ掛からない。しかも片手が自由に使える。よく考えられた荷づくりに驚いた。ことにマエビキの紐のかけかたはみごとだった。鋸のアゴの根付けを起点に、一本の細紐で菱結びにして、最後にソマヨキの柄を通す輪をつくる。菱結びにした細紐の下に、サシガネと定規を通して持ち運ぶ。ソマヨキも人が刃先にふれて怪我しないようにハグツでおおう。ソマヨキの柄にマエビキとバンクバコを通して肩にかけた。

コビキの一升飯

道具以外に、メンツを入れた布製の弁当袋を背負った。湯船では曲物の弁当箱をメンツといった。円形はマルメンツ、小判形はナガモチメンツといった。マルメンツは、大中小三段の入れ子で、小はお菜を入れてサイメンツといった。ナガモチメンツは大小二段の入れ子で、マルメンツより大きかった。両方とも行商人が売りにきた。行者講で奈良県の大峯山に登参したとき、吉野郡天川村洞川《どろがわ》で箸や杓と一緒に買うこともあった。普通はマルメンツ、山仕事など重労働のときはナガモチメンツを使った。

「コビキの一升飯」といった。コビキはそれほど重労働だった。湯船では自給のため米をつくり、他所にも出荷していた。米をつくらない家は、よそから高い米を買ってきた。流通が悪いからで、安い米が買えないので麦ご飯を食べた。

米次郎氏は、ナガモチメンツの大のミとカワ（蓋）に飯をつめ、焼いた真赤な塩イワシ、塩シャケを挟んだ。塩シャケは、ご馳走だった。小のサイメンツに沢庵などの漬物を入れた。干したニシンや塩サバの切り身を持っていき、山で火にあぶって焼くこともあった。塩魚は、湯船の魚屋か、和束町原山、隣の宇治田原町奥山田から、行商人が天秤棒でギシギシ担って売りにきた。

朝仕事場につくと「ゲンビや」といって火を焚いた。カワの飯は一〇時、ミは二時ころ食べ、そのあと昼寝をした。食事のときは、ニラやミツバを火にくべて、やわらかくなったら灰をはらい、メンツに味噌と一緒に入れ、熱湯をそそいで味噌汁をつくった。

コビキは寒い時期も、下衣はコンパッチ、上衣はジバンを着て仕事をした。重労働なので重ね着できなかったが、仕事をはじめるとすぐに熱くなった。休憩するときだけは、寒いので綿入れを上から着た。頭は鉢巻きをして、足元はワラジをはいた。

2　コビキ道具と技術

弟子入り

コビキの弟子入り期間は、伐木のサキヤマと同じ三年だった。遅い人は四年かかることもあった。弟子のあいだに木取り、スミツケ、大割り、小割り、鋸の目立てなどをおぼえた。

弟子入りすると、親方がマエビキを買ってくれた。はじめは親方が、鋸の目立をしてくれた。ヒキミチ（挽き道）はむずかしいので、親方が挽いて、そのあとを弟子が挽いた。ただし、親方が面倒をみるのははじめの一カ月で、あとは自分で工夫してはじめから挽いた。ぐずぐずしていると、しまいには親方になぐられた。

大割りと小割り

山では、サキヤマが木を伐採して、玉切りする。その後、樹皮をむくのはカワムキだった。樹皮をむくと、コビキが用途にあわせて搬出しやすい大きさに挽いた。これを大割りという。大割りは伐採してすぐ挽いた。直後は水気があってやわらかく、時間がたつと乾燥してかたくなる。

大割りの方法は、一つは運搬方法とかかわっている。大割りした材は、山のリンバに集めて板や柱に挽いた。これを小割りという。運搬はカチンボが肩で運び、その限度は五〇才で、その大きさを基準に大割りした。一才とは、一

写真117　口のあいたバンクバコ

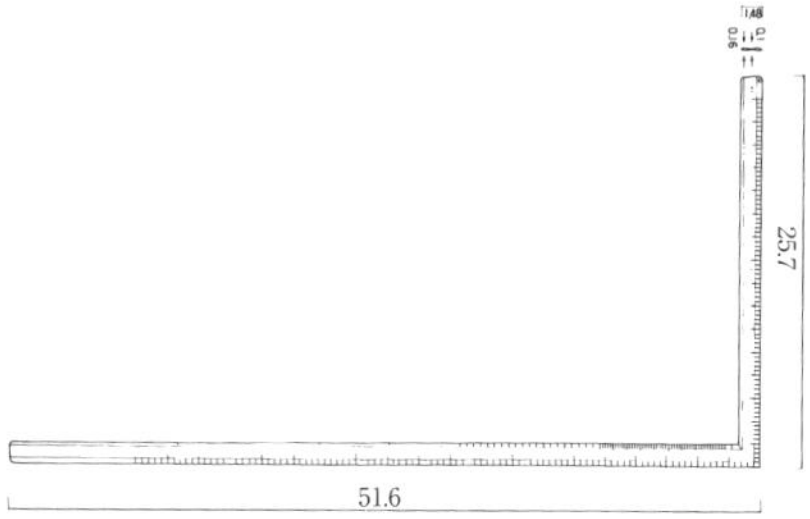

図45　サシガネ　　象眼の目盛りつき

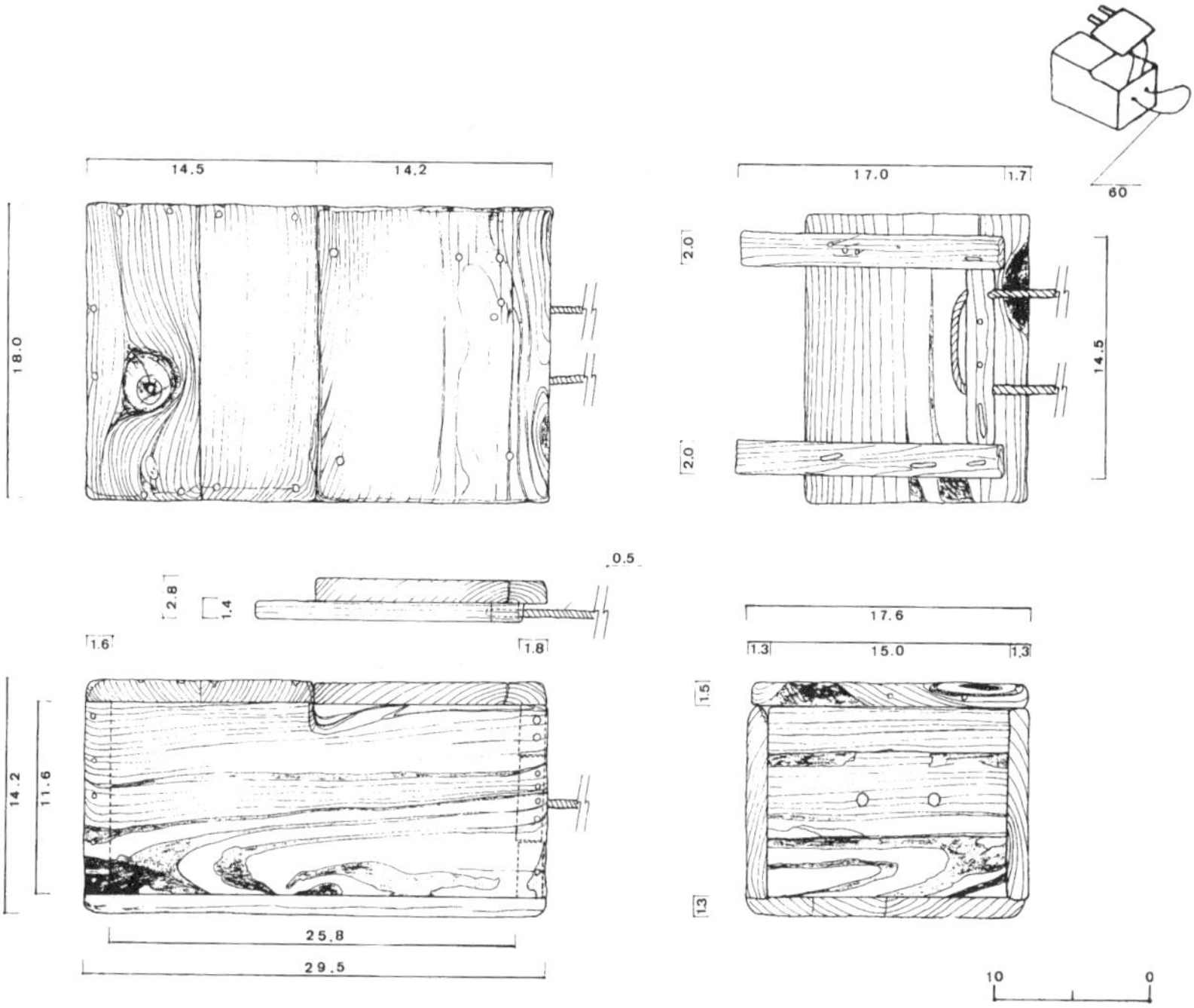

図46　バンクバコ

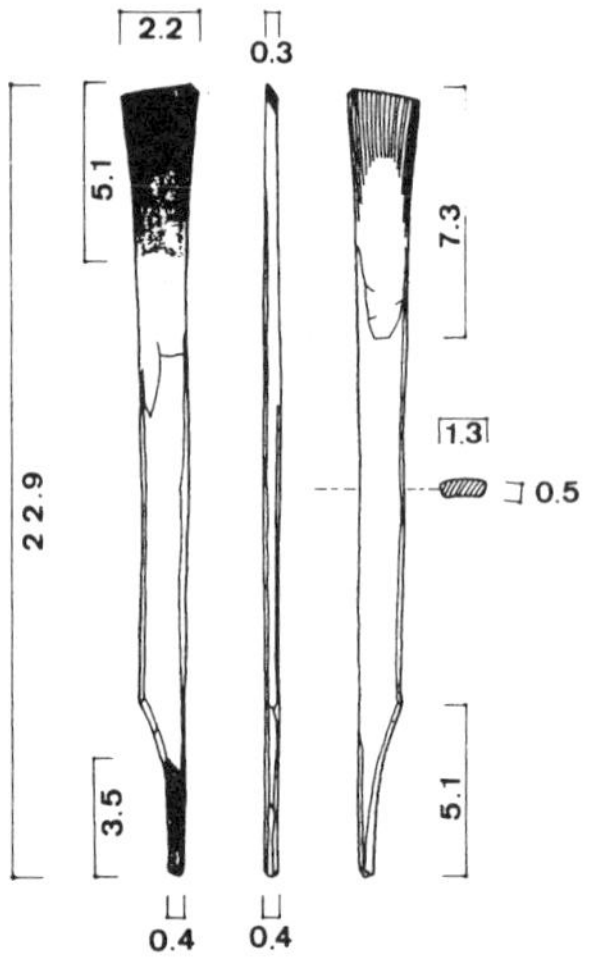

図48　スミサシ　米次郎氏が竹でつくる

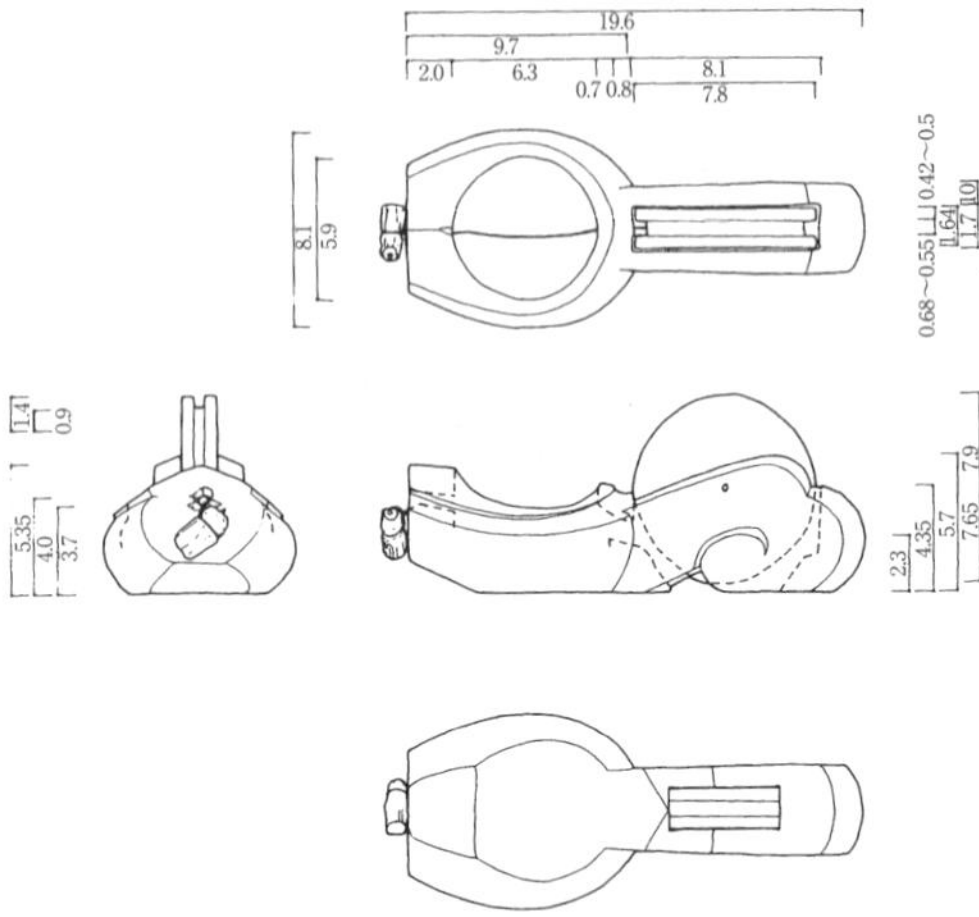

図47　スミツボ　糸をとめるデシも米次郎氏がつくる

写真118　スミツボとスミサシ

寸（三センチ）角で、長さが二間（三・六メートル）の材をいった。五〇才以上になると運べなかった。小割りは、山のリンバから村や京都の製材所で挽くようにかわった。

木の太さで用途がかわり、大割りの仕方がかわる。その目安は、六寸ヅリ、一尺二寸ヅリだった。六寸ヅリは、先の末口が一尺二寸（三六センチ）ほどの丸太の中央を、厚さ六寸（一九・八センチ）に挽いた材をいう。

六寸ズリよりも細くて直な材は柱材となり、六寸ヅリ以上は長さ一間の板材となる。六寸ヅリをとるために挽き割られた左右の材はカワとかコワという。一尺二寸ズリより大きいものは、ナカスぬくという。つまり、縦三つに挽き割った中央のズリ材を、今度は横に三つに挽き割ることで、この中央の材をナカスという。一尺二寸から一尺四寸までが、三つ割り、尺五寸以上のものはナカスをぬき五つ割りとした。

むかしはテッポウザイ（株から立ち上がりの曲がった部分）は捨て、直な部分だけを利用したという。

横になったままの木を挽くスクリビキ

と、丸太を組んだリンギにたてかけて挽くタテビキがあった。大割りは主にスクリビキだった。スクリビキは、丸太の上に乗せて固定し、土地をならして足場をつくり、ひざをつくか立って、末口から根元に向かって挽く。大割りした後、一カ所に集めて小割りするときはタテビキだった。大正五年ころは、すでにコビキ小屋はなかったが、リンバは山に点々とあり、一〇人ほどのコビキが板を挽いていた。そのうち三人は朝宮から来ていた。小割りでも舟板は長さ六〇尺もあり、リンギに立てかけられないのでスリクビキだった。スクリビキはタテビキにくらべると、挽き道が曲がりやすく、挽きにくかった。

スミウチ

コビキの最初の仕事は、木取りを考えることだった。大割りの寸法をきめてスミウチする。スミウチの前に、広がった伐り口部分をソマヨキで削って整形したり、墨を打つところだけカマで皮を削った。

スミウチは末口からはじめる。末口がすむとその線にあわせ木口から五寸ほど定規の先を出してあてる。定規は長さ三尺ほどのヒノキの真っ直ぐな棒で、釘が中途まで通っていて、たたいても落ちないようになっている。次に株側にまわって、定規と真っ直になるよう見通して、スミツケで印をつける。

次に、スミツボを使いイトズミを打つ。イトズミは一回で真直に打たないといけない。長いものだと二〇尺もあり、風で糸が流れてむずかしい。スミウチは熟練を要した。墨糸の先を固定する針のついてたものを、デシといった。

スミウチの前に、木が動かないよう固定した。スクリビキではマクラギ、タテビキではリンギに、カスガイで固定した。タテビキではロープを併用することもまれにあった。むかしのカスガイは断面が四角形だった。長さ一尺と六、七寸の大小二種類を、それぞれ三、四本持っていた。

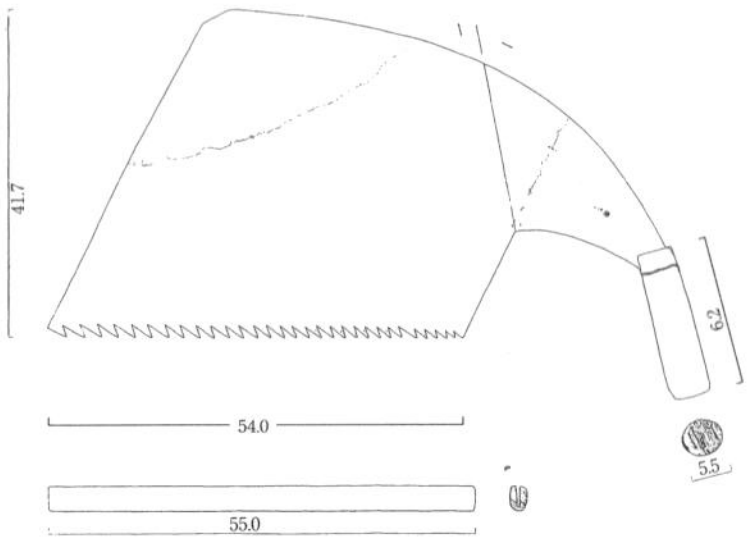

図49　田中米次郎氏のマエビキ

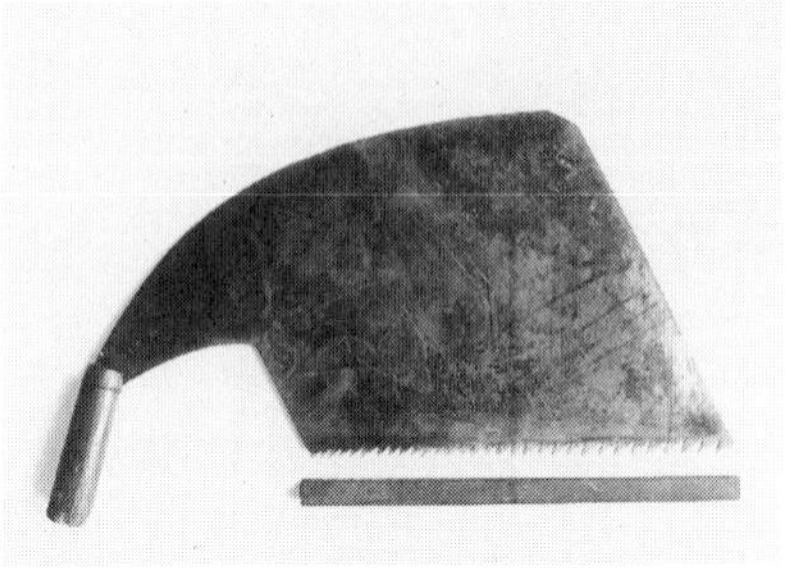

写真119　田中米次郎氏のマエビキ

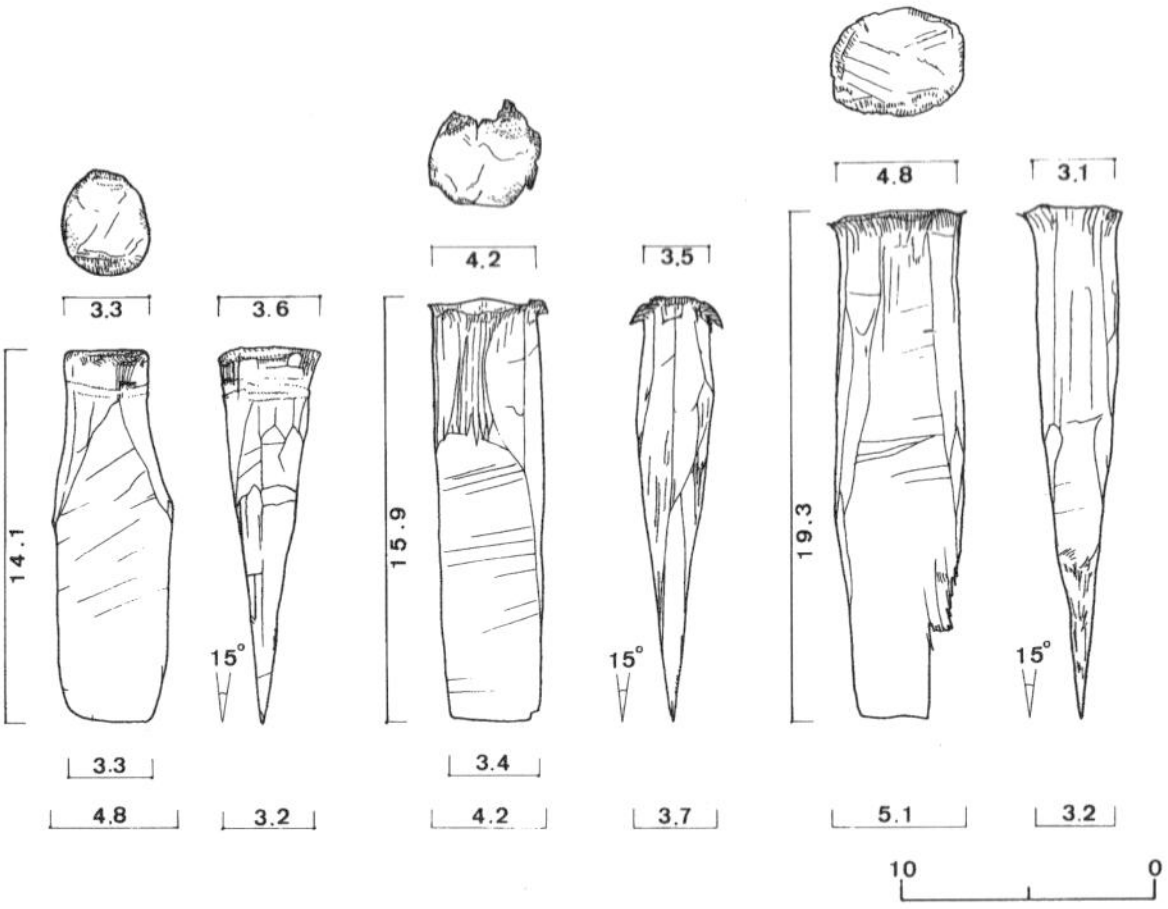

図50　ヤは３本一組
米次郎氏がカシでつくる

挽き割り

マエビキには一人用と二人用があった。二人用は製材所で小割りのときに使った。一人挽きより、二人挽きが挽き道も曲がりにくく、挽きやすい。湯船では、一人でできるのに二人でするのはしんきくさいと、もっぱら一人挽きだけだった。

マエビキはハナイレ（挽きはじめ）がむずかしい。きっちり墨にそって据き道を入れる。ことにスクリビキだと、マエビキ自体が反る。そこで移動時にマエビキの歯につけて保護するハザヤを、マエビキの背に差し込む。そうするとマエビキが反らずに挽けた。

　マエビキが挽き道にもぐると、ヤを打って挽き道をあける。ヤを打つと挽きやすいので、ハナイレ専用の幅の狭いマエビキを使うこともあった。ヤは、挽き道の両側から打つ。常時きいているのは二本で、挽きすすむとヤを移動させるために

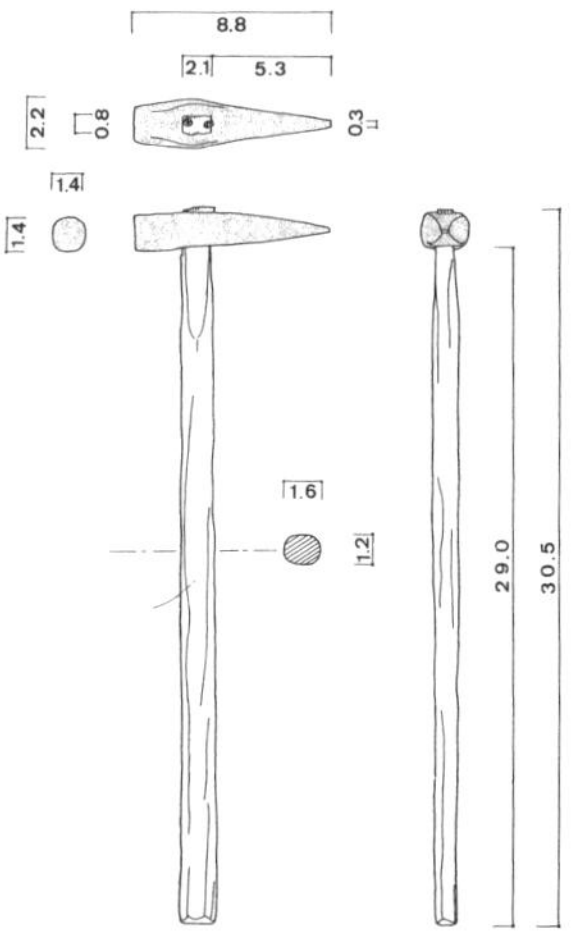

図51　アサリヅチ
鋸歯の目立てにつかうがむずかしい

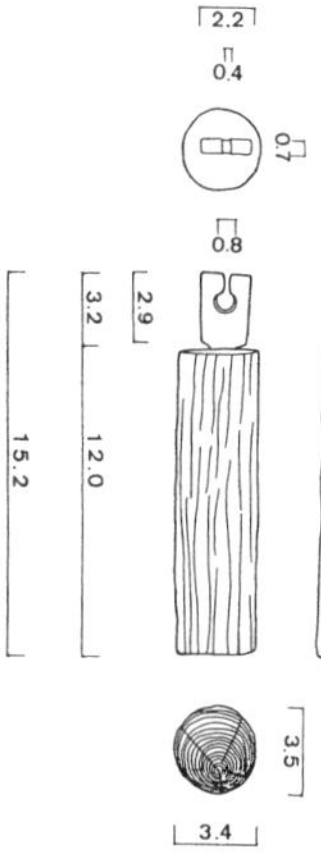

図52　小杉の木原忠一家のアサリワケ
アサリヅチより容易にアサリをつける

もう一本必要だった。コビキのヤは、三本で一組となる。

コビキのヤは、伐採用より小さい。目が通った材なら、アカガシかシガシのいずれでもよい。一年ほど乾燥させて自分でつくる。挽く木の大きさにあわせ、大小二組のヤを用意した。ヤでむずかしいのは、打ち込み加減である。挽きおわりに近づいたとき、あまり強くたたくと木が割れてそつ（無駄）がでる。

アサリダシ

マエビキの目立てができれば、コビキも一人前という。目立てのよしあしが、能率や疲れ具合などに大きく影響した。鋸の歯は交互に左右にひらき、歯と歯の開きをアサリという。目立て前にアサリダシをした。ハサキからネモトまでアサリは一定だが、先端のカントウバと根元の歯だけはアサリをつけない。両端に真直な歯がついているため、挽き道が曲がりにくくなる。

アサリが大きいと挽き道が広がり、余分に木を削って、無駄なオガコを出すことになる。高価な木は少しでもそつがないよう、アサリを小さくすることもあった。アサリが小さいとヒキハダはきれいである。小さすぎるとマエビキが重くて動かなくなる。また、やわらかい木ほどアサリを小さくする。木のかたさは鋸の厚さにも関係し、やわらかい木は薄く、かたい木は厚いマエビキを選ぶ。

アサリダシには、アサリヅチかメワケを使う。コビキ専門の米次郎氏はアサリヅチを使う。アサリヅチを使いこなすのはむずかしい。ソマヨキを切株に真直に打ち込み、ソマヨキのムネ（頭）の角にマエビキの歯の先端部をあてがいアサリヅチでたたいて曲げる。一つとばしにたたき、ひっくり返して裏側も同様にたたいていく。

木綿針がアサリの間をハサキからネモトまで流れれば一人前である。マエビキは歯先だけに焼きが入っている。この境をたたくと歯がとんでしまう。焼きがなくなると鋸を買った金物屋に持っていって焼きを入れてもらう。

メワケは、歯をはさんで交互にわけてアサリをつけた。

目立て

朝仕事にかかる前、昼、さらに挽き疲れたときの休息のときと、一日何度も目立てをした。マエビキをバンクバコの上

写真120　ヨキの頭をつかい、鋸歯のアサリダシをする米次郎氏

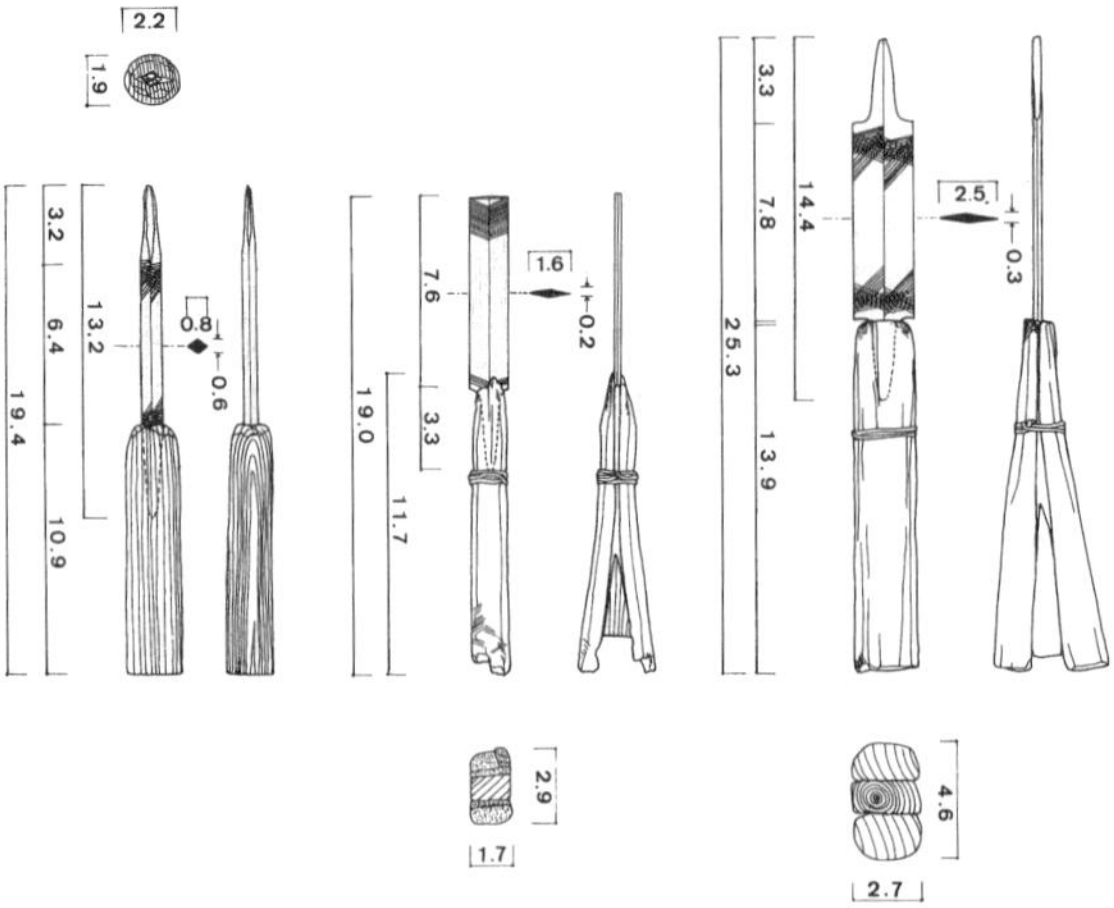

図53　オオアサリ（右）・コバツケ（中）・ボウヤスリ（左）
コバツケは洋鑢、オオヤスリとボウヤスリは和鑢

に据え、固定してから歯をヤスリでこする。「バンク」の名は、渡りのコビキが親方の所から無断で逃るときこの箱だけは持ち出したのでついたという。南山城ではコビキだけでなく、渡り職人をバンクモンと呼ぶ。マエビキは親方もちで、目立用具が渡りのコビキには不可欠の所持品だったのであろう。コビキにはバンクモンが多かったという。

まず、オオヤスリでハグチをたいらにならす。このとき、オジ（大きな歯）、オバ（小さな歯）ができ、不ぞろいにならないようにする。

次に、コバツケで歯のテンバをおさえる。このとき斜めはすかいに切っておくと、やさしく挽けて体も楽だった。これをエドメといった。

そして、ボウヤスリで歯先にチョンをこしらえる。チョンは大きくすると欠けてとんでしまう。チョンがあることで、オガコがたくさんでてよく挽けた。

むかしのヤスリは往復こすれるように目が切ってあった。片側が摩耗すると、柄をさしかえて反対側を使った。昭和初期から、窓のついたヨコビキ（鋸）が、土佐や幡州から入っていた。窓にオガコが入り、早くよく挽けた。それをまねて、マエビキに窓をつけたが、ヒキハダがダンダラになるなど、使えなかったという。

コビキが目立てしたマエビキは、素人が挽こうにも重くて動かなかった。それほど歯がよく木にかかっていた。

乾　燥

山のリンバで挽いた板は、広い面を縦にして丸太に両方から交互にたてかける。こうした干し方をコマダテという。コマダテのまま風雨にさらすことで、木のアクが早く下がり、乾燥も早く、木の赤味もあざやかになる。一一月から一月にくらべ、二、三月はアクがはやく下がり、乾燥も早い。

乾燥した板は二間ジメといって、二坪に敷ける板を一束にした。ダシは、二間ジメを二束かついでドバまで出した。

用具の購入と修理

湯船で木挽用具は、奈良市か滋賀県甲賀郡甲南町で主に購入した。米次郎氏のマエビキは、昭和八年ころに甲南町の貴生川で購入した。百姓屋で、冬仕事に歯の焼きを入れたり、センですいたりしていた。奈良市内には望月とヌノリの二軒の金物屋があった。

アサリダシなどで歯が一本欠けると、ハッギといって欠けた歯だけをついでもらった。もっとも、地金と歯は焼きが異なり、うまく切れないし欠けやすい。ヒノキやモミのかたい節にあたると、一本欠けるとつぎつぎひっかかって欠けていった。歯が欠けると、歯を全部切り落とし、新しい歯をつけた。

もっとも、幅が狭くなると挽きにくいので、ボロヤに売ったり、風呂の焚口のフタなどに転用した。

幅の広いマエビキは鋸の重量が加わり楽に挽ける。ただし幅が広いとハナイレに手間がかかり、ヤを打てるまでに時間がかかる欠点があった。マエビキの柄は店でつけてもらう。店にはヤまで売っていた。柄が直なのをノサ、曲がっているのをカギという。カギほど歯が木にくい込んでよく挽けるが重たい。ノサだとかたい木でもやわらかく挽ける。柄は長短、太細などの好みもある。マエビキは、まず色を見て、青黒く光るよい地金の鋸を選ぶ。次に、キズがないかを見る。小さなキズでも、挽いているうちに割れてしまう。

外で使うとき、ひなたでマエビキに熱をかけたときは、日陰に移してゆっくり冷ます。急に冷やすと、ノコがやわらかくなり、ボコンボコンになって挽けなくなる。これをコシヌカという。コシヌカになると店にもっていき、金床の上でたたいてもらうとピシッとなおった。

追記

米次郎氏がマエビキを購入した、甲南町の前挽鋸の総合調査がおこなわれた。『近江甲賀の前挽鋸』（甲南町教育委員会、二〇〇三）は、マエビキの建築技術・歴史・建築・民俗・民具・地理学など多様な視点からの総合的な調査報告書である。

3　湯船のサキヤマとカチンボ

サキヤマ用具と技

前田政一氏は、小学校を出て、奈良市椿井の材木商へ奉公に出た。半年ほどして、親元から伊勢講の当番があたったので帰れと連絡があった。主人に話して五日ほど、休んで家に帰った。店に戻ると、あまりに奥さんの機嫌がわるい。みやげも渡さないで、そのまま湯船に帰った。父親の仕事を子どものころからみていて、山仕事でくらせる自信があった。奈良から帰ってからは、山仕事ばっかりだった。（図54〜63〈前田政一氏寄贈のサキヤマ用具〉）

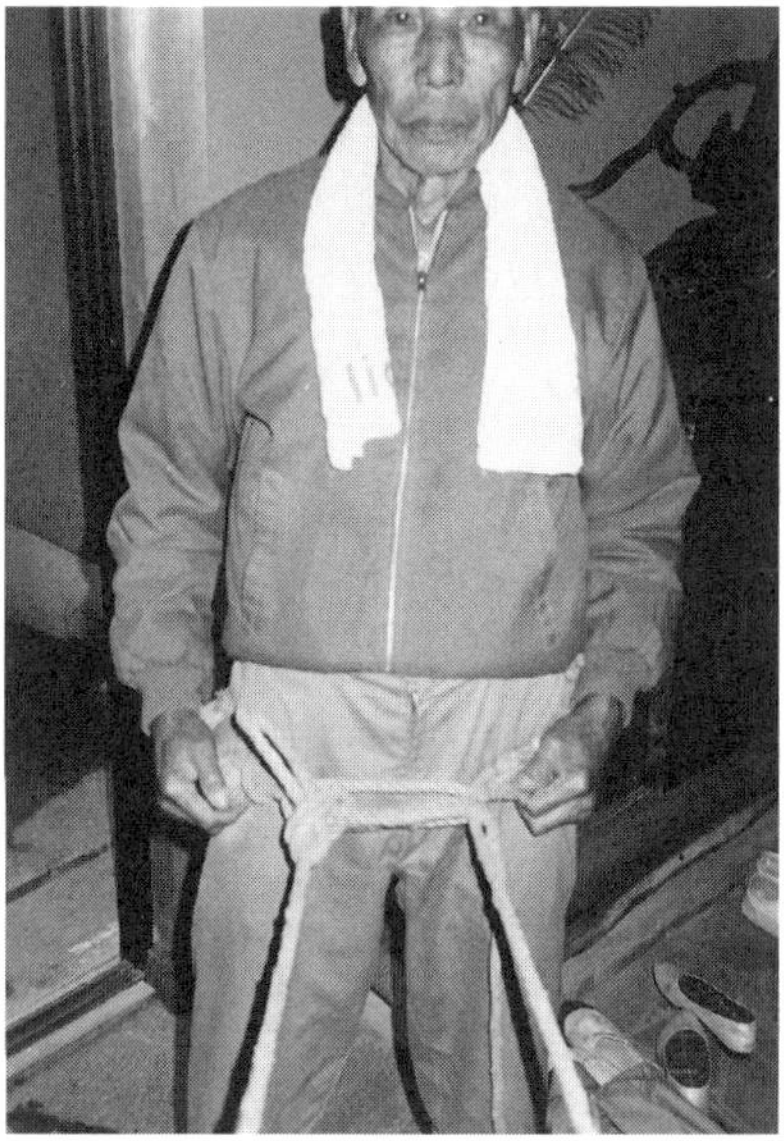

写真121　政一氏によるチュウギリのコシヅナのつけかた

写真122　政一氏によるタケトビのにぎりかた

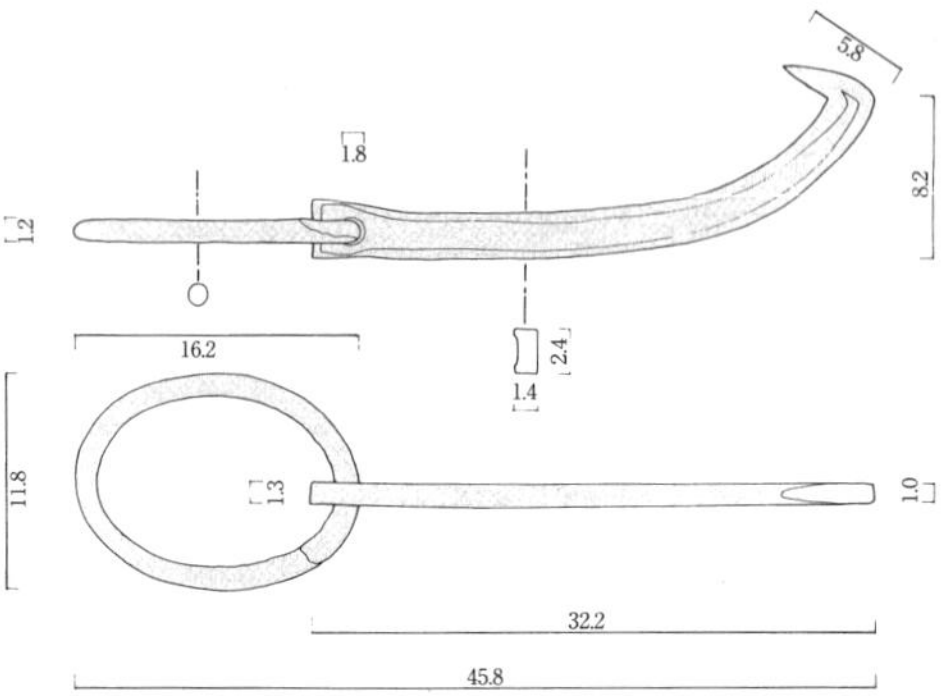

図55　地元鍛冶屋製のキガエシ
伐採した木に先を打ち込み、輪にカシ棒をとおして移動する

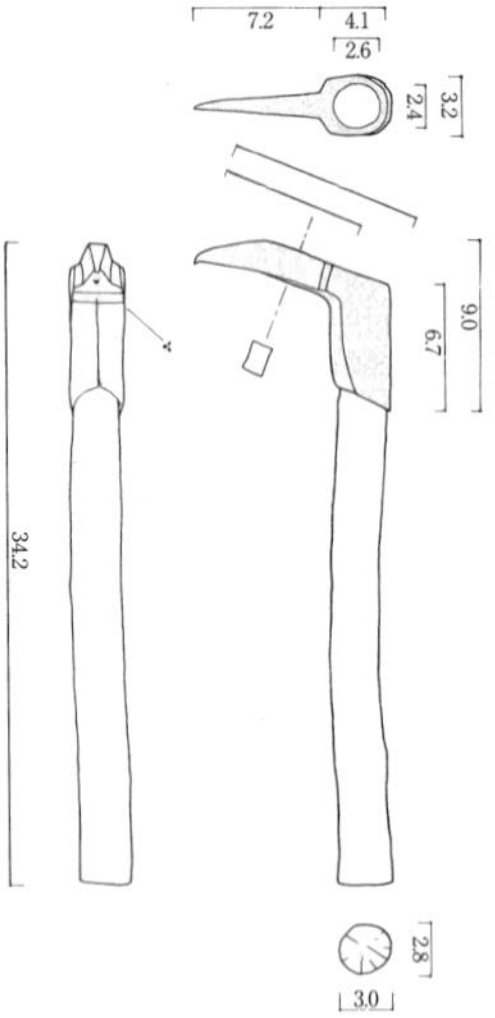

図54　地元鍛冶屋製のタケトビ
本来は長いハチクの柄をつけ、木をコギリダイ（玉切り台）に移動する。

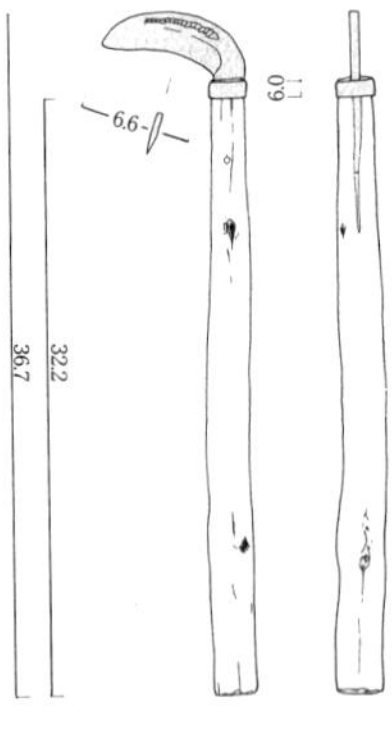

図56　地元鍛冶屋製のカワマワシ
ヒノキの丸太に刃先をたて、手前にまわして一周する

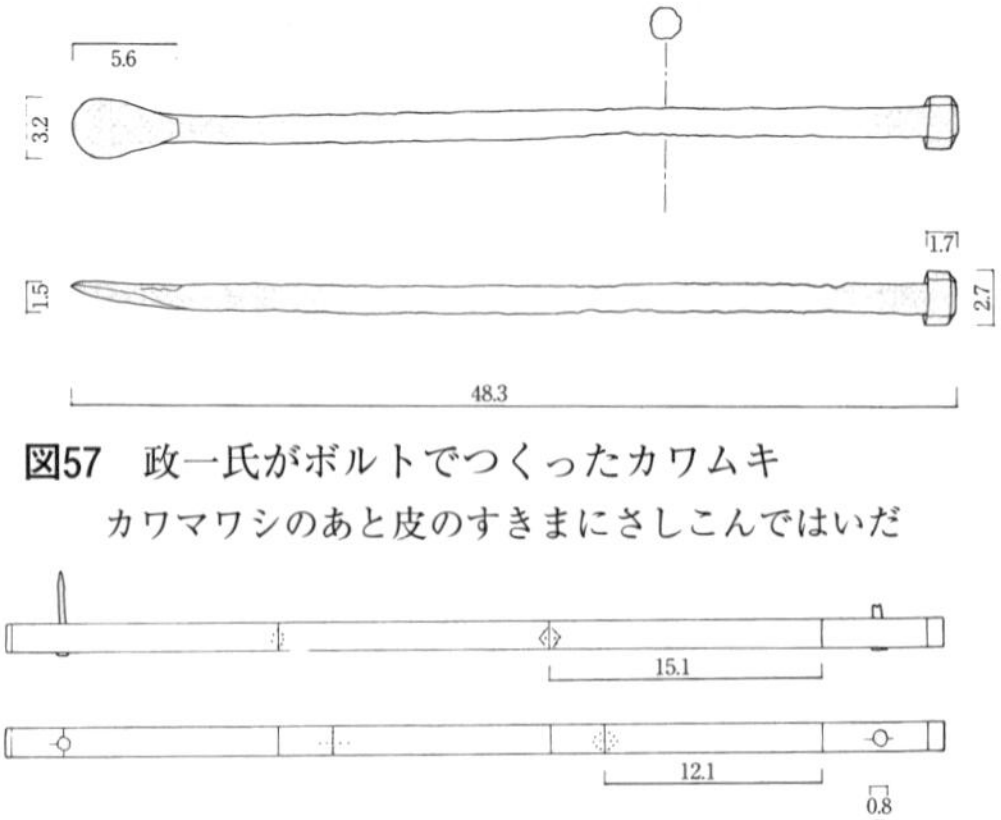

図57　政一氏がボルトでつくったカワムキ
カワマワシのあと皮のすきまにさしこんではいだ

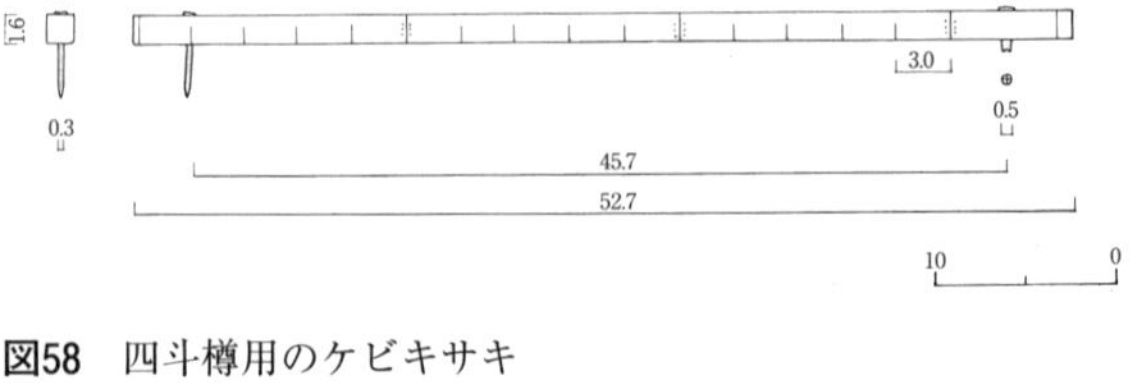

図58　四斗樽用のケビキサキ
スギ丸太に、フタとソコの長さに印をつける

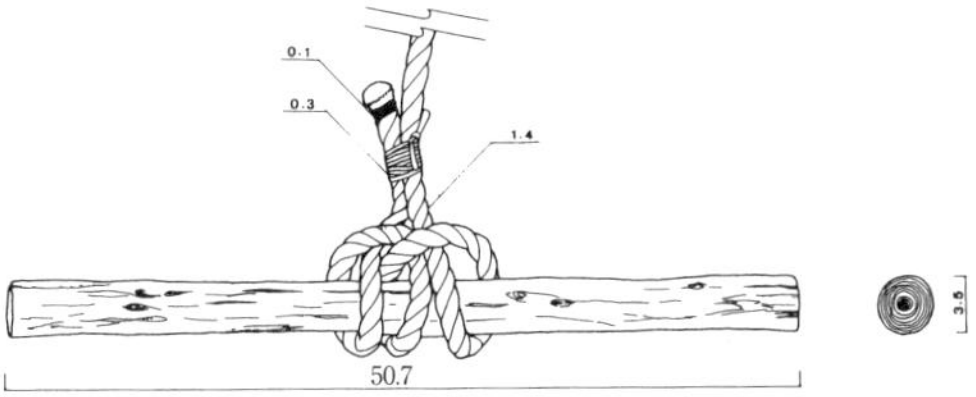

図59　スギと麻縄のノボリズナ
チュウギリで木にのぼるとき使う

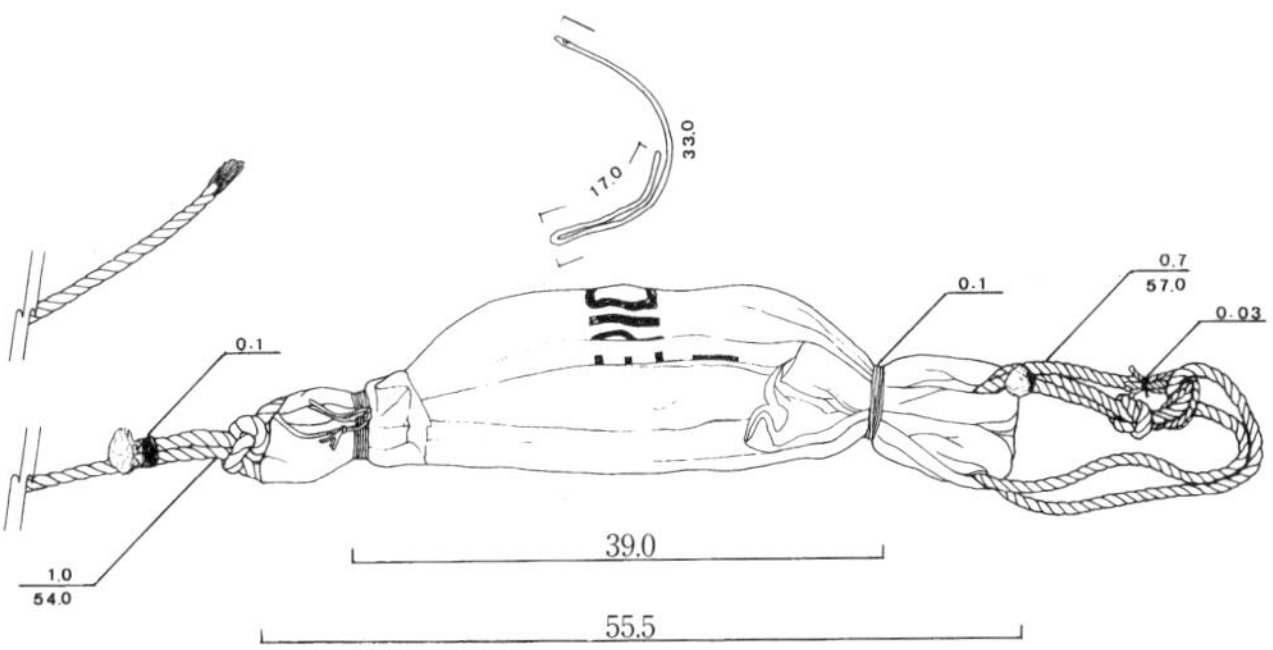

図60　政一氏が麻袋と木綿ロープでつくったコシヅナ
中央部をひらいて腰をのせる

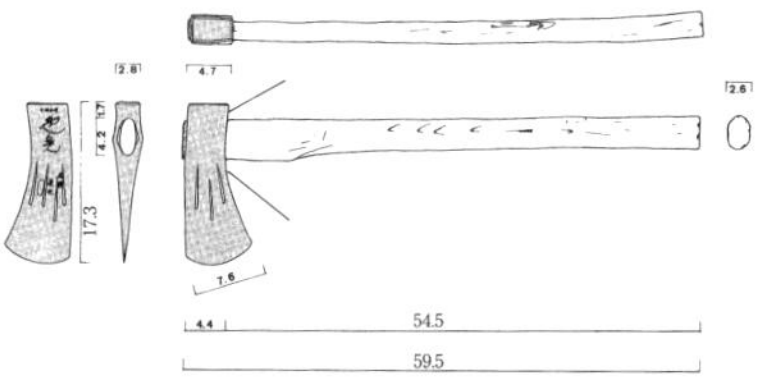

図62　片手使いの小型枝打ちヨキ

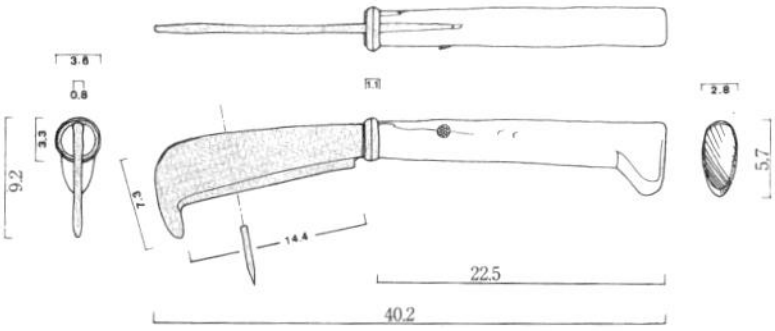

図61　地元鍛冶屋製の両刃のナタ
伐採前に土をのけたり根を切る。
先端にトビグチ、柄尻にすべり止めがある

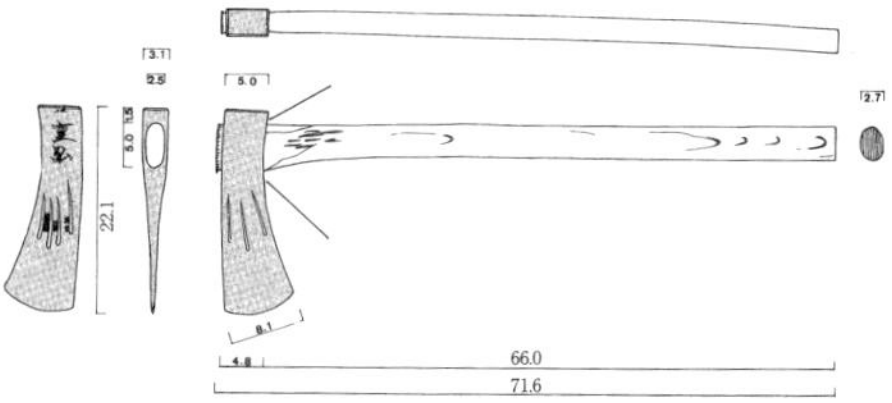

図63　両手使いの伐採用のネギリヨキ。土佐「重弘」製

サキヤマは、木の先を山に向けて倒すのでサキヤマという。そのころ父親の鹿三氏もふくめ、湯船に五、六人のサキヤマがいた。

伐採は、倒す側の根元を、ソマヨキでととのえ、ネギリヨキでウカグチ（切れ目）をつくる。反対側から、ウカグチのすぐ上方をネギリノコで挽く。木を倒すときは、カシの矢を鋸の切れ目に、ネギリヨキの頭でたたいて倒す。松を倒す矢は、すべって飛び出すので鉄矢を使った。

ノコやヨキは、奈良の望月金物店で買った。土佐の刃物を通信販売で買うこともあった。窓鋸を使いはじめるのは、昭和四十年ころからだった。

写真123　湯船製炭改良講習会
（湯船小学校所蔵）

鹿三氏は、チュウギリの技術を身につけていた。チュウギリは、スエ（先）から切り落としていく技術だった。ノボリズナを使って、チュウギリする木にのぼり、コシヅナを腰にあてて、体を固定してノコで切った。下が岩場で、そのまま伐採すると木が傷むときや、足場がわるくて根元から切れないときチュウギリした。鹿三氏をほかの人がまねても、なかなかできなかった。政一氏は父親のチュウギリをみておぼえた。近年まで、相楽郡から奈良市にかけての、社寺境内の危険木をたまれてチュウギリしていた。

戦前まで、湯船では四斗樽のタルマルづくりがさかんだった。湯船で二〇人から三〇人ぐらいのマルシが、タルマルづくりをした。政一氏は、材料のスギの木を倒し、丸太を小切るマルコギリをした。四斗樽のフタとソコは一尺五寸、ガワマル（クレ）は一尺八寸の長さにきった。年輪の夏目はやわらかいので、指で押してもへこんだ。夏目の年輪が切れると、そこから酒がもれた。年輪の目が切れないように、ガワマルは四尺までのスギを使った。マルコギリした丸太を、マルシが割って磨いてガワマルにした。ガワマルは伏見に運び、酒樽にした。

湯船には「スギの木がぎょうさんあった。真っ青になるぐらいあった」という。それが戦争中の強制伐採で裸になった。小杉の民家の近くでも八尺、一丈という木がなんぼでもあった。大木が茂っていたので、道が真っ暗だった。

マルシがいなくなり、マルコギリの仕事がなくなった。そこで出雲の大原郡木次町、仁田郡横田町にマルコギリで一年行った。そこには、兵庫県の御影からもマルシがきていた。

「山仕事は切れた（続かない）」ので、キシバの輸送や炭焼などいろんな山仕事をしてきた。

割木持ちもその一つで、割木を一〇束運ぶとヤマオーコ（棒）が折れた。一束が五、六貫（一八〜二二・五キログラム）あり、生だと八貫あった。一番多いときで一二束運んだ。普通のオーコだと折れるので、ヤマオーコを使った。ヤマオーコでもスギだと折れてばかりなので、丈夫なヒノキにしたが肩がやけた。スギはヒノキよりあたりがやわらかかった。普通のオーコなら桐が一番よかった

カチンボ用具と技

カチンボは、山から里まで丸太をキダシ（木出）した。五ノ瀬の小西恒一氏（明治二十八年生）・登氏（大正十年生）親子はカチンボだった。恒一氏は湯船の最長老だったが元気だった。大柄で手足が大きく、太いのが印象的だった。恒一氏のころは、五ノ瀬だけでカチンボが一〇人ほどいた。登氏も、若いころはカチンボだった。五ノ瀬は田畑が少なく、一年中山仕事で暮らす人が多かった。

カチンボは、長さ二間で、五〇貫の丸太もかついだ。二〇貫の丸太三本をくくり、トチカンを打ちこみ、藤蔓の輪をつけて、麻ロープで引っ張ることもあった。

山から里までカチンボ、シュラ（土ぞり）、最後はキンマで運んだ。シュラダシは、一部の急坂でしかしなかった。

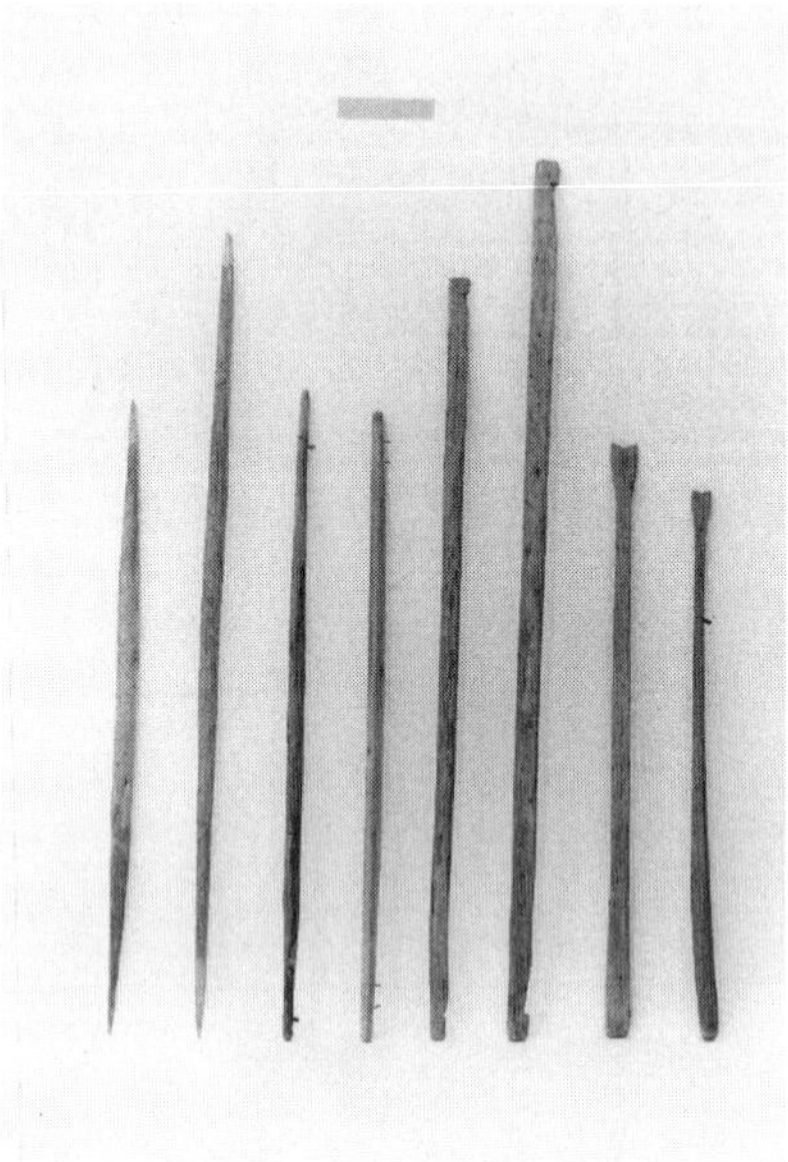

写真125　右からツエ（2本）・ヤマオーコ（2本）・オーコ（2本）・トンガリオーコ（2本）

写真124　湯船の杉本次郎氏とオーコのツエ

小背谷から運び出したときは、オクリモチにした。五、六キロを三つに区切り、順送りに運んだ。小区間ごとに運ぶと楽だった。

　朝五時には山について、昼前後に仕事がおわるようにした。ことに夏は涼しいうちに仕事をおわらせた。トマリヤマは三、四人が組になり、年長者の一人が宰領をふるった。信楽町の多羅尾、宮尻あたりまで泊まりこみで仕事に行った。このへんで多羅尾ぐらい、人のいいところはなかったという。

　昭和三十年ころまでは、サキヤマとカチンボはわかれていた。材木が高く売れるようになり、自分で伐って出すようになった。

　木の伐採方法には、ホンヤマとサカヤマがあった。ホンヤマは山どおりに倒し、枝に水をすわせて早く乾燥させた。サカヤマは間伐材などで、サカヤマに倒れるとトンダといった。伐採後、二カ月ほど山においてから出して乾燥した。むかしは皮を剥《は》いでから乾燥させた。皮剥ぎはカチンボの仕事で、マワシガマとカワムキを使った。マワシガマの先をあてて、向こう側から手前にまわして皮を切る。次にカワムキを使って皮を剥いだ。三坪の屋根に葺ける量をくくって出した。皮をくくって、山から出すのもカチンボだった。

昭和三十年ころまで、カチンボはオヤカタサンに雇われていた。戦前まで、大きな山を伐採するときは二人のクニウシ（仲介人）が中に入った。カチンボの賃金は、ウケトリ（石計算）で日払いだった。大正生まれでないとカチンボの体験者はおらず、五ノ瀬でも三人になった。

コビキが、湯船で一四、五人、なかで五ノ瀬に五人いた。山でコビキがトマリヤマで挽いていた木も、カチンボがキダシした。

昭和十年ころまでは、カタビキ（大八車）に船板を乗せ加茂町井平尾まで出した。そこで船に積んで木津川を下った。戦後はモミのハリモン板を出した。ハリモン板は長いので、二台のソリに乗せて出し、一・五倍の賃金をもらった。電柱もよく出した。

板材にする短材はイッケンモン（長さ一間）で、末口を前にして運んだ。それより長いときはカブを前にした。運ぶときは後を重く、四対六ぐらいにした。急な上り下りでは、カチンボヅエを使った。一息つくとき、カチンボヅエで材をささえて休んだ。ゆるやかな坂や平坦地では、エテガタ（得意な方の肩）が疲れないように、杖を材木の下にさしこみ、あいた肩でもささえるコジカタにした。カチンボヅエの片側は、表面がザラザラで、コジカタのときすべらないようにした。それでも使っていと、ザラザラがツルツルになった。カチンボヅエは、ねばりのあるヒノキでつくる。杖が土にのめりこまないよう、下は平坦で太くした。杖が太いので、カシだと重くなりすぎた。

キンマは、最低一年は乾燥したカシを使った。曲がりのないヒネラン木を使うのが最大のコツで、材をサカメに使わないよう気をつけた。キンマは、アカガシがよくすべるが、湯船に多いシラガシを使った。前をせばめるとよくすべり、後ろを広げると安定がよくなった。

三　都市近郊の山仕事

南山城の調査では、はじめに役場から各村ごとに伝承者を紹介してもらった。笠置町切山の伝承者として紹介されたのが寺坂喜一夫婦だった。その後、山村調査がはじまってからは、中辻春一氏など多くの方に教わった。

切山の柴は、自分で話したことも忘れていた。『笠置と笠置山』掲載の「第九章切山の民俗」は、一節が平山敏治郎氏の「切山の概観」（『山村民俗調査報告書二』の引用）、二節がわたしの「切山の風土と民俗」（笠置町での講演を採録）を収録していた。

1　切山の柴

切山の風土

笠置町切山は木津川南岸の、山腹斜面の集落である。南向きでヒウケ（日当たり）がよく、木津川沿いの笠置より雪が早くとける。

笠置では「切山けっこうや」といった。切山は、丹波地帯の貝岩や粘板岩が基盤岩で、細粒で肥沃なクロッチだった。それでキュウリや柿などの商品作物栽培がさかんだった。

ただし東西の断層でできた急崖が風化を受け、崩落や地すべりが多かった。田は普通のアゲダのほか、年中水のあるフケダ、すぐ水が抜けるカゴダがあった。表土が浅く、地すべりなどでえぐられたあとには水がたまりやすい。それで一枚ごとに保水性が複雑だった。畑作はよいが、稲作は苦労が多かった。

切山は、木津川沿いに吹く風の被害を受けやすかった。ことに八月以降に吹くコチ（東）風は、「どえらいかぜ」

写真126　笠置方面からみた切山

になることがあった。一瞬に稲がたおれ、ムシロを敷いたようになった。二百十日の風除け祈願には、籠堂から人があふれた。八月二十七日ころが願懸け、九月二十日ころに願済ましをした。風土をよく知り、労働をおしまず、折々に神仏に加護を求めた。

小字名を読む

笠置山地は、古代から南都の造営や諸大寺に用材を供給した。切山も、石清水八幡宮領切山杣《そま》として、保元三年（一一五八）にはじめて登場する。氏神が八幡神社なのも石清水八幡宮との関係からだった。

文治六年（一一九〇）には切山の杣人が、奥の興福寺領の杣人を殺害し、石清水八幡宮と興福寺であらそった。

近世は伊勢藤堂藩領で、『宗国史』では寛延四年（一七五一）に、九三戸、四〇八人、牛七頭で、八幡神社と御霊神社の二社、常楽院・西福寺・東福寺の三カ寺あった。一九八五年は四二戸で、二五〇年前の半数になっている。古地図では、木津川沿いの「草畑」が渡場で、集落背後の頂上付近にも家がみられる。いまに残る小字名で、「鹿路志」は轆轤《ろくろ》で椀や盆などを加工する木地屋がいた跡で、草畑の上の小字「漆谷」はウルシの木が多かったといい、木地に塗る漆をとっていたのかもしれない。

渡辺誠氏は、近世に全国を漂泊移動する木地屋は、もとは畿内近くの山で加工していた。材料が不足したため移住をはじめたという。切山は杣の伝統があり、木地屋が早くから活躍したのかもしれない。多くの伝統が途絶え、明治十年代の『京都府地誌』より小字名も減少した。

大正時代まで、冬の主な仕事は柴をつくることだった。切山の柴は、大阪や京都へ船で送った。木津川沿いに三カ所の浜があり、浜に通じる三本の山道があった。東は小字「一文坂」「長井谷」、中央は「西ノ坂」、西は「狭間谷」「墓ノ谷」に山道が通っていた。「一文坂」はわずかな上りがあり、キダシの賃金が一文高かった。「長井谷」「狭間谷」も山道を形容した名だという。

切山の集落や耕地はなだらかでも、川端は急傾斜で石が多い。木柴の運搬には、ソリが使えずオーコ（天秤棒）にたよった。柴だけでなく、生活物資や下肥もオーコで運んだ。

戦前まで、切山から笠置の町場まで、畑の肥料に人糞をとりに行った。コエクミは、女性も行った。坂道を登りきって安心し、ドント置いて桶の底が抜けた笑い話もある。重労働の印象深い作業だったので、笑い話として残ったのであろう。

写真127　笠置で撮影した笠置船
（笠置公民館所蔵）

切山柴

切山は「笠置柴」とよばれる、良質柴の主産地だった。柴は割木と枝柴の総称で、昭和三十年代にプロパンガスにかわるまで都市に供給した。切山は船で大量輸送が容易で、木炭に焼かずに柴で出した。

柴で、一番高いのはクヌギ、次がホウソ（ナラ）だった。山が肥沃で、日当たりがよいのでよく育った。クヌギは、一〇年ごとに伐ってだした。割木と枝柴は、七対三の割合だった。割木は枝柴の一・五倍と高かった。クヌギは下草がよく茂り、夏の農閑期にクスハライ（下草刈り）して田畑の肥料にした。

柴仕事は、秋の収穫後から、田植え準備がはじまる四月末から五月中旬までだった。柴仕事がおわるとヤマジマイで、家々で田楽豆腐で祝った。田楽豆腐は大変なご馳走だった。

切山は「田一二町、畑一二町」といい、湿田以外では裏作に裸麦も植えたが、米も麦も不足した。柴を売って米や麦を買った。戦前に、大阪の池田などから少しは炭焼きがきていた。戦後、切山の人も炭を焼いたがつづかなかった。

一般に、女性が山仕事することは多くない。切山は夫婦で山に入り、伐採からキダシまでの柴仕事をした。夫婦で、一冬に一〇〇〇束も出せれば暮らせた。一〇〇〇束の柴をつくるのには、五、六反の山がいる。一〇年伐ると、五、六町も山がいる。五、六町も山がない家は、山持ちから立木を買った。切山は山が狭いため、夫婦の家内生産だった。切山の人が勤勉にみえるのは、年中夫婦そろって働いたからだという。

切山の柴仕事のあり方は、山の神の信仰にも影響する。二カ所の山の神は共同では祀らない。各家が、仕事はじめで作業の安全を祈った。ヤマギリする四隅のサイメンギ（境界木）に、神酒をミキノクチ（竹筒）に入れてかけた。サイメンギの木ならなんでもよいとわりきっている。山が経済基盤という認識は、切山では共有されている。切山の行者講・伊勢講・三夜講には講山があり、平地のように講田はない。

青年団の活動資金は、山の背や谷の共有林を一二区分し、入札して得た収益だった。消防団の活動資金も、松茸山を入札した。ただし切山の山は肥沃で、松山が少なく松茸は少なかった。

山地の水田

集落の西側に広がる棚田の景観はみごとだった。傾斜地に住む村人の、稲作への思いが伝わる。前は、さらに奥にまで山田があった。七畝（約七〇〇平方メートル）に一〇〇枚で、一枚平均二坪という棚田もあった。それは「座ったら隠れる」小さな田だった。

棚田の耕作は、平地より苦労した。集落付近は反収三石（五四〇リットル）で、棚田は二石と少なかった。一軒の耕地は三反足らずだった。牛耕もできず、保水性を高めるのは人力によるキリカエシだった。

切山の田には、溜池や田井戸がなかった。田はよく崩れたし、水もちも悪かった。キリカエシは、土を寄せて水を入れ、土を腐らかしてから、田植前にコナシ（砕い）てならした。一反のキリカエシには一日かかり、鍬を握った指がのびないほどの重労働だった。

キリカエシしても、棚田の水が下にまわり、下段から田植することがあった。切山の田は天水にたよることが多かった。半夏生（七月二、三日）すぎても、田植のできないところがあった。平地では「半夏生半ケ」といい、半夏をすぎると収量が半分になるといった。切山では半夏生の後でも、七分はとれたという。

晴天のつづく夏は、ヒヤケ（干ばつ）が心配だった。雨乞いがさかんで、八幡神社に祈願した。笠置町有市の山中の池の端に祀るサンダイサンに村中で参った。一日がかりで、弁当を持って参った。奈良市の春日奥山のコウゼン（香山）サンに参ることもあった。願懸けの程度で、どこに参るか、どんな方法かをきめた。

八幡神社への一番強い祈願は踊りの奉納だった。願懸けにヒヤケ踊りを奉納し、雨が降ると願済ましに花踊りを踊った。切山など南山城の東南部は、雨乞い祈願の花踊りがさかんだった。花踊りは強い願懸けで、感謝の思いも強かった。明治五年九月には、籠堂へ花踊絵馬も奉納していて、花踊りの様子を伝えている。花踊りはときどきしか踊らないので、大正二年に踊本を残している。

最後の花踊は大正七、八年で、背中にハナを負い、手に団扇を持ち、太鼓のまわりで踊った。ただし、踊り手の衣装は普段着に近く、カンコもつけなかったという。

2　天王の柴

上木がとれる風土

次に、木津川下流で柴づくりがさかんだった、綴喜郡田辺町天王について紹介したい。

農閑期に、天王から稼ぎに出る男性はいなかった。男性はみな山から割木とモズエ（枝木）を伐り出した。第二次世界大戦中から戦後の一時期は、炭焼がさかんで、炭焼窯が三〇ほどあった。大阪府の交野方面に出していた。

天王は、総面積が三〇〇町で、田が六〇町、山は二〇〇町ほどあった。山から割木と枝木を出していたころは、クヌギが多く、ついでナラ、あとは松と雑木だった。松は、砂や小石が多い、ジ（地味）のわるいところに生えた。松山は少しで、松茸はまれにしかとれなかった。第二次世界大戦後、燃料革命で割木や枝木を出さなくなる。いまは竹藪が山をおおっている。

割木は、上木・中木・雑木・松割木の四つにわかれる。上木はクヌギで値段が一番高かった。上木とくらべ中木のナラは七、八割、雑木のカシ・ネム・ヤナギは五、六割だった。松割木は、瓦屋など販路がかぎられていた。天王は、ほとんどが上木だった。

枝木はいろんな種類の木がまざっていた。大正末から昭和のはじめ、上木が一駄四円のころ、枝木は一円八〇銭から二円だった。上木の一駄は一束四貫の割木一〇束、枝木の一駄は一束五貫の枝木一〇束をいった。

天王は、ドミ（地味）がよいので木がよく育った。クヌギとナラは、八年から一〇年ごとに皆伐した。皆伐すると、切株から下ばえが生えてきた。ていねいな家は、下ばえの期間も下刈りをしていた。

天王の山は、みな個人持ちで、少数の山持ちが大半を所有していた。山持ちから一区画の立木を購入して、割木と枝木を出した。山持ちが、人を雇って出すことはなかった。

割木は、長さ尺六《しゃくろく》（一尺六寸）が普通だった。買主の注文で、一尺・尺二（一尺二寸）・尺四・尺六・尺八もあった。第二次世界大戦ごろから、一束の単位が重さ四貫から束の太さにかわった。

山仕事は、稲のとり入れがすんでから、三月いっぱいまでだった。冬に伐らないと下ばえの芽だちがわるかった。四月になると稲作の準備でいそがしがった。

割木づくり

立木をネダオシして、枝払いする。作業しやすいように平坦な場所に集め、長さをそろえてヨコギリする。大正ころから、ヨコギリのあと割って、キシヅミして乾燥した。ヨコギリと割りは、一日一〇駄が一人前といった。ただし、上手な人しかできなかった。

キシヅミは、打ち込んだ杭のあいだに割木を積み上げた。キシヅミして、はじめて全体量がわかった。尺八のときは、杭と杭のあいだに、尺八のネジキを二本ならべた。ネジキを敷くと、割木がよく乾燥した。割木の長さを一パイといい、二ハイの高さに積み上げた。積みおわると、縦に並べて中央を高くする。その上に屋根のように藁を左右からかぶせ、竹をならべておさえた。一パイのネジキの上に、二ハイの高さに積むと、ちょうど一駄になった。

キシヅミしたまま、一夏乾燥させた。藁縄で束にして、牛車の入るところまでコダシした。コダシは、モッコに割木を乗せ、オーコで担って出した。一回に二〇貫（五束）が普通で、達者な人だと二四貫（六束）出した。コダシは、男性の仕事で、若者に一束いくらで運んでもらった。オーコの木は、スギ・モロ・ムクを使った。枝木は、前後に二束ずつ紐で結わえつけて、四束ずつ運んだ。

天王の山は、サイメン（境界）が細かくわかれていた。一区画で、一〇〇駄とれる山は少なかった。細かく所有者がわかれ、搬出などに手間どった。

片山寿一氏は、二反の持ち山から五〇駄の割木がとれたという。一冬に一〇〇駄出す家は少なかった。

天王には、割木を扱かう仲買人が何人かいた。仲買人が牛車ひきをたのみ、天王から二里離れた木津川の山本浜に運び、舟に積んで送った。綴喜郡で山のない内郷や八幡にも運んだが、伏見が多かった。天王の割木は、おきがすぐ灰にならなず火力があり、二度使えるとよろこばれた。

割木や枝木は、冬場の貴重な現金収入だった。家庭では、枝木を燃やしても、もったいないといわれた。雑木の下草を刈って、自家用のタキシバにした。毎年刈る若い下草はホトロといい、田畑の肥料に入れた。松山を所有する人は、コクマ（枯れ落葉）も使った。コクマを焚くと家がくすぼるといった。

3　天若のセンバ

豊かさをもたらすセンバ

前述したように日吉町天若は、大堰川で京都と結ばれていた。天若の林業はセンバ（千把）が中心だった。昭和三十年代にプロパンにかわるまで、センバは煮炊きに使った。天若の「世木のセンバ」は、京都でも名が通っていた。センバは、筏の上荷として嵯峨あたりに出した。山陰線が開通してからは、殿田から鉄道で運んだ。丹波口にある山陰線二条駅付近には、丹波方面から送られる薪炭商の店が多かった。天若でセンバの仲買をしたり、薪炭屋へ働きに出るなど、天若にとってセンバは大きな役割をしめていた。センバが売れなくなってから、本格的なスギやヒノキの植林がはじまった。センバの用具と技術を中心に、植林にもふれたい。

センバには、上木・中木・堅木の三種類あった。

上木は、ホソ・ネク・ワタギをいった。ホソは美しい木で、ホソセンバは京都で一番人気があった。ネクは一番高く売れたが、重い木で仕事は楽ではなかった。ネクは火力が強く、火もちがよく、乾燥しやすかった。ワタギは、皮がコルクの材料になり、皮だけ剥ぎにくる人がいた。もとはホソが多かったが、植林してネクにきりかえていった。

中木は、コウカ・シデ・サヤゴ・リョウブなどである。上木にくらべオキにならず、早く灰になり値段が安かった。シデ・サヤゴ・リョウブは糸巻のコマギの材料になった。太さをそろえて束にすると、上木と同じ値段で売れた。

堅木は、アカガシ・シラガシである。火もちがよく、飴を炊くのに重宝がられた。カタギだけをそろえて束にすると、上木と同じ値段で売れた。アカガシはマルハ（丸葉）ともよび、木質がかたいので車輪の材料になった。シラガシはナガハ（長葉）ともよび、アカガシよりやわらかく、トビや鍬の柄の材料となった。

上木は土が一番肥えた集落背後の山、中木は次に肥えた上木の上の山に植えた。カタギは石が多くて、植林ができない地味のわるい所に植わっていた。天若では、上木が一番広く、次が中木、カタギはわずかだった。

土地の条件によるが、一二、一三年で皆伐した。持ち山を伐るときは、さらに二、三年おいて太らしてから伐ることもあった。一反の山から、センバが四〇〇〇束から四五〇〇束とれた。

天若には、大きな山持ちはいないが、山を持たない家も少なかった。農地も同じで、たいていの家は食べるだけの田畑をもち、山仕事や、アユや筏の川稼ぎもあった。食べるだけの田畑があれば、持ち山からセンバ一〇〇〇束出すか、センバ五、六〇〇束と夏の川稼ぎで楽に暮らせた。持ち山がなくても、山の立木を買ってセンバにしたり、一束いくらで賃仕事をしても、二〇〇〇束つくれば暮らせた。

センバ一束の基準は、目方から束の周囲になった。周囲が二尺六寸、長さは一尺五寸五分だった。後に長さは一尺六寸にかわる。

センバのモノと技術

〔伐採から枝払い〕　センバは、十一月から二月ごろに伐り、センバゴヤに積んで乾燥した。秋になって燃料需要が高まると出荷した。

センバは、ネギリする前に、シタカリガマで下刈りした。下刈りはチュウガマを使った。先の曲がったナタガマを使うこともあった。下刈りしたシバは束にして、センバのエダウチシバと一緒に持ち帰った。柴小屋に積んでおいて、一年間の自家用燃料にした。

写真129　湯浅国雄氏のウマを使う模擬

写真130　湯浅国雄氏の模擬
ベタにセンバを積んでひく

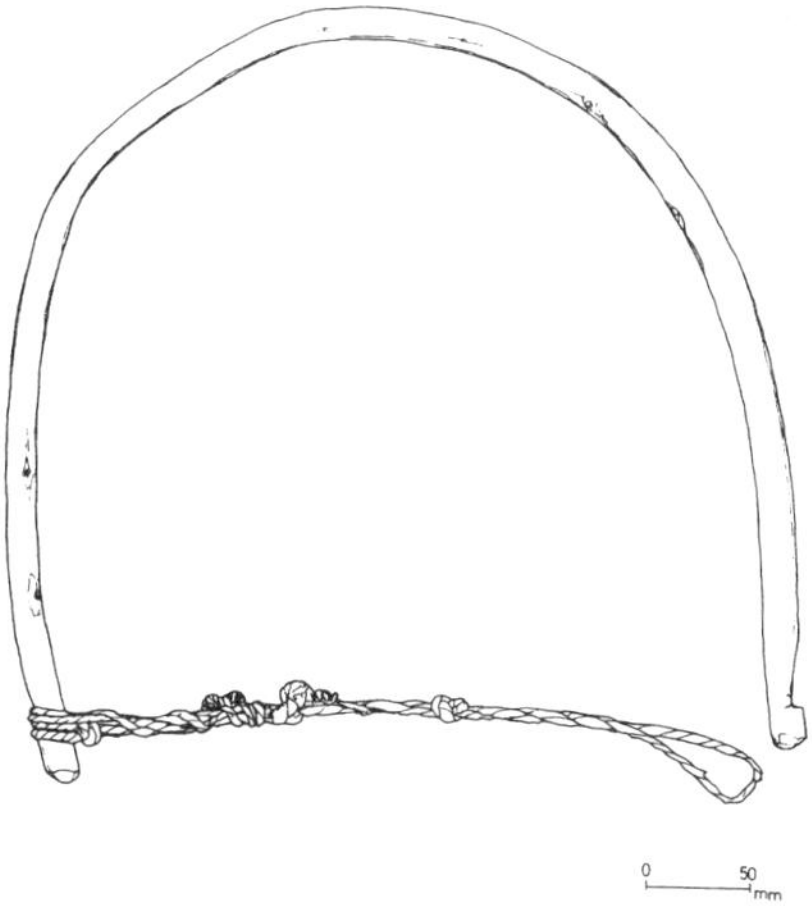

図64　センバ結束規格枠

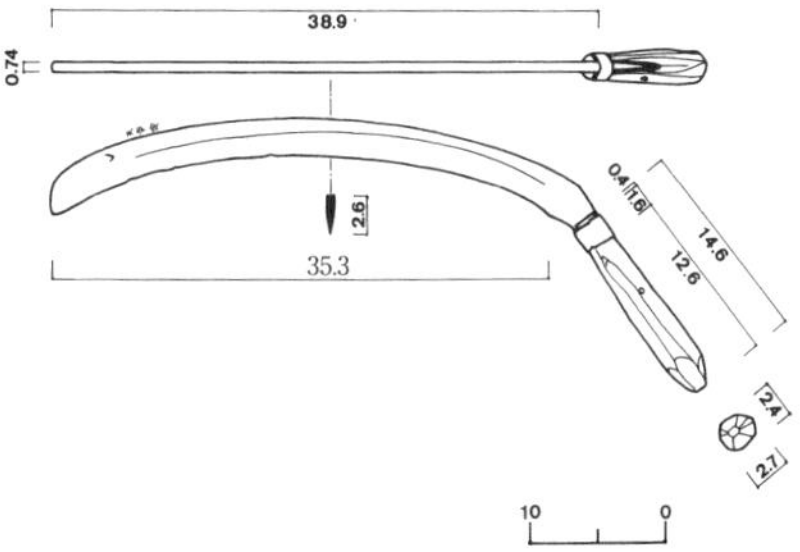

図65　カワムキ

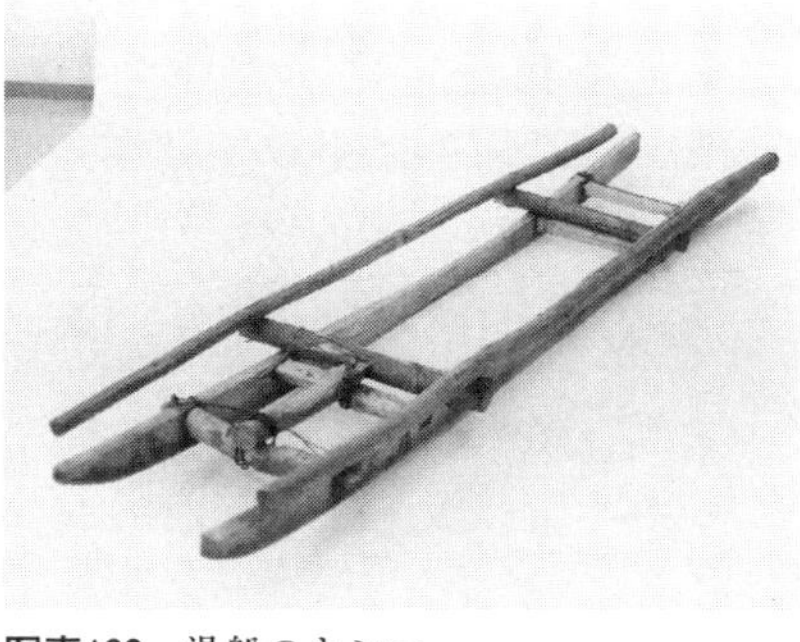

写真128　湯船のキンマ

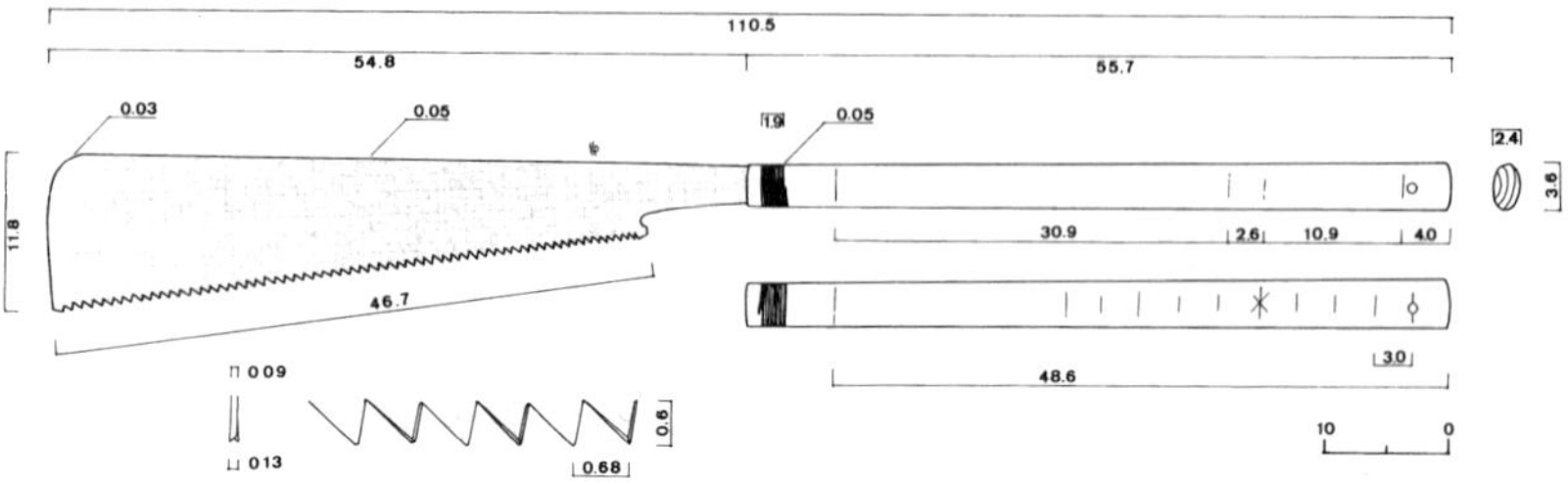

図66　アイギリノコ

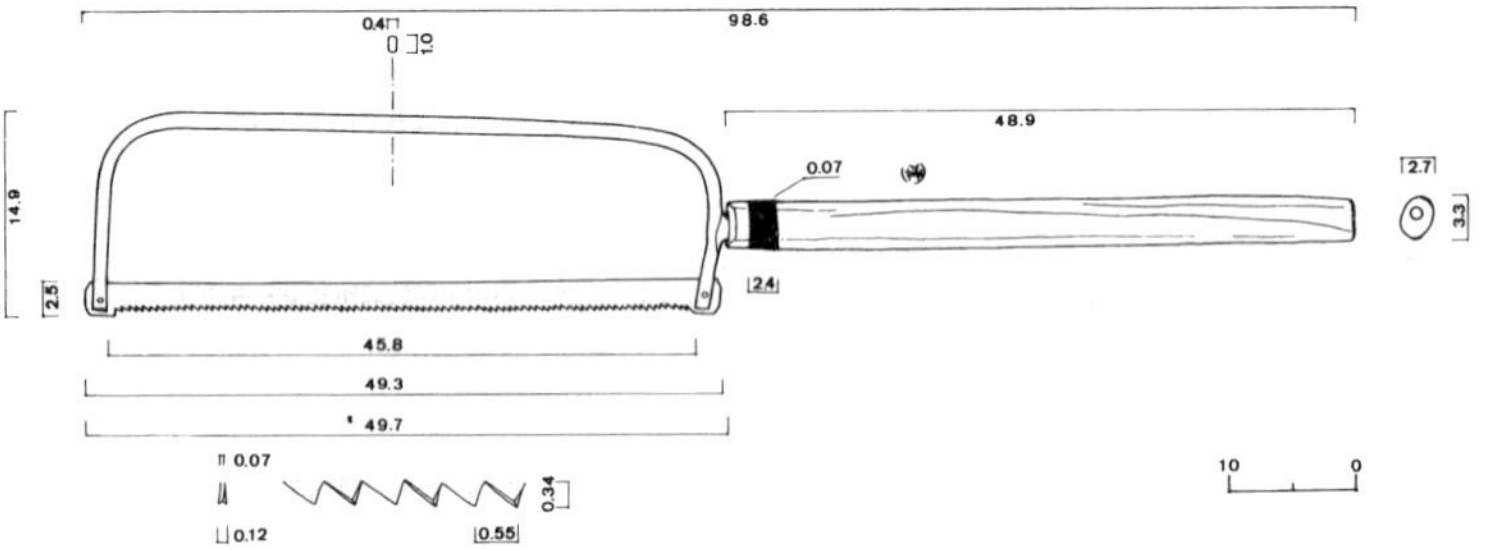

図67　ツルガンド

ネギリは、モトギリともいう。ネギリは、長い直柄のガンドが使いやすかった。真柄のガンドは、鋸刃が木にくい込み、鋸に引っ張られることがあった。鋸刃の長さが、一尺一寸から一尺二寸を使った。

柄が曲がった短柄のガンガリ（柄曲り鋸）は、使うにはコツがいった。ただし慣れるとガンガリが楽だった。ガンガリは、弓を描くように丸く、軽く挽いた。センバにする木の根元は、太いと直径五寸、平均すると四寸ほどある。ガンガリは鋸刃が、一尺六寸から一尺八寸と長かった。太い木は、むかしからガンガリで伐っていた。

鋸は園部でも買ったが、センバを伐るころになると、毎年播州から行商がガンド、ガンガリ、カマなどの刃物類を売りにきた。行商のガンガリでないといけないという人もいた。ネギリ用の鋸は、全体に焼きが入ったシロヤキを使った。

ネギリする前に、鋸で伐る反対側に、テヨキでクチアケ（切れ込み）した。谷側に木と木が重ならないように並べて倒した。エダハライは、株（根）側から切った。谷側に倒すと、上から切りおろせた。エダウチシバをまとめるのも楽だった。先さきを考えて作業するのがコツだった。エダハライには、ハグチの広いナタを切り損じがないよう使った。太い枝は手間取るため、クチアケと兼用のテヨキを使った。エダハライした木は、山裾のカマトコまで手で運んだ。

〔クダヒキとセンバコヤ〕　ウマ（ヒキダイ）を台にして、センバの長さにクダヒキした（写真129参照）。クダヒキは、アイギリノコ（ガンド）からツルガンドにかわる。ツルガンドは歯幅が狭く、適度の重さがあり、アイギリノコより楽に挽けた。ツルガンドの歯は畜音機や時計のゼンマイを使ってつくった。アイギリノコもツルガンドも直柄で、柄にはセンバの長さが刻んであった。すべり止めに桜の皮を柄に巻くこともあった。

山で挽くときは、三本の棒を藤のタマ（輪）で止めたウマ（台）において挽いた。家では、枝ぶりのよい松をウマにした。クダヒキのあとヨキで割り、センバゴヤに積み上げた。重さが八〇〇匁と四〇〇匁のヨキを使いわけた。センバを割るヨキは刃口が厚く、ネギリやエダウチ用のキントキヨキは刃口が薄かった。

センバゴヤは壁がなく、茅か藁で屋根を葺いていた。センバを積む前と、積んでから建てることもある。先に建てると、雨でも内で作業ができた。ただし、丈夫な小屋を建てるには、たくさんの材料と手間がいる。賃仕事の人は、後でセンバゴヤの材料がもらえるので、先に建てることが多かった。なん束入れる小屋にするか、大きさをきめて建てた。

伐採からセンバを積むまで、一日に二〇束で一人前といった。センバ専門の人でないと、二〇束はできなかった。専門の人は腰弁当で仕事をして、昼はその場で弁当を食べ、食後の休息時間はヤスリで鋸の目立をした。使っているとアセリが狭くなって、鋸が動きにくくなる。アセリをたてられる人は少なく、狭くなると目立屋に持って行った。専門の人は、鋸歯を尖らせるだけでなく、アセリたてもできた。

〔センバを束に〕　専門の人は、夏も川稼はもせずにセンバを束にした。センバは、ネソか藤で束にし、ネソが多かった。ネソにできるのはホソ・シデ・サヤゴ・リョウブなどで、山の高い所の手入れしていない枝をとりに行った。密植のために細く、ひねた木で、人差し指の太さがちょうどよかった。

ネソは生木のままだと、はじけて折れることがあるので、窯で焼いてから使った。ネソの窯は、山の斜面に穴を掘り、丸太で骨組をつくり、山土で囲って熱が逃げないようにした。窯は長さ六尺ほどで、窯の後方に煙出し穴をあけた。なかに横木をわたし、ネソを置く棚をつくり、下の焚口で火を燃やす。ネソは両端をよく焼いた。まず焚口にさしかけて先を焼いてから、全体を押し込んで、株を焼くと同時に全体を蒸し焼きにした。窯へ一回入れる量は一五本ほどで、一日中繰り返し、熱いうちに輪にした。

センバは、ネソの輪のなかにさし込んで束にした。上手な人は、一日に三〇〇束〜四〇〇束できた。上手な人は、センバがよく見えるようにばらまき、どの木を組みあわせたら一束になるかみただけでわかった。

〔センバの運搬〕　カマトコから道路までは、見とおしがよいと鉄線かけたコマカギにセンバをかけておろした。ベタの道幅があればベタに積んでおろした。両方がだめだと、肩で担いでおろした。

土道《どみち》をひくベタは、よくすべるヒノキを使って自分でつくる。木で組んだキンマ道（写真128・131参照）をひくキンマは、カシで大工がつくった。ベタはカシより軽いヒノキで、持ち運びは楽だった。ベタの底がすりへると、サヤゴを丸枝のまま打ちつけて補修した。

ベタには、センバを七、八束積めた。下段は縦二列で四束、上段は横に並べて積んだ。下段を縦に積むのは、センバをベタからはみださずに狭まい道を通す工夫だった。ワイヤーで、下段の四束は横に、上段は縦に結んだ。ベタはカタヒキでひき、ベタにつけた金輪にテコを通してブレキをかけた。持って登るとき、このテコが杖になった。雨のあとはよくすべって楽だった。冬場は道が凍って、テコだけで止まれない。ワイヤーをかけてブレーキにした。このワイヤーをタマとよんだ。ワイヤーの前は、タマとよぶ柴束をベタの前においてブレーキがわりにした。

べタ以外でセンバを遠くに運ぶとき、男性はヤマイキボに五束をロープで結びつけ、女性はオイヅナで三束背負って運んだ。近くは藁製のモッコに乗せ、天秤棒で運んだ。

天若のすぐ下流の日吉町中村から八木や亀岡までは、川船でセンバを運んでいた。川辺から川船までは、ニカギで運んだ。桐棒の両端に紐をたらし、紐の先の鍵にセンバを一束ずつかけて運んだ。桐の棒は軽くて丈夫で、肩あたりがよかった。

4　天若の植林技術

スギとヒノキの植林

天若での、スギとヒノキの植林の生活技術をみてみたい。

三月末から四月にかけて、スギ、ヒノキの順で苗を植えた。スギは土がやわらかい山すそに、ヒノキはスギの上の石が多いところに植えた。苗木を植えるとき、山では穴を少し大きく掘った。土がやわらかい山すそはトウグワ、石が多いとツルハシで掘った。一日に一二〇本から一三〇本植えて一人前といった。第二次世界大戦後は、ツルハシとトウグワが両方についたリョウグチができた。リョウグチだけ持っていけばよいので便利になった。

植林後、苗木を保護するため下草を刈った。三年目ぐらいまでは、シタカリガマで刈った。シタカリガマは中厚のチュウガマで、柄が短かいのでテガマともいった。山には水がなく砥げないので、二、三丁持っていった。四年目ぐらいから、長い柄のオオガマを使う。オオガマは苗木を傷めるので、苗木が小さいころは使わなかった。

枝打ちは、五、六年して人の背まで伸びたときする。二回目の枝打ちは一二、三年後で、ここまではスギもヒノキも同じだった。そのあとスギは、二〇年、三〇年で枝打ちして、四〇年で伐採する。ヒノキは二五年、三五年で枝打ちして、四五年で伐採する。

枝打ちは、主にナタでした。太い枝だけテノコ（テマワシノコ）も使った。テノコで切断した後を、ナタできれいに削った。ナタもテノコもサヤに入れ、腰の後に紐で結びつける。ナタとノコが一つになったサヤもあった。サヤの材は、やわらかいクリの木が多かった。

枝打ちのナタは、スギとヒノキで違った。ヒノキはスギよりかたいので、刃が厚かった。一〇年ほど前から、ヒノキの枝打ち専用の厚刃のナタを、土佐でつくりはじめた。はじめは使いにくいが、慣れるとよく切れて丈夫だった。柄はかたくて丈夫なカシで、たいてい自分でつくった。枝打ちは、木の成長がとまる冬におこなった。寒いので、ゴム引きの手袋をした。

枝打ちで、高いところは梯子《はしご》を使った。枝打ちの梯子は、一本梯子と二本梯子があった。

一本梯子は、ムカデといった。スギかヒノキの丸太に、穴をあけて横木を通した。横木は丈夫なヒノキかカシで、運ぶときは横木を抜いた。ムカデは、丸太の下端をとがらせ、土に突き立てて使った。ムカデは木に垂直にもたせかけ、下から二段目のアシカケ（横木）あたりで、木にロープでしばりつける。ムカデは、左右にゆらせられるようにくくり、上枝から順にゆらしながら枝打ちする。高くなると腰と木をロープでつなぎ、落ちないようにした。ムカデは、一軒に長短三、四本はあった。

二本梯子は横木の数で、サンダンバシゴ、イツツバシゴなどといった。軽いスギを使うことが多い。下端をとがらせるのはムカデと同じで、木のオモテ（山側）面に尖きさしてたてかける。上端は、横木のかわりに縄をまわし、木にまきつかせて固定した。縄だと木が傷まなかった。梯子より低い枝の枝打ちは、片足を梯子のあいだに入れて押し、梯子を木から少し浮かせた。沢田の湯浅国雄家の二本梯子の長さは、四尺・六尺・一〇尺・一三尺の四種類あった。最長で二〇尺もあったが、高い木は軽くて運びやすいムカデを使うことが多かった。

中村の吉田敬太郎氏はムカデだけを使った。梯子とムカデのどちらかを使う人が多かった。なお、谷口は梯子が多かったが、谷奥の人のムカデを見て使いはじめたという。

梯子やムカデでも届かない高い木は、カセを使って枝打ちした。カセは棒にロープを結びつけたものをいう。立木に棒を横にあて、ロープで結わえて足がかりにしながら高い木に登った。カセは、ロープを購入して自分でつくった（図59）。

伐採と搬出

立木は伐って皮をむき、適当な長さに切って山から出した。

スギとヒノキは、一〇年で一割、二〇年で三割、三〇年で四割から五割を間伐する。間伐した一〇年木は、足場丸太に売れた。

伐採するときは、オオヨキで切り倒す方向に口をあける。次に、ガンガリで半分ほど挽き、倒す方向にヤマヅナを張る。新式のガンガリは窓鋸だった。

ヤマヅナを木にまわし、ヤマムスビにして輪をつくる。木にまわした輪を、ヤマヅナをしゃくって上げるのはむずかしかった。適当な高さまで上がると、ヤマヅナを張ってほかの木に結びつける。こうするとノコの挽き道が広がり、挽きやすくなった。オヅナ（麻綱）のヤマズナは、やわらかくて伸びあがり、使いやすかった。

挽き道にさした二本のヤ（クサビ）を、交互に打ち込んで思う方向に倒した。ヤは、カシ製、カシ製に先だけが鉄、全体が鉄の三種類あった。伐採した木は、ヨキで枝をはらってから皮をむいた。スギやヒノキの皮は、ギリガマとヘラでむいた。

スギ皮は、長さ三尺が屋根葺用、六尺が屋根の棟用になった。ギリガマの柄で長さをはかり、刃先を立てて手前にまわして皮を切る。次に縦に切れ目を入れ、ヘラをこじ入れて皮をむいた。ヘラは、割ったモウソウダケやヒノキとスギの枝を細くしてつくった。

中村の吉田敬太郎氏のカナベラは、綱の先がついていた。一〇月から二月ころまで、富山から皮むき専門の人がきていた。その人たちが使っているヘラをみて、鍛冶屋につくらせた。

このほか、主に松の皮をむくムキガマもあった。ムキガマの後にできたカワカキは、松は刃が厚く、スギは刃が薄かった。木は伐った後、皮をむいておかないと虫が入った。

山で伐って乾燥させ、二間や一丈に玉切りした丸太は、三つの方法で搬出した。搬出方法は、地形や搬出量などを考慮してきめた。

少量で不便だと、肩で担いで出した。スギのツエを持っていって、休むときはツエで材木をささえ、肩をはずして休んだ。

写真131　日吉町のキンマ道

キンマに積むまでの近距離移動は、ドミチの上をカタビキで引っ張った。地面を引きずるため、ドタヒキともいった。カタビキの先についたチンチョウを、丸太の株に打ち込んで引いた。大きな丸太には、チンチョウを三、四個打ち込んだ。

キンマはカシ製で、キンマ道の上を引っ張った。底は中ほどを少し高くし、ナタネ油をつけて焼くと、油がしみてよくすべった。カジ棒にワイヤーをまきつけ、急坂ではブレーキがわりにした。

キンマヒキは危険で、筏師ぐらい日当がよかった。丸太を乗せて下ると、重いキンマと丸太をとめるカスガイを持ち上げた。キンマヒキは重労働でもあり、若い間しかできなかった。

丸太をキンマへ積み下ろしするときや、乾燥させるためセイロに組むときは、トビヅルが必要だった。大きさでコトビ・チュウトビ・オオトビがあり、柄はカシときまっていた。

柄がマダケのタケトビは引っ張る専門で、軽くて使いやすかった。大阪に「トビイチ」というトビの専門店があり、そこから郵送してもらった人もいた。

トビのあとにできたツルは、大きな丸太を動かすのに使った。

皮むきで丸太を返すのに、キガエシを使った。キガエシには、使うとき鉄輪に丸太を通すのと、はじめから丸太と鉄先が一緒になったものとがあった。

四　猪猟の民俗技術

1　人と猪の生態学――「リョウ」好きの資質

「リョウ」は山の動物だけでなく、川や海の魚も同じだった。南山城で出会った「リョウ」好きの人びとは、みな山川に通じていた。

第二次世界大戦後も、和束町湯船は猪が多く、猪猟がつづいていた。猪などの大型獣への意識は、生業や時代によって違う。猟師は動物をおそれずに倒し、農民は動物の田畑への害をおそれて防御した。

大型獣は農閑期の冬が猟期だった。湯船は上と下それぞれに猟仲間があった。ときには上下が合同で猪狩りをした。いつも同じ顔ぶれで、川漁などにも行く「リョウ」好きだった。

猪は、食物を食べに人里に近づいてきた。

春は、交尾がおわってから、里近くのモウソウダケやマダケなどのタケノコを食べにきた。小さいタケノコは鼻で起こし、大きいタケノコは先を折って皮をむいて食べた。春は、竹薮の近くに猪の罠をしかけた。

夏は、田や水路のドジョウ、畑のジャガイモやサツマイモなどを食べにきた。

秋は、里の食糧が豊富で、田の稲、体をぶつけて落とした柿やドングリ・クリなどの堅果類を食べにきた。成り物の収穫がおわると、山に帰って姿をみせなくなった。

冬は、山でクツワ（葛）やワラビのマンボ（根）を掘ってしがんだ。ヤマイモやミミズも掘って食べた。

猪は一年中クツワやワラビのマンボを食べる。雑食でカワガニやマムシ、クチナワも食べる。マムシは好物で、見つけると躍り上がってよろこぶという。湯船では、妊婦や花柳病（梅毒）の人はキジを食べない。キジがマムシをよく食べるからだという。

梅雨ころ、猪は五、六匹の子を産む。産まれてしばらくは、茶色の体に黄色の縦縞が入る。その模様が瓜とにているためウリとよぶ。縦縞は、ほぼ年内に消えてフリコとよばれる。フリコはニサイゴ（二歳子）ともいう。首筋から尾の根付けまでで、ツナヌキが二足とれる大きさになる。皮がやわらかいので、弱くてまだ使えない。三年で、サンソク（三足）になる。片側で三足分だから、左右で六足分とれる。五年で、ヨモノ（四足）になる。ワタ（内臓）を除いても、肉が二五貫（約一〇〇キロ）とれる。ゴソク（五足）で三〇貫、オオゴソクで三五貫弱、ロクソク（六足）で三五貫の肉がとれる。ロクソクの総重量は四〇貫を超える。

猪は、雄が雌より大きく、気性がきつくて（荒くて）、毛の色が黒っぽい。ロクソクもある大猪は、みんな雄だった。猟犬が猪にかかっていくと、雌はかぶる（噛みつく）。雄は、かぶるだけでなく牙でひっかけた。雄は、牙と歯をすりあわせて研いでいる。牙の犠牲になった猟犬は多い。ゴソク、ロクソクのオオヒネになると、牙が伸びて曲がり、かけられる心配がなくなる。

猪は夜行性で、一晩に一〇里歩き、昼はネヤで寝ている。ネヤの立地は、冬はヒウケ（日向）、夏は日陰と違う。冬のネヤは一定しない。近くの小尾根の背に木の葉を集めて寝る。尾根は寝込みを襲われても、どの方向にでも逃げられる。夏のネヤは茅が多い谷間の一、二カ所ときまっている。穴を掘って茅でかこみ、蚊にかまれたり、雨に濡れないようにする。

猪はノタバ（フロバともいう）に体をこすりつけてダニなどをとる。ノタバは水気のある谷間に多い。まれに乾燥したカラノタバがあり、切株が腐った後の赤土の穴を使う。ノタバは猪が通るシシミチと同じで共用していた。猟師はノタバの場所を熟知していた。撃ち損なったときは、ノタバで猪を待って倒した。猪はゴッゴッした木肌の松に体をこすりつけた。

2　猪の集団猟

猪は利口で、目と鼻、耳もよく利いた。狩猟でも猪猟は細心の注意がいるので、一番おもしろかった。猪は主に鉄砲とククリ罠でとった。狩猟免許は銃器が乙種、網と罠は甲種だった。鳥獣猟規制が制定された明治六年は、銃猟が九月十五日から翌年三月十五日だった。後できまる網と罠も同じだった。大正七年に鳥獣保護のため改正され、一月十五日から二月十五日に短縮される。

銃器による猟には、猪を追う猟と、猪害を防ぐため田畑で待機する夜撃ちがあった。追う猟には集団猟と単独猟があり、戦前は猟師が多かったので集団猟だった。戦後は湯船の飯田氏が一人で単独猟をした。遊猟がさかんになり、他地域からも来るようになった。

戦前の集団猟は、銃を持って猪を倒すシシウチ（猪撃）三〜五人と、猪を追うオイコ（勢子）のあわせて一〇人ほどだった。気のあった仲間で、猪撃が少ないときはオイコが銃で撃つこともあった。

猪が出た知らせを聞くと、朝から昼まで居場所を仲間で探す。猪は山の中復を行ききすることが多く、猟師は猪が通るシシミチ（猪道）を知っていた。それで三組ほどが下から尾根に向かってのぼって足跡をみつけた。これをアトヲキルといった。足跡は狩猟の手がかりとして重要で、猪の大きさ、土の乾き具合で通った時間がわかった。足跡が光ってつやがあれば前夜、乾いていれば二日以前とわかる。冬に氷が割れていると前夜、割れた氷に新しい氷がはっていれば二日以前とわかる。雨が降ると、その前か後かを足跡で判断できた。またノタバが光り、つやがあると前夜ここで虫を落としたと判断した。

猪がいると判断して、とり囲んだ範囲をシキリという。シキリは尾根や谷が境で、その範囲は昔からきまっていた。シキリは広くとった。猪が人の気配に気づかないよう、誤って人に銃弾があたらないよう、さらに猪撃まで猪を長く走らせて疲れさせるためである。猪は元気なときは意外に足が早く、容易にあたらない。ことにネヤダチの猪は、矢のように早いためあたらなかった。猪は谷から上に追うが、まれに山の背から追うこともあった。猪を背に追うのは消耗させて、銃でねらいやすくするためである。

シキリがきまると、猪撃はオイコにどの方向から追うか指示してマチハル（猪撃ち場で待つ）。マチは猪撃と猪撃場の両方を意味している。猪撃場はセサキ（山の鞍部）や谷口を見下ろす場所で、シキリごとにきまっていた。猪が来そうなマチから、イチノマチ、ニノマチとよび、一番来そうにないアホマチは、初心者が待機した。

猪撃は、姿が見えないように木影に隠れて待つことが多かった。松・イチョウ・カンポナシなどで、近くに同種の木が少ない巨木を選んだ。待機する木の種類で「松のマチ」などとよんだ。

猪を追うのに、猟犬も連れていった。オイコが、

ホーオイ、ホーオイ、そらいけ、そらいけ

と、犬に勢いをつけながらマチのほうに追う。法螺貝を吹いて追うこともあった。小さなフリコは犬が途中でおさえこむこともあった。

猪撃は撃ち損じないよう十分にひきつけ、立ち上がって撃つ。それまでに姿を見られると一直線に向かってくるので、木の陰に隠れたのである。猪が飛び出してくるのをシシガマクといい、そこを狙い撃つ。狙いがあってあたるときは、猪の姿が銃の筒に隠れてみえない。猪がみえているのは外れているからで、決してあたらない。

子連れの猪は、親から撃つ。親が倒れると、子猪は一度ちりぢりに逃げても親をしたって必ず戻ってくる。それを待っていて、撃つのである。

戦後しばらくしてライフル銃を使うようになるまでは、村田銃を使った。村田銃は元込めの一発弾（単発式）で、一〇〇メートルほどしか正確に飛ばなかった。ライフル銃は連発式で、トオケン（遠見）がきき、三〇〇～五〇〇メートル離れてもあてることができた。

ただし、村田銃の時代の猟師は腕がよかった。戦前に名人といわれた上集落の落合伝次さんは、高い木の枝に実る柿の蔓を撃ち、柿が食べたいという仲間の望みをかなえた。

猪は首から上に弾があたると倒れる。それをはずすと、猪はたとえ腸を出しながらでも倒れない。猪はむこいきが強く、息がきれる（死ぬ）まで走りつづける。手負いの猪が木にもたれ、立ったまま死んでいたこともあった。

手負いの猪が、オイコや猪撃の銃の煙にのって向かってくると、三角の牙はするどく、よく切れるので危険である。村田銃の時代の猪撃は、銃をささえる手の中指と薬指のあいだに予備の弾を挟んで持ち、すぐ弾込めできるようにしていた。猪撃に向かってきた手負いの猪が股のあいだを通りぬけたり、耳をつかんでおさえようとして結局逃げられたり、オイコをしていた前田政一さんのように向かってきた猪にまたがり鉈で頭を打ち砕いて倒した話など、武勇談はつきない。

倒した猪の舌は切りとって、犬に駄賃として均等にわけるとよろこんで食べる。猟後の舌肉を通して、犬は猪狩りを覚えていく。また、腹にガスがたまらないように、猪の腹はすぐ割った。前後の足を結んで、オーコを通して村まで運んだ。三〇貫もある猪だと、横ゆれして歩きにくかった。肉は和束に買う人がいて、噂を聞いて買いにきた。そのワリップ（売上金）を分配した。猪撃は弾代だけ高く、猪撃一にたいしてオイコは七、八分が普通だった。猪にはじめてあたった弾をテンヤ、息の根を止めた弾をトメヤとも、とどめのヤをさしたともいった。テンヤやトメヤをあてても、猪撃の分け前は同じだった。

猟犬を連れてきた人には、犬一頭につき五分の分配があった。ただし、大正時代まで犬への分配はなかった。猪が少なくなってから、犬の分配までうるさくいうようになった。

猟　犬

前はどの家でも、犬を二、三匹飼っていた。猟犬や田畑を守る番犬が多かった。夜中、田につないだ番犬が、猪に脅されカマイレル（おじけづく）こともあった。カマイレル犬は、二度と番犬に使えなかった。

猟犬は、雄でも雌でもよかった。生まれたとき尾を持ってつりさげても、鳴かないしぶとい犬がよかった。猟犬は猪道にノッタラ（見つけたら）、臭いを追いかけて居場所を知らせる。これをオイナキ（追鳴き）という。猪道を見つけたり、はずさないためには鼻がきかないといけない。猟犬が小さいうちに、口に含んだ酢を鼻に入れるとよくきくようになる。犬は痛がってきりきりまいするが、こうした犬の鼻はカザによくのるといった。

追鳴きを覚えさせるため、餌をやるたびに「鳴け、鳴け」といいつづけていると鳴くようになる。鳴くと、餌をほおってやる。訓練中の仕込み犬は、猪になれ、臭いを覚えるように、骨を食べさせた。肋骨は生のまま、その他は煮てから食べさせた。追鳴きを覚えると、なげた餌を食べずにくわえてこさせる訓練をはじめた。

だいたい二年目になると猟に連れていった。最初のうちはよく怪我をした。なれた犬は尻側からまわるのに、新米の犬は前からかかっていって牙にかけられた。猪は体がごついので方向転換で小回りできず、犬は動きが早いので尻や、やわらかい腹か金玉にかみついた。

3　単独の猪猟

飯田さんは、昭和二十八年から一人で猪猟をはじめた。夏は以前どおり農業をつづけ、冬は大水害をきっかけに炭焼きから狩猟にかえる。狩猟には興味があり、子供のころから叔父の鳥撃ちについて歩いていた。叔父から村田銃を譲り受けてからはやみつきになり、ヤマドリなどを撃っていた。

ただし、猪撃ちをはじめて二、三年は、猪が倒せなかった。婦人から、

やめとかんせ、そんな重いもん（銃）をもたずに、竹伐ってかついだら

といわれた。それでも、

おら、鉄砲かついで歩くのが好きじゃ

といって猪撃ちをやめなかった。そうして歩いていたことが、猟犬の訓練にもなっていた。猪撃ちで猟犬のしめる役割は、集団のときより単独のほうが大きい。

飯田さんは八匹ほどの雑種の猟犬を飼い、四匹を交代で猟につれていった。一度秋田犬を購入したが、猟につれていく前に病気で死んだ。秋田犬や柴犬、紀州犬は、病気によわかった。猟犬は特別な訓練をしなくても、よい先達が一匹いるとまねてうまくなる。ただ、小犬のころ前述のように鼻に酢をふきかけたり、猪の臭いになれるよう、肋骨は生で、その他は煮て食べさせた。

猟場に入ると飯田さんは山の背をゆっくり歩いて、中腹にいる猟犬が猪を見つけるのを待った。山の背はゆるやかなので、歩きやすかった。犬は猪を見つけると、囲んでから吠えたてて飯田さんに知らせる。遠いと二、三谷向こうで、着くまでに二十分かかったこともあった。犬の鳴き方の違いで、猪の大きさがわかった。猪が四足以下だと、犬がかみついておさえる。五足以上だと、犬がかんでもこたえないので、逃げないように囲んで吠えて威嚇する。四足

以下でかみついていると、「ガブ、ガブ」と音がして、一匹だけが吠えて知らせる。ただし、雄は牙があるので尻から、雌は牙が小さいので頭からかぶりついた。耳にかぶりつくと痛いので、「ギイー、ギイー」と悲鳴をあげた。

おさえた猪に飯田さんは横から近づいて、銃口の素金を頭のミミタタキにあててしとめる。頭の毛が焦げた。ミミタタキは人のこめかみで、耳を前に倒して先がつくところをいう。大きな猪は、飛びかかってくる勢いが少しでも弱くなるように、上の方から左側にまわる。犬に注意が向いているので、猪に近づけるという。一間ほどあいだをあけて、頭か前足の根元をねらい心臓を撃った。引き金を引くこの一瞬が、たまらない魅力だという。

犬が猪にかみついたままだと、肉に傷をつけてしまう。血がまわって黒ずむと、商品価値が落ちる。傷をつけた猪肉は、皮をはがないで売った。犬がはやくはなれて、肉に傷のない猪は、すぐに皮をむいて美しい肉をみせて高く売った。ボタンとよぶ肉である。頭をねらうのは、頭に肉がほとんどないからである。銃弾があたった周辺の肉はあれ、血がまわって黒くなって商品価値が落ちる。頭に一発打ちこんで倒した猪肉は、どこの皮をむいてきれいだった。二発、三発打ちこんだ猪肉は、火薬の臭いがしみついてうまくない。ただし、頭に一発打ちこんで倒せるまで近づくには、勇気と細心の注意が必要だった。

あまりに大きい猪だったので岩と間違え、撃ちそんじて追いかけられた。そのとき木をたてにしてようやく撃ち倒した。手負いになった猪も、木陰にかくれてまわりながら倒した。飯田さんは木のない場所での猪撃ちはこわいという。犬も手負いの猪にかけられ、怪我をしたり、死ぬことがあった。

猪を倒すと犬に舌を均等に分け、下腹部に二寸ほど空気抜きの穴をあける。水場が近くにあるときは、ワタ（内臓）をだして血をあらった。時間がたつと血が臭くなるからである。

普通は村人に頼んで、村まで運んでもらった。小さなフリコは足を結んで棒を通し、背負って帰ることもあった。

山田でのヨウチ

夜間、田畑を荒らしにくる猪を撃つのを、夜撃ちという。山間の山田が主で、稲穂が出てからである。猪の姿が見える月夜が多かった。懐中電燈ができて、村田銃の先に結びつけて撃つこともあった。

山田を見おろす高みに、ホトロ（草）の束を並べて囲をつくる。その中にひそんで猪を待ち、水田に入る手前で撃ち倒した。蚊が多いので帽子や手覆いをつけ、マムシにかまれないように長靴をはいた。猪に人の気配をさとられないために、煙草もすわなかった。

真夜中、山中にただ一人でいるため、撃ち損じたときのことを考えると怖かった。それでも夜撃ちに行ったのは、猪の被害が大きかったからである。待っているあいだに、寝込むことがある。こうした晩にかえって猪があばれ、大被害を受けることがあった。

4　猪の罠猟

湯船で、猪の罠《わな》猟は三種類あった。猟師が一人でかけるくくり罠、農民が共同で田畑を荒らしにくる猪をとるための、おとし穴とモンドリである。くくり罠には、かける部位で胴くくりと足くくりがある。胴くくりは前からあったが、足くくりは戦後になってほかで使うのをみて導入した。

胴くくりは、直径五〇センチほどの針金の輪を、地上から約二〇センチあけて木に結びつけて固定した。針金は木馬をひく、太いワイヤーをほぐした一筋を使う。後には、細い針金を撚った弾力性のある、太さ三ミリほどのワイヤーを使うようにかわる。弾力性があると、よくしまった。猪がたすきがけにかかると四、五日は死なないが、首だとすぐに死んで肉が腐って商品価値がなくなる。足くくりだと一週間は死なないので、肉が無駄にならず有理だった。

足くくりは、猪道に深さ、直径ともに、一五〜二〇センチの穴を掘る。穴の上に直径三〇センチほどの針金の輪をおいた。針金ははね棒に結びつけ、さらに先端を大きな木に結びつけて猪があばれても逃げられないようにした。はね棒は水気が少なく、弾力性のあるツツジの枝を使った。長期間曲げたままにすると、水気が多い木は乾燥するとき曲がりくせがついて弾力が失われる。

穴に猪が足を踏み入れると、針金を止めた仕掛けがはずれて引っ張られる。仕掛けはコメチョといい、見えないように木葉、その上に土をかぶせた。

くくり罠は、あまり猪の通らない猪道でも、枝道にしかける。よく通る猪道だと、猪がよく覚えていて異常に気づきやすいからである。くくり罠は多いときは約二〇ヵ所にしかけ、四、五日に一回みてまわった。かかるのは、猪が活動する夜だった。

足くくりにかかった五足より大きい猪は、銃で倒した。人を牙でかけようと向かってくるので、近づけないからである。四足以下でも、針金がねじれて輪になった、キンコができているときは銃で倒した。猪が向かってきたとき、キンコの所で切れることがあるからである。一〇メートルほど離れた遠目から、キンコの有無を確認した。キンコがなければ、四足より小さいと心臓を槍でついて倒した。

槍は、猪が興奮しないように、見えないところまで退いてつくる。槍の柄は、直径約一寸、長さ一メートルほどの、ねばりがあるビシャコ・カシ・フクラソなどを使った。槍先は猪の解体などに使う切り出しを、柄に二ヵ所で結びつけた。切り出しはサバキといい、上等品を選ばないと突いたとき曲がった。

猪が向かってきて前足をあげ、胸をはった瞬間を一突きする。このタイミングをはかるのが、なかなかむずかしい。

落とし穴

落とし穴は、水田に通じる猪道に掘った。水田に山の背が接する、セサキが多かった。大きさは直径四尺（一二一センチ）、深さ一〇尺（約三〇〇センチ）ほどだった。よくかかった落とし穴は、猪が逃げようと前足でかいて底が徳利の胴の部分のように広がっていた。

落とし穴は、上に細い柴をかぶせて隠した。猪は鼻でにおいをかぎながら歩くので、柴が鼻にあたる音で下が空洞なのがわかる。そこで猪道がわの柴の上に土を薄くかけた。穴に落ちた猪は投石や、竹や木をとがらした槍で左腹から心臓を突いて殺した。

猪が落とし穴に落ちることはめったになかった。落ちたとしても、たいていは子供の猪だった。みな気にかけないので、落ちて白骨化したままのこともあった。

モンドリ

第二次世界大戦中、湯船ではカイトごとにモンドリをしかけた。隣りの宇治田原町奥山田でも同時期にしかけた。

射場カイトのモンドリは、川魚の筌《うけ》と同じ原理だった。丸太を組んだ棚の中に猪をさそいこみ、入口をふさいで出られなくした。猪のモンドリは大掛かりで、地域の害獣対処なのでカイトが共同でつくった。

モンドリは、末口直径二尺、長さ一〇尺のスギ丸太を、間口五間（九メートル）、奥行四間（七・二メートル）の方形にたてて柵をつくった。サツマイモを餌にして、猪が入ると入口の柵が上から落ちた。猪は足が短いが、六尺は飛び上がる。柵の高さは、一〇尺必要だった。

中カイトのモンドリは、字丸山の茶畑につくり、四足の雌とフリコ四匹がかかった。射場カイトでは、字仏岩の田につくり、四足一匹をとった。かかったかどうか、毎日交代で見にいった。

柵は、三年で根元や柱をとめる釘がくさった。戦争中は、食糧増産のため茶畑を芋畑にかえたので猪の害が多かった。その切実な対策がモンドリだった。戦後は、大規模なモンドリをつくることはなかった。

5　猪除け対策

猪の害から、田畑を守る方法はいろいろある。ただし、これで安心といえるものはなかった。猟銃やくくり罠での狩猟は、結果的に猪除け対策になった。夜撃ちや落とし穴、モンドリも、猪除けが目的だが狩猟の期待の少しはあった。ここでは、さらに消極的な猪除けをみてみたい。

稲穂が出はじめる地蔵盆ころから、田の周辺に猪の足跡が見られるようになる。そこから収穫までの五〇日間が、人と猪との知恵くらべ、根くらべとなる。ことに猪の被害が大きいのは山田で、むかし湯船は谷奥まで山田があった。

猪除けの夜番は、主に山田だった。一晩中「ホオーイ、ホオーイ」とさけび、鐘をたたいて音をたてた。仮眠するときのために、番犬も連れていった。夜番に行けないときは、人形をたてることもあった。ただし猪は利口で、なんどかきて動かないとわかると人形側から食べた。前足で稲を巻いて倒し、口でしがんで食べる。親子連れだと、親が先に倒して歩き、子どもが後からしがんでまわる。親子連れだと、一晩で一畝（一〇〇平方メートル）はしがんで食べた。人形の威力は、ほんの一時的なものだった。

異臭を放つカッコ（ボッコともいう）クスベを、夕方から猪道に向けてつりさげた。カッコクスベは古布と頭髪を芯にして、稲藁でまいていた。頭髪は散髪屋でもらったりした。直径が一尺（三〇センチ）ほど、一晩中なので長さは三尺いった。カッコクスベを、三、四本つりさげた。芯に花火を入れて、ときどき大きな音をたてた。カッコクスベがないとき、山のゴモクをくすべることもあった。農作業で腰にさげるクスベは、粟穂を芯にして稲藁でまいていた。それを青竹に通して、衣服にふれないようにした。

猪垣は、ハサギ（稲機）を横にわたしてつくることもあった。稲刈りがすむと、猪垣をといてハサに組んだ。山田のハサは、五、六段と高かった。低いと猪が稲束を引っ張り下ろして食べたし、山田は風があたらないので少しでも乾燥を早くするためだった。ハサは、四段までなら一人でかけられる。それより高いと、梯子を使って二人でかけた。猪が少なくなって、いまは山田でも四段になった。和束町のハサは、湯船のほかはみな一段である。平坦部は風が強くて、ハサが倒れやすかった。

ナマコ（ブリキ）ができて、猪垣はハサギからナマコにかわる。ナマコは、中の作物が見えず、体があたると音が出て効果があった。猪は音に敏感で、ナマコの外側に網をはり、音が出やすい工夫をした。新聞紙を敷いて、踏んだ音で驚かしたこともあった。

猪害は農作物にとどまらず、松茸にもおよんだ。松茸山は入札で個人が受けた。戦前は笠置町有市の人が多かった。松茸山を守るため、竹皮に頭髪を包んで竹串にさしてたてた。例年威銃も使い、湯船区有文書に木津警察署長に申請した「威銃使用許可願」の写しが残る。九人で申請し、被害の状況は次のようだった。

相楽郡湯船村有字赤岩、藪田、砂ノ子谷山林内ニ発生スル菌類、吾々湯船村ヨリ購入セル処。例年発生時期ニ猪ノ被害ヲ蒙リ威銃ヲ以テ駆除ヲ行ナワサレバ、収穫皆無トナリ不利益ヲ蒙ルヲ以テ、例年威銃ノ使用ヲ受カ之レガ駆除ニ努メントス。

収穫できないほど、猪の被害は大きかった。昭和四年九月十五日から十月十三日の、毎日午前五時から午後六時まで、村田式単発銃の使用を願いでている。

松茸も夜番をしたり、よく出る場所は垣で囲むこともあった。

6　猪の資源利用の民俗

猪の解体と食べ方

猪は、秋の木の実を食べて太り、冬は脂肪が厚くなって、やわらかくてうまい。猪皮は冬でないと毛が抜けて、すぐ腐るので使えなかった。

猪を倒して家まで持ち帰ると、切りだしでワタ（内臓）をとり除いた。切り出しは奈良で買い、山にはポケットに入れて必ず持っていた。切り出しは、解体のほか、心臓を突く槍先に使った。解体するときは、心臓に傷をつけると血だらけになるので注意した。また水でぬらすと肉が悪くなるので、腹の中は雑巾《ぞうきん》でふいた。

次は猪の皮を剥《は》ぐが、二つの方法があった。一つは、横にしたまま皮を敷物にして剥ぐ方法である。首と胴の皮を切り離し、仰向けにして喉から真下に切り下ろす。そして腹から足先に向けて切りさいた。そのあと皮を少しずつ剥いだ。皮の下は、カワハダ・脂身・肉の順である。皮にカワハダの脂を残さないようにして、切り出しについた脂もカワハダになすりつけた。二つ目は、頭を下にしてつりさげて剥ぐ方法である。頭を下にしてつるすのは、食べない頭に血を集めるためだった。血が脂身にまわると、血の臭いがしてまずくなる。やわらかいと皮が剥ぎにくいので、一晩外につって凍らしてから剥ぐこともあった。皮剥ぎは、四足の大きさで朝から昼まで、四時間はかかった。

戦前から、和束町の猪肉専門店が肉を買いにきた。商売人には、ワタ抜きの目方で売った。噂をきいて贈答用にするからと、湯船から買いにくることもあった。ワタは、自分で食べたので、集団猟のときはみんなに分配した。ヒラギモ（肝臓）は生か、焼いて醤油をつけて食べた。貧血に効くといった。胃・肺・心臓は、粘膜を手でしごき落として煮込みにした。腸は、煮込みでも食べたが、主に犬に煮て食べさせた。

戦前は、ワタを鍋で煮て脂をとった。白い固形油で、少し臭いがあった。あかぎれの薬や、野菜の煮物のだしにした。

猪肉は、鉄砲で倒したほうが、ククリよりうまかった。ククリは苦しんで、脂が肉にまわった。大きさは、三足か四足がうまく、五足は肉がかたくなる。大きくなるほど、かたくなった。ただし、五足はよく煮込むと、こうばしくてうまかった。反対に子供の猪肉は、水臭かった。

稲穂がみのる十月ころからうまくなり、正月ころが脂がのって一番うまい。雄は、一月十五日の小正月ころからさかりがつき、食べずに雌をさがして走りまわる。それで脂が少なくなってまずくなる。雌は、猟期がおわる二月十五日までうまかった。肉を買いにくる商人は、まず雄か雌かを確かめた。好みもあるが、背中のロースは一番うまく、つくりで食べた。脂身もあっさりして、歯ごたえがシャリシャリしてうまい。夏の脂身は、薄くてかたいのでイタといった。十月ころから厚くてやわらかくなった。冬は、五足で脂身の厚さが一寸（三センチ）から一寸五分ほどになる。

猪皮のシビグツ

猪皮は、剥ぐとすぐ戸板にのばし、釘で打ってとめて乾かす。一カ月ほどで乾くと、巻いて保管した。猪皮は、自家用のシビグツに加工したり、大和から買いにきた。猪皮は、シビグツ以外には使わなかった。シビグツは、主に戦前まではいた。シビグツの猪皮は、雄雌どちらでもよかった。三足か四足がよく、これより小さいと皮が薄くてやわらかすぎた。オオヒネ（大きく）は、反対に皮がかたくて重くなった。

シビグツの加工は、剥いですぐがやわらかくてよかった。乾いた猪皮は、一度水につけてから加工した。猪皮への穴あけは、自分でしたり靴屋にたのんだ。大正時代の一時期、五ノ瀬に靴屋がすんで、滋賀県から牛皮のクツ（和沓）を仕入れて売り、修理もした。シビグツも和沓も、皮をぬうのに細く切った皮紐を、靴紐にはオ（麻）を使った。

シビグツは、冬の畑仕事に男がはいた。シビがたくさん入るので温かく、足も汚れなかった。毛がついた表を外にした。シビグツは滑りやすいので、中央部を藁縄でしばった。

　畑仕事のときは土に湿りがあるのでよいが、肥持ちのときなど途中で乾いて痛くなる。皮の厚さの違いや、波になった部分があって、乾きが一定しない。これも足を痛める原因となった。最初の冬はやわらかいが、古くなると皮がかたくなる。かたくなると、波になった甲の部分が、足袋を履いても痛いし、まめができやすかった。履く前にかかとの部分を中心に水につけたり、前夜から裏返して土に埋めてやわらかくする工夫をした。かたくなるのでたいていは、一冬はいてすてた。

　冬仕事が多い湯船は、シビグツより底に鋲のついた牛皮の和沓を買って履いた。和沓は職人がつくり、主に滋賀県から売りにきた。和束からも売りにきた。和沓はシビグツより小さく、文数まできまっていた。底にシビを入れたが、ヘチマや綿を敷くことが多かった。和沓は、鋲がかかとだけのオモシと、全体についたソウビョウがあった。シバシやカチンボなど山仕事は、オモシだとすべるのでソウビョウを履いた。肥持ちなど、重荷を運ぶときもソウビョウだった。鞣皮を使っていたのでやわらかく、だいたい二、三年履いた。二、三年たつと皮がかたくなり、鋲がとれた。

　シビグツも和沓も、雪には重宝した。ただし短いので雪が深いとぬれた。雪が深いときでも歩ける長靴にかわっていった。

　南山城でも湯船は、猪と深くかかわってきた。猪はすべて無駄なく、皮まで使いきった。

7　田山の狩猟

狩猟は道楽
田山で巽金五郎は、最後の専業漁師といわれた。明治時代に活躍した人で、明治末ころ隠居の年齢でときどき猟に出ていた。金五郎は、十六歳で猪撃ち仲間に入り、近在では猪撃名人で通っていた。猪撃ちに行ってあぶれたときは、気晴らしに銃の練習をかねて射的競《くら》べをした。金五郎は愛用の三〇番口径の村田銃で、茅の茎を撃ちぬいて驚かせた。猪が多い北山（野殿・童仙坊など）から、呼ばれて猪撃ちに行った。金五郎は、皮をとるため狸や狐も撃った。

小西市太郎氏は、子供のころ金五郎が鉛をとかし、鋳型に流しこむのを見たという。

金五郎の甥の田中又四郎も、金五郎の影響を受けて銃を使った。又四郎は高山村の初代村長を務め、猟はあくまでも道楽だった。同世代の高島清吉、福仲源之助は猟が好きで、三重県上野の鳥専門店の注文で、雉《きじ》などをとっていた。同じ高山村の高尾には、金五郎と同世代に広見吉蔵という雉笛の名人がいた。

小西市太郎氏は、又四郎の甥だった。子供のころ、又四郎にたのんで椿の実を撃ち落としてもらった。それから好きになり、高等小学校を出てすぐブローカーから銃を買ってもらった。漁師の使いふるしの銃で、新品の三分の一の値段だった。

大正時代には、田山の半分の家に村田銃があった。仕事ができない雪降りに鳥を撃ったり、庭にくる鳥を撃つのが楽しみだった。スズメ・ホジロ・ドバト・ツムギ・ヒョドリなどをとって食べた。田山では「博打、博労、野鉄砲」といって、狩猟は男の三大道楽だった。

猪と農業

田山でも集団の猪狩があり、マチとセコにわかれていた。朝から猪のいそうな場所をみてまわり猪の居場所をみつける。マチが配置についてから、セコと犬が猪を追う。経験から一番猪が出そうな一のマチに、鉄砲の一番の名手がついた。あとは腕が落ちる順に、二のマチ、三のマチについた。巽金五郎はいつも一のマチだった。猪は一度逃がすと、囲みなおすのに時間がかかり、その日はとれなかった。

農家には、猪は最大の害獣だった。大正時代には、夜に番小屋からときどき威嚇した。第二次世界大戦がはじまり、食料増産で畑でサツマイモをたくさんつくった。サツマイモのほか稲の被害も多くなった。夜通し猪の番をしないといけなくなった。被害が拡大したのは、サツマイモ栽培と軍の猟銃回収が大きかった。

戦後、田山でも二、三人が猟銃の鑑札を受けた。村人がセコになり、猪撃ちをはじめた。田山は山が浅く、猪が多くないのでいつのまにかやまった。

市太郎氏の夫人は多羅尾から嫁にきた。多羅尾は猪が多く、小屋泊まりして夜通し猪を追ったり、猪垣を築いて防いでいた。それをみて、戦後水田の周りに杭を打ち、針金を張って猪垣にしたという。

田山の山にも、直径一・五メートルほどの猪の落とし穴が残っているという。

追記
『南山城村史資料編』（南山城村、二〇〇二）に、明治に開拓された高原の童仙房での狩猟を紹介している。湯船と接する村でもあり、猪の集団猟の方法、成長とともに変わる呼名と和沓の数など共通する点も多い。

五　村と都市をつなぐ木津川の舟運

わたしが山城資料館にいたころは、木津川の舟運や漁撈の民俗調査はかぎられていた。舟運は鉄道や車にかわってひさしく、川漁はみることすらなかった。木津川の歴史も、多くの自治体で調査がはじまったばかりだった。

米田実氏は、木津川舟運と山間の村の交通交易を調査した（『山村のくらしI』）。木津川の舟運は南山城だけでなく、さらに奥の三重県の伊賀上野や滋賀県の甲賀郡信楽、奈良県の東山中と、京阪との交通交易路だった。木津川筋には地元船持ちがいて、六カ浜を中心に活動がさかんだった。笠置も六カ浜の一つで、木津川上流で最大の物資の集散地で船頭も多かった。笠置浜からの輸送先は主に伏見で、青物は大阪の天満市場まで出した。薪炭、柿、渋柿、青物、茶、米、材木、桑葉のほか、切山の特産品のワサビやキュウリも出した。伏見からの帰り荷は、伏見の酒や淀の醬油や魚肥、日用雑貨を運んだ。運んだ商品は、奥の地域に運ばれた。

加茂町の瓶原《みかのはら》浜も六カ浜だった。瓶原浜の一つ井平尾は、和束への入口にあたる。和束の産品、薪炭・茶・渋柿・石物のほか、奥の信楽焼を井平尾の船問屋から船に積んで運んだ。湯船のタルマルや板材、木柴も同じだった。伏見までは往復四日、大阪は一週間かかった。大阪の天神祭り、柳谷観音の参拝客なども運んだという。鉄道網は、明治三十年代のはじめに整備された。昭和四年に、湯船から加茂駅までトラックで木材や薪炭を運んだ。一方、大正中ごろ上流に発電所ができ、水位の低下が舟運の衰退に拍車をかけた。

米田氏の調査の前に、笠置浜の船頭の数人から話を聞いていた。ここで紹介する宮坂市太郎氏もその一人だった。わたしの木津川舟運への関心は、はじめは信仰についてだった。讃岐の金刀比羅宮の調査で、南山城での金毘羅信仰の広がりは知っていた。いつか調査したいと思いながら、六カ浜の金毘羅調査すらしていなかった。

たまたま読んだ『奈良市史民俗編』（奈良市、一九六八）に、流し樽のことが書いてあった。奈良市南風呂町の十念寺の西廂に祀る金毘羅さんは、多くの人から信仰された。そして一合ほどの小さな樽に酒をつめ、木津川から本社にとどくよう流していたと書いてあった。

1　木津川の舟運

笠置の船頭

宮坂市太郎家は、代々船頭をしている。市太郎は、父親のニモッセン（荷船）に、十一歳からボンサン（見習い）で乗った。荷船はオヤカタとコブリ（若者）の二人が乗る。十五歳でコブリ、十八、十九歳で一人前の船頭になった。

船頭は、高収入で食事もよいので人気があった。

コブリのころ、笠置に荷船が五〇杯あった。笠置から下流の浜にも、二、三杯は荷船があった。なかで加茂と木津の浜は一〇杯と多かった。笠置の船頭は専業が、下流の船頭は農業との兼業が多かった。

笠置から上流の大河原までは、高瀬船が一〇杯ほど通っていた。高瀬船の船頭は大河原に多かった。笠置から下流では、事故が起きるような危険なところはなかった。笠置から上流は石ばっかりの荒瀬で、荷物もたくさん積めなかった。一〇〇〇貫ぐらいがせいぜいだった。伊賀上野からテグルマ（手車）や牛車で運んできた木柴を主に運んだ。

淀川の中古の荷船を買って使っていた。淀川の荷船が、蒸気船でひく曳き船にかわり、淀川の中古船が使えなくなる。そこで、伏見の船大工に頼んで新造するようになる。伏見には船大工が五、六軒あった。笠置にも修理だけの船大工が数人いた。新しい荷船は米七〇石（約二六〇〇貫＝九七五〇キロ）、古いと二五石ほど積めた。米は、水が入るとぬれるので慎重に扱った。

木柴が中心だった

主に運んだのは木柴だった。笠置と木津の間に鉄道が開通するまでは、荷物のウワニで学生なども運んだ。鉄道開通後も、荷船は積み替えしなくてよいので運んでいた。自動車輸送になり、荷船はなくなった。笠置の船頭は、大河原から船下りする遊船の船頭になる人が多かった。

荷船は、木柴屋が二、三艘所有して、船頭に貸すこともあった。船頭が荷船を持つことが多く、船頭の組合があった。年始に組合で集まり、運送屋や木柴屋と運賃の交渉をした。また毎年籤引きして、金毘羅・伊勢・愛宕にそれぞれ三人で代参した。四、五月は、木柴が出ないので暇だった。そのころお参りして、お札を受けてきた。帰ると留守見舞いに、お札とまんじゅう、煎餅をくばった。

十二月から一月が、ためておいた木柴を、運送屋が運び出したので一番いしそがしかった。各家では盆がすぎると、山から木柴屋に運び、笠置浜にそって棚に積んでおいた。

笠置に運送屋が南に三軒、北に二軒あった。木柴屋は一〇軒ほどで、なかに炭を売る店もあった。木柴は伏見の問屋に主に運んだ。割木は大阪にも運んだ。八幡や淀に柴を積んで売りにいった。信楽から運んできた土瓶、茶碗なども運んだ。大阪までは、一駄四〇貫で、冬は二〇駄、水が多い夏は三〇駄運んだ。

笠置から八幡までは一〇里といった。早朝に笠置を出ると、日暮れに八幡に着いた。木津川はカイ（棹）をさして下った。ヒノキの棹は、長いと三間あった。棹は伏見の船大工が売っていた。日が暮れたところで、船に泊まった。淀川の水は少しにごるが、木津川の水は澄んできれいだった。河原でチンカラリンやカンテキ（七輪）でご飯を炊いた。雨が降るとトマ、夏は蚊帳をつった。岸辺の草原は、蚊が多かった。

八幡から大阪までは七里といった。早朝に八幡を出ると、大阪には昼に着いた。淀川を下るときは櫓をこいだ。天神橋に運送屋があり、翌日に荷を積むのが便利なので、近くで泊まった。大阪からの帰り荷はニシンや油粕の肥料、塩や油も積んだ。高野豆腐の製造がさかんで、原料の大豆を大阪から買ってきた。帰りは棹か、追手風が吹けば帆で上った。追手風が吹くと、大阪から八幡、八幡から笠置まで各一日で帰った。棹だと各二日はかかった。雲の流れる方向をみて、風待ちして帰ることもあった。

大正中ごろに、笠置の上流に発電所ができて水量が少なくなった。木津川は浅いので、雨が降るたびに澪筋がかわり、コブリはジョレンで砂をかいて船をすすめた。淀川にでると、夜でも下ることができた。

笠置浜がよいのは、水深が深いことだった。台風などで増水するときは、荷船を小川に入れて避難させることもできた。

2　木津川を下る金毘羅樽

流し樽の習俗

香川県の金刀比羅宮への「流し樽」の奉納は形をかえていまもつづいている。前は信者が流し樽に酒や賽銭をつめて、川や海から流して祈願した。それをみつけた人が、つぎつぎ順送りして金刀比羅宮まで届けた。金刀比羅宮では、酒をつめた金毘羅樽と賽銭を入れた流し初穂をわけている。正確には、いまもつづいているのは後者の流し初穂である。

明治二十五年ころ、金刀比羅宮の禰宜だった松岡調氏が流し樽についてまとめている（大崎定一「流し樽と流し木」『金毘羅庶民信仰資料集』第一巻、一九八二年）。はじめは寛政九年（一七九七）で、文化五年（一八〇八）の『報仇金毘羅神霊記』、文化七年の『金毘羅参詣続膝栗毛』にも書かれている。『金毘羅山名所図会』（文化～文政年間）では、図入りで紹介する。いずれにせよ文化年間が多い。このころは流し樽が、金毘羅特有の信仰習俗と考えられていた。また流し樽が順送りされたのは、金毘羅信仰の全国への広がりをもしめす。『金毘羅山名所図会』の「流し樽」と「流し材木」の解説に、

> 諸国の人々祈願をするにも又成就するにも、悦ひにとて或は材木或は神酒などを奉るとて、某所々の海へなかれおつる川に流す。譬《たと》へは山城にては木津川・宇治川などに流すかことし。すへて東西南北をわかす其餘の國々もこれに准ししるへし。されは数百里の海上をた、よひなかれて、ことことく丸亀の海邊浦々につく事人の持はこふかことし。かしこにて其所人々これをとりあけて御山に奉る。是をなかし樽、流し材木という。誠に神徳のいちしるしき事この一事にても知るへし。（…筆者）

とある。もとは「神酒などを奉る」流し樽が中心で、賽銭の流し初穂は新しい奉納物といえる。柳田国男の「村と学

童」に（柳田国男『定本柳田国男第』二十一巻、一九六二年）、

川筋や海の上では材木に大きく伊勢木と書いて、山から流したものがよく浮いて居る。或は酒樽に奉納住吉大明神、又は金毘羅大権現寶前と書いたのを、海で船頭が拾ひあげることもある。

とある。山から流すのは、『金毘羅山名所図会』と同じである。また大阪の住吉さん（大社）にも流し樽があったとある。住吉さんの航海神の歴史はふるく、朝野からの信仰があった。金毘羅さんの隆盛は近世中ごろで、流し樽がもっとふるいとすれば、もとは住吉さんの信仰習俗だったことになる。金毘羅さんの海上信仰の隆盛で、金毘羅さんの信仰習俗と思うようになったのかもしれない。

各地の流し樽

流し樽は、多くの川から流していた。『綜合日本民俗語彙』には、

愛知縣北設楽郡段嶺村あたりで、六月と十月の金毘羅の縁日に、祈願する者が小さな樽に酒を入れ、奉納金毘羅大権現何年の男などと書いて川に流すのをいう。

とある。段嶺村は愛知県の内陸部で、三河高原に位置する山村である。

野口一雄氏は、山形県下の金毘羅樽をまとめた（野口一雄「山形県内の金毘羅樽流し」『ことひら』四十合、一九八五年）。まず、これまでの研究を紹介している。梅木寿雄氏は「押口のこんぴら信仰」（『庄内民俗第二三号』一九六五）で、最上川の河口で合流し、源を朝日山地にもつ赤川での金毘羅樽を、

いつごろはじまったのか判らぬが、赤川上流の朝日や本郷辺の信者たちが、おりにふれて「こんぴらさま」とか「こんぴら奉納」と書いた御神酒だるを流してよこしたので、村人は発見次第ひろいあげて社に納めたという。

と紹介する。大友義助氏は『新庄の石仏』（大友義助『新庄の石仏』新庄市教育委員会、一九七四）で、最上川中流域での金毘羅樽を、

大正の半ばごろまでは、この地方でも小さな樽に酒を詰め、金毘羅大権現の旗をたてて、川に流したものだという。樽は流れ流れて金毘羅様に届くという。最上町でもこの話を聞いたし、市内（新庄市）ではよく鍛冶町橋の上から流したものだという。

と紹介する。次に野口氏が調査した四カ所のうち、最上川上流の南陽市の南郊大橋地区では、

古老の話によると、金毘羅樽は大橋地区で流したものでなく、上流吉野川か屋代川から流れて来たものという。樽の大きさは直径二十五センチメートル、高さ十センチメートル位の五合入りだったようだ。大正八・九年頃まで、夏八月から九月にかけて上流から何個も流れて来たという。若者達はそれを拾い、中の酒は飲み干し空になった樽をまた川へ流してやったという。

とあり、橋本より少し下流の川西町高山字下田地区は、

明治の末から大正の初め頃金毘羅樽を拾ったという。（中略）ここで拾われた金毘羅樽は吉野川を流れて来たものかも知れないが、あるいは、誕生川や最上川上流からのものだったとも考えられる。ともあれ、この地区でも金毘羅樽を拾い中味の酒は飲み干し、空の樽だけを流してやったものだという。

とあり、先の梅木氏と同じ赤川沿の朝日村の下落合は、

流し樽は天保頃にあったものらしい。金毘羅樽は五月から六月にかけての、川の勢いが強く弱くもない時期に流したものだという。樽の直径は十五センチメートルから二十センチメートル位、字が消えないように漆墨で書き、難病や諸般の事情で讃岐の金毘羅宮へ行かれなかった人が流したものだという。

とある。最後に、いまも金毘羅樽を流す、山形市に隣接する最上川沿の中山町長崎字川向地区を紹介する。まえは六軒だったが、いまは四軒でおこなう。昭和五十九年四月十五日の祭りは、地区の天台宗光秀院住職の吹くホラ貝ではじまり、金毘羅樽・御札・梵天と、御神酒、赤飯・昆布巻きなどを入れた重箱が供えられ、読経の

あと参列者が川辺にいって金毘羅樽を流す。樽には「奉納金毘羅山」「昭和五十九年四月十五日　中山町向長崎一同」と書いている。

山形県の流し樽は小さな酒樽で、舟運関係者とはかぎらなかった。

鈴木重光は、神奈川県の相模川上流の悪ケ淵に漂着した流し樽を紹介する。流し樽には次のように銘があり（鈴木重光「相州内郷村話補遺五」『郷土研究』七巻一号、一九三四年）、

（鏡）　　時ニ大正十五年八月廿八日
　　奉　　興瀬町ニ於テ
　讃岐金毘羅大権現同行利益
　　納　　願主
　　　　　野見山政雄

（横）　奉納金毘羅大権現　願主野見山政雄

（底）　嗚々如律令

通りがかりの若者が、酒をうまそうに飲み、空樽を川に捨てて立ちさった。『金毘羅参詣続膝栗毛』には、

（前略）若し船中にてこれを拾ふものは神酌頂戴を号して此酒を呑診るに、きはめて美味なり、是その酒波濤にゆられもまれたる故なるべし。されどもこれを呑尽すにいたりては又その樽に酒をつめかへて流さざれば厳罰に蒙るとぞ。

とあり、酒は飲んでもふたたびつめるようにとある。野口氏は、途中で飲まれないよう夜流したり、たとえ飲まれても祈願はかなうと信じられていたとある。

木津川の金毘羅樽

『金毘羅山名所図会』に、例として木津川や宇治川での流し樽があった。木津川は、源流は三重県である。南山城を流れ、宇治川と桂川と合流して淀川となる。最後は大阪で瀬戸内海にそそぐ。

『奈良市史民俗編』に、奈良市南風呂町の十念寺は、西廂に金毘羅さんを祀る。むかしは一合ほど入る小さな樽に酒をつめ、木津川に流して讃岐本宮に届くよう祈願した。十念寺の金毘羅さんは、信者が多く、近くを通るとき参拝しないとはずかしかった。航海安穏や諸願成就を願い、願掛けの絵馬もあるという。奈良市街の十念寺から木津川までは、般若寺のある奈良坂を越えるとすぐだった。奈良時代には、木津川沿いの木津町は奈良の外港だった。木津町に隣接する加茂町里の東清二氏は、船屋生まれの母親が大正末ごろまで木津川に小さな樽に酒をつめて流した。「これは、金毘羅さまにつくねん」と清二氏に話した。金毘羅樽は、近くの荒物屋で買った背の低い樽だったという。

加茂町里の鳥口寺には、「連中」が造立した寛保三年（一七四三）の金毘羅燈籠があり、木津川沿には金毘羅講も多い。こうした伝承と燈籠から『金毘羅山名所図会』が出た近世末ころは、木津川でも流し樽を流していたのではなかろうか。なお金毘羅さんのため川に供物を流す例がある。武田明氏は「金毘羅信仰と民俗」（武田明「金毘羅信仰と民俗」『山岳宗教史研究叢書大山、石鎚と西国修験道』一九七九年）で、

飛騨地方などでは農家の人々が五穀、茄子、南瓜、瓜、とうもろこし、柿、栗などの初物がなるとその中の特に大きいのを川へ流してこんぴらさまに差し上げるというのだそうである。このような流し初穂の風習は飛騨地方に限ったものではなく、私は信州の南佐久の山村でも聞いている。

とある。金毘羅さんを農神として信仰し、最初の収穫物を川から流して感謝をあらわした。田村善次郎氏は、流し樽を盆の精霊流しと比較して、精霊送りは盆に迎え祀った精霊を、供物をそえて精霊船に乗せて海や川から流して、祖

霊の国へ送る。下北半島の尻労《しっかり》では、海に流した供物が恐山につくという。恐山は付近の村々では、霊の行く山として信仰されている。象頭山も讃岐平野や備讃瀬戸の人びとから、祖霊の行く山と信仰されていたのではなかろうかという（田村善次郎「金毘羅信仰について」『金毘羅庶民信仰資料集』第一巻、一九八二年）。

日本人にとって山は、豊穣をもたらす源で、祖霊は豊作を約束する神とも考えられてきた。飛驒地方でも古くから神にその年の豊作を感謝し、来年の豊作を祈るため、供物を川から流し、祖霊の行く山へ送る信仰があったのかもしれない。金毘羅信仰が広がり、金毘羅へ流れつくと信じられたのであろう。金毘羅の流し樽は近世を大きくさかのぼることはないが、その習俗は古く、だからこそ流し樽は全国的な広がりをもったのであろう。

流し樽を整理していて、次のことに気づいた。

①流し樽は川から流す例が多い。
②祈願は海上信仰にかぎらない。
③流し樽は小さな酒樽で、個人でも容易に流せた。
④大正ころまでが多く、船の時代の終焉と一致する。

金毘羅信仰の広がりは、廻船の船乗が重要な役割をはたした。その船乗がいなくなったことで、金毘羅樽が金毘羅さんに届かないという心情が起きたのかもしれない。

追記

平成十八年夏、奈良市の十念寺を訪ねた。十念寺がある南風呂町の通りに入る角の両側に石柱が立っていた。正面に「金毘羅大権現」とあり、「天保十（一八三九）巳亥年九月吉日」に「南風呂町中」が「為安全」に奉納していた。南風呂町内の神さんとして信仰されていたのである。

山門の左右にも一対の金毘羅石燈籠が立っていた。二基とも基礎に細字で、たくさんの人の銘文が刻まれていた。竿の銘文は「常夜燈」「金毘羅大権現」「忍性山十八世達空上人代建之」が同じで、向かって右が「文政十二(一八二九)巳丑年六月十日建」、左が「文政十三庚寅年正月吉日田中家」とある。十日は金毘羅の縁日である。二年つづけて多くの信者が奉納した、このころが信仰もさかんだったのであろう。

山門を入った正面に、いくつかの仏像を祀る堂があり、その左端に金毘羅大権現を祀る。堂の前に一つ、中に二つ、金毘羅の神使だった天狗面が奉納されている。寺の説明文では金毘羅は鎮守だとある。近所の仏壇店の主人は、戦後は金毘羅さんの祭りの記憶はないという。

その後、木津川の舟運についての調査研究はすすんでいる。ここでは田中淳一郎氏の「江戸時代前期の木津川水運」(『山城郷土資料館報』一〇号、京都府立山城郷土資料館、一九九二)、「笠置町植村家文書と木柴屋仲間」(『山城郷土資料館報』一四号、京都府立山城郷土資料館、一九九七)をあげておく。

Ⅵ　家と地域の信仰造形

一　住まいの秩序

京都府船井郡日吉町天若の調査は、日吉ダム建設で水没する地区の文化財調査だった。天若字沢田の湯浅孝家（以下孝家）で、生活財の生態学的調査をした。伝統民具と工業製品をあわせた生活財を、生態学的手法で調査した。消える水没地区調査に、全体を伝えられる総合的調査がふさわしいと思った。

孝家を選んだのは、理由があった。移転先が近くの殿田で、移転が遅いため調査時間が長くとれた。孝家は沢田の旧家で、沢田地域のこともわかる。なにより孝家が協力的で、生活財をすべて見せてくれた。孝家のお札は、生活財調査で屋根裏に上がって見つけた。

生活財票をつくり、通し番号・分類・配置・名称・数量・材質・使用者・使用方法・使用年代・製作者・備考の調査をした。一人一区画（一室）を担当し、写真を撮り、平面配置図をつくった。昭和六十一年には、一〇二九五件のリストができたが、分析する前に調査はおわった。生活財調査と平行して、空間利用の調査をした。正月に孝家を訪ねて儀礼を観察した。調査報告書が出た後、儀礼空間と屋根裏のお札の調査を「住まいと信仰」にまとめた。つづけて孝家の調査資料で「住まいの構成と機能」「生活財から見た住まい」を書く予定だったがはたせていない。

表題に「信仰造形」という聞きなれない概念を使った。『講座日本の民俗学九、民具と民俗』で、編者がわたしにあたえたテーマから「の」をのぞいた（印南敏秀「信仰の造形」『講座日本の民俗学九、民具と民俗』雄山閣、二〇〇二）。民具はさざまな視点と枠組みがあり、信仰の民具も少しずつ概念が広がっている。「信仰の造形」で、民具と空間を総合的に理解する重要性を書いた。わたしの意図が、天若のまとめでどこまで通じるか自信はないが使ってみた。

1　地域の信仰造形

観音堂を読む

沢田の湯浅孝家は、沢田の草分けで、湯浅株（同族集団）の本家だった。近世に庄屋を務め、地域の社会や祭りで重要な役をはたしてきた。地域の信仰造形にも、孝家の影響が反映されていた（『日吉ダム水没地区文化財調査報告書』日吉町、一九八八〈以下『報告書』〉。筆者は有形民俗文化財の執筆・編集をした。本論は筆者の調査と、『報告書』を参照）。

沢田は八軒で、一つの村組である。草分けの二軒はともに湯浅姓で、二つの湯浅株のオモヤ（本家）でもある。

孝家の背後に、十一面観音を祀る観音堂が建っている。お堂は萱葺き寄棟造りで、間口三間、奥行二間ある。小倉山平雲寺といい、「小倉の観音さん」とよぶ。旦那寺や氏神が遠い沢田では、行事や寄合いに観音堂を使い、全戸で管理運営している。

観音堂には「流れ仏」の伝説がある。

むかし、両湯浅家の先祖が、仏を背負って通りかかった。ここで休んで、いざ出発しようとすると仏が動かない。そこで仏を祀り、両家でここに定住した。いまも観音堂の敷地は孝家が所有し、家地番とつづきの飛地である。

観音堂には二面の小絵馬が掛かる。松馬図は、表に「奉納　東小川湯浅氏」、裏に「文化十三年（一八一六）子四月吉日巳年男」とある。拝み図は、表に「辰之年女」とだけ書いている。近世から観音堂は個人の私的な祈願所にもなっていた。

家番号	村組	カブ	伊勢講	備考
401	○	○	●	
402	○	○	●	
403	○	△	○	
404	○			
405	○	△	○	
406	○	△	○	湯浅　孝
408	○	○	●	
409	○	○	●	
410	○			
301	△	×	○	
302	△	×	○	
303	△	●	○	
304	△	□	●	
305	△	□	●	
306	△	●	○	
307	△	×		
308	△			
309	△	□	●	
310	△	☆	●	
311	△	●	○	
312	△	●	○	
313	□	□	●	
314	□	☆	●	
315	□	×	○	
316	□	□	●	
317	□	□	●	
318	□	□	●	
319	□	□	●	
320	□	□	●	
321	□	☆	●	
322	□			
323	□	×	○	
324	□			
325	□	○	●	もと沢田に在住
326	□			
327	△	×	○	

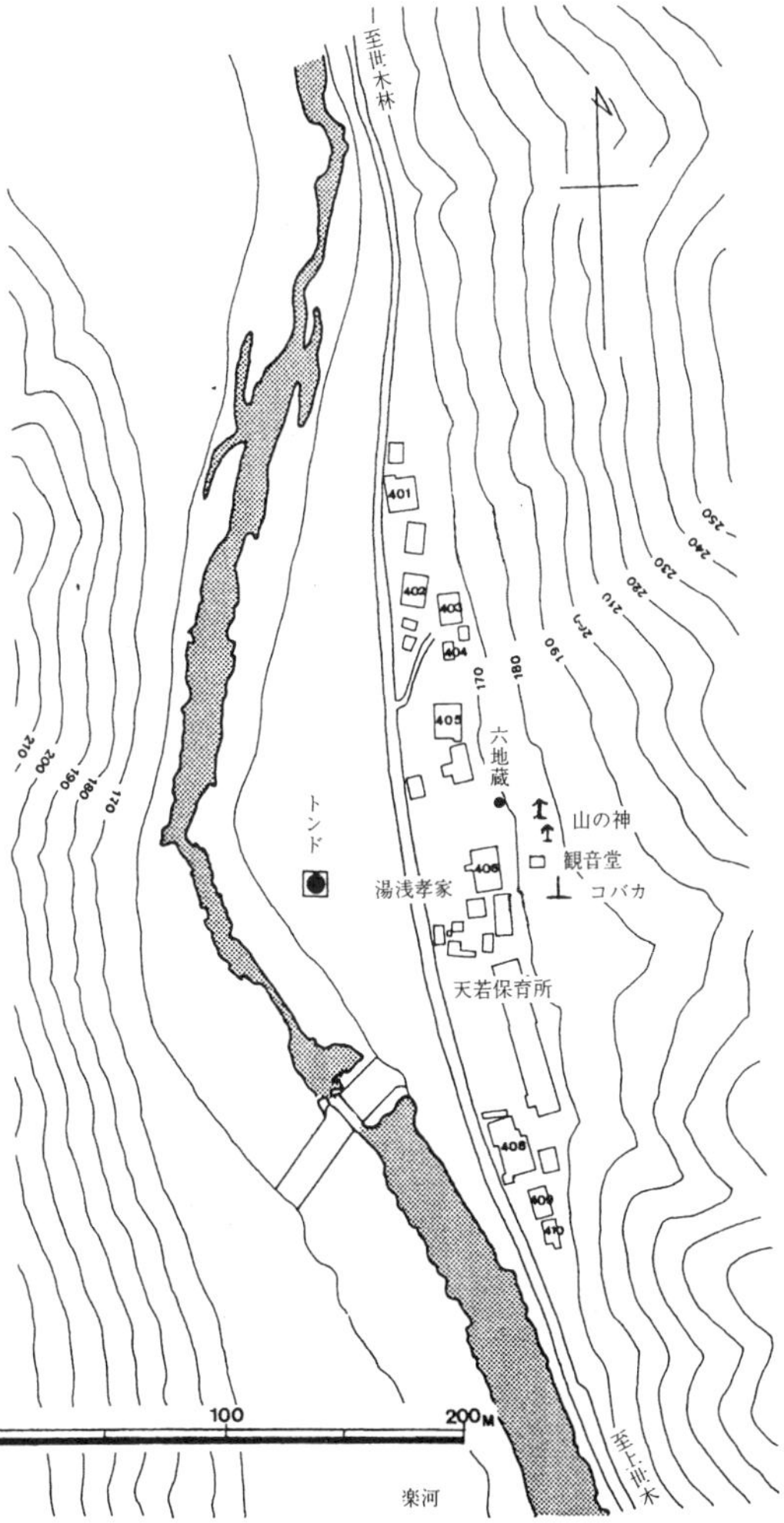

村組
- ○……沢田
- △……世木林下組
- □……世木林上組

カブ
- 沢田
  - ○……V1 株（5戸）
  - △……V2 株（3戸）
- 世木林
  - □……V1 株（9戸）
  - ×……V2 株（6戸）
  - ☆……I　株（3戸）
  - ●……YO株（4戸）

伊勢講
- ○……西講
- ●……東講

図68　沢田の民俗地図と村落組織（『報告書』を加筆訂正）

写真133　観音堂の左側にコバカ（詣墓）と引導場の台

写真132　湯浅孝家の全景
手前の川沿いの竹藪が田畑を水害から守る。背後の山は竹藪、スギの植林へとつづく。

写真134　観音堂での彼岸の大数珠繰り

観音堂の行事は、家並み順にまわる年番が世話をする。

一月五日は、オコナイで、年番が練った赤土をユラの小枝につけ、お参りにきた沢田の人の額に押しつける。この日は、牛王宝印のお札も各家に配る。

春と秋の彼岸の中日は、昼から女性が観音堂に集まる。中央で鉦をならす老女を導師に、御詠歌をあげながら数珠繰りする。大数珠の房がくると、頭につけておしいただく。数珠繰りの数取りは、木箱に入った木札でする。コバカ（詣墓）とミバカ（埋墓）に墓参りして、小豆と黄粉のボタモチを供える。コバカには、ボタモチのほか、団子やキャラメル、おかきなど故人の好物も供える。

八月十日は、観音堂で千日参りの念仏会をおこなう。むかしは夜だったが、いまは昼すぎからおこなう。

観音堂の背後に、二体の山の神の祠を祀る。右側の祠の棟札は、中央に「奉建立山王大権現□□」、右に「元禄十五（一七〇二）壬午年大工□□」、左に「霜月吉祥日・丹波船井郡世木之庄・澤田村想（惣）氏子中」とある。

左側の祠の棟札は、表面上方に「キャ（種子）山王大権現」、左に「慶応貳丙寅正月十二日」、右に「奉屋根替遷座」、下に「一之宮・寶珠院・潤定謹言」、裏面上方に梵字オン、下方に「村内安全息災延命・五穀成就如意満足・祈処」とある。山王大権現（日吉大社）を祀り、近世まで氏神天稚《あまわか》神社の神宮寺だった、世木林の寶珠院が遷座の導師を務めている。

天若のヤマノクチは、一月十二日と十二月十二日で、各家の男性がユズリハにのせたオシロイモチ（シトギモチ）を持って山の神に参った。沢田では一月十二日のヤマノクチが、初寄合いと勘定（会計）だった。年番の家に集まり、会食のあと次の年番に交代した。

墓地を読む

天若では、小茅《おがや》だけが浄土真宗で、最近墓石を立てはじめた。ほかは真言宗で、両墓制だった。寺堂の近くに詣墓、川沿いや山中に埋墓がある。

沢田は観音堂の前に引導場とコバカ（詣墓）がある。コバカは、下の六地蔵付近にあった（図68参照）。大正末か昭和はじめに、いまの観音堂前に移した。

各家のコバカは、同じ高さで横一列に並ぶ。左寄りに孝家を本家とする株、右寄りにほかの株がまとまる。墓の並び方に、同族意識がみられる。

ラントウ（石塔・石碑）は、前列は大小あるが花崗岩の角柱状墓碑でそろう。その後に、自然石や砂岩製の角柱状墓碑、さらに後に五輪塔や簡略形の一石五輪塔が並ぶ。後方ほど古いラントウが並び、家の新旧の差はすぐわかる。草分けの孝家には、五輪塔が二基並んでいる。中世の五輪塔で、伝承や位牌より古そうである（図69）。

天若のすぐ下流の中村（以下中）の吉田武治家は、近世初期に定住した伝承がある。延宝八年（一六八〇）と天和二年（一六八二）の夫婦の位牌が残る。いまも吉田家は、もと住んでいた家の古墓を祀る。先住者の古墓を祀ることは多く、孝家の五輪塔もその可能性がある。

写真135　沢田のコバカを前方からみる

写真136　沢田のコバカを後方をみる

図69　沢田のコバカの見取り図

観音堂から登った山腹に、沢田のミバカ（埋墓）がある。土饅頭に卒塔婆、魔除の鎌、生前愛用の杖などが立っている。ミバカの片隅に、新精霊の盆飾りが捨ててあった。沢田は、もとは川沿いにミバカがあった。明治二十九年の大水害で流され、対岸の楽河のミバカに死体を埋めていた。増水すると川が渡れず、孝家が率先していまのミバカに埋めはじめた。

神社を読む

沢田をふくむ世木林は、天稚神社が氏神である。孝家は、天稚神社の祭礼「宮の当」の頭人になる資格がある。宮の当の頭人は、氏子の本家筋の長男だけが務めた。昭和三十三年、湯浅家の長男として孝氏は頭人を務めた。

いまは隠居（分家）でも頭人になれる。氏子五一軒の中で「宮の当」の家は世木林二一軒、沢田七軒で、頭人は年齢順に務める。

一月十五日の神社での「当渡し」が、最も重要な行事である。前は、頭人の家でおこなった。新しい頭人は「開かずの箱」を引き継いで、自宅の神棚か床の間に安置する。一年間は不浄を遠ざけ、毎朝お参りするなどの世話をした。

頭人は、一年間の祭りの世話をする。一月一日の元旦祭、二月十七日の祈年祭、十月十五日の例祭、十一月二十一日の新嘗祭である。さらに五年に一度は、九月十五日に五社明神祭の湯立神事の世話をする。五社明神祭は、旧世木村内の五社が交代でおこなう。

写真137　ミバカ（埋墓）

孝氏は、長老として当渡しに出席し、祭りで神饌を供える頭人を補佐する。

氏神は、産育儀礼ともかかわっている。

女性は身ごもると、腹帯をしめる前に氏神に参った。前は安産祈願のため、船井郡丹波町豊田の九手神社に参った。腹帯と鈴の苧《お》を受けてきて、産後のお礼参りには鈴の苧を供えた。のちには京都市内の藁天神に参る人もいたという。

初宮参りは、男が四〇日目，女が四一日目である。額に、男子は大、女子は小の字をかいて氏神に参った。男子の初節句は五月五日で、親戚と縁者をよんだ。長男と長女は、実家から人形を贈った。女子は三月三日に菱餅を配り、市松人形や土人形が贈られた。古くなった土人形は、天稚神社境内の鬼子母神の小宮に納めた。

表6　天若の講（『報告書』を一部改変）

	伊勢講	行者講	愛宕講	祇園講	稲荷講	八幡講	観音講	薬師講	不動講	大師講	庚申講	日待講	山の口	妙霊講
上世木	○	○	愛宕組				○			○	○			○
楽　河	○		○				○	○				○	○	
沢　田	○	○	○										○	
世木林	○	○	○						○			○	○	
宮	○	○	○	○	○	○						○	○	
中	○	○	○			○	○							

註）　必ずしも昭和60年当時に行われていた溝だけではない。

十三歳になると、京都市嵐山の法輪寺の虚空蔵にお参りする。渡月橋で帰りにふりかえると、知恵が落ちるという。

厄年は男性が四十二歳、女性が三十三歳で、京都府八幡市の石清水八幡宮に参った。厄年祝いのお返しには、火箸を配った。

天若の人びとは、京都の社寺にしばしば祈願した。祇園祭りの粽《ちまき》を、戸口にかざる家もよくみられる。京都の強い影響は、信仰にもおよんでいる。

講を読む

近世から発達する信仰講は、天若でもさかんだった（表6参照）。なかでも参拝講の伊勢講・行者講・愛宕講がさかんで、民間信仰の庚申講などは地域差があった。

沢田と世木林は、伊勢講・行者講・愛宕講は一緒だった。当番の家に寄り、掛軸を拝んで会食した。毎年、くじ引きなどして代参や総参りをした。

伊勢講は、いまも天若のほとんどが講員である。伊勢講への加入が、天若の構成員の資格のようだった。沢田の伊勢講は東講と西講にわかれ、二軒の草分けが中心である。孝家は二軒の分家と西講に入っている（図68参照）。東講と西講は、それぞれ伊勢講山がある。講山の薪を売った経費で、毎年二月に代参していた。伊勢参りは、途中でかならず多賀神社に参った。講山は、いまヒノキを植林している。天若の伊勢講は、株内や地域の大事な親睦の機会だった。伊勢講山があるため、伊勢講から抜ける家もない。

毎年一月四日に、東講と西講がそれぞれの宿に寄る。昭和初期までは八月一日も、さらに前は一年に四回寄っていた。

毎年八月十四日、行者講は世木林の盛林寺に寄った。大堰川の行場で身を清め、不動滝の先の、役行者を祀る行者堂に参った。行者講は、三年から五年に一度、大峰山に峰入りしていた。若者は、高等小学校を卒業するとシンキャク（新客）で、二回目はムカエヤマといって登参した。若いうちに二回は登参するときまっていた。登参の前は盛林寺に一日籠り、行者堂と天稚神社に参ってから出た。

愛宕講は、四月八日の昼に東講と西講がそれぞれ寄り、愛宕神社に向かて拝んだ。夜は当番宿で会食した。前は講員全員で総参りしていた。

二月の初午は、沢田の婦人や子供が、当番の家で赤飯や辛子和えをつくって食べた。

中の講を読む

中は殿田の真言宗成就院檀家で、氏神は八幡神社である。中の伊勢講は、株が単位の年寄り講と神明講がある。神明講は井尻株と吉田株（A）、年寄り講は吉田株（B）・湯浅株・近藤株・渡部株からなる。両講とも伊勢講山があり、毎年代参者を二人出し、五年から一〇年に一度は総参りした。宿に毎月一日に寄ったが、一月・五月・十二月の三回になった。

行者講の講員は一〇人ほどで、毎年七月に大峰山に登参した。二十歳になると、新客として必ず登参した。八幡神社前の大堰川で行《ぎょう》をして、神社に一晩籠り、地元の先達に連れられて登参した。大堰川の行では、川と八幡神社本殿の間を裸足で七回往復した。はじめは吉野、途中からは洞川から登参した。登参中は家族も一緒に精進した。いまも登参に使った杖を残す家がある。

愛宕講は、全戸が加入していた。四月二十三日か二十四日に総参りして、シキビとお札を受けてきた。竈《かまど》で火を焚くたびに、シキビ一枚を燃やして清めた。いまも参拝はつづき、年末には講社からお札が送られてくる。

多賀講は、延命長寿で信仰した。第二次世界大戦前は、七、八軒が加入して代参や総参りをした。毎年十二月、講の世話人にお札が送られてきた。前は出雲講と同じで、本社の神職がお札を持ってまわってきた。

第二次世界大戦前は、性差や世代ごとに民間信仰の講があった。園部町船岡に本部があり、近世末にできた託宣中心の妙霊講もあった（水口純一「哀れ消えゆくものの日々」第一法規、一九八四）。地元薬師堂の薬師講は、八月十五日に戸主が寄った。大豆を炊いて食べると流行り病にかからないといった。大豆は炊かないが、寄合はつづいている。

女性が中心の講に、観音講と釈迦講があった。観音講は、満六十歳以上のオバ連中が、毎月一回寄って御詠歌をあげた。御詠歌の後、かやく飯を食べるのが楽しみだった。かやく飯は、お菓子とお茶にかわった。観音講は、通夜に御詠歌をあげていた。戦前に観音講がなくなり、いまは婦人会の五十歳前後のチュウババが、寺で習ってあげる。大正時代まで、釈迦講は女性の有志がつづけていた。

大原神社には、稲の豊作を祈願した。大原講の有無はわからないが、毎年七月ごろお参りして、お札を受けてきた。大原神社は猪よけの神ともいい、孝家では田の端にお札を立てた。

2　住まいの信仰造形

四つ間取りのカミと空間

孝家は成就院檀家で、天稚神社が氏神である。子供は独立して孝夫婦が住み、行事もていねいにつづけていた。

母家は十九世紀中ごろの四つ間取りで、屋敷内に付属屋も多い。母屋の仏壇や神棚のほか、多くのカミを祀る。カミを祀る信仰造形は多様で、設置する期間も一時的から通年までさまざまだった。

母屋で恒久的に祀るのは、カミノマの仏壇、床間の神棚と天照皇大神宮の掛け軸、ダイドコロの神棚、ニワのオオガマの三宝荒神だった。仏壇の位牌は、元禄三年（一六九〇）と元禄十年（一六九七）の夫婦が一番ふるい。

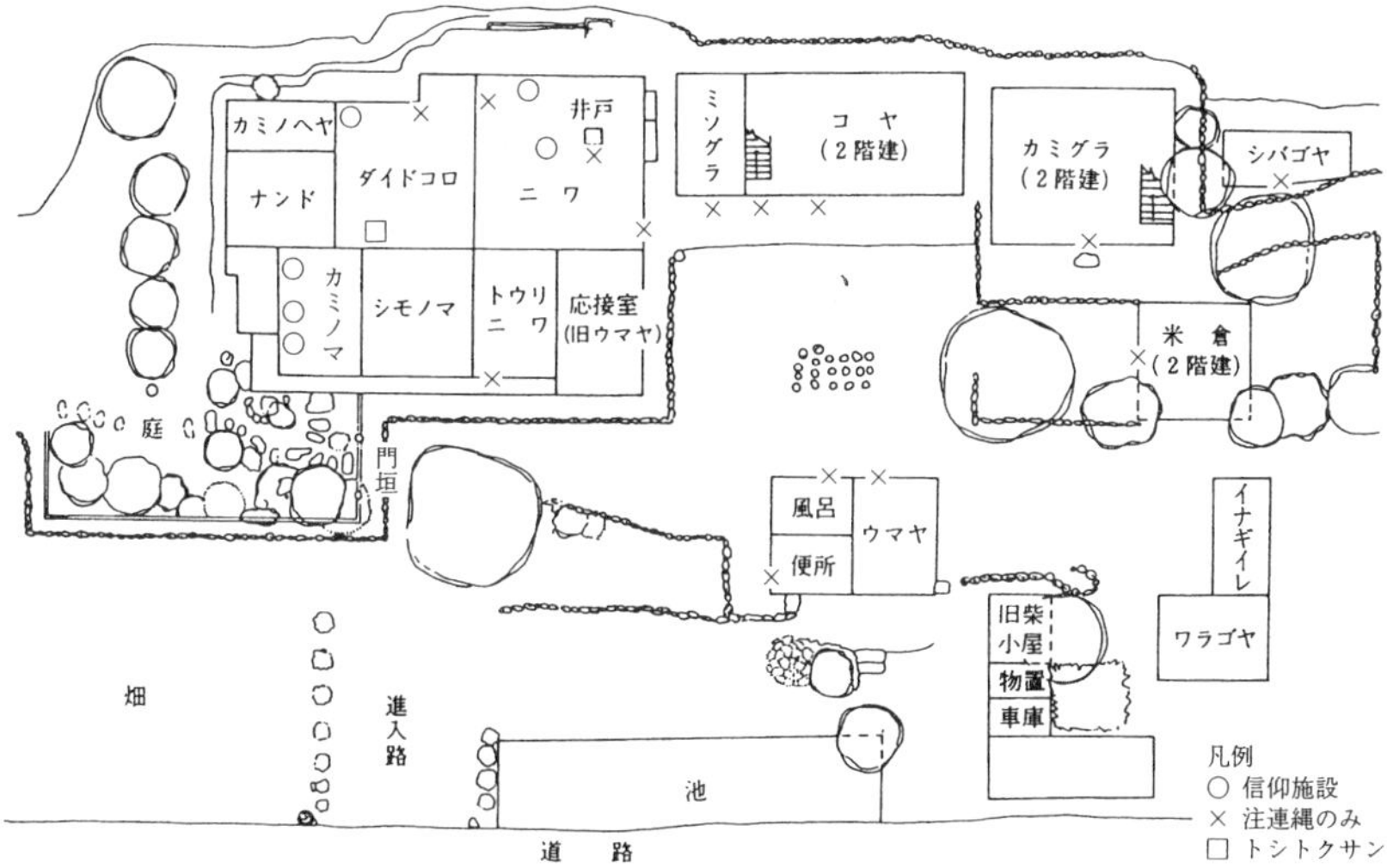

図70　湯浅孝家の屋敷配置と信仰造形

写真139　正月のカミノマ
中央に掛軸、左上に氏神の神棚、右側は仏壇

写真140　ダイドコロの神棚

写真138　正月の玄関飾りの注連縄と御幣
中央に祇園祭りの粽

写真141　正月の竈に祀る三宝荒神。右側に愛宕神社の火の用心のお札

神棚の氏神のお札、ニワの愛宕神社のお札、玄関口の京都祇園祭りのチマキは毎年受けてくる。玄関口と勝手口の節分のヒイラギとイワシ、正月飾りと盆飾りなどの年中行事の信仰造形は一時的である。

孝家は、湯浅株三軒のオモヤ（本家）で、孝家の仏壇は分家の先祖でもある。戦前は、一月二日に分家が年始の挨拶にきた。

床の間の神棚に氏神のお札、壁には日本の総鎮守天照皇大神宮の掛け軸を掛ける。天照皇大神宮の掛け軸は、伊勢講に加入しているあかしだった。カミノマは公的性格が強く神聖で、子供は入るとしかられた。カミノマでの伊勢講に出席できるのは、家を代表する男性だった。

昭和二十二年に、孝氏はナヨさんと自宅で婚礼をした。昭和三十年代まで沢田では、民家で婚礼をしていた。カミノマとシモノマの表側の二間を使った。シモノマとカミノマを使うのは、葬式や法事、講も同じだった。

孝家のカミノマの表側は庭園で、庭園の入口に門がある。僧侶・神主・賓客は門から入り、縁側からカミノマに上がる。門は日ごろは閉めていて、横のくぐり戸から出入りする。

ダイドコロの神棚は、エビス・大黒や、旅先で受けてきたお札などを祀る。前は十一月二十日のエビス祭りに二叉大根を供えていた。

カミノマのカミは、地域全体で信仰する公的なカミである。ダイドコロのカミは、孝家や仲間で私的に祀るカミである。ダイドコロは家族が過ごす私的空間で、女性を中心に管理した。三宝荒神や愛宕神社は火防のカミで、日常の火の管理は女性である。

写真142　ダイドコロにまつるトシトクサン

写真143　元旦に大きな納豆餅を雑煮のかわりに食べる

坪井洋文は「住居の原感覚」で、四つ間取りの室内空間を表と裏にわけ、公と私を対応させた。公の表座敷には、有名社寺や氏神など制度による神、私の裏の土間には、火の神や水の神、竈神など民俗神を祀った。そして表座敷の神は男性、土間の神は女性が祀るとした。

孝家の四つ間取りの空間も、カミノマが公・男性・制度神、ダイドコロとニワが私・女性・民俗神で坪井の説をうらづける。信仰造形も、前者は恒久的、後者は一時的に祀ることが多い。空間利用も非日常と日常にわかれ、複合的な対立原理がみられる。ニワに接する大黒柱より、カミノマとダイドコロの接点にある四つ間の中心柱が重要である。トシトクサンも、その柱の前に祀る。

伝統的な住まい空間は、カミが秩序を生みだしていた。

正月の信仰造形

年中行事の中心、正月の信仰造形をみてみたい。

孝家は、正月の神としてトシトクサンをていねいに祀る。ほかの所に祀るカミにも、注連縄を飾り、供物を供える。

トシトクサンは、米俵に七・五・三段の大きな赤松のシンマツ（トシトクサンのオマツサン）を立て、太い注連縄をめぐらす。前はモチバナも垂らしていた。米俵には多数の千両幟をたて、オマツサンには縁起物のウメ・カシ・センリョウ・ササの枝をそえる。

トシトクサンは、前の桶に重餅、納豆餅、雑煮、横の三方にクリ・コンブを供える。桶の前の升にご飯を入れ、「固くくらせる」ようにカシノキの箸を乗せる。トシトクサンの信仰造形には、稲の豊作と家の平安の願いがこめられている。

孝家の注連縄には、トシトクサンのほか、トラノオ、シメナワ、ワカザリの三種類がある（図70参照）。トラノオは太い注連縄で二人がかりでつくり、床の間の神棚に一年中飾る。氏神のカミはトシトクサンのように去来せず、常在すると意識されている。

シメナワは、一般的な形で、母家の玄関口と勝手口に飾る。

ワカザリは、付属屋などの室外は根付きの松と一緒に、室内は松にひっかけて飾ることが多い。母家のなかの恒久的な神棚、仏壇のほか、一時的な井戸端や流しの水の神、保存食を納めた戸棚の前などに飾る。付属屋のコヤ・ミソグラ・カミグラ・シバゴヤ・便所は入口に飾る。

西日本は、東日本の母屋に機能が集まる集中型民家より、母屋に付属屋がついた拡散型民家が多くなる。孝家は付属屋が多いが、いまほど増えたのは近代になってからである。ワカザリの数は、付属屋の拡散とともに多くなった。

孝家は、前には正月に農道具や山道具に注連縄を飾り、道具の年取りをしていた。いまは自家用車のワカザリに、モノの年取り習俗が継承されている。一月十五日に、孝家の前のトンド場で沢田の各家が持ち寄った注連縄などを燃やす。

3　屋根裏の信仰造形

屋根裏の木箱の由来

一九七八年、熊谷清司氏は「お札巡礼記」で、はじめてお札を民俗や民具の資料として分析した（熊谷清司「お札巡礼記」『季刊銀花』文化出版、一九七八。その後、お札の論文の多くは『民具マンスリー』に掲載される）。お札をカミ（神仏）への祈りの心が生みだした依代と位置づけた。そのお札の多様性は、日本人の願いが複雑できびしかったからである。さらに群馬県の農家の天井の梁に結ばれた、三つの俵に詰めた明治初期から戦後の千数百枚のお札を紹介した。古いお札が千枚たまると火伏の呪力があるという。

天若でも沢田の孝家と、中の旧家吉田武治家が屋根裏にお札を祀る。二軒のお札を比較して、近世から近代の家の信仰のありかたをみてみたい。

孝家のお札類二一七点が入った木箱は、屋根裏に置いていあった。武治家のお札類三七二点が入った木箱は屋根裏につりさげていた。ほかの地域よりお札の数が少ない（表7参照）。いずれもお札は黒ずみ、多くが欠損している。俵などが傷んで欠損したため、木箱に詰めなおした可能性が高い。

天若の宮村には、高い所にお札をあげておくと火防になるという伝承がある。それで旧家は、神棚の神札や仏壇の祈祷札などのお札がいっぱいになると屋根裏にあげたという。中でお札を焼くようになるのは、昭和五十年代からと新しい。氏神八幡神社の役員が若返ったとき、都市の風俗を真似たという。

木箱に紀年銘はないが、お札類に手掛かりが残る。孝家は箱の中に享和三年（一八〇三）十二月十六日の「伊勢年越講懸銭帳」の表紙の一部、「文化十年（一八一三）十二月ニ求ム」とある宝篋印塔の加持符、柱暦に「文化十五（一八一八）戊寅略暦」とある。

武治家は、江戸の行者が題目を手書きした弘化三年（一八四六）六月十日のお札、「慶応三（一八六七）丁卯略暦」の柱暦と「慶応五（一八六九）巳巳年略運気」がある。少なくとも、近世末からお札類を残すようになったのであろう。

武治家には印刷した新しいお札もまざるが、孝氏と武治氏は、屋根裏にお札が入った木箱を祀っていたことを知らなかった。

お札類の分類と習俗

筆者は、埼玉県寄居町の商家でお札や金刀比羅宮の講員札などを調査し、商圏の広がりとの関連にふれた（山崎禅雄・印南敏秀『祈願のかたち』ぎょうせい、一九八五）。

川上廸彦氏は「守札からみた伯耆の庶民信仰」（「守札からみた伯耆の庶民信仰」『民具マンスリー』二七巻七号、神奈川大学日本常民文化研究所、一九九四）で、お札と二二点の講社会員証や神楽料の領収証などあわせて一〇〇〇点あまりを調査した。判読できたお札九〇〇枚の材質を、板札六〇、木端札七、箱札二四、掛軸状札二、角棒札一、箱付札三、幣束七と紙札に分類した。

天若の二軒は、紙札で包んだ熊野のお札が少しまざるほかはみな紙札だった。紙札は縦長の長方形が基本で、横長、剣先形がある。紙札は一枚から、内符を一、二枚納めたもの、竹皮などの外包みがつくものもある。大原神社のお札は田の畦に立てるため、竹皮で包んでいた。

文字札が多く、絵札は少ない。和紙に筆書き・木版刷り・押印・印刷している。文字札は、梵字・神代文字・呪文など、神秘性を付加したものが多い。絵札は、仏菩薩・高僧・神像・神使・石塔などがある。文字に絵をあわせたお札もある。ことに孝家のお札は、神仏混淆《こんこう》の近世のものが多く、神仏をあわせ、多彩で呪術的・祈祷的要素がつよい。

お札類とあるように、お札にはいろんなモノがまざる。武治家の慶応五年（一八六九）の略運気は木版印刷で、その年の恵方、毎月の天候、麦・綿・米の作柄、米と綿の相場を占う。一枚刷の絵図には、金刀比羅宮絵図所発行の金刀比羅宮絵図二枚、明治一三年と同一五年の神武・孝明天皇御陵がある。

①お札を納めた木箱（A）

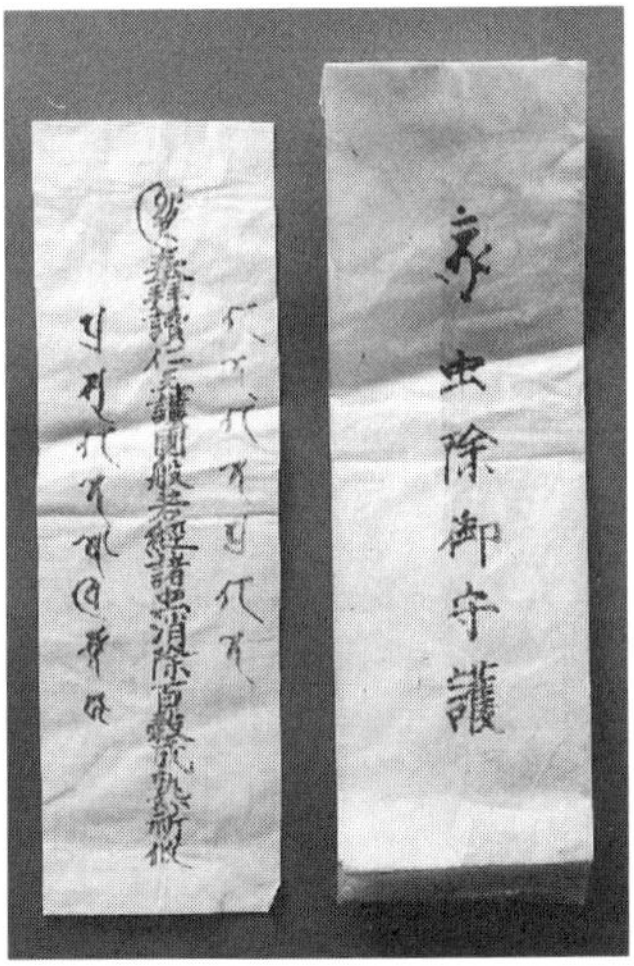

②虫除け札「諸虫消除百穀成熟」（B）

③猪防御札。大原神社（B）

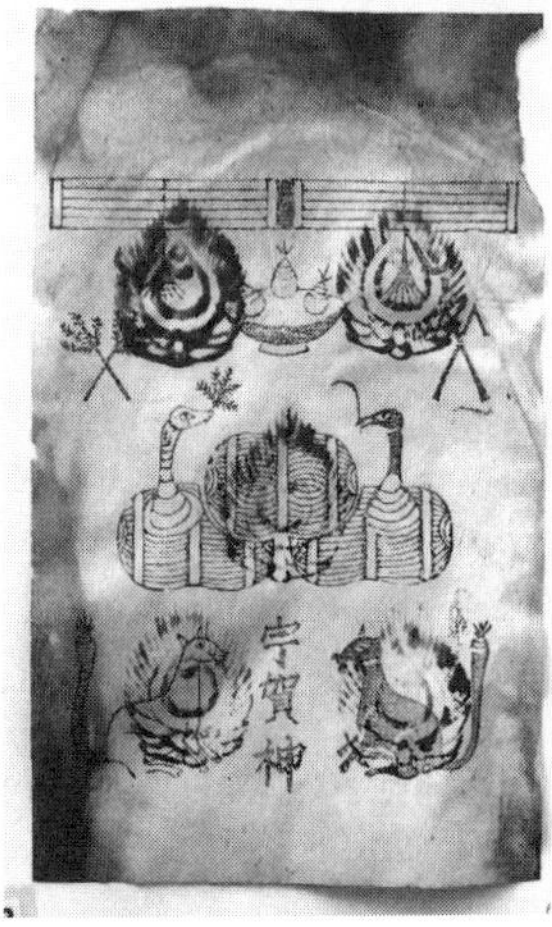

④豊作祈願札。米俵・稲穂をえがく（A）

写真144-1　湯浅孝家（A）・吉田武治家（B）のお札類

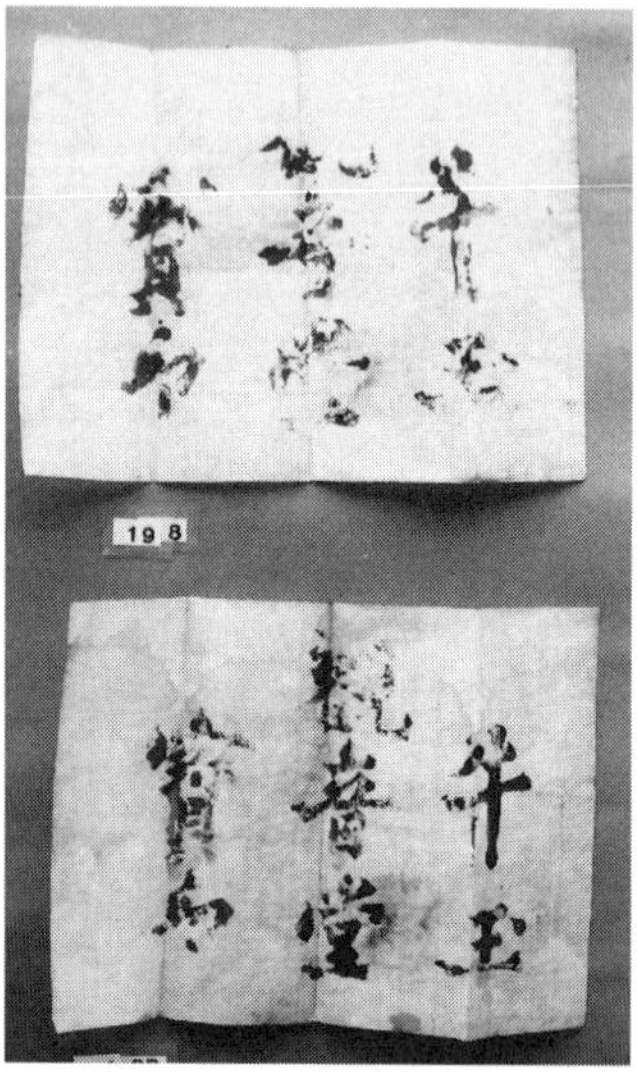

⑦牛王宝印。沢田観音堂の素朴なお札（A）

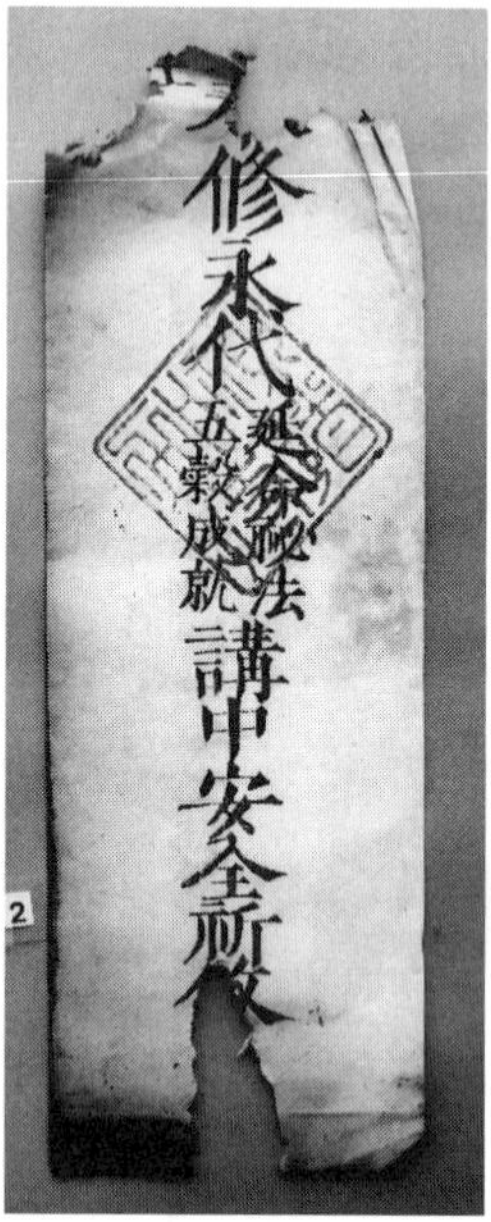

⑥講中札。多賀大社（A）

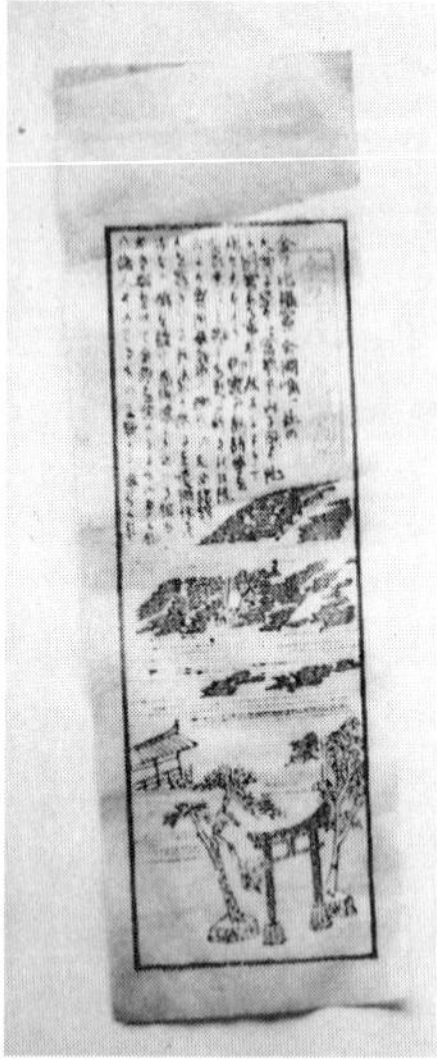

⑤絵札。金刀比羅宮絵図所が出す（B）

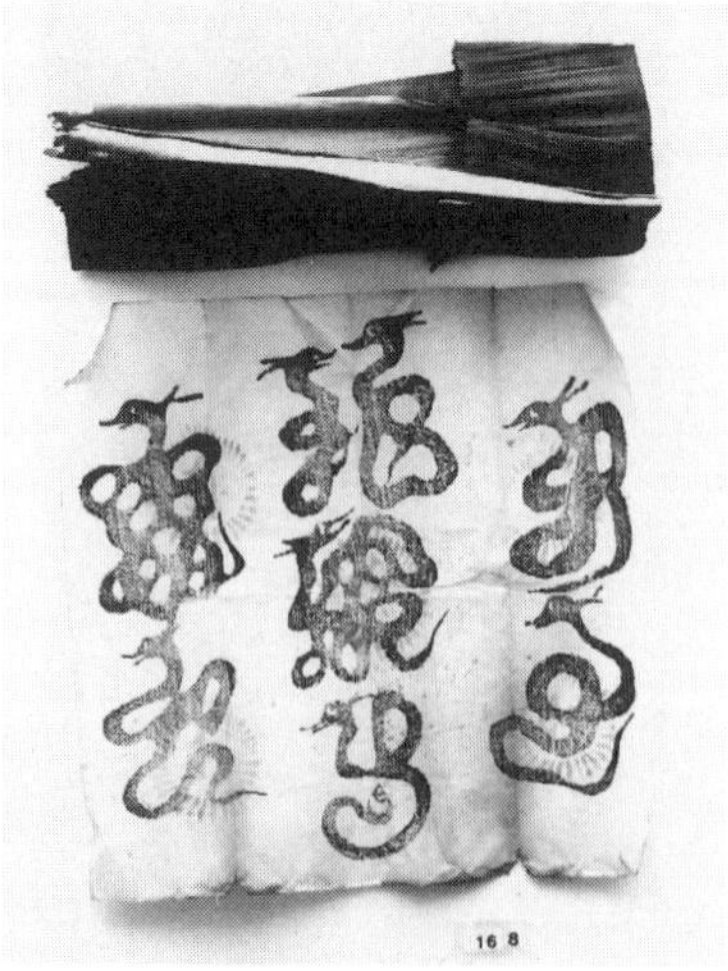

⑨牛王宝印。龍文字で竹皮につつむ（A）

⑧牛王宝印。隣接する中の氏神八幡神社が出す（A）

写真144-2

写真144−3

⑩火除け札「竈三柱神」（B）

⑪火除け札「三宝荒神」（B）

⑫火除け札「秋葉山守護所火用心」（A）

⑬疫病除御守。阿弥陀種子（B）

⑭役行者絵札。大峰山吉野登山口の桜本坊が出す（B）

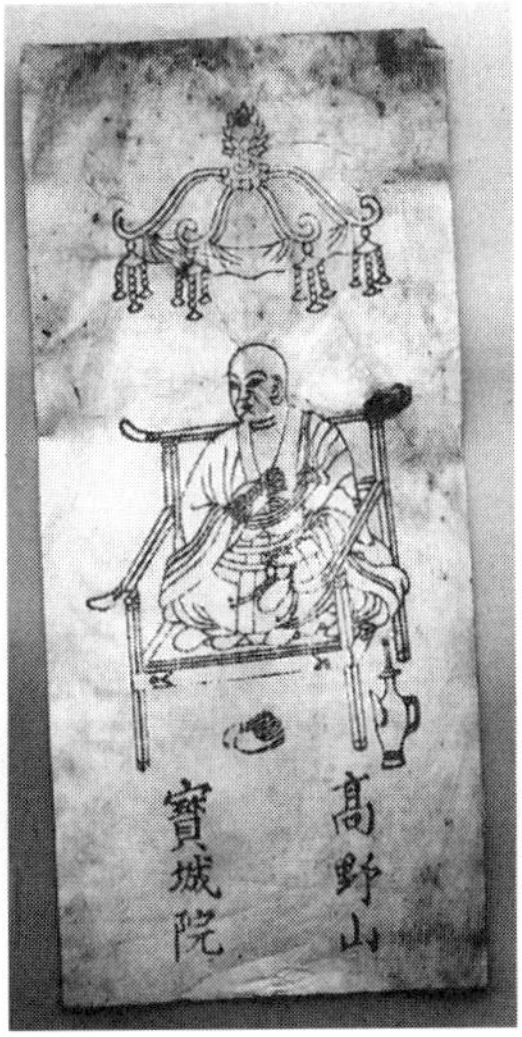

⑮弘法大師絵札。高野山寶城院が出す（B）

⑯長寿御守。多賀大社（B）

⑰病気平癒「五十五才女」の神光寺祈祷札
（B）

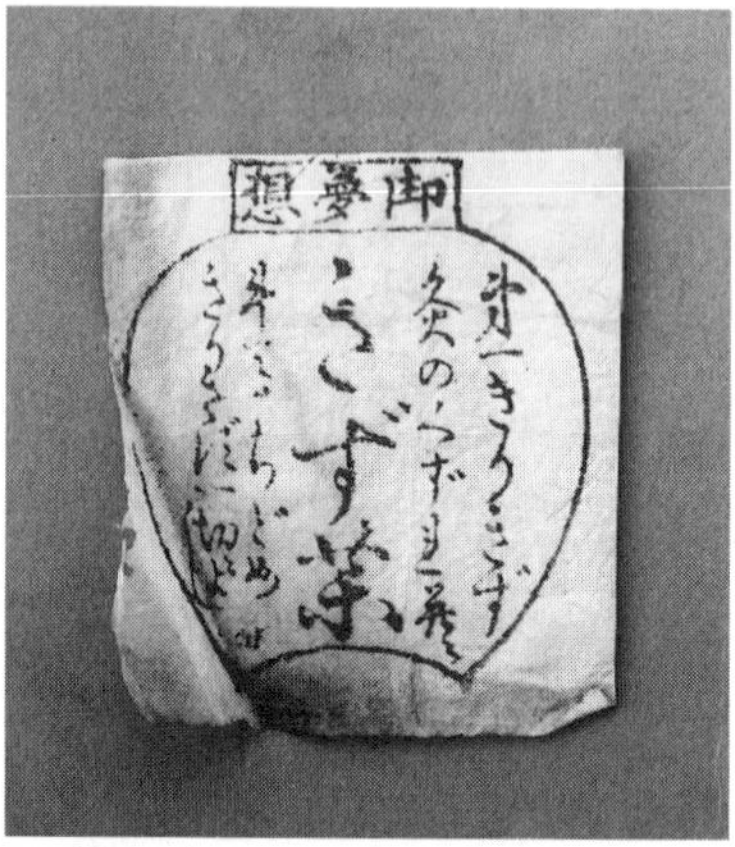

⑱きず薬。宗教者は製薬にもたけていた
（B）

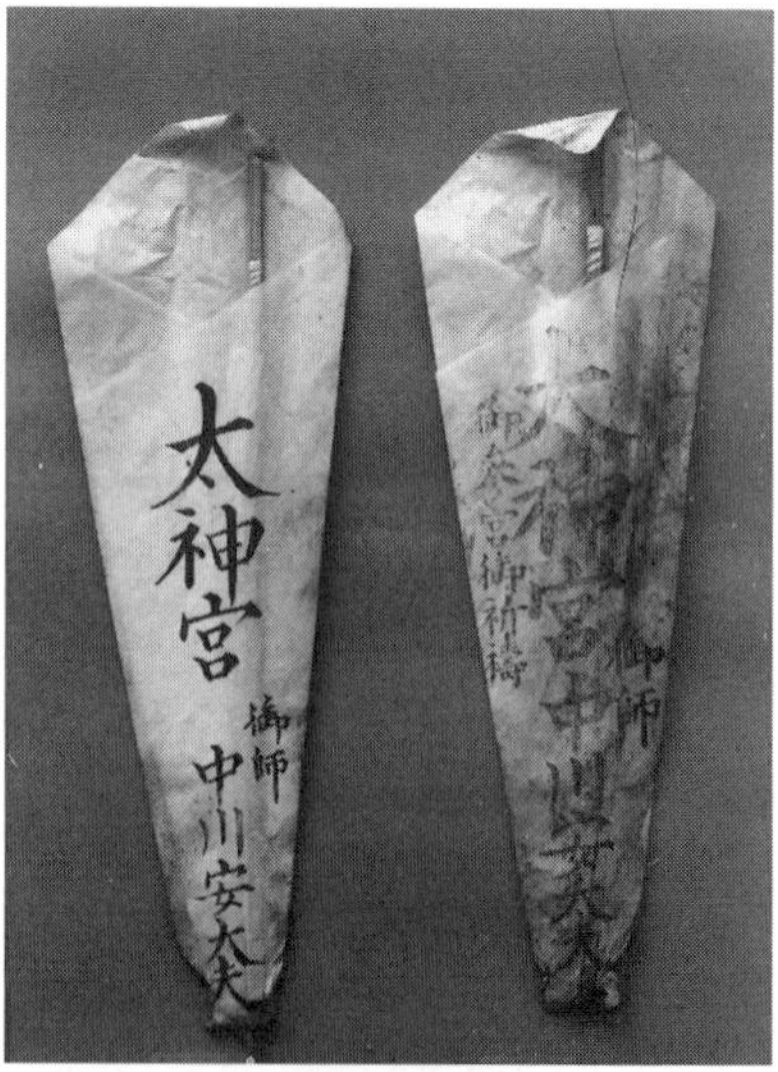

⑲大麻。伊勢内宮御師中川安太夫（A）

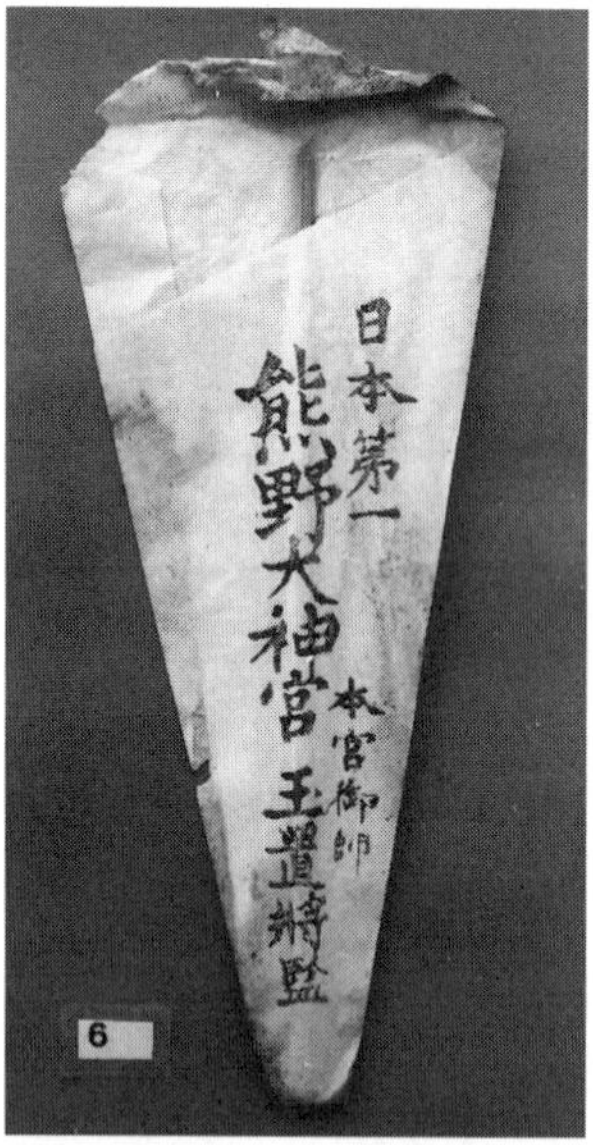

⑳大麻。熊野本宮御師玉置将監
（B）

写真144-4

㉒手書き札。三峯山大権現（B）

㉑題目札。弘化３年（1846）の年号（B）

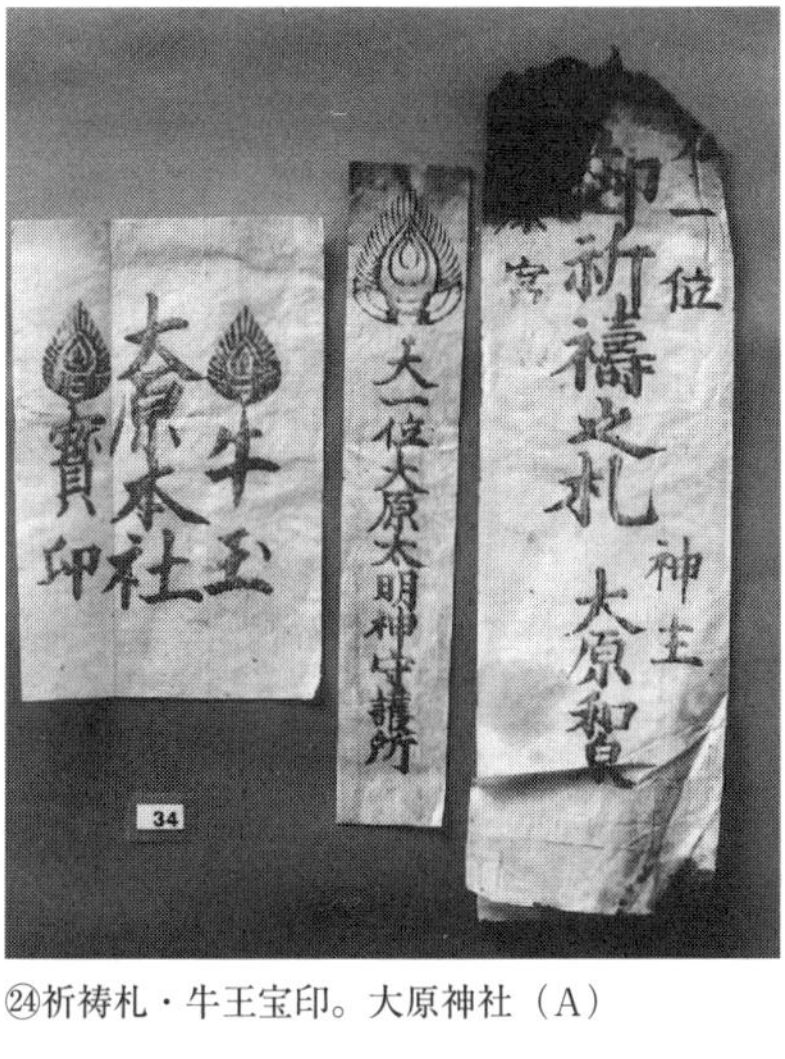

㉔祈祷札・牛王宝印。大原神社（A）

㉓御洗米。能勢妙見（B）

写真144-5

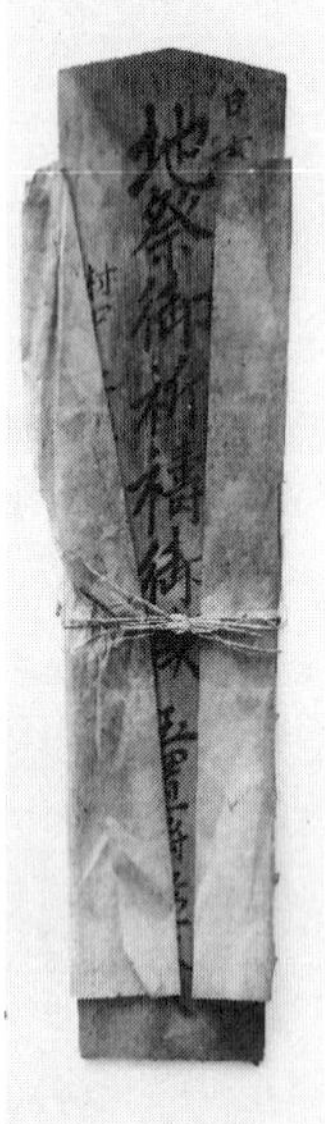

㉕祈祷札。熊野本宮御師玉置将監（A）

㉖柱暦。慶応３年（1867）（B）

㉗廻国札。日本巡礼の納札（A）

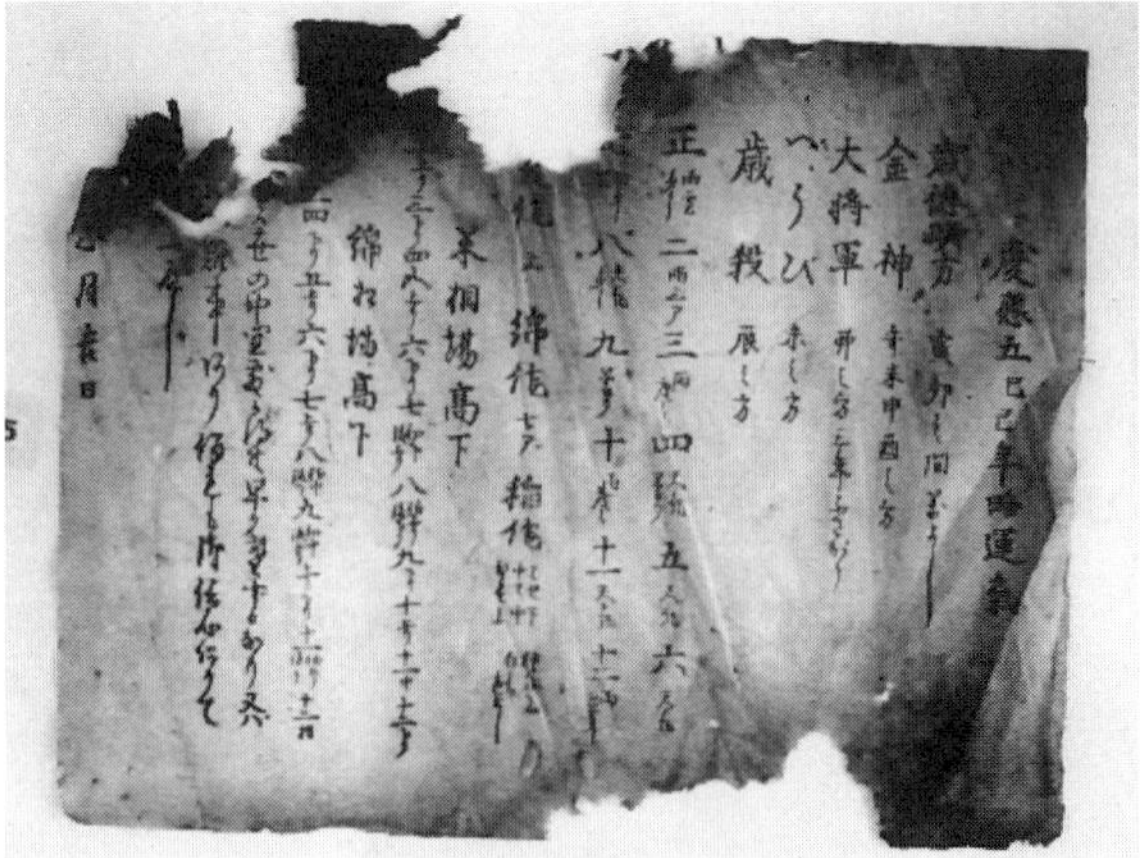

㉘略運気。慶応５年（1869）（B）

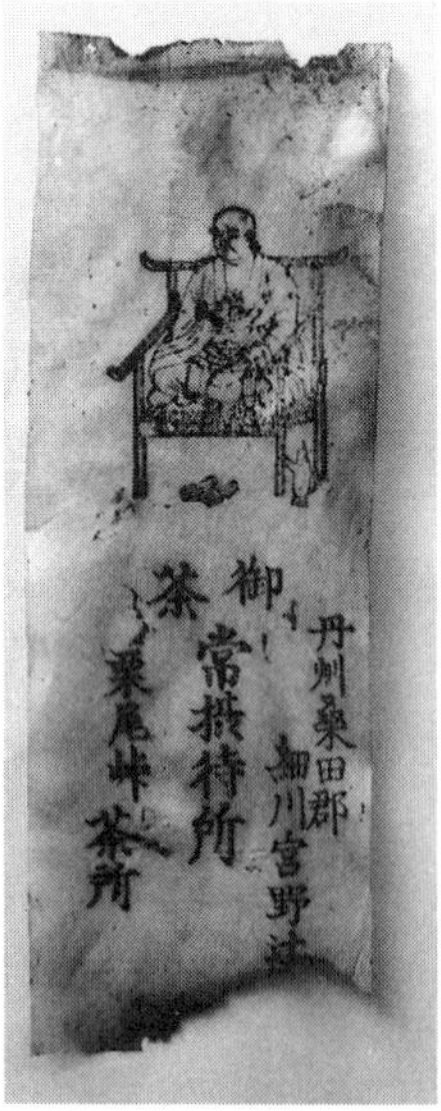

㉙接待所札。栗尾峠茶所（A）

写真144-6

絵図類は、門前町で参拝の土産として売られていた。慶応三年に生まれた武治氏の父親は船頭で、そのころ中村には船頭が多かった。天若の割木や柴を、中から少し下流で、大堰川と中世木川が合流する小道津浜から亀岡市保津まで運んだ。山陰線が開通後も、昭和初期まで小道津浜に茶店があった。中には船頭が信仰した金毘羅信仰の伝承は残っていない。いまのところ絵図に、その手がかりを残すのみである。なお筏師が多かった上世木は、筏師連中が金毘羅社を祀り、九月十日が祭日だった。

お札のほかに、御幣・絵馬・経文・加持砂・薬袋・木炭・御供物の切餅（赤黄青）などがある。これらもお札とともに、神聖な信仰造形と考えられていた。薬袋には「御夢想・きず薬」とあり、あらゆる傷に効用ありと書いている。医療と宗教が未分化で、修験者は薬の製造や販売と加持祈祷をかねた時代のあかしであろう。

武治家のお札には、何枚も貼りあわせた地蔵の絵札や「火要鎮《ひのようじん》」の札がある。孝家は火防のお札を火所の近くの柱に貼り重ねている。神棚や仏壇のほかでは、お札を貼り重ねて祀ったのである。

国立市の柳沢家では、お札を一〇〇〇枚ためると火難避けになるといった。アガリハナに仏壇と並んで大神宮の神棚と、オクの押入れの上にはお札を貼る板がある。神棚のお札は一一六枚で、大神宮が大半で出雲大社・大国魂神社・金刀比羅宮がまざる。押入れの上のお札は二七一枚で、さまざまなカミがまざっている（『国立市古民家復元の足跡』国立市教育委員会、一九九一。田野倉紀子「お札」『多摩民具辞典』たましん地域文化財団、一九九七）。オクの板は神棚以前の、お札を祀る習俗といえそうである。

時枝務氏は、お札と部屋利用の変化に注目している。お札は神棚・蚕室・門口に祀るが、神棚が中心だとした（時枝務「守札と信仰・一農家における守札の存在形態」『民具マンスリー』二〇巻一二号、神奈川大学日本常民文化研究所、一九八八）。神棚に祀るお札が増えて、屋根裏に祀るようになったのだろう。

表7　関東・関西・山陰からの社寺参拝とお札

	東北	関東	中部	近畿	中国	四国	九州	合計
岡本家	2	81	15	7	4	1	1	111種
平岡家	1	1	1	62	2	3	0	70種
門脇家	0	3	1	16	71	2	0	93種

お札の比較

孝家のお札は、地元の社寺と堂祠と、遠隔地は畿内の著名社寺にかぎられる。武治家は、地元は孝家と似ているが、遠隔地はより広範囲である。同じ旧家でも違うのは、次の理由が考えられる。

一つは、孝家より武治家は、お札が多い。

二つは、個人の信心、家業や交際など、家の事情がある。武治家は孝家には一枚もない西宮大神宮のお札が多い。叔母が西宮に嫁いでいたことが、関係するという。先の寄居の商家は、先代が信心深く、取引先の地域の社寺のお札が多かった。

西海賢二氏は「守札にみる庶民信仰」で、湯山家が代々煙草の販売をしていたため、全国各地を巡拝できたとある（西海賢二「守札にみる庶民信仰」『民具マンスリー』二〇巻七号、神奈川大学日本常民文化研究所、一九八七）。

三つは、時代差で、これが最大の理由である。孝家は、神仏混淆をしめす「〇〇大権現」、近代は廃止になる熊野や伊勢の御師のお札が多い。静岡県の秋葉さんが東端で、関東のお札はない。

武治家は、近世のお札は少なく、近代以後が大半である。お札は関東にまでおよんでいる。首都東京を中心とした社寺参拝が、交通手段の発達で容易になった。さらには代参ではなく、自由に個人参拝できるようになった。

表6により、ほかの家をみると次のようになる。関東（岡本家）は、中部・近畿への社寺にも関心が高い。関西（平岡・門脇家）は近畿及び地元が中心で、中部以東への関心が薄い。

菅根幸裕氏は、伊勢崎市の岡本家は、お札の八〇パーセントが関東と東北の社寺である。それでも関西の家にくら

表8　屋根裏のお札調査（東日本から西日本へと配列）

所在	家	お札年代	種類	枚数	備考
群馬県伊勢崎市東上之宮町	岡本家	明治四十五年以後	一一五	七九九	明治四十五年に空家を購入
埼玉県大里郡寄居町	幡知家	明治から戦前	三二	三二	戦争中蔵に保管したと推測される
東京都国立市青柳	柳沢家	近世末から	三四以上	三八七	江戸中期から定住
神奈川県秦野市蓑毛	湯山家	明治から戦後	八二	一三六九	大山山麓御師の村
京都府船井郡日吉町天若字沢田	湯浅家	近世末が中心	一九以上	二一七	母家は十九世紀中期に建築。庄屋の伝承
京都府船井郡日吉町天若字中村	吉田家	近代が中心	四一以上	三七二	母家は十八世紀前期に建築
兵庫県神崎郡福崎町	平岡家	寛文十年（一六七〇）以後	七一	約四〇五〇	庄屋を務めた。雷除け。巡礼札二八枚
鳥取県西伯郡大山町所子	門脇家	宝暦十二年（一七六二）から	九六	約一〇〇〇	大庄屋を務めた。母家は明和六年（一七六九）の建築

註）以下の文献による。・時枝務「守札と信仰・一農家における守札の存在形態」『民具マンスリー』二〇巻一二号、神奈川大学日本常民文化研究所、一九八八。・山崎禅雄・印南敏秀『祈願のかたち』ぎょうせい、一九八五。・『国立市古民家復元の足跡』国立市教育委員会。・西海賢二「守札にみる庶民信仰」『民具マンスリー』二〇巻七号、神奈川大学日本常民文化研究所、一九八七。・菅根幸裕「守札の分析にみる村落の信仰・兵庫県福崎町の事例を中心に」『民具マンスリー』二四巻五号、神奈川大学日本常民文化研究所、一九九一。・川上廸彦「守札からみた伯耆の庶民信仰」『民具マンスリー』二七巻七号、神奈川大学日本常民文化研究所、一九九四。

べ、関東は関西のお札の割合が高い（菅根幸裕「守札の分析にみる村落の信仰・兵庫県福崎町の事例を中心に」『民具マンスリー』二四巻五号、神奈川大学日本常民文化研究所、一九九一）。関西には有力な古社寺が多く、ふるくからの西国三十三観音などの霊場がある。

お札の分布を分析する前に、家にもちこまれる経緯をみておく必要がある。時枝氏は、①氏子や檀家の場合、②祈願のために家族が直接参拝した場合、③遠方の社寺に参拝した人が受けてきた場合、④神職を通して毎年定期的にもたらされる場合の四分類している。また、個人や家・講員が参拝して受ける場合と、宗教者や巡礼がもたらす場合がある。個人や巡礼がもたらすお札は偶発的で、氏神や壇那寺、講、御師と結びついたお札は定期的で枚数も多い。表6は、残されたお札をとおしての分布にすぎないが、日本の東西の遠隔地信仰のあり方の一端をしめしている。

お札の意味

お札から情報を読みとることはむずかしい。表9は、両家のお札を、社寺名・配札所と配札者・神仏と願文などで整理した。社寺名がないお札は、地蔵の尊像や「牛玉宝印」「牛馬守護」など形態も素朴で、近隣の堂祠の配札と思われる。

表9　図71のお札の社寺の所在地

県名	名称	所在地
茨城	鹿島神宮	鹿島郡鹿島町
栃木	日光東照宮	日光市山内
埼玉	三峯神社	秩父郡大滝村三峯
静岡	秋葉山本宮	周智郡春野町
三重	皇太神宮（内宮）	伊勢市宇治館町
〃	豊受大神宮（外宮）	伊勢市豊州町
〃	金剛証寺	伊勢市朝熊町
滋賀	多賀大社	犬上郡多賀町多賀
京都	大原神社	天田郡三和町大原
〃	大福光寺	船井郡丹波町下山
〃	出雲大神宮	亀岡市千歳町出雲
〃	威徳院	右京区嵯峨愛宕町
〃	北野天満宮	上京区馬喰町
〃	法輪寺	西京区嵐山虚空蔵山町
〃	狸谷不動院	左京区一乗寺松原町
〃	平安神宮	左京区岡崎西天王
〃	八坂神社	東山区祇園町
〃	豊国神社	東山区大和大路
〃	石清水八幡宮	八幡市八幡高坊
〃	真幡寸神社	伏見区下鳥羽中島宮後町
大阪	能勢妙見	豊能郡能勢町
兵庫	西宮神社	西宮市社家町
〃	広峯神社	姫路市広峯山
奈良	二月堂	奈良市雑司町
〃	多武峯	桜井市多武峯
〃	橿原神社	橿原市久米町
〃	竹林院	吉野郡吉野町吉野山
〃	桜本坊	吉野郡吉野町吉野山
〃	喜蔵院	吉野郡吉野町吉野山
〃	行者堂	吉野郡天川村洞川
〃	龍泉寺	吉野郡天川村洞川
〃	大地主大神	吉野郡吉野町楢井
和歌山	熊野神社	東牟婁郡本宮町本宮
〃	寶城院	伊都郡高野山町高野山
〃	高野山木食所	伊都郡高野山町高野山
香川	金刀比羅宮	仲多度郡琴平町
島根	出雲大社	簸川郡大社町杵築
福岡	大宰府天満宮	太宰府市大宰府町

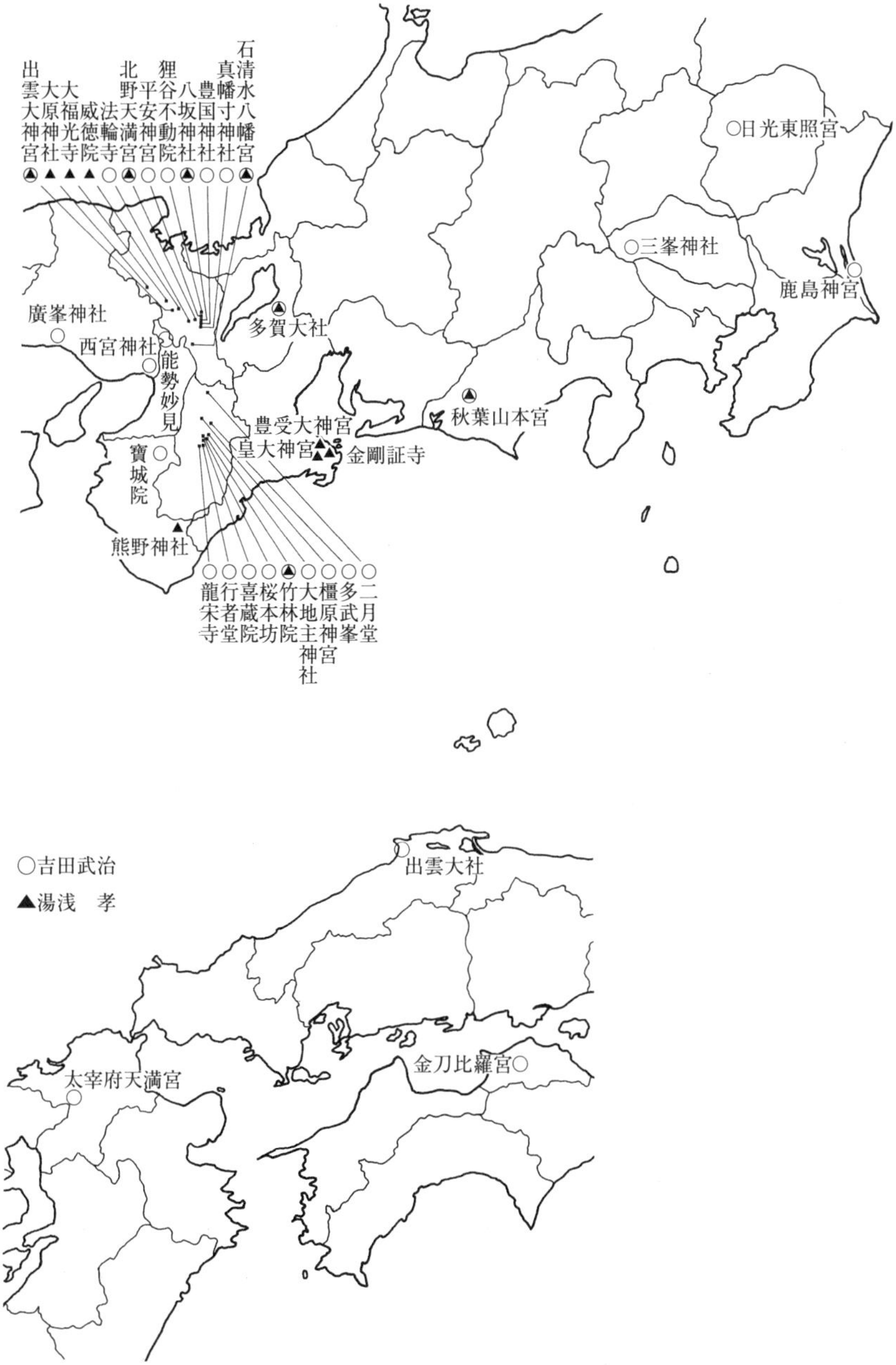

図71　湯浅孝家（A）・吉田武治家（B）のお札の社寺分布

消えた信仰に静岡県の秋葉信仰がある。火防の愛宕神社は、両家の屋根裏のお札にもあり、総参りしてお札を受けた。それでも秋葉信仰のお札を受けている。近世末ごろから、中や沢田では大きな火災はなかった。それでも東西を代表する火防のカミを信仰している。火防は、家や村の関心ごとだったのであろう。行者講の参拝路が、吉野口から洞川にかわった。孝家のお札は吉野口、武治家は両方がまざり、変化の経緯が確かめられる。

熊野や伊勢の御師は、特定の地域を霞場とし、霞場の信者の代参や配札の世話をした。西海氏は、近世中期には榛名の御師の配札が一般化しており、寄付などの勧化のときにも絵札などが配札されたこと、村方では多種多様な宗教者の配札・勧化にたいして村方負担として多額の費用を支払い、農民負担の大きかったことなどをあきらかにした。文化四年（一八〇七）に、楽河と沢田から熊野本宮の御師玉置将監へ、御遷宮の金幣・銀幣・御幕を寄進している。地域の熊野信仰と、御師の役割が確かめられる。世木村の伊勢講の記録は、寛文五年（一六六七）から残る。孝家の内宮御師は途中でかわり、御師が霞場を売買したのであろう。

祈願内容は多岐にわたり、五穀豊穣・百穀成就・蠶業繁栄・諸虫消除・悪虫除・昆虫除去・風雨順時・諸業繁栄・牛馬守護などの生業、火の用心・息災延命・諸病消除・家内安全・開運祈願・家運永盛などの家、そのほか天下泰平・萬民豊楽・所願成就などを祈願している。

孝家の多賀大社のお札に「講中安全」とある。沢田の伝承で消えた多賀参拝講が確認できる。地元の成就院の講も、お札ではじめてわかった。伊勢神宮と相対の関係にあった金剛証寺のお札が少しまざる。金剛証寺のお札は、伊勢参拝のとき受けたもので、代参でときどき参拝していたことがわかる。

孝家のお札に、巡礼札が二枚まざる。一枚は「（千手観音種字）南無阿弥陀佛日本廻国・天下泰平・国家安全」の廻国巡礼の納札である。廻国巡礼が、孝家で世話になった礼においていったのであろう。もう一枚は「（弘法大師絵像）

表10　湯浅孝家（A）・吉田武治家（B）のお札の集計表

番号	（A）	（B）	社寺名	所在	配付所・御師名	神仏経・願文他
①		1	鹿島大神宮	茨城県鹿島町		
②		1	日光東照宮	栃木県日光市		
③		1	三峰山大権現	埼玉県大滝村		
④	1		秋葉山大権現	静岡県春野町		
⑤	5		秋葉三尺坊	〃		
⑥	3	3	秋葉山	〃		火用心
⑦	1		伊勢大神宮	三重県伊勢市	外宮	
⑧	16		伊勢大神宮	〃	内宮・御師大西太夫	
⑨	8		伊勢大神宮	〃	内宮・御師磯辺九太夫	
⑩	1		伊勢大神宮	〃	内宮・御師河田出羽守	
⑪	3		伊勢大神宮	〃	内宮	
⑫		10	豊受大神宮	〃		
⑬	2		伊勢大神宮	〃	・御師中川安太夫	御参宮御祈?
⑭	1		伊勢大神宮	〃		
⑮		42	天昭皇大神宮	〃		
⑯		1	伊勢神楽			
⑰	5		金剛証寺	三重県伊勢市	明王院	虚空蔵護摩・諸求円満
⑱	7	31	多賀大社	滋賀県多賀町		
⑲	3	1	多賀大社	〃	社司	星祭寿命長延
⑳	1		多賀大社	〃		金剛寿命経・延命秘法・五穀成就・講中安全
㉑	3		多賀大社	〃		大般若経息災延命
㉒	5		多賀大社	〃	別当所・不動院	延命秘法・五穀成就・講中安全
㉓	1		金峰山	奈良県吉野町	竹林院	役行者像
㉔	6		大峰山	〃	竹林院	役行者像
㉕		5	大峰山	〃	桜本坊	役行者像
㉖		4	大峰山	〃	喜蔵院	
㉗		2	大峰山	奈良県天川町	龍泉寺	

番号	(A)	(B)	社寺名	所在	配付所・御師名	神仏経・願文他
㉘		1	大峰行者堂	〃		
㉙		1	多武峰	奈良県桜井市		開運
㉚		1	二月堂	奈良市雑司町		
㉛		2	橿原神宮	奈良県橿原市		
㉜		1	神武天皇	〃		
㉝		1	大地主大神	奈良県吉野町		
㉞	7		熊野大神宮	和歌山県本宮町	本宮・御師玉置将監	剣先
㉟	5		熊野大神宮	〃	本宮・御師御師玉置将監	木札・村中安全・疫病不入・五穀成就所
㊱	1		熊野大神宮	〃	本宮・御師御師玉置将監	代々神楽一万度御禊大麻
㊲	1		熊野本宮	〃		御田祭之土
㊳		1	高野山	和歌山県高野町		
㊴		1	高野山	〃	宝城院	
㊵	4		北野天満宮	京都市上京区	御祈所・松原家	
㊶		3	北野天満宮	〃		
㊷	14		愛宕山大権現	京都市左京区	威徳院	地蔵三尊像
㊸	2	1	愛宕護本宮	〃	社務所・西大路家	
㊹		1	愛宕鎮火講社	〃		
㊺		6	阿多古	〃		火迺要慎
㊻		24	愛宕大神	〃		
㊼		1	豊国神社	京都市東山区		
㊽		7	真幡寸神社	京都市伏見区		
㊾		2	法輪寺	京都市西京区		虚空蔵尊
㊿	4		祇園牛頭天皇	京都市東山区	本願・成就院	祇園社御折禱札
(51)	1		感神院	〃		牛王宝印
(52)		1	八坂神社	〃		
(53)	2		稲荷大明神	京都市伏見区		
(54)		4	平安神宮	京都市左京区		
(55)		2	狸谷山	京都市左京区		不動尊・諸願成就

㊿56	5	1	石清水八幡宮	京都府八幡市		天下泰平・五穀豊熟・家運長栄・息災延命
㊿57		7	男山八幡大神	〃		
㊿58	2	2	出雲大明神	京都府亀岡市		開運祈禱
㊿59	2	6	大原宮	京都府三和町	神主　・大原和泉	内符が牛王宝印
㊿60	2	10	大原神社	〃		五穀豊穣
㊿61		5	大原大神	〃		犬の絵
㊿62	2	17	大原大明神	〃		
㊿63		9	成就院	日吉町殿田		開運守護
㊿64	11		天若大明神	天若世木林	宝珠院・	家内安全
㊿65	3		天若大明神	〃	武部	
㊿66	1		天若大明神	〃		御祈禱大麻
㊿67	6		宝珠院	〃		仁王般若経・家内安全五穀成就
㊿68	2		宝珠院	〃		不動尊護摩・息災延命
㊿69	1		大福光寺			毘沙門天王護摩・諸願成就
㊿70	4		観音堂	天若沢田		牛王宝印
㊿71	6	3	八幡宮	天若中		牛王宝印
㊿72	9	1	八幡宮	〃	神宮寺	五穀成就
㊿73		7	八幡宮	〃		
㊿74		3	八幡宮	〃		厄除御祈禱禡御守
㊿75	1		厄神大明神	〃		
㊿76		2		〃		厄除御祈禱禡御守
㊿77		9		天若中		薬師如来護摩・諸病消除・息災延命
㊿78	1	6		天若上世木？		不動明王・息災延命
㊿79	1	6	海老坂地蔵			
㊿80		6	神光寺			仁王般若若経・七難即滅七副即生
㊿81		1	大川大明神			
㊿82	1		正一位合槌稲			
㊿83			荷大明神			
㊿84	1		日之本不易皇			
㊿85			大神宮			

番号	(A)	(B)	社寺名	所在	配付所・御師名	神仏経・願文他
⑧⑥	3					牛馬守護
⑧⑦	1					加持符（宝篋印塔）
⑧⑧	3					中臣祓五穀成就
⑧⑨	1					般若心経諸虫消除百穀成就
⑨⑩	1					般若心経一千巻・家内安全
⑨①	1					般若心経一千巻・十六善神・風雨順時・皆来守護・五穀成就
⑨②		1				百万遍回向・天下泰平・五穀豊熟・風雨順時・萬民豊楽
⑨③		1				大黒像
⑨④		1				安産新宮諸大菩薩
⑨⑤		1	大北山天龍大神			
⑨⑥		1	不思議不動院			不動明王守護符
⑨⑦		1	三宝荒神			
⑨⑧		1	柿本神社	兵庫県明石市		
⑨⑨		1	能勢妙見	大阪府能勢町		
⑩⑩		1	能勢妙見	大阪府能勢町	能勢市	題目・所願具足・心大歓喜
⑩①		33	西宮大神宮	兵庫県西宮市		諸行成就
⑩②		1	西宮大神宮	兵庫県西宮市		恵比寿像
⑩③		1	広峰神社	兵庫県姫路市		
⑩④		1	一乗寺	兵庫県北条町		不動明王・諸願成就
⑩⑤		15	出雲大社	島根県大社町		
⑩⑥		2	出雲大社	〃		蠱業繁栄
⑩⑦		1	出雲大社	〃		悪虫除
⑩⑧		2	大宰府神社	福岡県太宰府町		家運永盛

御茶・丹州桑田郡細川宮野辻・常摂待所・栗尾峠茶所」とある。孝家の先祖が、巡礼に出て受けたお札であろう。

菅根幸裕氏は、近世を中心とした平岡家のお札には、二八枚もの巡礼札がふくまれる。巡礼札は六十六部廻国と四国巡礼札が多かった。平岡家は西国巡礼の道筋で、昭和五、六年まで巡礼が往来し、平岡家は善根宿をしていた。西国巡礼は泊めても遍路は泊めなかったというが、ふるくは遍路も泊めていたのであろう。廻国巡礼や接待所の実態は記録に残りにくく、平岡家や孝家のお札は貴重な巡礼資料でもある。

これからの住まい

家の秩序（統制）は、さまざまな宗教や社会慣行で保たれている。孝家は、多くのカミを祀り、儀礼などをとおして関係を維持してきた。旧家として株内や講仲間、地域の中心的役割をになってきた。屋根裏にお札を祀る家は、全国的に旧家に多い（表7参照）（菅根幸裕「守札の分析にみる村落の信仰・兵庫県福崎町の事例を中心に」『民具マンスリー』二四巻五号、神奈川大学日本常民文化研究所、一九九一）。孝家のお札は、地域信仰のシンボルともいえる。

孝家は、正月などに祀るカミの数はへり、儀礼も簡単になったという。それでも正月には、カミを中心とした伝統的な秩序が復活する。いまだ伝統的な儀礼や社会慣行にかわる仕組みがみいだせない。家族のあり方や住まい方が変化するなかで、伝統的な秩序をどういかしていくのかがこれからの課題といえる。

二　村の境界と信仰造形

特別展の『祈りとくらし』で、南山城の年中行事を調査した。調査してみて、南山城でほかの地域とくらべよく残っていたのは、村境にかけるカンジョウナワの行事だった。村の境界に信仰造形を祀ることは全国的にみられる。なかで京都府の南山城と奈良県北部、滋賀県の一部は、カンジョウナワの文化圏といえそうである。カンジョウナワを書いたのにには理由があった。

一つは、一九八〇年代の南山城のカンジョウナワ調査を、研究資料として残しておきたかった。二つは、カンジョウナワのモノ（信仰造形）の複合的性格をあきらかにしておきたかった。それはこの本をつらぬく全体的テーマとも重なる。三つは、カンジョウナワのモノからのアプローチである。カンジョウナワの形態は実にさまざまで、おもしろそうだった。ただし、愛知に転居したあとで補充調査もできず、モノの調査分析はできなかった。「付論・境界呪物としてのカンジョウナワ」は、三つめの目的のため、序論として書いた草稿である。

1　畿内のカンジョウナワ

日本のなかのカンジョウナワ

村境に信仰造形を祀り、外からの悪霊をふせぎ、村内の豊作と安全を祈る行事は多い。新春儀礼だけでも、注連縄を張り、大きな草履や草鞋、鬼面、藁人形などをおき、お札を立てたりした（大塚民俗学会『民俗学辞典』弘文堂、一九七二）。

村境の注連縄だけをみても、九州、四国、中部や関東に広がる（宮本常一「隣村」『日本民俗学大系』平凡社、一九五八）。関東ではミチキリ・ハッチョウジメ、中部の佐渡ではハリキリ・シメハリなどとよぶ。畿内のカンジョウナワもその一つといえる（福田アジオ「民俗の母体としてのムラ」『日本民俗文化大系』小学館、一九八四）。

南山城のカンジョウナワの目的は、「長命無病息災」「悪病が村に入らないと同時に豊作を祈る」「豊作祈願」「乾（北西）の方向に金が流れでないように」など新春の徐災招福の行事といえる。近代化がすすむなかで境界意識は薄れ、地域の伝統行事としてつづけられている。ここでは畿内の研究を整理して、これからのカンジョウナワ研究につなげる橋渡しをしたい。

南山城での広がり

近畿地方のカンジョウナワは、福井県の若狭地方（和歌森太郎編『若狭の民俗』吉川弘文館、一九六六）、滋賀県の湖東・湖南地方（伊藤広之「カンジョウツリ資料一・二・三」『民俗文化』第二〇三・二〇五・二〇九号、一九八〇・八一。この他、第一八一・一八八・一九七号にも関係論文が載る。橋本鉄男「近江の烏勧請」『日本文化史論叢』、一九七六。原田敏丸『近世村落の経済と社会』、一九八三）、京都府の南山城地方（井上頼寿『京都古習志』地人書院、一九四三。同『京都民俗志』私版、一九三三〈東洋文庫一二九として、一九六八に平凡社から補訂再版〉）、三重県の伊賀地方（原田、前掲）、奈良県の東部山間地方（保仙純剛「大和高原のカンジョウカケ」『日本民俗学』第四号、一九五八。恒岡宗司「大和のカンジョウカケ行事」『近畿民俗』第六三号、一九七五）などに分布する（図72）。ここでは、まず全体を概観しておきたい。

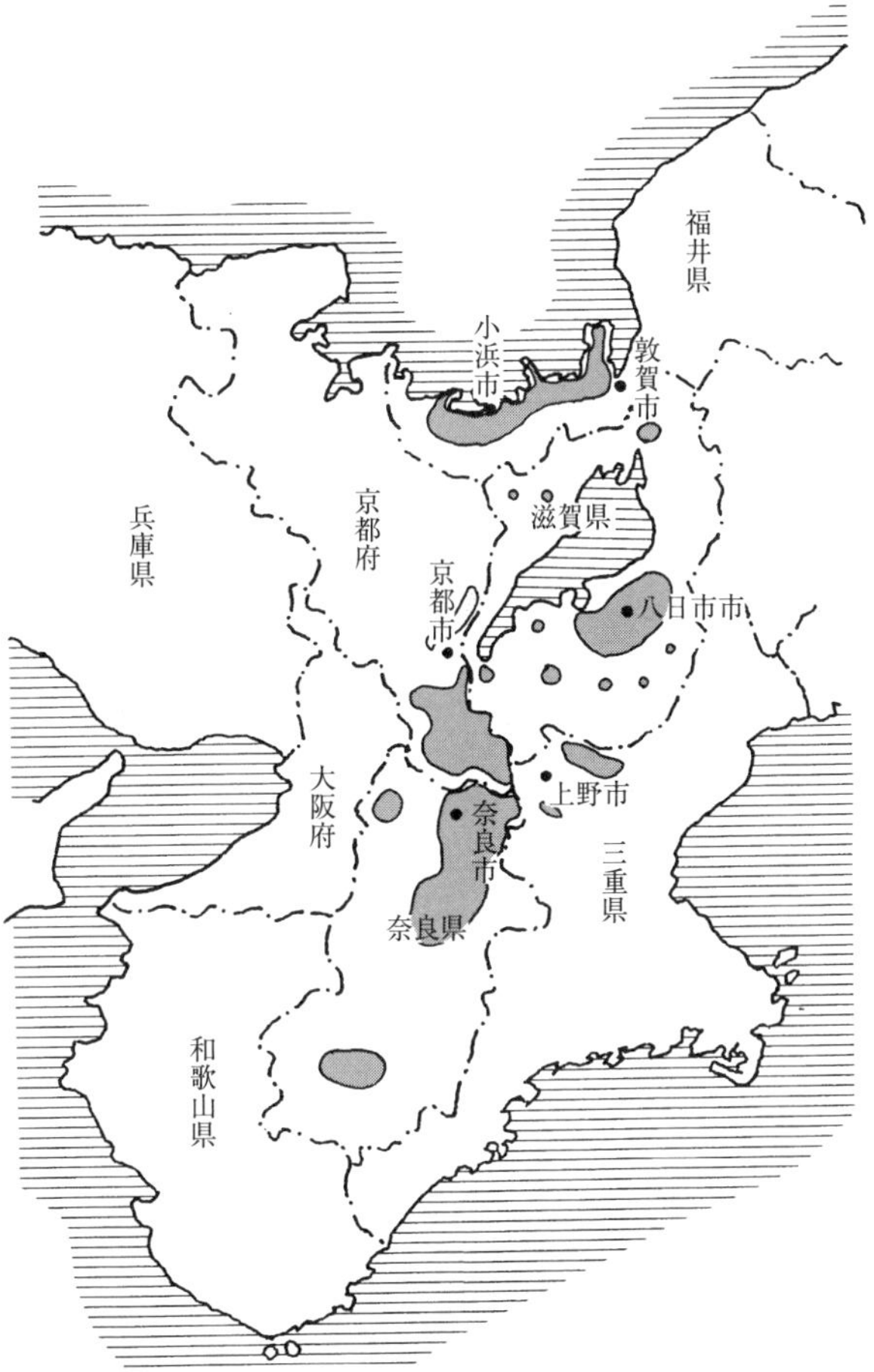

図72　近畿のカンジョウナワの分布図

注）福井県は『若狭の民俗』と小林一男氏教示、滋賀県・三重県は『近世村落の経済と社会』、京都府は実査と林宏氏教示、奈良県は「大和のカンジョウナワ行事」を中心に作成。

京都府のカンジョウナワは、南山城が中心である。南山城のカンジョウナワは早くから注目されていた。第二次世界大戦前、井上頼寿は南山城のカンジョウナワを一一例紹介している。ただしカンジョウナワが一一カ所しかなかったというのではない。

井上氏は『京都民俗志』で、相楽郡山城町棚倉の涌出宮のカンジョウナワについて、

付近の田舎に多く、それのみならず広く近畿地方に行われている風習で（中略）例をあげるだけでも大変であるから略しておく

とあり、事例が多くて書ききれなかったのである。

昭和十四年に、宮本常一は相楽郡加茂町当尾地区の西小で調査し（宮本常一「南山城当尾郷民俗聞書」『民族学研究』第七巻四号、一九四一。『宮本常一著作集』第二五巻、一九七七）、

このあたりの村（字）にはその村はずれにカンジョーナワを張るとこが多い。西小も張っていたが、西小の外には東小、尾畑、尻枝などにも古くは見かけたものである

と、伝承だけのところもあるが、カンジョウナワが多かったと書いている。宮本常一の調査から五〇年をへて、当尾地区ではカンジョウナワの伝承すら聞けなかった。当尾地区の事例は、南山城のカンジョウナワの多くが、聞き取りでは調査できないほど早く消えたことを教えている。カンジョウナワが、ほかでも同様に消滅した可能性がある。ここでのカンジョウナワの分布は概観で、戦前の分布密度は濃かったのである。

戦後は、南山城のカンジョウナワ調査はしばらくなかった。昭和五十五年の『宇治田原町史』に八例紹介され、木津川流域だけから、宇治川支流域での分布も確かめられた。昭和六十年からは山城資料館の調査で、木津川上流部の加茂町・和束町・笠置町などのカンジョウナワの実態があきらかになった。そして南山城でも南部の相楽郡内に密度が濃く、以北の綴喜郡・宇治郡などは少ないことがわかった。

写真145　野神祭りの蛇を子供が運び（右）木にかける（左）（奈良県橿原市上品寺）

カンジョウナワが、南山城北部に少ない理由はいくつか考えられる。当尾地区のようには伝承すら消えてしまったか、もともとカンジョウナワがなかったである。いまは後者の可能性を考えている。綴喜郡・宇治郡のカンジョウナワがない村に野神信仰があり、相楽郡内には野神信仰がないからである。カンジョウナワと野神の類似性と、分布対立は、奈良県の保仙純剛氏（保仙、前掲）が次のように述べている。

奈良県は、カンジョウナワの分布密度が濃いところである。ただし、吉野地方を除いた県の北半分にかぎられる。さらに北半分でも、カンジョウナワは東部山間部に集中し、平野部の国中には野神信仰が分布する。野神の祭り（五月五日）にも、藁で蛇をつくり村の入口につるし、ツナを蛇形として豊穣を願う信仰はカンジョウナワとも共通する。

奈良県のカンジョウナワ分布を、恒岡宗司氏は「カンジョウ」にまつわる小字名を手掛かりに、地名辞典から二一〇カ所を選び検討した。地名分布とカンジョウナワの分布には相関関係があり、カンジョウナワがない国中には、カンジョウ地名もほとんどなかった（恒岡、前掲）。

南山城でも、奈良県の東部山間部に連なる相楽郡は丘陵地が多く、野神が分布する北部は平坦地が多い。そのため、南山城の平野部には、カンジョウナワがなかったと考えたのである。

近畿での広がり

分布について、奈良県と同じく相楽郡と隣接する三重県は、原田敏丸氏の調査によると、奈良県と南山城に隣接する西部地域の丘陵地に集中するという。そして山の神信仰との関連性がみられるという(12)。

滋賀県の分布は数カ所を除くと、湖東・湖南地域に集中し、なぜか平野部に多い。滋賀県に隣接する福井県の分布から、湖西・湖北にわずかにみられるカンジョウナワは、位置的に若狭とのつながりで考えられそうである。

福井県は、若狭地方に多く、敦賀市などにもおよぶが、以東にはない。福井県の敦賀市東方山地の東は、嶺北とよばれる真宗地帯で、民俗行事が乏しいからである。若狭地方は禅宗が多く、カンジョウナワがさかんな大島などは真言宗もまざるという（小林一男氏の御教示による）。

こうした近畿におけるカンジョウナワの分布をみたとき、次のことに気がつく。

京都府南部と奈良県・三重県の三県の地理的な連続性にくらべ、滋賀県と福井県は離れて分布している。カンジョウナワは、野神のように相対する信仰があるときは空白となる。また、三重県西部の丘陵地での山の神信仰など、ほかの信仰と習合して変化したり消えたことも予想される。反対に、カンジョウナワが、何らかの事情で、はじめから受容されなかったとも考えられる。

南山城は、民俗分布からみても、多くの枠組みがみられる。カンジョウナワでは、南部と北部にわかれ、南部は奈良県の北部、ことに東部山間部との類似性や連続性がみられた。大きくみたとき、南山城南部が大和文化と同じ文化圏を構成する説を補強している。

2　「カンジョウ」の意味

「カンジョウ」「ナワ（縄）」の「カンジョウ」とは、なにを意味するのだろうか。

これまで「カンジョウ」は、「勧請」か「神縄」と考えられていた。神仏を「勧請」する（原田、前掲）、神聖な場所を「神縄」で示し悪霊が入らないよう祈願した（『奈良市史民俗編』一九六八）。この二つは、カンジョウの目的と機能をしめし、古文書でも二つの漢字をあてることが多かった。

これにたいして歴史学の中野豈在氏は、カンジョウは「巻数（かんじゅ・かんず）」の転化とした（中野豈任『祝儀・吉書・呪符』吉川弘文館、一九八八）。巻数は、国家安穏を祈念した修正会や、天変地異・疾病除去・国家豊穣を祈念する仁王会などで読誦した経典の目録をいう。寺社が祈念のあと、依頼者に目録を届ける習わしがあった。寺社が届けた目録に添付した御札（木札）は、「祈祷の札」として護符になった。中世史料ではOとUが転じた訛音が頻出し、新潟県岩船郡の国人領主色部氏の「色部氏年中行事」でも「巻数」が「かんしゅういた」とあり、近世には「クワンジョ」と出てくる。巻数と御札をあわせてカンジョウとよび、御札をつりさげた綱もあわせてカンジョウナワとよんだ。つまりカンジョウナワは、国家安穏を祈念した修正会などの仏教行事に起源がある。それが民間に広まり、中世には在地領主色部氏の屋敷地の境界になった。垣根・土塁・土居・堀などの入口の門守りである。年代がくだって村落共同体が強まり、共同体行事として村界や辻にカンジョウをつるようになったという。

仏教行事の民間への広がりと、村落共同体の発展をあわせ、カンジョウナワの歴史的展開をとらた論考といえる。とはいえ、近畿のカンジョウナワについてはごく一部にふれているだけである。民俗学の諸論文にてらして、カンジョウナワのよび名を検討したい。

奈良県のカンジョウナワは、北部では「カンジョウカケ」、南部では「ツナカケ」が一般的である。さらに北部では「オコナイ」「ランジョウ」「ハッギトウ」がまざると指摘する（保仙、前掲）。北部のよび名は、鎮護国家を目的とした修正会が、村落共同体の行事となり、「オコナイ」や「ランジョウ」「ハッギトウ」とよばれたことと関連する。

次は南部の「ツナカケ」である。恒岡宗司氏は「カンジョウ」地名が、「ツナカケ」地帯にもあることから、「ツナカケ」はカンジョウカケの意味が忘れられ、綱の印象でついた新しい名だという（恒岡、前掲）。「カンジョウ」が元のよび名だとする。

三重県でも「カンジョウナワツリ」「カンジョウ祭」「カンジョウサンの祭」など、いずれもカンジョウを冠して呼んでいる（原田、前掲）。

滋賀県でもカンジョウナワのよび名は、「カンジョウヅリ」が一般的で、「神事」「ツナウチ」「ジャウチ」「惣祈祷」「初祈祷」「仁王経」「仁王会」などとよばれる（原田、前掲）。なかで「ツナウチ」「ジャウチ」は「ツナカケ」と同じ、綱の印象からついたよび名であろう。滋賀県では、完成したカンジョウナワへの入魂儀礼を、神職や村神主がおこなうこともある。多いのは天台宗の住職で、仁王般若経を転読して祈祷する。「神事」「惣祈祷」「初祈祷」「仁王経」「仁王会」は、祈祷や修正会と同じ仁王会を名称としたものである。「仁王経」「仁王会」は、滋賀県に天台宗寺院が多いからで、実際に木札をつるすこともある。浄土真宗にかぎらず、宗派はカンジョウナワの地域差に影響している。

福井県では「カンジョウツルシ」「カンジョウイタ」といい、祈祷文を書いた板をつるすところもある（和歌森編、前掲）。

「カンジョウ」は「巻数」、「カンジョウツリ」は「巻数・吊り」で、「カンジョウカケ」は「巻数・掛け」で、祈祷の木札を見えるようにつるすとする中野氏の説は、民俗語彙からも妥当といえる。だから、近畿の境界の信仰造形を、ここでは「カンジョウナワ」としたのである。

ただし、祈祷の木札をつるしているのは一カ所しかない。それにたいして、木札以外の呪物は多様である。こうした多様な呪物をどう考えるかが、これからのテーマといえる。

3　カンジョウナワの複合性

オコナイとカンジョウナワ

カンジョウナワが、国家安穏を祈念する仏教儀礼が、民間に広まった新春のオコナイに習合したとすれば、近畿でカンジョウナワが広く分布する理由が説明できる。さらに、カンジョウナワをふくむ新春行事が、近畿で発達した宮座を中心におこなうのも理解できる。浦西勉氏は「オコナイ」を、次のように定義する（浦西勉「大和のオコナイについての覚書」『奈良県立民俗博物館研究紀要』第三号、一九七九）。

僧侶が導師となり、経典、神名帳、牛王札の祈祷をする行事で、寺院で行うことが多い。また村人（宮座の人）が参加して行事の必要な準備をする。行事内容にランジョウ、カンジョウナワ、ユミウチ、供え物などを行う。

さらに奈良県内の宮座の近世史料で、オコナイ一三例（ショウゴン五例含む）を分析した。近世は神仏習合で、隣接した宮と寺でそれぞれオコナイを二回していた。宮のオコナイは牛王札をつくり、寺（堂）のオコナイも牛王札をつくり、ともに牛王加持が主である。寺（堂）のオコナイは「カンショ」「クワンショウ」「カンショウ」「カンジョカケ」と巻数との関連したよび名で、カンジョウナワが五例（一例は宮か寺か区別出来ない）おこなわれた。宮も寺も多くは僧が導師となり、宮座衆を中心におこなわれる。つまり、オコナイはいまもあまりかわっていない（浦西勉「地方に残る修正会「オコナイ」の構造」『奈良県立民俗博物館研究紀要』第六号、一九八四）。

保仙純剛氏は、奈良県の東部山間部の村のオコナイは、カンジョウツリと牛玉宝印の配布、弓射ち（歩射）が同時におこなわれ、複合的な構成だという（保仙純剛、前掲）。

カンジョナワの祭祀組織

南山城でも神仏分離までは、神社と寺院が一緒の神仏習合が多かった。カンジョウナワを、新春の宮座行事としてするところも多い。

［事例1］　相楽郡精華町菅井

氏神の天王神社には、朔日講（二〇軒程）と天王講（四〇軒程）の二つの宮座がある。カンジョウナワは朔日講がつくり、いまも一月四日に神社参道につるす。村田正憲家の「乍恐奉御申上候由緒書」（文化十年（一八一三）戌八月）には、朔日座の四家は郷士の家柄で、慶長四年の宮の造営にもかかわり、同五年の七日の鏡開きには宮寺に出座し、社僧から雑煮をいただいた後、鳥居前にカンジョウナワを奉納したとある。おそらく、社僧から祈祷を受けて後につるされたのであろう。

［事例2］　相楽郡加茂町井平尾

一月五日昼から、東福寺でドウノコウ五人がオコナイ行事をおこなう。そのときカンジョウナワをつくり、村外れの菜切橋にかけにいった。いまは春日神社にかけるようにかわった。

［事例3］　相楽郡山城町平尾

湧出宮は、棚倉・平尾の氏神で、二月十五日から十七日の居籠まつりで有名である。居籠まつりの一連の儀礼で、カンジョウナワが登場する。歩射座のカンジョウナワは、十六日に当屋に座衆が集まってつくる。ヤブニッキでつくった矢と弓を六本束ねたものを二組つくりつける。歩射座は警護の役にあたっていたといわれ、オコナイのなかのユミウチを分担していたのであろう。古川座のカンジョウナワは十五日の朝、その年新しく十人衆に入った当屋の家に集まり二本つくる。一本は綺原神社につるし、あとの一本は湧出宮に運び、夕方の御田行事のあと門に巻きつけた昨年のものととり換える。

ここでいう宮座は、特定の家で構成さた株座である。そしてカンジョウナワは、座衆全員か、なかの一軒の当屋がつくった。南山城村大河原は宮座がなくなり、あわせてカンジョウナワもなくなった。宮座の残存のありかたが、カ

①谷あいの村の入口に張る（木津町鹿背山）

②平地の村の両端（2カ所）に張る（伏見区竹田）

③神社の参道入口に張る（宇治田原町岩山）

④神社の境内に張る（山城町綺田）

写真146　カンジョウナワをかける場所

ンジョウナワに大きく影響する。なお株座のカンジョウナワは、神社境内の参道につることが多い。

次は、村の全戸が参加する村座のカンジョウナワをみてみたい。

［事例4］宇治田原町糠塚

糠塚川に沿って糠塚は六組あり、戸数は六〇戸である。二月八日に、全戸加入の勧請座でカンジョウナワはおこなわれる。勧請座を八日座といった。当屋は年齢順でなり、氏神の熊倉神社の宮守もかねる。

当屋は、朝熊倉神社と山の神に参り、カンジョウナワで使うシキビ・稲藁・マダケなどを事前にそろえる。当屋で組内の人を中心に、村中の男が集まってつくる。カンジョウナワは戸口にかけ、当屋夫婦の前で村内の浄土宗浄土寺の僧侶が祈祷する。おわると集落の入口の通称「カンジョウ」または「カンジョウノモリ」まで親類か組内で担いでいく。カンジョウナワを送った後、当屋の家で当屋渡しをする。

さらに、株座や村座ではなく、村中や村組がカンジョウナワをすることがある。組や順番にあたる家が当屋となり、神社境内ではなく村境につることが多い。

［事例5］相楽郡木津町鹿背山

木津川支流の在所川に沿う谷間の農村で、村組は八町にわかれている。カンジョウナワは一月十五日の朝、集落入口の地形的にも谷口にあたる通称「カンジョウバ」に、川と道をまたいでかける。カンジョウバに近い出垣戸町一四軒から男の人たちが集まる。もとは全戸が集まっていたが、カンジョウバのある出垣戸町が担当するようになった。カンジョウナワの幣の用意、お経まですべて出垣戸町の男がする。

［事例6］宇治田原町禅定寺

カンジョウナワは、一月八日に岩山との村境のムクの大木に巻きつける。禅定寺は一〇組あり、カンジョウナワの当番は組が順番にあたる。当屋は前年の一月十四日の日待ちに組内で籤《くじ》できめる。禅定寺は一二〇戸ほどで、約一二〇年に一度あたり、当屋は名誉だという。カンジョウナワは組員が当屋でつくり、ムクノキまで運んで新しい縄をナワカケし、木の根元に塩と洗米をカワラケに入れて供え、灯明を上げて拝む。木の周りの御酒をふりかけ、全員で御酒を飲む。当屋の家に帰って饗宴となる。

カンジョウナワの場所

三種類の祭祀組織によるカンジョウナワをみてきた。カンジョウナワをつるす場所の違いの意味を考えたい。カンジョウナワが境界の信仰造形であれば、禅定寺のように村境や、鹿背山のように集落と耕地の境につるすのが本当であろう。しかし、現実には、伝統的な宮座組織でおこなわれている場合に村境でなく、境内につるすことが多い。中野荳在氏は、宮座の成立がふるく村落共同体が未発達で村境が意識されなかったという。神社は、宮座衆の精

表11　山城のカンジョウナワ行事

南山城地域は番号が地図と一致し，○で囲むのは現行（1980年代）を示す。

	所在地	場所	日程	組織	備考
①	相楽郡木津町鹿背山	集落入口	1月4日(今は15日)	組(出垣内戸)	
2	吐師	大宮神社境内	1月7日	南北両座	
③	相楽郡精華町山田	神殿神社境内	1月8日	南北両座	
④	菅井	天王神社境内	1月4日(今は第1日曜)	八日座	
5	相楽郡山城町神堂子	集落入口	——		
⑥	平尾	涌出宮境内	2月16日	歩射座	
		涌出宮境内	2月16日	古川座	
⑦	織田	綺原神社境内	2月15日	〃	
⑧	綴喜郡宇治田原町老中	集落入口	1月8日		
9	郷ノ口	集落入口	——	全戸(勧請座)	小字「ドウソシン」に張る
⑩	荒木	集落	1月8日	座	小字「勧請釣」
⑪	岩山	双栗神社参道入口	1月8日(今は20日)	組(輪番制)	
⑫	禅定寺	集落入口	1月8日	組主体	
⑬	糠塚	集落入口	2月8日		
14	大道寺	集落入口	1月8日		
15	奥山田	集落入口	1月4日		「宇治田原町史参考資料6号」
⑯	城陽市観音堂	旦椋神社境内	10月1日	組(輪番制)	
17	八幡市上奈良	御園神社境内	——	座	
⑱	京都市伏見区竹田	集落入口	1月		制札
19	左京区嵯峨	松尾神社境内	——	座	
20	左京区八瀬	八瀬天満宮境内	——		
21	左京区久多		正月		

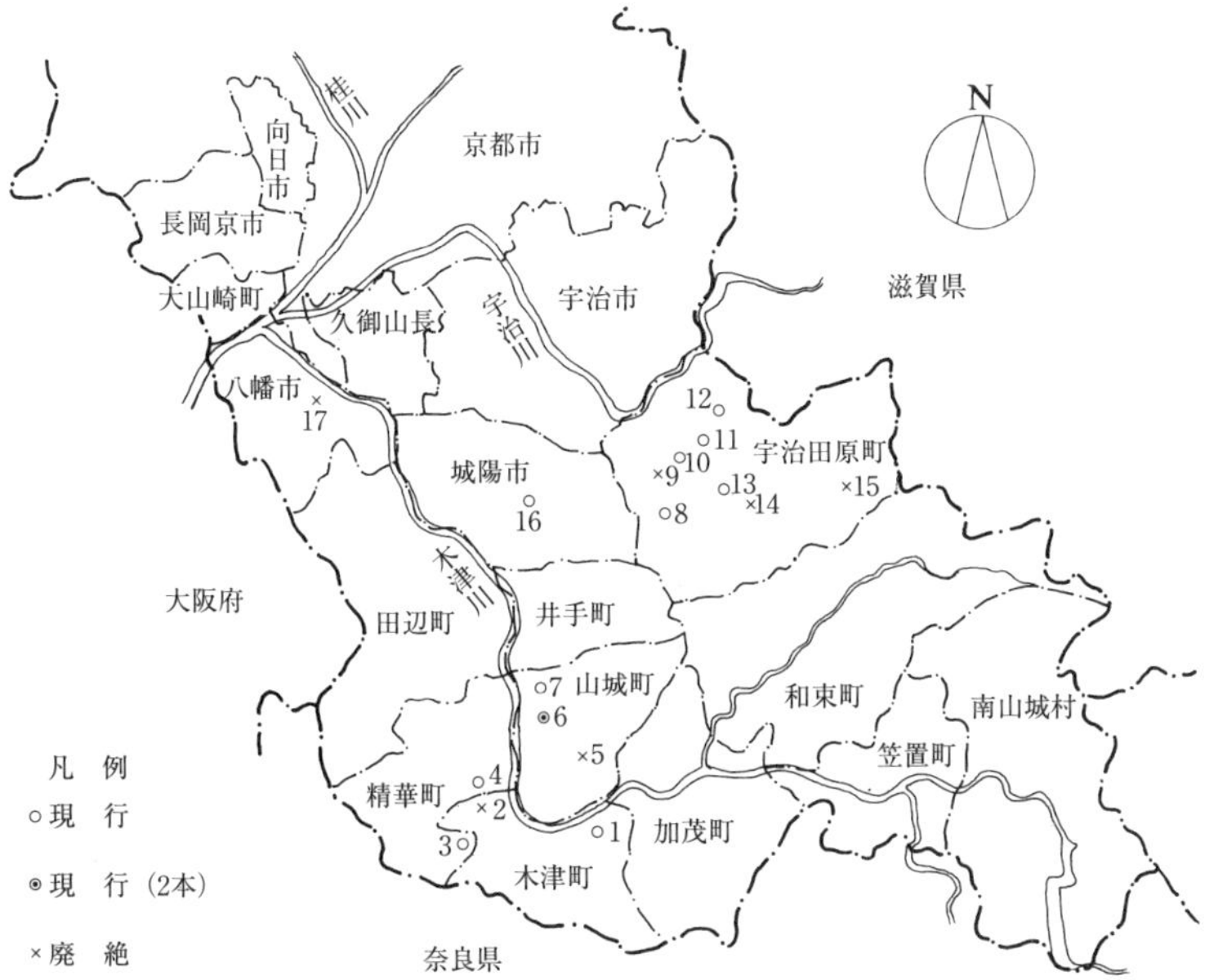

図73　南山城地方のカンジョウナワ行事分布図

神的な中心となる場所だった。

カンジョウナワをつるす場所は、集落景観も影響している。平地と谷間の村では空間意識、つまり境界意識も違うはずである。平坦地の村は少なくとも複数出入口があり、カンジョウナワの場所も多くなる。ただし南山城では、一例を除いてみな一カ所につるす。そこには次の三つの理由が考えられる。

①宇治田原町や木津川上流の村は谷間の村が多く、谷口が村境として意識されていた。

②平地の村は、神社参道につるすことが多かった。

③つるす場所は、乾（北西）の方位が意識されていた。

ほかと比較する必要はあるが、集落景観のほか空間観がおよぼす影響も大きそうである。

滋賀県でもカンジョウナワは、集落ごとで一カ所に張ることが一番多い。原田氏はその理由を三つあげている（原田敏丸、前掲）。

①地理的に一方向にのみ集落の入口がある。

②集落が二つにわかれ、それぞれが個別にカンジョウナワをかける。

③隣接する集落が、交代で張るようになった。

ただし、二、三カ所から四カ所まで、すべての出入口に張ることもある。さらにつる位置は、地理的条件による村界に、村落成立の歴史経過などや村境観の違いもある。さらに現実的と心理的の二種類の村境があり、心理的村境よりは内側に意識されることが多い。虫送りや代参者を迎える坂迎えの場所が、現実の村境より内側にあることと共通する。そして滋賀県でカンジョウナワをかける場所の変化について、村の入口から氏神境内にかわった例として村境の木が伐られて境内に移した例をしめす。

南山城でも平尾は、村境から境内につるす位置を移したという。ただし、境内のカンジョウナワすべてが、村境から移したとする説は検討する必要がある。

カンジョウナワと山・水の神

カンジョウナワは、新春の一月前半におこなわれることが多い。南山城では、ことに一月八日が多い。恒岡宗司氏は、奈良県のカンジョウナワも一月七日、八日に多いという。理由として、七日は山の神、八日はオコナイとの関連を指摘する。山の神との関連では、カンジョウカケの場所に山の神を祀る、あるいは山の神の祠まで運ぶ例が指摘されている。これは、伊賀地方や滋賀県とも共通する。

南山城では、カンジョウナワと山の神の関連は断片でしかない。それは南山城で、山の神を祀ることが少ないことと関係しそうである。

［事例8］相楽郡笠置町有市

一月四日に、宮年寄がカンジョウナワをない、西の山の神の森にかけた（笠置町教育委員会『観光と歴史文化講座・笠置町の文化財』一九八七）。

［事例9］宇治田原町糠塚

当屋はカンジョウナワの日、朝から背後の山に祀る熊倉神社と、上手集落の入口に祀る山の神に参る。上手集落は、下手集落より先にひらけたという。カンジョウ田も山の神も上手集落の入口で、山の神にカンジョウナワをかけていたと推測できる。

奈良県のカンジョウナワで、ことに南部はツナを蛇形として豊穣を願うことが多い。これは同じ南部地域の野神とも共通する。カンジョウナワは蛇を連想するからで、野神ではより直接的に水の神である蛇をつくってかけるという。奈良県南部でカンジョウナワや野神で、ツナを蛇とみるのは吉野郡丹生川上神社の水の信仰と関連性するという（保仙、前掲）。カンジョウナワを運ぶ道中に暴れるのは豊作祈願で、これも野神と共通する。

南山城では、カンジョウナワの根本を頭、先を尾とよび、蛇だとすることが多い。滋賀県でも、カンジョウナワづくりを「蛇打」とよび、縄が蛇をかたどっているという。南山城から伊賀、大和高原にかけて、川にカンジョウナワを張りわたすのは、水の神との関連がうかがえる。

カンジョウナワを多角的に検討すると、形態と同様に多様で複合的な様相をみせている。そして中野氏の見方だけでは説明できないことも多そうである。

まとめ

畿内のカンジョウナワは、国家安穏の仏教儀礼の民間への広がりと、それを受け入れた村落の発展からみる必要がある。

高取正男は、畿内は惣的結合の進展で、自足的かつ定住的な村落が発展した。その結果、村落の閉鎖性が強くあらわれ、万事に防衛的で警戒心のかたまりの村になったという（高取正男『神道の成立』平凡社、一九七九）。

またカンジョウナワには、伝統的な豊穣呪物としてのツナ（蛇）や、山の神・水の信仰などとの複合がみられる。こうした民間信仰と結びついたからこそ、新春儀礼として定着したともいえる。それも境界意識のうすい日本で長く伝承された理由といえる。

また、一例ではあるが新しい商品作物と習合した例もある。

［事例９］城陽市観音堂

カンジョウナワは、中央に三つの瘤をつくる。瘤を「イモ」といい、上から薦をかぶせる。イモが大きいと豊作といった。城陽市はサツマイモ産地で、豊穣呪物の男根を象徴する瘤が、イモと結びつけて意味づけされていた。

南山城ではカンジョウナワをつるす行事の名称がない。それはカンジョウナワが、ほかの儀礼と習合しているためである。行事名称が象徴するように、カンジョウナワは村落の新春儀礼の一部を構成する。ほかの行事と習合するなかで、複合的な信仰を展開してきた。それはまさに畿内的な信仰のあり方といえる。

追記

一九九一年十月、川崎市市民ミュージアムの「道祖神の源流」展を見学した（大島建彦・神野善治・岡谷典子『道祖神の源流』川崎市市民ミュージアム、一九九一）。中部日本以北の境界の信仰造形である人形道祖神の展示だった。展示企画構想委員の神野善治氏は、人形道祖神は東北から関東地方にかけて分布する村境に立つ大型の人形と、中部日本に分布する小正月行事で祀られ多様な形態をもつ小型の人形と二つにわけて考える。ただし、これらはともに京都の平安時代の道饗祭事で、辻々に男女の木像をたてた岐神（ふなどのかみ）、あるいは御霊とよばれていたものに源流が求められるという。そして畿内で消えた境界に人形を祀る行事が東日本に残ったという（神野善治「東日本の人形道祖神」『民具マンスリー』八巻八号、日本常民文化研究所、一九七五。同「わら人形をたずねて」『あるくみるきく』一四四号、日本観光文化研究所、一九七九）。

近畿以西では境界の信仰造形が少ない。東と西の境界の信仰造形の比較は興味深いテーマといえる。

参考文献

佐々木長生「福島県内の藁人形」『福島の民俗第十七号』福島県民俗学会　一九八九に
千葉淳子「岩手の藁人形」『北上市立博物館研究報告書』第八号　一九九一
益子清孝・伊藤正祥「秋田県の鹿嶋行事」『秋田県立博物館研究報告』一九八三
大湯卓二「青森県の人形送り行事」『青森県立郷土館だより』一九八九

三　境界呪物としてのカンジョウナワ

1　『日本常民生活絵引』と境界呪物

民具の歴史研究は、『日本常民生活絵引』（澁澤敬三・神奈川大学日本常民文化研究所編『絵巻物による日本常民生活絵引』全五巻付総索引、平凡社、一九八四）などの絵画資料を利用してきた。中野荳在氏は『日本常民生活絵引』の境界呪物をとりあげ、屋敷入口に木札などをつるすが、集落にはみられない。村落共同体が未発達で、村落の境界が意識されていなかったとする。『日本常民生活絵引』の「一遍聖絵」から、屋敷入口などにつるす例は六例ある。

・肥前国清水の華台上人の寺の前の民家（第二P三七）
・大津の関寺前の民家（第二P五二）
・伊予窪寺の入口（第二P二二七）
・大和当麻寺前の村落風景の民家入口（第二巻P六一）
・大和当麻寺前で木札ではなく、しでを門木の上端に渡した横木から垂らしている（第二巻P六三）
・筑前（福岡県）の武家屋敷にめぐらされた濠の入口の外側（第二巻P六二）。

ただし、信濃善光寺の門前の民家の門木（第二巻P四三）には木札もしでもついていない。同じく「西行物語絵巻」にも、奈良県かつら城山中の仏堂の前の立木を利用した門木に注連縄を張り、青葉のついた枝をつり下げている（第三巻P七〇）。たしかに屋敷入口に注連縄を張り、木札がつり下げられた例は多いが、集落の境界付近に境界表示物はみられない。

もっとも、本文解説では大和当麻寺前の環濠集落と考えられた村落の濠の入口の門木に渡した縄に、門守とその左右にしでらしいものがぶら下がっている（第二巻P六〇）。当麻寺前（第二巻P六三）の環濠集落の入口にもぶら下がっている。

垂水稔氏は、境界の施設を二つに分類する（『結界の構造』名著出版、一九九〇）。城郭やお土居のような恒久的な「建設的結界」と、道切りや道祖神など呪術・宗教による仮設的な「装置的結界」である。カンジョウナワをふくめ、日本は装置的結界が多いという。

環濠集落は、村境を明確に区切る建設的結界で入口が意識される。中世は日本で建設的結界が発達した時代で、環濠集落の入口などに木札をつるした可能性は高い。

2　カンジョウナワの付属物

『日本常民生活絵引』では、カンジョウナワに木札と木葉、枝をつけている。木札と木葉、枝はいまもみられるが、ほかにもいろんな呪物がつく。カンジョウナワの呪物は、一つとして同じものがない。

南山城のカンジョウナワの呪物を、実査資料を中心に、一部伝承資料（＊印）もあわせてみてみたい。

(1)　＊南山城村北大河原　藁のナベツカミ、ナベシキなど
(2)　＊加茂町当尾西小　馬に似せた藁人形をつくり、弓を引いている矢を縄に引っかけ、アンドという輪を藁でつくりつけた
(3)　木津町鹿背山　御幣三本
(4)　精華町山田　御幣三本・コカンジョウ一〇本・カシの葉・シデ
(5)　精華町菅井　細綱一二本（二つ折りのカシの葉をはさむ）と竹製模型矢一二本

(6)　山城町平尾　　ヤブニッキの弓と矢六本を二組、瘤（キンタマ）、サガリ（細縄に木の枝を結わえ階段状にしたもの）一二組

(7)　宇治田原町糠塚　　御幣一本、マエダレ（一二本の細縄にシキミの枝を結わえ網目状に編んで垂らす）

(8)　京都市伏見区竹田　　木の祈祷札、サガリ（細縄に木葉）

木津町鹿背山では、前はタコとタイなどがかかっていた。さまざまな呪物は、しだいに御幣や木札に統一されてきた。数量にも意味があり、一年の月数から一二、閏年は一三で、新春儀礼であることが関係する。

カンジョウナワの付属物の形態分析は、恒岡宗司氏と中野荳在氏もしている。恒岡宗司氏は、奈良県でカンジョウナワのサガリの形態分類と意味づけをしている。

(1)　サカキ・シキミ・カシ・マツ・スギの小枝……サカキ・シキミは宗教上、マツ・スギは境木として植えられていた名残で村外の人へ境を警告する意味がある。

(2)　木製のスキやクワ等農具模型・木刀・弓矢……山の神の行事との類似性がある。

(3)　ワラ製のゾウリ・ナベツカミ・ホウキ……道切りの呪物としての意味がある。

(4)　フングリ・男根・女陰などの性器の模型……豊穣祈願で、サヘノカミとのつながりも考えられる。

サガリの分類から、カンジョウナワの複合的な信仰や、奈良県と南山城の共通性がみられる。

中野荳在氏は、滋賀県に特徴的な、魔除けの呪符号五行九字「☆」（五芒星の図形）を木の枝でなぞらったものなどを加えている。奈良県や南山城と、滋賀県との地域差がより明快になっている。

詳細な分析と検討はできないが、境界表象と豊穣表象、仏教と民間信仰の複合性などが象徴的に呪物にあらわれているそうである。

四　カンジョウナワの民俗誌

南山城のカンジョウナワの実査資料をもとに記す（表11参照）。

（1）南山城村北大河原

国津神社の横、野殿に上がっていく道と山城谷川が一緒になった川沿いの杉の木に、カンジョウナワを張り渡していた。国津神社の宮座衆がおこなっていた。昭和二十七年の大水害のあと宮座が解体して、カンジョウナワもなくなった。藁でつくったナベツカミ、ナベシキなどをつり下げた。

（2）加茂町当尾地区

当尾地区のカンジョウナワは、前述の宮本常一から引用する。

このあたりの村（字）にはその村はずれにカンジョーナワを張るとこが多い。西小も張っていたが、西小の外には東小、尾畑、尻枝などにも古くは見かけたものである。乾に流れる川があると、福止めと言って張った。東小では村の真中を川が流れているが、その川が宮のそばを通るあたりに、この縄を張っていた。今はすたれている。西小は縄で福をとめたことはなかったが馬に似せた藁人形を作り、それに弓を引いているようなものを縄に引掛け、アンドという輪を藁で作っておいた。かかるものを三方の村はずれにかけておいた。正月頃にしたかと思う。今は行わない。

当尾地区は丘陵の上にあり、村から道が各方面にのびている。そのため、西小では三方の村外れにかけたとある。

（3）木津町鹿背山

鹿背山は、木津川支流の在所川に沿う谷間の村である。村組は八町にわかれる。カンジョウナワは、谷口の集落入口、通称「カンジョウバ」に川と道をまたいで張る。いまは県道が木津川沿いに通り、その道沿いに家が建ちならび、カンジョウバが集落入口だったことがわかりにくい。

一月十五日の午前八時ころ、カンジョウバに出垣戸町一四軒から男の人たちが集まる。いまも女性はカンジョウナワに参加できない。もとは全戸から集まったが、カンジョウバの地元出垣戸町にまかされるようになった。

カンジョウナワは、一月四日にトンドと一緒におこなった。勤め人が多くなり、休日の十五日にトンドと一緒にするようにかわった。カンジョウナワを早く張ると、三カ日が過ぎて畑に出ようとしても、カンジョウナワの下を通れないので遅らせたともいう。前は正月期間は長く、仕事に出なかった。世の中がいそがしくなり、早く畑仕事に出るようになって、不都合になったのである。

写真147　鹿背山の縄中央に御幣をたてる

出垣戸町から集まるとき、各家は正月飾りとカンジョウナワをなう藁一束を持ち寄る。正月飾りはトンドで燃やした。藁はシビトリ（袴を取る）して、やわらかくするため束のまま地面にたたきつける。用意ができると、一束の根元を縄でしばり、脚立に固定してないはじめとする。ナワナイは全員でおこない、太さ一五センチほどに左縄で三つ綱していく。一人が縄を固定し、三人が一本ずつ持って、同時によりをかける。三人が常に藁を補給するため、最低七人はいないとなえない。縄が長くなると、ないおわった縄を持つ人が必要となる。

全長一五メートルほどのカンジョウナワがなえると、ヒゲトリをする。トンドの残り火でヒゲ（はみ出た藁）をきれいに焼きととのえた。

縄の根元を道端の鉄柱に巻きつける。もとは道と川をまたいで、山側に松の巨木が植わり、田側には宮の立木を伐ってきて立てた。いまはカンジョウナワ専用に鉄柱を立てている。

カンジョウナワに、三本の御幣を突き立てる。割り竹に幣をつけたサカキの小枝を結びつけた御幣は、町内の人がつくる。おわると、道の真ん中にスルメと神酒を供え、カンジョウナワの内側（集落側）に並び、外に向かって般若心経をとなえる。カンジョウナワの準備から儀礼まで、すべて出垣戸町の男性がおこなう。鹿背山には、浄土宗の西念寺があり、住職もいるが行事に関与しない。心経を唱えた後、全員で手打ちをする。後はトンドをかこみ、スルメを肴に神酒を酌み交わし直会となる。準備から直会まで、約二時間かかった。以上は昭和六十年の実査による。

なお城口籐茂重翁は、前はカンジョウナワに、タイとタコの藁細工をつり下げたという。カンジョウナワをなぜ道や川に張るのかという問いに、乾（北）の方角に金（富）が流れないようにするためだという。鹿背山では「乾《いぬい》蔵に巽《たつみ》便所」といって方角を気にする。屋敷の北側に高い建物を建てて、富が流れでないようにしたり、道をつくることは避けたという。

（4）精華町菅井

菅井は木津川西岸の平坦地にひらけた農村である。氏神は天王神社で、カンジョウナは宮座衆が参道につるしている。天王神社は、明治二十四年の「村社天王神社由緒」では、慶長四年（一六〇〇）に木津川寄りの小字「古里」から、たびたびの大水害により移転したとある。

天王神社は、特定の家で構成する朔日講（二〇軒程）と天王講（四〇軒程）があり、カンジョウナワは朔日講がつくる。朔日講の村田正憲家の「乍恐奉御申上候由緒書」（文化十年（一八一三）戌八月）には、朔日座の四軒は郷士で、慶長四年の造営にもかかわった。同五年正月七日の鏡開きに宮寺へ出座し、社僧から雑煮をいただいた後、鳥居前にカンジョウナワを奉納したとあり、さらに次のように書いている。

一、講員は結婚すればその年より朔日講に出席すること。

一、十人衆の方にて病気その他都合にて出席できなくとも十人衆の座を守ること。
一、昭和四十三年正月の七日鏡開きは当屋村田喜一氏勤め以後当分中止する。
一、勧請縄（一月四日）には十人衆の中病気その他の事情にて出席できない方は家族の成人以上の男子出席奉仕すること。
一、勧請縄当日接待は左記献立表によること。
一、勧請縄当屋へは藁打臼及かけ矢（槌）二丁と献立表相添へ届けること。

勧請縄接待こん立表

一、三種　壱皿
一、すき焼　かしわ　あしらひ見斗ひ
一、吸物　すまし
一、御飯
一、香の物

写真148　菅井のカンジョウナワ

近世初期からずっと、カンジョウナワは朔日講の十人衆が中心になりおこなってきた。一月四日、カンジョウナワをつくって本殿に奉納し、七日の鏡開きにつるした。いまは一月の第一日曜日（第一日曜が三カ日の場合は第二日曜）につくり、その日につるす。

カンジョウナワの接待は、講の家を順番にまわる当屋がうけもち、モチワラ四〇束の用意もする。各自二束ずつ持ち寄るのは、四〇束では足らないためである。モチワラは、シビをとってカケヤでたたいて用意する。ナマナワは、かたいのでなえない。縄の中央にシノブダケと和紙でつくった一二本の矢を結びつけ、その左右に六本ずつ、一二本の細縄を垂らす。細縄には、カシの葉二枚を二つに折って四段に編みこんでいる。

（5）相楽郡山城町平尾

湧出宮は、棚倉と平尾の氏神で、二月十五日から十七日の居籠祭りが有名である。居籠祭りは、山の神・オコナイ・田遊びなど、多くの信仰が習合した祭りである。二つのカンジョウナワも一連の行事のなかに登場する。

歩射座衆のカンジョウナワは、十六日朝、風呂で潔斎した座衆が当屋に集まってつくる。このときヤブニッキでつくった矢と弓を六本束ねたものを、縄に二組結びつける。歩射座は警護の役を務めたといわれ、オコナイのユミウチ儀礼を分担したなごりだという。カンジョウナワは、その日のうちに湧出宮に運んで境内につるす。

写真149　湧出宮につるした歩射座のカンジョウナワ

古川座のカンジョウナワは、十五日朝、その年新しく古川十人衆に入った当屋の家に集まり二本つくる。一本はその日のうちに、綺原神社につるしにいく。あとの一本は十七日に湧出宮に運び、歩射座のカンジョウナワと同じ場所につるし、夕方の御田行事のあと、門に巻きつけた前年のものとかけかえる。前年のカンジョウナワの一部を残しておいて、四ッ塚に供えて神意を占う深夜の御供炊きに使う。

（6）城陽市観音堂

奥邦治氏によると、十月五日が氏神の秋祭りで、十月一日につくってかけていた。いまは一日に近い日曜日にかける。もとは観音堂の六組が、毎年輪番でつくっていた。いまは家がふえて一二組になり、つくり方がわからない組があるので、宮総代と世話方が手伝うようになった。

写真150　宇治田原町荒木座のカンジョウナワ（右）とサガリ（左）

光明寺前の公民館に集まってつくる。縄は左縄の三つ編で、中央に瘤を三つつくる。瘤を「イモ」といい、その上からこもをかぶせる。イモが大きいと豊作になると、作柄を占った。参道の一番奥のヒノキとカシにかけ渡す。むかしは両側ともヒノキだったという。

カンジョウナワは、観音堂から隣村の富野へ行く道が乾の方角で、村が衰微するとか、疫病が流行るので、カンジョウナワをかけて祈願したという。昭和六十二年の調査では、リヤカーに乗せて宮まで運び、男性と婦人、子供が一緒にかけていた。

（7）宇治田原町禅定寺

禅定寺は、宇治川支流の田原川、その支流の禅定寺川沿いの村である。奥は猿丸峠を越えて大津に通じ、下流は岩山である。一月八日、カンジョウナワは岩山との村境、小字「森本」に植わるムクの大木に巻きつける。森本は、両側の山がせまり、谷が狭くなっている。道と川が一諸になり、橋が架かって、地形的にも心理的にも境界にふさわしい。禅定寺は約一二〇戸で、川沿いにそって一〇組ある。カンジョウナワの当番は、組が順番で務める。前年の一月十四日の日待ちに、組内がよって籤で当屋をきめる。禅定寺では、当屋は名誉だという意識が残る。

①村境に運ぶ

②ムクの木に巻く

③巻いたあと拝む

写真151　禅定寺のカンジョウナワ

昭和六十年に調査したときの当屋は、五組（一一戸）の奥谷武一家だった。一月八日の昼ころからカンジョウナワを当屋の家でつくる。カンジョウナワに使うサカキは当屋が用意し、稲藁は組内の各戸が持ち寄る。

左縄の三つ編みで、まず二本をない、後から残りの一本を巻きつける。ムクの木を一周するため、長さは約七メートル、太さは一五センチほどあった。カンジョウナワは、残った藁と一緒に大きなシンド（竹の背負い籠）に入れる。

普通は、夜になってカンジョウナワをかけにいく。この年は組内に不幸のあった家が多く、六人しかかけにいけないので夜だとあぶない。それで明るいうちにかけにいった。いまも不幸があると行事に参加できない。カンジョウナワを先頭に、サカキと梯子、供物、シンドを担ぐ人が、旧道を歩いて森本に向かった。

森本につくと、古いカンジョウナワを外して、新しいのととり換える。むかしは、シンドに入れてきた藁を燃やして、かけかえの明かりにした。かけかえがすむと、カンジョウナワにサカキを突き立てる。ナワカケがおわると、根元に塩と洗米を入れたカワラケを供え、灯明を上げて拝む。木の周りに御酒をふりかけ、全員で御酒をいただく。その後は、当屋の家で饗宴になる。

奥谷悉太郎翁（明治二十六年生）は、むかしは縄がもっと太く、藁三束を合わせて編んだという。夕方からつくりはじめ、完成してかけにいくのが真夜中になった。運ぶ途中で村の青年たちがとりにきた。宇治田原は青年団活動がさかんだった。若いもんがアバレ（奪い取った）た年は、豊作だといった。とられた組はあらたにカンジョウナワをつくりなおしたという。もっとも、とられるのは弱い組ときまっていた。

むかしはムクノキの反対側にケヤキの大木が植わり、カンジョウナワはムクとケヤキにかけ渡していた。道を広げるとき、ケヤキを伐ったという。

「森本」は通称「ダイモン」ともよばれる。禅定寺集落の名のおこりである名刹禅定寺の大門があったという。ただし、寺がカンジョウナワに関与することはなかった。

カンジョウナワは「山の神まつり」とも、悪病よけだともいう。禅定寺は山仕事がさかんだった。正月三ヶ日に、山に各家でお供えと鎌を持って参り、アキの方に向いて木を切るまねをした。正月の各家でのキリハジメにたいして、カンジョウナワは集落全体の山の神まつりの意味もあったのだろうか。

（8）宇治田原町糠塚

糠塚は、宇治川の支流田原川から、南東に入った谷間の集落である。集落は糠塚川に沿い、奥は行き止まりになっている。六組あり、戸数は六〇戸といったが、近年ふえている。

二月八日がカンジョウナワで、全戸加入の勧請座がおこなう。ふるくは勧請座を、八日座といった。年長者が当屋になり、糠塚でまつる熊倉神社の宮守も兼ねる。同年齢の場合は、籤引できめた。近年は高齢化がすすみ、調査した昭和五十九年は、垣口豊一氏（明治四十四年生）が当屋だった。

早朝、当屋は背後の山に祀る熊倉神社と、上手集落の下にあたる山の神にお参りする。カンジョウナワで使うシキビ・稲藁・マダケは、事前にそろえておく。長いシキミの枝をそろえるのは大変で、いまは大津市の黒山までとりに

①糠塚のカンジョウナワ①をなう

②糠塚のカンジョウナワの前での祈祷

③糠塚のカンジョウナワを運ぶ

④糠塚のカンジョウナワをまく

写真152　糠塚のカンジョウナワ

いく。稲藁は、背丈の高い品種で、シビはすぐってとっておく。昼前に、当屋に組内の人がきて、焚き火の用意などをはじめる。昼から、組内を中心に村中の男が集まり、カンジョウナワづくりがはじまる。

左縄の三つ編みで、直径三〇センチ、長さ三間七尺（五、六メートル）ほどになる。編みおわると、マダケに結びつける。マダケは、四間を嫌い、一尺控えた（短かい）長さにする。モウソウダケを使わないのは、死者（亡者）を連想するからだという。次に、カンジョウナワに、一二本の細縄を五手繰り半垂らす。カンジョウナワに細縄を通すため、マダケの先をとがらし、火にあぶって丈夫にした道具を使う。細縄にシキミを一二段編みこむ。次にシキミをつけずに一二段細縄を編む。これをマエダレとよぶ。調査の年は閏年で、細縄やシキミ、垂らす数すべてが一三になっていた。残ったシキミを家の仏壇に供えると、長生きできるという。このため当屋はよいシキミにこだわった。

カンジョウナワを戸口に運び、正装の当屋夫婦が参列して、村内の浄土宗浄土寺の僧侶が祈祷して性根を入れる。その後記念写真を撮るが、すでに夕方になっている。祈祷がおわると、集落入口の糠塚川西岸の尾根の鼻まで担って運ぶ。小字「坂口」で、通称「カンジョウ」、あるいは「カンジョウノモリ」まで運ぶ。当屋の親類か組内の者が担っていった。カンジョウナワについて歩く人たちは、途中で手に持った竹で地面を打ちならす。大きな音をたてながらついて行くのが慣習である。

カンジョウノモリは、二本のヒノキの巨木が植わり、カンジョウナワをかけていた。いまは枯れて、ウルシの木にかえた。ただしウルシの木が小さく、カンジョウナワのカシラ（頭）を東に向け、根元にまわす。みんなで万歳して帰ってくる。

カンジョウナワをかけると、疫病が村に入らない。婚礼や葬式の列は、カンジョウナワの下を通ってはならないという。

当屋の家に帰り、精進料理で会食し、次の当屋へ御弊を渡す当屋渡しがある。この後、前当屋はネアケになり、新当屋は床の間に一年間御幣を飾る。翌年、この御幣はカンジョウナワにつけて送られる。

下手の森田伊市氏（大正三年生）は、第二次世界大戦後は、旧暦一月八日から新暦にかえ、三日間の祭りを短くした。前は八・九・一〇日の三日間で、当屋の竈のほかは煙をたててはいけないといった。祭りのあいだは、全戸が当屋で振る舞いを受けた。農地開放まで、上手の小字「ショブハラ」に一反のカンジョウデンがあり、当屋が耕作していた。旧暦のころは夜中の暗闇で運び出し、森で月の出をまって帰ってきた。暗闇で運んだころは、カンジョウナワを途中でゆすったり、田に入れてよごすなど着くまでが大変だったという。

糠塚は、上手集落がふるく、下手集落は後でひらけた。カンジョウデンも山の神も、上手の入口に位置している。

もとは山の神にカンジョウナワをかけていたのかも知れない。下手集落が拡大し、村の領域が拡大して下がってきたのだろうか。

追記

民俗学のみならず歴史学・社会学など「境界」を、多義的に幅広くとりあげるようになっている。横出洋二氏の『企画展　村をくぎるもの』（京都府立山城郷土資料館、一九九二）は、絵画・儀礼に見られる境界の多様な信仰造形の歴史と習俗を紹介する。

Ⅶ　記憶を伝える装置

一　小さな博物館を読む

昭和五十七年十一月に、京都府立山城郷土資料館は開館した。南山城では、はじめての公立博物館だった。山城資料館の三つの収蔵庫は空っぽで、民俗資料のなにを収集すればよいのか方針をたてるため南山城の民具を広くみてあるいた。

工業製品の普及と家の建て替えで、民具は行き場をなくしつつあった。京都府でも、いろんな施設に民具が避難していた。わたしの南山城での調査は、地元民が地域文化を伝えようとした民具収蔵施設からはじまる。調査は、南山城ではじまり、京都府全域におよんだ。収蔵施設の民具をとおして、京都の暮らしがわかってきた。

南山城での調査は、企画展「小さな資料館」として、昭和五十八年四月二十八～七月二十四日までの春季企画展で紹介した。京都府全体の収蔵施設は、館報（『山城郷土資料館報』二号　京都府立山城郷土資料館　一九八四）に「南山城の民具収蔵施設について」として載せた。小さな博物館をとりあげたことで、地味だがよい展示だと学芸員仲間からは好評だった。

1　南山城の民具収蔵施設から

南山城の二九カ所の施設

昭和五十七年度に、南山城の文化財収蔵施設を調べた。三五カ所の文化財収蔵施設は、小中学校の空教室や旧公民館、民家など、別の目的で建てた施設だった。なかで一番多かったのは、二九カ所の民具収蔵施設だった。民具資料は一〇点から五〇〇点ほどで、すべて地域民からの寄贈だった。

民具の収集や展示は、地域民が自分たちでおこなった。指導を受けたわけではなく、資料は体系的なまとまりがなくかたよっていた。たずねてみるまでわからず、ビックリ箱をあけるときのような楽しみがあった。南山城の文化財収蔵施設を「小さな博物館」として展示図録にまとめた。

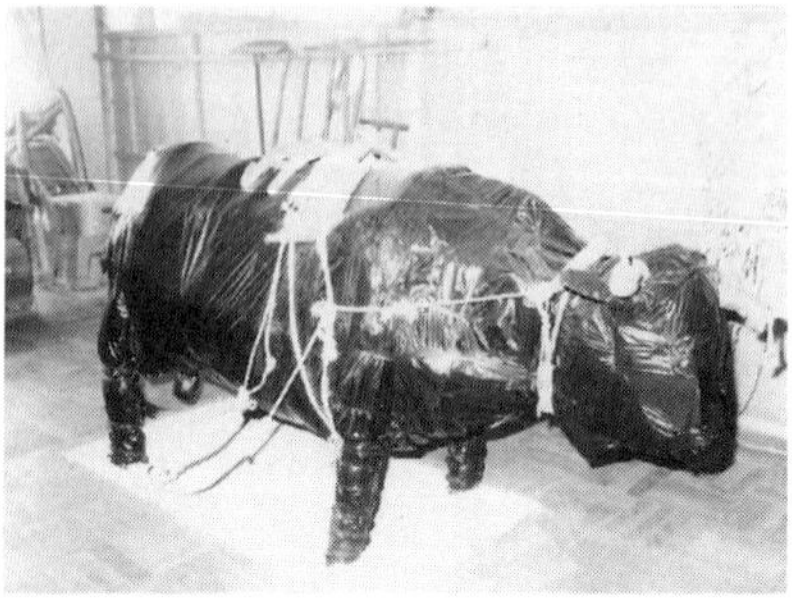

写真153　第三向陽小学校の手づくり農耕牛

〔向日市第三向陽小学校農業資料館〕　資料館は、鉄筋校舎の三階の一室にある。民具が中心で、中央で区切った一区に考古資料も展示する。民具は農耕用具が中心で、アイロン、ミノ（服飾）、ショイコ・皿籠（運輸）、ソロバン・サオバカリ（交易）など数一〇〇点を展示する。農耕は稲作用具が中心で、苗代用のタゲタ、耕起用のマグワ、除草用のハッタンドリ・タウチグルマ、脱穀調整用の足踏式脱穀機・送風器・マンゴクなどである。藁《わら》を芯《しん》にして牛の模型をつくり、クラなどを実際に乗せて牛耕を解説する。考古資料は、森本遺跡出土の人面土器（複製）と土器片、長岡京出土の鉢・壺・皿・杯・甕を展示する。森本遺跡は、小学校建設のための発掘でみつかった。京都府下ではじめての弥生中期の灌漑用水路がみつかり、稲作の遺構であることがわかった。森本遺跡の一部は緑地になっていて、資料館をおとずれる人も多い。

〔長岡京市立中央公民館〕　中央公民館前の収蔵庫に、考古資料と民具を収蔵する。長岡京市教育委員会の埋蔵文化財整理室の民具と同様、教育委員会が寄贈の連絡を受けて収集した。今年度から寄贈者に名称・使用法・スケッチなどを書いた受領書を教育委員会から出して資料整備に力を入れる。民具は約三〇点で、石臼、サオバカリ、ドウス、幻燈機、月参講札といろいろだった。

〔長岡京市教委埋蔵文化財整理室〕　昭和五十三年、長岡京市第九小学校建設のための発掘で、二棟建のプレハブを事務所として建てた。発掘調査後は、長岡京市内の発掘調査や整理収蔵に事務所を利用している。弥生中期の神足遺跡に、長岡京や長岡京市内の出土品が、数千箱のコンテナで保管している。さらに主要な資料は、ケースに入れて展示している。教育委員会が収集した民具も約五〇点収蔵する。市内の中小路家の民具が大半で、農耕用具が中心である。

写真154　久御山排水機場の漁具

〔大山崎町大山崎小学校〕　四、五年前には、約五〇点の民具が集まっていた。いまでも学校に民具をとりに来ないかと連絡がある。農耕用具が中心で、水車・唐箕・唐犂・カナゴキなどである。湿地で蓮根を掘る、刃先の長い鍬も収蔵する。

〔久御山町建設省久御山排水機場〕　昭和四十八年、巨椋地排水機場に加えて、久御山排水機場は洪水時に宇治川へ排水するため新設された。排水機場に勤めていた平城・飛田の両氏が、東一口《ひがしいもあらい》の漁家から集めた民具九点を三階ホールに展示する。少数だが消えて久しい巨椋池の漁具を整然と展示している。アミモンドリは、細い竹クシを使って使用状態を展示する。その他、エリス・モンドリ・ウナギモンドリ・デンチ・ネンボ・ウナギカケがある。事前に団体で連絡すると、久御山排水機場建設を説明した二〇分映画「水と土地と人々」が見られる。

〔久御山町御牧《みまき》小学校〕　鉄筋校舎二階の、社会科資料室に民具を収蔵する。農耕用具と漁具にふるい教科書など約五〇点である。すべて校区からの寄贈で、漁具は巨椋池最大の漁業集落東一口からである。農耕用具として水車、タゲタなどが残っている。

〔久御山町中央公民館〕　鉄筋三階建ての公民館は、七〇〇人収容の大ホールと図書室、教育委員会と文化活動の中心である。秋は、公民館を中心に文化祭がある。民具は文化祭で展示したあと、教育委員会に寄贈された。一階ロビーの展示コーナーでは、郷土ゆかりの書画や古文書、図書、そして民具を展示する。巨椋池で利用していた、ヒトカワブネも置いている。ヒトカワブネは全長四、八メートルの一人用の漁船である。一階倉庫に収蔵する約二〇点の民具のうち、舟をかたどる生簀《いけす》以外は稲作用具が多い。収蔵場所がないため民家で保管してもらっている民具もある。

〔宇治市万福寺文華殿〕　万福寺は、江戸時代のはじめ中国僧隠元が開いた黄檗《おうばく》宗の本山である。境内の文華殿は昭和四十七年に、隠元の三百年遠忌を記念して建てた。鉄筋二階建ての一階は展示室、二階は収蔵庫である。隠元と黄檗僧関係の書画約一〇〇〇点を収蔵し、数一〇点を展示している。展示品は毎月入れ替える。文華殿は、外部研究員を委嘱し、二カ月に一回「黄檗文化」を発行するなど、黄檗宗研究の中心となっている。

〔宇治市巨椋池土地改良区事務所資料室〕　昭和四十九年ごろから、現事務

写真155　巨椋池土地改良区事務室資料室の漁具

所が完成する昭和五十二年にかけて集めた。収集は事務所職員と組合役員が中心となり、組合員に依頼して寄贈を受けた。その範囲は宇治市槇島・小倉・伊勢田、久御山町東一口・森・相島、伏見区向島・下鳥羽の旧巨椋池畔の集落である。なかで東一口、小倉、向島は漁業集落である。巨椋池は周囲一六キロの淡水魚の宝庫だった。年間をとおして魚がとれ、網漁、釣漁、エリ漁、浸木漁《したきりょう》、筌漁《うけりょう》などがあった。そのうち、筌漁で使われた竹製のドジョウモンドリ、ウナギモンドリ、綿糸のアミモンドリ、網漁のトアミ、その他、ウナギカケ、ヤスなどが収蔵展示されている。農耕用具は、稲作を中心に畑作の農具まで一通りそろう。巨椋池に生息した鳥の剥製や、大正時代にはじまる蓮見の写真も展示する。点数は約百点と少ないが、保存管理がゆきとどき、巨椋池周辺の生活を知る貴重な施設である。

〔宇治市上林記念館〕　鎌倉時代から南山城は長いお茶の歴史があり、現在も重要な特産品の一つである。昭和五十三年創設の上林記念館は、先代春松氏が上林家に伝わる古文書・絵図・茶器類と、付近の農家から寄贈を受けた製茶用具を公開する。江戸時代中期に再建された長屋門の一部と焙炉《ほいろ》小屋を移築して展示する。建物にも茶どころの風情がみられる。長屋門は、一階が休息室兼ビデオコーナー、二階は古文書と茶道具などを展示する。古文書は、幕府や尾張家に茶を調達したときの茶の明細を書いた「御茶引附張」や、茶の品目・数量などを記して茶壺に貼りつけた「御茶入日記」などがある。茶道具は志野・京焼・古朝日焼の茶碗、備前・古信楽の水指、信楽、船載の呂宋壺など茶壺がある。茶師上林家ならではの資料である。焙炉小屋には製茶用具が並び、概要が知れる。立春より八十八日から百日が過ぎると茶摘みがはじまる。摘みとった茶葉は蒸籠に入れ大釜に乗せて蒸す。味と香は蒸しできまる。蒸した茶葉は木炭をいこした焙炉にかけた助炭の上で乾燥させる。手で揉んで乾燥させる過程で、悪い葉やゴミはミを使って除き、ツルキリというふるいによって大小をわける。こうした製茶の過程は、長屋門の二階に展示する製茶図や、ビデオでも説明している。同家の抹茶工場が記念館の奥にあり、希望者は見学できる。

〔宇治市伊勢田小学校社会科博物館〕　博物館は、鉄筋校舎の一室にある。昭和四十九年、伊勢田小学校新設の

写真156　森家コレクション

とき、地元の文化団体史友会と育友会が協力して民具を収集した。当時は改築する家が多く、民具が失われつつあった。社会科の授業で郷土のことを教えるため、農具を使って農作業を体験させた。約二〇〇点の民具は衣服・暖房照明、農耕、漁労、製茶、交通運輸、交易などがある。収集の経過は後述する「社会科博物館説明書」に掲載している。毎年、文化祭のころになると、他校から展示のため借りにくる。

〔宇治市森家コレクション〕　二五年ほど前から、大久保の森忠次氏が個人で収集した。そのころから大久保の宅地化が進み、民具が失われるため収集しはじめた。農耕用具が中心で、衣食住・山樵用具など約一三〇点ある。民具は森家の二階と、旦椋《あさくら》神社境内の倉庫に収蔵する。体育館を利用した展示の反響が大きく、近い将来一般公開する計画だという。

〔八幡市立資料館〕　史跡松花堂を中心とした資料館である。昭和五十二年、八幡市が塚本氏の別荘を買ったとき、資料館の建物と松花堂昭乗関係の資料約二三〇点を譲り受けた。資料館は鉄筋二階建てで、展示室は一階と二階に三室ある。いまは一階の第一展示室だけで約一〇〇点を常設展示する。すべて昭乗関係の書画と茶器類である。敷地内には三つの茶室、東車塚古墳、全国から集めた約五〇種の竹園がある。市外の利用者が多く、観光バスのコースにもなっている。冬期を除いて、毎週日曜日は茶室で市民茶会をひらく。

〔八幡市有知郷市民センター〕　市民文化祭で民具展を開催したとき、教育委員会が寄贈を受けた。その後収集

写真157　宇治田原小学校のキンマ

写真158　田辺町郷土民俗館

した資料も一部含まれている。もとの小学校の一教室と廊下に収蔵し、約一〇〇点ある。農耕用具、ことに稲作用具が中心で、マグワ一一点、カラスキ一〇点と同じものが多い。同じ校舎内の一室に、市内の志水《しみず》廃寺・足立《そくりゅう》寺（白鳳時代）の瓦を中心とした考古資料も収蔵する。

〔城陽市寺田公民館〕　旧寺田村役場の木造建物で、埋蔵文化財の整理室と、市内で発掘した考古資料と民具の収蔵施設に利用する。民具は、農耕用具が中心で、照明・紡織・製茶用具などをふくめ約一〇〇点ある。市内寺田の深谷小学校に収蔵展示していたが、生徒数の増加で公民館に移した資料が多い。その他、市内青谷の公民館収蔵の資料や城陽市教育委員会で集めた民具もある。考古資料の一部は、南北コミュニティーセンターと市役所の小ケースで公開する。将来的には民具の公開も考えている。

〔宇治田原町奥山田小学校〕　昭和五十年、開校百周年を記念して収集した民具である。新校舎に建て替わり、収蔵場所がなくなって一部は廊下においている。民具は不定形で大きいため、収蔵スペースに頭を悩ましている。旧校舎の鬼瓦を含めた約一五点で、稲作用具とワラジ、ゾウリ、ミノなどがある。

〔宇治田原小学校郷土資料室〕　昭和初期の木造校舎の一室を資料室にしている。二室使っていたが、生徒数が増えて縮小した。民具は創立百周年記念に、先生と育友会が協力して収集した。収集は校区の湯屋谷、岩山、禅定寺、立山である。約一〇〇点と少ないが、衣食住、農耕・山樵用具を中心に全般におよぶ。

〔宇治田原町田原小学校郷土のくらし資料室〕　学校創立百周年記念事業の一環として、一〇年ほど前に収集した。収集はほかの小学校と同じように校区である。木造二階校舎の二階の一室が資料室である。中央にガラスケースをおき、教科書などの書籍類、壁に棚をつくり民具を展示する。民具は約七〇点で、収集段階で選択したらしく、破損もなく、同じものが重ならない。民具全般におよび、学校の授業で利用している。

〔田辺町中央公民館〕　田辺町は公民館を中心に文化施設がまとまっている。一階の一室に前町文化財保護委員長の故南元彦氏が寄贈したガラスケースをおき、堀切古墳群などの考古資料を展示する。

〔田辺町同志社大学資料館収蔵庫〕　同志社田辺校地に建つ鉄筋の建物（床面積約四〇〇平方メートル）で、昭和五十年五月にオープンした。同志社大学校地学術調査委員会が、今出川・新町・田辺の各校地で発掘した出土品を収蔵する。田辺校地の資料は、天神山高地性集落、七〜八世紀の須恵器の窯跡、神谷の中世館跡の出土品などである。

〔田辺町郷土民俗館〕　昭和四十二年春、老人クラブが中心になっていっせいに民具を収集した。それを教育委員会と田辺町郷土史会が整理して、昭和五十三年に普賢寺小学校の旧打田分校にオープンした。木造校舎の一教室と廊下に収蔵展示している。約五〇〇点と多く、全般にわたり、南山城地方の暮らしがわかる。

〔田辺町東畑資料館〕　東畑神社の社務所の一室（第二資料室）と、隣接する建物（第一資料室）が資料館になっている。昭和四十五、四十六年ころから収集をはじめ、昭和四十八年に開館した。このころから東畑でも土地の売買がさかんになり、民具や古文書の収集が必要だった。古文書は約一〇〇〇点ほどで、京都府立総合資料館が調査した。いまは資料館設立に尽力した森田氏が保管している。民具は約二〇〇点で、第一資料室は小物を中心に生業を除いた多様な資料を展示する。第二資料室は生業に関する農耕・山樵・紡織用具などを収蔵する。資料室の外には道標や石

写真159　自衛隊祝園弾薬支処のていねいな展示

写真160　上狛小学校の農耕用具

臼などをおき、民俗館のたたずまいをそなえる。普段は見るのに連絡する必要があるが、東畑神社の祭礼のときは開放し、寄贈してくれた村人に便宜をはかっている。

〔精華町自衛隊祝園《ほうその》弾薬支処〕　一〇年以上前、隊員教育の一環として付近の村々から民具の寄贈を受け資料館にした。木造二戸建ての二室を展示室にあてる。約五〇点あり、第一室は農耕用具が中心で、第二室は各種ある。照明用具は行灯《あんどん》、石油ランプ、ガスランプと大正中ごろに電灯が引かれるまでの変遷がたどれる。第二次世界大戦末期に製造された信楽焼の地雷など、旧陸軍に関する資料も若干展示している。

〔精華町教育委員会〕　鉄筋二階建ての水道庁舎の二階の一室に収蔵している。民具は農耕用具を中心に約六〇点である。なかで約五〇点が、同町里の岩井家の民具で、ほとんどが生業に関するものである。一軒の暮らしぶりを考える上で興味深い。カナゴキは乾燥した稲穂から籾粒を扱き落とす用具で、元禄ごろ発明され普及する。二本の細竹を紐で結んだコキバシから、格段の進歩である。カナゴキは足踏式回転脱穀機が普及する大正までつづく。五つのカナゴキのうち一つは麦用、あとは稲用である。歯の形状が少しずつ異なり、工夫の跡を知ることができる。

〔木津町立図書館〕　もとの郵便局の建物で、一階は図書室、二階は埋蔵文化財の整理室と会議室になっている。整理室にガラスケースを二二個おき、上津遺跡を中心に町内出土の土器約二〇〇点を展示する。木津川畔の上津遺跡は、木津が平城京の港で、南都諸大寺の用材陸揚地だったことをしめす。

〔山城町山城中学校〕　鉄筋校舎四階の天体観測室を使わなくなり、一時的に民具を収蔵している。農耕用具を中心に一〇点ほどある。二つある水車は、水路から水田に水を揚げた。一反の田に水を満たすのに、若い人で一時間かかった。

〔山城町上狛小学校〕　鉄筋校舎の一教室の半分に民具を収蔵する。民具は町教育委員会が中心になり、四五年前から収集している。約一〇〇点あり、稲作・養蚕・製茶用具など生業が主で同じものが多い。

〔山城町図書資料室〕　山城町福祉センターの二階に図書資料室がある。考古資料や民具、古文書も収蔵展示する。考古資料は、高麗寺の出土瓦が中心で、ガラスケースに整理されている。民具は約一五点で、駕籠、フミスキなど多様である。壁面に町内の文化財写真パネルをかけている。

〔山城町福寿園資料館〕　福寿園は、寛政二年（一七九〇）に茶商としてはじまる。戦後は法人組織となり量産体制を完備し、オートメーション工場もできた。資料館は、最新設備をととのえた工場と道をへだてた向かいに建つ。資料館は焙炉小屋、荒茶製造工場、再製加工関係器具およびパネル展示工場の三室にわかれている。焙炉小屋は、手もみ製茶をおこなう場所である。山土をかためた焙炉と、和紙を貼った助炭で再現している。荒茶製造工場は、戦後機械化しはじめたころの緑茶製造の蒸し機、粗揉機、揉念機、中揉機、精揉機、乾燥機を、工程にそって並べている。最後の展示工場は、貯蔵用茶壺、茶をよりわけるトウシ、撰板などふるい製茶道具と、製茶の解説パネルを展示する。

〔加茂町恭仁小学校〕　恭仁京の大極殿跡のすぐ前に恭仁小学校は建っている。木造校舎二階の和室は、ふるくは裁縫教室だった。いまは会合に使う程度である。恭仁京とそのあと建立された山城国分寺関係の瓦を中心とした考古資料は、和室に柵をつけて整理している。そのほか国分寺七重塔の相輪風鐸、鋳司《せず》遺跡の坩堝《るつぼ》などがある。

写真161　湯船小学校の民具

写真162　南山城農村婦人家のケース内の民具

〔加茂町福祉センター〕　鉄筋二階建ての福祉センター一階中央廊下に、恭仁京発掘資料を地元民に見てもらう目的で展示している。恭仁京関係資料は恭仁小学校と福祉センターで、西椚《にしくぬぎ》窯跡出土資料は教育委員会で展示する。福祉センターは、ガラスケースに恭仁京の瓦を並べ、壁に遺跡の写真パネルをかける。

〔加茂町加茂小学校〕　昭和五十六年、京都府の社会科発表会が加茂小学校でおこなわれた。そのとき展示したミノ、カサ、スキ、クワなど約二〇点を収蔵したことがきっかけで、付近の農家から田を借りて稲作りをはじめた。二年・三年・五年生を中心に、付近の農家からスキ、クワを借りて体験学習がはじまった。農家の子供でも、機械化がすすんで農作業を手伝ったことがないため米つくりの苦労におどろくという。

〔和束町中和束小学校〕　昭和四十一年ころ、校区に呼びかけて民具を収集した。南山城では早いほうである。一昨年までは一教室を使って展示していた。宅地化がすすんで生徒が増え、二階の廊下と元の調理室に移した。廊下には経《きょう》惟子《かたびら》、カナゴキ、サオバカリなどの小物、調理室は大形の農耕用具など約五〇点ある。完全な機織機が残り貴重である。

〔和束町湯船小学校図工室〕　一〇年ほど前に収集した民具一〇点を棚に展示する。マエビキ、テマンガ、ワラジ、カナゴキなどがである。中学校から今の図工室に移すとき、傷んだ民具は処分したという。

〔南山城村南山城農村婦人家〕　昭和五十四年、婦人家は婦人教育のためつくられた。鉄筋二階建で、一階の玄関と廊下、二階のホールに民具を展示する。府立少年自然の家が、昭和四十八年から五十三年にかけて収集し、資料室に展示して都会からきた子供に、農村の雰囲気をわからせようとした。資料室を展示替えしたため、昭和五十七年に婦人家に移した。農耕・紡織用具、それと履物が大多数をしめる。

2　京都府の民具収蔵施設

民具でなにを

南山城につづいて、京都府教育委員会の有形民俗文化財基本調査で丹波と丹後を調べた。県全域におよぶ民具収蔵施設の悉皆調査は、いまでも少ないはずである。わたしが興味をもったのは、民具をとおして人々がなにを伝えようとしたのかだった。

多くの施設では、民具を「生活用具」「郷土資料」「くらしの資料」とよんでいた。

収蔵点数が一番多いのは「農具」で、八四カ所すべてにあった。農具では、そろってはいないが稲作用具が多かった。稲作は、荒起こしから脱穀調整まで作業工程が多い。農具の改良もひんぱんで、同じ農具でも種類が多い。農具は博物館でも系統的にそろえるのはむずかしい。ただし農具は家格の差が少ないので気軽に寄贈できる。稲作は苦労が多く収穫のよろこびも大きく、農具を象徴する民具だった。

衣食住は「生活用具」とよぶことが多く、どの施設にもある身近な民具だった。

これにつぐのが養蚕・紡織用具で、絹織物がさかんな丹波と丹後でことに多かった。いまは衣服は既成服を買うが、以前は家で機を織り、衣服に縫った。娘は子供のころから母親に教わり、機織りが嫁入りの資格だった。女性にとって紡織用具は、なにより思い出深い用具だった。

このほか丹後沿岸部の海の漁具、巨椋池周辺と川沿いの淡水漁具、山間の山樵用具などは、海山川で使った生産民具だった。農山漁村の大量の民具は、伝統的な第一次産業の衰退をしめしていた。

生産用具には、夜久野町立資料館の漆関係用具、宮津市の由良郷土館の製塩用具、福知山市郷土資料館の製麺用具、保津川沿いの筏用具、南山城の製茶用具など特産品の民具がみられた。

かならずしも体系だった収集ではないが、地域の特色があらわれている。収集にたずさわったのが地域民で、地域のことをよく知っていたのである。

有形民俗文化財基本調査は、将来の有形民俗文化財指定候補を探す調査でもあった。調査時間に制約があり、特色のある民具を探してしまう。筏や諸職の用具、モノが残りにくい人生儀礼や年中行事の儀礼用具などである。ただし、中心となる農具や衣食住などに、もっと時間をさくべきだった。基本的な民具はどこにでもあり、地域比較が可能で地域文化を考える重要な資料だからである。

小学校の収蔵施設のなりたち

高度成長を境に、生業や衣食住などが大きくかわった。急激な変化のなか、民具保存の気運が高まり、小学校を中心に民具を集めた。小学校が多いのは、社会科の教材に利用できたのと、時期がちょうど開校一〇〇周年の記念事業ともかさなった。

早い例に久美浜町田村小学校がある。昭和二十年代末から三十年代はじめ、渋谷先生が社会科教材として、地域民の協力を得て民具を集め郷土資料室をつくる。丹後地方は、この郷土資料室から小学校の民具収集がはじまった。

近年の小学校の民具利用は、小学校高学年の郷土学習と連動する。地域の古老の体験談が授業にとり入れられる。次に体験談を説明するため民具を集め、さらに民具を使った体験学習に展開する。

小学校の創立一〇〇周年記念事業は、奥山田小学校、宇治田原小学校、田原小学校、京北町山国小学校などで、昭和四十年代末から五十年代はじめに集中する。学校と育友会、地域の卒業生が力をあわせたので内容が充実してい

写真164　伊勢田小学校社会科学博物館

写真163　下宇川小学校の民具
昭和50年の統合で宇川小学校に移り、昭和60年には、平診療所にて保管中だった。

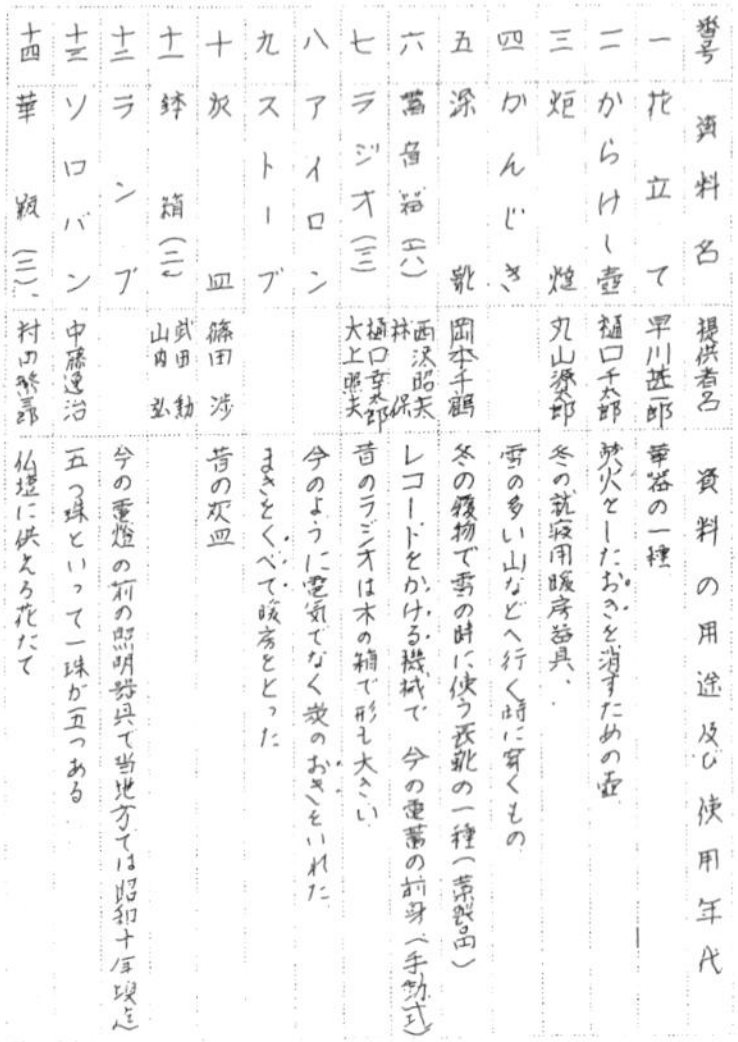

番号	資料名	提供者名	資料の用途及び使用年代
一	花立て	平川甚一郎	華器の一種
二	からけし壺	樋口千太郎	焚火をしたおきを消すための壺
三	炬燵	丸山源太郎	冬の就寝用暖房器具、
四	かんじき、		雪の多い山などへ行く時に穿くもの
五	深靴	岡本千鶴	冬の履物で雪の時に使う長靴の一種（藁製品）
六	蓄音器（十八）	西沢昭夫 林保 樋口幸太郎 大上照夫	レコードをかける機械で　今の電蓄の前身（手動式）
七	ラジオ（三）		昔のラジオは木の箱で形も大きい
八	アイロン		今のように電気でなく炭のおきをいれた
九	ストーブ		まきをくべて暖房をとった
十	灰皿	篠田渉	昔の灰皿
十一	鉢箱（三）	武田勲 山内弘	
十二	ランプ		今の電燈の前の照明器具で当地方では昭和十年頃迄
十三	ソロバン	中藤道治	五つ珠といって一珠が五つある
十四	華瓶（三）、	村田熊三郎	仏壇に供える花たて

写真165　宮島小学校の『郷土資料館のしおり』の表紙と資料目録

写真166　弓削小学校の竈まで復元した展示

る。丹後町下宇川小学校郷土資料室（現宇川小学校所蔵資料）もその一つで、当時の熱気が『下宇川小学校創立百周年記念誌』に載っている。

わたしたちは、暮らしの場であるふるさとを育て、ふるさとを守りきるつとめや願いをみな持っています。また、学校は地域の文化センターとしての役割も担っています。これらの願いや期待にこたえるため、開校百周年記念事業の一つとして、昭和四十八年度に、ときの安田正明校長と教職員、井上朝勝育友会長と会員のみなさん、そして校区民あげての協力により郷土資料館がもうけられました。過ぎしふるさとの人々が手にした陳列品七〇〇余点から、ふるさとの過去および現在を知り、ふるさとを育てる糧としたいと思います。

七〇〇点もの民具収集の目的と意義がいいつくされている。

卒業生が卒業記念に贈った農具から、美山町宮島小学校の郷土資料館は発展した。『宮島郷土資料館の栞《しおり》』には、

昭和四十七年三月に当時本校の卒業生たちが卒業記念として農機具を主に約数十点を蒐集したのが発端になり、これを育友会の手によって充実発展させるべく郷土資料館への構想がねられた。

昭和四十八年度において、これの基金を得るため府へ補助金を申請したところ、当局のご理解のある計らいによってこれが認められ、一八万円の補助金が下付された。これに合わせて育友会が主管して、宮島地区内の皆様にご寄付を募ったところ三九万余円のご芳志を得ることができた。これらを基金にして、昭和四十九年度において、育友会役員を中心に資料の蒐集につとめる一方、館内の内装工事と資料の整理と展示陳列をなした。とくに館内にある「農家風台所」「かまど」「唐臼」「つるべ井戸」などの復元は、すべて育友会員の手によってなされたものである。（後略）

とあり、ねばり強く、知恵を出しあってできた経緯がわかる。

伊勢田小学校は、宅地化による生徒数の増加で昭和四十九年に新設された。ここでは開校と同時に収蔵施設ができ

ためずらしい例である。『社会科学博物館説明書』には次のようにある。

伊勢田小学校は昭和四十九年にできました。伊勢田町の人たちは、自分たちの町に小学校ができたので、たいそう、よろこびました。伊勢田町の人たちは、あたらしくできた伊勢田小学校を、すばらしい学校にするには、どうしたらよいか、いろいろ話しあったすえ、学校の中に博物館を作ることになりました。史友会、喜老会、育友会の人たちが中心になって、博物館に入れる、しなものをあつめました。町の人たちは、家にある古い農具などを勉強にやくだつよう、どしどしもちよりました。大きい船もはこばれてきました。クレーン車を持っている町の人は、クレーンで船を二階まで持ち上げてくださいました。このように、伊勢田町のひとびとの、よい学校を作りたい、というねがいときょうりょくによって、この博物館は、できたのです。

小学校の民具収蔵施設は、小学校と地域住民の協力が基礎にある。下宇川小学校百年誌に「学校は地域の文化センター」とあり、相互の信頼関係があった。小学校は、子供が育成し、成人してからも心のよりどころになった。よい学校にするにはどうすればよいのか、みんなが真剣に話しあった。その結論の一つが民具を集めた郷土資料室だった。地域文化のため、いかに民具が大切か地域民は知っていた。こうした地域運動がもとになり、市町村立の資料館が建設されるようになった。

昭和五十七年に開館した山城郷土資料館でも民具収集はむずかしかった。一地域での体系的な民具収集は不可能だった。さらに伝承者も少なくなっていた。

昭和五十九年十月、市史編さん事業を受け継ぎ、歴史・考古・民俗の担当者がいる宇治市立歴史資料館が開館した。同年十一月には、長岡京遷都一二〇〇年を記念して、長岡京時代の歴史と文化を展示した向日市文化資料館が開館した。さらに資料館建設を計画している市町も多くなった。公立資料館建設は南山城のほか、丹波や丹後など京都府下全体でみられる。昭和六十年に亀岡市文化資料館、同六十一年十一月に福知山市文化資料館が福知山市郷土資料館として新設された。同年に三和町郷土資料館が、昭和六十二年四月には八木町郷土市町館が開館した。

南山城の開発は、宅地開発ではじまり、関西学術研究都市開発で加速した。むかしからの旧住民より、よそからきた新住民が多い逆転現象、開発による環境変化や社会変化がおこった。そうしたなかで、地域の歴史文化を学び、文化活動の核となる博物館が必要になった。さらに博物館に図書館や公会堂などをあわせた複合施設もふえつつある。

そうした状況のなかで、民具は使った経験者がいなくなり、それとともに地域民の関心も薄れつつある。だからこそ民具を収集保存する博物館が必要なのである。ただし現実には、民具を収蔵できる大きな収蔵庫や体系的な展示ができる展示室をもつ博物館は少なかった。

小さな博物館の問題点

学芸員がいて収蔵や展示施設がある博物館とくらべ、小さな博物館は多くの問題をかかえている。

一番問題なのは、収蔵資料の台帳がないことである。台帳がないと民具の追跡調査がしにくくなる。寄贈者と資料のつながり、地域民と小さな博物館の結びつきが弱くなる。

収集したときは、収集者が寄贈者の住所、資料名などを知っていた。わざわざ記録しておく必要を感じなかったところが一〇年、二〇年たつと、わからない民具が多くなった。台帳がある施設でも、民具につけた荷札などがとれるなどの不備で、民具と台帳を一致できない。救いなのは、小学校などは校区から集めた資料で、厳密な意味での研究資料の価値は損なわれても、郷土資料としての意味はかわらない。

民具の収集と展示までは一生懸命でも、完成後はそのままのところが多い。私は調査で訪ねる前に、資料解説のできる人の立ち会いをおねがいした。ただし、立ち会ってくれた施設は少なかった。立ち会いは地域の古老が多く、短時間で地域と民具のかかわりがわかった。そして民具の台帳と使用法、時代、製作法などをまとめるようすすめた。

一〇年、二〇年たつと、施設とあわせ民具の保存状況も悪くなっている。桶類のタガがはずれ、竹製品の編目がば

写真167　峰山町旧成路小学校で体験者から鋤の使いかたを教えてもらった

らけ、虫やかびの害があり、鉄製品の錆も目立った。まさに「モノは使わないといたむ」のである。

ことに漁具の劣化がすすんでいた。昭和十六年に干拓した巨椋池の漁撈文化は、体験者とともに伝承も消えつつある。淡水漁業を伝える資料として貴重なだけに、官民が協力して保存を考えないといけないだろう。過疎化で廃村になった、前尾記念館収蔵の駒倉の民具も大切にしてほしい資料である。

収蔵や展示している民具の多くは、ほこりがかぶっていた。ほこりのかぶったままだと、日常使う身近な道具だけに廃品のように思えてしまう。それだけに、きれいに管理された民具は、地域民の地域への思いが伝わる。ほこりがあるとなしで、その差は大きい。

小さな博物館は、収集や展示までは組織的におこなわれることも多い。ただし維持管理は社会科担当教員や地区役員など個人に負担が集中する。民具の清掃までは現実に手がまわらない。それでなくても教員は移動があり、引き継ぎすら十分でないことも多い。

南山城のある小学校教員は、ムシロを知らない生徒におどろき、古ムシロをもらってきた。それがきっかけで、稲作用具などを集めはじめた。提供してくれる農家を、日曜日ごとにリヤカーをひいて集めてまわり展示を充実させた。移動後は活動が引き継がれず、収集も展示も中断のままである。南山城の小中学校では、宅地開発で生徒数が再び増加している。民具の収蔵展示にしていた教室が使えなくなり、展示はむろん収蔵すらできなくなった施設もある。

小中学校では、民具収蔵施設は校内施設として正式に位置づけられない。担当者の引き継ぎが正式に認められないのも、収蔵施設の校内での位置づけの不安定さが問題の基本にある。

美術工芸品にくらべ、民具は展示方法や施設に工夫がいる。民具は体系的に展示しないと、生活世界が説明できない。使い方すら理解できない若者が、山積み状況の民具に興味をもつはずがないのである。

収蔵や展示場所のなやみは、過疎化がすすむ丹後地方でも同じだった。児童数の減少で学校が統合すると、新校舎に民具の居場所がなくなり、倉庫に入れたり、寄贈者に引き取ってもらった。都市化と過疎は、小さな博物館でも大問題になっていた。

モノでなにを伝えるか

愛知大学生に「モノづくりしたことがありますか」と聞いた。男子学生の一人が手をあげ、椅子をつくったという。感心して「どこで」ときくと、アルバイト先の家具屋だという。ほかの学生も、アルバイト先でなら「料理はつくる」という。大学生の「モノづくり」は暮らしからはなれ、職業体験のアルバイト先にかわったらしい。

これは大学生にかぎらず、日本人は大衆消費社会にドップリつかっている。暮らしに必要なモノの量はとっくに超え、もっていることを忘れて買うこともある。宣伝にひかれ、必要がなくても買ってしまう。ちょっとした便利さや、買物の小さなよろこびの欲望がおさえられない。こうしてモノの多くが、寿命をまっとうしないままゴミになる。使えなくなったからではなく、小さな欲望がゴミを再生産している。

日本人は人と同じでモノにも魂がこもっていると信じてきた。針供養などモノ供養のために塚や碑をたて、使えるモノを捨てることにうしろめたさを感じてきた。「ちょっと昔」の昭和三十年代展示が、ブームである。高度成長期で工業化がすすみ、民具と工業製品が混在した時代だった。境界の時代のモノは、子供はマンガやテレビの情報で、親は子供のころの体験で、祖父母は遠い記憶のなかで思いだす。三十年代展示は三世代が理解でき、コミュニケーションをはかれる。小さな博物館と「ちょっと昔」展は、「モノ」を媒体に身近な情報を伝えることでは共通する。

いまの工業製品は製品の種類が多く、新製品のサイクルが早い。流行のサイクルが短くなり、経験を共有しにくい。モノが媒介できる相手と内容は、きわめて限定される。

フィールドミュージアムへ

一九九〇年ごろから生涯学習が重視され、博物館は社会・学校教育の拠点に位置づけられた。わたしが山城郷土資料館にいたころも、文化財講座や小中学生の体験歴史教室、石仏や考古学研究の共同展示など、市民の生涯学習への働きかけは広がっていた。周辺の公立博物館も同じだったように思う。

博物館活動の強化と多様化に、小さな博物館存続の可能性がある。小さな博物館は、地域民みずからの地域に根ざした活動の場だった。民具が多いのは、地域民が身近な話題で語りあえたからだった。それが時間が経ち、いまは集められない民具が多くなった。すでに小さな博物館の民具を、新設の公立博物館に移した例もある。その場合は地域民に十分な説明をし、納得したうえで移すべきで一部の資料を選択して移すことはさけたい。

昭和四十五年、亀岡市は市制十五周年記念事業の一つとして、市民公会堂を移築して郷土館とし、民具の収蔵を主に展示利用してきた。昭和六十年、市制三十周年記念事業として文化資料館が開館してからは、郷土館の収蔵資料を展示に利用している。展示は文化資料館、収蔵と学習活動は郷土館と、小さな博物館と公立博物館がすみわけている。さらに小さな博物館を、公立博物館ができるまでの過渡的な施設でおわらせず、地域に根づいた文化活動を持続し、小さなコミュニティーセンターとして存続させたい。公立博物館との連携や交流を深め、相互を尊重しながらそれぞれの個性を生かしたい。

いまフィールドミュージアムやエコミュージアムなど、地域全体を博物館とみなすとり組みがある。中核となる博物館のまわりに、地域に密着した小施設を配置する構造である。小さな博物館は、周辺に展開する小施設として重要な役割をはたしそうである。

追記

巨椋池の、急速に薄れゆく民俗をはじめに調査したのは福田栄治氏で、「旧巨椋池漁村の生活習俗」（『京都府立綜合資料館紀要』一〇号、一九八一）にまとめた。わたしも多くの漁民から話を聞きながら、そのままになり気になっていた。それが漁労の漁具と習俗を中心に、横出洋二氏が『企画展　巨椋池の民俗』（京都府立山城郷土資料館、一九九一）でわかりやすく紹介している。

二　南山城の暮らしのリズム

企画展示は、地域民が関心を寄せるテーマを選ぶのが理想だろう。現実は、学問分野で話題となっているテーマや、学芸員の個人的関心で選ぶことも多い。わたしが山城資料館にいたころは、年中行事や農林漁業、職人などのテーマが多かった。

なかで年中行事は、地域民が親しみやすく、関心の高いテーマだった。南山城では宮座や講の行事については、井上頼寿のすぐれた民俗誌があった（井上頼寿『京都民俗誌』平凡社東洋文庫、一九九〇）。さらに民俗芸能を中心とした、京都府教育委員会の調査もあり（『田遊び調査報告書』京都府教育委員会、一九八八）、主な祭りについてはわかっていた。ところが家を中心とした年中行事は、まとまった調査がなかった。はじめての特別展はテーマを「祈りとくらし」とし、年中行事と祭りをとりあげた。展示では、そのころ民具学会が注目していた、四季の農作業を描いた農耕絵馬もとりあげた。昭和五十九年の特別展は、はじめて担当した特別展示で、いまも強く記憶に残っている。

家と地域がおりなすリズム

家や地域の暮らしに、行事はリズムをもたらした。行事を目標に暮らし、カミに感謝しながらよろこびをわかちあった。地域の祭りは豊作と平安を祈り、家では人生儀礼や年中行事を家族で祝った。ただし伝統社会は、地域と家の行事が連動していた。人生儀礼は個人の心身の折り目だが、家族や地域での社会的役割が変化する。そのため厄年には、祭りや年中行事で大役を務めた。

ここでは主に南山城の年中行事や稲作儀礼を紹介する。年中行事は、正月の除災招福や盆の先祖供養が中心だった。一年の「トシ」は稲の「稔（実り）」をあらわし、年中行事は稲の生育とかかわっていた。ただし、残念ながらいまにも消えそうな行事が多かった。

正月行事

正月は、その年の豊作と平安を祈り、予祝・予見（年占）の行事が多かった。

予祝行事としてモチバナ、田打初め、御田植がある。種籾が苗代で発芽し、田植えが無事おわることを願った。神前で種籾の穀霊をふるいおこし、松苗を使って発芽した姿を具現した。正月行事に登場する松苗は、発芽した強い苗の象徴だった。それでも作物の作柄は、その年の天候に影響される。年占は、作物に不作にたいするそなえだった。

正月は、年があらたまる一番大切な折り日である。ていねいな家は、十二月十三日のコトハジメから正月準備をはじめた。正月神を家に迎えるため家屋敷をはき清め、山に門松を迎えにいった。門口に門松を立て、注連縄を飾り、家のなかの神棚や床の間、歳徳棚などを飾った。南山城の正月行事は、大晦日のスナマキが特色である。準備がとと

写真168　道具のトシトリ。道具も新年を迎える（宇治市白川）

写真169　道具のトシトリ。大切な鋤・鍬・天秤棒（城陽市寺田・森沢昭夫家）

のうと、夕方から家屋敷のまわりに、木津川の川砂や山の清浄な山土をまいた。新年には、家に迎えた神棚や床の間、歳徳棚、便所の神に雑煮を供えた。

イネマツサンとモチバナ（元旦〜十五日）

田辺町天王では、母屋の前のニワ（門）に、門松とイネマツサンを祀った。十二月三十一日の夕方、ニワのアキの方（恵方）に向けて清浄な山砂をもる。山砂の前に、左側は雄松六本、右側は雌松六本を立てて、ワジメ（注連縄）をかけた。イネマツサンに、三カ日は雑煮と御飯を供え豊作を祈った。イネマツサンは十五日のトンドで燃やした。いま天王でつづけている家は数軒だという。

予祝行事のモチバナは、各家でつくり豊作を祈った。南山城では伝承だけで、すでにおこなわれてはいなかった。

南山城村田山では、神棚に福神としてエビス・ダイコクを祀る。その神棚に、ツツジの枝に餅をちぎってつけたナリバナ（モチバナ）を一年中供えていた。

田辺町大住では、神棚にモウソウダケの枝に小餅をつけたモチバナを松竹梅と一緒に供えた。小正月にモチバナから餅をはずして、ホウラク（焙烙）でいって食べた。

笠置町切山では、正月のオコナイのゴーサンが各戸に配られる。ゴーサンは、柳の枝に牛玉宝印をつけて

写真171　歳徳棚（宇治田原町高尾）

写真170　門松（宇治田原町湯屋谷）

写真172　オオガマサンに三宝荒神を祀る（宇治市白川）

いた。柳の枝についた新芽をイノコロといい、太くてたくさんついているとよろこんだ。稲の豊作をイノコロで占ったのである。

山城町椿井の旧郷社松尾神社は上狛・林・椿井の氏神で、慶長十二年（一六〇七）にできた拝殿に、絵馬がたくさん奉納されている。そのなかの一枚が「モチバナ図絵馬」で、七福神とモチバナを描いている。縦一四二センチ、横一九五センチの大絵馬で、「奉懸御寶前家内安全」「旹萬延弐辛酉二月吉日」「上狛大里山口文五郎」と額に墨書する。福録寿がちぎった餅を、毘沙門天が枝にさしている。七福神は、正月や節分で枕に敷く宝船に描くが、絵馬はめずらしい。

木津町相楽では、氏神の相楽神社拝殿にモチバナを飾る。モチバナは、餅五個を

写真174　神前に供えて神楽を奉納（木津町相楽・相楽神社）

写真173　モチバナ図絵馬（山城町椿井）

写真175　モチバナをさすショマラ（相楽神社）

写真176　モチバナづくり（同右）

竹串にさし、粘土を藁で包んだショマラに一二本さす。餅は、ウルチ米粉とモチ米粉を四対一にまぜ、蒸してから搗《つ》いた。竹串にさした餅は、花に似せるため朱を入れた。二月一日がモチバナ祭りで、前夜から朝にかけて当屋がつくり朝方奉納する。昼からは、モチバナを飾った拝殿で神楽がある。神楽がおわると、一本は神主に、残りは当屋が座子に配った。南山城の神社や宮座行事で、モチバナはここだけだった。

田打初め（一月二日・四日）

いまより長かった正月休みがおわると、田の荒起こ

写真177　クワハジメは、田を鍬で打ち（右）、お供えして拝む（左）（田辺町天王）

しがはじまる。

南山城では、一月の二日か四日がクワハジメ（田打初め）で、あらかじめ豊作と作業の安全を祈った。田打初めの日に、初山仕事をする家もあった。田打初めは田に供物を持っていき、鍬で二、三回耕し、御幣を立てて祈った。ふつうは、家の近くの一カ所で、ていねいな家はすべての田をまわった。

城陽市寺田では、クワハジメに田を一鍬起こし、そこにユズリハの枝を立てた。

田辺町天王では、一月四日の朝にクワハジメした。アケノホウ（恵方）に御幣を立て、ウラジロの上に餅を供え、鍬で三回土を起こした。クワハジメの後に初山仕事をした。

笠置町切山は二日がクワゾメで、ヒラグワで田を起こすまねをした。幣をさした笹の軸と、竹梅樫の枝を立て、シダの上に餅を供えた。

南山城村田山では、一月二日に畑でクワハジメをした。鍬で畑を二、三回起こし、大豆の枝に柑子をさし、幣をつけてさした。

初山仕事（一月二日）

奈良県では山の神に、男根やケズリバナ、ケズリカケを供える。南山城では、山の神は怖《こわ》いというが田の神との結びつきはいわない。山の仕事初めの儀礼は、家ごとの初山仕事だけである。

宇治田原町高尾では、一月二日に山仕事の安全を祈った。氏神境内の木に、家の男性の人数の垂《しで》をかけ、鎌をおいて餅・柿・昆布・栗などを供えた。

写真178　山の神にミカンを供える
（山城町平尾）

宇治市白川では、一月二日の早朝、男性だけで山の神に参り、星月餅・ミカン・古老柿・勝栗などを供える。山の神に何本か御幣を供え、一本だけ残して持ち帰る。持ち帰った御幣は、田や畑、門などに立て、豊作と家内安全を祈った。

田辺町天王では、クワハジメのあと山の入口でおこなった。幣をつけた枝を立て、ウラジロの上に餅を供え、鎌で下草を刈るまねをした。第二次世界大戦まで、天王から出した天王木は良質の薪で有名だった。

南山城村田山では、山の神は怖いという。一月二日のクワハジメのあとがカマゾメで、大豆の枝に柑子をさし、幣をつけて立てた。山仕事にはじめて入るときも、竹で神酒徳利をつくり、酒を入れて切り株に供えた。切り株に供えたのは、生木だと山の神がやどるからだという。

第二次世界大戦ごろまで、南山城から大阪や京都に薪炭を出した。田山では、京都と伊賀方面にも薪炭を出した。仕事初めが似るのは、いずれも里山で薪炭を出すことが中心で、仕事が似ていたからかもしれない。

除災行事

自然にたよる農業は、いつ災いが訪れるかわからない。災いを防ぐため、地域では虫送りや雨乞い、風祈祷、オンゴロドン、家では鳥追いや虫の口焼きなどをして祈った。

〔鳥追い（七日正月）〕　鳥追いは、七日正月の七草粥をつくるときにした。まな板の上に七草をならべ、灯明をあげて、まな板をトントンたたきながら呪文をとなえた。宇治市白川は七日の朝で、前日配られた白山神社のゴーサ

ン（牛玉宝印をつけた棒）でたたきながら、

　唐土の鳥と　日本の鳥と　渡らんさきに　ナズナ七草　トントントロリ

と呪文をとなえた。白川ではナズナウチといい、オトハジメでもあった。ナズナウチまでが正月で、オトハジメまで大きな音をたててはいけなかった。五日に七草を摘んだ。六日は、お姫様が摘むので遠慮して、とりに行ってはいけないといった。

〔虫の口焼き（小正月）〕　虫の口焼きは、農作業などで災いをおよぼす害虫の口を封じた。小正月のトンドの火に、虫の名前を叫びながら、小さくした餅を投げ入れた。ことにブトとカに悩まされたので、ブトノクチヤキとかカノクチヤキといった。

田辺町大住では、トンドの火に餅を投げ入れながら、

　カノクチ　ハメノクチ　ムカデノクチ

ととなえた。トンドは正月の送り火で、除災祈願にふさわしかった。

精華町祝園では、正月の井戸飾りにした竹の先に餅をさし、トンドの火で焼いた。餅は歯痛のまじないに、竹は屋敷の乾（北西）に立ててヘビヨケにした。この竹で成木責めもした。

南山城村田山では、一月十四日の夜に、ブトノクチヤキをした。三宝荒神に供えた重餅を、虫の名をよびながらちぎって火に投げ入れた。

宇治田原町湯屋谷では、年越しの晩に虫の名をよびながら、ちぎった餅を火鉢に投げ入れた。

〔オンゴロドン（一月十四日〜年越し）〕　南山城では、モグラをオンゴロという。オンゴロドンは、地域の男子が地面を藁棒で打ちならし、オンゴロとともに病魔を追いはらった。オンゴロドンを打つニワが、コンクリートになってたたきにくくなった。

写真179　高さ25尺（約7.6m）あるトンド
（久御山町東一口）

写真180　オンゴロドンでカドをたたく
（田辺町宮津）

田辺町宮ノ口では、一月十四日がオンゴロドンだった。氏神に藁棒を供え、夕方から男子が宮の前で打ちぞめをした。そのあと各家のニワを、

　オンゴロドン　ウチニカ
　ヨコヅチドンノ　オンマイジャ
　オマケ　オマケ　オマケ

とはやしながらたたいてまわった。各家で子供たちに駄賃を渡し、最後は年長の大将の家に集まり、駄賃を分けた。

精華町祝園では、年越しにオンゴロドンをした。子供たちが門口で、

　オンゴロ　ドンゴロ　ウタシテンカ

とはやすと、家の主人か奥さんがキリコなどを持って、

　ウッテ　クンナハレ

というと、子供たちは声をあわせて、

　オンゴロ　ドンゴロ　ウチマショカ
　マンマンサンノ　オマツリヤ
　ヒトツマケトケ　フタツマケトケ　ミッツマケトケ

とはやしながら、門口を藁棒で打つ。ここは藁棒のことをドンゴロといった。

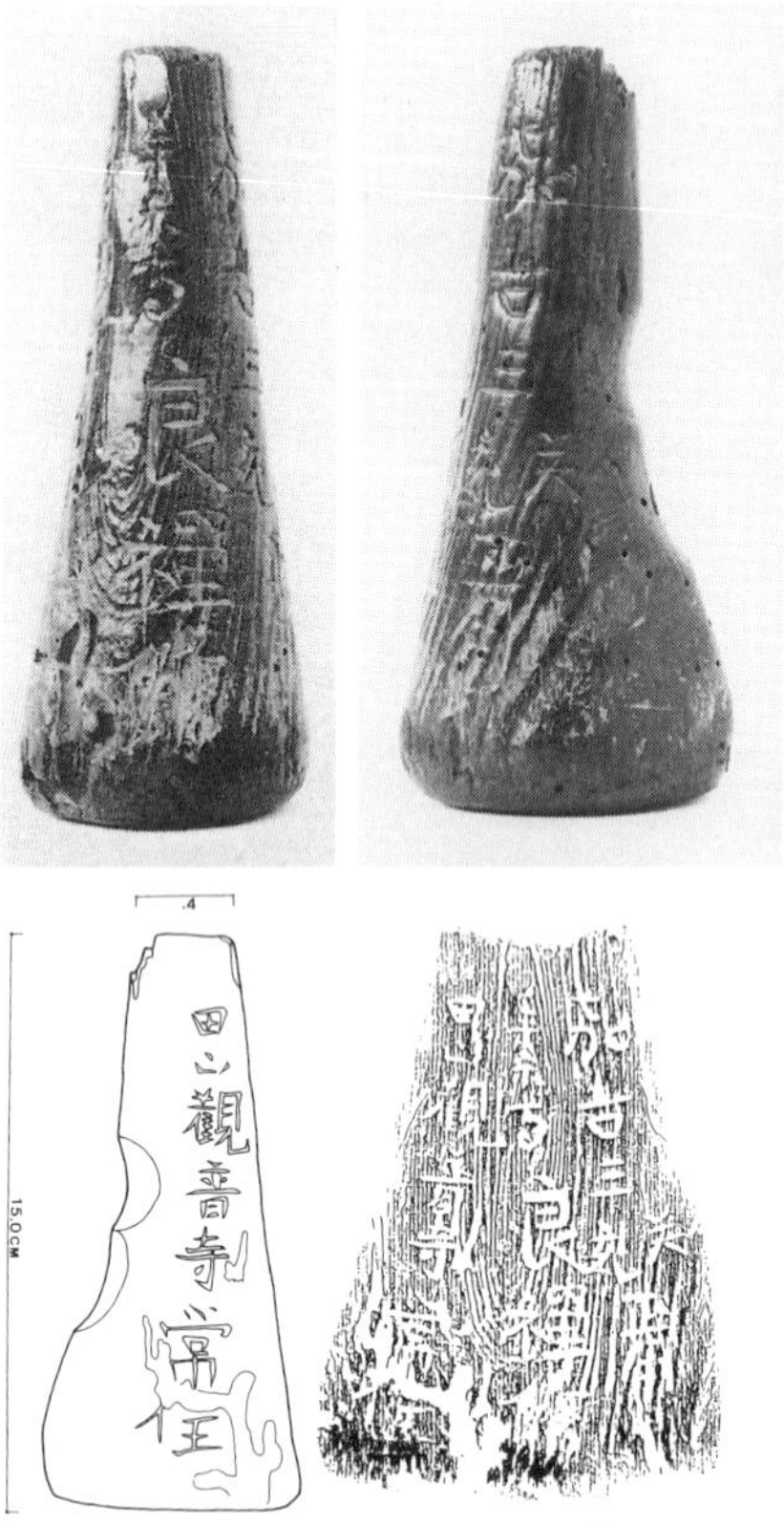

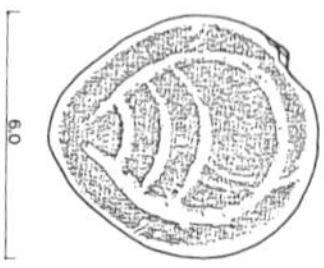

写真183　牛王宝印の銘文・拓本・実測図（南山城村田山・観音堂）

写真181　乱声で縁をたたく
（宇治田原町高尾・阿弥陀堂）

写真182　宮座の長老が牛王宝印をおす
（南山城村田山・観音堂）

久御山町市田でも、年越しにオンゴロドンをおこなった。宮ノ口や祝園より歌詞が呪術的で、予祝儀礼の意味が強かった。

　イワイマショ　オンゴロドンウツノカ
　ココノオバハンニ
　オトコノコガデキマスヨウニ　ウチマショウ

とはやし、妊娠中の家でよけいにたたいた。

オコナイ

国家安穏を願う大寺院の修正会・修二会を、村でもするようになる。南山城ではオコナイといい、宮座行事としておこなわれた。村の寺堂で花餅を奉納し、僧侶が祈祷したあと、村人にゴーサン（牛王宝印）をさずけた。いまも豊作祈願の呪符として、水口祭りにツツジなどとともに牛王宝印を水口に供える。

宇治田原町高尾の阿弥陀寺では、一月十四日に薬師のオコナイがおこなわれる。もとあった薬師堂の行事がいまもつづいている。阿弥陀教寺の住職が、シブリの枝にはさんだ牛王宝印を祈祷する。祈祷のときの住職のダンジョー（乱声）の合図で、縁側で控えていた参列者がいっせいに縁を竹でたたく。縁をたたく音で魔をはらい、法会をもりあげた。この竹は残しておいて、トンドを組むときに使った。

南山城村田山の観音寺では、一月六日にオコナイがおこなわれる。宮本・仲間両座のオトナ衆が、昼から観音寺に集まって半紙に牛王宝印をおす。水口には「牛王宝印　大日如来」、味噌桶には「牛王宝印　観音菩薩」の牛王宝印を祀る。自家製の味噌が、いかに大切だったかをしめす。牛王宝印の印には、

嘉吉三（一四四三）癸亥正月　平等寺良禅師　田山観音寺

と彫っている。牛王宝印は、漆の枝の先を三つ割りにしてはさみ、観音堂で住職が祈祷する。祈祷の途中とおわりに乱声《らんじょう》がある。参列者は、二種類のゴーサンを持ち帰る。

年占（一月十五日の小正月前後）

南山城の年占《としうらない》は、主に小正月か年越しにおこなう。いくつかの作物を組み合わせ、どれかが凶作になってもよいようになっている。年占は、新年にこころを引きしめる役割があった。氏神の神事として粥占が三カ所、豆占・綱引・鳥占が各一カ所でおこなわれる。

南山城村田山には、家で年占する家があった。元日の夜、オオガマサンに三本の灯芯を供え、その燃え方で早稲・中稲・晩稲の作柄を占った。

久御山町佐山双栗神社の粥占は、一月十五日の午前零時にはじまる。長さ五センチに切ったオトコヨシの管に、早

写真185　粥占の結果（同右）

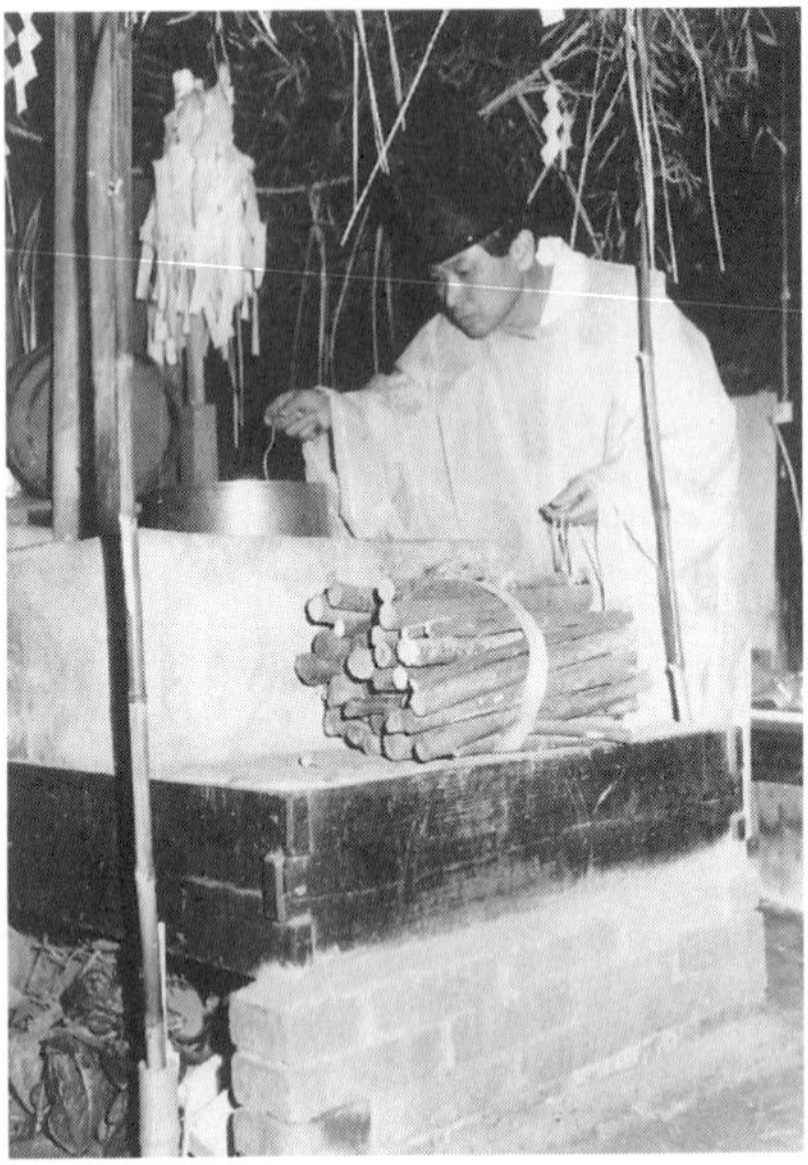

写真184　粥占の竹管を釜に入れる
（久御山町佐山・双栗神社）

写真186　12個の豆を焼いて雨量予測
（木津町相楽・相楽神社）

写真188　竹を綱代わりにした綱引きで占う
（精華町祝園・祝園神社）

写真187→
居籠祭は四ツ塚の供物がなくなればおわる。鳥占だったという
（山城町平尾・涌出宮）

稲・中稲・晩稲・綿・大豆・芋・黍・梨と書いた木札を結わえる。その管を、米と小豆が入った釜につける。神前の灯明の火を松明に移し、竈《かまど》で松明を炊きつけにして炊く。この松明は、境内の木の枝を集めて特別につくる。粥が炊けると、一本ずつ管をとりだし、七対三に縦に割って粥のつまり具合をみる。全部つまっていると一〇分、空なら零分とする。結果は「御紙差」に書いて、氏子に配られる。

木津町相楽の相楽神社の豆占は、旧暦一月十五日におこなう。神社の注連縄を焼いた灰の上に瓦を乗せ、年越しのいり豆を一二個並べて焼く。豆を焼いてできた筋目で、その年の毎月の雨量を占った。結果は「豆焼示」として、拝殿にはりだす。

山城町平尾の涌出宮の鳥占は、二月十七日の深夜におこなわれる。居籠祭の成否を占う儀礼で、ふるくは鳥占だったのではないかといわれている。垢離をとった御供炊きが炊いた御供を、宮座の一老が樫の葉に乗せて四ツ塚に供える。夜明けに塚をみて、御供がなくなっていれば、居籠祭のあけ（終わり）の太鼓を打ちならす。残っていると、神への祈願が通じなかったことになり、祈祷日待になる。ふるくは、はじめから居籠祭をやりなおしたという。それほど、四ツ塚での占いは大切だった。

精華町祝園の祝園神社の綱引きは、一月申日からはじまる居籠祭の三日目におこなう。稲藁を芯にして、ハチクを巻きつけた輪に、南北から三本ずつ竹を巻きつける。鳥居の真下から南北の氏子が引きあい、二度勝ったほうが豊作になるといった。勝負がついたあと、綱はイズモリまで運んで焼いた。

勧請縄（一月八日～二月八日）

一月八日を中心に、二月八日ごろまでおこなわれた。村の入口に綱をはり、五穀豊穣と村内安全を祈る行事である（「Ⅵ―二、村の境界と信仰造形」参照）。

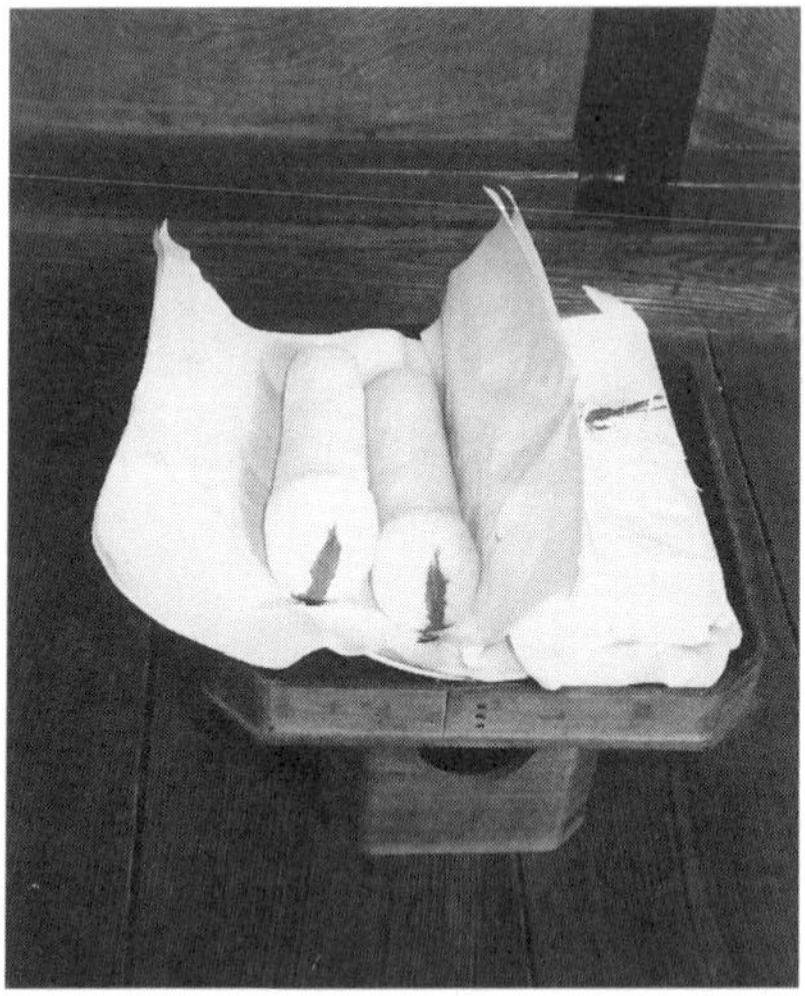

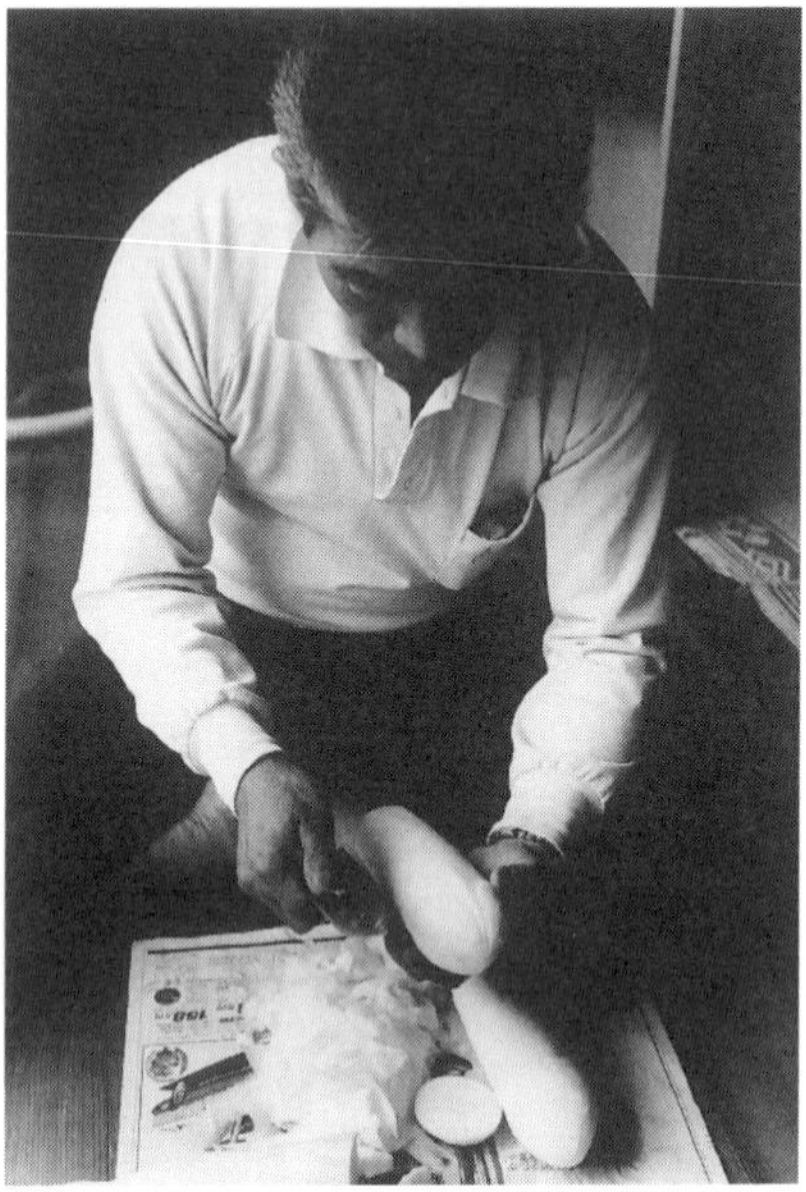

写真189　なぞらえもの（男根）をつくる。
先端に朱を入れる（左）（山城町平尾）

女座の祭り（三月末）

祭りは、男性がおこなうのが普通である。山城町の涌出宮の宮座行事も、居籠祭りや百味御食《ひゃくみのおんじき》は男性がおこなう。ところが涌出宮の女座（神楽座）の祭りだけは、女性がおこなう。また男根のなぞらえ（似せる）ものをつくるのは、京都をはじめ畿内ではめずらしく、多くの研究者が訪れる。

女座の祭りは、大平尾の中村座と岡之座の女衆の祭りである。朝から当屋の主人（男性）が、大根で男根でなぞらえものを二つつくる。男根の先に朱を入れ、三方に乗せて床の間に飾る。女衆は昼ごろ当屋に集まり、床の間の前ですき焼きを食べる。すき焼きにかわる前は、本膳を出したという。

会食後、みんなで涌出宮に男根を持ってお参りする。男根を神前に供えて、神楽をあげてもらい、祭りはおわる。増殖のシンボルでもある男根は、子供のできない女性が神社にもらいにきた。これを食べると子供ができるのだという。

伝承では涌出宮は女神で、だから男性のなぞらえものをよろこんだという。

水口まつり（四月末〜五月初め）

苗代に籾をまいた日、取水口の水口《みなくち》に花とゴーサン（牛王

写真191　ミトマツリのナエマツ・イノコロ・お札（上）、苗を結わえるノウゼワラ（中）、ハスの上の焼米（下）（木津町鹿背山）

写真190　ミトマツリは水口にゴーサン（牛王宝印）・ツツジ・コゴメバナ・アオキを供える（笠置町切山）

宝印）を祀る。そして焼米などを供えて、籾の発芽と成長をねがった。ミトマツリ（水口まつり）に立てる花は、ヤマツツジが多かった。

木津町相楽では、籾まきはヤマツツジの開花を目安した。田辺町田辺では、四月三日の山遊びは、ツツジを見るために登ったという。ヤマツツジの開花は、籾まきの時期を知らせた。

笠置町切山では、ツツジ・コゴメバナ・アオキとゴーサンを水口にたてた。

木津町鹿背山の稲の籾まきは、四月二十四日ごろから五月初旬と早くなった。神社でもらう苗松（松枝）とお札に、イノコロと苗を結わえ、苗をしばるノウゼワラ、蓮の葉に焼米を乗せて供えた。

水口に供えた焼米などは、子供たちがタバッテ（もらって）歩いた。山城町綺田では、涌出宮の御田植でうけてきたオカギと菜の花をたて、フキの葉に焼米を供えた。子供たちは農家をまわり、

「ヤリゴメくれへんかったら　ドンガメ（石）田んなかにいれるド」

とはやしながら、焼米をもらい歩くのがたのしみだった。

テントウバナ（旧暦四月八日・五月八日）

オツキヨウカ（卯月八日）に、山からツツジなど季節の花を切ってきた。それを竹竿の先に結びつけ、庭先に立てた天道花にヨモギダンゴを供える。南山城でも南部に伝承が残っていた。

笠置町切山では、ツツジ・フジ・白い花のムシゴミを、竹の先に結びつけた。その下につるした竹籠に、三本足のカエルが入ると金持ちになるといった。ヨモギダンゴをつくって供えた。

南山城村田山では、モチバナ（コメツツジ）・フジ・ウラジロ（落葉樹の一種）を、家の男性の人数分を、竹に段々に結びつけて庭に立てた。三本足のカエルが入ると、大豊作だといった。

南山城村野殿では、門口に七種類の花を立て、コメダンゴを供えた。

写真192　テントウバナ（笠置町切山）

花を高くかかげるのは、依代としたからだろう。花を男性の人数だけ結ぶのは、餅を山の神に供えるときと同じである。七種類の花は、正月の七草、盆の七色のおかずとともにている。四月は、苗代の準備がはじまり、本格的に稲作がはじまる。そうした時期に、山の神を里へ迎え、稲の豊作を祈願したのであろう。

牛まわし（五月節句）

牛まわしには二つの意味があった。田畑を耕すトレーニングに、牛が石臼などを曳く牛まわしである。一か月ほど前から調教していた。もう一つが、年中行事としての牛まわしで、月遅れの六月五日に牛を川できれいに洗う。川の小さな段差があるところを「牛のドンドン」といって、牛を洗うのにちょうどよかった。洗いおわると角に菖蒲をつけて、松の周りを三回まわった。そのあと、チマキを食べさせた。田辺町、久御山町、八幡市など、南山城北部の平野部でおこなわれた。

八幡市上奈良でも月遅れの六月五日が牛まわしだった。田植は六月十日ごろからで、牛まわしがおわると田ごしらえがはじまった。あまり早く田植をすると虫がついた。菖蒲はきれいに洗って角に飾り、御園神社の本殿をまわった。まわったあと牛がのどをつまらせないよう、菖蒲を押切りで切ってあたえた。

五月はサツキで、サは稲のことであり、田の神を祀る大事な月だった。ことに五日は地獄休みといい、田に入ってはいけない日だった。牛は農耕儀礼と深くかかわり、重要な役割をはたした。雨乞いの生け贄《にえ》にするなど、水の神ともかかわりがつよかった。水の必要な田植え前の祭りで、牛が主役をつとめるのは、水の神への生け贄だったふるい信仰が影響するのかもしれない。

いまは機械化で、牛を農耕に使うことはなくなった。前は稲作に欠かせない労力で、一軒で飼えないと、数軒で協力して飼った。それだけに牛は大切にされた。牛まわしの日は牛を休ませ、邪気を払うチマキを食べさせた。荒起こしからはじる作業の途中で、牛を休ませる意味もあったのかもしれない。

野神まつり（六月五日）

牛まわしと同じ日、久御山町佐古で野神祭りがおこなわれる。佐古の野神は、中世石塔の寄せ集めを祀る。供養されない霊は、御霊となって疫病などをはやらせる。佐古の野神は祟りやすい怖い神だという。巨椋池の周辺は低湿地で、オコリ（マラリヤ）が流行してこまった。そこで野神を祀り、オコリを鎮めた。オコリにかかったときは、小川の清い砂をもって野神に参ると治ったという。

佐古の野神は祭りも厳格で、夜中の午前十二時にはじまる。祭りで音を立ててはいけないので、祝詞も声を出さ

写真193　野神祭りのチマキ（久御山町佐古）

ず、拍手も手が合う直前でとめる。神饌も、淡竹のタケノコ、臭いの強いヘクソヅル、味噌・洗米・塩を入れたカワラケをビワの葉に乗せて供える。さらに、半搗き餅を包んだ五〇センチもある大きなチマキもつくる。

野神は奈良県の平野部に多く、南山城に近い北部では牛まわしがおこなわれる。田辺町岡村では、野神で牛まわしをしていた。佐古は、南山城に点在する野神でも特異な例といえる。

サビラキ（六月中〜末）

田植えはじめをサビラキ、最初に植える田をサビラキダといった。田植え終《しま》いをサノボリというのは、サビラキでまねいた田の神がかえるからだという。

南山城村田山では、サビラキダの恵方にススキを立てた。ススキのように苗の茎が太く育ち、豊作になるように願った。供物は、キナコメシ（大豆御飯）をフキの葉でつつみ、俵の形にしたフキダワラだった。キナコメシは、煎った大豆を御飯と炊き、黄な粉をかけた。

田辺町天王では、田の畔の縁にカヤを並べて立て、スカンボの葉に御飯を乗せて供えた。傾斜地にひらけた天王は山田が多く、水まわりしだいで、サビラキダは一定しなかった。

田植え終い

田植え終いの行事は、その日に家でおこなうサノボリ・ミトナガシと、村全体の田植えがおわっておこなうノヤスミ・ウエツケヤスミがあった。田植えが無事におわったことを感謝し、ご馳走をつくって仕事を休んだ。

サノボリ・ミトナガシ（六月中〜末）は、モチ苗三束をきれいに洗って持ち帰り、台所の竈に祀る三宝荒神に供えた。いまは、ほとんどおこなわれていない。

写真195　ノヤスミに神社の石段に苗を並べ栗・菖蒲を供える（南山城村田山）

写真194　オオガマサンに苗を三束供える（山城町上狛）

宇治田原町湯屋谷では、三束の苗束の上にボタモチを乗せて供え、灯明も三つあげた。翌日、苗束は屋根の上に投げあげ、苗が成長し、稲穂が伸びるように祈った。

木津町鹿背山では、ミトナガシといって、アマトナエ三束をオオガマ（大竈）サンに供えた。アマトナエは、苗代の周辺部の苗で、ほかより大きく育ち、風で倒れやすく、根付きがよくなかった。

ノヤスミ・ウエツケヤスミ（六月末～七月初）は、村じゅうで休んだ。いまも宮籠りとして、つづけているところもある。

笠置町南笠置では、六月三十日をウエツケゴモリといい、宮籠りして苗の成長を祈った。

南山城村田山では、ノヤスミはその年の田植えをみて区長がきめた。早朝に、氏子が栗の枝と菖蒲の束一対と、苗束をもって氏神に参った。お参りのあと、神社の石段に一二本の苗をうえ（置き）、栗と菖蒲の束を供えた。栗の枝は、三又になっていて、苗がよく株別れするよう祈った。また虫除けのためだともいう。残った栗と菖蒲の束はもち帰り、家の三宝荒神に供えた。

長老座は、神社でイサメ（酒盛り）をおこなう。ホウの葉に、大豆・キリボシ・昆布の煮物を乗せた肴を、ススキの茎の箸で食べる。この日、各家ではエンドの豆御飯を炊いて祝った。

笠置町切山では、ノヤスミにそれまで使った鍬類をきれいに洗って、小屋の

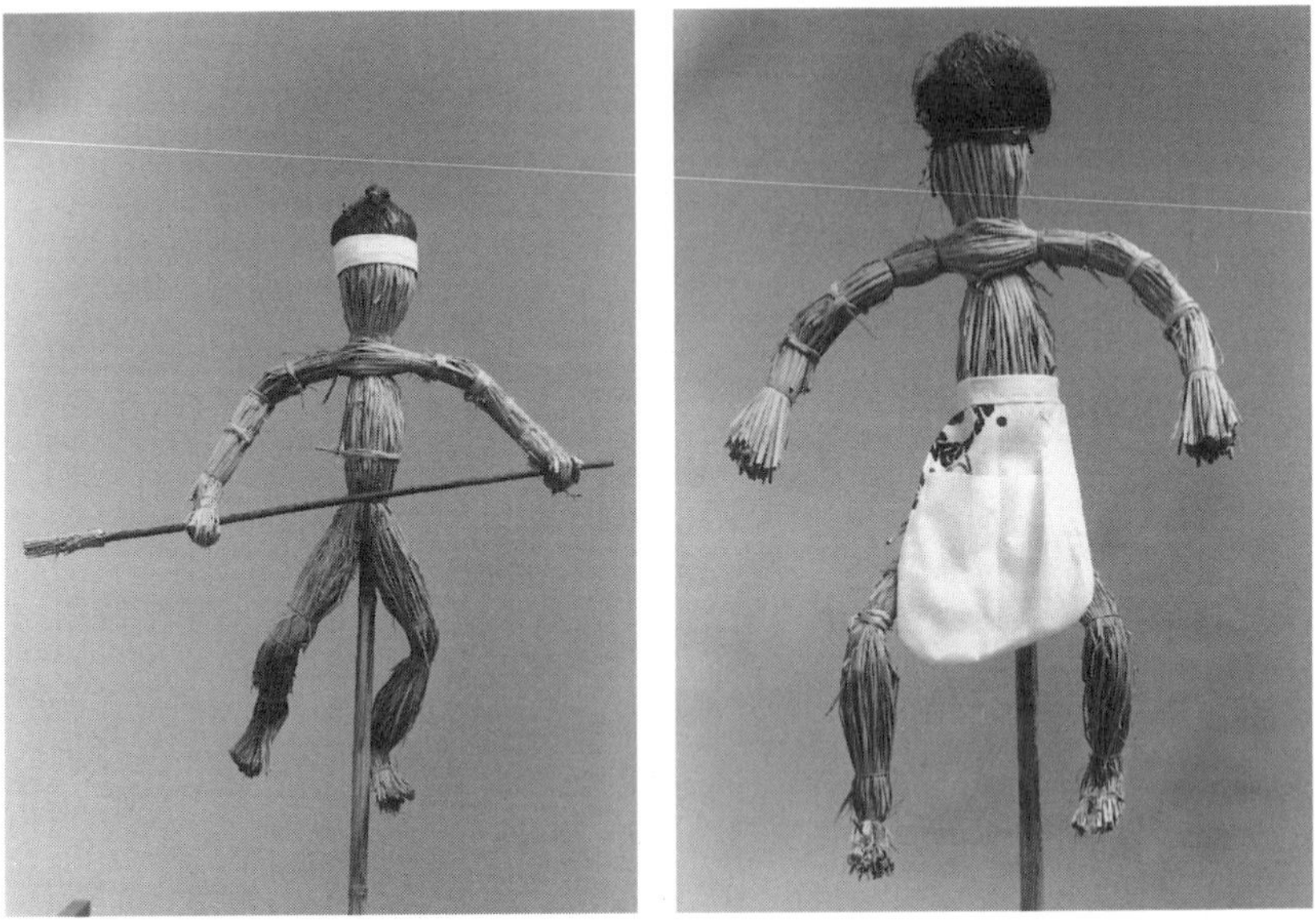

写真196　虫送り人形のオジイサン（右）とオバアサン（左）（和束町湯船）

中のムシロを敷いた上に並べる。その前に、麻の葉一二枚をしき、餅・御飯・おかずなどを供えた。これは第二次世界大戦前までつづいていた。鍬類を洗って祀るのは、秋の収穫祭のイノコで鎌を洗って祀るのと同じである。ともに作業をしてきた農具をねぎらったのである。

虫送り（六月末〜八月）

虫送りは、稲につく害虫を村境や川端まで送る、村をあげての行事だった。田植直後から、二番草ころまでにおこなった。害虫が発生すると、年に二回繰り返すこともあった。社寺の聖なる火を松明に移し、行列しながら田をまわり、蛾をよび寄せて焼きころした。また悪霊が害虫をもたらすと考えられていたので、悪霊を村外まで送り出す意味もあった。いまは鹿背山をふくめ、南山城でも数カ所でしかおこなわれていない。

宇治市西笠取相月では、隣組が集まって松明に火をつけた。あとはそれぞれが自分の田のまわりを、「虫おくるわい」とさけびながらまわり、最後は川に松明を送った。

和束町湯船では、一対の虫送り人形をカイト送りする。湯船は五つのカイト（組）があり、代表者が小杉カイトの大智寺に集まって二体の藁人形をつくった。人形は、オバアサンとオジイサンの一対で、オジイサンは手に持った箒で害虫を集め、オバアサンが虫をムシブクロに集めて、村から外に送ったという。頭髪が棕櫚のほかは、すべて稲藁でつくった。

夕方住職の祈祷をうけたあと、仏前の火を松明に移す。松明は、よく乾燥した割り竹に、乾燥した杉葉を芯にして、すぐに燃え落ちないよう藁できつくしばった。長さが一間、直径は五、六寸（一五～一八センチ）あった。

行列は竹の先に掲げた人形を先頭に松明がつづいた。ふるくは田のまわりを、行列してまわったという。人形だけが、上流のカイトから下流のカイトまで送られる。最下流の五ノ瀬では、最後は人形ごと和束川に投げ入れた。

雨乞い（七月～八月）

稲の成長には水が必要で、年によっては雨が降らず不足することもあった。南山城では、全域で雨乞い習俗が伝承されていた。村をあげて、さまざまな方法で、繰り返しおこなわれていた。農民の降雨への願いはそれほど切実だった。同時に、かつての人びとの豊かな発想を感じる。

田辺町天王では、氏神の朱地神社の能舞台のまわりに灯明をあげたり、境内の水神社の御神体を桶に入れて水を掛けて清めて願かけした。

木津町相楽では、宮籠りして般若心経をあげた。それでも降らないときは、水神を祀る溜池の堤で、稲藁のまわりに竹をたてかけて火をたき、般若心経をあげた。火が雲をよび、雨が降ったという。雨が降った翌日は、アマヤスミで仕事をやすんだ。

雨乞いに、龍神を祀る丘や山の高いところで火をたくことは多かった。木津町鹿背山では、観音寺峠に柴を持ってあがり、火をたいて祈願した。山城町棚倉でも、山頂近くのジョーさんで火をたき祈願した。

精華町東畑では、溜池が枯れると、

写真197　雨乞い踊りは、胸にカンコ、背にシナイをつける（南山城村田山・藪中繁太郎氏提供）

写真198　雨乞い踊り絵馬
（山城町平尾・涌出宮）

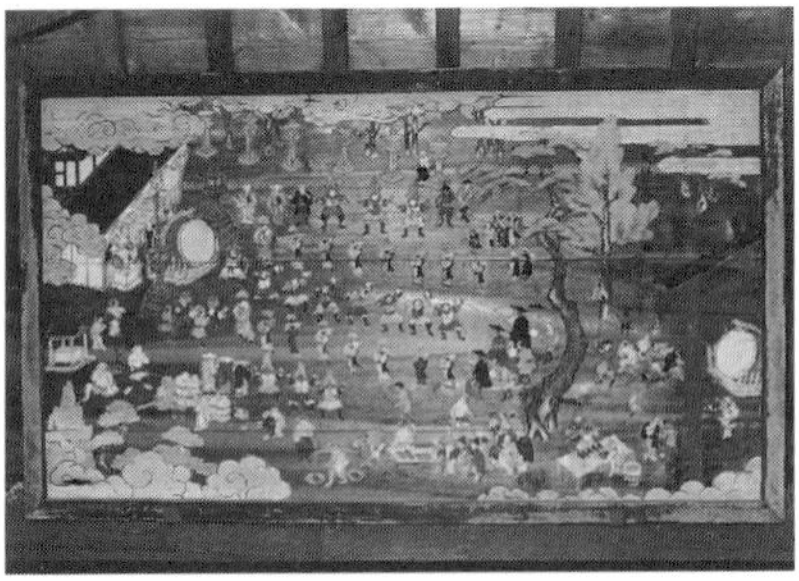

写真199　ナモデ踊り絵馬
（奈良県川西町結崎・糸井神社）

雨タンモレ　ジイオイナ　ジイオイナ

と、呪文をとなえながら集落をまわった。雨が降るとアマヨロコビで、イロゴハンで祝った。

踊りも雨乞いの重要な祈願方法の一つだった。秋祭りに奉納される南山城村田山の花踊りは、もとは雨乞いの祈願と、お礼の願済ましに氏神に奉納していた。田山には一三段階の雨乞い手段があり、最後が花踊りだった。

涌出宮には多くの雨乞い絵馬が奉納されている。明治六年（一八七三）九月に、綺田・平尾・大平尾村からの雨乞い絵馬は、村人がシャグマをかぶり、胸にカンコをつけて踊っている。奉納は九月で、雨乞いの願済しに奉納している（写真198）。

奈良県でも、雨乞いの祈願やお礼に、ナモデ踊りやイサミ踊り、その芸態を描いた絵馬が奉納された。江戸時代中ごろから大正二年までの、九面の雨乞い踊りの絵馬が残る。なかでも天保十三年（一八四二）の川西町結崎の糸井神社の絵馬は、村の雨乞いの場に武家や念仏唱導者が登場し、西瓜を売る屋台が描かれ大和西瓜の歴史を考えるうえでも貴重である（写真199）。

地元の神仏に祈願して効果がない場合は、遠

写真200　野菜を乗せた燈篭に祝い歌を書く（宇治田原町湯屋谷）

写真201　寺での地蔵盆の踊り（同上）

隔地の神仏に祈願に行った。木津町では、奈良市春日奥山の香山さん、笠置町切山では、南山城村童仙房のサイザイさんに村じゅうで参った。

地蔵盆（八月二十三日）

南山城の地蔵盆は、奈良県に接する南部では七月二十三日、北部では八月二十三日の地蔵の縁日におこなわれることが多い。

宇治田原町湯屋谷の地蔵盆は、八月二十三日におこなわれる。朝からミチツクリ、昼から当屋で燈籠づくりがはじまる。夕方から長福寺でおこなわれる盆踊りに奉納する燈籠である。燈籠は一対で、一つは先端に御幣を立てた高燈籠で「奉納南無地蔵尊」と書いている。もう一つは、四角い笠状のもので、上に季節の野菜でつくった干支の動物をつくる。四周には、干支をおりこんだ、豊作万作を祝う歌を書いた。湯屋谷の四つの谷（組）が一対ずつ、踊り場のまわりに並べたてた（写真200・201参照）。

この一対の燈籠は、豊作祈願とあわせて、疫病を防ぐ意味もあった。燈籠づくりを休んだところ、伝染病がはやり、再びはじめたという。盆は死者の霊を慰めると同時に、畑作物の収穫祭の意味もあった。湯屋谷では、さらに夏の疫病を鎮める意味もこめ、複合的な地蔵盆になっていた。つくりものを乗せた笠状の燈籠は、疫神祭にみられる風流笠にも似ている。

風の祈祷（八月中〜八朔）

立春（二月三日ごろ）からかぞえて二百十日は、一カ月遅れの八朔（九月一日ごろ）にあたる。八朔には台風が一番多く、稲の花が咲くころで農家には心配な時期だった。南山城では、台風シーズン前の八月中ごろから八朔にかけて、村じゅうが寄って風鎮めの祈祷をした。

風の祈祷で多いのは、氏神に宮籠りして、千燈明をあげたり、お千度をふむことだった。九月中ごろには、感謝のお礼参りもおこなった。

井手町井手では、八月二十三日から八月三十一日まで、数珠繰りしながら念仏をあげ、三十一日に千燈明をあげた。

写真202　風祭りのお千度
（城陽市奈島・賀茂神社）

加茂町大門では、八月十八日が風の祈祷で、戸主が氏神によって祈願した。九月十八日には、順季よろこびのお礼参りをした。このときは子供も一緒に参り、盛大に鯉の煮付けで会食して祝った。

城陽市奈島では、八朔に風祭りのお千度を氏神の賀茂神社でおこなった。太鼓を先頭に、宮司と宮役員が一緒になって、

「サンヨレ　ヨーレョレ」

とはやしながら、竹串で数とりしながら本殿をまわる（写真202参照）。お千度がおわると、南山城で一番遅い盆踊りがはじまり、踊りおわって、再度お千度して風祭りがおわった。

麦・芋・豆の収穫祭（七月初め～十月中）

稲作が農業の中心だったが、だれもが米だけを主食で食べるようになるのは戦後のことである。その前は麦や雑穀、芋との混食がふつうで、豆や木の実なども貴重な食料だった。南山城には、稲作以外にもさまざまな作物の収穫儀礼が伝わっている。

〔麦の収穫祭〕　宇治市笠取では、麦の取り入れがおわり、田植もおわった七月一日に、今年収穫した小麦でダンゴをつくった。女衆だけの祭りで、当屋に集まって氏神に二つ、各家に三つずつのダンゴをつくる。氏神には当屋が供えに行き、参拝者に供えたダンゴを食べてもらった。なお十二月一日にも同じ女衆が当屋で赤飯をつくり、氏神に供えたあと子供たちに食べてもらった。前が麦、後は米の収穫祭であろう。

〔芋名月〕　旧暦八月十五日は、南山城では芋名月で、里芋を供えて祝った。

宇治田原町湯屋谷では、アカズイキ（里芋）を根つきのまま洗い、庭の高いところに逆さにつるした。塩味のコイモゴハンを炊いて祝った。木津町吐師では、ススキ、ハギを飾り、米と生のドロイモを供えた。

田辺町田辺の棚倉孫神社の秋祭りに、ズイキミコシがつくられる。北野天満宮の瑞饋《ずいき》御輿をまねたもので、前は大豊作の年だけつくっていた。季節の野菜を三〇種類ほど使うが、里芋の芋茎が飾りの中心になっている。里芋の収穫祭に供えた供物が御輿に変化したと考えられている。

〔豆名月〕　旧暦九月十三日を豆名月、あるいは栗名月という。南山城では、豆名月の伝承がわずかに残るにすぎない。豆をゆでて、お月さんに供えたという。

木津町吐師では、豆名月が氏神の大宮神社の宮座の祭りになっている。北座が菅井、南座が北ノ庄の村境までいき、豆の木を抜いてきた。その豆の木で、巫女が参拝者に湯立ての湯をふりかけ、お祓いをおこなった。この日、子供たちはよその豆をとってもよかったという。

芋名月や豆名月では、どこでも子供がたばって（とって）よかった。芋や豆が収穫を感謝する供物で、子供を神の使いと考えたからであろう。たばって歩いたときの印象は強く、子供のころの思い出として、お年寄りの記憶に強く残っている。

特殊神饌（九月末～十月末）

神饌《しんせん》は神に供える供物をいう。いまは神への供物と、直会の食物が別々になっている。前は神前に供えた供物を、神と人が共食することがまつりの本義だったともいう。神饌には特別の注意を払い、ふるくからの伝統を伝えてきた。

〔栗榧《くりかや》神饌〕　城陽市富野の荒見神社と、同市寺田の水度神社の栗と榧《かや》の神饌は、木の実を神饌とする。伝承では、木の実はおやつがわりだったという。この神饌は、木の実が大切な食糧だったころの記憶を伝えるのかもしれない。荒見神社では、十月一日の朝から総代が集まり、栗・榧・柿を竹串にさして神饌をつくる。ふるくは榧の実だけだったという。夕方から御旅所の神輿の前に供える。五日に祭りがおわると、神社裏の森において、鳥についばませた。

水度神社では、九月二十七日につくっていた。栗と榧の実を、それぞれ四二五本の竹串にさす。それぞれの木の実の形にかたどって、別々に盛りつけた。九月三十日に、御旅所に運んで供えた。祭りがおわると、神饌が倒され、参拝者がうばいあった。これを門口にさすと、魔よけになった。いまは水度神社の栗榧神饌は中断しており、再開をのぞみたい。

〔唐菓子〕　田辺町大住の月読神社の秋祭りに、ユトウとよばれる油で揚げた神饌が供えられる。伝承では平安時代からつづいているという。氏子のなかの

写真203　栗榧神饌左が栗、右がカヤ
（城陽市寺田・水度神社・堀道和氏提供）

写真204　ザルに盛ったユトウ（上）、ユトウは油であげる（下）（田辺町大住）

五軒からなる「四座」が奉納する。ユトウをつくる当屋は、毎年交代する。米粉を水でとき、練って一度蒸し、手に油をつけ、ユウの葉をはさんで楕円にのばす。縁をおさえて、餃子のような形にととのえる。それを油で揚げるとできあがる。十月十三日につくり、十四日の祭りに奉納する。ユトウを供えるザル（竹籠）には、江戸時代末の年号を墨書している。一五個供え、座子に配った残りは、京都の呑龍院までもっていった。ユトウとは「餢飳《ぶと》」のことで、中国から伝わった唐菓子の一種である。奈良や京都の社寺に神饌として伝わる。二つの都と深くかかわる、地域性を物語っている。

〔百味御食《ひゃくみのおんじき》〕

百味御食は、寺院の大法会で仏前に供えた仏供をいった。神仏習合のなかで神社にもとりいれられ、神仏分離の後も伝えられた。

南山城では、いまも百味御食は数カ所でつづく。百味御食には、さまざまな供物がみられる。山里の旬の収穫物の多いことが共通する。百味御食は、百種類の食物ではなく、できるだけ多くのという意味である。なかで木津町吐師の大宮神社では、南北両座の十人衆が、それぞれ五種類ずつ用意し、種類も座の席次ごとにきまっていた。

山城町平尾の涌出宮では、十月十六・十七日に百味御食をおこなう。平尾南部の岡之座・中村座、平尾東部の大座・殿屋座の四座の宮座衆がおこなう。朝から、各

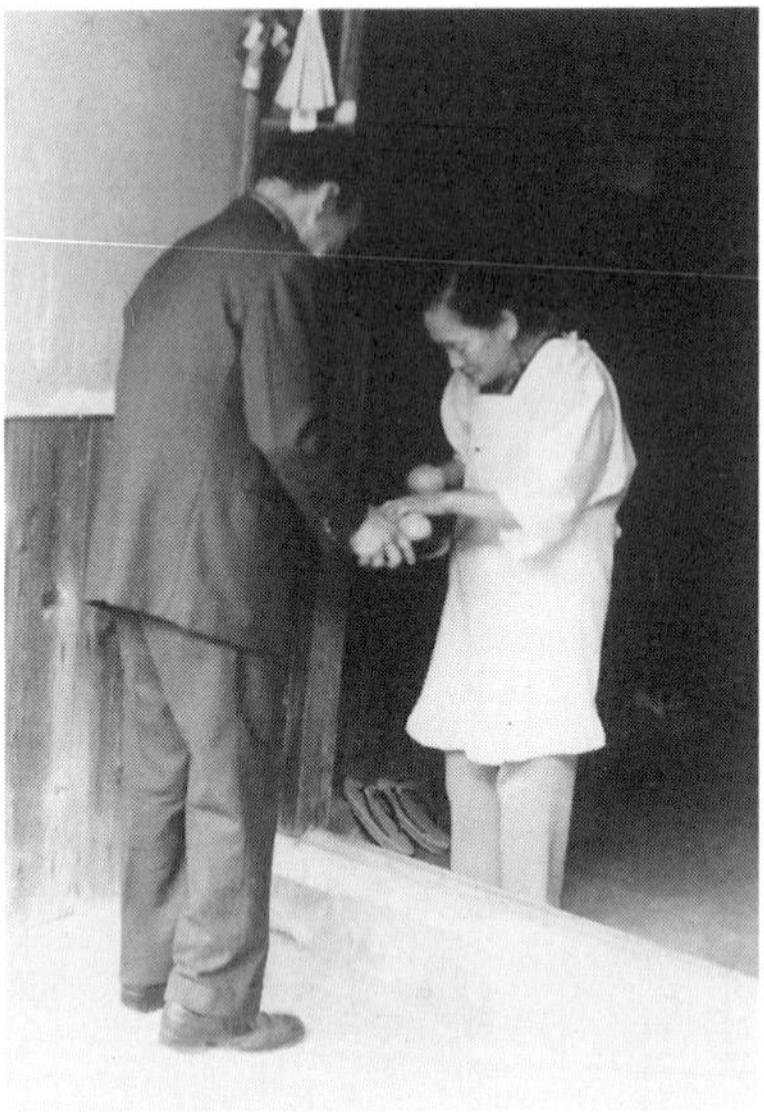
写真205　百味御食をあつめる（山城町平尾・涌出宮）

写真207　拝殿前に供えた百味御食（宇治市白川・白山神社）

座の当番が供物を集めて歩く（写真205参照）。宮に供物を持ち寄り、拝殿に飾りつける。その後、樫の葉を口にくわえて、順送りに神前に献ずる（写真206参照）。供物はなんでもよく、季節の収穫物で木の実や畑作物が主だった。

写真206　百味御食を本殿に供えるための祈祷（同上）

宇治市白川の白山神社の百味御食は、大きな南瓜を台にして、山里の収穫物をシダの茎を使って飾った。神饌を美しく飾ることは、神をよろこばせ、なぐさめる重要な要素だった。

秋祭り（十月）

秋は実りの季節である。稲の収穫を前に、春からの無事を感謝し、無事収穫できるようにねがう、村あげての行事だった。まだ農作業にも余裕があり、準備期間があり、競技や芸能もおこなわれた。町場では、豪快なふとんみこしもくりだした。

相撲は、競技としてではなく神事相撲としておこなわれた。南山城では、宮座行事として広くおこなわれていたが、いまは数カ所でおこなわれ、なかでは子供

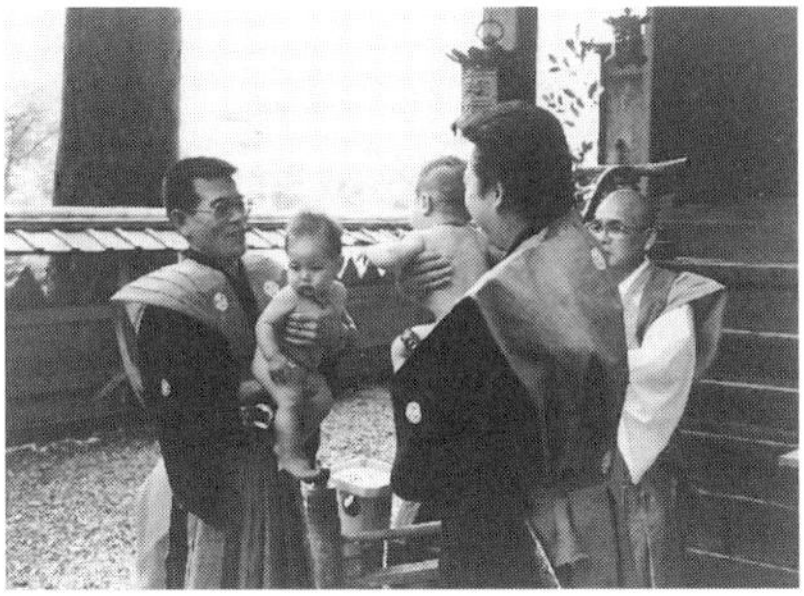

写真208　稚児相撲（笠置町有市・国津神社）

写真209　神事相撲（笠置町笠置・栗栖神社）

相撲が多い。

山城町綺田の綺原神社と同町平尾の涌出宮では、子供による「アーエの相撲」がおこなわれる。笠置町有市では、その年生まれた男子を裸にして、本殿の前で向かいあわせ、泣き声で勝敗をきめる稚児相撲だった。同町笠置の栗栖神社でも、流鏑馬の後、舞台で神事相撲をおこなった。占い神事としての流鏑馬も少なくなった。

ふとんみこしは、木津川沿いの村々にたくさんあった。木津川沿いの村は、商品経済が浸透し、町場的性格が強かった。木津町木津の田中神社では、宮座の神事の後、ふとんみこしが境内を三周してまわった。ただし九台あるうち、宮入りするのは数台しかない。いまは担ぎ手が不足しているからで、笠置町笠置では、祭りに組み立てはするが、太鼓を打ちならすだけである。

写真210　境内を回る布団神輿
（木津町木津・田中神社）

刈り上げ（十月末）

田植前後のサビラキとサノボリのように、稲刈りの前後に儀礼があった。一二株の稲穂を刈って稲架にかける穂掛けと、稲刈り後の刈り上げである。

南山城では穂掛けの話は聞けなかった。一〇年ほど前の南山城田山での調査報告書に、「ホカケ」とあった。稲刈り前に稲の初穂を、

写真211　カリアゲマツリ（宇治市白川）

平年は一二本、閏年は一三本、ハサ（稲架）にかけて、刈りはじめの祝いとした。刈り上げは、いまもわずかにつづいている。伝承はどこでも聞けるが、行事内容はほとんど同じだった。稲刈りがすむと、すぐに鎌をきれいに洗って、箕のなかに並べ、赤飯を供え、燈明をあげて、無事稲刈りができたことを感謝した。

南山城田山では、カママツリとよび、藤箕のなかに鎌と砥石を入れ、赤飯を供えて、三宝荒神のそばに祀った。

木津町鹿背山では、カリヌケとよび、箕は使わなかった。直接三宝荒神を祀るオオガマサンの上にならべて祀った。

イノコ（十一月末〜十二月初）

稲の収穫がおわると、実りを感謝する収穫祭がおこなわれた。イノコを収穫祭とするところが多く、イノコモチをつくって仕事を休んだ。

笠置町切山は、十二月五日がイノコで、イノコモチを搗いて神社に供え、親戚にも配った。家では籾摺臼にイノコモチを供えた。イノコを目安にウスジマイする家が多かった。大正時代に籾摺臼は、土臼から改良臼となり、すぐ機械化された。

田辺町天王では、十二月一日がイノコだった。この日までに秋じまいするようにといった。秋じまいは、籾摺臼をしまうことをいった。

イノコに、子供たちが藁棒を持って各家をまわった。京都府周辺の乙訓郡から綴喜郡にかけて多かった。田辺町普賢寺では、十一月の亥の日の夕方、子供たちが藁棒で各家をたずね地面をたたいた。そのとき、

イノコモチは　ついてもおえん　母屋の隠居と　祝いましょう　ポッタリコーン　ポッタリコーン

とはやした。各家から、カキモチ・キリコ・柿・栗・菓子などをもらった。乙訓でおこなわれていたイノコも、行事内容は似ている。

長岡京市下海院寺では、十一月の亥の日に氏神に参った。その後、男子は辻々に集まり、一団となって各家をワラズトでたたいてまわった。ズイキを芯にするとよい音がでるといった。庭をたたきながら、

イノコの晩に　餅せんとこは　カカハカワラケ　トトスボケ

と大声ではやした。イノコがおわると、炬燵をだした。

木津町市坂では、十月の亥の日に子供が藁棒をたたきながら、

イノコの餅や、イオタレ　イオタレ

とはやして歩いた。

精華町東畑はほとんどが浄土真宗で、報恩講が秋の大事な行事だった。前は九月中ごろにおこなわれたが、五〇年ほど前に十一月末にかわった。ほかの村でイノコを祝う時期にあわせたという。イノコがないため、報恩講を収穫祭にして区切りとしたのである。

宇治田原町湯屋谷では、浄土宗が多く、十夜《じゅうや》が大事な行事だった。浄土宗の寺に、新米を十夜米としてもって集まり、念仏のあと、夕方から子供たちにお握りをふるまった。イノコがないので、十夜が収穫祭のかわりだったという。

自然と生きるくらしのリズムは、宗派を超えて必要だったのである。

農耕絵馬

江戸時代に、千歯扱、唐箕、千石とおしなどが発明される。大正時代に機械化がはじまるまで、ふるくからの農具がずっと使われていた。稲作技術の進歩とあいまって、伝統農具を使わなくなるのは、それほどふるいことではな

表12　近畿地方の農耕絵馬

番号	奉納場所	所在地	年月日	奉納者	法量 タテ×ヨコ	備考
1	大原神社	京都府天田郡三和町大原	慶応4.8.　吉	作栄講中	160×280	
2	光福寺蔵王堂	〃　京都市南区南久世	天和2.12.　吉	願主久三郎外６名	93×139	春耕図
3	厳島神社	奈良県北葛城郡香芝町五ケ所	（明治年間）	氏子中	87×192	右枠欠失
4	磐城小学校	〃　〃　当麻町南今市	明治30.9.8	同施人吉田與三郎外２名	87×182	旧尺土春日神杜
5	天高市神杜	〃　橿原市曽我町	文久３.　秋.　吉	當村中	119.2×181	「雨乞願成就」
6	須賀神社	〃　〃　新口	明治28.　旧8.24	大字中	110×180	綿摘み
7	室八幡宮	〃　御所市室	（江戸末）		133.5×182	綿打ち，綿繰り
8	曽爾神社	〃　大和高田市曽大根	明治23.　―		181×242	綿摘み
9	大年神社	兵庫県姫路市豊富町黒田	大正10.8.　吉	難波繁治	75.5×90	藤野紫龍画か
10	大歳神社	〃　〃　御国野町深志野	（明治頃か）			（現亡）
11	春日野神社	〃　〃　飾東町塩崎	慶応２.		95×180	額に鉄板
12	白髭神杜	〃　〃　別所町佐土新	（明治年間）		118×180	酔眼散人画
13	早川神社	〃　〃　飾磨区阿成	（江戸末）		105×122	
14	埋田神社	〃　神崎郡神崎町中村	慶応4.6.　吉	イセヤ太平外16名	110×190	絵馬の代金紀入
15	八幡神社	〃　〃　〃加納	明治６.　夏.　日	願主辻井吉作郎外３名	76×140	神谷周鳳画
16	小倉神社	和歌山県和歌山市金谷	文久元仲秋	願主金谷村佐右エ門	55×177.5 （突出部除く）	水車

写真212　光福寺春耕図絵馬。苗取りと田植を描き、田植の背後で苗を持つ女性と、扇子をもつ子供がはやし踊っている。天和２年（1682）とふるく、風俗画としてもすぐれている

い。

農耕絵馬は、農作業の様子を大絵馬に描いて社寺に奉納している。図柄は、春夏秋冬の四季を描き、稲作は年間を通じて作業のあったことをしめす。だからこそ気をゆるめることができない、作業だったともいえる。四季の作業を細かくみれば、地域の農具や技術を知ることができる。ことに、畿内は農具の先進地帯であり、多くの農具を生みだした地域で、農業技術史の有力な手がかりになる。また、農業へのこころがまえも感じとれる。さらに奉納の目的が、雨乞いや豊作の祈願やお礼で、その時代の信仰も知ることができる。

近畿地方には、近世から明治にかけて一六面の農耕絵馬がある（表12・写真212）。

追記

横出洋二氏が『企画展　宮座とまつり』（京都府立山城郷土資料館、一九九二）、新春のオコナイは『企画展　花と鬼と仏』（京都府立山城郷土資料館、一九九九）で、いまもつづく南山城のまつりを紹介する。

三　現代に生きる年中行事

1　山城町の正月と盆行事

高取正男は、「民俗と民家」（『宇治市史3　近世の歴史と景観』宇治市役所、一九七六）で、信仰から宇治の暮らしを読みといた。その後自治体史編さんは南山城でも急速にすすみ、わたしも「山城町の年中行事」（『山城町史本文編』）を書いた。特別展『祈りとくらし』をみての依頼だったかと思う。

二〇〇六年、南山城ではすべての市町村で自治体史が刊行された。城陽市のように、「民俗調査報告書」を三冊も刊行した自治体もある。ただし民俗編だけで一冊にまとめた自治体史は、『長岡京市　史民俗編』だけである。多くは宇治市史のように、歴史編の一部に民俗がおりこまれている。

正月儀礼

山城町は木津川右岸にひらけた農業地域である。木津川左岸より変化は少ないが、都市化の影響で暮らしはかわりつつある。なかで正月と盆の行事が、伝統を伝えている。

十二月十三日のコト（行事）ハジメから正月準備がはじまる。正月前の長い準備は、行事の重要性をしめしている。前はコトハジメの日に大掃除で使う箒をつくり、餅搗の餅取粉を臼で搗いて用意した。十二月二十四日ごろから、大掃除・注連縄ない・餅搗き・松迎え・砂持ちと正月準備がつづいた。調査当時は二十八日ごろから、あわただしく準備がはじまる。

山城町では、門松や神棚に供える松、注連縄につけるホナガ（ウラジロ）は、どの山でとってもよかった。先をあらそって山に入り、枝ぶりのよい若松を探した。

十二月二十八日～三十日が餅搗きだった。二十九日は「苦（九）餅」で、縁起をかついで搗かなかった。山城町椿井は、十二月三十日に檀那寺や氏神に餅を持って参った。それで餅搗きは二十八日ときまっていた。ただし二十九日を「福《ふく》（二九）餅」といい、搗く家も少しあった。新年を前に縁起をかつぎ、少しでも災いを除き、福を招こうとした。

松迎えで、左右一対の門松と神棚、三宝荒神の三、五段の雄松をとってきた。山城町綺田の古川家は、十二月三十一日にカド（門口）に砂盛りして一対の門松を立て、正月三日間は雑煮を供えてカンマツリした。松は聖樹で、門松は正月に迎える神の依代と考えられていた。

南山城では、門口に門松を一本だけ立てる家がある。依代は本来は一本で、依代の意識が薄れて一対立てとなった。城陽市水度神社の秋祭りには、当屋の門口に一本の依代となるオハケを立てる。

第二次世界大戦後、森林保護のため区や村が指導して若松を伐るのを禁止する。松のかわりに、紙に門松を印刷して門口に貼った。松迎えの禁止は南山城全体におよび、伝統行事が一つ消えた。

行政の指導で行事が消えたのは、三宝荒神にもいえる。戦後の生活改善運動で、台所がたたき（土間）から板敷にかわり、三宝荒神を祀っていたオオガマサンが消えた。台所の一隅の神棚に三宝荒神を祀り、松の小枝を祀るようになった。

注連縄は、家全体に張りめぐらしていたという。細縄に、七（二）・五・三本の藁を垂らし、ホナガをつけた。家全体から入口だけになり、注連縄は太くなった。家の財を「代々」「譲り」わたせるよう、縁起物のダイダイ・ユズリハをつけるようになった。太い注連縄は買うようになり、素朴な注連縄は、付属屋などに飾るワジメに残る。

スナマキの意味

大晦日には、供物をそろえ、家屋敷を清め、正月様を迎える飾りつけをした。そして夕方になると、屋敷まわりや門口にスナマキをした。「スナマキしたら正月や」といい、正月準備の最後がスナマキだった。

木津川沿いは川砂、山間の神童子では山砂をキヨメズナといってまいた。キヨメズナは、清い砂であることが原則だった。子供たちは、スナマキのために準備した砂を踏まないようにいわれた。

近年、木津川の砂の採取は禁止されているが、キヨメズナだけは特別に許可されている。ただし第二次世界大戦後は川砂が汚れ、山砂にかえたところもある。神童子では、黒い肥土の下のイワグサレの赤色の清い山砂を使う。毎年なので山砂を採る場所は各家できまっている。

スナマキの砂のまき方は、きまっていなかった。山城町綺田の古川貞太郎家は、一家が円満になるよう円をかいた。網代（網目）にまくこともあり、カドだけでなく通りにもまいた。山城町上狛は網代が多く、円や波形もあった。加茂町観音寺では、縁起のよい日の出を表した砂絵もあった。

波状はアトジヨリ（後ずさり）しながら箕《み》で砂をまく。そのほかは、少しずつ注意しながらまいていった。上狛では円を描くのにまるく結んだ縄、碁盤目は真直な棒をそれぞれ定規がわりにして砂をまいた。

次にまく場所は、今はカドだけという例が多い。前は神童子などでは、前の道路から屋敷まわり全体にまいていたという。区費で大量の砂を購入し、スナマキが盛大におこなわれている城陽市中村付近では今なお屋敷まわり全体に波状にまいている。むかしは道にもまいたが、コンクリートに砂をまくとすべって危ないのでやめた。山城町を含めた南山城地方のスナマキは、波紋がもっとも広範にみられる。円が波紋につぎ、碁盤目は山城町に多い。縁起ものの砂絵は分布が限定され、一地域の流行の様相をしめす。

以上のことから、スナマキの変遷はおおよそ理解できそうである。箕を使い道路から屋敷まわり全体に波紋にスナマキしていたのが、門口だけとなり、幾何学紋様や日の出といった新しいスナマキの紋様があらわれた。スナマキの変化は、注連縄の変化と似ている。こうした正月準備にみられる変化は、正月の神迎えやカドに対する意識の変化が反映されている。カドは収穫した農作物を調整する作業空間で、人びとが憩い、行事をおこなう祭場でもあった。それが農業の機械化で作業空間でなくなり、庭木が植わりもとの意味は失われた。通路として門口だけが意識されるようになった。加茂町銭司《ぜず》では、門口に砂盛りして一対の門松を立て、注連縄を張っていた。すでに門松に雑煮を供えることはなく、依代としてより、正月を迎えるための装飾性が強調されている。

祭場としてのカドは、神の通り道、さらには人だけが通る通路へと変化している。注連縄や、スナマキには門口や神迎えに対する意識の変化があらわれている。まいた砂は、正月三カ日の間は踏みつけないよう気を配った。いまは人が通る通路の両側にだけまく家もある。スナマキによって屋敷全体を浄め、神を迎え祀っていたのが、人の通路を

写真213　スマナキ。碁盤（右）と円（左）の文様（上狛）

写真215　境内のスナモチ
（宇治市白川・白山神社）

写真214　共同墓地のスナマキ（上狛）

あけてまくまでの変化には驚かされる。

さてスナマキは家まわりだけではなかった。上狛の共同墓地には三十一日の夕方、スナマキと同じ砂をまいた。今は少なくなったが、前はどの家でも墓標を中心とした墓域に砂をまいた。盆前に墓清掃して、盆には墓地から先祖の霊を家に迎えて祀る。正月前の墓のスナマキには、墓を浄めて先祖の霊を迎え祀る盆行事と同じ心情がみられる。

なお行事にキヨメズナが登場するのは正月のスナマキだけにかぎらない。いまも南山城地方では、春や秋の氏神の祭りに、神社の参道や境内に氏子が砂を持ち寄りスナモチやスナミチツクリをしている。清浄な砂で祭場や参道を浄化するのは、正月のスナマキと同じである。

正月の神々

正月は、家のなかに多くの神を迎え祀った。

山城町では、ザシキ（座敷）の仏壇や床の間の神、ニワのオオガマサンの三宝荒神、ダイドコロの神棚の稲荷神・天照神・愛宕神・春日神・恵比須神・大黒神などがある。正月だけ棚をつくって迎える歳徳神もある。正月のあいだ供える餅や花、雑煮が、二〇カ所を超える家もある。

歳徳神は、正月間だけ特別にダイドコロへ歳徳棚をつくって祀る。ダイドコロの天井から可動式の棚をつり、歳徳神が訪れる恵方に向けて祀った。上狛では、歳徳神を祀る家は少なく、神の性格も曖昧になっている。

山城町神童子の森田喜夫家は、ザシキの仏壇と床の間のあいだに机を置いて歳徳神を祀る。中央に鏡餅を置き、左右に松竹梅を刺した四角い大根をおく。元日の早朝、主人（男性）は井戸のツルベの上に供物を供えて若水を汲み、若水を台所の水甕に移し、その水で雑煮を炊いた。若水迎えは水道の普及で消えたが、主人が雑煮を炊くことはつづいている。雑煮を炊くときのたきつけは、豆の木ときまっている。今年もマメに働けますように、という縁起物で、暮れの餅搗きも豆の木をたきつけに使った。三ケ日の雑煮は男が炊き、たきつけの火は歳徳神の灯明から移した。雑煮は、歳徳神に供えてから、家族でいただいた。正月三ケ日がすぎ、鏡開きがおわり、正月飾りを燃やすと勤めがはじまり、正月気分を残しながらケ（褻＝日常）の暮らしにもどる。

前は一月五日はエビスで、奈良市の猿沢池近くの恵美須神社への参拝がさかんだった。仕事を休んで参ったともいう。この日、女性は七草を摘む日だった。

一月六日の晩は、マナイタの上で七草をたたくたたきはじめだった。神童子は、正月飾りを焼く十五日のトンドまでがシメノウチといった。二十日正月は言葉だけが伝承されている。月遅れの二月一日をニノショウガツといって、元旦と同じように雑煮で祝うところも少しあった。

山城町の正月は三カ日を中心としながら、神迎えの準備から神送りの儀礼まで多くの儀礼にいろどられていた。茶や筍などの換金作物の手入れはあっても、年がわりの折り目で、時間にも余裕があったからである。もっとも第二次世界大戦後は農家の兼業化がすすみ、行事は簡略化されて短期間となり、神迎え・神祭り・神送りの構造はくずれた。そして、各家庭における行事は均一化し階層差がなくなりつつある。

盆行事

八月十三日から十五日の盆は、先祖の霊を家に迎えて祀り、家や先祖を意識するときだった。八月一日の墓掃除から、盆の準備ははじまった。

上狛では、八月六日がリントミガキで仏具をみがき、七日は七日盆で井戸がえした。井戸がえで水をくみだした後は、御神酒を供えた。風呂からでた後に爪を切る日だともいった。盆の精霊踊の稽古もはじまった。七日盆には家族で墓参りした。そとに働きに出ていても墓参りには帰ってきた。

八月十二日は、木津で盆市がたった。南山城では、宇治と木津に盆市がたつ。早朝から、木津の旧道沿いには、盆花や供へ物を売る露店がたった。新仏の家は、厨子やオガラを買って準備した。木津の盆市は、下駄や衣類などの雑

写真216　木津の盆市

貨店も多かった。八月十六日から藪入りで、そとで働く子供が里帰りする。親は子供のために衣類などを買って用意した。藪入りは短くなったが、前は半月におよぶこともあった。

盆に迎え送る霊は三種類で、家での盆飾りも三カ所に祀った。家の先祖はオショライサン（祖霊）、昨年の盆以降亡くなった新仏のアラジョライ（新精霊）、祀る人のいないムエンサン（無縁仏）である。祖霊は仏壇で、新精霊は仏壇の前にアラタナ（祭壇）をつくる。祭壇に厨子をおき、オガラの梯子をおいた。無縁仏はアマエンのかたすみに祀った。

新精霊のアラタナは十二日につくり、菱灯籠を門口につるした。山城町では、親族をはじめ村中の人が新仏の家に十三日にお参りする。十四日は、精霊踊が新仏の家を供養してまわった。

十三日の夕方、オショライサンを迎えにいく。墓地か集落境の辻までいき、線香に火をつけ、線香の煙でオショライサンを仏壇まで導く。「線香の煙にのって、オショライサンが帰らはる」と、南山城ではどこでもいう。オショライサンを迎えて送りだすまで、盆棚の供物は朝昼晩欠かさない。供物は季節の果物や野菜のほか、素麺・小豆粥・七色のオカズが基本である。精進料理ではあるが、家によって供物は一定せず、家の個性があらわれる。

上狛では十五日の夕方、仏壇の火を線香に移し、迎えた場所まで送る。前は川に供物を流したが、水質汚染の原因になると禁止された。

地蔵盆は、地蔵の縁日の二十四日が中心である。家での盆は月遅れの八月に統一された。地蔵盆は隣りの奈良市が七月で、木津町や山城町の一部では七月に地蔵盆がある。京都方面はみな八月になる。泉橋寺の地蔵盆は七月二十三日で、巨大な地蔵石仏を中心に祭りがある。八月二十四日にも、婦人の御詠歌があり、地蔵石仏のまわりで、子供が一緒になって数珠繰りする。上狛でも西福寺は八月が地蔵盆である。山城町の地蔵盆の祭日は、大和文化と京文化が交錯する。

2　山城町の農耕儀礼と暮らし

現代の農耕儀礼

南山城は、早くから商品作物の栽培がさかんだった。新しく栽培された作物にはなぜか儀礼はない。神への祈願より、農業技術の改善などの合理性を選んだのであろう。

農耕儀礼がなくなり、家族や地域民がよろこびをわかちあう機会がへった。庭木の鑑賞は熱心でも、自然への親しみはへった。伝統行事の継承の大切さは知っていても、守るのは容易ではない。

第二次世界大戦後、農業への依存が低下し、農具の機械化や技術がすすんだ。風土のなかで生みだされた、農業のモノや技術、それと一体だった儀礼が消えていった。

月の動きによる太陰暦は推古天皇十年（六〇二）に伝わり、太陽暦は明治五年（一八七二）に伝わった。月の満ち欠けで日を読むことは暦以前からあり、植物の開花や動物の鳴き声などで時を知る自然暦もあった。農業では、ほかの植物を指標にして天候などを占うほうが合理的でもあった。農業は自然の摂理を知ることが大切で、折目ごとに豊作を神に祈った。農耕儀礼は、自然の摂理を伝える記憶装置で、人は農耕儀礼を暮らしのリズムとしていた。

予祝を中心に

「トシ」は稲の実りの「稔」で、稲作を中心に一年がまわっていた。稲霊の再生から、人の霊魂とその再生を信じたともいう。南山城でも、正月にモチバナを飾った。モチバナは、稲の豊かな実りの予兆で、稲魂の再生ともいえる。

稲作儀礼は正月の仕事はじめからはじまる。二日は、棚倉でスキクワゾメがあった。御幣のついた竹にミカンと柿をさして、門口に鋤と鍬でささえて立てた。全部の水田をまわってクワゾメしたともいう。正月がおわると荒起こしがはじまる。三日は、棚倉で山の神をまつった。

一月十四日の晩にお日待、十五日はトンドをする。神童子のトンドは全戸が参加した。十四日に広場に組み立てた。十五日朝に、日待の当屋が持ってきた浄火で点火して恵方に倒す。小さくちぎった餅を「ブトの口、ハメの口、百足の口」ととなえ、トンドの火に投げ入れた。害虫の口を焼いて、災いを除こうとした。

涌出宮の居籠祭は、一月の二の午の日から二月十五日にかわる。三日目の御田《おんだ》は、拝殿での田舟引き・籾まき・田植（写真217）とつづいて豊作を祈った。おわると座衆に、オカギと松苗が手渡された。同じ居籠祭の祝園神社でも、御田で稲作作業をおこなう。

椿井の松尾神社の御田は、早い時期になくなった。第二次世界大戦後でも、苗にみたてる松苗だけは氏子に配られていた。

籾播から収穫まで

稲の成長にあわせておこなう、作業儀礼は日がきまっていなかった。

南山城では、苗代に籾をまく前に山に登った。四月三日が、上狛ではヤマガエリだった。タマゴカゴにご馳走と酒を入れ、家族で近くの山に登って遊んだ。ヤマツツジの開花が、籾まきの目安になった。

籾まきがおわると、水口祭りだった。水口はミトグチといい、ミトマツリとよんだ。綺田のミトマツリは、水口に居籠祭のオカギとヤマツツジの花をさして、フキの葉にキリコやヤリゴメ（焼米）を供えた。子供たちは、

「ヤリゴメくれんかったら　ドンガメ（石）はなつ（投げ入れる）ど」

②神主の籾まき

①ボウヨの田舟引き

写真217　涌出宮居籠祭の御田の儀

③ボウヨ・ソノイチ・トモの松苗の田植え

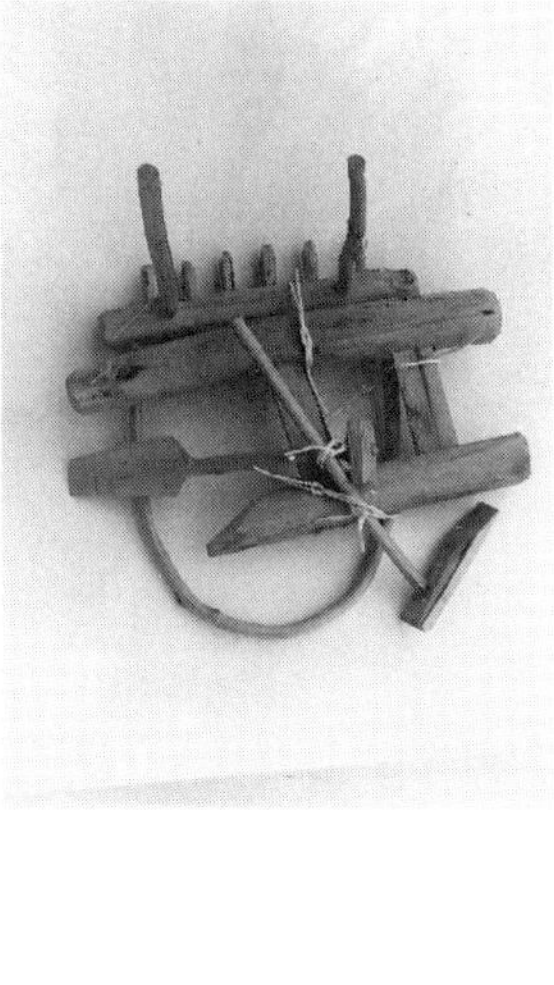

←写真218　湧出宮居籠祭の農道具の模型
鍬・鋤・犂・馬鍬

①祝詞をあげる

②畦きり。鎌で草をはらい鋤できる

③荒起し。唐犂でおこなう

④田ごしらえ。鍬でおこなう

⑤種まき。

⑥五穀　米・稗・粟・麦・豆

写真219　祝園神社の居籠祭御田の儀の模擬
本来は夜に「こうのもり」でする

⑦祭具　枡・鍬・唐犂・鋤・鎌（左から）

とはやして各家をまわった。子供は焼米やキリコを集めるのが楽しみだった。ヤマツツジが依代で、田の神が山からおりると考えた。南山城村や笠置町では、旧暦卯月八日がテントウバナである。テントウバナで竿の先につけるのもヤマツツジである。つるした竹籠に入るという三本足のカエルは、山の神を迎えたことを意味している。

籾まきから四十九日目の苗取りは忌み、それまでに田植えをすませた。苗運びは男性、植えるのは女性の仕事だった。田植えしまいはミトナガシやサノボリといい、水口に供えたオカギなどは川に流した。ミトナガシには、田に一二本のカヤをさし、フキの葉に水口祭りと同じ供物を供えた。残った苗三束を、台所の三宝荒神に供えて（写真194）、赤飯や油揚飯で祝った。

南山城では「半夏生半ケ《はんげしょう》」といい、七月二日ごろの半夏生までに田植をおえた。おわらないと収量が半分になるといった。サノボリには、田植を無事おえた感謝と、カヤのように苗がすくすく育つよう願った。

春の田打ちから田植えまでは、秋のとり入れと同じ重労働で、しかも遅れると収量に影響した。田植えは、たがいに手伝いあい、田植えのあとのノヤスミは村中で祝った。作業のようすをみて、区長が日をきめた。神童子では、ノヤスミが田植えの手伝い賃を精算する大勘定だった。ハレの日は、仕事をしないよう互いにいましめた。こうした慣習は閉鎖的にみえるが、作業の遅れをなくし、伝統を守る力となった。

ノヤスミには、村ごとに虫送りをしていた。いまも山城町では、椿井と北河原がつづけている。虫送りで、害虫駆除の効果をあげるには、村全体で協力しないと効果が薄かった。越年した蛾が苗の茎に卵を産む前に、火でおびき出して駆除した。

椿井・林・上狛は、ノヤスミに虫送りしていた。夕方、氏神松尾神社に区の代表が集まり、神主の祈祷の後、本殿前の灯明の火を提灯に移し、持ち帰ってタイマツのつけ火にした。椿井の虫送りは、いまは祈祷したマッチで提灯に火をつける。虫送りは、農協近くの辻から、北河原との境の四本松の木津川端まで送る。辻で大太鼓を打ちならし、村中に虫送りを知らせた。大太鼓は行列に参加しないが、前は鉦と参加していた。鉦と大太鼓は、椿井の精霊踊にも使う。林は二五年ほど前、上狛は近年まで虫送りをしていた。二つの村で虫送りが消えたのは、椿井より水田が少ないからである。

山城町は、どの村でも雨乞いをしていた。棚倉は、居籠祭の聖地の一つジョーサンで雨乞いした。ジョーサンは、集落をみおろす尾根の祠に祀る。むかしは祠の前方に水の枯れない泉があった。第二次世界大戦後も、柴を持ってジョーサンにのぼり火をたいて雨乞いした。

稲が実を結ぶには、受精前に花が散ってはいけない。花が散らないように、台風シーズンの前に風祈祷をした。神童子では、八月二十五日の日待が村の風祈祷だった。氏神に宮詣して、千灯明を灯した。

稲の収穫儀礼に、十一月のイノコ行事があった。上狛では、弁財天社に参った。棚倉では、餅を搗いて、近所や親戚に餅を持っていった。いまは稲作が一カ月ほど早くなり、十月の秋祭りに収穫を祝う。そのためイノコ行事は急速に消えていった。

畑作儀礼

畑作は稲作にくらべ、儀礼が少なかった。いまは稲作儀礼すら薄れ、畑作儀礼は忘れられつつある。畑作儀礼では、里芋の儀礼がよく残る。南山城では、正月の雑煮に餅とカシライモ（親芋）を入れる。カシライモは餅がかくれるほど大きく、男子は人のカシラ（頭）にたてるよう、ことに大きかった。里芋は、餅と同じ大切な儀礼食と考えられていた。

畑作儀礼として、盆に供えた素麺は麦の収穫祭という。夏と秋の満月の月見も、収穫祭という。

旧暦八月五日は仲秋の名月には、ハギやススキを飾り、月見団子と里芋を供えた。山城町では芋名月といい、芋の収穫祭だった。むかしは南山城では、竿の先に里芋をつるして供え、畑の里芋も自由にとれた。子供は神の使いで、神にかわって里芋を食べた。豊作の喜びを共有するため、子供の盗みを許した。上狛でも、子供たちが各家をまわり、「たばらしてんか」といって供物を食べた。

旧暦九月十三日は、豆名月といった。綺田では、芋名月のように枝つき大豆を月に供えた。子供たちは、各家をまわって豆をたばって歩いた。

名月などの畑作儀礼は、家で多くは祝った。ただし村で祝うこともある。秋に、涌出宮で畑作物の収穫儀礼として百味御食があった。平尾の家庭では芋名月や豆名月がなかった。百味御食が、畑の収穫儀礼だったのであろう。

3　鹿背山の砂まきと虫送り

山城資料館から、木津川をはさんだ向かい側が鹿背山だった。いつもながめているうちに親しみがわき、たびたび訪ねる調査地になった。「祈りとくらし」の年中行事では、虫送りを調査した。いまもつづく数か所のうちの、鹿背山は一カ所だった。調査をとおして松岡正治氏（明治三十八年生）と出会った。虫送りの話を聞くうちに、大きな松明に興味をもった。展示できないかとお願いすると、簡単にひき受けてくれた。復元した松明は特別展で展示し、民俗資料として保存した。正治氏などの調査は、『関西学園都市緊急民俗調査報告書』に「年中行事」として載せた。砂まきは鹿背山とあわせ南山城全体を、虫送りは松明づくりを中心に整理しなおした。

虫送りと松明

砂まきと虫送りは、南山城の年中行事を代表する。

一つは、近代化による科学技術の発達で、意味が失われた虫送りなど、消えてもよさそうな行事である。南山城にかぎらず、伝統行事の今後を考えるテーマといえる。

二つは、南山城では広くおこなわれるが、ほかの地域にはあまりない砂まきである。南山城の地域性を考えるてがかりになる。

まず虫送りだが、農薬などの普及で多くが消えていった。なかで鹿背山の虫送りは、コンテストなどの新趣向を加え、村の行事としてつづいている。

虫送りは、七月六日ときまっていた。翌日のノヤスミを、木津の祇園さんの祭日とあわせていたからだった。いまは土曜日に虫送り、日曜日がノヤスミになった。

いぜんの田植えは、六月中旬にはじまり、月末にはおわっていた。田植えがおわるとミトナガシで、アトナエを三束きれいに洗い、オオガマサンに供えて、ご馳走して祝った。いまは五月末には田植えがおわる。村のノヤスミと開きができ、家でのミトナガシをしなくなった。

虫送りは、各家から男性一人がでて、女性は参加できなかった。しだいに、子供が多くなり、女の子もまざるようになり、いまは主に子供の行事になった。虫送りは、村の中心にある会所の広場を出て、木津川端まで行列した。この三十分ほどのあいだ、消えないように長大な松明をつくった。長大な松明は、大人しか持てなかった。

正治氏が復元してくれた松明は、乾燥した真竹とガサシバ、枯れ松葉を使った。芯にする細竹の上方を割って燃えやすくした。下方の手で持つところを残して、上方をガサシバで包み、その上を別に用意した節を削った割り竹でおおい、縄でところどころしばる。縄は引っぱると解けるように結び、縄の端を下にたらしておいた。燃えると縄を解いて、下にスムーズに燃え移るようにした。ふるくは藁でしばったので、自然に燃え移った。松明の先に、燃えつきやすいように枯れ松葉をつけると完成する。長さは、民家の軒先より少し高いぐらいだった。

松明は、シノブダケを束にしたり、藁束を芯にして割り竹で包んだり、ゴマの芯を束にしたものもあった。いずれの場合でも、長さが三メートルを超えることが多かった。いまの松明は、竹の先に廃油をしみこませたぼろ布をつめることが多い。昭和五十七年から、松明のコンテストがはじまって、復古調の松明もみられるようになった。

①割り竹と松枝などでタイマツづくり

②軒より高いタイマツと松岡正治氏

③タイマツに火をつける

④僧侶が読経のなかタイマツをおくる

写真220　鹿背山の虫送り

松明につける火は、地元の浄土宗西念寺薬師堂で、住職が祈祷した浄火である。区長が浄火を提灯に移し、会所前の広場に持ってくる。提灯の火は積み藁、そこからさらに松明に移す。

行列の順番は、組ごとにくじできめる。鹿背山は八町（組）あり、組ごとに行列する。先頭は高提灯で、鐘と太鼓、松明の順にすすむ。組が交代で、八人のタイコイナイを出した。いまは鐘と太鼓は自動車に乗って移動する。カネタタキは、村で上手な人がたたいた。行列は広場から、田のなかの車道をめぐり、木津川の百間堤の先まで送った。

いまは車も通るが、前は田の畔道で、「ススキ」が並んでいた。ススキは、クヌギの立木を芯にして、稲藁を積みあげたものをいう。稲藁は牛の飼料にするため、ススキで保存した。松明の火が、ススキに移る心配があり、消防団がついて歩いた。

虫送りの日は、不思議と闇夜だった。稲に卵を産みつける前の蛾が、松明に飛びこんでたくさん死んだ。行列が川端につくと、あらかじめ掘った穴に、松明を投げ入れる。投げ入れるあいだ、西念寺住職の読経がつづく。

むかしは、ガンツケ（出席者名簿）に記入して、粥がふるまわれた。ただし正治氏も、どんな粥だったか知らないという。鹿背山区の文書のなかに「虫送り麦寄帳」が残っている（田中淳一郎「古文書にみる歳時」『祈りとくらし』京都府立山城郷土資料館、一九八四）。文政七年（一八二四）・同十一、天保二年（一八三六）などで、村の全戸から三升（五・四リットル）か一升五合の麦を集めている。麦の収穫の後で、粥をふくめた虫送りの経費にあてた。近世の村の行事は、参加しなければならなかった。

生業と結びついた、男性の大人の行事が、だれもが参加できる行事になった。性差にかかわりなく、子供中心の行事になった。儀礼の手間も少なく、行列の距離が短く、車がついてまわれるなど無理なくおこなえる行事といえる。

砂まき

精華町祝園では、「砂まきしたら正月や」「今日は砂まき、あした正月」といった。砂まきは正月前の最後の準備だった。砂まきがおわらないと、正月が迎えられなかった。

南山城では、宗派に関係なくほぼ全域でみられる。精華町東畑は浄土真宗が多いが、いまもみられる。ただし、県境を越えると少なくなる。南山城の近辺では、隣接する奈良県北部と大阪府東北部の枚方などにかぎられる。

砂まきの砂は、キヨメズナという。木津川沿いの家は川砂を、丘陵地の家は山砂をまいた。木津川の砂の採取は禁止されたが、キヨメズナだけは許される。精華町祝園のように、区費で川砂を買うところもある。木津川が汚くなったので、山砂にかえたところもある。ただし山砂も、どこでもよいわけではなかった。川砂であれ、山砂であれ、清らかな砂であることが大切だった。もっとも、そうした砂がどこでもとれるわけではない。

東畑上部地区の南の谷と北の谷は、奈良市高山との境の白色の山砂ときまっていた。下方の北屋敷では、赤い山砂を探してまいた。田辺町の田辺・興戸・三山木も、赤い山砂を探した。

山城町は、たいてい木津川の川砂を使うが、神童寺だけは川が遠いため山砂を使う。黒い肥土の下の、イワグサレの赤くて清い山砂を使う。毎年使うので、とる場所は家ごとにきまっている。

宇治田原町湯屋谷では、砂まきしない。山は粘土質で山砂がとれず、川は小石が多くて川砂がとれない。ただし、宇治田原町でも郷ノ口や田原は山砂がとれ、砂まきするという（『高取正男著作集』第三巻、法蔵館、一九八二）。

高取正男は、郷ノ口付近の砂まきを、

毎年十二月三十日、近くの山へ正月の松迎えにでかけるが、そのときカド松にする松といっしょに大釜さんの榊と、白い砂石のかたまりを採ってきた。（中略）山のきまった場所から採ってきた白い砂岩をつぶしてきれいな砂をつくり、これをカドに立てた松の周囲に撒いて白州をつくり、同時に砂岩のかたまりを大釜さんの蓋のうえにのせるということで、カドの松と白砂、台所の大釜さんの榊と白い砂岩とは、それぞれ一対のものになっている。

という。大釜さんに白い砂岩をのせる話はほかでは聞いていない。山の松・榊・白砂をそろえられる村は限定されそうである。ただし、山砂と門松を一緒にとることは多く、田辺町天王では次のようだった（『同志社民俗』第五号）。

十二月三一日には山へ行って、雌雄の松三組とウラジロ、カシの木、砂をとってくる。このカシの木で家族が三ケ日に使う箸をつくる。門松は雌の松を右にして、玄関・稲荷・井戸に飾る。玄関には穴を掘って突き刺して、まわりを砂で固める。入口に山から持って来た砂で、「一年中まるくいくように」と二つの円を描く。道には砂で二尺ぐらいの線を引く。

加茂町の観音寺でも、十二月三十日か三十一日に、松と山砂をとってきた。山から正月さんを迎える意識が、白砂にもあったのだろうか。

次に砂まきの場所である。いまは母屋前のカドや玄関口だけが多い。前は前の道から屋敷まわり、カド全体におよんだ。川砂を購入している城陽市中村では、いまも屋敷まわりに波状にまいている。道路にまかなくなったのは、コンクリートに砂をまくと車がすべってあぶない。そのため南山城ではどこでも道にはまかなくなった。

井手町井手では、道までまいてたところは大量の砂が必要だった。砂まきの砂をとるのが、年末の男の大仕事だった。そのため町場では人に頼んでとってもらった。高取正男は宇治市について、

宇治の旧家では出入りの職人（大工・左官職）に頼んで川砂を用意したらしい。砂の撒きかたは、家のカドに松の木の形にまいたという例もあり、門松の根のところに円錐形に積み、そこから戸口に撒き、さらに裏口から便所・牛小屋・馬小屋へも道をつけるように撒いた。

と書いている（『高取正男著作集』第四巻、法蔵館、一九八二）。正月準備を出入りの職人がするのは町場の商家にみられ、砂まきにかぎらない。

砂まきは文様もその意味づけもいろいろだった。波・円・碁盤などの幾何学文様、松や日の出などの絵模様がある。

波文様は、箕に入れた砂をアトジョリ（あとずさり）しながらまいた。道や屋敷まわりなど広い場所は、たいてい波文様だった。円や碁盤は、ニワに多かった。山城町上狛では、円はまるくした縄、碁盤は棒を定規がわりにした。東畑でも、縄を定規がわりにした。そして円は円満なくらし、碁盤は田畑の作物の豊穣を願うという。円が一家円満なのは山城町でも聞かれる。

絵模様は、宇治市や大山崎町など京都近辺に多い。大山崎は、ニワに山の白砂で、円のまわりにヒゲをつけて「朝日」をかたどった（『大山崎町史』大山崎町、一九八一）。正月準備の最後に砂まきするのは、子供などが踏んでくずさな

いためだった。

ここで砂まきについて、いくつか整理しておきたい。

キヨメズナというように、正月に迎える神々の祭場を清める目的があった。できるだけ広いほうがよいので、道にまでまくようになった。波文様がはじまりで、素材のキヨメズナに意味があった。

前はカドに砂盛りして、門松を立てた。そして門松に注連縄を張り、雑煮を供えた。門松は正月の神を迎える依代だった。門松が森林保護のため急激に消えた。祭場である屋敷は残るが、依代の門松が消えていった。そこでカドでも道から屋敷の入口までが神の通り道として重要になり、より洗練された円や碁盤文様などを描くようになり、家族円満や豊穣の意味づけがおこなわれる。都市近郊では縁起物の絵模様が、都市文化の影響ではじまったのであろう。農作業の機械化で、作業空間としてカドが必要なくなった。神迎えの祭場の意識が薄れ、植木が植わる庭園や、駐車場に利用されるようになった。そのため波文様は少なくなり、人が出入りするニワの一部だけに円や碁盤文様を描くことが多くなった。

家まわりの儀礼空間と、キヨメズナのあり方は、注連縄ともよく似る。注連縄も屋敷全体から門口だけになり、短くなり装飾化され、縁起物で意味づけされる。

南山城の氏神の祭りで、氏子が参道や境内に砂持ちするところが多かったが、いまはほとんどおこなわれなくなった。

4　切山のサビラキ

南山城で調査をはじめたとき、役場から村ごとに伝承者を紹介してもらった。切山で紹介されたのが、寺坂喜一氏（明治三十六年）とカズエさん（明治四十二年）夫妻だった。調査は話だけでなく、可能なかぎり現場を観察した。喜一家の水口祭り、田植後のサビラキに立ち会い、写真は図録『祈りとくらし』に載せた。

わたしがもといた日本観光文化研究所の月刊誌『あるくみるきく』が、二四〇号の節目を迎えた。もとの所員にも原稿依頼があり、たびたび訪ねていた喜一氏のサビラキについて書いた。すばらしい棚田景観のなかで、喜一氏が祈る姿が印象に残っていた。印象のまま「寺坂喜一翁とサノボリ」と題した。

寺坂喜一翁とサビラキ

前を歩く老人の足がとまり、ザッザッと道端の「カヤ」を刈りはじめた。ところは、笠置山を望む傾斜地の笠置町切山、老人は村一番のもの知り寺坂喜一翁だった。ときは、一九八七年六月末、みごとにひらいた棚田には、弱々しい早苗が植わっていた。早苗が丈夫に育つようカミに祈る、喜一翁一人のサノボリに私は同行した。

少し前なら、稲の豊作を祈る田植えの前のサビラキと、田植え後のサノボリは、南山城のどこでもみられた。品種改良や化学肥料、農薬などの発達で稲の栽培は容易になった。戦後は信仰心が薄れ、稲作儀礼は衰退する。南山城でも、喜一翁のような老人のいる家が、わずかに伝えているにすぎなかった。もっとも、地方都市のサラリーマン家庭に生まれたわたしは、いまも稲作儀礼がつづくことが驚きだった。そのわたしが、サビラキ行事の終焉を見届ける役割りをになうことになった。

喜一翁は、手早く一二本のカヤの若芽を刈って、坂道を再び登りはじめた。寺坂家で一番見晴らしのよい棚田につくと、用水をとり入れる水口に、カヤを一二本ていねいに立てた。そして持参した袋から、フキの葉・あられ・洗米をとりだした。一本一本のカヤの前にフキの葉をしき、あられと洗米を供え、静かに畦にぬかずいて手をあわせた。

どれくらいの時間だったのか、私は思いだせない。われに返ってカメラをかまえたとき、喜一翁は畦に腰をおろして早苗に視線を送っていた。喜一翁のサビラキは、はなやかな祭りとはほど遠い。いつもどおりの自然体に、私は儀礼であることを忘れていた。

写真221　サビラキのあと畦にすわる喜一翁

南山城の村々には、喜一翁のように気軽に話を聞かせてくれる老人がいた。そうした老人たちに共通するのは、ゆったりとした時間の流れである。地域の文化を受け継ぎ、伝統的生活のなかで暮らすゆとりである。話しているうちに、悠久の時間の流れを体感する。南山城のように京都に近く、ひらけた地域だけに印象深かった。

喜一翁は、切山の人びとは働きもので、時代の変化に敏感だという。地域に根ざした伝統的生活のなかで、変化する社会と折りあいながら暮らしてきた。これは切山だけではなく、南山城の村々に共通する。

戦後は伝統的な地域社会の枠組みがゆらぎはじめた。それにともない地域や家の伝統行事が、少しずつ消えていった。喜一翁のサビラキは、伝統的生活のなかに受け継がれてきたなにかを教えてくれたように思った。そのなにかの意味を学ぼうと山村調査をはじめたとき、喜一翁は帰らぬ人となっていた。

四　南山城の人生儀礼

南山城は、伊勢講、行者講、愛宕講などの参拝講が発達していた。ただし、気軽に自動車で参拝できるようになり、参拝講の多くは解散していた。そうしたなか毎年夏になると、木津川に垢離《こり》をとる竹を立てた祭場ができる。行者講では、大峯山に登参前に川で身体を清めた。近年宗教の規制が薄れているだけに、垢離をとってから大峯山に登参する行者講に関心をもった。山城資料館に手伝いに来ていた吉田さんが行者講の講員で、わたしが参加してもいいか行者講の先達に話してくれた。許可がおりて、念願の峰入り修行となった。

1　現代の峰入り修行

一年と人生の折り目

一九八四年の夏、わたしは奈良県吉野の大峰山に行者講の「新客」として峰入りした。資料館の近くの山城町椿井に、「相楽《さがなか》行者講」の先達がいた。その先達の好意で、日本の山岳信仰の中心である大峰山への峰入りをはたした。相楽行者講は、毎年八月下旬に一泊二日の日程で、大峰山の中心峰山上ケ岳に峰入りする。この年は、先達五人をふくめた大人一九人と、子供一三人が参加した。

早朝の貸し切りバスに乗ると、先達が酔い止めの薬を配り、新客のわたしに「お一人ですか」と気づかってくれる。いかめしい山伏姿からは想像しにくいやさしさだった。大峰山麓洞川《どろがわ》の相楽行者講の定宿である「あたらしや」に到着して少し休息をとった。宿に余分な荷を置いて、いよいよ峰入りである。登山口の遥拝所まで行くと、同行の三人の女性が見送りってくれる。遥拝所から先は女人禁制で、男性だけの世界となる。

わたしは、学生時代に三〇〇〇メートル級の山を幾度も登っていた。大峰連山は最高でも山上ケ岳が一七一九メートルしかない。余裕をもって登っていたわたしだが、行場に入ると自信はぐらつい た。峰入りを細かく記録するはずが、行場がおわるまで時計を見る余裕すらなかった。岩が露頭する行場は、先達がいうように一歩一歩足を運ばなければならなかった。先達の声はやさしいが、まなざしは厳しかった。大峰山最大の難所、裏の行場に入るころは、久しぶりの登山ということもあるが、緊張と疲労で体が棒立ちになり、足が思うにまかせない。事故にそなえて裏の行場にだけつく、軽い身のこなしの山先達の補助、相楽行者講の先達の励ましがなければ、おおげさではなくわたしは

写真222　木津川河原の垢離とり場

挫折したかもしれない。わたしだけでなくほかの新客も、一度はそう思ったという。

先達の日ごろの職業は、酒屋・農業・会社員で、一般人とかわらない生活をしている。一度山に入ると、先達への講員の信頼は絶大だった。近世以降庶民のあいだで山岳信仰がさかんになり、一般の人びとも行者講に入って入峰するようになる。大峰講の隆盛の理由に、山々の先達のきぜんとした行動にたいするあこがれもあったのではと思った。

山は自然の支配する領域である。「よう、お参り」と、登参者は登り降りに、互いに声をかけあう。日ごろの社会秩序をはなれ、一人の人間に立ち戻り、峰入りの苦しみをわかりあえる。先達の言葉がすなおに受け入れられるのも、個人の我欲の入いる余地がないからである。大峰山は修行の場にふさわしい、きびしさで選ばれた山だった。女性が立ち入れないのは、山の秩序を守る必要からである。さらには、山のきびしさにもよったのである。

予想以上に修行がきびしかっただけに、下山後は近年採掘した温泉で体をほぐし、汗を流した。前夜からの精進もおわり、先達を囲んで多いに食べて飲む、まさに極楽だった。

二日目は、午前五時半に水垢離にでかける準備がはじまった。みんなで寝た広間をみると、疲れでうつろな目をしているのはわたしだけだった。毎年水垢離をとる滝が水害で使えない。かわりに池で先達や大人にまざり子供も水行をとった。水行のあと講中安全の護摩を焚いた。

参加する子供たちの規律ある態度が、はじめからわたしの目をひいていた。全員が自発的に参加しているわけではないと聞いたが、峰入り修行の意味をよく自覚していた。峰入りでも、行場までは騒いで走りまわっていたが、行場での修行中は静かで、列をみだすこともなかった。第二次世界大戦まで、椿井の子供たちは小学校に入学すると新客

②途中の休憩所

④手をあわせる子供たちの表情は真剣

⑤行場での「のぞき」

⑥風呂から出ての食事とビール

①遥拝所には「是より女人結界」の石柱がある

③鎖をのぼる

写真223　男性だけの山の世界

として大峰山に峰入りし、翌年は迎い山といってお礼参りした。強制されなくても、ムラの慣習としてうけ継がれていたのである。南山城では地縁による講と同じように、同世代間の結びつきも強い。少年期の行者講も、そうした仲間づくりの機会だったのである。

洞川から、これも恒例の高野山に参って、椿井にかえった。帰りのバスで先達が、「山では修行、里では人集め」ともらした。いまの先達の苦労をあらわす一言といえる。マイカーでの気楽な家族旅行や、小さいころからの学歴主義などで、子供の講参りの存続がむずかしくなっているという。

たしかに修行としての規律など、守るべきことは多い。だが長い人生のなかで、峰入りの体験は一つの折り目として記憶に残るに違いない。さすがに疲れて寝顔をみせる子供たちをながめながらわたしはそう思った。

2　人生儀礼と石

人生儀礼のなかでも誕生と葬送儀礼は重要だった。その生と死の儀礼に、石は重要な役割をはたした。産の神として、地蔵石仏に安産を祈願することは多かった。

相楽郡精華町乾谷では、ヤケ地蔵をはじめ村内の二、三の地蔵に安産を祈願し、出産後はよだれ掛けをお礼に供えた。

京都市八瀬の念仏堂の子安地蔵では、安産を願う婦人が地蔵に供えたロウソクをいただいてきて、産気づいたときに産室の明りとして安産を願った。

京都市北区小野下ノ町の供御飯峠のくぬぎ地蔵は、安産祈願のほか、子供の夜泣き、癇《かん》の虫封じで知られていた。地蔵盆に、母親が子供を連れてお礼参りして、子供の名前と年齢を書いたよだれ掛けと供物を供え、御詠歌をあげた。

京都府北部の竹野郡丹後町中浜でも、子安地蔵に安産を祈願し、お礼によだれ掛けを掛けた。同町遠下の常福寺境内の子安地蔵、同町井谷の子安地蔵にも安産祈願した。

京都府下では地蔵石仏が身近に祀られていて、安産祈願といえば地蔵（子安地蔵）に祈願した。地蔵石仏は童子形が多く、母親には産まれる子供の姿と重なり、地蔵盆は子供の祭りである。地蔵は村境や辻に祀られ、不安定な子供の霊をこの世にみちびいた。

出産後の後産《あとざん》（胞衣）は、京都市内では裏門に集めて処分してくれる人がいたという。ほかではたいてい、誰にも見られないよう家族が墓地（埋墓）や川端の胞衣捨て場へ夜に埋めにいった。

相楽郡山城町上狛、城陽市奈島、亀岡市東本梅赤熊では、便所の踏み石の下に埋めたともいう。北部の熊野郡久美浜町海士でも、後産のほか、ボロギレや油紙も一緒に埋めたという。便所の神は産育とかかわりが強かった。

舞鶴市田井では、胞衣を風呂敷に包み、塩を一つまみ振り、壺に入れて床の下に埋め、大きな石を乗せて七夜まで燈明をあげたという。

いまも産後百日目（百二十日とするところもある）を中心に、クイゾメをさかんに祝う。クイゾメには里から膳が送られ、その膳に三色の石を添えて食べさせる模擬をする。まだ不安定な幼児の霊魂を、堅い丸い石によって安定させようとした。この丸い石を城陽市寺田では川で拾った。

綴喜郡井手町多賀では、百日のクイゾメに赤・白・黒の三色の小石を拾って、子供の口にあてると、歯が丈夫になるという。同郡田辺町天王でも里から贈られた膳に、赤飯と焼き鯛に、赤・白・黒の三色の小石を川原から拾ってきて添え、歯が丈夫になるよう舐《な》めさせてから、赤飯を一粒食べさせた。

クイゾメに小石を添えるのは丹後地方も同じで、熊野郡久美浜町布袋町でも、百日目の膳に、子供が丈夫に育つように小石を置いた。石は霊魂を象徴する。クイゾメの視覚的印象から、体の丈夫を歯にかえていうようになったのであろう。

南山城では、正月と六月にハガタメ餅を食べる習慣があった。いまは歯が丈夫になると、クイゾメと同じ説明をする。もとは霊魂の象徴である餅を食べることで、生命の再生と強化をはたすことに意味があった。

城陽市奈島では、男は生後三十日、女は生後二十八日目が宮参りである。宮からの帰り道に本家などに寄り、丈夫になるように鰹節と丸い石を舐めさせた。京都市左京区梅ヶ畑では遅く、初誕生に神棚に赤飯を供えるとき、産神さんといって丸い石を一個供えるという。この丸い石は、一年経た小さな生命を象徴しているのかも知れない。

若者と力石

いまは二十歳が成人式で、社会的に大人と認められる。前は一人前の身心の働きができて、大人と認める風潮があった。男性の身体の一人前の基準は体力で、米俵を持ち挙げて認められることもあった。京都市岩倉では、五斗俵（九〇リットル）の重さが一人前の基準で、四ツ辻に置いてある同じ重さの石を挙げて一人前と認められた。

久世郡久御山町東一《いもあらい》の東の地蔵尊のところに力石が残る。縦六〇センチ、幅三〇センチ、厚さが二〇センチの直方体で、重さは二七貫二〇〇匁（約一〇五キロ）ある。弥右衛門家の土台石に使われていたことから、弥右衛門石ともよばれる。ここには一石（約一五〇キロ）もある石力もあった。前者は若者が一人前になると、後者はむかしさかんだった草相撲の力士が持ち挙げたという。

京都市洛西の下津林では、若者入りするとき儀礼として力石を持ち挙げた。この力石は石地蔵を転用していた。北桑田郡美山町鶴ヶ岡の殿村と田土の境、国道一六二号線沿いに鉄砲地蔵とよぶ自然石碑がある。名号を彫った三界万霊碑で、宝暦十四年（一七六四）四月十五日に有縁無縁の人びとが造立した。青年会の若者が持ち挙げて力自慢していたという。美山町知井の八幡神社境内の自然石も力石で、ココロミイシとよばれていた。

京都市伏見区藤森の藤森神社参道東側の力石が、記録の上ではふるい。安永九年（一七八〇）の『京都名所図絵』

には、祭礼の日に氏子がこの力石で力だめしをしたとある。

京都市北区紫野の今宮神社社務所前の力石は、「奉納　力石　天保十一（一八四〇）子二月　鷹峰高政持」の銘文がある。この力石は楕円形である。前出の辻や神社境内は神聖な場所で、そこで力石を挙げるとカミにも認められたことになったのであろう。

井上頼寿は『京都民俗志』で、京都の力石はたいてい楕円形の一方を直線に切った形で、伏見宝福寺辺の路傍にもあると書いている。

力石が伝説になった例として、京都市七条の松尾神社御旅所西方の「力王丸」の力石がある。明治十二年に農民が二十日間かけたが掘り出せない。その青い石を見て古老は、中世に陥没した力王丸の力石だと話した。農民は祟りをおそれ埋めもどしたという。

婚礼と石

若者たちは、村の祭りや治安維持で重要な役割をはたし、婚姻にもかかわっていた。そのなごりの婚礼習俗が残る。

丹波船井郡八木町神吉では、婚礼当日に若者連中が庭石を贈る。同郡日吉町天若でも、婚礼の盃事をしている座敷の前庭に若者が大石を担ぎ込む。慣例なので、頼んでおいた隣家の座敷に案内して、若者に酒を振る舞った。

死と石

京都市八瀬では、出棺の前に石で北向にかまどを築いて一膳飯を炊いた。棺の蓋をするときは、石でたたいて閉じた。京都市北区の北白河では、埋葬の上にシルシ石を置く。石塔は一周忌までにたいてい用意した。石塔は、年忌の年の彼岸に立てた。

年中行事と石

北桑田郡美山町は、福井・滋賀両県に隣接する林業の町である。同町の旧知井村田歌では、元日の早朝に雑煮を祝った後で、午前二時ごろ氏神に恵方参りする。このとき氏神境内の小石を貰ってきて、一年間床の間に祀った。この石は翌年の恵方参りに持参して返し、新しい小石ととり換えた。

五　石が伝える記憶

本節は、「京都の石の民俗」から「2　人生儀礼と石」を除いて再構成した（「京都府の石の民俗」『近畿地方の石の民俗』明玄書房、一九八七）。

南山城は、すぐれた中世の石仏石塔が多いことで知られている。山城資料館の常設展でも、加茂町当尾の石仏石塔を紹介している。わたしは常設展の準備で南山城の石仏石塔も担当し、調査して歩いた。その成果の一部は石造物の文献解題と在銘年表として発表した（「南山城の石造物」『山城郷土資料館報』一号、京都府立山城郷土資料館、一九八三）。また第四回特別展『山城国一揆とその時代』（京都府立山城郷土資料館、一九八五）の「一揆といのり」でも、中世の祈りとして板碑を紹介した。こうした中世の石仏石塔については、今回はすべて割愛した。

1　石の信仰造形

石塔・石仏

京都は一千年の王城の地で、いまなお日本の伝統文化の中心地である。そのため石にまつわる伝説は多い。井上頼寿『京都民俗志』や竹村俊則『新撰京都名所図会』（全七巻）などにも多数とりあげられている。ここでは南山城を中心とした石の民具、なかでも石の信仰造形をとりあげたい。

石碑や石塔などの供養塔の建立は、中世にさかのぼる。京都府の在銘最古の供養塔は、木津町木津の正応五年（一二九二）五輪塔である。「僧衆」の銘文があり、道俗が協力して造塔している。

室町時代中ごろから、南山城南部を中心に「念仏一結衆十七人」「念仏結衆中」「念仏講衆」などの名号板碑がさかんに造立される。近世になると、個人の戒名を彫った墓標が登場する。

石塔や石仏は、城の石垣などに転用されることもある。昭和五十九年、福知山市教育委員会が福知山城を発掘調査した。福知山城は、天正七年（一五七九）に、この地方を平定した明智光秀が縄張りした近世城郭である。今回の発掘で、天守台の石垣や地中から、五輪塔や宝篋印塔などの石塔の部分品を発掘した。石垣に一一〇個、地中から三〇九個みつかった。石塔は様式と銘文から、鎌倉時代後期から天文十年（一五四一）におよぶ。この地方を治めた豪族の供養塔と考えられる。戦国期の城の石垣には、石塔石仏がまざることが多く、急な築城での石材不足、旧勢力の排除を目的とした菩提寺や石塔の破壊などが理由として考えられる。京都市上京区出土の石仏は、織田信長入洛後の二条城築城に使われた。これは前者の理由と考えられる。

石燈籠

石燈籠は、もとは寺院の正面に灯明台として一基建立された。それが神社、さらに祠堂や路傍、港にも建立するようになった。

京都市には、官幣大社や各宗派の本山が集まり、多くの石燈籠が奉納されている。南山城の八幡市の石清水八幡宮に鎌倉時代から近代までの石燈籠が、各地から多数奉納されている。日本を代表する石燈籠群で、奈良の春日大社、大阪の住吉大社、香川の金刀比羅宮とならぶ。

有名大社にくらべ、地域内の石燈籠の悉皆調査は京都では少ない。森弘志の『夜久野の石造物』はそのうちの一つである。

天田郡夜久野町は、京都府と兵庫県が接する山間にある。夜久野石という細工に適した玄武岩があり石造物が多い。夜久野町の石燈籠は、元禄十七年（一七〇四）が最古で、近世に九四件（一対を含め総基数は一二〇基）、近代まで含めると約二〇〇基におよぶ。九四件は、神社境内が七七、堂七（毘沙門堂一、大師堂二、阿弥陀堂二、薬師堂一、地蔵堂一）、路傍四（愛宕燈籠三）、公民館三、寺院三となる。

奉納者のはじめは、家や一族の代表者である。文化文政期にさかんになり、その後は氏子や村中からの奉納がふえる。なかで若連中や講中など組織が多様化し、十六施主や他地域からの奉納がはじまる。奉納者の変化は、社会の変化や、経済活動の反映という。

奉納の目的が、銘文にあらわれることは少ない。神社奉納の石燈籠には「御神燈」「奉燈」とあるにすぎない。諸願成就の祈願は、心願を明かさないことで神徳が得られるという信仰に基づいている。

寺堂への奉納物には「先祖為菩提」などの願文がある。神仏への祈願の差は、神仏にたいする信仰観の差かもしれない。なかで愛宕燈籠は、願文がなくとも火伏信仰とわかる。

常夜燈

近世になると、伊勢・愛宕・行者講などがさかんになる。それが村内の辻や村外れの愛宕灯籠など、常夜燈の建立につながる。常夜燈は地域で建立し、もちまわりで毎夜燈明をあげて祈る遙拝所でもあった。

京都の常夜燈は、火防信仰としての愛宕燈籠が多い。愛宕神社は、丹波国と山城国の境にそびえる京都第一の高山愛宕山（海抜九二四メートル）に鎮座する。古来、王城の鎮護神として信仰された。やがて若宮の火神迦遇槌《かぐつち》命の信仰がさかんになり、火の神として庶民が信仰する。近世は「愛宕大権現」、明治初年の神仏分離以降は愛宕神社とよばれる。火防は地域共通の願いであり、愛宕信仰は講で信仰された。愛宕講の分布は京都を中心に畿内、その周辺部に

写真224　桜町会所の愛宕燈籠

写真225　天若上世木の自然石利用の愛宕燈籠

まで広がり、

伊勢には七度、熊野へ三度、愛宕さんへは月詣り

といわれた。常夜燈は、愛宕山を直接拝することができ、月参りもできる近隣地域に多い。府下のほぼ全域、ことに山城・丹波に多い。

宇治市宇治の平等院北門に通じる平等院通の中ほどの桜町会所に、火袋を欠損した常夜燈がある。寛政年間の『奇遊談』には「町のはずれ北面に石燈籠あり、いずれにも村里のはしはしには、火伏守護の為に愛宕権現に奉る燈明あり、此里にもここかしこにあるなり」とある一つであろう。

常夜燈の竿の正面に地蔵立像が彫ってある。愛宕神は、中世に山岳仏教と結びつき、勝軍地蔵を本地仏として武家の信仰を受けた。地蔵立像は、町はずれに立つため古来の塞の神信仰との習合も考えられる。この常夜燈には、塞の神信仰と中世の地蔵信仰に、近世の火防信仰の三つの信仰の変遷を読みとることも可能である。竿側面に「愛宕山大権現　元和九年（一六二三）桜町中　藤原九兵衛作」とある。京都府下で最も古い紀年銘で、地域共同体（講）による愛宕信仰のふるい例である。

京都の愛宕燈籠は、南山城ではきれいに加工した石燈籠で、桜町のようにふるいものが多く、木津町木津など、ふるくからの町場に集中する。

丹波地方では、自然石を組み合わせ、火袋が木組みの自然石燈籠が多くなる。両地域の経済格差、石材産地との距離や石工の有無が影響している。

火防信仰は薄れてはいるが、いまも常夜燈に毎夜燈明をあげる地域もある。

丹波の日吉町天若の上世木と宮村は、大正六年の火事で集落の大半を焼失した。その記憶はいまも伝えられている。村の辻々に自然石の愛宕燈籠を立て、火袋にお札を納め、毎日燈明をあげていた（ダムで移転するまで）。

南山城では、宇治田原町禅定寺、城陽市市辺、同奈島十六などで毎夜燈明をあげる。奈島十六では、集落内の権現社前方の路傍に愛宕燈籠が立つ。花崗岩製の四角形石燈籠で、銘文は竿の正面に「常夜燈」、左側に「文政五（一八二二）壬午　吉日」背面に「講中」右側に「愛宕山」とある。当地方の常夜燈としては小さく、年代も遅いほうである。

奈島十六では、屋形状の小箱が全戸にまわる。小箱を受けとった家が、燈明をあげにいく。いまはロウソクを使うが、前は燈明油などが小箱に入っていた。雨の日は、小箱のなかで燈明をあげ、愛宕山に向かって拝んだ。また、全戸にまわる当番が、愛宕山へ月参りし、お札も受けてきた。集落内で火事があると、当番がすぐに愛宕山へ参りにいった。忌がかかった家は、常夜燈と月参りの当番からはずれ、お札も受けとれなかった。

奈島十六には、全戸加入の愛宕講のほか、有志の愛宕講が二つあった。一月二十日に当屋に集まって会食したり、代参したり、何年かに一度は総参りした。後者の講は、親睦会的な色彩が強かった。

南山城の常夜燈は、秋葉講、金毘羅講、伊勢講、二月堂講などが建立している。一基の常夜燈に、愛宕山とセットで、ほかの社寺名を彫ったものも多い。

行者講と役行者像

南山城では、大峰信仰がさかんで行者講があった。青年は、大峰山に登って一人前とみとめられた。行者講では年に何度か当番の家に集まり、役行者の掛軸などをかけて祀った。

奈良市に接する南山城南部では、石造役行者像を信仰の対象とした。木津町市坂の役行者像は丸彫りで、台座に明和二年（一七六五）四月七日の紀年銘がある。行者像の前に、大峰山三十三回登参の記碑が二基建っている。いまも市坂の行者講はさかんで、一月の日待に代参をきめて毎年登参している。

丸彫りの役行者像は、加茂町当尾の岩船、西小でも祀る。同町高田でも祀ったが、道路の拡張工事で行方不明になった。岩船の役行者像は、集落中央の山頂近くに安置し、いまも村の有志が祀る。

夜久野町には、役行者像が五体ある。小倉の丸彫り像の台座に「文政元年（一八一八）寅七月吉日　彫村中」と彫る。地元で「サンジョウサン」（大峰山の中心山上ヶ岳）とよび、戦前まであった講も山上講だった。今西中には二体祀り裏山に「行者はん」とよぶ行場がある。大先達大江学正院がいたためという。大江学正院の名は、天保十年（一八三九）の夜久野大師堂の大峰山三十三度参拝の記念碑にも彫まれている。

庚申講と庚申塔

平安時代に、庚申信仰は宮中や貴族に広まった。はじめは守庚申で、特定の本寺や儀礼はなかった。室町時代になって月待講や念仏講にならい、庚申講による儀礼や造塔がはじまった。

京都府では室町時代の庚申塔はない。京都府北部の夜久野町では、庚申塔が寛延四年（一七五一）から江戸時代を中心に四九基造立された。すべて青面金剛《しょうめんこんごう》像を彫り、江戸時代中ころまでは二猿、以降は三猿も彫る。夜久野は石材産地で石工が多かったからであろう。

南山城の庚申塔はすべて文字塔だけである。相楽郡山城町平尾の十輪寺板碑は、庚申信仰の本尊青面金剛の文字碑としては全国でもふるい。中央に「バン（金剛界大日種子）南無青面金剛」、左右に「二世安楽　寛永元年（一六二四）甲子七月」と彫る。

南山城の庚申塔を古い順にあげてみたい。

久世郡久御山町坊ノ池の上田家内の庚申塔は、坊ノ池小字座尾の畑より出土したという。角柱碑で、正面中央に「庚申」左右に「享保三年戊戌十二月十七日建　願主南坊池村中」と彫る。第二次世界大戦後、庚申講は中断していたが近年になり復活した。

久御山町野村の常盤神社前の庚申塔も、村外れの野外にあった。角柱碑で、正面に「ウン（青面金剛）野村講中」、左右に「享保五（一七二〇）庚子天五月大吉祥」と彫る。戦前までは堂内に祀り、庚申の日には講中が集まり、夜の十二時ころまで過ごしていた。ことに四月の庚申講が盛大だった。

綴喜郡宇治田原村名村の龍雲寺境内の庚申塔も角柱碑で、正面に「庚申塔」、左右に「寛保三（一七四三）十二月□日　施主名村垣内浄圓」と彫る。相楽郡和束町湯船五之瀬の熊野神社跡の庚申塔は自然石碑で、正面に「ウン（青面金剛）庚申塔講中」左に「宝暦十三（一七六三）癸未天」と彫る。いずれも庚申講はなくなった。

城陽市奈島十六の庚申塔は自然石碑で、正面中央に「ウン（青書面金剛）青面金剛　奈嶋村安全□□開眼長航京仙坊」と彫る。旧大和街道と旧田原道が交差する、青谷川の堤防上の庚申堂内に祀る。堂は交通の要衝、対岸の井手町多賀との村境に位置している。

庚申講はほぼ全戸八〇戸ほどが加入している。家並び順に二軒が当番になり、六〇日ごとの庚申講をつづけている。当番は堂の前を清掃し、堤燈を飾りつけ、七種のおかず（生野菜）を供えて堂につめる。むかしは子供が堂の前で遊び、参拝の後供物のキリコなどをもらうのが楽しみだった。旧田原道は国道三〇七号線となり、交通量が多く、子供は遊べなくなった。供物も汚れない、袋入りのお菓子が多くなった。

当屋の順番を記入した帳面、堤燈や暦などが入った講箱があり、祭りの後次の当番に送る。「庚申さんは二時ころ天から下ってくる」といい、大正ころは午後二時から四時ころに参拝していた。庚申の日は「ミソ汁を食べてはいけない」といい、厳格に守っていた。正月の雑煮は味噌味だが、三カ日に庚申があたるとすまし汁にかえた。

庚申さんは病気平癒、ことに子供のクサを治すといった。いまも庚申堂には多く牛の焼き物を供えている。子供の「クサ」を牛が食べる「草」とかけて治った御礼に牛を供えた。祈願するときは、庚申さんの線香の灰をつけたともいう。庚申堂には、鈴緒のかわりに「くくり猿」をたくさん結びつけている。庚申さんの使いは猿で、子供が無事育つように供えた。十六の庚申信仰は、子供の守護神と姿をかえながら生きつづけてきたのである。

十九夜講と如意輪観音

奈良市柳生と接する相楽郡南山城村高尾は、奈良の大和高原につらなり、近世は柳生藩領で奈良との共通点が多い。十九夜講及び如意輪観音は大和高原一帯に集中し南山城地方ではほかにない。奈良県では大和高原を中心に、六十三基もの十九夜供養塔（石仏を含む）がある。秋篠寺北門前の享保十七年（一七三二）が最古で、文化年間に多い。

高尾川端地区は高山ダムで水没したが、詣り墓横の十九夜観音堂に丸彫り如意輪観音坐像が祀られ信仰されていた。台座に「奉供養十九夜観音　天保二（一八三一）卯年二月吉日女講中」と彫る。十九夜講は九月十九日が祭日で、午後二時ころ観音堂に参ってから、重箱と酒を持って当屋に寄って夕方まで会食した。閏年と寅年には観音堂の前に枝葉のついた桧の生木をイキトーバといって立てた。

地蔵盆

地蔵石仏は身近な仏《カミ》として信仰され、庶民の精神のよりどころだった。八月二十三、二十四日の地蔵盆は、京都市内を中心にさかんにおこなわれている。京都市内では、町ごとに地蔵尊を祀り、夏の風物詩となっている。京都近郊の新興地でも、壬生寺・清水寺などから地蔵石仏を借りて祀っている。

南山城では、山城町泉福寺の地蔵盆が知られている。奈良市内と同じ七月二十三日が地蔵盆である。鎌倉時代末の巨大な地蔵石仏を囲み、老若男女が数珠くりする。丹後地方には、子供が地蔵石仏に彩色する化粧地蔵がみられる。

石敢當

日本の石敢當は、全国二九都道府県にみられるが、沖縄と九州にはきわめて多い。南からはなれた京都には、二基の石敢當がある。

京都市下京区の陶化小学校校門入口の石敢當は、九条通りの鴨川にかかる勧進橋のたもとにあった。明治二十三年の橋架け替えのとき移した。安政元年（一八五四）に、烏丸五条の木綿問屋忠兵衛が立てたとある。

もう一つは、乙訓郡大山崎町大山崎の西国街道沿いに立っている。これも江戸時代末ごろと思われる。大山崎と円明寺の村境で、西国街道と伏見街道の分岐点にあたっていた。

石の俗信

耳の病の平癒を願い、穴があいた耳石を奉納した。穴があいているので耳が聞こえるようになるという。

耳石は、宇治市宇治の宇治神社境外摂社のまたふり神社、亀岡市西別院の大甘野薬師堂、同市千歳の国分寺、船井郡日吉町世木林の盛林寺薬師堂、北桑田郡美山町吉田の薬師堂などに奉納されていた。盛林寺の薬師堂には、大小の耳石が奉納されている。大きい耳石は、ひとかかえもあった。奉納者の願いの強さを、耳石の大きさで伝えようとしたのであろう。

穴あき石は、耳の病気以外でも奉納する。亀岡市宮前の小学校下の石は、京都を追われた後白河院が疲れをいやすため腰を下ろしたという。いまは足痛に霊験があり、穴あき石を近くの木に結びつけて祈願する。穴は、神仏に願いが通じる（伝える）意味があった。

石が病気を治すという俗信は丹波地方に多かった。蜂にさされると、すぐに地中の石を掘りだして傷口を押さえた。それで傷口がいたまず、腫れなかった。

亀岡市千歳の丹波一宮出雲大神宮では、境内の「は神」とよぶ大石の下からの湧き水が、肺病の薬になった。

京都市下京区猪熊通花屋町の本圀寺の「皇諦石《こうたい》」は、一つだけ願いを叶えてくれた。平癒を祈って堂前の石を持ち帰り、治ると石に供物をそえてお礼参りした。

南区九条町東寺内の「撫石《なで》」は、石をなでた手で患部をなでると病が治った。上京区北野天神の「牛石神」も石をなでて治癒を祈り、治ると牛の首輪を奉納した。

京都市右京区梅津の梅津神社には、「跨げ石」とよぶ乳房の形の石がある。子供ができない女性は、またぐと授けてくれたという。梅津の梅津塔近くの「道斎坊」とよぶ石も、またぐと子供を授かるといった。

京都市上京区花背の峰定寺の「乳石」は、乳がでるようにお参りした。乳石は乳房に似ていて、乳頭あたりからしたたる水を飲むと、乳がでるようになった。

石占も、また多い。京都市の清水寺境内の地主神社は、恋愛と良縁をえることができ有名である。本殿前に「恋占いの石」とよぶ自然石がある。離れたところから目をとじて歩き、石にあたると願いが成就する。

京都市の伏見稲荷の奥院には、丸い「重軽石」がおいてある。持ちあげて重く感じたら願いがかなわず、軽いとかなうという。

亀岡市曽我部の法貴坂入口に「ハチヨさま」とよぶ祠がある。祠の前の鳥居の上に、たくさんの石が乗っている。投げた石が鳥居の上に乗ると、願いがかなうという。

亀岡市亀岡の矢田神社では、鳥居の額の上に石を投げあげた。額に石が乗ると男児、落ちると女児が生まれるといった。

2　石と暮らし

衣食住と石

衣食住や生業、年中行事、人生儀礼など、石とのかかわりが薄れている。人の暮らしと自然とのかかわりが薄れたことが背景にある。

漬物は食卓に欠かせない副食で、保存食だった。各地で風土にあった漬物が工夫され、ふるさとの味をつくりだした。京都は、ほかの地域に食料を依存することが多いためか、漬物づくりがさかんだった。京漬物は、京都を代表する産物の一つとなっている。

京漬物は塩漬、味噌漬、糠漬、糀漬、粕漬などで、多くは重し石が必要だった。なかには強く押さえるため、独特のテンビンを使うこともあった。上賀茂一帯で栽培するスグキのスグキ漬は、樽に塩漬したスグキをすき間なく並べ、蓋をして三〇貫（一一〇キロ）ほどの重し石をテンビンにかける。一時間もすれば水が上がりはじめる。テンビンで本漬したあと、ムロに入れて自然醗酵させ、さらに一〇貫ほどの重し石を乗せて漬けると、あっさりしたスグキ漬ができる。

船井郡日吉町天若のタクワンは、本漬前に大根を風干しするか、少量の塩で下漬けした。天若沢田の湯浅孝家では、スグキ漬にならってテンビンで下漬けした。下漬したタクワンは長く保存できないが、歯切れがよくてうまかった。孝家は納屋の一室が漬物部屋で、大小たくさんの漬物石がそろっていた。漬物の種類や樽の大小でかえたし、同じ樽でも漬物が少なくなると軽くした。漬物は女の仕事で、漬物が少なくなって、底の漬物石をとりあげるのに苦労した。川などで漬物石を探すときは、握りやすい石を探した。重しが不均衡だと、おさえてない部分は食べられなくなった。漬物石は保存や味に、大きな役割をはたした。

写真226　天若上世木の漬物石（吉田清次家）

宇治田原町湯屋谷では、山仕事に曲物の弁当箱を使った。食事のときは蓋に水と味噌と野草を入れ、焚き火で焼いた石を入れて即席の味噌汁をつくった。

明治の中ごろまで、丹後半島の与謝郡伊根町では暖房具に温石を使った。囲炉裏で温石をあたため、古布で包んで行火《あんか》がわりに使った。与謝郡加悦町の大江山付近で産出する蛇紋岩が保温性がよかった。三〇キロ以上も離れていたが、わざわざとりに行った。竹筒に湯を入れ、古布でくるんで行火にすることもあった。

生業と石

石積は、家や地域の生産性や安全性を高める役割をはたした。屋敷や棚田の石積、船を停泊させる波止や海岸の石積などである。

竹野郡丹後町遠下《おんげ》では、集落を流れる宇川でサガリ漁をした。上流に向けてV字状に石を積み、要部分においた筌にウナギをさそってとった。五月から七月がさかんで、自然石を利用するとたくさん入った。

伊根町伊根は、京都府有数の漁村である。伊根湾に浮かぶ青島は、湾内に入ってくる鯨の解体場で、鯨供養の鯨墓を祀る。

日本各地の雨乞い祈願に、しばしば石が登場する。

精華町拓榴の日出神社の祠横にある自然石を、日照のとき川につけると雨が降るといった。一〇年ほど前、川につけて祈ると雨が降った。

田辺町天王の朱智神社境内の祠に祀る石は、水をかけると雨が降った。ほかの方法で降らないときの重い祈願法だった。青味がかった、自然石だという。

京都市左京区一乗寺では、比叡山の四明岳頂上に祀る地蔵を荒縄でしばり、「雨降らせば解きます」を口ぐちに唱えて雨乞いした。このとき火も焚いた。

鞍馬山の二軒茶屋横手の地蔵も、願いが成就した後に解くといって、地蔵を縄でしばって雨乞いした。

亀岡市篠町では、夜中によその村の地蔵石仏を盗むと雨が降るといった。願いがかなうと、願すましの休日となり、アマヨロコビをした。

宇治市大鳳寺の氏神厳島神社は、石燈籠に雨乞いの記録が残る。境内の石燈籠の銘文に「奉献雨乞願成就之御礼寛延元年（一七四八）九月大吉日奉納　願主村中」とある。早くからの製茶製造地で、その経済力を背景に建立したのであろう。

参考文献
垣田五百次・坪井忠彦『口丹波口碑集』東京堂、一九二五。

京都府教育委員会『高山ダム水没地区調査報告書』、一九七三。

福田栄治他『京都の漬物』京都府総合資料館、一九七三。

福田栄治他『近畿の民間療法』明玄書房、一九七七。

福田栄治他『近畿の祝事』明玄書房、一九七八。

赤田光男「丹波山村の祖霊祭場」『帝塚山短期大学紀要』第一七号、一九八〇。

久御山町郷土史会『久御山町の今昔』一九八一。

宇治市役所『宇治市史　第六巻西部の生活と環境』一九八一。

森　弘志『丹波夜久野の石造物』私家版、一九八二。

高取正男『高取正男著作集　第四巻生活学のすすめ』法藏館、一九八二。

『探訪神々のふる里（第六巻平安京の神々）』小学館、一九八二。

西浦左門「丹波美山暮らしの歳時記」『近畿民俗』第九一号、近畿民俗学会、一九八二。

大山崎町役場『大山崎町史　本編』一九八三。

高谷重夫『雨乞習俗の研究』法政大学出版局、一九八三。

横山浩子「女性と講」『奈良県立民俗博物館研究紀要』第九号、一九八五。

伊根町役場『伊根町誌　下』一九八五。

同志社大学民俗学研究会『同志社民俗』第五号、一九八五。

舞鶴市郷土資料館『海といのり』一九八六。

福知山市教育委員会『福地山城跡』一九八六。

久御山町役場『久御山町誌』一九八六。

田岡香逸「南山城の石造美術」一～五号『石造美術』九～一二、一九七九～一九八〇。

山本寛二郎『南山城の石仏　上』綜芸社、一九八六。

「石に刻まれた信仰」『加茂町史第一巻　古代・中世編』加茂町教育委員会、一九八八。

篠原良吉「田辺町の石造美術」『筒城』第三十九輯、郷土史会、一九九四。

『第一期南山城総合学術調査報告書　鷲峰山・金胎寺とその周辺地域の調査』同志社大学歴史資料館、二〇〇二。

篠原良吉「宗教石造遺品」『南山城村史　資料編』教育委員会、二〇〇二。

篠原良吉「京都府相楽郡木津町　東山墓地長福寺の石塔について」『史跡と美術』七五九号、二〇〇五。

参考文献

・本文中に引用した著書論文の多くは省略している。
・自治体史は民俗編を除き省略。

○生活技術関連著書
安達披早吉『京都府茶業史』京都府茶業組合連合会議所、一九三四。
京都府茶業百年史編纂委員会『京都府茶業百年史』京都府茶業会議所、一九九四。
肥後和男『宮座の研究』弘文堂書房、一九四一。
辻本好孝『和州祭禮記』天理時報社、一九四四（名著出版、一九七九）。
井上頼寿『京都古習志　宮座と講』地人書館、一九四三。
井上頼寿『京都民俗志』岡書院、一九三三（平凡社、一九六八）。
井上頼寿『近江祭礼風土記』滋賀県神社庁、一九六〇（臨川書店、一九八八）。
京都府教育委員会『高山ダム水没地区調査報告書』一九六六。
同『京都の田楽調査報告書』一九七八。
同『京都の田遊び調査報告書』一九七九。
同『京都の六斎念仏調査報告書』一九七九。
同『仏舞その他・京都府民俗芸能調査報告書』一九八二。
同『京都府の民謡』一九八三。
同『伝統の手仕事』一九九四。
京都府立総合資料館『京都府の民謡』一九七三。
同『京都府の民具』一巻～五巻、一九七七～一九八四。

同『和束の昔話』一九八二。

同『京都の漬物』一九七三。

『近畿の生業I農林業』明玄書房、一九八〇。

『近畿の衣と食』明玄書房、一九八〇。

『近畿地方の住い習俗』明玄書房、一九八四。

『近畿地方の石の民俗』明玄書房、一九八七。

竹田聴洲『日本の民俗二六　京都』第一法規、一九七三。

保仙純剛『日本の民俗二九　奈良』第一法規、一九七二。

高谷重夫『日本の民俗二七　大阪』第一法規、一九七二。

橋本鉄男『日本の民俗二五　滋賀』第一法規、一九七二。

同志社大学民俗学研究会『同志社民俗』一九八五。

城南文化研究会『城南』城南宮、一九六七。

南山城調査会『相楽の民俗』一九八六。

南山城調査会「田辺町草内とその周辺の地理と民俗」『京都民俗』9号、京都民俗談話会、一九九一。

京都府立山城郷土資料館『山村のくらし』Ⅰ・Ⅱ巻、一九八七・一九八八。

京都府立山城郷土資料館『関西文化学術研究都市開発地区緊急民俗調査報告書』一九九〇。

京都府日吉町『日吉ダム水没地区文化財調査報告書』一九八八。

『城陽市民俗調査報告書』一・二・三集、一九九五・二〇〇〇・二〇〇六。

『城陽の民話と暮らし』城陽市教育委員会、一九九三。

『淀川水系・木津川の民俗』近畿大学文芸学部、一九九四。

『ふるさとの暮らしを語る』山城町老人クラブ連合会、一九八八。

久御山町郷土史会『久御山町の今昔』一九八一。

内脇禎二監修『けいはんな風土記』関西文化学術研究都市推進機構、一九九〇。

『京都の歴史』五巻、京都市、一九七二。
『資料京都の歴史』一巻、京都市、一九九〇。
乾幸次『南山城の歴史的景観』古今書院、一九七八。
植木行宣・樋口昭編『民俗文化分布圏論』名著出版、一九九三。
『長岡京市民俗編』長岡京市、一九九二。
『山城のまつり』山城青年会議所、一九七八。
『高取正男著作集』全五巻、法蔵館、一九八二・一九八三。
新居恒易『農と田遊びの研究』下、明治書院、一九八一。
高取正男『民間信仰史の研究』法蔵館、一九八二。
福田栄治『京都の民俗誌』文化出版局、一九八七。
小谷方明『大阪の民具・民俗志』文化出版局、一九八二。
橋本鉄男『琵琶湖の民俗誌』文化出版局、一九八四。
林宏『吉野の民俗誌』文化出版局、一九八〇。
原田敏丸『近世村落の経済と社会』山川出版社、一九八三。
岩井宏實・日和裕樹『神饌』同朋舎、一九八一。
岩井広實編『技と形と心の伝承文化』慶友社、二〇〇二。
中嶋誠一・宇野日出生『神々の酒肴　湖国の神饌』思文閣出版、一九九九。
木下忠『日本農耕技術の起源と伝統』雄山閣、一九八五。
桂真幸『愛媛県農具図譜』四国民家博物館、一九八三。
垂水稔『結界の構造』名著出版、一九九〇。
中野豈任『祝儀・吉書・呪符』吉川弘文館、一九八八。
今井敬潤『柿渋』法政大学出版局、二〇〇三。
植本行宣『山・鉾・屋台の祭り』白水社、二〇〇一。

○生活技術関連論文

井出努「城州久世郡寺田村における村と村組の構成員」『京都民俗』一七号、京都民俗談話会、一九九九。

高谷重夫「京都府綴喜郡井手町多賀高神社祭礼に関する一資料」『京都民俗』一一号、京都民俗談話会、一九九三。

小泉芳孝「京都田辺町「延喜式内佐牙神社」の宮座」『京都民俗』八号、京都民俗談話会、一九九〇。

小泉芳孝「例祭の古式神饌について」『京都民俗』一三号、京都民俗談話会、一九九五。

橘尚彦「相楽神社の宮座と一族」『京都民俗』五号、京都民俗談話会、一九八七。

中村彰「神楽座と女性」『京都民俗』四号、京都民俗談話会、一九八六。

横出洋二「奈良市の神事相撲について」『京都民俗』一二号、京都民俗談話会、一九九四。

横出洋二「城州一心講とオンマカブロ」『山城郷土資料館報』八号、京都府立山城郷土資料館、一九九〇。

横出洋二「村境の祈祷札と山城地方の境界意識」『山城郷土資料館報』一三号、京都府立山城郷土資料館、一九九五。

横出洋二・八田達夫・小林凱之「小林家の守札について」『山城郷土資料館報』一〇号、京都府立山城郷土資料館、一九九二。

横出洋二「加茂町銭司春日神社の宮座と行事」『山城郷土資料館報』一一号、京都府立山城郷土資料館、一九九三。

横出洋二「相楽木綿と奈良晒」『京都民俗』二三号、京都民俗学会、二〇〇六。

横出洋二「京都府織物産業における相楽木綿」『京都府埋蔵文化財論集』五集、京都府埋蔵文化財センター、二〇〇六。

河野通明「掘家本『四季耕作絵巻』の成立」『歴史と民俗　神奈川大学日本常民文化研究所』七号、平凡社、一九九一。

あとがき

一九八二年から一九八九年まで、わたしは新設された京都府立山城郷土資料館で民俗担当の学芸員だった。高度成長から安定成長に移り、社会や経済が安定し、公立博物館はふえつづけていた。ただし高度成長のため、民俗や民具は急速に変化していた。地域や家の付き合いが薄れ、祭りや年中行事も消えたり、簡略化がすすんでいた。伝統的な手仕事の民具は身のまわりから消え、工業製品に変わっていた。伝統的な民俗や民具は、少数の高齢者がかろうじて伝えていた。こうしたフィールド状況のなかで、民俗や民具の調査と保存は急務だった。山城資料館に勤めてから、わたしはフィールドワークと資料収集にあけくれた。

昭和二十七年、わたしは瀬戸内海の愛媛県新居浜市のサラリーマン家庭に生まれた。田舎に住んでいたので、子供のころから農業や漁業は見ていた。台所の竈《かまど》がプロパンガス、ラジオがテレビに替わったときのことも覚えている。ただし中学校から高等学校へとすすむにつれ、生活文化への関心は薄れた。大学で民俗や民具と出合い、伝統的な生活文化にふたたび関心をもちはじめた。ただし遠くに出かける調査は、いつも中途半端におわり不満が残った。山城資料館に勤めて、はじめて腰をおちつけて調査ができるようになった。わたしの子供のころの郷里での生活技術の意味を知ることができると思った。

学芸員の主な仕事は、調査研究と収集保存、公開展示である。なかでも展示は学芸員が成果を地域に還元する最大の手段だった。ただし展示学会はできたばかりで、展示の理念や方法は手さぐりだった。展示テーマも学会などの仲間内の関心から生まれることが多かった。地域博物館なのに、市民がなにを望み、なにを期待しているかに配慮しなかった。社会的な要請から小中学生の体験学習や、大学の博物館学芸員課程履修生の実習を受け入れはじめた。山城資料館は府立資料館としては小規模で、歴史・民俗・考古の担当が各一人しかいなかった。正直なところ展示までが精いっぱいで、余分に仕事がふえるだけだと思っていた。

愛知大学に移った翌年の一九九〇年に、生涯学習法が施行され、博物館は生涯学習の拠点として位置づけられる。さらに一九九一年にバブルが崩壊し、安定成長がおわり、博物館の財政面が縮小方向に向かいはじめた。わたしが山城資料館にいた時代は、博物館や学芸員にとってある意味で恵まれた時代だった。

わたしは、一つの調査研究の区切りは一〇年だと思っている。南山城での七年足らずの期間は中途半端で、書籍にまとめる気持ちがおこらなかった。そのわたしが一冊にまとめようと決めたのは、博物館が直面している課題に少しでも協力できればと思ったからである。

きっかけは全国大学博物館学講座協議会の西日本部会でもらった一枚のビラだった。山城資料館で上司だった高橋美久二氏が中心になって、これまでどおり山城郷土資料館が活動ができるようにと協力をよびかけていた。公立博物館は、財政難や民営化の影響で外部評価を受けるようになっていた。外部評価の結果次第で、廃館や統合した館もでていた。山城資料館もきびしい評価を受けて、館活動に影響がでているとあった。

わたしは山城資料館に、三〇〇〇点ほどの民具を受け入れた。博物館の生命は、博物館資料である。博物館資料の受け入れ台帳をつくり、資料目録で紹介し、展示資料としてなるべくわかりやすく展示するようにしていた。ただし、市民に博物館資料の意味や価値を、どこまで伝えられたか自分でもよくわからない。幸い山城資料館はきびしい状況を脱したが、わたしが受け入れた博物館資料についてはたすべき説明責任がまだ残っていると思った。

二つ目は、長岡京市教育委員会の京タケノコと鍛冶屋調査のその後の活用についてである。各分野の専門家が集まり、京タケノコと鍛冶屋を総合調査して報告書ができた。報告書はカラーグラビアがあり、行政刊行物としては読みやすくした。市民に報告書を読んで、少しでも地元文化に目を向けてもらいたかった。ただし購入しにくい行政刊行物ということもあり、一般にはわずかしか普及していない。なによりわたしが心配なのは、長岡京市歴史文化資料館計画がのびのびになっていることだった。京タケノコと鍛冶文化は、京都近郊の長岡京市の生活技術を示す格好のテーマだった。資料館ができたとき展示するため、鍛冶小屋は無論、解体のとき床に散らばっていた鉄片まで記録し保管している。

わたしは加茂さんの鍛冶小屋にはじめて足を踏み入れたときのことを鮮明に思いだす。壁に立てかけて整然と並ぶホリ、床に散らばる鉄片、小窓からの薄暗い明りなど、鍛冶屋らしい雰囲気が伝わってきた。整理された鍛冶小屋から、加茂さんのていねいな仕事ぶりや性格までわかった。加茂家の鍛冶資料は、全国で鍛冶文化が消えたいま、長岡京市だけでなく日本の鍛冶文化を考える重要な資料でもある。その博物館計画が中断している。鍛冶小屋の解体から一〇年近くがたち、鍛冶道具や製品、鉄片は赤く錆びている。市民が声をあげて、歴史文化資料館の早期実現をお願いしたいのである。

三つ目は、伝統的生活技術の重要性に、あらためて思い至ったからである。グローバル化の影響で地域差が薄れ、伝統文化が見直されはじめている。スローフードやスローライフの見なおしがそれである。社会変化があまりにも早すぎ、現実が未来を追いこして伝統に追いついたという気さえする。民俗や民具の博物館資料をいかすチャンスがきたのである。わたしも二〇年をへて山城資料館時代を冷静にながめられるようになった。南山城の伝承者から受け継いだ多くのメッセージを、少しはわかりやすく伝えられそうに思ったのである。

山城資料館では、一年に特別展か企画展のいずれかを担当した。特別展の担当だと、一年中いそがしかった。それほど苦労しても、展示は開期がおわれば消える。残るのは「展示図録」と、『年報』の「郷土資料調査報告」の調査成果だけである。一九八〇年代はまだ、『研究紀要』を刊行する博物館はめずらしく、「郷土資料調査報告」に掲載できるだけでも恵まれていたほうだった。ただし、図録や年報は行政刊行物で、発行部数が少なく、資料館に行かないと買えない。情報公開といいながら、公立施設の普及活動は規制が多すぎた。

本著は、山城資料館での「図録」「郷土資料調査報告」と、以下の報告書や論文を中心にまとめた。ただし、フィールド・ノートから一部補足し、大幅に加筆している。

Ⅰ 『長岡京市文化財調査報告書 京タケノコと鍛冶文化』（長岡京市教育委員会、二〇〇〇）をもとに加筆・再構成・「南山城のタケノコ」（『日本民俗文化体系技術と民俗（下）』小学館、一九八六）・「米、その道具と調理技術の変遷」（岩井宏實『民具の世相史』河出書房新社、一九九四）・『企画展図録 ふるさとの職人』（京都府立山城郷土資料館、一九八八）

Ⅱ‐一 「アユモチオケの語り」（『民具マンスリー』二三巻一二号、神奈川大学常民文化研究所、一九九一）・「漁撈用具」（『日吉ダム水没地区文化財調査報告書』日吉ダム水没地区文化財等調査委員会、一九八八）・「水の道具 鮎持ち桶」（『みずのわ』一一三号、前澤工業株式会社、一九九九）

二 「正月のコロガキ」（『あるくみるきく』二二五号、近畿日本ツーリスト日本観光文化研究所、一九八五）

三 「食生活」（『関西文化学園研究都市開発地区緊急民俗調査報告書』京都府立山城郷土資料館、一九九一）

Ⅲ‐一 「南山城の樫木屋」（『民具研究』七五号、日本民具学会、一九八八）・『企画展図録 ふるさとの職人』（京都府立山城郷土資料館、一九八八）

二 （新原稿）

三 「南山城の瓦づくり」（『山城郷土資料館報』四号、京都府立山城郷土資料館、一九八六）・「近代・現代の瓦つくり」（『第一回特別展 山城の古瓦』京都府立山城郷土資料館、一九八三）・「京瓦の技法と用具」（『京都府埋蔵文化財論集』京都府埋蔵文化財調査研究センター、一九八七）

Ⅳ‐一 「流通民具についてのいくつかの視点」（『民具研究』一一五号、日本民具学会、一九九七）・「京都の明治農具絵図について」一部（『京都の明治農具絵図』明治農具絵図保存会、一九八八）・「南山城の明治農具絵図について」（『近畿民具』近畿民具学会、一九八六）・「明治時代の農具」（『第五回特別展図録　山城町の歴史と民俗』京都府立山城郷土資料館、一九八六）・「おしぶね」（『民具実測図の方法Ⅰ』平凡社、一九八八）
二　「京都の明治農具絵図について」一部（『京都の明治農具絵図』明治農具絵図保存会、一九八八）
三　「茶業」（『山村のくらしⅡ』京都府立山城郷土資料館、一九八八）
四　「ツナヌキ・畿内民具への視点」（『てく・てく野路地井』九号、近畿民具学会、一九八九）
Ⅴ-一　「山村の民具」（『山村のくらしⅡ』京都府立山城郷土資料館、一九八八）
二　『特別展図録　山村のくらし』（京都府立山城郷土資料館、一九八八）をもとに大幅に加筆
三　「切山の風土と民俗」（『笠置町と笠置山―その歴史と民俗』笠置町教育委員会、一九九〇）・「山樵民具」（『日吉ダム水没地区文化財調査報告書』日吉ダム水没地区文化財等調査委員会、一九八八）
四　「流し樽と金毘羅信仰」（『ことひら』第四一号、金刀比羅宮社務所、一九八六）
五　「狩猟」（『山村のくらしⅠ』京都府立山城郷土資料館、一九八七）
Ⅵ-一　「住まいと信仰」（『一般教育論集』一五号、愛知大学一般教育研究室、一九九八）・「信仰と民具」（『日吉ダム水没地区文化財調査報告書』日吉ダム水没地区文化財等調査委員会、一九八八）
二　「村落の境界呪物」（『民俗文化分布圏論』名著出版、一九九三）
三　「南山城のカンジョウナワ行事」（『山城郷土資料館報』三号、京都府立山城郷土資料館、一九八五）
Ⅶ-一　「南山城の民具収蔵施設について」（『山城郷土資料館報』二号、京都府立山城郷土資料館、一九八四）・『企画常設展　まちの資料館』（京都府立山城郷土資料館、一九八三）
二　『第三回特別展図録　祈りとくらし』（京都府立山城郷土資料館、一九八四）

三　「年中行事とくらし」（『山城町誌本文編』京都府山城町、一九八七）・「年中行事」（『関西文化学園研究都市開発地区緊急民俗調査報告書』京都府立山城郷土資料館、一九九一）・「寺坂喜一翁とサノボリ」（『あるくみるきく』二四〇号、近畿日本ツーリスト日本観光文化研究所、一九八七）

四　「大峰山新客修行」（『あるくみるきく』二一三号、近畿日本ツーリスト日本観光文化研究所、一九八四）・「京都府の石の民俗」一部（『近畿地方の石の民俗』明玄書房、一九八七）

五　「京都府の石の民俗」一部（同右）

南山城では本文中で紹介した方以外にも、多くの方々にお世話になった。京都府教育委員会をはじめとする関係機関、民俗学や民具学の諸先輩や仲間にもささえられた。お名前はあげないが、こころより感謝したい。

本書の刊行には愛知大学の出版助成をいただいた。同僚および大学関係者に感謝したい。原稿整理の窪田恭子さん、読みやすい本にしてくれた慶友社編集部の原木加都子氏、出版をこころよく引き受けてくれた社主の伊藤ゆり氏にも感謝したい。

平成十八年十一月

印南敏秀

著者紹介

印南敏秀（いんなみ　としひで）

一九五二年　愛媛県新居浜市に生まれる

武蔵野美術大学卒業後、日本観光文化研究所所員、京都府立山城郷土資料館技師、愛知大学助教授を経て

現在、愛知大学教授、日本民具学会・日本生活学会理事

〔主要著書〕

『石造物』『石風呂民俗誌―もう一つの入浴文化の系譜』『島の生活誌』（以上山口県東和町）、『共同浴の世界』（あるむ）、『水の生活誌』（八坂書房）、『雲南の生活と技術』『四川の伝統文化と生活技術』（以上、共著、慶友社）『三河湾の環境とくらし』（編著、愛知大学綜合郷土研究所）ほか

考古・民俗叢書

京文化と生活技術

――食・職・農と博物館――

二〇〇七年七月二十二日　第一刷

著　者　印南敏秀

発行所　慶友社

〒一〇一―〇〇五一

東京都千代田区神田神保町二―四九

電　話〇三―三二六一―一三六一

FAX〇三―三二六一―一三六九

印刷・製本／亜細亜印刷(株)

装丁／中村泰光

ISBN978-4-87449-136-2　C3039